大渡口年鉴

DADUKOU NIANJIAN

2020

重庆市大渡口区人民政府 编纂

西南师范大学出版社
国家一级出版社 全国百佳图书出版单位

图书在版编目（CIP）数据

大渡口年鉴. 2020 / 重庆市大渡口区人民政府编纂
. -- 重庆 : 西南师范大学出版社, 2020.12
ISBN 978-7-5697-0521-8

Ⅰ. ①大… Ⅱ. ①重… Ⅲ. ①大渡口区－2020－年鉴
Ⅳ. ①Z527.193

中国版本图书馆CIP数据核字(2020)第215851号

大渡口年鉴（2020）
DADUKOU NIANJIAN（2020）
重庆市大渡口区人民政府　编纂

责任编辑：于诗琦
装帧设计：重庆渝鉴商务信息咨询中心
照　　排：重庆渝鉴商务信息咨询中心
出版发行：西南师范大学出版社
　　　　网　址：http://www.xscbs.com
　　　　地　址：重庆市北碚区天生路2号
　　　　邮　编：400715
　　　　电　话：023-68868624
经　　销：新华书店
印　　刷：中雅（重庆）彩色印刷有限公司
幅面尺寸：210mm×285mm
印　　张：19.5
插　　页：2
字　　数：720千字
版　　次：2020年12月第1版
印　　次：2020年12月第1次印刷
书　　号：ISBN 978-7-5697-0521-8
定　　价：208.00元

重庆市大渡口区地方志编纂委员会

名誉主任：王　俊

主　　任：张国智

副 主 任：韩瑞碧　李新路　刘　强　曾　健

重庆市大渡口年鉴总编室

总 编 辑：刘　强

副总编辑：曾　健

编　　辑：雷　蕾　李华娟　刘洪君

校　　对：刘　芳　田　甜　金文杰　王昆飞　王德钰

　　　　　张志洪

编辑说明

一、《大渡口年鉴（2020）》是根据国务院《地方志工作条例》的规定而编纂的大型工具书，是反映大渡口区2019年度经济、政治、文化、社会和生态文明建设情况的综合年鉴，由大渡口区人民政府主办，区地方志办公室承办。

二、年鉴以马列主义、毛泽东思想、邓小平理论、“三个代表”重要思想、科学发展观、习近平新时代中国特色社会主义思想为指导，实事求是地记述大渡口区从自然到社会各方面的历史和现状，突出区域特色和年度特点，使之成为具有存史、资政、教育功能的综合性、资料性著述，为辖区修志积累了重要地情资料。

三、年鉴所记原则上为2019年度大渡口区域内的人与事。对上部《大渡口年鉴》已有内容，一般不再记载，必要时加以复载；上部《大渡口年鉴》错轶或所言不详事物，可适当拾遗、补缺、纠谬；其余为明事物的来龙去脉和完整性，仅做简要上溯或下延。

四、年鉴取分类编辑法，由类目、分目、条目组成。分特载、大渡口概览、政治、经济、大数据应用发展、社会事业、镇 街道、人物 光荣榜等8个部分，另附大事记、统计资料、文件索引，共11个部分构成，分目标题用灰色底衬区别，条目标题用黑体方头括号（【】）显示，个别条目下的二级条目用楷体加黑的方法表示。

五、数字和计量单位。凡统计数字和公元纪年中的年月日数字、世纪年代数字，一律用阿拉伯数字书写，不定数、成语、固定词组中的数字，用汉字书写。年鉴所用稿件、资料由区属各部门和有关单位提供并审核，区地方志办公室承担全书编辑工作，区志编纂委员会审查定稿。统计数据原则上采用统计部门的数据，未纳入统计部门统计范围的，采用主管部门的统计数字。统计数字中不打分节号，小数原则上保留两位。计量单位一律根据国家标准。

六、名录。区四大班子正副职领导和辖区获省部级以上表彰的劳动模范、先进生产者入名录；市派驻机构、区级部门、经济板块管委会的行政正副职领导，街道办事处和镇人民政府的副处级以上党政实职领导，民主党派主委、副主委，人民团体负责人等入名录。

七、年鉴行文采用记叙体、语体文、第三人称，使用规范的简化汉字。对大渡口区，根据语言环境，必要时可用“本区”。人物直书其名，必要时在人名前加职务。机构、政党、群团名称，第一次出现时用全称，以后用规范化简称。年鉴中单用的“区委”，均指中共大渡口区委员会。民主党派区委用简称时，在“区委”前加民主党派简称。

八、撰稿人署名于分目后右下角，加括号表示，以条目先后排序。

数字大渡口

区域面积	102.83平方千米
年末常住人口	36.2万人
地区生产总值	253.6亿元
公共财政预算收入	23.2亿元
公共财政预算支出	38.1亿元
工业增加值	53.2亿元
建筑业增加值	45.3亿元
农业总产值	14120万元
年末银行存款余额	559.8亿元
年末银行贷款余额	748.5亿元
进出口贸易总额	18.1亿元
城镇常住居民人均可支配收入	41096元
农村常住居民人均可支配收入	21534元
新标准空气质量二级以上天数	309天
接待国内旅游人数	559.4万人

目　录

大 事 记

特　载

大渡口概览

政　治

经 济

大数据应用发展

社 会 事 业

镇 街道

人物 光荣榜

统计资料

文件索引

大 事 记

1月

3日 上午，由重庆市书协、重庆市文艺志愿者协会、中共大渡口区委宣传部主办，区文化委、区文联承办的“我们的中国梦”——重庆市书法家送万福进万家志愿服务启动仪式在大渡口区步行街风雨舞台举行。重庆市文联党组成员、副主席龙川，中国书法家协会理事、重庆市文联副主席、重庆市书法家协会主席漆钢，副区长唐勇，区政协副主席胡军出席启动仪式。重庆市书法家协会、区文化委、区文联、主城区各书协负责人，大渡口区3所书法特色学校师生代表等参加活动。

4日 区委常委会召开第84次会议。区委书记王俊主持会议。区委副书记、区长姚斌，区委常委出席会议。区人大常委会、区政协党组主要负责人，区人大常委会、区政府、区政协、区法院、区检察院负责人，有关区级部门负责人等列席会议。会议学习贯彻中央政治局民主生活会精神，并学习贯彻全市经济工作会议精神。

9日 全区经济工作会议召开。会议的主要任务是，深入学习贯彻中央经济工作会议、全市经济工作会议精神，总结2018年全区经济工作，安排部署2019年经济工作。区委书记王俊，区委副书记、区长姚斌，区人大常委会主任马春，区政协主席张琼，区委副书记陈中举，区委常委，区人大常委会、区政府、区政协、区法院、区检察院负责人出席会议。区纪委常委、区委各巡察组组长，区人大常委会、区政协内设机构主要负责人，区委各部委、区级各部门、人民团体、区属国有企业主要负责人，各镇街党政主要负责人，“四大重点板块”管委会筹备组、“四大支柱产业”工作组主要负责人，市级部门、单位驻区分支机构主要负责人，中央及市属在区重点国有企业，辖区部分金融机构、民营企业、研发机构主要负责人等参加会议。

是日 重庆市退役军人事务局局长张邦平一行来区，就退役军人服务体系建设情况进行调研。区委书记王俊，区领导孟德华、舒莉、杨金胜，以及区退役军人事务局等相关人员参加调研或座谈会。

是日 中共大渡口区委召开党外人士座谈会，通报全区2018年经济工作及2019年主要经济社会发展指标建议，听取各民主党派、工商联及无党派人士代表的意见和建议。中共大渡口区委副书记陈中举，中共大渡口区委常委、常务副区长徐晓勇，区人大常委会副主任罗雨，区政协副主席黄万秋，民革区委主委袁凯明，民盟区委主委胡军，民建区委主委李青，民进区委主委胡桂泉，农工党区委主委周进源，各民主党派、工商联、各统战团体的相关负责人出席会议。各有关部门负责人参加会议。中共大渡口区委常委、统战部部长王涛主持会议。

10日 区长姚斌主持召开区政府第三次全体会议，审议2019年政府工作报告。区领导徐晓勇、刘正光、舒莉、毛伟、钟渝、唐勇、王光荣，区政府组成部门、其他部门、各镇街、各板块、各产业组以及市级部门驻区分支机构的主要负责人参加会议。

14日 区委理论学习中心组举行专题学习会，学习贯彻中国共产党第十九届中央纪律检查委员会第三次全体会议精神，学习贯彻《中共中央办公厅、国务院办公厅关于建立更加有效的区域协调发展新机制的意见》精神。区委书记王俊主持会议并讲话。区委副书记、区长姚斌，区人大常委会主任马春，区政协主席张琼，区委副书记陈中举，区委常委参加专题学习会。区人大常委会、区政府、区政协有关负责人，区法院、区检察院主要负责人参加。

15日　区第十三届人大常委会第十五次会议召开。区人大常委会主任马春，副主任罗雨、先大友、李青、常永官、罗先德，区人大常委会组成人员参加会议。区委常委、常务副区长徐晓勇，区监察委、区法院、区检察院相关负责人，区委组织部、区纪委派驻纪检组、区人大各专门委员会、常委会各委室、区政府办公室及各镇街人大负责人列席会议。会议由马春主持。会议听取和审议了《大渡口区人大常委会代表资格审查委员会关于大渡口区第十三届人民代表大会个别代表资格变动情况的报告》。区第十三届人民代表大会第二次会议召开时实有代表171人，2018年以来，区人大常委会依法确认并公告代表资格变动15人次。会议表决通过了有关人事任免事项，马春颁发了任命书，新任命的区政府副区长王光荣进行了宪法宣誓。

16日　市人大代表大渡口区联系组开展会前集中视察，并召开座谈会，听取大渡口区2018年经济社会发展情况介绍，讨论确定大渡口代表团集体建议，征求市人代会相关工作报告意见，通报市第五届人大第二次会议相关事宜。市人大代表王俊、马春、管洪、张白杨、李青、郭劲松、尹顺新、梅玫、陈强参加视察或座谈。区领导先大友、常永官、罗先德、毛伟、李荣辰陪同视察或座谈。市检察院第五分院检察长杨平列席座谈会。

是日　民革大渡口区委召开2018年度工作总结暨表彰大会。重庆市政协副主席、民革市委会主委王新强，民革市委会专职副主委龚小雪、秘书长蒋汉芹，区委常委、统战部部长王涛，区政协副主席、民革区委会主委袁凯明出席会议。

21日　上午，中国人民政治协商会议重庆市大渡口区第九届委员会第三次会议在区行政中心500人会议厅开幕。区委书记王俊，区委副书记、区长姚斌，区人大常委会主任马春，区委副书记陈中举等在家区领导，部分离退休老同志在主席台就座，祝贺大会召开。大会的执行主席是：张琼、刘安东、袁凯明、邹文炬、周进源、黄万秋、杨金胜、胡军、李贤敏。开幕会由区政协副主席刘安东主持。区政协九届三次会议应到委员166人，实到委员153人，因公因事请假13人。应邀出席大会的还有：中共大渡口区委、区人大常委会、区政府有关领导，区法院、区检察院、区人武部的主要领导，区级离退休老同志，驻区大中型企业以及部分驻区金融机构的主要负责人，住区的市政协委员，区委、区政府有关部、委、办、局主要负责人，“四大重点板块”管委会筹备组、“四大支柱产业”工作组主要负责人，驻区分支机构主要负责人，区政协机关的退休老同志等。区政协主席张琼向大会做九届区政协常务委员会工作报告。

22日　上午，重庆市大渡口区第十三届人民代表大会第三次会议在区行政中心500人会议厅开幕。本次会议应到代表170人，实到代表156人，符合法定人数。本次全体会议的执行主席，由大会主席团常务主席王俊、马春、陈中举、江永昌、罗雨、先大友、李青、常永官、罗先德担任，他们在主席台前排就座。区长姚斌、区政协主席张琼及全体区级在家领导，主席团全体成员，部分离退休老同志在主席台就座。列席本次全体会议的有：区政协九届三次会议的出席人员和列席人员，驻区市人大代表，不是区第十三届人大代表的区政府领导，区人民政府组成部门、区监察委员会、区人民法院、区人民检察院、街道办事处、镇人民政府负责人，区人大常委会及镇街人大有关负责人，区级机关及有关部门负责人，驻区有关单位负责人。特别邀请参加本次全体会议的有：不是区第十三届人大代表的在职区领导和有关领导，区级离退休老领导，区人大常委会离退休干部。旁听本次全体会议的有：驻区中央、市属企业、金融机构等单位负责人，部分辖区工商企业单位负责人。区人大常委会主任马春主持大会并宣布开幕，区长姚斌代表区人民政府做政府工作报告。姚斌代表区人民政府做政府工作报告。

23日　上午，中国人民政治协商会议重庆市大渡口区第九届委员会第三次会议在完成各项议程之后举行闭幕会。本次大会的执行主席是：张琼、刘安东、袁凯明、邹文炬、周进源、黄万秋、杨金胜、胡军、李贤敏。区委书记王俊，区委副书记、区长姚斌，区人大常委会主任马春等到会并在主席台就座。区政协主席张琼主持并宣布大会闭幕。本次大会应到委员166人，实到委员151人，因公因事请假15人。大会通过了政协大渡口区第九届委员会第三次会议关于政协大渡口区第九届委员会常务委员会工作报告的决议，通过了政协大渡口区第九届委员会第三次会议决议。会议还表彰了2018年度优秀政协委员、优秀提案、反映社情民意信息工作的先进集体和先进个人。应邀出席大会的还有：中共大渡口区委、区人大常委会、区政府有关领导，区法院、区检察院、区人武部主要领导，驻区大中型企业以及部分驻区金融机构的主要负责人，住区的市政协委员，区委、区政府有关部、委、办、局主要负责人，“四大重点板块”管委会筹备组、“四大支柱产业”工作组主要负责人，驻区分支机构主要负责人等。

24日　下午，重庆市大渡口区第十三届人民代表大会第三次会议，在圆满完成各项任务后闭幕。大会执行主席王俊、马春、陈中举、罗雨、先大友、李青、常永官、罗先德在主席台前排就座。区政协主席张琼等区级领导，主席团全体成员，部分离退休老同志在主席台就座。区人大常委会主任马春主持并宣布大会闭幕。本次会议应到代表170人，实到代表156人，符合法定人数。列席本次会议闭幕式的有：不是区第十三届人大代表的区政府领导，区人民政府组成部门、区监察委员会、区人民法院、区人民检察院、街道办事处、镇人民政府负责人，区人大常委会及镇街人大有关负责人，区级机关及有关部门负责人，驻区有关单位负责人。特邀列席本次会议闭幕式的有：不是区第十三届人大代表的在职区领导和有关领导。

25日　区委常委班子召开民主生活会。会议以习近平新时代中国特色社会主义思想为指导，以强化创新理论武装，树牢“四个意识”，坚定“四个自信”，坚决做到“两个维护”，勇于担当作为，以求真务实的作风坚决把党中央决策部署落到实处为主题，紧密联系区委常委班子和常委个人思想政治、精神状态、工作作风实际，进行对照检查、党性分析，认真开展批评和自我批评。区委书记王俊主持会议并讲话。市委督导组、市纪委监委有关负责人到会指导。区人大常委会、区政协党组主要负责人列席会议。

31日　区政协召开党组中心组（扩大）学习会议暨机关党支部主题党日活动。区政协党组书记、主席张琼，副主席刘安东、袁凯明、邹文炬、周进源、黄万秋、胡军，秘书长李贤敏及区政协各委室负责人、机关全体党员干部参加会议。邹文炬主持会议。会议传达学习了市政协五届二次会议精神，传达学习了市政府工作报告精神，传达学习了市政协常委会工作报告和提案工作报告精神。

2月

2日　区委常委会（扩大）会议召开，传达2019年全市“两会”精神。区委书记王俊讲话。区委副书记、区长姚斌主持会议。区人大常委会主任马春，区政协主席张琼，区委副书记陈中举等全体区领导参加会议。会上，王俊传达了陈敏尔书记在市政协五届二次会议开幕式上的讲话精神、陈敏尔书记在市五届人大二次会议闭幕式上的讲话精神，马春传达了市五届人大二次会议精神，张琼传达了市政协五届二次会议精神。

是日　中国共产党大渡口区第十二届纪律检查委员会第四次全体会议召开。区委书记王俊出席会议并讲话。他强调，要更加紧密地团结在以习近平同志为核心的党中央周围，不忘初心、牢记使命，不断取得全面从严治党更大战略性成果，为建设“高质量产业之区、高品质宜居之城”提供坚强保障。区委副书记、区长姚斌，区人大常委会主任马春，区政协主席张琼，区委副书记陈中举等出席会议。区委常委、区纪委书记、区监委主任汪建主持会议。区委常委，区人大常委会、区政府、区政协负责人，区检察院、区法院主要负责人出席会议。

是日　区委书记王俊、区长姚斌走访慰问了坚守一线的值班值守人员。区委副书记陈中举，区委常委、区委办主任韩瑞碧陪同。

是日　区人大常委会主任马春带队走访慰问驻区部队及重点优抚对象，向他们送上节日慰问和温馨祝福。区政府副区长刘正光，区退役军人事务局及春晖路街道相关负责人参加慰问。

是日　区政协主席张琼，区委副书记陈中举一行来到重庆武警总队特勤第二支队五大队队部、区武警中队，看望慰问了坚守在一线的部队官兵。

12日 召开“以案说纪、以案说法、以案说德、以案说责”警示教育会暨区监委选聘村（居）监察监督员会议，深入贯彻落实市委关于进一步加强党风廉政警示教育工作的意见和区委关于建立村（居）监察监督员实施方案精神。区委常委、区纪委书记、区监委主任汪建，全区纪检监察干部，各村（社区）书记、主任，村（居）监察监督员等400余名党员干部参加会议。

13日 区委理论学习中心组举行专题学习会，学习贯彻习近平总书记在省部级主要领导干部坚持底线思维着力防范化解重大风险专题研讨班开班式、中央政法工作会议上和在中共中央政治局第十二次集体学习时的重要讲话精神，以及市委常委会贯彻落实总书记重要讲话精神的会议要求；学习贯彻中央第四巡视组对重庆市开展脱贫攻坚专项巡视情况反馈会、市委落实中央脱贫攻坚专项巡视整改工作动员部署会、市委落实中央脱贫攻坚专项巡视反馈意见整改工作领导小组扩大会精神等。区委书记王俊主持会议。区委副书记、区长姚斌，区人大常委会主任马春，区政协主席张琼，区委副书记陈中举，区委常委，区人大常委会、区政府、区政协有关负责人，区法院、区检察院主要负责人参加专题学习会。

14日 区委召开2018年度基层党组织书记抓基层党建工作述职评议会。区委书记王俊主持会议并讲话。区委副书记、区长姚斌，区人大常委会主任马春，区政协主席张琼，区委常委等出席会议。区委副书记陈中举做点评。市委组织部有关负责人到会指导。会议采取现场述职和书面述职相结合的方式，专题听取了8个镇街党（工）委、区直机关党工委、区委教育工委、区公安分局党委、区委非公工委书记抓基层党建工作述职。与会人员进行了评议。

15日 民建大渡口区委召开2018年度工作总结表彰会。民建中央常委、民建重庆市委主委、市人大常委会副主任沈金强，民建市委专职副主委杨亚丽出席会议，中共大渡口区委书记王俊，大渡口区人大常委会主任马春，中共大渡口区委常委、统战部部长王涛，民建大渡口区委主委、区人大常委会副主任李青分别参加了有关活动。会议总结了2018年度工作，部署了2019年度工作。会议还表彰了2018年度先进支部、优秀支部主委及先进个人。

19日 下午，区第十三届人大常委会第十六次会议召开。区人大常委会主任马春，副主任罗雨、先大友、李青、常永官、罗先德，区人大常委会组成人员参加会议。区委常委、常务副区长徐晓勇，区法院院长伍星，区监委、区检察院相关负责人，区委组织部、区纪委派驻纪检组、区人大各专门委员会、常委会各委室、区政府办公室及各镇街人大负责人列席会议。会议由马春主持。区第十三届人大常委会第十六次会议前，召开了区第十三届人大常委会第二十九次主任会议，听取了区政府关于区政府机构改革方案情况的报告，听取了区人大常委会办公室关于召开区第十三届人大常委会第十六次会议建议方案的汇报，听取了区人大常委会人代工委关于人事任免有关事项准备情况的汇报。区第十三届人大常委会第十六次会议表决通过了区政府提请审议的人事任免事项，马春颁发了任命书，新任命的国家工作人员进行了宪法宣誓。会议还表决通过了《重庆市大渡口区人民代表大会常务委员会关于接受贺红鹰等辞去区人大代表职务请求的决定》。

20日 全区机构改革动员部署会召开。区委书记王俊出席会议并讲话。区委副书记、区长姚斌主持会议并就《大渡口区机构改革方案》做说明，区人大常委会主任马春，区政协主席张琼，区委副书记陈中举，在家区领导，区法院、区检察院主要负责人等出席会议。

21日 区委政法工作会议召开。会议深入学习贯彻习近平总书记关于政法工作的重要讲话精神，全面落实中央和市委政法工作会议要求部署，总结2018年政法平安工作，安排2019年工作。会议还表彰了2018年度信访稳定工作先进个人，表彰了2018年“10•1”大滨路伏牛溪桥油罐车火灾扑救先进集体和先进个人。区委书记王俊出席会议并讲话。区人大常委会主任马春，区政协主席张琼出席会议，区委副书记陈中举主持会议。区领导韩瑞碧、孟德华、徐晓勇、罗先德、刘正光、杨金胜、伍星、李荣辰、郭尔特等出席。

是日 区政协党组中心组（扩大）学习会议召开。

区政协党组书记、主席张琼，副主席刘安东、袁凯明、邹文炬、黄万秋、胡军及区政协各委室负责人、机关全体党员干部参加会议。黄万秋主持会议。会议传达学习了习近平总书记在中央政法工作会议上的重要讲话精神、习近平总书记在中共中央政治局第十二次集体学习时的重要讲话精神、中央第四巡视组对重庆市开展脱贫攻坚专项巡视情况反馈会议精神以及《干部人事档案工作条例》《保密违法违纪行为处分建议办法》等文件精神。

25日 下午，市人大常委会副主任张定宇率队到区开展《重庆市物业管理条例（修订草案）》立法调研。区人大常委会主任马春，区委常委、区政府常务副区长徐晓勇，区人大常委会副主任罗先德，区政府相关部门、街道、社区有关负责人，部分物业服务企业和业主委员会代表参加调研活动。

26日 举行扫黑除恶专项斗争会议暨2019年领导小组第一次会议。区委常委、政法委书记孟德华，区政府副区长刘正光，区法院院长伍星，区检察院检察长李荣辰出席会议，区相关职能单位、各镇街扫黑除恶专项斗争工作负责人参加会议。会议传达学习了全国、全市扫黑除恶专项斗争领导小组视频会议精神。有关单位根据中央、市委市政府和区委区政府工作要求，分别就扫黑除恶专项斗争工作情况进行了发言。孟德华总结了2018年专项斗争工作，分析了当前面临的形势，安排部署了2019年工作。

28日 区委常委会召开第92次会议。区委书记王俊主持会议。区委常委出席会议。区人大常委会、区政协党组主要负责人，区人大常委会、区政府、区政协、区法院、区检察院负责人，有关区级部门负责人等列席会议。会议听取了区人大常委会、区政府、区政协、区法院、区检察院党组2018年工作情况汇报，研究部署年度工作。

3月

1日 区第十三届人大常委会召开第三十次主任会议。区人大常委会主任马春，副主任罗雨、先大友、李青、罗先德参加会议。区人大各专门委员会、常委会各委室负责人列席会议。马春主持会议。会议听取了区人大监察法制委关于区人大常委会评议区政府民营企业发展法治环境工作方案和调研方案的汇报。

是日 区政协党组中心组（扩大）学习会议召开。区政协党组书记、主席张琼，副主席刘安东、袁凯明、邹文炬、周进源、黄万秋、胡军及区政协各委室负责人、机关全体党员干部参加会议。刘安东主持会议。会议传达学习了汪洋在全国统战部长会议上的讲话精神、市管主要领导干部专题研讨班会议精神等。

5日 下午，区纪委监委召开作风建设专题会。区委常委、区纪委书记、监委主任汪建在会上强调，要以自我革命的精神实现自我净化，高标准、严要求建设让党放心、让人民满意的模范机关，推动全区纪检监察工作高质量发展。各镇（街）纪（工）委书记、副书记，区纪委监委派驻纪检监察组全体人员，区纪委监委机关全体干部职工，区委巡察机构全体人员，区监委派出监察室全体人员参加会议。

6日 中共大渡口区委召开双月座谈会，通报2018年度全区党风廉政建设和反腐败斗争情况，听取各民主党派、区工商联负责人及无党派人士代表的意见建议。区委常委、区纪委书记、区监委主任汪建，区委常委、统战部部长王涛，以及各民主党派区委主委、副主委，致公党支部主委、委员，区工商联主席、副主席，区知联会、区新专联、区欧美同学会相关负责人等参加会议。王涛主持会议。

7日 区政协九届二十六次主席会议召开，区政协主席张琼，副主席刘安东、袁凯明、邹文炬、周进源、黄万秋、胡军，秘书长李贤敏参加会议。张琼主持会议。会议审议了《2019年区政协重点工作安排（送审稿）》《2019年区政协主要工作分月安排意见（送审稿）》《政协大渡口区委员会全体会议工作规则（送审稿）》《政协大渡口区委员会常务委员会工作规则（送审稿）》和相关人事事宜。

是日 张琼主持召开区政协九届十三次常委会。会议审议通过了《2019年区政协重点工作安排（送审稿）》《2019年区政协主要工作分月安排意见（送审稿）》《政协大渡口区委员会全体会议工作规则（送审稿）》《政协大渡口区委员会常务委员会工作规则（送审稿）》和相关人事事宜。会议还书面通报了全区党风廉政建设和反腐败斗争情况。

8日 中共大渡口区委副书记陈中举，中共大渡口区委常委韩瑞碧，中共大渡口区委常委、统战部部长王涛走访调研区各民主党派、工商联机关，并召开座谈会听取意见建议。

11日 下午，新华社重庆分社社长李勇一行来区调研“两江四岸”治理提升工作，区委书记王俊，区委常委、宣传部部长郭诏彬，区人大常委会副主任罗雨，以及相关单位负责人参加调研或座谈会。

12日 全区2019年春季机关干部义务植树活动在跳磴镇拱桥村举行，共栽植树苗500余株，绿化面积15余亩。区委书记王俊、区长姚斌、区人大常委会主任马春、区政协主席张琼、区委副书记陈中举等全体区级领导，以及有关单位干部职工代表共计120余人参加了义务植树活动。

是日 区人大常委会组织部分人大代表及区政府部门负责人参加了区法院庭审旁听活动，旁听了一起由区检察院提起公诉的被告人袁某挪用公款罪一案，并召开座谈会。区人大常委会副主任罗先德，部分市、区人大代表，区人大监察法制委、各镇街人大、区政府相关部门负责人共计160余人应邀参加了庭审旁听和座谈会。

13日 下午，区委书记王俊主持召开区委中心组集中学习会，姚斌、马春、张琼、陈中举等全体在家区级领导参加学习会。会议集体学习了习近平总书记关于扶贫工作的重要论述；学习了陈敏尔在市委常委会巡视整改专题民主生活会上的总结讲话精神以及《中共重庆市委关于市委常委会脱贫攻坚专项巡视整改专题民主生活会情况的通报》。

14日 全区防范化解重大风险暨精准扶贫帮困工作专题培训班在区机关办公大楼300人会议厅举行。区委书记王俊出席并讲话。区委副书记、区长姚斌，区人大常委会主任马春，区政协主席张琼，区委副书记陈中举等全体区领导出席。区委各部委、区级各部门、各人民团体、区属国有企业主要负责人；各镇街党政主要负责人；“四大重点板块”管委会筹备组、“四大支柱产业”工作组负责人；市级部门、单位驻区分支机构主要负责人等参加。

15日 区政协召开党组中心组（扩大）学习会议，区政协党组书记、主席张琼，副主席刘安东、邹文炬、周进源、黄万秋、胡军，秘书长李贤敏及区政协各委室负责人参加会议。邹文炬主持会议。与会人员集中学习了习近平总书记关于扶贫工作的重要论述、全区防范化解重大风险暨精准扶贫帮困工作专题培训班的精神及要求。还集体学习了陈敏尔书记在市委常委会巡视整改专题民主生活会上的总结讲话精神以及《中共重庆市委关于市委常委会脱贫攻坚巡视整改专题民主生活会情况的通报》《中共中央国务院关于坚持农业农村优先发展做好“三农”工作的若干意见》《中共重庆市委重庆市人民政府关于坚持农业农村优先发展切实做好“三农”工作的实施意见》以及全市乡村振兴工作会议精神。

18日 区委书记王俊率队来到跳磴镇，实地考察调研乡村振兴，并召开院坝会，听取意见建议。区领导马春、陈中举、王涛、舒莉、钟渝、唐勇，区有关单位负责人、跳磴镇及部分村社代表参加。

19日 上午，区人大常委会召开党组（扩大）会议，传达学习十三届全国人大二次会议精神。区人大常委会党组书记、主任马春，副主任罗雨、先大友、李青、罗先德，区人大各专门委员会、常委会各委室负责人和机关全体党员干部参加会议。马春主持会议。会议传达学习了十三届全国人大二次会议和全市领导干部会议精神，安排部署贯彻落实工作。传达学习了习近平总书记在中央扶贫开发工作会议上的重要讲话精神及关于扶贫工作的重要论述，传达学习了中央、市委关于脱贫攻坚、乡村振兴等文件精神。

20日 区第十三届人大常委会召开第三十一次主任会议。区人大常委会主任马春，副主任罗雨、先大友、李青、罗先德参加会议。区人大各专门委员会、常委会各委室负责人列席会议。马春主持会议。会议议定了区第十三届人大常委会第十七次会议有关事宜。听取了区人大常委会办公室关于召开区第十三届人大常委会第十七次会议建议方案的汇报，听取了区人大城环委关于常委会审议区政府的关于环境保护工作情况报告准备工作的汇报，听取了区人大财经委关于常委会审议区政府的关于2018年审计工作报告反映问题整改落实情况报告准备工作的汇报，听取了区人大常委会教科文卫工委关于常委会审议区政府对区人大常委会关于旅游产业发展工作评议意见研究处理情况报告准备工作的汇报，听取了区人大监察法制委关于常委会审议区检察院的关于开展公益诉讼情况报告准备工作的汇报，听取了区人大常委会人代工委关于人事任免有关事项准备工作的汇报。会议确定了区第十三届人大第三次会议重点督办代表建议，通过了区人大常委会关于开展“人大代表助力高质量发展”活动周的实施方案。

是日　下午，区政协主席张琼到跳磴镇调研乡村振兴及农村人居环境整治情况，区政协副主席邹文炬，区政协办公室、区政协提案专委会、跳磴镇等相关负责人参加调研和座谈会。

21日　区“四套班子”领导联席会议第7次会议召开。区委书记王俊主持会议。区委副书记、区长姚斌，区人大常委会主任马春，区政协主席张琼，区委副书记陈中举等有关区级领导出席会议。会议传达贯彻全国两会及全市领导干部会议精神。听取了区委常委、区政府副区长推动分管领域重点工作计划及建议的汇报，听取了各重点板块和产业组年度重点工作计划的汇报，研究部署了当前重点工作。区级有关部门、各镇街主要负责人等参加会议。

是日　全区党建工作会议召开，总结2018年全区组织、宣传、统战工作，安排部署今年党的建设各项工作。区委书记王俊出席会议并讲话。马春、陈中举等全体在家党员区级领导参加会议。区委各部委，区级各部门，各人民团体，区属国有企业党组织主要负责人和分管负责人；各镇街党（工）委书记、专职副书记、组织委员、宣传委员、统战委员、文化工作分管负责人；市级部门驻区分支机构党组织主要负责人；各村（社区）、区属学校、区属医疗卫生单位、部分非公经济和社会组织党组织书记，区文联各协会党员负责人参加会议。

是日　十二届区委第七轮巡察工作动员部署会召开。会议的主要任务是深入学习贯彻习近平总书记关于巡视工作重要论述特别是“五个持续”重要要求，认真落实中央关于巡视巡察工作的决策部署和市委工作要求，安排部署区委第七轮巡察工作，推动全面从严治党向纵深发展、向基层延伸。区委书记、区委巡察工作领导小组组长王俊出席会议并讲话。

是日　区文学艺术界联合会召开第六届二次全委会（扩大）会议。区委副书记陈中举，区委常委、宣传部部长郭诏彬出席会议。区委组织部分管领导、区文联第六届委员会全体委员以及特邀代表列席会议。郭诏彬主持会议。会议选举产生了区文联第六届委员会主席，刘文娅当选为新任区文联主席并做表态发言。陈中举就新时代文联工作提出三点要求：一是要始终站在时代前列，创作更多精品力作。二是顺应社会发展趋势，勇于创新敢于攻坚。三是强化组织体系建设，不断壮大文艺队伍。

22日　市人大常委会副主任刘学普一行来区调研民营企业发展法治环境情况。区有关领导陪同调研。

是日　区社会科学界联合会召开第一届二次常委会（扩大）会议。区委副书记陈中举，区委常委、宣传部部长郭诏彬出席会议。区委组织部分管领导、区社科联第一届常委以及区社科联第一届常委会特邀代表列席会议。郭诏彬主持会议。会议改选了区社科联第一届委员会主席，黄渝媚当选为新任区社科联主席并做表态发言。

25日　2019年大渡口区一季度项目集中开工仪式在陈庹路公交站场项目内举行。此次集中开工项目共有24个，计划总投资约80亿元。区委书记王俊、区人大常委会主任马春等在家区领导参加开工仪式。区委副书记陈中举主持开工仪式。王俊宣布2019年大渡口区一季度项目集中开工。

是日　区政协召开党组中心组（扩大）学习会议，区政协党组书记、主席张琼，副主席刘安东、袁凯明、邹文炬、周进源、胡军，秘书长李贤敏及区政协各委室负责人、机关全体干部参加会议。刘安东主持会议。会议传达学习了中国人民政治协商会议第十三届全国委员会第二次会议精神；传达学习了习近平总书记在全国“两会”下团组时的重要讲话精神及栗战书参加重庆代表团审议时的讲话精神；传达学习了陈敏尔书记在传达学习习近平总书记重要讲话精神时的讲话精神及在全市领导干部会议上的讲话精神；传达学习了市政协“聚焦污水偷排直排乱排的问题”委员监督性调研视察动员部署会精神。

27 日　2019 年重庆市青少年拳击锦标赛在区体育馆开赛。比赛为期 4 天，来自全市 16 个区县的 289 名青少年选手在这里进行激烈角逐。比赛由市体育局主办，区体育局承办，市拳击运动协会协办。比赛采用中国拳击协会最新审定的《拳击竞赛规则》，并采用个人对抗赛，单败淘汰制。比赛分为甲、乙、丙三组，分别对应 17 ～ 18 岁、15 ～ 16 岁、12 ～ 14 岁。为了巩固并规范青少年拳手的基本技术动作，丙组的选手只允许使用左右直拳这两种基础动作。

28 日　28 日上午，区政协、区检察院、区规划和自然资源局在跳磴镇小南海水泥厂平桥矿（拱桥村）开展以“保护生态环境，建设山清水秀美丽之地”为主题的矿山复垦复绿活动。区政协主席张琼，区委常委韩瑞碧，区人大常委会副主任罗先德，区政府副区长毛伟，区政协副主席刘安东、袁凯明、邹文炬、周进源、胡军，区检察院检察长李荣辰出席活动。市政协、市检察院第五分院、区委办、区纪委监委、区政法委等十余个区级部门和八个镇街的相关负责人，部分人大代表、党代表、政协委员和相关工作人员 100 余人参加活动。

是日　下午，区第十三届人大常委会第十七次会议召开。区人大常委会主任马春，副主任罗雨、先大友、李青、常永官、罗先德，常委会组成人员参加会议。区委常委、常务副区长徐晓勇，区检察院检察长李荣辰，区监委、区法院相关负责人，区委组织部、区人大各专门委员会、常委会各委室、区政府相关部门、各镇街人大负责人及部分区人大代表列席会议。会议由马春主持。会议首先传达学习了十三届全国人大二次会议精神。会议听取和审议了区政府关于环境保护工作情况的报告，听取了区人大城环委关于对区政府环境保护工作情况的调研报告。会议听取和审议了区政府关于 2018 年审计工作报告反映问题整改落实情况的报告，听取了区人大财经委、常委会预算工委关于区政府 2018 年审计工作报告反映问题整改落实情况的跟踪调研报告。会议听取和审议了区政府对区人大常委会关于旅游产业发展工作评议意见研究处理情况的报告，听取了区人大常委会旅游产业发展工作评议调研组关于区政府旅游产业发展工作评议意见整改情况的调研报告，并就区政府该项工作及报告进行了满意度测评。会议听取和审议了区检察院关于开展公益诉讼工作情况的报告，做出了关于加强区人民检察院公益诉讼工作的决议。会议表决通过了人事任免有关事项。马春颁发了任命书，3 名新任命的国家工作人员进行了宪法宣誓。会议还表决通过了《重庆市大渡口区人民代表大会常务委员会关于接受李泽军等辞去区人大代表职务请求的决定》。

29 日上午，区人大常委会在跳磴镇南海村开展“人大代表助力乡村振兴”活动。区人大常委会主任马春，副主任罗雨、罗先德，区人大各专门委员会、常委会各委室、区政府相关部门、跳磴镇负责人及部分区人大代表参加。

30 日　重庆“宣和 • 唐域关”杯 2019 年业余乒乓球联赛在大渡口区宣和乒乓球俱乐部拉开帷幕，重庆本土乒乓球运动员 200 余人参加。

是日　由区人民法院和团区委共同打造的阳光助苗司法关爱项目荣获第四届中国青年志愿服务项目大赛铜奖。

4 月

2 日　区政协召开全区政协系统党的建设工作座谈会，总结交流区政协系统党建工作的经验做法，研究部署区政协系统党建工作。区政协主席张琼参加座谈并讲话，区政协副主席刘安东、袁凯明、邹文炬、周进源、黄万秋、杨金胜、胡军，区政协常委，各界别联组负责人，相关部门负责人及区政协全体机关干部参加会议。

4 日　区委理论学习中心组举行学习会，学习贯彻习近平总书记关于退役军人工作的重要论述、习近平总书记在学校思想政治理论课教师座谈会上的重要讲话精神、习近平总书记在十九届中央政治局第十一次集体学习时的重要讲话精神等内容。区委书记王俊主持会议并讲话。区人大常委会主任马春，区政协主席张琼，区委副书记陈中举，区委常委参加学习会。区人大常委会、区政府、区政协有关负责人，区法院、区检察院主要负责人参加。会议学习贯彻习近平总书记关于退役军人工作的重要论述和中央、市委退役军人事务工作领导小组会议精神。

区级有关部门单位负责人参加会议。

是日 区委书记王俊率队赴中石油伏牛溪油库、兰成渝末站检查安全。区领导马春、张琼、徐晓勇、邱晓宁等参加。

是日 大渡口区“传承•2019清明祭英烈”活动在重钢护厂烈士陵园举行。区领导孟德华、罗先德、刘正光、杨金胜，以及区双拥工作领导小组成员单位负责人、驻区部队官兵、退役军人代表等70余人走进重钢护厂烈士陵园，向烈士默哀，寄托哀思之情。

9日 大渡口区召开武装工作会。区委书记、区人武部党委第一书记王俊出席会议并讲话。区人大常委会主任马春，区政协主席张琼，区委常委、区人武部政委邱晓宁，区政府副区长舒莉，区人武部部长程超旗出席会议。邱晓宁主持会议。会议传达了重庆警备区党委五届二次全体（扩大）会议精神，总结了大渡口区2018年人民武装工作，安排部署2019年工作任务。区有关部门负责人，各镇街书记、专武干部，各村社民兵连长及驻区企业武装部干部参加会议。

是日 区委统战部、区工商联组织企业家会长、副会长、执常委和基层商会前往沙坪坝区看守所，开展“以案四说”警示教育活动。区委常委、统战部部长王涛参加活动并讲话。

是日 截至当日，大渡口区空气质量指数（AQI）二级以上天数为83天，同比增加6天。环境空气中PM2.5年均浓度为51μg/m³，同比持平。NO_2年均浓度为48μg/m³，同比减少9.4%。

10日 中宣部新时代公民道德建设工作培训班学员走进八桥镇融城社区，参观考察“五品家园•厚德融城”建设情况。

是日 区政协举办“文化讲坛”第7期，邀请市委党校常务副校长、市行政学院常务副院长谢金峰做了题为“用习近平新时代中国特色社会主义思想武装头脑指导工作促进政协发展”的专题讲座。区政协主席张琼，副主席刘安东、袁凯明、邹文炬、周进源、黄万秋，秘书长李贤敏，全体区政协委员，区各民主党派、区委党校、区委直属机关工委各直属党组织及区政协机关相关人员参加了讲坛。

11日 区政协召开党组中心组（扩大）学习会议，区政协党组书记、主席张琼，副主席刘安东、袁凯明、邹文炬、黄万秋，秘书长李贤敏及区政协各委室负责人、机关全体干部参加会议。邹文炬主持会议。会议传达学习了习近平总书记在学校思想政治理论课教师座谈会上的重要讲话精神，全国校园食品安全工作电视电话会议精神，郭声琨在重庆政法工作座谈会上的讲话精神等相关内容。会议还传达了“抓兑现落实、促高质量发展”执行力提升行动月工作动员大会精神。

12日 区总工会召开五届十一次全委（扩大）会议。27名委员出席会议，各相关直属工会、镇街工会主席、工会干部27人列席会议。会议的主要内容是总结2018年全区工会工作，安排部署2019年工会工作；审议人事事宜。会议分两个阶段进行，分别由区人大常委会副主任、区总工会主席先大友，区总工会党组书记杨建明主持。会议传达学习了全总十七届二次执委会和重庆市总工会五届三次全委会精神，审议通过了区总工会第五届常委会工作报告，区总工会第五届经费审查委员会工作报告。会议通过举手表决，替（增）补杨建明、任艳芳、李茜、江文平、邱海峰5人为大渡口区总工会第五届委员会委员；采取无记名等额选举方式，选举杨建明、任艳芳为大渡口区总工会第五届委员会副主席。

15日 上午，由中共大渡口区委国家安全委员会主办，区委政法委牵头的“‘4•15’全民国家安全教育日”活动在九宫庙步行街集中开展。区保密局、区网信办、区反恐办、区法院、区检察院、区公安分局、区司法局、区教委、区武装部等十余个单位共同开展了此次集中宣传活动。

16日 区政协开展“聚焦污水偷排直排乱排问题”委员监督性调研视察活动。区政协主席张琼，副主席袁凯明、邹文炬、黄万秋、胡军，秘书长李贤敏及部分住区市政协委员、区政协委员参加了调研。

18日 市委召开市委常委会扩大会议和全市领导干部会议，传达学习贯彻习近平总书记在解决“两不愁三保障”突出问题座谈会和市委市政府工作汇报会上的重要讲话精神。王俊、马春、陈中举等全体在家区级领导，离退休老同志代表，区纪委常委、区委巡察组组长，各民主党派主要负责人，区委各部委、区级各部门主要负责人，区人大常委会、区政协各专委会主要负责人，各人民团体主要负责人，区属国有企业主要负责人，“四大重点板块”管委会筹备组和“四大支柱产业”工作组主要负责人，各镇街党政主要负责人，市级部门驻区分支机构主要负责人，部分金融机构代表主要负责人，部分中央及市属在区重点国有企业主要负责人等在区分会场参加会议。

是日　全国人大常委会委员、农业与农村委员会副主任、民盟中央副主席龙庄伟，民盟中央社会服务部部长刘圣宇，民盟重庆市委会秘书长杨虹等一行来区考察调研。区委书记王俊，区政协主席张琼，区委常委、统战部部长王涛，区政协副主席、民盟区委主委胡军参加相关活动。

20日　民建市委会第十八期“星五沙龙”暨“走进大渡口”招商引资推介会在大渡口区举行。民建中央常委、市人大常委会副主任、民建市委会主委沈金强率民建企业家60余人对大渡口区投资环境及招商项目进行了实地考察，并就如何寻求更多合作机会，实现互利共赢进行了座谈交流。区领导王俊、姚斌、马春、徐晓勇、王涛、李青、舒莉陪同考察或出席座谈会。

23日　大渡口区首个24小时自助图书馆——半岛逸景图书馆正式开放，市民凭本人二代身份证可以自行阅览，凭“一卡通”读者证可以自助借还图书。

24日　区委理论学习中心组举行学习会，学习贯彻习近平总书记在解决“两不愁三保障”突出问题座谈会和市委市政府工作汇报会上的重要讲话精神，学习贯彻市委常委会扩大会议和全市领导干部会议精神。区委书记王俊主持会议并讲话。区长姚斌，区人大常委会主任马春，区政协主席张琼，区委副书记陈中举，区委常委参加学习会。区人大常委会、区政府、区政协有关负责人，区法院、区检察院主要负责人参加。

是日　下午，区委书记王俊率队巡查长江沿线污水直排乱排问题，深入一线详细了解水资源保护工作推进情况。副区长钟渝，区委办公室、区政府办公室、区生态环境局、区农业农村委、区城市管理局、跳磴镇、建胜镇主要负责人参加巡查。

是日　区政协召开九届二十九次主席会议，专题通报全区机构改革情况，书面通报全区防范化解社会矛盾风险情况。区政协主席张琼，区委常委韩瑞碧，区政协副主席刘安东、袁凯明、邹文炬、周进源、黄万秋、胡军，秘书长李贤敏出席会议，区政协各委室、区级各相关部门、各民主党派专职副主委、社会团体和政协委员代表参加会议。刘安东主持会议。

28日　大渡口区举办纪念五四运动100周年系列活动，对各条战线涌现出来的先进集体和个人进行表彰。团市委副书记江光伟、区委副书记陈中举、区政府副区长舒莉、区政协副主席刘安东出席活动。全区各直属团组织、重点联系单位团组织负责人及受表彰的青年集体和个人、青年代表共计150人参加了活动。

29日　区人大常委会召开第三十三次主任会议，听取区政府关于防范化解政府隐性债务风险情况的报告。区人大常委会主任马春，副主任罗雨、先大友、李青、罗先德参加会议。区政府副区长舒莉，区人大各专门委员会、常委会各委室、区政府办公室、区财政局负责人列席会议。马春主持会议。会议听取了区政府关于防范化解政府隐性债务风险情况的报告。会议听取了区人大常委会人代工委关于2017年来区人大代表履职情况的报告。会议通过了《区人大常委会对〈区政府关于环境保护工作情况报告〉的审议意见》《区人大常委会对〈区政府关于2018年审计工作情况报告反映问题整改落实情况报告〉的审议意见》《区人大常委会对〈区政府关于旅游产业发展工作评议意见研究处理情况报告〉的审议意见》。

30日　上午，区退役军人事务局举行区退役军人服务中心挂牌仪式，标志着大渡口区退役军人服务保障工作开启了新篇章。区委常委、区人武部政委邱晓宁，区政府副区长、区公安分局局长刘正光，以及各相关单位、镇街、退役军人代表，区退役军人事务局全体工作人员参加挂牌仪式。邱晓宁、刘正光为区退役军人服务中心揭牌。

是日　区长姚斌率队到区行政服务大厅现场办公，督促整改工程建设项目审批制度改革试点工作存在的主要问题。副区长唐勇，牵头单位区住房城乡建委、区规划自然资源局及各责任单位主要负责人参加。

是日 重庆鼎圣（大渡口）律师事务所主任唐帅荣获2018年“重庆青年五四奖章”。

5月

8日 上午，区委书记王俊主持召开区委中心组集中学习会。区委副书记、区长姚斌，区人大常委会主任马春，区政协主席张琼，区委副书记陈中举，区委常委参加学习会。区人大常委会、区政府、区政协有关负责人，区法院、区检察院主要负责人参加。会议学习贯彻习近平总书记在纪念五四运动100周年大会上的重要讲话精神、习近平总书记在中共中央政治局第十四次集体学习时的重要讲话精神。

9日 召开全区实施乡村振兴战略工作会议。区委书记王俊出席会议并讲话。马春、张琼、陈中举等全体在家区级领导出席会议。

是日 区政协党组中心组（扩大）学习会议召开。区政协党组书记、主席张琼，副主席袁凯明、邹文炬、黄万秋、胡军，秘书长李贤敏及区政协各委室负责人、机关全体党员干部参加会议。黄万秋主持会议。会议传达学习了习近平总书记在纪念五四运动100周年大会上的重要讲话和习近平总书记在中共中央政治局第十四次集体学习时的重要讲话精神，学习贯彻了中共中央政治局会议、市委常委会（扩大）会议分析研究当前经济形势和经济工作会议精神，学习贯彻了市委理论学习中心组（扩大）专题学习会、市推动长江经济带发展领导小组会议精神。

10日 区人大常委会在跳磴镇南海村开展2019年第一次“主任走访接待日”活动，区人大常委会主任马春参加了本次走访接待日活动。部分跳磴镇的区人大代表和选民代表，区人大常委会办公室、区住房城乡建委、区交通局、区农业农村委、区文化旅游委、大晟公司、跳磴镇等单位负责人参加活动。

是日 2019年大渡口区教育大数据实施部署现场会暨义务教育学校学生综合素质数据采集工作启动会在茄子溪小学举行。市教委、市评估院相关负责人，区教委、区进修校、全区各中小学负责人参加会议。

是日 下午，区人大代表茄子溪街道代表组举行助推跳磴镇全域旅游发展调研活动，区人大常委会副主任罗雨、先大友，区人大常委会人代工委、城环委负责人，区规划自然资源局负责人及茄子溪街道代表组人大代表参加活动。

14日 区政协主席、园林社区民生服务团团长张琼一行到茄子溪街道园林社区，开展民生服务团接访活动。园林社区民生服务团成员、茄子溪街道相关负责人及园林社区党员、群众代表参加活动。

15日 上午，全区迎接中央第二轮生态环境保护督察动员部署会议召开。区委书记王俊出席会议并讲话。姚斌、马春、张琼、陈中举等全体在家区级领导出席会议。区长姚斌主持会议。区委、区政府班子成员，区人大常委会、区政协主要负责人和联系负责人，区法院、区检察院主要负责人，区委有关部委，区级有关部门，有关人民团体负责人，各镇街主要负责人，有关市级部门驻区分支机构主要负责人及有关企业主要负责人参加会议。

是日 下午，召开新时代文明实践中心建设工作动员大会暨专题培训会。区委书记王俊，区领导陈中举、郭诏彬、邱晓宁、先大友、舒莉、胡军，市委宣传部文明秘书处处长姚宜厚，以及相关区级部门、各镇（街道）、各村（社区）主要负责人参加会议。区委副书记陈中举主持会议。

是日 召开大渡口区2019年第一次总河长会暨贯彻落实重庆市总河长令（第1号）动员会议。区委书记、区总河长王俊主持会议并讲话。区领导姚斌、马春、张琼、陈中举、徐晓勇、钟渝出席会议。会议传达学习了习近平总书记在深入推动长江经济带发展座谈会上的重要讲话精神、《关于在全市开展污水偷排、直排、乱排专项整治行动的决定》（重庆市总河长令第1号），审议了《大渡口区2019年河长制工作要点（送审稿）》《关于在全区开展污水偷排、直排、乱排专项整治行动的决定（送审稿）》（大渡口区总河长令第1号）、《大渡口区开展污水偷排、直排乱排专项整治行动工作方案（送审稿）》。

16日 第二届中国西部国际投资贸易洽谈会在重庆国际博览中心开幕，3个重大项目落地大渡口区。国家环保产业总部项目、新能源汽车生产项目、洲际酒店项目与大渡口区正式签约，投资总额达55亿元。区长姚斌，区委常委韩瑞碧，副区长舒莉、江欣参加相关活动。

是日　第六次全国自强模范暨助残先进表彰大会在北京召开，跃进村街道革新社区残疾人协会被授予“残疾人之家”称号。

17日　为庆祝新中国成立70周年，市政府文史馆“传统文化区县行•走进大渡口”活动启动仪式在300人会议厅举行。市委统战部副巡视员王余希，市政府文史馆副馆长杨娟，区委副书记陈中举，区委常委、统战部部长王涛，市委统战部、市政府文史馆、区委统战部、区文旅委、区卫健委、八桥镇相关负责人出席活动。王涛主持启动仪式。

21日　召开党外年轻干部座谈会暨区第六批党外干部挂职启动会，中共大渡口区委常委、统战部部长王涛出席会议并讲话，八桥镇有关负责人，区各民主党派党外年轻干部代表以及参加区第六批党外干部挂职的年轻干部参加会议。会议学习了习近平总书记在纪念五四运动100周年大会上的重要讲话精神、学习了习近平总书记参加全国政协十二届五次会议民进、农工党、九三学社联组讨论座谈会上的讲话及习近平总书记参加全国政协十三届一次会议民盟、致公党、无党派人士、侨联界委员联组讨论座谈会上的讲话。

22日　区人大常委会召开第三十四次主任会议。区人大常委会主任马春，副主任罗雨、先大友、李青、常永官、罗先德参加会议。区政府副区长毛伟，区人大各专门委员会、常委会各委室、区政府办公室、区规划和自然资源局负责人列席会议。马春主持会议。会议听取了区政府关于规划和自然资源工作情况的报告。会议议定了区第十三届人大常委会第十八次会议有关事宜。听取了区人大常委会办公室关于召开区第十三届人大常委会第十八次会议建议方案的汇报，听取了区人大监察法制委关于常委会听取审议区政府法治政府建设情况报告、区政府民营企业发展法治环境情况报告准备工作的汇报，听取了区人大常委会人代工委关于人事任免有关事项准备工作的汇报，听取了区人大财经委关于提请常委会增加听取审议《重庆市预算审查监督条例》执法检查报告议题的说明及准备工作的汇报。会议还通过了区人大常委会关于开展宪法宣传和“七五”普法推进情况专项视察方案。

23日　区委理论学习中心组举行学习会，学习贯彻市委五届六次全会精神。区委书记王俊主持会议并讲话。区委副书记、区长姚斌，区人大常委会主任马春，区政协主席张琼，区委副书记陈中举，区委常委参加学习会。区人大常委会、区政府、区政协有关负责人，区法院、区检察院主要负责人参加。

是日　区委副书记、区政府党组书记、区长姚斌带队前往渣滓洞、白公馆开展专题党课学习活动，副区长舒莉、钟渝、江欣，区政府办公室、区大数据发展局党员干部参加活动。

是日　区政协九届十四次常委会召开，重点协商“四大支柱产业”培育工作，书面通报全区防范化解公共安全风险情况。区政协主席张琼出席会议并讲话。区委常委、区政府常务副区长徐晓勇，区政协副主席刘安东、袁凯明、邹文炬、周进源、黄万秋、杨金胜、胡军，秘书长李贤敏，区政协全体常委，以及区政协各委室、各民主党派和人民团体、区级相关部门等负责人参加会议。

是日　区工商联联合区法院、区市场监管局、中国银行大渡口支行等单位，来到万吨冻品市场，开展食品领域安全宣传教育活动，教育引导食品企业守法诚信经营、履行社会责任，确保人民群众“舌尖上的安全”。区委常委、统战部部长王涛，区工商联、区法院、区市场监督管理局相关领导出席，区餐饮商会、万吨冻品市场商户代表等参加了活动。

27日　区人大常委会组织人大代表视察“污水偷排、直排、乱排专项整治行动”开展情况。区人大常委会主任马春，副主任罗雨、先大友、李青、常永官、罗先德，区政府副区长钟渝，部分区人大代表及区级相关部门负责人参加。

28日　区“四套班子”领导联席会议第8次会议召开。区委书记王俊主持会议。区委副书记、区长姚斌，区政协主席张琼，区委副书记陈中举等有关区级领导出席会议。会议听取了区委常委、区政府副区长推动分管领域重点工作计划及建议的汇报，听取了“抓兑现落实、促高质量发展”执行力提升行动月情况的汇报，听取了1—4月全区固定资产投资及重点项目推进情况、1—4月全区招商引资工作情况、“雪亮工程”建设情况、精准扶贫帮困“一对一”结对帮扶方案的汇报，研究部署了当前重点工作。会议传达学习了《中共重庆市委办公厅关于印发〈认真落实中央“基层减负年”要求切实解决形式主义突出问题的具体措施〉的通知》精神。

是日　区政协召开党组中心组（扩大）学习会议。区政协党组书记、主席张琼，副主席刘安东、袁凯明、邹文炬、周进源、黄万秋、胡军，秘书长李贤敏及区政协各委室负责人、机关全体干部参加会议。刘安东主持会议。会议传达学习了市委五届六次全会精神以及陈敏尔在全市解决“两不愁三保障”突出问题暨巡视考核整改工作专题会议上的讲话精神，并书面学习《中共重庆市委关于脱贫攻坚专项巡视整改进展情况的通报》精神。

29日　上午，召开推动长江经济带发展领导小组2019年第一次全体会议，区委副书记、区政府区长、领导小组组长姚斌，区委常委、区政府常务副区长徐晓勇，区政府副区长舒莉、钟渝出席会议，区级有关部门主要负责人参加会议。徐晓勇主持会议。会议学习贯彻习近平总书记在深入推动长江经济带发展座谈会上的重要讲话精神，传达学习重庆市推动长江经济带发展领导小组第四次全体会议精神。会议还审议了《关于调整大渡口区推动长江经济带发展领导小组的通知（讨论稿）》及《大渡口区推动长江经济带发展2019年工作要点（讨论稿）》。

30日　中国共产党大渡口区第十二届委员会第六次全体会议召开。全会的主要任务是，以习近平新时代中国特色社会主义思想为指导，深入学习贯彻习近平总书记视察重庆重要讲话和在解决“两不愁三保障”突出问题座谈会上的重要讲话精神，全面贯彻习近平总书记对重庆提出的“两点”定位、“两地”“两高”目标、发挥“三个作用”和营造良好政治生态的重要指示要求，认真落实市委五届六次全会部署，进一步统一思想、深化认识、凝聚力量，动员全区广大干部群众牢记嘱托、不负使命，锐意进取、奋发有为，坚决打赢打好精准扶贫帮困攻坚战，努力为重庆在推进西部大开发形成新格局中展现新作为实现新突破做出新贡献，以优异成绩迎接新中国成立70周年。全会由区委常委会主持。区委书记王俊讲话。全会听取和讨论王俊受区委常委会委托做的工作报告和抓党建工作报告，审议通过《中共大渡口区委关于深入学习贯彻习近平总书记视察重庆重要讲话精神在推进西部大开发形成新格局中展现新作为实现新突破的决定》和《中共大渡口区委大渡口区人民政府关于贯彻落实习近平总书记在解决“两不愁三保障”突出问题座谈会上重要讲话精神的实施意见》和全会决议。区委副书记、区长姚斌做说明。区委委员、区委候补委员出席会议。党员区领导；非中共党员区领导；正厅级离退休老同志；区纪委常委、区监委委员、区委巡察组组长；区人大常委会、区政协内设机构主要负责人，区级各部门、群团、区属国有企业主要负责人，镇街党政主要负责人，“四大重点板块”管委会筹备组、“四大支柱产业”工作组负责人；市级部门、单位驻区分支机构主要负责人；在区市党代表，部分基层区党代表；在区水、电、气、通信企业及重点企业等单位主要负责人；市级有关投资集团负责人；部分金融机构主要负责人；村、社区党组织书记代表列席会议。

31日《光明日报》头版以《小社区大幸福》为题，对大渡口区“五品家园”“德分宝”等内容进行了报道。

是日　区第十三届人大常委会第十八次会议召开。区人大常委会主任马春，副主任罗雨、先大友、李青、常永官、罗先德，常委会组成人员参加会议。区政府副区长刘正光，区法院院长伍星，区检察院检察长李荣辰，区监委有关负责人，区人大各专门委员会、常委会各委室、区政府办公室、区经济信息委、区司法局、区财政局、区人力社保局、区审计局等部门负责人，部分区人大代表列席会议。马春主持会议。会议传达学习了市委五届六次全会、区委十二届六次全会精神。

是日　重庆市台协台青会、大渡口区工商联青委会开展两岸青年企业家走进大渡口活动，市委台办副主任刘建南，市工商联党组成员、副巡视员谢华民，区委常委、统战部部长王涛，市委统战部、市委台办、市工商联以及市台协台青会、大渡口区工商联青委会相关负责人和40余位两岸青年企业家一同参加活动。

6月

3日　下午，重庆市委党校2019年第2期主体班分类别专题教学方向二（创新驱动发展战略）班到大渡口区天安数码城开展“双创”空间建设现场教学。

4日　区委理论学习中心组举行学习会，学习贯彻习近平总书记在“不忘初心、牢记使命”主题教育工作会议上的重要讲话精神，以及全市“不忘初心、牢记使命”主题教育工作会议精神，学习《中共中央关于在全党开展“不忘初心、牢记使命”主题教育的意见》，研究贯彻落实措施。区委书记王俊主持会议并讲话。区委副书记、区长姚斌，区人大常委会主任马春，区政协主席张琼，区委常委参加学习会。区人大常委会、区政府、区政协有关负责人，区法院、区检察院主要负责人参加。

是日　下午，纪念“六五”环境日新闻发布会在区生态环境局举行，通报了2018年大渡口区环境质量状况以及下一步重点环保工作。区委宣传部、区生态环境局相关负责人以及重庆日报、重庆晨报、华龙网、人民网、大渡口电视台、大渡口报、大渡口新媒体等新闻媒体参加发布会。

7日　倪光南院士工作站揭牌仪式暨允升工业互联网云服务平台发展研讨会在大渡口区举行。中国工程院院士倪光南为重庆允升科技有限公司院士专家工作站揭牌。区委副书记、区长姚斌，市经济信息委党组成员、总工程师赵刚，市科协党组成员、副主席李彦，副区长唐勇，有关专家、企业代表，市区相关单位负责人等出席。唐勇主持。

11日　下午，“央媒走进大渡口•聚焦基层党建”采访活动在大渡口区举行。人民日报、光明日报、经济日报、中国日报、中央人民广播电台、工人日报、农民日报、中国新闻社、中华工商时报、科技日报等中央主流媒体走进大渡口区各个基层党组织，就创新党建工作的开展进行现场采访。区委常委、宣传部部长郭诏彬，区委常委、组织部部长江永昌出席活动，区委组织部、区委非公有制经济组织和社会组织工作委员会、区新闻中心相关领导参加活动并陪同采访。

是日　中国少年先锋队重庆市大渡口区第六次代表大会在区实验小学锦天校区多功能厅隆重召开。团市委副书记谭涵之，区委副书记陈中举，区政府副区长舒莉，团市委中学与少先队工作部部长、市少工委副主任范伟及区级有关部门负责人参加此次大会。

13日　下午，2019年“汇聚双创活力•澎湃发展动力”全国大众创业、万众创新活动周大渡口区分会场活动启动仪式在天安云谷一期下沉广场举行，区级相关部门、科技型企业及众创空间人员参加启动仪式。区人大常委会副主任罗雨、区政府副区长唐勇出席活动。

是日　区人大常委会举行“人大代表助力高质量发展”活动周启动仪式。区人大常委会主任马春，市人大常委会人代工委副主任蒋元文，区人大常委会副主任罗雨、先大友、常永官、罗先德，市人大常委会人代工委联络处相关负责人，区委宣传部、区政府办公室负责人，区人大各专门委员会、常委会各委室、各镇街人大负责人及部分区、镇人大代表共计120余人参加启动仪式。先大友主持仪式。先大友通报了大渡口区人大常委会2019年度“代表活动周”的有关内容和安排。罗雨宣读了《大渡口区人大常委会办公室关于组建代表服务队和开展代表服务队活动的通知》，与会领导分别向6支代表服务队授牌。

18日　下午，区委理论学习中心组召开（扩大）学习会。市委宣讲团成员、市市场监管局党组书记、局长唐英瑜来区做习近平总书记视察重庆重要讲话精神暨扎实开展“不忘初心、牢记使命”主题教育宣讲。王俊、姚斌、马春、张琼、陈中举等全体在家区级领导参加会议。区委副书记陈中举主持会议。区管处级领导干部，市级部门驻区分支机构主要负责人，区法院、区检察院处级干部参加会议。

是日　区委统战部组织召开“建桥同心园”党派市委会实践基地联席会暨“走进大渡口”招商引资考察活动，市委统战部和各民主党派市委会相关领导出席活动，区委常委、统战部部长王涛，民建区委会主委、区人大常委会副主任李青，农工党区委会主委、区政协副主席周进源，区委统战部、区招商投资局相关负责人及各民主党派区委会专职副主委参加会议并陪同调研考察。王涛主持会议。

20日 市委副书记、市长唐良智前往大渡口区，开展“不忘初心、牢记使命”主题教育调研。

是日 区委理论学习中心组（扩大）学习会召开，专题学习党内法规制度建设等内容。会议邀请到市委办公厅副主任、市档案局局长龚建海做题为“深入学习贯彻习近平新时代中国特色社会主义思想加强党内法规制度建设”的辅导报告。全体在家区级领导、区管处级领导干部、市级部门驻区分支机构主要负责人、各镇街各部门各单位从事党内法规主要负责人参加会议。

是日 市体育局局长丁洪带调研组来区，就重庆康体城建设工作情况展开专题调研。区政府区长姚斌，区人大常委会主任马春，区委常委、常务副区长徐晓勇，市城投集团及区相关单位负责人等参加。

21日 大渡口万达广场正式开业。大渡口万达广场是重庆区域的第九座万达广场，也是整个重庆区域2019年唯一开业的主城项目，将对大渡口区完善城市功能、提升城市品位、引领现代服务业发展起到推动作用，为市民带来全新的生活消费体验。

是日 区政协九届三十一次主席会议召开，专题协商全区学前教育改革。区政协主席张琼，副主席刘安东、袁凯明、邹文炬、周进源、黄万秋，秘书长李贤敏，区政府副区长唐勇出席会议，区级有关部门、区政协机关各委室、区各民主党派负责人参加会议。刘安东主持会议。

25日 区第十三届人大常委会召开第三十六次主任会议，听取区政府关于内陆开放高地建设工作推进情况、职业教育发展情况的报告。区人大常委会主任马春，副主任罗雨、先大友、李青、常永官、罗先德参加会议。区政府副区长舒莉，区纪委派驻纪检组、区人大各专门委员会、常委会各委室、区政府办、区教委、区商务委负责人列席会议。马春主持会议。会议听取了区政府关于内陆开放高地建设工作推进情况的报告。会议听取了区政府关于职业教育发展情况的报告。会议通过了《区人大常委会对区政府关于2018年度法治政府建设情况报告的审议意见》《区人大常委会对区政府关于民营企业发展法治环境工作情况报告的审议意见》《区人大常委会对〈重庆市预算审查监督条例〉贯彻实施情况执法检查报告的审议意见》。

26日 大渡口区“感恩生命，健康生活”——2019全民禁毒宣传月主题活动在步行街举行。区长姚斌，区委常委、政法委书记孟德华，区人大常委会副主任罗先德，区政府副区长、区禁毒委主任、区公安分局局长刘正光，区政协副主席刘安东，区禁毒委成员单位、各镇街干部群众、禁毒社工、禁毒志愿者、全区各中小学师生代表1000余人参加活动。

27日 区人大常委会开展宪法宣传和“七五”普法专项视察。区人大常委会主任马春，副主任先大友、李青、常永官、罗先德，区人大各专门委员会、区人大常委会各委室、区司法局负责人参加。

28日 下午，大渡口区宣传文化系统举行纪念建党98周年“学重要论述·增强‘四力’”知识竞赛，来自区委宣传部、区文化旅游委、区新闻宣传中心以及各镇街的11支队伍参加了竞赛。区委常委、宣传部部长郭诏彬，区委宣传部、区文化旅游委、区新闻宣传中心、各镇街相关单位负责人及全区宣传文化系统干部职工参加了此次活动。

7月

1日 区长姚斌赴茄子溪街道制材二村，就居民楼生活污水直排进入雨水沟问题展开调研，并召开现场办公会研究解决办法。

4日 全区教育大会召开，深入学习贯彻习近平总书记关于教育的重要论述，全面贯彻落实全国、全市教育大会精神，研究部署教育工作。区委书记王俊出席会议并讲话。区委副书记、区长姚斌安排部署工作。区人大常委会主任马春、区政协主席张琼，区委、区政府全体领导，区人大常委会、区政协分管领导出席会议。区委副书记陈中举主持会议。

11日 下午，市委宣传部副部长、市文明办主任马岱良一行来到跃进村街道堰兴社区调研新时代文明实践中心建设并召开调研座谈会。区委常委、宣传部部长郭诏彬，市委宣传部文明调研处、文明秘书处负责人，区卫生健康委、区科技局、区文化馆、八桥镇等单位负责人以及志愿服务组织代表参加。

15日 召开配合中央第四生态环境保护督察组来渝督察工作动员会，传达贯彻中央第四生态环境保护督察组督察重庆市工作动员电视电话会议精神，区委书记王俊做动员讲话。区长姚斌主持会议。马春、张琼、陈中举等全体在家区级领导、区管处级领导干部、市级部门驻区分支机构主要负责人参加会议。

是日 区委书记王俊主持召开区委常委会第106次会议。区委常委出席会议。区人大常委会、区政协党组主要负责人，区人大常委会、区政府、区政协负责人，区法院、区检察院负责人，有关区级部门负责人等列席会议。会议审议并原则同意《关于党的十九大以来我区贯彻落实中央八项规定精神情况的报告（送审稿）》。

17日 召开7月份环保工作调度会。区长姚斌、副区长钟渝，区纪委监委、区委办公室、区政府办公室、区发改委、区经信委、区住房城乡建委、区生态环境局、区交通局等单位负责人，各镇街负责人、大晟公司、建桥公司、地产集团、渝富集团、城投集团相关负责人参加会议。钟渝主持会议。会议学习了《中央生态环境保护督察群众信访举报问题办理要求》；调度有关生态环境问题整治情况；研究部署了中央生态环境保护督察第五批档案资料整理工作。

18日 区纪委监委召开全区纪检监察工作会议，传达学习中央纪委国家监委"不忘初心、牢记使命"主题教育专题党课暨全国纪检监察工作会议精神和全市纪检监察工作会议精神，对下半年工作进行部署。区委常委、区纪委书记、区监委主任汪建出席会议并讲话。

19日 市委书记陈敏尔前往大渡口区、九龙坡区，调研生态环境保护工作，听取全市中央生态环境保护督察交办问题整改情况汇报，督促推进整改落实工作。市领导王赋、李明清、徐代银参加调研。

是日 区委书记王俊主持召开区委常委会第107次会议。区委常委出席会议。区人大常委会、区政协党组主要负责人，区人大常委会、区政府、区政协负责人，区法院、区检察院负责人，有关区级部门负责人等列席会议。

22日 区委书记王俊率队先后前往茄子溪街道制材二村、跳磴镇小南海水泥厂和跃进村街道卉星街，现场督办中央环保督察组交办的信访案件。副区长钟渝参加现场督办。

23日 区长姚斌率队现场办公，视察重点项目推进情况，对项目推进过程中存在的问题进行了梳理和协调。区委常委、常务副区长徐晓勇，副区长唐勇及相关部门、业主单位负责人参加视察。

是日 由区退役军人事务局联合区就业局主办的退役军人就业服务专场招聘会在区"智慧"人力资源市场举行。区人武部部长程超旗出席活动。针对退役军人特点和求职意向，精选20余家优质企业、50多种职位、600多个就业岗位提供选择，从方案设计上做到精准服务，岗位类型包括管理类、销售类、技术类等多个类别。据悉，现场80%与会人员递交了求职简历。

24日 在全国和重庆市征兵工作电视会议之后，大渡口区紧接着召开2019年度征兵工作会议，总结经验，分析形势，部署任务，进一步统一思想、明确要求，动员全区各级各部门坚持精准发力，扎实抓好年度征兵工作，高标准完成年度征兵工作任务。区政府副区长、区征兵领导小组副组长舒莉出席会议，区人武部部长、区征兵领导小组副组长程超旗主持会议。

25日 区第十三届人大常委会召开第三十七次主任会议。区人大常委会主任马春，副主任罗雨、先大友、李青、常永官、罗先德参加会议。区政府副区长唐勇，区法院院长伍星，区人大各专门委员会、常委会各委室、区政府办公室、区住房城乡建委、区市场监管局负责人列席会议。马春主持会议。会议听取了区政府关于市场监督管理工作情况的报告。听取了区住房城乡建委关于区十三届人大第三次会议代表建议办理工作情况的报告。听取了区法院关于民商事审判工作情况的报告。会议议定了区第十三届人大常委会第十九次会议有关事宜。听取了区人大常委会办公室关于召开区第十三届人大常委会第十九次会议建议方案的汇报，听取了区人大财经委关于常委会听取和审议《区政府关于2019年1—6月国民经济和社会发展计划执行情况的报告》《区政府2019年1—6月预算执行情况的报告》准备情况的汇报，听取了区人大常委会人代工委关于人事任免有关事项准备工作的汇报。

26日 区政协九届十五次常委会召开，重点协商“四大重点板块”建设工作。区政协主席张琼出席会议并讲话。区委常委、区政府常务副区长徐晓勇，区政协副主席刘安东、袁凯明、邹文炬、周进源、黄万秋、胡军，秘书长李贤敏，区政协全体常委，以及区政协各委室，区各民主党派和人民团体，区级相关部门负责人等参加会议。“四大重点板块”建设责任单位通报了各板块工作推进情况、存在的主要问题和不足、下一步工作打算，区相关部门进行了补充发言。会议还审议并原则通过《政协大渡口区委员会委员履职工作规则（送审稿）》，书面通报区检察院2019年上半年工作情况。

29日 下午，区委书记王俊率队前往八桥镇公民村，实地督办中央环保督察组交办的信访案件，要求以此次中央环保督察整改为契机，坚持问题导向，从严从实抓好问题整改。区长姚斌、副区长钟渝参加督办。

30日 区委理论学习中心组举行学习会。区委书记王俊主持会议并讲话。区委副书记、区长姚斌，区人大常委会主任马春，区政协主席张琼，区委副书记陈中举，区委常委参加学习会。区人大常委会、区政府、区政协负责人，区法院、区检察院主要负责人参加。会议学习贯彻习近平生态文明思想和习近平总书记对重庆生态环境保护工作的重要指示精神，以及陈敏尔在“不忘初心、牢记使命”主题教育集体调研考察学习交流会和专题党课报告时关于生态环境保护的工作要求，听取大渡口区配合中央环保督察工作推进情况汇报。

是日 区委全面依法治区委员会召开第一次会议。区委书记、区委全面依法治区委员会主任王俊主持会议并讲话。区委副书记、区长姚斌，区人大常委会主任马春，区政协主席张琼，区委副书记陈中举，区委全面依法治区委员会委员出席会议。会议传达学习了中央全面依法治国委员会第一次、第二次会议精神及市委全面依法治市委员会第一次会议精神，传达学习了中共中央办公厅、国务院办公厅《法治政府建设与责任落实督察工作规定》，审议了依法治区工作文件，安排部署了依法治区工作。

是日 下午，区委书记、区人武部党委第一书记王俊主持召开区委议军会议，研究了驻区部队建设中的相关问题，推动国防动员和后备力量建设再上新台阶。区委副书记、区长姚斌，区人大常委会主任马春，区政协主席张琼，区委副书记陈中举等全体区级领导出席会议。区委、区政府有关部门主要负责人，市级部门驻区分支机构及驻区部队有关单位主要负责人参加会议。

31日 在八一建军节来临之际，区委书记王俊率四套班子领导，带着全区人民对子弟兵的深情厚谊和美好祝愿，赴重庆警备区等地开展拥军活动。重庆警备区政治委员刘伟，区领导马春、张琼、邱晓宁、舒莉、程超旗等参加活动。

是日 区委书记王俊、区人大常委会主任马春走访慰问交巡警、环卫工人，向他们送上了丝丝清凉和浓浓关怀。区人大常委会副主任先大友、区政府副区长舒莉、区政协副主席刘安东等参加慰问。

是日 区第十三届人大常委会第十九次会议召开。区人大常委会主任马春，副主任罗雨、先大友、李青、常永官、罗先德，常委会组成人员参加会议。区委常委、区政府副区长徐晓勇，区法院院长伍星，区检察院代理检察长许创业，区监委相关负责人，区人大各专门委员会、常委会各委室、区政府办公室、区发展改革委、区财政局、各镇街人大负责人以及部分人大代表列席会议。马春主持会议。会议听取和审议了区政府关于2019年1—6月国民经济和社会发展计划执行情况的报告，听取了区人大财经委关于区政府2019年1—6月国民经济和社会发展计划执行情况的调研报告。会议表决通过了区法院关于提请任命柏昌祺等41人为人民陪审员的议案。

8月

3日 由市委宣传部、市文明办、市体育局、大渡口区委、大渡口区人民政府主办，大渡口区委宣传部、区委网信办、区体育局、团区委承办的“重庆志愿服务季”——2019全民健身日“好体育人在行动”志愿服务活动在大渡口区政府广场举行，千余名来自全市各地的“好体育人”志愿者及市民一起参加活动。市委宣传部副部长、市文明办主任马岱良，市体育局党组成员、副局长周庆春，区委常委韩瑞碧，副区长舒莉等出席启动仪式。周庆春主持仪式。

是日　区委理论学习中心组组织代表团赴成都学习考察。区人大常委会主任马春、区政协主席张琼等区领导参加考察。成都市高新区管委会巡视员王平，成都市天府新区党工委委员、党群工作部部长林锐等陪同考察。

6日　召开2019年半年经济形势分析会，总结今年上半年全区经济工作，安排部署下一阶段任务。区委书记王俊，区委副书记、区长姚斌，区人大常委会主任马春、区政协主席张琼、区委副书记陈中举等全体在家区级领导出席会议。姚斌主持会议。会议通报和分析了2018年市对区政绩考核工作情况及2019年上半年全区经济运行情况。2018年度，大渡口区经济社会发展考核位列考核第一组（22个区）第13位，列主城区第六位，较2017年获得大幅度进位。区委各部委，区人大常委会、政协内设机构主要负责人，区级各部门、人民团体、区属国有企业主要负责人，各镇街党政主要负责人，市级部门、单位驻区分支机构主要负责人，部分中央及市属在区重点国有企业，辖区部分金融机构、民营企业主要负责人参加会议。

14日　全国人大常委会委员、民进中央副主席王刚一行来区，调研民进大渡口区委会开展“不忘合作初心，继续携手前进”主题教育活动和社会服务工作情况。民进重庆市委会主委、市政协副主席陈贵云，中共大渡口区委常委、统战部部长王涛，民进区委会主委胡桂泉等陪同调研。调研组在重庆市旅游学校召开座谈会，会议由陈贵云主持。

是日　中共大渡口区委召开统一战线工作领导小组2019年度第一次全体会议暨暑期谈心座谈会。区委书记、区委统一战线工作领导小组组长王俊出席并讲话。区委副书记陈中举主持会议。区领导韩瑞碧、王涛、舒莉、毛伟、唐勇、袁凯明、胡军等出席会议。各民主党派区委、区工商联负责人，区无党派人士代表，及区级有关部门、统战团体负责人参加会议。会议传达学习了《中共中央关于加强中国特色社会主义参政党建设的意见》精神，审议并原则通过《区委统一战线工作领导小组2019年工作要点》《关于调整“建桥同心园”建设协调领导小组成员名单的工作方案》《统战系统助推招商引资工作办法（试行）》等文件，听取了“建桥同心园”工作汇报。区各民主党派、工商联负责人和无党派人士代表围绕参政党自身建设和“建桥同心园”建设进行了交流发言。

26日　2019中国国际智能产业博览会（简称“智博会”）在重庆悦来国际会议中心开幕。大渡口区展位位于S2馆003号，展区面积140平方米，参展企业共12家，包括国际复合、微浪生物、万家燕、观度科技、九洲星熠、云停智联等企业，主要涉及大数据、工业互联网、生物医药、新材料等产业领域。其中海康威视、允升公司、云停智联、瀚云（重庆）等区内重点企业在中央大厅、N7、S3等场馆处还设有独立展台。

是日　在2019中国国际智能产业博览会暨第二届中国·重庆国际友好城市市长圆桌会上，立陶宛拉德维利什基斯市与大渡口结为友好城市。区委副书记、区长姚斌出席双方建立友好合作关系谅解备忘录签字仪式。

28日　下午，民建中央组织部部长李维平来区调研基层组织规范化建设工作。重庆市人大常委会副主任、民建市委会主委沈金强，中共大渡口区委书记王俊，区政协主席张琼会见了调研组一行。民建重庆市委巡视员、专职副主委杨亚丽，中共大渡口区委常委、统战部部长王涛，区人大常委会副主任、民建大渡口区委主委李青等陪同调研。

9月

3日　区委理论学习中心组举行学习会，学习贯彻中共中央政治局会议精神、中央财经委员会第五次会议精神、习近平总书记在内蒙古考察并指导开展“不忘初心、牢记使命”主题教育时的重要讲话精神、习近平总书记向2019中国国际智能产业博览会致贺信精神，学习贯彻《中国共产党宣传工作条例》等。区委书记王俊主持会议并讲话。区委副书记、区长姚斌，区人大常委会主任马春，区政协主席张琼，区委副书记陈中举，区委常委，区人大常委会、区政府、区政协有关负责人，区法院、区检察院主要负责人参加学习会。

是日 全国政协副秘书长、农工党中央专职副主席兼秘书长曲凤宏，农工党中央组织部部长邓蓉玲一行来到大渡口区，调研基层组织规范化建设工作。中共大渡口区委书记王俊会见了调研组一行。农工党重庆市委专职副主委姚树，中共大渡口区委常委韩瑞碧，区政府副区长江欣，区政协副主席、农工党大渡口区委主委周进源等陪同调研。调研组在区政府东600会议室召开座谈会，会议由姚树主持。

4日 全区公安工作会议召开。区委书记王俊出席并讲话。区委政法委、区法院、区检察院、区司法局、区信访办、区应急管理局主要负责人及分管负责人，各区级有关部门主要负责人，各镇街党政主要负责人、分管负责人和综治办主任、司法所所长，各相关市级部门驻区分支机构主要负责人，各区属国有企业主要负责人，区公安分局副科职以上领导干部及民警、辅警代表参加会议。

9日 召开第三十五个教师节庆祝大会，区委副书记、区长姚斌，区委副书记陈中举，区人大常委会副主任李青，副区长唐勇，区政协副主席胡军出席会议。会议通报表扬了2018—2019学年度优秀教师、优秀教育工作者，并颁发了相关证书。随后，全国优秀教师、重庆市优秀教师、大渡口区优秀教师（援藏干部）代表分别做了发言。区级有关部门负责人，全区2018—2019学年度优秀教师、优秀教育工作者、全区各学校书记、校（园）长等近200人参加会议。

是日 大渡口创建市级双拥模范城工作推进会在区政府大楼西341会议室召开。区委副书记、区双拥工作领导小组副组长陈中举，区委常委、区人武部政委、区双拥工作领导小组副组长邱晓宁，区政府副区长、区双拥工作领导小组副组长刘正光出席会议。区退役军人事务局领导、区双拥工作领导小组成员单位及各镇街分管领导参加会议。

10日 区委书记王俊主持召开区委常委会第113次会议。区委常委出席会议。区人大常委会、区政协党组主要负责人，区人大常委会、区政府、区政协负责人，区法院、区检察院负责人，有关区级部门负责人等列席会议。会议学习贯彻习近平总书记在中央党校（国家行政学院）中青年干部培训班开班式上的重要讲话精神。区委常委会成员积极交流学习心得体会。

是日 区委书记王俊率队看望慰问部分教师和教育工作者，区领导陈中举、李青、唐勇、胡军等一同慰问。

11日 全区“不忘初心、牢记使命”主题教育工作会议召开。区委书记、区委“不忘初心、牢记使命”主题教育领导小组组长王俊出席会议并讲话。市委第六巡回指导组组长黎勇讲话。区委副书记、区长姚斌主持。区人大常委会主任马春、区政协主席张琼、区委副书记陈中举，市委第六巡回指导组副组长郎晓莉、赵学建，全体区级领导干部出席会议。

12日 区委理论学习中心组举行(扩大)学习会，学习贯彻习近平总书记在“不忘初心、牢记使命”主题教育工作会议上的重要讲话精神。区委书记王俊主持会议并讲话。区人大常委会主任马春，区政协主席张琼，市委巡回指导六组副组长赵学建，区委副书记陈中举，区委常委参加学习会。区人大常委会、区政府、区政协有关负责人，区法院、区检察院主要负责人参加。

16日 区委、区政府领导班子“不忘初心、牢记使命”主题教育研讨读书班以“共产党人的初心和使命”为主题举行第一次集体学习会。区委书记、区委“不忘初心、牢记使命”主题教育领导小组组长王俊主持并讲话。区委副书记、区长姚斌，区委副书记陈中举，区委、区政府领导班子参加读书班研讨交流。会议学习了习近平总书记在中央政治局第十五次集体学习时的重要讲话精神、习近平总书记在内蒙古考察并指导开展“不忘初心、牢记使命”主题教育时的重要讲话精神。部分区领导围绕主题做了交流发言。

18日 市人大常委会副主任王越一行来区，慰问抗美援朝老兵甯德明。市人大法制委、市人社局、市商务委、市卫健委相关负责人参加。

是日 区第十三届人大常委会召开第三十九次主任会议，区人大常委会主任马春，副主任罗雨、先大友、李青、常永官、罗先德参加会议。区政府副区长钟渝，区人大各专门委员会、常委会各委室、区政府办公室、区住房城乡建委、区城市管理局、区农业农村委负责人列席会议。马春主持会议。会议听取了区政府关于乡村振兴战略行动计划实施情况的报告。听取了区政府关于城市提升行动计划实施情况的报告。议定了区第十三届人大常委会第二十次会议有关事宜。

18日 下午，举行2019年山体滑坡事件暨重庆工业文化博览园突发事件综合应急演练，根据应急预案，调动了专业抢险队伍及设备赶赴现场，全面演示了预报、决策、调度、抢险等各个环节。区政府副区长舒莉，区相关单位负责人参加演练。

19日 区委坚决打好防范化解重大风险攻坚战领导小组专题会召开，深入学习贯彻习近平总书记在省部级主要领导干部坚持底线思维防范化解重大风险专题研讨班、全国公安工作会议上的重要讲话和视察重庆重要讲话精神，认真落实陈敏尔书记关于防范化解重大风险攻坚战的讲话要求，研究部署防范化解重大风险攻坚战工作。区委书记、区委坚决打好防范化解重大风险工作领导小组组长王俊出席会议并讲话。区委副书记、区政府区长姚斌主持会议。陈中举、汪建、韩瑞碧、孟德华、郭诏彬、徐晓勇、刘德毅等区领导，各专项小组成员单位主要负责人，各镇街主要负责人和政法书记参加会议。

是日 召开厅级离退休干部半年情况通报会，离退休老干部与区领导欢聚一堂，共叙发展，共话未来。区长姚斌，区政协主席张琼，区委副书记陈中举，区委常委、区纪委书记、区监委主任汪建，区委常委韩瑞碧，区委常委、区政府常务副区长徐晓勇，区委常委、区委组织部部长刘德毅，区人大常委会副主任罗雨等参加会议。陈中举主持会议。

是日 市退役军人事务局党组副书记、副局长张维仓带领考评检查组来区考评检查市双拥模范城创建工作。区委副书记、区长姚斌，区委副书记、区双拥工作领导小组副组长陈中举，区领导邱晓宁、刘正光、钟渝、程超旗参加。

是日 市委常委、政法委书记刘强赴大渡口区、渝北区调研“防风险保安全护稳定迎大庆”工作时强调，他先后来到大渡口区伏牛溪片区、九宫庙商圈、区公安分局指挥中心，渝北区两路派出所、双凤桥换乘枢纽站、区综治中心等地实地调研，了解基层推进防风险保安全护稳定迎大庆工作情况，摸实情、听意见、出对策。

20日 中共大渡口区委召开双月座谈会，听取各民主党派、工商联和无党派人士代表对大渡口区推进内陆开放高地建设工作的意见建议。区委常委韩瑞碧，区政府副区长舒莉出席会议。

25日 由区委宣传部、政协大渡口区委员会办公室、区文化和旅游发展委员会、区文学艺术界联合会主办，区文化馆、区书法家协会、区美术家协会、区摄影家协会、区楹联学会承办的“壮丽七十年·登攀新时代”大渡口区庆祝新中国成立70周年书法美术摄影作品联展在区政府广场开幕。联展收到书法、美术、摄影作品300余件，面向全国征集楹联作品800余件。经过专家对所有来稿作品进行初评、复评、终评后，本着公开、公平、公正的原则，评出了获奖入展作品120件。其中各类别一等奖5件，二等奖10件，三等奖25件，另由区楹联学会推荐20幅优秀楹联，由区书协组织书法家书写展出。

26日 区政法系统庆祝中华人民共和国成立70周年座谈会在区机关办公大楼300人会议厅召开。区委常委、政法委书记孟德华，区领导刘正光、伍星、许创业、郭尔特出席会议。会议由刘正光主持。会议宣读了《关于表彰王春苗等10人为大渡口区“新时代最美政法人”的通报》，并为10名“新时代最美政法人”进行了颁奖。参会人员观看了《新时代·新担当》大渡口区“新时代最美政法人”宣传视频和《辉煌70载·奋进新时代——致敬政法先锋》宣传视频。随后，区“新时代最美政法人”代表、中华人民共和国成立以来大渡口区获得省部级以上表彰的“政法先锋”代表、区政法干警代表进行了发言。

27日 区委理论学习中心组举行学习会。区委书记王俊主持会议并讲话。区委副书记、区长姚斌，区人大常委会主任马春，区政协主席张琼，区委副书记陈中举，区委常委参加学习会。区人大常委会、区政府、区政协负责人，区检察院主要负责人参加。会议学习贯彻习近平总书记对地方人大及其常委会工作重要指示精神和市人大常委会纪念地方人大设立常委会40周年座谈会精神；学习贯彻中央政协工作会议暨庆祝人民政协成立70周年大会精神。

是日 区第十三届人大常委会第二十次会议召开。区人大常委会主任马春，副主任罗雨、先大友、李青、常永官、罗先德，常委会组成人员参加会议。区委常委、区政府常务副区长徐晓勇，区法院院长伍星、区检察院代理检察长许创业，区监委有关负责人，区纪委派驻纪检组、区人大各专门委员会、常委会各委室、区政府办公室、区财政局、区审计局、各镇街人大负责人及部分区人大代表列席会议。会议听取和审议了区政府关于2018年财政决算情况、2018年度区级预算执行及其他财政收支情况审计工作的报告，听取了区人大财经委对2018年大渡口区财政决算（草案）审查结果的报告。会议听取了区政府关于提请审议2019年大渡口区财政预算调整方案的议案，听取了区人大财经委关于对区政府2019年大渡口区财政预算调整方案（草案）审查结果的报告，表决通过了《重庆市大渡口区人民代表大会常务委员会关于批准2019年大渡口区财政预算调整方案的决议》。会议表决通过了有关人事任免事项，马春颁发了任命书，新任命的国家工作人员进行了宪法宣誓。会议还表决通过了《重庆市大渡口区人民代表大会常务委员会关于接受江永昌等辞去区人大代表职务请求的决定》。

是日 区政协九届十六次常委会召开，传达学习习近平总书记在中央政协工作会议暨庆祝中国人民政治协商会议成立70周年大会上的重要讲话精神，重点通报区政协九届三次会议以来提案办理情况。区政协主席张琼出席会议并讲话。区政府副区长唐勇，区政协副主席袁凯明、邹文炬、周进源、黄万秋、杨金胜，秘书长李贤敏，区政协全体常委，以及区政协各委室、各民主党派、区级相关部门等负责人参加会议。会议传达学习了习近平总书记在中央政协工作会议暨庆祝中国人民政治协商会议成立70周年大会上的重要讲话精神。

28日 上午，重庆工业博物馆正式开馆。市委常委、宣传部部长张鸣，市人大常委会副主任王越、市政协副主席周克勤出席开馆仪式。王俊、姚斌、马春、张琼等区领导，渝富集团党委书记、董事长李剑铭参加了开馆仪式。工信部工业文化发展中心、全国工业博物馆联盟及成员单位代表，市级部门、文博单位、行业协会、在渝重点企业、大渡口区、渝富集团有关单位代表和博物馆之友等参加了开馆仪式。

30日 上午，大渡口区烈士纪念活动在重钢护厂烈士陵园举行。区委副书记陈中举，区人大常委会副主任罗先德，副区长钟渝，区政协副主席刘安东，区人武部部长程超旗及区机关干部、驻区部队官兵、公安干警、退役军人、教师、学生等社会各界代表近百人参加活动。

10月

1日 “点赞公民——千万市民升国旗”大渡口区庆祝中华人民共和国成立70周年活动在区政府广场举行。区委书记王俊主持，姚斌、马春、张琼、陈中举等全体区级领导参加。部分机关干部、公安民警、现退役军人、青年学生、企业职工、青年志愿者等共计1200余人参加活动。

10日 区委理论学习中心组举行“不忘初心、牢记使命”集中学习会。区委书记王俊主持会议并讲话。区委副书记、区长姚斌，区人大常委会主任马春，区政协主席张琼，区委副书记陈中举，区委常委参加学习会。区人大常委会、区政府、区政协负责人，区法院、区检察院主要负责人参加。会议学习了习近平总书记在庆祝中华人民共和国成立70周年大会上的重要讲话精神。区委常委会成员积极交流学习心得体会。

11日 上午，区委理论学习中心组召开（扩大）学习会，一起聆听第二批“不忘初心、牢记使命”重庆市优秀共产党员先进事迹巡回报告。区委书记王俊出席并致辞。市委第六巡回指导组组长黎勇，马春、张琼、陈中举等全体在家区领导参加报告会。参加报告会的还有市委第六巡回指导组成员；区管处级领导干部；区公安分局、区法院、区检察院处级干部；驻区分支机构有关负责人。

16日 区政协组织开展“聚焦污水偷排直排乱排问题”委员监督性调研视察活动。区政协主席张琼率杨金胜、胡军等住区市政协委员和部分区政协委员参加了视察。

23日 民建重庆市委员会2019年区县工作研讨会在大渡口区召开。民建中央常委、民建重庆市委主委、市人大常委会副主任沈金强出席会议并做讲话。市委统战部、民建重庆市委相关领导，区领导王俊、马春、陈中举、李青参加会议或座谈。

24日 区人大常委会开展《重庆市安全生产条例》执法检查，区人大常委会主任马春，副主任罗雨、先大友、李青、常永官、罗先德，区政府副区长江欣，区人大常委会执法检查组成员，区人大各专门委员会、常委会各委室、区政府相关部门及各镇街人大负责人参加了集中视察或座谈。

25日 区人大常委会在新山村街道开展2019年度第五次“主任走访接待日”活动。区人大常委会副主任罗雨，区人大常委会城环委负责人，新山村街道党工委书记，区人大常委会新山村街道工委主任，部分区人大代表和选民代表，区城市管理局、区交通局等部门负责人参加。

28日 上午，2019年大渡口区对口帮扶忠县工作座谈会在区机关办公大楼东600会议室召开。区政府副区长毛伟、忠县副县长甘露出席座谈会。毛伟主持会议。

30日 区委书记、区委“不忘初心、牢记使命”主题教育领导小组组长王俊主持召开“不忘初心、牢记使命”主题教育为民服务解难题调研工作座谈会。区领导姚斌、韩瑞碧、郭诏彬、徐晓勇参加。

是日 区第十三届人大常委会召开第四十次主任会议。区人大常委会主任马春，副主任罗雨、先大友、李青、常永官、罗先德出席会议。区政府副区长毛伟，区人大各专门委员会、常委会各委室、区政府办公室、区生态环境局负责人列席会议。马春主持会议。会议听取了区政府关于污染防治攻坚战工作情况的报告。听取了区政府关于生态优先绿色发展行动计划实施情况的报告。通过了区人大常委会关于开展2019年重点民生实事完成情况专项视察方案，通过了《大渡口区人大常委会关于对大渡口区人民政府2018年〈财政决算报告〉〈审计工作报告〉的审议意见》。

是日 区政协召开九届三十四次主席会，对2019年民生实事落实情况进行专题视察。区政协主席张琼，区政府副区长江欣，区政协副主席邹文炬、周进源、黄万秋、胡军，区级相关部门单位负责人、区政协各委室负责人、区各民主党派副主委参加视察。视察组先后走访了九宫庙街道社区养老服务中心、百花村隧道项目施工现场、社区体育文化公园、金科星辰幼儿园等地。

11月

1日 召开全区“不忘初心、牢记使命”主题教育调研成果交流会。区委书记、区委“不忘初心、牢记使命”主题教育领导小组组长王俊主持会议。市委第六巡回指导组组长黎勇、副组长赵学建到会指导。区委副书记、区长姚斌，区人大常委会主任马春，区政协主席张琼，区委副书记陈中举等全体区领导参加会议。

5日 区委常委会召开第118次会议，学习贯彻中国共产党第十九届中央委员会第四次全体会议精神，研究部署全区学习贯彻工作。区委书记王俊主持会议。区委副书记、区长姚斌，区人大常委会主任马春，区政协主席张琼，区委副书记陈中举，区委常委，区人大常委会、区政府、区政协负责人，区法院、区检察院主要负责人等出席会议。

6日 下午，区委“不忘初心、牢记使命”主题教育领导小组第四次会议暨全区主题教育工作交流会召开。区委书记、区委“不忘初心、牢记使命”主题教育领导小组组长王俊主持会议并讲话。区领导姚斌、陈中举、汪建、韩瑞碧、刘德毅出席会议。区委主题教育领导小组、各主题教育单位党委（党组）负责人以及区委巡回指导组组长参加会议。

7日 召开大渡口区中梁山林长制试点工作动员会。区委书记王俊，区长姚斌，区委常委、区政府常务副区长徐晓勇出席会议。区林长办公室成员单位、跳磴镇主要负责人，跳磴镇各村党支部书记、村主任以及区林场主要负责人参加会议。姚斌主持会议。

8日 上午，区委理论学习中心组赴红岩革命纪念馆参观学习。区委书记王俊，区委副书记、区长姚斌，区人大常委会主任马春，区政协主席张琼，区委常委参加学习。区人大常委会、区政府、区政协负责人，区法院、区检察院主要负责人参加。

是日 大渡口区渔民全部实现转产转业，其中不少人属于主动上岸自然转产。

12日 中共大渡口区委召开双月座谈会，专题听取区民主党派、工商联、无党派人士调研成果汇报。中共大渡口区委副书记、区长姚斌出席会议并讲话。中共大渡口区委副书记陈中举主持会议。区领导李青、毛伟、袁凯明、胡军出席会议。民革区委、民盟区委、民建区委、民进区委、农工党区委、九三学社区委、致公党区支部、区工商联、区知联会负责人分别围绕各自调研课题，从新兴产业培育发展、传统产业转型升级、大数据智能化应用、乡村振兴战略实施、企业减税降费、职业教育发展、海外人才吸纳等方面提出意见建议。

13日 “近悦远来 渝创渝新”暨第二届长江经济带创业创新大赛决赛在大渡口区举行。市人力资源和社会保障局副局长谢辛，区委常委、区政府常务副区长徐晓勇，副区长毛伟及市区相关部门负责人出席大赛。

15日 召开区委理论学习中心组（扩大）学习会，邀请市高级人民法院行政庭庭长王彦来区做依法行政专题讲座。王俊、姚斌、马春、张琼等全体在家区领导，区管处级领导干部，驻区分支机构主要负责人，区人民法院、区人民检察院处级干部参加。

19日 由区委宣传部、区文旅委、跳磴镇主办，区文化馆、跳磴镇文化分馆承办的大渡口区庆祝中华人民共和国成立70周年暨第三届文化馆总分馆成果展演在风雨舞台拉开帷幕。区人大常委会副主任李青参加活动。

20日 区第十三届人大常委会召开第四十一次主任会议，听取区政府关于2019年四大板块建设推进情况的报告，议定有关事宜。区人大常委会主任马春，副主任罗雨、先大友、李青、常永官、罗先德参加会议。区政府副区长钟渝，区人大各专门委员会、常委会各委室负责人、区政府相关部门负责人列席会议。马春主持会议。

22日 区委书记、区委“不忘初心、牢记使命”主题教育领导小组组长王俊主持召开“不忘初心、牢记使命”主题教育集中学习研讨会，认真学习贯彻党的十九届四中全会精神。与会人员集中学习了习近平总书记在十九届四中全会上的重要讲话精神，以及《中共中央关于坚持和完善中国特色社会主义制度、推进国家治理体系和治理能力现代化若干重大问题的决定》的有关内容。

25日 区人大常委会开展2019年重点民生实事完成情况及2018年重点民生实事续办情况专项视察。区人大常委会主任马春，区委常委、区政府常务副区长徐晓勇，区人大常委会副主任罗雨、先大友、李青、常永官、罗先德，区人大各专门委员会、常委会各委室、区政府相关部门负责人及部分区人大代表参加视察和座谈。

26日 区委常委会召开第120次会议，学习贯彻市委五届七次全会精神。区委书记王俊主持会议。区委副书记陈中举，区委常委，区人大常委会、区政府、区政协负责人，区法院、区检察院主要负责人等出席会议。

27日 区十三届人大常委会第二十一次会议召开。区人大常委会主任马春，副主任罗雨、先大友、李青、常永官、罗先德，常委会委员参加会议。区委常委、区政府常务副区长徐晓勇，区法院院长伍星，区检察院代理检察长许创业，区监委有关负责人，区人大各专门委员会、常委会各委室和各街道工委、各镇人大负责人，区政府办公室、区财政局（区国资办）、区司法局、区农业农村委、区规划自然资源局等部门负责人以及部分区人大代表列席会议。马春主持会议。会议听取和审议了区政府关于区十三届人大第三次会议代表建议、批评、意见办理情况的报告，听取了区人大常委会人代工委关于区十三届人大第三次会议以来代表建议、批评和意见办理情况的调研报告，并开展满意度测评。会议听取和审议了区政府关于国有资产管理情况的综合报告，并重点审议了关于行政事业性国有资产管理情况的专项报告，听取了区人大财经委关于行政事业性国有资产管理情况的调研报告。会议听取和审议了《重庆市大渡口区人民代表大会议事规则（草案）》、区人大常委会执法检查组关于《重庆市安全生产条例》贯彻情况的检查报告。会议表决通过了人事任免有关事项。

是日 区政协召开九届三十五次主席会，专题通报2019年区政协民主评议提案办理单位工作情况。区政协主席张琼，副主席刘安东、袁凯明、邹文炬、周进源、黄万秋，秘书长李贤敏出席会议。区政府副区长江欣，以及区政协各委室、各相关部门、各民主党派专职副主委参加会议。会议由邹文炬主持。

28日上午，区委理论学习中心组（扩大）学习会召开。市委宣讲团成员、市社科联党组书记、专职副主席杨清明来区做党的十九届四中全会精神宣讲。王俊、姚斌、张琼等全体在家区领导参加会议。区委常委、宣传部部长郭诏彬主持会议。区管处级领导干部、驻区分支机构主要负责人，区法院、区检察院处级干部，党的十九届四中全会宣讲团成员及理论名嘴参加会议。

29日 中国共产党大渡口区第十二届委员会第七次全体会议召开。全会由区委常委会主持。区委书记王俊讲话。全会听取和讨论了王俊受区委常委会委托做的今年以来工作报告和抓党建工作报告，审议通过《中共大渡口区委关于深入学习宣传贯彻党的十九届四中全会精神的决定》和全会决议。区委委员、区委候补委员出席会议。党员区级领导；非中共党员区级领导；正厅级离退休老同志；区纪委常委、区监委委员、区委巡察组组长；区人大常委会、区政协内设机构主要负责人，区级各部门、镇街、群团、国有公司主要负责人；市级部门、单位驻区分支机构主要负责人；在区市党代表、部分基层区党代表；在区水、电、气、通信企业及重点企业等单位主要负责人；市级有关投资集团、辖区部分金融机构主要负责人；村、社区党组织书记代表等列席会议。

12月

3日 重庆市2019年“宪法宣传周”暨“国家宪法日”主题志愿服务活动在区政府广场举行。市政府副市长、市公安局局长邓恢林，市政府副秘书长王余果，市委宣传部副部长李鹏，区领导王俊、马春、郭诏彬、刘正光等出席。区有关单位负责人，市区司法执法单位代表、志愿者代表、市民代表共1000余人参加活动。

4日 区政协九届十七次常委会召开。区政协主席张琼出席会议并讲话。区政府副区长钟渝，区政协副主席刘安东、袁凯明、邹文炬、周进源、黄万秋、胡军，秘书长李贤敏出席会议。区政协全体常委参加会议。袁凯明主持会议。会议传达学习了中国共产党大渡口区第十二届委员会第七次全体会议精神。会议审议并通过了跳磴镇人民政府驻地迁移相关事宜。会议还审议通过了区政协委员调整、委员划分专委会和委员划分界别等相关事宜，听取了关于届中增补区政协委员、区政协常委推荐提名人选的说明以及区政协委员划分专委会方案。

5日，区委常委会班子“不忘初心、牢记使命”专题民主生活会召开。区委书记王俊主持会议并讲话。市委巡回指导六组组长黎勇一行到会指导。区人大常委会、区政协党组主要负责人列席会议。

9日 市政协副主席宋爱荣率市政协委员视察团第十分团来区开展年终视察活动。市政协常委、副秘书长、联络委主任余季平等市政协委员视察团第十分团成员出席视察活动。区领导王俊、张琼、郭诏彬、王涛、舒莉、胡军陪同。宋爱荣一行先后视察了重庆工业博物馆、八桥镇融城社区文化阵地。随后，在区机关办公大楼300人会议厅，余季平主持召开了座谈会。

12日，区委新时代加强和改进人民政协工作会议召开。区委书记王俊出席会议并讲话。区委副书记、区长姚斌主持会议。区人大常委会主任马春、区政协主席张琼，区委副书记陈中举，区委常委，区政府副区长、区政协副主席，区法院、区检察院、区人武部主要负责人出席会议。住区市政协委员，区政协常委，区政协内设机构主要负责人，各民主党派、区工商联、各人民团体负责人，区级部门、各镇街、区属企业、市级部门驻区分支机构有关负责人等参加会议。

16 日 区委理论学习中心组举行专题学习会，学习贯彻中央经济工作会议精神，学习贯彻习近平总书记在中央政治局第十八次、第十九次集体学习时的重要讲话精神，学习贯彻 11 月 22 日陈敏尔书记在市委理论学习中心组（扩大）专题学习会上的讲话精神。区委书记王俊主持会议。区委副书记、区长姚斌，区人大常委会主任马春，区政协主席张琼，区委副书记陈中举，区委常委，区人大常委会、区政府、区政协有关负责人，区法院、区检察院主要负责人参加会议。

17 日 召开 2019 年第二次总河长会议。区委书记、区总河长王俊主持会议并讲话。区领导姚斌、马春、张琼、徐晓勇、钟渝出席会议。

20 日 区委理论学习中心组召开（扩大）学习会，贵州省遵义苟坝红色文化旅游创新区党工委书记刘明贵应邀来区做乡村振兴专题讲座。王俊、姚斌、马春、张琼等全体在家区领导参加会议。副区长钟渝主持。区管处级领导干部，市级部门驻区分支机构主要负责人，区人民法院、区人民检察院处级干部，区农业农村委机关干部职工，以及八桥镇、建胜镇、跳磴镇有关负责人等参加会议。

26 日 区第十三届人大常委会召开第四十四次主任会议。区人大常委会主任马春，副主任罗雨、先大友、李青、常永官、罗先德参加会议。区委常委、区政府常务副区长徐晓勇，区人大各专门委员会、常委会各委室、区政府办公室、区财政局负责人列席会议。马春主持会议。会议听取了区政府关于重点项目预算绩效评价工作情况的报告。通过了区人大常委会关于贯彻落实《中共大渡口区委关于建立区人民政府向区人大常委会报告国有资产管理情况制度的实施意见》的三年计划（2019—2021）。会议确定了区人大常委会 2019 年度代表优秀建议。通过了区人大常委会关于对《区政府关于国有资产管理情况的综合报告及行政事业性国有资产管理情况的专项报告》《区政府关于区第十三届人大第三次会议代表建议、批评和意见办理情况报告》、区政府贯彻执行《重庆市安全生产条例》情况的审议意见。

30 日 区委常委会召开（扩大）会议，宣布市委关于大渡口区人大常委会、区人民政府主要领导调整的决定。市委组织部副部长周永刚出席会议并讲话，区委书记王俊主持会议并讲话。市委决定：张国智任大渡口区委副书记，提名为大渡口区人民政府区长候选人；马春不再担任大渡口区人大常委会主任，提名何家利为大渡口区人大常委会主任候选人。全体在家区级领导，区委、区人大常委会、区政府、区政协办公室相关负责人参加会议。

31 日 代理区长张国智率队赴中石油伏牛溪油库、中洲半岛城邦、大渡口万达广场等地检查安全生产。区委常委、常务副区长徐晓勇及相关部门、镇街负责人参加检查。

是日 大渡口区第十三届人大常委会举行第二十四次会议。区人大常委会主任马春，副主任罗雨、先大友、李青、常永官，常委会组成人员参加会议。区人大常委会党组书记何家利，区委常委、常务副区长徐晓勇，区人大常委会党组成员颜裕杰，副区长江欣，区法院院长伍星，区检察院代理检察长许创业列席会议。会议听取和审议了人事任免有关事项。因工作变动，姚斌提出辞去区人民政府区长职务；因到龄退休，罗先德提出辞去区人大常委会副主任职务。会议决定接受姚斌、罗先德的辞职请求。会议听取和审议了区人民政府关于提请审议张国智职务任命的议案，决定任命张国智为区人民政府副区长。会议听取和审议了区人大常委会主任会议关于提请决定张国智为区人民政府代理区长的议案，表决通过了关于决定张国智为区人民政府代理区长的决定。会议表决通过了区人大常委会关于接受姚斌等辞去区人大代表职务请求的决定，表决通过了区人大常委会关于补选区第十三届人民代表大会代表的决定。会议议定了区第十三届人大第四次会议有关事项。区纪委监委有关负责人，区人大各专门委员会、常委会各委室、各镇街人大负责人列席会议。

特　　载

重庆市大渡口区人民政府工作报告

——2020 年 1 月 19 日在重庆市大渡口区第十三届人民代表大会第四次会议上

大渡口区人民政府代理区长 张国智

各位代表：

现在，我代表区人民政府向大会报告工作，请予审议，并请区政协委员和其他列席人员提出意见。

一、2019 年工作回顾

2019 年，我们以习近平新时代中国特色社会主义思想为指导，深入贯彻党的十九大、十九届二中三中四中全会精神，全面落实总书记对重庆提出的“两点”定位、“两地”“两高”目标、发挥“三个作用”和营造良好政治生态的重要指示要求，在市委、市政府的坚强领导下，在区委的直接领导下，在区人大及其常委会、区政协监督支持下，坚持稳中求进工作总基调，深入贯彻新发展理念，落实高质量发展要求，深化供给侧结构性改革，持续打好“三大攻坚战”、深入实施“八项行动计划”，统筹推进稳增长、促改革、调结构、惠民生、防风险、保稳定，全力建设“高质量产业之区、高品质宜居之城”，圆满完成了区十三届人大三次会议确定的主要目标任务，经济高质量发展动能持续增强，社会大局保持和谐稳定，人民群众获得感、幸福感、安全感显著提升。据统计，全年实现地区生产总值 253.6 亿元、增长 5.3%，规模以上工业增加值增长 5.6%，固定资产投资总额增长 5.9%，一般公共预算收入增长 8.2%，城乡居民人均可支配收入突破 4 万元、增长 8.5%。

一年来，我们认真落实区委“三年打基础、五年上台阶、十年磨一剑”部署安排，沉心静气、攻坚克难，重点做了以下工作：

（一）聚精会神提振实体经济，产业结构调整迈出新步伐。坚持扩增量、优存量并举，聚焦发展“四大支柱产业”，推动产业结构由“重”变“轻”、由“轻”变“好”。大数据智能化产业不断壮大。新引进项目 8 个，海康威视长江上游总部、区域研发中心落地，产业园一期全面达产、二期加快建设，杭州里德等安防配套企业落户，全产业实现营业收入 56 亿元。生态环保产业平稳发展。新引进项目 5 个，三峰环境上市步伐加快，中能能源等固废循环利用项目落户，全产业实现营业收入 50 亿元。大健康生物医药产业加速聚集。新引进项目 16 个，开展生物医药军民通用技术转化试点，提速推进建桥生物医药产业园建设，中元汇吉、亚中医疗等企业加快发展，全产业实现营业收入近 20 亿元。文化休闲旅游产业态势良好。新引进项目 17 个，重庆工业博物馆建成开放，成功举办首届长江草莓音乐节、“智跑重庆”国际城市定向赛，旅游总收入增长 22.6%，文化产业增加值占地区生产总值比重突破 4%。传统产业稳步提升。支持秋田齿轮、中石化润滑油等 24 家企业实施智能化改造，新增智能工厂和智能车间各 1 家，带动工业投资增长 15.3%。

支持长征重工、国际复合等企业扩大生产，规模以上工业总产值增长9.1%。商业“老字号”培育实现零突破，新增“重庆老字号”4家。金融业健康发展，银行存贷款余额增长15.2%。

（二）凝心聚力打造重点板块，城市开发建设取得新突破。坚持产城融合发展，区域开发价值、发展潜力不断提升。加快完善基础设施。大滨路九滨路连接道启动建设，南大干道建成通车，北向通道建设取得重大突破。有序推进成渝铁路主城至江津段改造、白居寺长江大桥、金家湾立交改造、轨道交通18号线和江跳线等一批重大交通项目建设。新增城市道路11.3千米，新建改建变电站3个、配气站2个，开通5G基站398个。聚力打造“四大重点板块”。钓鱼嘴滨江湾区规划建设提速，长江文化艺术湾区策划通过市规委会审议，片区路网、隧道建设顺利推进。九宫庙商圈迈出扩容步伐，万达广场、居然之家开业运营，天安云谷二期建成投用。引进主题式、体验式消费项目11个。移动互联网产业园、台湾中小企业产业园累计入驻企业150余家。伏牛溪新城开发积极推进，伏牛溪生态恢复工程、来龙寺公园实现开工。建桥园区成为重庆高新区拓展园，完成标准厂房建设专项规划编制，建成产业楼宇11万平方米，新建蓝领公寓6万平方米。红九九、禄苑西南基地、嘉威啤酒二期、聚能产业基地等项目加快建设，园区规模以上工业总产值增长11.1%。稳步推进城市开发。启动国土空间规划编制。完成城市房屋征收20万平方米、农村征地1913亩，出让土地766亩。房地产市场保持稳定，完成房地产开发投资172.5亿元，新开工建设商品房286.8万平方米、销售185.3万平方米。

（三）统筹兼顾共建美丽家园，城市品质提升展现新风貌。坚持城市扩容提质并重，强化留白、增绿、增添公共设施，统筹实施“四大品质工程”，让城市更加宜业宜居宜乐宜游。突出建管并重。大力开展“马路办公”，督办解决问题1856个。启动7个老旧社区人居环境整治，开展生活垃圾分类试点。新建改建社区公园、小游园12个，完成坡坎崖绿化美化48万平方米。建成人行天桥2座，新建改建公厕17座，改造人、车行道15.6万平方米，整治违法建筑56.7万平方米。健全公共服务。开工建设小学3所。新增公办幼儿园5所，公办园在园幼儿人数占比超过40%，普惠率达68.8%。区教师进修校成功创建市级进修学院。持续深化医药卫生体制改革，公立医疗机构全部取消医用耗材加成。顺利通过国家基层中医药先进单位复评审。启动区中医院建设，市残疾人康复中心一期开工。新增市级城市体育公园1个，建成社区体育文化公园2个、健身点11个。新增市级养老服务中心2个、社区养老服务站6个。狠抓生态保护。完成43个中央、市级环保督察反馈问题整改。开展大气污染综合治理，空气质量优良天数达到309天。全面落实河长制，整治偷排直排乱排问题20个，关停6个长江码头货运作业，完成长江渔船转产上岸工作。建成建桥B区集中污水处理设施，新建改建雨污管网28千米，国考断面水质优良率达100%。治理修复污染土壤468亩。开展林长制试点，稳妥推进山水林田湖草生态保护修复，实施中梁山（大渡口段）保护提升，完成矿山治理恢复335亩。繁荣城市文化。积极弘扬“上善之地、大德之城”城市精神，厚植城市文化底蕴。以义渡古镇、重庆工业博物馆为重点，传承发展城市文脉。大力支持文艺精品创作，3个作品入围全国第十八届群星奖决赛、5个作品荣获第八届重庆艺术奖。完成区图书馆升级改造，建成文图分馆6个。实施文化惠民工程，举办各类演出、培训700余场。加强社区文化建设，推进“五品家园”创建。

（四）蹄疾步稳深化改革开放，推动资源整合释放新动能。坚持把改革开放作为关键一招，把创新作为第一动力，全力促进发展动能转换。推进重点领域改革。机构改革等重点改革任务有序推进。扎实开展“五清”专项行动，清理处置闲置土地228亩，盘活工业楼宇8万平方米、商业商务物业4万平方米。落实减税降费政策，减轻企业税收、社保负担11.1亿元。持续改善营商环境，新增市场主体5464户，总量突破3万户。帮助8家园区企业解决了产业楼宇办证遗留问题。推进国企分类改革，新成立3个板块公司和渝台创业公司。加快对外开放步伐。优化招商引资机制，签约项目51个，协议引资54.6亿元。实际利用外资1.1亿美元。组团参加第二届中国进口博览会。实现外贸进出口总额17亿元、服务外包执行额1.2亿美元。推进创新要素集聚。新培育科技型企业55家，新增国家高新技术企业12家，高技术产业产值增长44.9%。试点“商业价值信用贷”“知识产权信用贷”，深化政银企多方合作，帮助中小微企业获得贷款约2.1亿元。新增院士工作站1个，引进高层次人才29人，科技型企业（团队）数量增长31%。

（五）全力以赴补短板办实事，改善社会民生实现新作为。坚持把保障和改善民生作为一切工作的出发点和落脚点，实实在在办成了一批民生实事。强化民生保障。城镇新增就业人数 1.4 万人。退休职工基本养老金进一步调增。建立“一对一”结对精准扶贫帮困机制。开展医疗救助 1.44 万人次，帮助 2200 余名困难人员参加城乡居民基本养老保险，资助家庭经济困难学生 1.43 万人次。长期护理保险试点覆盖群众 14.6 万人。建成公租房 90 万平方米、安置房 5 万平方米。完成棚户区改造 2152 户，整治改造老旧小区 9 万平方米。支持老旧住宅增设电梯 11 台、改造更新电梯 33 台。实现退役军人三级服务体系全覆盖，通过市级双拥模范城创建验收。筹集各类资金 1060 万元，全力助推忠县脱贫攻坚。推进乡村振兴。持续推进农村“三变”改革试点，扎实开展人居环境整治，完成村布局规划，开工建设农村公路 8 条，建成 5 条、22 千米，改造农村危旧房 241 户，完成农村户厕无害化改造 422 户，行政村生活垃圾有效治理率达到 100%。加强社会治理。纵深推进扫黑除恶专项斗争，挂牌整治地区刑事发案率下降 41%，现行命案侦破率连续十年保持 100%。持续开展成品油、冷冻食品非法经营等专项整治行动。应急管理取得积极成效，信访问题化解攻坚扎实推进，社会大局保持稳定。粮食安全、机关事务、保密、人防、消防、民宗、外事、侨务、史志、青少年、妇女儿童、文联、科普等工作取得新进展。

（六）守正创新加强政府建设，狠抓兑现落实取得新成效。坚持以政治建设为统领，扎实开展“不忘初心、牢记使命”主题教育，强化行政效能和执行力提升，全力建设人民满意政府。从严治政全面加强。严守政治纪律、政治规矩，坚决做到“两个维护”，坚决肃清孙政才恶劣影响和薄熙来、王立军流毒。严格执行中央八项规定精神，严格落实过“紧日子”要求，压缩财政一般性项目支出和重点项目支出 5331 万元。强化审计监督、财政评审，节约资金 2.3 亿元。法治建设深入推进。自觉接受区人大及其常委会、区政协监督，办理代表建议 232 件、政协提案 176 件。全面落实行政执法责任制，扎实做好行政复议及应诉工作。推行“双随机、一公开”联合执法，切实加强事中事后监管。行政效能稳步提升。扎实开展“抓兑现落实、促高质量发展”执行力提升行动，强化干部担当作为。积极化解政府债务风险，确保控制在限额以内。大棚房整治、刘家坝西片区等 11 个地块征收实现清零。深化行政审批制度和商事制度改革，工程建设行政审批改革取得实效。推行政务大数据“云长制”，90% 以上政务事项实现网上运行，行政许可办理时间较法定时限减少 58%。完成第四次经济普查和第三次国土调查。

各位代表，刚刚过去的一年，全区人民凝心聚力、克难攻坚，以实干实绩献礼新中国成立 70 周年。我们深切感受到，成绩来之不易，这是以习近平同志为核心的党中央坚强领导的结果，是市委、市政府亲切关怀的结果，是区委团结带领全区人民沉心静气、真抓实干的结果，是每一位创业者、劳动者团结一致、勤劳奋斗的结果。在此，我代表区人民政府，向全区人民，向人大代表、政协委员、老同志，向各民主党派、工商联、人民团体和社会各界人士，向驻区部队和武警官兵，向所有关心支持大渡口经济社会发展的同志们、朋友们，表示衷心的感谢并致以崇高的敬意！

在看到成绩的同时，我们也深刻地认识到，对照全面建成小康社会目标，对照新发展理念、高质量发展要求，大渡口发展仍然面临不少的矛盾和问题。主要是：战略平台缺乏，融入全国、全市高质量发展大格局的广度和深度不够；经济平稳运行的基础还不牢固，投资、消费、工业增长后劲不足；新兴支柱产业总体规模较小，尚未形成集聚效应；城市形象有待提升，交通瓶颈仍然存在，城区功能亟待健全；生态环境仍然脆弱，污染防治任务较重；社会事业短板突出，还不能满足群众对美好生活的新期待；政府职能转变未根本到位，营商环境有待进一步改善。对此，我们将正视问题和差距，采取有力措施切实加以改进。

事非经过不知难，信心在任何时候都至关重要。当前和今后一段时期，仍是大渡口爬坡上坎、负重前行的艰难关口，但我们始终相信，“只要路走对了，就不怕遥远”，办法总比困难多，我们当前面临的矛盾问题都会随着发展质量的提升迎刃而解；我们始终坚信，前途总是光明，走过眼前的艰难曲折，终会实现“高质量产业之区、高品质宜居之城”的美好愿景。在区委的坚强领导下，在区人大及其常委会、区政协的监督支持下，我们将坚定信心、务实进取、共担时任，奋力实现新的作为！

二、2020 年工作安排

2020年，是"十三五"规划的收官之年，是全面建成小康社会的决胜之年。当前，世界经济格局复杂多变，但中国稳中向好、长期向好的基本态势没有改变，我们要深刻认识和把握中华民族伟大复兴的战略全局和世界百年未有之大变局，深入贯彻习近平总书记对重庆的重要指示要求，全面落实中央、市委和区委决策部署，抢抓共建"一带一路"、长江经济带发展、新一轮西部大开发，以及成渝地区双城经济圈建设等重大机遇，把握我区纳入重庆高新区范围、长江文化艺术湾区建设上升为市级战略等重要契机，坚持从全局谋划一域、以一域服务全局，对标对表抓落实，沉心静气谋发展，努力推动经济社会各项事业再上台阶。

今年区政府工作的总体要求是：以习近平新时代中国特色社会主义思想为指导，全面贯彻党的十九大、十九届二中三中四中全会精神，增强"四个意识"，坚定"四个自信"，做到"两个维护"，深入落实习近平总书记对重庆提出的"两点"定位、"两地""两高"目标、发挥"三个作用"和营造良好政治生态的重要指示要求，贯彻落实党中央关于成渝地区双城经济圈建设的重大战略部署，深入学习贯彻中央、全市和全区经济工作会议精神，紧扣全面建成小康社会目标任务，聚焦高质量发展，坚持稳中求进工作总基调，坚持新发展理念，坚持以供给侧结构性改革为主线，坚持以改革开放为动力，坚决打赢"三大攻坚战"，深入实施"八项行动计划"，统筹推进稳增长、促改革、调结构、惠民生、防风险、保稳定，全面做好"六稳"工作，实施"三年打基础"突破攻坚，保持经济运行稳中有进、稳中向好，确保全面建成小康社会和"十三五"规划圆满收官，为"十四五"实现"五年上台阶"奠定基础。

2020 年全区经济社会发展主要预期目标是：地区生产总值增长 5% 左右，固定资产投资增长 6%，社会消费品零售总额增长 5%，规模以上工业增加值增长 5%，一般公共预算收入增长 3%，居民收入增长与经济增长同步，节能减排降碳完成市级下达任务。

实现这些目标，需要付出艰苦努力，我们将全力做到：坚持对标对表找准方向。紧紧围绕把总书记殷殷嘱托全面落实在重庆大地上这条主线，对标对表中央、市委决策部署，紧密结合区情实际，狠抓兑现落实。坚持精准施策突出重点。认真落实区委部署安排，坚持"一张蓝图绘到底"，以"四大重点板块"为主战场，以"四大支柱产业"为主抓手，加快推动"高质量产业之区、高品质宜居之城"建设。坚持改革创新释放活力。坚定不移深化改革创新，着力破解发展难题，在"放管服"改革上精准发力，全面优化营商环境，大力发展民营经济，极大释放市场主体发展活力。坚持统筹协调守住底线。贯彻落实以人民为中心的发展思想，增强底线思维、忧患意识，像抓经济建设一样抓安全稳定，像落实发展指标一样落实民生任务，确保社会大局和谐稳定、人民生活稳步改善。

今年，重点做好六个方面工作：

（一）抓重点补短板强弱项，坚决打好"三大攻坚战"。

推进精准扶贫帮困。深化"一对一"结对精准扶贫帮困机制，强化精准识别和动态管理，统筹低保兜底、医疗救助、残疾人帮扶等"多合一"政策叠加，做好困难群众教育、医疗、住房等基本保障。完善分类救助政策，健全部门联动机制，加强政策过渡衔接，深化志智双扶，避免脱困人员返困。坚决做好对口支援忠县工作，服务全市脱贫攻坚决胜大局。

抓好污染防治攻坚。深入贯彻习近平生态文明思想，严守生态红线，扎实推进环保督察反馈问题后续整改。强化大气污染防治，重点整治工地扬尘、车辆尾气污染，确保空气优良天数保持在 300 天以上。深化河长制，推进城市黑臭水体治理、工业污水"进管入网"、饮用水水源地保护等专项行动，确保国考断面水质优良率 100%。治理修复污染土壤 1178 亩。健全国土空间规划和用途统筹协调管理制度，严厉打击各类环境犯罪行为。

防范化解重大风险。加强政府债务管理，优化债务结构，严格规范举债行为，防范债务违约风险。开展互联网金融、非法集资等专项整治，积极化解重点企业信用风险，确保不引发系统性区域性金融风险。

落实稳地价、稳房价、稳预期长效管理调控机制，确保房地产市场平稳健康运行。开展自然灾害、事故灾难风险研判，健全应急救援体系，全力做好突发公共事件预防处置。

（二）发展壮大“四大支柱产业”，加快构建现代产业体系。

培育大数据智能化产业集群。发挥好海康威视行业龙头作用，培育引进上下游企业，实现补链成群。全力支持海康威视长江上游总部、产业园二期等项目建设，力争机器人生产项目年内落地。积极融入全市“芯屏器核网”“云联数算用”产业布局，加快高清视频、数据处理等关联企业集聚，大力发展工业互联网平台。支持允升、精耕、锦声等企业做优做强。引进培育智能制造集成企业 5 家。以大数据智能化推动传统产业升级，支持 15 家企业开展数字化、网络化、智能化改造，引导 10 家企业开展机器换人，建成智能工厂 1 家。实现全区数字经济增加值增长 10%。

打造国家环保科技产业基地。推动重庆环保科技产业园升级，打造国家级环保产业平台。大力支持三峰环境主板上市，助推企业优化产品供给、拓展国内外市场。支持新离子科技、中能能源等企业发展，推动生态环保产业与装备制造、新材料等关联企业开展合作。推动“环保＋智慧”，加快环保企业智能化改造，发展智能监测设备制造等产业。推动“环保＋服务”，大力发展环境监测、评估、生态修复等环保服务业。推动“环保＋科技”，深化与市级部门、科研机构合作，建立产业科研联盟，举办产业研讨论坛活动。实现生态环保产业营业收入增长 10%。

做强大健康生物医药产业。坚持错位竞争、差异化发展，加快壮大建桥生物医药产业园，争创国家级军民融合发展产业转化基地。依托重庆市基因检测技术应用示范中心，支持中元汇吉、迪安诊断等骨干企业深耕细分市场，大力发展基因检测、干细胞治疗等精准医疗服务相关产业，拓展先进治疗设备制造等领域。实现大健康生物医药产业营业收入增长 20%。

加快文商体旅产业融合发展。推动长江文化艺术湾区总体发展规划实施。支持重庆工业博物馆创建 4A 级景区，推动义渡古镇提档升级，加快崖线公园建设，推进环金鳌山片区保护开发，“连点成线”打造独具特色的滨江文旅品牌。继续举办长江草莓音乐节、“智跑重庆”国际城市定向赛，推广城市形象、彰显人文魅力。深入挖掘远古石斧、钢迁遗址等文化资源内涵，开发一批旅游文创产品。大力引进培育文化传媒、赛事经纪、音乐影视等项目。文化、旅游产业增加值分别增长 10%、6%。带动全区规模以上服务业企业新增 10 家。

（三）致力打造“四大重点板块”，不断优化发展空间。

高标准打造钓鱼嘴滨江湾区。按照“两江四岸”城市发展主轴功能定位，精心开展老重钢片区、钓鱼嘴半岛城市设计，启动茄子溪港、环金鳌山片区控规编制。完成钓鱼嘴、刘家坝东等片区征收扫尾攻坚，力争启动重庆音乐半岛建设。加快完善老重钢片区路网，打通百花村隧道。启动“两江四岸”综合治理一期工程。严格建筑设计和项目业态管理，提升滨江商住开发品质。完成固定资产投资 65 亿元以上。

高水平提升九宫庙商圈。推动商圈“北提质、南扩容”，启动步行街三期建设。优化商圈配套设施，开展“多杆合一”试点。盘活商业物业 7 万平方米以上，力促蓝光中央广场、耘初城市生活馆开业，引进定制、共享、体验等消费新业态。发挥商圈辐射功能，推动夜经济提质增效、做优做强。加快天安云谷三期建设，强化移动互联网产业园、微企梦工场等平台功能，促进商务楼宇经济与商圈消费经济相互融合。完成固定资产投资 25 亿元以上。

高品质开发伏牛溪新城。完善康体城片区控规方案，加快招商项目落地。编制伏牛溪油库片区城市规划，推动油化品仓储基地搬迁前期工作。推进金家湾立交改造、西城大道公交枢纽站场、金晟路网等基础设施建设，力促李雪芮运动学校开工。提高开发建设品质，引进一批商贸、养老、休闲项目，完善商业服务设施布局。完成固定资产投资 40 亿元以上。

高质量建设高新区建桥园。积极融入重庆高新区一体化发展，打造高科技、多功能、复合式产业园区。新建园区道路 6 千米、产业楼宇 13 万平方米，推进跳磴镇全域与建桥 C 区有机整合。加快禄苑西南基地、团金科技等项目建设，力争红九九总部等项目开工。支持长征重工、秋田齿轮、中石化润滑油等企业发展。

完成固定资产投资 65 亿元以上，带动全区工业投资增长 10%。

（四）统筹实施城市提升专项行动，努力实现城市让生活更美好。

推进城市有机更新。以绿化美化特色化为目的，分类打造、有序推进，不断优化城市形象，完善城市功能，让老工业区焕发新生、彰显独特魅力。加快推进老旧小区环境整治，完善基础设施、实施景观改造，打造一批美丽街区，成为品质形象新名片；以大滨路为主轴，推动滨江马拉松景观步道建设，完善城区步行系统，新建一批体育文化公园、城市健身设施，“点线结合”打造健康新街区、活力新走廊。支持艺度创等改造升级，推动创意产业集中发展，打造一批文创街区，培育旅游打卡新地标。加快创新村、大渡村改造，提升松青路美食街，打造一批商业街区，形成消费经济新热点。有序推进城市扩容，完成城市房屋征收 15 万平方米、农村征地 2100 亩，使城市规模与经济社会发展水平相适应。

加快交通通道建设。以轨道交通、骨干路网引领城市发展格局，加快融入主城现代综合立体交通网络，让区位优势真正彰显。加快打通出区通道，推进大滨路九滨路连接道、白居寺长江大桥建设，力促陶家隧道开工。畅通区域交通内循环，完善“七纵七横”骨干路网，开工建设大滨路二期，建成中顺大道二期，打通城区“断头路”9 条。推动轨道交通“连线成网”，全力助推成渝铁路主城至江津段改造，加快轨道交通 18 号线、江跳线建设，力促轨道 5 号线南段开通运行。

打造绿色智慧城区。加快建设绿色城区。深化林长制试点，实现国土绿化 4000 亩，完成矿山覆土复绿 270 亩，全区森林覆盖率保持在 33% 以上。新建城市公园 5 个，提升主要干道、重要交通节点绿化管护水平。建成排水管网 26 千米、重钢崖线居民排污管网 7.5 千米，实施雨污分流改造 55 处，提升城市发展承载能力。全面推进“无废城市”建设试点，大力创建绿色家庭、绿色学校、绿色社区。加快建设智慧城区。建成智慧城市运行中心，完成政务信息系统迁移上云，拓展智慧城市应用，大力发展智慧交通、智慧城管、智慧教育、智慧小区、智慧工地等应用场景。

完善城市服务功能。加快以高品质教育、医疗为重点的公共服务体系建设，让城市运转更有温度、市民生活更加舒适。开工建设义务教育学校 3 所，推进民族中学、茄子溪中学改扩建等项目，建成跳磴公租房小学。普及普惠安全优质学前教育，力争公办园在园幼儿人数占比达 50%、普惠率达 70%。提升高中教育、职业教育水平。建成区人民医院综合楼，开工建设区中医院，支持重钢总医院创建三级医院，完成市残疾人康复中心一期主体工程。推动社区养老设施全覆盖，新建社区养老服务站 16 个、养老服务中心 4 个。建成公共停车场 2 个、新增停车位 1060 个，新建一批人行天桥、城市公厕，提档升级人、车行道 15 万平方米。

（五）坚定推动改革开放创新，全面释放发展活力。

持续优化营商环境。对标世界银行评价指标体系，全面落实《优化营商环境条例》。深化“放管服”改革，推行开办企业全流程“一日办结”，全面实施市场准入负面清单制度，强化事中事后监管。清理与企业性质挂钩的歧视性规定和做法，营造公平市场环境。深化供给侧结构性改革，推动企业降本减负。引导金融业服务实体经济，探索企业流动性信用贷款风险补偿机制，加大对制造业中长期融资的支持力度。

大力发展民营经济。坚持“两个毫不动摇”，促进非公有制经济健康发展。弘扬企业家精神，完善企业家参与涉企政策制定机制。积极构建亲清新型政商关系，健全重点企业“一对一”联系服务制度，帮助民营企业解决融资、供能等具体困难。完善中小企业发展政策体系，引导民营市场主体“个转企”“微升小”“小升规”。力促民营经济市场主体新发展增速 12%。

全面提高开放水平。深入落实共建“一带一路”和长江经济带发展战略，深度融入成渝地区双城经济圈建设，全力服务重庆内陆开放高地建设。进一步加大招商引资力度，优化工作机制，提高招商队伍专业化水平，积极参与宝武集团重庆项目合作，发挥台湾中小企业产业园等平台作用。全面建立项目、资源、政策、目标企业四类清单，深化精准招商，确保完成市级下达实际利用外资任务，进一步扩大利用内资规模，提升引资实效。支持国际复合、中冶建工、三峰环境等重点企业不断开拓国际市场，力争实现外贸进出口总额 18 亿元。深度参与全市“一区两群”协调发展，深化区域协作，实现优势互补。

不断强化创新驱动。深入实施科教兴区和人才强区行动计划，提升科技创新能力。以企业为主体推动研发创新，保持研发经费支出占地区生产总值比重高于全市平均水平 1 至 2 个百分点。力争国家高新技术企业总数达到 80 家，科技型企业数量突破 300 家。新认定高新技术产品 80 个。加大创新人才集聚力度，探索人才柔性引进机制，分类推进人才评价机制改革，引进一批紧缺人才。

（六）务实抓好社会民生保障，协同增进群众福祉。

统筹发展社会民生。加强就业培训和创业扶持，抓好高校毕业生、零就业家庭等重点群体就业，城镇新增就业 8000 人以上。推进社会保险扩面征缴，城乡居民基本养老保险和基本医疗保险参保率保持在 95% 以上，继续开展长期护理保险试点。实施棚户区改造 300 户以上，全面完成三年改造任务。多渠道解决征收拆迁安置房问题。深化“三医”联动改革，确保通过国家卫生区复审。完善公共文化服务体系建设，深入开展文化惠民活动，大力弘扬社会主义核心价值观。做好第七次全国人口普查工作。加强民兵训练和国防动员，抓好安置优抚和双拥共建，扎实推进退役军人服务体系规范化标准化建设。同时，统筹做好粮食安全、机关事务、保密、人防、民宗、侨务、史志、青少年、妇女儿童、文联、科普等工作。

深入实施乡村振兴。以环金鳌山片区为重点，以点带面、点面结合，推动实现“五个振兴”。完善基础设施，新建农村公路 10 千米，建成集中式污水处理设施 2 处。全面推进农村人居环境整治，完成金鳌村试点建设任务。整治提升农村危旧房 118 户，实施农村户厕无害化改造 691 户。发展特色农业，建设高标准农田 3000 亩。依托温泉、森林、水域等自然资源，打造一批乡村旅游精品项目。推进农村“三变”改革试点扩面。创新乡村治理机制，扎实推进石盘村乡村治理示范村建设。

推动共建共治共享。深化“枫桥经验”大渡口实践十项行动，实施综治中心规范化建设，强化基层网格化服务管理，加快推进市域社会治理现代化。完善社会矛盾纠纷多元化解综合机制，实行“三吹哨三报到”工作法，建立“莎姐”矛盾纠纷预防调处化解三级工作体系，将矛盾化解在基层。坚持总体国家安全观，完善社会治安立体防控体系，深化扫黑除恶专项斗争，提高预测预警预防各类风险的能力。健全应急管理“四大体系”，强化建设、交通、消防、危化品等领域安全监管工作，力促消防隐患挂牌整治小区全部销号。加强食品药品监管，积极创建国家食品安全示范城市。

各位代表，今年还有一项重要工作，就是抓好“十四五”规划编制。我们要紧扣把总书记殷殷嘱托全面落实在重庆大地上这条主线，紧扣新发展理念和“两高”建设要求，充分发扬民主，凝聚各方智慧，科学描绘好大渡口未来发展的美好蓝图。

三、全面加强政府自身建设

做好今年各项工作，必须切实加强政府自身建设，全面深化职能转变和“放管服”改革，不断提高政府治理能力现代化水平。

（一）坚持政治引领，从严治政。以党的政治建设为统领，增强“四个意识”，坚定“四个自信”，做到“两个维护”。持续肃清孙政才恶劣影响和薄熙来、王立军流毒，全面净化政治生态，坚决兑现市委“三个确保”政治承诺。建立不忘初心、牢记使命的制度，巩固拓展主题教育成果，及时开展“回头看”，以干事创业的成效造福于民。

（二）坚持尊崇法治，依法行政。认真执行区人大及其常委会决议、决定，积极支持区政协履行职责，自觉接受人大监督、政协监督、监察监督、司法监督和社会监督。强化规范性文件审查备案和行政权力责任清单动态管理。融入全市“互联网 + 监管”平台，全面执行行政执法“三项制度”，严格规范公正文明执法。完成行政服务中心迁建。

（三）坚持务实担当，高效施政。坚决反对形式主义、官僚主义，弘扬真抓实干、雷厉风行的良好政风。完善政务督查体系，以“钉钉子”精神抓好兑现落实。健全试错容错、正向激励和督查问责机制，为担当干事者撑腰，为勇于创新者鼓劲。健全行政服务对象评价机制，倒逼行政部门做服务市场、服务群众的“店小二”。持续整治变异变相的检查评比、文山会海，切实减轻基层负担。

（四）坚持干净自律，廉洁从政。严格落实中央八项规定精神，大力压减一般性支出，严控“三公”经费，优化财政支出结构。落实财政事权和支出责任划分改革任务，全面实施预算绩效管理。严格实施财政投资评审，加大审计监督力度，强化工程建设等重点领域监管。深化“以案四说”，引导政府工作人员知敬畏、存戒惧、守底线，以清廉务实取信于民。

各位代表，新的时代催人奋进，伟大梦想引领航向。让我们高举习近平新时代中国特色社会主义思想伟大旗帜，全面贯彻总书记对重庆的重要指示要求，不忘初心、牢记使命，只争朝夕、不负韶华，在市委、市政府和区委的坚强领导下，以高昂的奋斗姿态，乘势而为、迎难而上，为圆满完成全面建成小康社会目标、谱写“高质量产业之区、高品质宜居之城”建设新篇章而不懈奋斗！

名词解释

“两点”定位、“两地”“两高”目标、发挥“三个作用”和营造良好政治生态的重要指示要求：“两点”即重庆是西部大开发的重要战略支点，处在“一带一路”和长江经济带的重要联结点上。“两地”即加快建设内陆开放高地、山清水秀美丽之地。“两高”即努力推动高质量发展、创造高品质生活。“三个作用”即在推进新时代西部大开发中发挥支撑作用、在推进共建“一带一路”中发挥带动作用、在推进长江经济带绿色发展中发挥示范作用。

四大支柱产业：大数据智能化产业、生态环保产业、大健康生物医药产业、文化休闲旅游产业。

四大重点板块：钓鱼嘴滨江湾区板块、九宫庙商圈板块、伏牛溪板块、建桥园区板块。

重庆高新区拓展园：按照市五届人大常委会第十四次会议通过的《重庆高新技术产业开发区行政管理事项的决定》，重庆高新区管理范围包括重庆高新区直管园和重庆高新区拓展园，直管园范围包括西永微电园全域以及沙坪坝区、九龙坡区部分区域，拓展园范围包括大渡口区、沙坪坝区、九龙坡区、北碚区、巴南区、江津区部分区域。其中，大渡口拓展园具体包括建桥园区A、B区和跳磴镇全域。

四大品质工程：基础设施、公共配套、生态环境、城市文化等四个领域城市品质提升工程。

五品家园：是指以社会主义核心价值观为引领，以提升城市生活品质为目标，以品味书香、厚德品性、自治品行、康乐品质、宜居品相为内涵的基层宣传思想文化工作载体和品牌。

“五清”专项行动：按照陈敏尔书记调研指示精神，我区于2018年年底启动并开展“清欠”“清地”“清房”“清人”“清树”等“五清”专项行动，加强对税费、土地、工商业用房、人力资源、市政绿化的管理，有效盘活和优化配置存量资源，拓展发展新空间，进一步提高人财物使用效率，助推我区“高质量产业之区、高品质宜居之城”建设。

商业价值信用贷：是指与政府合作银行金融机构对符合商业价值信用贷款基本条件的中小企业，依据中小企业商业价值信用贷款综合评价体系，原则上给予申请企业不超过300万元、一年期的流动资金贷款。

知识产权信用贷：是指金融机构对加入重庆市科技型企业管理系统的企业，在知识价值信用评价额度以内，以基准利率发放的信用贷款。

农村“三变”改革：农村“三变”改革指农村资源变资产、资金变股金、农民变股东改革。资源变资产。农村集体经济组织将集体所有的土地、林木、水域、民俗文化等资源，经价值评估后，通过入股方式加以盘活利用。资金变股金。在不改变资金使用性质及用途的前提下，将各级财政投入农村的发展类、扶持类资金等，量化为村集体或农民持有的股金投入各类经营主体，享有股份权利。村集体经济组织自有资金、社会资本等通过入股，开展股份合作。农民变股东。农民将个人的资源、资金、资产、技术等入股到经营主体，成为股东、参与分红。

双随机、一公开：是指在监管过程中随机抽取检查对象，随机选派执法检查人员，抽查情况及查处结果及时向社会公开。

大棚房：以农业大棚为名在农用地上进行的非农建设，属于违法建筑。

云长制：是指在市委、市政府统一领导下，建立的“管云、管数、管用”工作体系，由市政府主要领导任总云长，市委、市政府相关领导任系统云长，各区县政府、市级各部门为“云长单位”，由“一把手”负总责，并将公共事业单位同步纳入“云长制”范围，统筹推进迁云用云、集约建设、数据治理、融合应用、安全保障等工作。

成渝地区双城经济圈：2020 年 1 月 3 日，习近平总书记主持召开中央财经委员会第六次会议，研究推动成渝地区双城经济圈建设问题。会议指出，推动成渝地区双城经济圈建设，有利于在西部形成高质量发展的重要增长极，打造内陆开放战略高地，对推动高质量发展具有重要意义。会议强调，要尊重客观规律，发挥比较优势，推进成渝地区统筹发展，促进产业、人口及各类生产要素合理流动和高效集聚，强化重庆和成都的中心城市带动作用，使成渝地区成为具有全国影响力的重要经济中心、科技创新中心、改革开放新高地、高品质生活宜居地，助推高质量发展。

六稳：稳就业、稳金融、稳外贸、稳外资、稳投资、稳预期。

芯屏器核网：芯片、液晶面板、智能终端、核心零部件、物联网。

云联数算用：“云”，建成数字重庆云平台，基本完成政务信息系统迁移上云，市级系统整合率达到 75%，两江云计算产业园服务器能力达到 30 万台。“联”，实施 5G 融合应用行动计划，新建 5G 基站 3 万个，提升中新国际数据通道性能，互联网骨干直联点省际直联城市增加到 32 个。“数”，落实“三清单”制度，初步建成城市大数据资源中心，建立政务数据“聚通用”规范管理机制。“算”，建设智能中枢核心能力平台，统一提供共性技术、业务协同能力组件 200 个，建设以ＡＩ计算、区块链等为支撑的赋能平台。“用”，在政府管理、公共服务、社会治理等领域开展应用示范，打造 30 个典型智能化应用场景。

多杆合一：是指将路灯杆、标志杆、监控杆、电子警察杆、交通设施杆、通信杆等进行合并设置，进一步优化行人行车视线空间。

“七纵七横”骨干路网：七纵路：华福路、主城二纵线、伏牛大道（新郭伏路）、西城大道、袁茄路、老重钢片区南北干道、大滨路；七横路：双山路、主城四横线分流通道、新九中路、内环快速路、金中大道（金建路）、福溪大道（福茄路）、中顺大道（中坝路）。

无废城市：是指以创新、协调、绿色、开放、共享的新发展理念为引领，通过推动形成绿色发展方式和生活方式，持续推进固体废物源头减量和资源化利用，最大限度减少填埋量，将固体废物环境影响降至最低的城市发展模式。

企业流动性信用贷款风险补偿机制：是指对经区政府审定的、因不能满足一般性抵押担保条件又急需流动资金贷款的大渡口区拟上市重点培育企业和潜力企业，在向相关合作银行申请发放流动性信用贷款时，区政府和合作银行共同提供风险补偿资金作为增信手段的机制。

两个毫不动摇：十九大报告指出，要毫不动摇巩固和发展公有制经济，毫不动摇鼓励、支持、引导非公有制经济发展。

一区两群：“一区”指主城都市区，该区域包括渝中、大渡口、江北、沙坪坝、九龙坡、南岸、北碚、渝北、巴南、涪陵、长寿、江津、合川、永川、南川、綦江、大足、璧山、铜梁、潼南、荣昌 21 个区和万盛经开区，面积 2.9 万平方千米，2018 年常住人口 2009.9 万人。“两群”指渝东北三峡库区城镇群、渝东南武陵山区城镇群。渝东北三峡库区城镇群包括万州、梁平、开州、城口、丰都、垫江、忠县、云阳、奉节、巫山、巫溪 11 个区县，面积 3.4 万平方千米，2018 年常住人口 818.8 万人。渝东南武陵山区城镇群包括黔江、武隆、石柱、秀山、酉阳、彭水 6 个区县（自治县），面积 2.0 万平方千米，2018 年常住人口 237.1 万人。

“三医”联动改革：医疗、医保、医药改革联动，即医保体制改革、卫生体制改革与药品流通体制改革联动。

“五个振兴”：产业振兴、人才振兴、文化振兴、生态振兴、组织振兴。

枫桥经验：20 世纪 60 年代初，浙江省绍兴市诸暨县枫桥镇干部群众创造了“发动和依靠群众，坚持矛盾不上交，就地解决。实现捕人少，治安好”的“枫桥经验”，为此，1963 年毛泽东同志就曾亲笔批示“要各地仿效，经过试点，推广去做”。“枫桥经验”由此成为全国政法战线一个脍炙人口的典型。之后，“枫桥经验”得到不断发展，形成了具有鲜明时代特色的“党政动手，依靠群众，预防纠纷，化解矛盾，维护稳定，促进发展”的枫桥新经验，成为新时期党的群众路线坚持好、贯彻好的典范。习近平总书记高度重视“枫桥经验”，要求充分珍惜、大力推广、不断创新，提出了一系列新理念新思想新战略，赋予其新的时代内涵和历史价值。党的十九届四中全会再次强调，要坚持和发展新时代“枫桥经验”。

三吹哨三报到：我区在改革创新社会治理工作中提出的一项工作机制，具体内涵是：1. 镇街吹哨部门报到。对需要区级部门解决的矛盾问题，镇街向相关部门定向吹哨，部门及时派专家报到参与处理，实现矛盾纠纷一站式受理、一条龙服务，打通服务群众“最后一千米”。赋予镇街向部门吹哨权、对吹哨事项办理的协调决策权、对部门办理情况的评价权，区级部门应从本部门调解专家库中派专家报到，以解决问题为目标，提供政策法律依据，提出合理化建议。2. 群众吹哨干部报到。将群众的诉求作为“哨声”，推动各级各单位人员下沉、力量下沉，干部向群众报到，变间接服务为直接服务，被动服务为主动服务，主动抓住老百姓最急最忧最怨的问题，汇聚多方资源，点对点、面对面地服务群众解决问题。利用民生服务团、干部下访接访、到基层调研、进村入户走访等多途径全方位搜集群众诉求，并及时加以解决。3. 网上吹哨网下报到。发挥“莎姐”平台汇总共享调度功能，广泛利用基层党建智慧云服务平台、“莎姐”云平台等各类网络信息系统，通过网络收集群众反映、诉求，群众和镇街通过“莎姐”平台向部门吹哨，各部门各镇街各单位派人网下报到，及时解决各类矛盾问题和群众诉求。

应急管理“四大体系”：行政管理、组织指挥、救援力量、制度保障。

“三个确保”政治承诺：确保重庆各级党组织和广大党员干部一切行动听党中央指挥、向总书记看齐，确保重庆所有工作部署都以贯彻中央精神为前提，确保重庆各项事业沿着总书记指引的正确方向前进。

行政执法“三项制度”：行政执法公示制度、执法全过程记录制度、重大执法决定法制审核制度。

“三公”经费：政府部门人员因公出国（境）经费、公务车购置及运行费、公务接待费产生的消费。

以案四说：以案说纪、以案说法、以案说德、以案说责。

中国人民政治协商会议
重庆市大渡口区第九届委员会常务委员会工作报告

——2020 年 1 月 18 日在区政协九届四次会议上

政协重庆市大渡口区委员会主席 张 琼

各位委员、同志们：

我受政协大渡口区第九届委员会常务委员会委托，向大会报告工作，请予审议，并请列席会议的同志提出意见。

2019 年工作回顾

2019 年是新中国成立 70 周年、人民政协成立 70 周年，也是全面建成小康社会的关键之年。区政协常委会以习近平新时代中国特色社会主义思想为指引，全面贯彻中共十九大、十九届二中三中四中全会以及中央政协工作会议精神，深入贯彻习近平总书记关于加强和改进人民政协工作的重要思想，认真落实市委重要会议精神，在中共大渡口区委的坚强领导下，团结带领区政协各参加单位、广大政协委员，围绕中心、服务大局、履职尽责，为推进全区“高质量产业之区、高品质宜居之城”建设贡献智慧力量。

一、坚守初心使命，在共同奋斗中凝聚共识

常委会坚持把加强思想政治引领、广泛凝聚共识作为贯穿政协工作全过程的政治任务、政治责任、政治担当，旗帜鲜明讲政治，坚定不移跟党走。

不断提高政治站位。深学笃用习近平新时代中国特色社会主义思想，坚持学思用贯通、知信行合一，不断增强“四个意识”，坚定“四个自信”，坚决做到“两个维护”，全面落实习近平总书记对重庆提出的“两点”定位、“两地”“两高”目标、发挥“三个作用”和营造良好政治生态的重要指示要求，以实际行动兑现落实市委“三个确保”政治承诺，坚定不移在思想上政治上行动上同以习近平同志为核心的党中央保持高度一致，始终做到政治立场不移、政治方向不偏、行动步调一致。区委高度重视政协工作，积极为区政协履职创造良好条件，召开区委新时代加强和改进人民政协工作会议，出台《关于新时代加强和改进人民政协工作的实施意见》，审议区政协年度协商计划，定期听取区政协党组工作汇报，书记、区长带头出席政协重要会议活动、交办工作任务、批示重要文件，关心支持政协工作。区政协党组严格落实党对人民政协工作全面领导制度，及时传达学习区委重要会议精神，认真贯彻落实区委重大决策部署，严格执行重大问题请示报告制度。

全面加强党的建设。召开政协系统党建工作座谈会，建立完善党组织体系。严肃党内政治生活，持续推进“两学一做”，严格落实“三会一课”、谈心谈话和民主评议党员制度；注重破立并举，全面彻底干净肃清孙政才恶劣影响和薄熙来、王立军流毒；切实履行全面从严治党主体责任，严守政治纪律和政治规矩；驰而不息推进作风建设，锲而不舍贯彻落实中共中央八项规定精神，坚决防止“四风”问题；牢牢把握政协系统意识形态的领导权、管理权和话语权，筑牢思想防线。

扎实开展主题教育。深刻认识理解主题教育“四个迫切需要”“十二字总要求”“四个贯彻始终”“五个目标”“四个到位”重大意义，围绕 8 个主题集中学习研讨，精选 16 个专题深入调查研究，对检视发现的 20 个问题立行立改，召开专题民主生活会深刻反思剖析根源，邀请市政协副主席以“回顾党的历史，牢记自身使命”为主题讲专题党课，切实做到理论学习有收获、思想政治受洗礼、干事创业敢担当、为民服务解难题、清正廉洁做表率。

着力增强思想引领。精心组织开展庆祝新中国成立 70 周年暨人民政协成立 70 周年系列活动。组织引导委员认真学习习近平总书记在中央政协工作会议暨庆祝中国人民政治协商会议成立 70 周年大会上的重要讲话精神，深刻理解党和国家事业取得的历史性成就、发生的历史性变革，准确把握中共中央关于政协工作重大方针政策和人民政协性质、定位、地位、职能、作用，坚定中国特色社会主义道路自信、理论自信、制度自信、文化自信，珍惜政治荣誉、勇于担当责任，遵守宪法法律和政协章程，自觉践行社会主义核心价值观。

二、围绕中心大局，在服务发展中彰显作为

常委会围绕全区“两高”建设目标，议大事、当参谋、聚人心，做到党政工作推进到哪里，政协工作就跟进到哪里，好声音就传播到哪里，正能量就汇聚到哪里，切实做到每逢大事必有政协声音、服务发展常见委员身影。

政治协商聚焦重点。九届三次会议分组讨论围绕全区中心工作提出意见 63 条，大会发言 29 人次，提出建议 87 条；常委会、主席会围绕“四大支柱产业”培育、“四大重点板块”建设、学前教育改革、城市提升行动、机构改革、提案办理等 7 个方面开展专题协商、通报，提出意见建议 275 条；围绕中医药事业发展、促进民营经济发展政策落实等方面开展对口协商、界别协商，反馈意见建议 54 条；围绕党风廉政建设和反腐败斗争、防范化解社会矛盾风险、公共安全风险、政府性债务风险、区属国企改革、“公检法”工作等 9 个方面听取了书面通报，反馈意见建议 89 条；围绕骨干路网建设、重点项目推进、幼儿园建设、民生实事落实、轨道交通建设、区图书馆改建等方面开展专题视察 5 次。

民主监督聚焦难点。扎实开展提案办理，九届三次会议以来收到提案 277 件，审查立案 253 件，并案后交办 191 件，办结率达 100%；书记、区长等区级领导带头督办 12 件重点提案；在滨江路经济带发展、区内河流沿岸治理等方面开展了提案办理“回头看”活动；对 123 件提案、10 个办理单位开展提案办理工做民主评议，提出评议意见23条。围绕商业项目运营、委员企业发展、公安工作、邮政工作、台湾中小企业产业园建设等5个方面开展了委员年终视察活动。按照市政协统一部署，积极开展“聚焦污水偷排直排乱排问题”委员监督性视察活动，集中视察7次，交叉视察3次，排查问题20个，参与委员217人次，洗车废水乱排、沿江污水直排等15个问题已整改完成，跳磴河上游来水污染、重钢家属区污水管网缺失、排水公司污水处理能力不足等5个问题正逐步得到解决。按照区委要求，认真落实河长制有关工作，加大巡河力度，完善“一河一策”，督导河流周边镇、村落实责任，有序推进流域治理，不断改善双石河水质。

参政议政聚焦热点。大力抓好调查研究。主席会成员带领常委、专委会、界别联组深入基层开展调研30余次，在打造钓鱼嘴音乐半岛、发展大数据智能化产业、防范化解政府债务风险、古镇提档升级、中医药事业发展、加快九宫庙商圈建设、化解住宅小区车位租售矛盾、体育产业发展、非遗保护传承、提升城市品质、社会工作发展、注重家庭教育、环金鳌山区域城乡融合发展、强化专委会工作、反映社情民意信息工作等方面开展专题调研，形成16篇7万余字的调研报告。积极反映社情民意。全年共收集社情民意信息238条，向市政协报送社情民意信息48条，其中《关于防止国家大型普查PAD设备浪费的建议》《关于应对非洲猪瘟影响完善生猪养殖及应急体系的建议》被转报全国政协，《关于加强白沙沱长江大桥保护利用的建议》被市政府、市政协领导批示，《农村电子废弃物治理刻不容缓》等6条信息被市政协采用；向区委、区政府报送《社情民意信息（专报）》11期，提出意见建议130余条，被区委领导多次批示，内容涉及噪声扰民、校园安全、板块开发、地名错用等方面。

三、紧贴民生实事，在履职为民中发挥优势

常委会坚持“人民政协为人民”，“零距离”感受群众心声，“面对面”倾听群众意愿，“实打实”为群众说话。

精准开展扶贫帮困。按照解决“两不愁三保障”突出问题工作要求，“一对一”结对帮扶困难群众26户，走访52次，通过宣传政策、走访调研、督促落实，为民办实事18件，帮助群众改善生活，增强群众的幸福感、获得感和安全感。按照区委要求，开展民生服务团活动70余次，深入村社接访走访、宣传宣讲、慰问群众、排忧解困。关注发展关爱民生。围绕危险化学品“打非治违”、“建桥同心园”建设、老旧危房改造、社区基础设施建设、乡村道路建设、平安联防、违建拆除、招商引资、商圈建设、园区发展等工作建真言、谋良策、出实招。发挥界别联组作用。组织界别联组活动20次，委员参与400余人次。开展“矿山复垦复绿”活动，将人民政协的民主监督与检察机关的公益诉讼结合；助力乡村振兴，围绕农村人居环境整治、非遗保护、乡村旅游、农民增收等提出意见建议；举办饮水思源故事会，邀请优秀曲艺表演艺术家送文化、送艺术到社区，丰富群众业余文化生活；开展专题培训，为委员讲解法律知识，增强法治观念。

四、坚持商以求同，在团结民主中广聚能量

常委会坚持大团结大联合，在建言资政和凝聚共识上双向发力，在包容多样基础上不断增进一致，努力寻求最大公约数、画出最大同心圆、形成最大向心力。

持续深化上下联动。市政协五位副主席先后6次来区调研工作、走访委员、助推发展；积极参加市政协重要会议、活动，在培育康养产业、提升城市建管品质、凝聚共识助力发展、新的社会阶层统战工作、提升界别协商实效、发挥专门协商机构作用等方面开展讨论交流。切实加强合作共事。坚持邀请民主党派副主委、社会团体代表参加区政协重要会议、活动制度，100余人次参与专题协商、调研、视察、监督，增强工作合力。坚持定期走访民主党派、工商联、人民团体制度，走访委员及所在单位42次，走访对口联系部门25次，加深沟通交流。开展“主席接待委员日”活动5次，接待25个界别80余名委员，围绕精准扶贫帮困、促进民营经济发展、增进社会民生福祉、文化旅游产业发展、助力实体经济发展等5个方面收集意见建议。不断增进交流联谊。接待市内外政协来访调研7批次，前往四川、广东、福建、浙江等地开展考察学习。

五、始终与时俱进，在开拓创新中增强本领

常委会突出政治标准，强化担当作为，严格教育管理，引领广大委员和机关干部爱岗敬业、倾心履职，不断夯实人民政协事业发展基础。

优化委员服务管理。制定《委员履职工作规则》，量化考核委员履职，定期向委员及其所在单位、区委组织统战部门通报履职情况，强化责任担当，激发履职热情；开展集中培训，在厦门大学举办委员履职能力提升培训班，开阔视野、了解时政；举办“文化讲坛”，提升委员履职“四种能力”。加强文史宣传工作。在《人民政协报》等国家级、市级媒体上刊载新闻 35 篇，区级媒体报道 80 余篇，获得市政协 2019 年度新闻宣传工作先进单位称号。切实发挥文史资料存史、资政、团结、育人的作用，收集整理文史资料 40 余篇。提升机关工作效能。以作风建设为抓手，通过学习培训、党建活动等，努力建设靠得住、跟得上、干得实、扛得起、行得正的高素质政协机关干部队伍，树立文明和谐、团结向上、优质高效、清正廉洁的机关形象。

各位委员，回顾和总结过去一年来的工作，我们深切体会到，成绩的取得是深学笃用习近平新时代中国特色社会主义思想的结果，是市政协指导帮助的结果，是区委高度重视、坚强领导的结果，是区人大常委会、区政府大力支持的结果，是各部门、各单位、社会各界广泛参与的结果，是区政协各参加单位、广大政协委员共同努力的结果。在此，我代表区政协常委会，向关心、支持和参与政协工作的各位领导、各位委员、各位朋友，表示衷心的感谢！

面对新时代新使命新要求，区政协工作还有一定差距，主要表现在：专门协商机构作用还需要进一步发挥，履职工作制度还需要进一步完善，委员责任担当还需要进一步强化等。这些都需要我们高度重视，认真研究，努力改进。

2020 年工作安排

2020 年，是全面建成小康社会和“十三五”规划收官之年，做好全年各项工作意义重大。区政协工作的总体要求是：以习近平新时代中国特色社会主义思想为指引，深入贯彻落实中共十九大和十九届二中三中四中全会精神，中央、市委、区委政协工作会议精神，在中共大渡口区委的坚强领导下，把坚持和发展中国特色社会主义作为巩固共同思想政治基础的主轴，把服务实现“两个一百年”奋斗目标作为工作主线，把加强思想政治引领、广泛凝聚共识作为中心环节，坚持发扬民主和增进团结相互贯通、建言资政和凝聚共识双向发力，切实发挥人民政协在国家治理体系中的重要作用，聚焦“高质量产业之区、高品质宜居之城”建设，担负起把区委决策部署和对政协工作要求落地落实、把社会各界智慧力量凝聚起来的政治责任，合力推动政协工作再上新台阶。

一、坚持党的领导，强化理论武装

我们要通过扎实有效的工作，努力成为坚持和加强党对各项工作领导的重要阵地、用党的创新理论团结教育引导社会各界人士的重要平台、在共同思想政治基础上化解矛盾和凝聚共识的重要渠道。加强理论学习。始终把学习习近平新时代中国特色社会主义思想作为重中之重，与学习习近平总书记关于加强和改进人民政协工作的重要思想相结合，与学习中央政协工作会议和习近平总书记重要讲话精神相结合，与贯彻习近平总书记对重庆提出的重要指示要求相结合，与学习《党章》《宪法》、党纪法规、《政协章程》相结合，与学习政协履行职能、建言资政所需要的理论知识相结合，按照学懂弄通做实的要求，推动学习贯彻往实里走往深里走往心里走，切实武装头脑、指导实践、推动工作。强化政治引领。坚定不移地贯彻执行党的基本理论、基本路线、基本方略，不断筑牢共同的思想政治基础，增强“四个意识”，坚定“四个自信”，做到“两个维护”，从思想上政治上扣好履职的第一粒扣子，做到思想上高度信赖、政治上坚决维护、组织上自觉服从、感情上深刻认同，始终与党同心、与党同向。注重党的建设。深入推进政协系统党的建设，以政治建设为统领，确保人民政协正确的政治方向；以思想建设为先导，坚持用党的创新理论武装头脑；以组织建设为重点，推进党的组织和党的工作全覆盖；以作风建设为抓手，维护党和人民政协的声誉形象；以纪律建设为保障，营造风清气正的良好政治生态。

二、服务“两高”建设，发挥专门协商机构作用

我们要紧紧抓住“加强”和“改进”这个关键，按照习近平总书记对重庆提出的重要指示要求，协调推进“四个全面”战略布局，坚决打好“三大攻坚战”，大力实施“八项行动计划”，切实发挥专门协商机构作用，围绕区委十二届七次会议的决策部署，高起点谋划工作，高质量调查研究，高水平建言献策，在“四大重点板块”建设、“四大支柱产业”培育、提案办理等方面开展专题协商，在落实习近平总书记视察重庆重要讲话精神、全面深化改革措施落地落实、促进乡村振兴等方面听取专题通报，在防范化解经济风险、扩大对外开放、提升城市品质、精准扶贫帮困、社会事业发展、创新社会治理、食品药品安全、法治政府建设、财政预算执行等9个方面听取书面通报，在重点项目推进、骨干路网建设、生态环保工作、民生实事落实等方面开展专题视察，在打造钓鱼嘴音乐半岛方面开展界别协商，在征地拆迁方面开展对口协商，切实做到有事多商量、遇事多商量、做事多商量。在助推实体经济发展、加强城市建设管理、促进社会民生事业发展等方面开展专题调研，组织好重点提案督办以及提案办理“回头看”活动，开展好民主评议提案办理工作，发挥好社情民意信息“直通车”作用，促进决策优化，推动决策实施。

三、关注群众诉求，增进民生福祉

我们要把不断满足人民对美好生活的需要、促进民生改善作为重要着力点，倾听群众呼声，反映群众愿望，切实增进民生福祉。抓好民生服务活动。坚持问题导向、精准对接，从最困难的群体入手，从最突出的问题着眼，从最具体的工作抓起，围绕同群众生活息息相关的教育、就业、社保、医疗、住房、环保、社会治安等问题，助力人民群众所想、所盼、所急的问题得到有效解决。深化委员实践活动。聚焦“山水自然美、人文精神美、城乡特色美、产业素质美”目标履职尽责，强化上游意识，担起上游责任，力争上游水平，争做深入推动长江经济带发展、加快建设山清水秀美丽之地的“建言者”“践行者”“监督者”“宣传者”，建言献策、赋能助力。压实扶贫帮困责任。围绕全区“三保障”存在的薄弱环节，认真开展“一对一”结对帮扶活动，帮到点上、扶到根上，做到脱真贫、真脱贫，为打赢打好精准扶贫帮困攻坚战献计出力。

四、突出团结民主，汇聚智慧力量

我们要坚持发扬民主和增进团结相互贯通，以共同的事业感召人、以广泛的协商团结人、以紧密的联系凝聚人，积极汇聚团结奋斗的正能量。广泛汇聚各方力量。发挥人民政协作为统一战线组织、多党合作和政治协商机构的独特优势，求同存异、聚同化异，把更多有志之士、有识之士、新生力量凝聚到大渡口区来，把社会各界的积极性、主动性、创造性引导到改革发展中。营造良好协商氛围。既畅所欲言、各抒己见，又理性有度、合法依章，相互尊重、平等协商而不强加于人，遵循规则、有序协商而不各说各话，体谅包容、真诚协商而不偏激偏执，促进不同思想观点的充分表达和深入交流。深化合作共事交流。通过联合开展调研、组织专题议政、安排大会发言、重点督办集体提案等形式，支持各民主党派按照中国特色社会主义参政党要求更好履行职能。主动接受市政协指导，积极加强与其他政协联谊交往，讲述大渡口好故事，传递大渡口好声音。

五、强化责任担当，提升履职能力

我们要按照人民政协处于凝心聚力、决策咨询、协商民主、国家治理第一线的要求，以务实举措加强政协“两支队伍”建设，健全和完善政协工作制度，不断推动政协各项工作提质增效。加强工作制度建设。在市政协的指导下，在区委的坚强领导下，逐步建立覆盖政协党的建设、履职工作、组织管理、内部运行等方面的制度，形成权责清晰、程序规范、关系顺畅、运行有效的制度体系。加强委员队伍建设。继续办好委员履职能力提升培训班，引导委员坚持为国履职、为民尽责的情怀，准确把握政协履职方式方法，深入调查研究，积极建言献策，全面增强履职本领。强化服务管理，鼓励委员多做雪中送炭、扶贫济困的工作，多做春风化雨、解疑释惑的工作，多做理顺情绪、化解矛盾的工作，切实把事业放在心上，把责任扛在肩上。加强机关干部队伍建设。引导机关全体干部牢固树立“担当为要、实干为本、发展为重、奋斗为荣”工作理念，解放思想、改革创新，始终做到信念过硬、政治过硬、责任过硬、能力过硬，全力服务政协履职尽责，全力服务全区改革发展，全力服务增进民生福祉。

各位委员，同志们！生逢伟大时代，是人生难得际遇；建功伟大时代，是政协应有担当。让我们紧密团结在以习近平同志为核心的中共中央周围，在中共大渡口区委的坚强领导下，不忘初心、牢记使命，以更加昂扬的精神状态、更加务实的工作作风、更加严谨的履职态度，凝心聚力、同向同行，为建设“高质量产业之区、高品质宜居之城”努力奋斗！

重庆市大渡口区人民法院工作报告

——2020 年 1 月 20 日在重庆市大渡口区第十三届人民代表大会第四次会议上

重庆市大渡口区人民法院院长 伍星

各位代表：

我代表重庆市大渡口区人民法院向大会报告工作，请予审议，并请各位政协委员提出意见。

2019 年主要工作

2019 年，我院坚持以习近平新时代中国特色社会主义思想为指导，认真贯彻落实党的十九大和十九届二中、三中、四中全会精神，在区委的坚强领导、区人大及其常委会和上级法院的监督、指导下，在区政府、区政协和社会各界的关心、支持下，严格执行区第十三届人大三次会议决议，真抓实干，依法履职，紧紧围绕“努力让人民群众在每一个司法案件中感受到公平正义”的目标，强化政治建设，坚持服务保障大局、践行司法为民宗旨、严格公正司法，忠实履行宪法法律赋予的职责，各项工作取得新进展，为“高质量产业之区、高品质宜居之城”建设做出了新贡献。

一、始终把政治建设摆在首位，确保把初心和使命落实为审判执行的具体行动

始终坚持党对法院工作的绝对领导。增强“四个意识”、坚定“四个自信”、做到“两个维护”，坚决把党的领导贯穿到法院工作全过程、各方面，不折不扣落实党中央决策部署和市委、区委工作安排。严格落实重大事项请示报告制度，先后就年度工作情况、内设机构改革、多元化纠纷解决机制建设等事项向区委、区委政法委做专题汇报。强化政治理论学习，院党组和党组理论学习中心组第一时间传达学习习近平总书记视察重庆重要讲话精神和习近平总书记系列重要讲话精神，全年共开展各类理论学习 130 余次，轮训干警 600 余人次，教育引导全院干警学深、悟透、做实。

扎实开展“不忘初心、牢记使命”主题教育。紧紧围绕主题教育的总要求和具体目标，精心制定《实施方案》，列出 45 条具体措施推进主题教育，把学习教育、调查研究、检视问题、整改落实贯穿主题教育全过程。共开展专题学习研讨 8 次，发言 58 人次，认真开展专题调研，完成主题教育调研报告 8 篇。坚持边学边查边改，通过发放征求意见表、召开座谈会等形式，广泛征求意见建议 50 条，班子成员围绕“18 个是否”检视出问题 35 个，逐条列出整改清单，以勇于自我革命的精神抓好落实。

聚焦主责主业狠抓执法办案第一要务。坚持以党建带队建促审判，把主题教育成果转化为生动的审判实践。面对案件数量大幅攀升、办案压力持续增大的新情况，全院干警攻坚克难、迎难而上，以实际行动践行初心、担当使命。审执工作呈现出“五增一降”的良好局面，即受理各类案件 13498 件，同比增长 10.59%，审执结 12312 件，增长 11.27%，结案率 91.21%，增长 0.55 个百分点，法官人均结案 397 件，增加 51 件，综合质效指标 91.98，增长 1 个分值，发改率下降 0.01 个百分点。其中，法官人均结案数位居全市法院前列，综合质效指标位居主城法院第一名。

二、紧紧围绕中心工作履职尽责，确保服务大局敢担当有作为

纵深推进扫黑除恶专项斗争。坚持严格依法办案，严把事实关、证据关、程序关、法律适用关，依法审结涉恶案件2件，判处罪犯14人，曾维江等7人恶势力犯罪集团多次实施诈骗、寻衅滋事等犯罪，欺压残疾人，曾维江被判处有期徒刑五年六个月。严格落实深挖彻查要求，印发《开展扫黑除恶专项斗争线索排查办法》，移送涉恶线索3条。积极邀请市、区人大代表参与“扫黑除恶”专项斗争进村入户宣传活动，营造浓厚氛围。

坚决维护人民群众生命财产安全。始终保持对严重暴力犯罪高压震慑态势，依法审结故意伤害、强奸、绑架等犯罪案件26件，判处罪犯35人。坚决惩治群众身边的犯罪，依法审结盗抢骗、黄赌毒等犯罪案件276件，增强人民群众安全感。依法严惩危害公共安全犯罪，审结危险驾驶、交通肇事等犯罪案件52件，判处罪犯52人。坚定不移惩治贪污腐败犯罪，依法审结贪污贿赂等犯罪案件2件2人。

助推法治化营商环境建设。实行院领导带队定点联系走访机制，院长带队走访民营企业10余次，邀请全国、市、区三级人大代表共同走访重点民营企业重庆红九九食品有限公司，积极协助解决实际问题。加强民营企业法律风险分析研判，通过发送法律风险防控提示书、举办法律风险防控讲座等形式，为民营企业送上“温馨提示”。积极推进“府院”联动机制，组建破产审判专业团队，审结破产案件5件，涉案金额近10亿元。制定《破产管理人报酬管理办法》，规范管理人报酬的确定与收取。充分运用重整、和解法律手段，尽最大可能对破产企业进行重整救治，推动2家企业实现破产重整。对无法救治的企业依法进行破产清算，裁定涉债金额达20亿元的重庆海丰集团破产清算，及时淘汰落后产能。

着力防范化解重大风险。审结金融借款、民间借贷等案件993件，涉案金额7.83亿元。妥善处理网络贷款、金融不良债券转让等纠纷，防范化解金融风险。审结土地出让、建设施工、房屋买卖等涉房地产案件419件，依法制裁违法开发、违法分包、偷工减料等行为，促进房地产行业健康发展。坚持保障劳动者权益与促进企业发展并重，依法审结劳动争议案件444件，助力构建和谐劳动关系，有效维护社会稳定。

积极参与社会治理。按照上级部署开展平安综治建设专项行动，深入推进社会治理创新。发挥司法引领作用，通过案件审判，褒扬诚实守信，制裁违约失信，弘扬社会主义核心价值观。针对企业管理、行业监管和社会治理薄弱环节，发送司法建议25份，帮助其堵塞管理漏洞，提升社会治理精准度。认真落实重大敏感案件事件信息研判和排查化解机制，依法有效化解涉诉信访，无一件因处置不当产生不良影响。扎实开展巡回审判，深入开展灵活多样的法治宣传，进村社、学校、企业等开展规模性法治宣讲20余次，在《人民法院报》等各类媒体发表法治宣传稿件300余篇。

三、深入落实以人民为中心的发展思想，确保司法为民取得实效

扎实推进“一站式”诉讼服务中心建设。优化诉讼服务窗口设置，将定期式执行信访窗口转化为常设制，增设人民调解室、律师工作室，购置智能化诉讼服务“一体机”，努力为群众提供贴心的诉讼服务。不断提高诉讼服务质量，努力让群众“只跑一次”，当场立案成功率达98%以上，立案工作实现零投诉。积极构建诉讼服务大厅、诉讼服务网络、12368诉讼服务热线“三位一体”的诉讼服务新格局，网上立案1336件。发放司法救助金6万元，缓减免交诉讼费188万元，切实减轻群众诉讼负担。

扎实推进“一站式”多元解纷机制建设。强力推进驻院调解室建设，加强与各调解组织对接，2名人民调解员入驻法院开展诉前调解，全年共开展诉前委派调解788件，调解成功207件，司法确认调解协议21件。深入落实诉源治理要求，主动下沉诉讼服务资源，联合跃进村街道和春晖路街道分别在东正社区、古渡社区开展“无讼社区”试点工作，指派专门法官与社区对接，直接参与、指导社区矛盾纠纷化解工作，努力让矛盾纠纷化于未发、止于未诉。

依法妥善审理涉民生案件。审结医疗、消费、物业等与人民群众切身利益密切相关的案件2689件。高度重视婚姻家庭纠纷化解，依法维护未成年人、妇女和老年人权益，弘扬传统美德，促进家庭和谐，审结婚姻、赡养、抚养、继承等案件517件。严惩危害食品药品安全违法犯罪，审结首例涉食品药品刑事附带民事公益诉讼案，依法判处被告人有期徒刑2年，并处罚金31万元，并在公开发行的省级媒体上向社会公众道歉，维护人民群众“药瓶子”安全。

切实巩固“基本解决执行难”成果。不断健全完善执行长效机制建设，严格结案标准，强化结案管理，终本案件合格率达 100%。共受理执行案件 4779 件，执结 4194 件，执行到位金额 28.43 亿元，实际执行到位率 74.5%，位居全市法院第一位，执行完毕案件结案平均用时 57.81 天，位居五中院辖区前列。完成网络司法拍卖 324 次，成交 16.91 亿元，溢价率 20.47%。有序推进“三中心一场地”建设，强力开展“利剑 2019 • 三集中专项行动”，拘留 24 人次、腾退房屋 13 套、扣押车辆 14 辆。充分发挥司法拆迁保障作用，成功执结重钢体育场地块拆迁案，并从根本上化解被拆迁人鞠某纠纷，促成该片土地以过万楼面地价出让。顺利完成“e 租宝”集资参与人核实登记工作，核实登记覆盖率排名全市第一。

促进行政争议实质性化解。监督和支持行政机关依法行政，共受理行政案件 237 件，审结 224 件。一方面，有力监督行政机关行政行为，判决行政相对人胜诉案件 30 件，促使行政机关变更行政行为案件 56 件；另一方面，依法维护行政行为的权威性和公信力，判决支持行政行为、驳回原告诉讼请求案件 106 件。持续推进行政机关负责人出庭应诉工作，行政首长出庭应诉 45 人次。建立与行政机关的良性互动机制，为政府及相关部门提供法律咨询意见 50 余次，举办法治讲座 6 次，300 余名领导干部旁听庭审，助推法治政府建设。

四、持续深化司法体制改革，积极推进审判能力现代化建设

深化司法责任制改革。建立法官岗位职责清单、院庭长权力清单，进一步完善权责明晰、权责一致的审判权运行机制。深入落实院庭长办案责任，院庭长共办结案件 6242 件，同比增长 11.05%，占全院结案总数的 50.7%。加强员额法官动态管理，遴选法官 5 名，进一步充实审判力量。切实将“审理者裁判、裁判者负责”的要求落到实处，追究瑕疵司法责任 18 人次。加强审判团队建设，优化机构设置和人员配置，圆满完成内设机构改革工作。

推进诉讼制度改革。深化以审判为中心的刑事诉讼制度改革，全面落实庭前会议等“三项规程”，发挥庭审在查明事实、认定证据、公正裁判中的重要作用，普通程序案件证人、鉴定人、侦查人员出庭率 38.67%，律师辩护率 100%，刑事案件当庭裁判率 85.2%。深化刑事案件认罪认罚从宽制度改革，审结认罪认罚案件 346 件 441 人，认罪认罚适用率 90%。持续推进民事诉讼制度改革，深化“分调裁审”机制改革，基本实现案件繁简分流、轻重分离、快慢分道，适用小额诉讼程序审理案件 2918 件，努力提升办案效率。

持续深化司法公开。认真落实《中华人民共和国人民陪审员法》，公开选任人民陪审员 41 名，陪审案件 1221 件，让人民群众直接参与司法，提升审判结果的社会公信力。加强司法信息发布，公开裁判文书 8828 篇，同比提高 4.25%，庭审网络直播案件 1948 件，同比提高 40.14%，让正义以看得见的方式实现。通过官方微博、微信公众号等发布信息 300 余条，组织开展法院开放日和旁听庭审活动 10 次，让干部群众亲身感受审判工作的公平公正。我院被市高法院评为“司法公开改革工作先进法院”。

加强审判监督管理。严格执行“随机分案为主、指定分案为辅”的案件分配机制，规范专业法官会议和审判委员会运行机制，强化专业法官会议统一裁判尺度、提供咨询意见的作用，限缩审判委员会个案研究范围，召开专业法官会议 48 次，为法官办理重大疑难案件提供帮助。坚持每月召开一次审判质效分析研判会，及时有效解决制约审判质效的突出问题。不断完善法官绩效考核实施方案，激发法官办案热情。

加强人权司法保障。始终坚持惩罚犯罪与保障人权的有机统一，确保无罪之人不受刑事追究，有罪之人受到公正处罚。严格落实宽严相济刑事政策，对 101 名被告人依法判处缓刑、管制和免于刑事处罚。贯彻教育感化挽救方针，持续推进“阳光助苗司法关爱基金”，受助未成年犯无一再犯罪，该基金项目荣获第四届中国青年志愿服务项目大赛铜奖。

五、坚持全面从严治党、从严治院，确保队伍建设提质增效

持续加强基层党组织建设。坚持把党支部建在庭上，将基层党组织建设与内设机构改革同部署、同落实，调整后的党组织设置更加科学合理。配齐配强党务干部队伍，共选举支部书记及支委会委员 25 名。严格落实组织生活制度，推进“两学一做”常态化制度化，突出“三会一课”的政治学习和教育功能，坚持党支部书记述职制度，进一步丰富组织生活形式，不断增强党内政治生活的时代性、原则性、战斗性。

持续加强司法能力建设。狠抓教育培训，精心制定《教育培训计划》，细化落实 13 项具体措施，先后组织干警 1000 余人次参加各类培训学习，不断提升干警综合素能。完善多岗位锻炼、多层次培养机制，选送1名法官到最高法院第五巡回法庭学习锻炼。持续推进“青年干警导师制”，为新招录干警配备业务导师，发挥“传帮带”作用，促进青年干警迅速成长。加强审判理论研究，4篇调研文章荣获全国或区域性奖励。不断培育身边先进典型，2名干警荣获我区“新时代最美政法人”荣誉称号。

持续加强党风廉政建设。压实管党治党政治责任，院党组坚持每季度听取党风廉政建设工作汇报，专题研究党风廉政建设工作5次。加强权力运行监督，出具廉政审查意见30人次、参与司法鉴定和评估拍卖机构选择监督432件次。坚持廉政风险动态排查防控机制，扎实开展审务督察、“以案四说”警示教育，认真接受司法巡查“回头看”并切实加以整改，发出督查通报12期，筑牢防范化解廉政风险“防火墙”。认真核查违法违纪案件线索，做到有报必查，查必有果。

六、自觉接受人大监督，持续改进法院工作

自觉接受监督，是法院加强和改进工作的不竭动力，是公正司法的重要保障。一年来，我院自觉接受人大及其常委会监督，向区人大及其常委会报告工作5次，提请任命法官5人，向区人大常委会专题报告民商事审判工作，认真落实审议意见。积极服务人大代表履职，主动邀请18名全国、市、区三级人大代表监督法院工作6次。办理代表建议2件，办结率、回复率、满意率均达100%。认真接受民主监督，坚持向区政协通报工作，办理政协提案5件，满意率100%。依法接受检察机关法律监督，主动邀请检察长列席审委会，切实增强检察监督的实效性和长效性。广泛接受社会各界监督，处理“院长电子邮箱”邮件5件，召开新闻发布会3次。

各位代表，过去一年我院工作取得的新成绩、新进步，是区委坚强领导，区人大及其常委会有力监督的结果，是区政府、区政协以及人大代表、政协委员、社会各界关心支持的结果。在此，我代表区法院表示衷心的感谢并致以崇高的敬意！

我们也清醒地认识到，法院工作仍然存在不少困难和问题：

一是受理案件数持续攀升，案件“去存量、抑增量”面临很大压力；二是现代化诉讼服务体系及多元化纠纷解决机制建设与人民群众的新期待、新要求还存在差距，法院同各方力量协同推进的格局有待加强；三是智慧法院建设，运用司法大数据助力社会治理创新作用发挥不够充分；四是司法能力有待进一步提升，司法作风仍需持续改进。对此，我们将在区委的坚强领导和区人大有力监督下，努力加以解决。

2020年工作思路

2020年，我院将坚持以习近平新时代中国特色社会主义思想为指导，深入贯彻落实党的十九大和十九届二中、三中、四中全会精神，在区委的坚强领导下，在区人大及其常委会有力监督下，认真学习贯彻区委十二届七次全会精神，忠实履行宪法法律赋予的职责，坚持用生动的审判实践服务改革发展稳定大局，为全区经济社会发展提供更加有力的司法保障。

一是坚持党对法院工作的绝对领导，确保正确政治方向。坚持以习近平新时代中国特色社会主义思想武装头脑、指导实践、推动工作。不断增强“四个意识”，坚定“四个自信”，做到“两个维护”，始终在思想上政治上行动上同以习近平同志为核心的党中央保持高度一致。不断巩固深化“不忘初心、牢记使命”主题教育成果，确保始终如一坚守初心、担当使命。坚持把主题教育成效体现到法院工作各方面、全过程，努力展现新时代法院新担当新作为。

二是充分发挥审判职能作用，努力为经济社会发展提供更高质量的司法服务和保障。扎实推进平安建设，纵深推进扫黑除恶专项斗争，依法惩治各类犯罪，努力提升人民群众安全感。紧紧围绕服务高质量发展，依法平等保护各类所有制主体，助力民营经济健康发展，不断优化法治化营商环境建设。充分发挥破产审判职能，健全完善破产审判机制和府院联动机制，提高破产重整案件质量和效率，促进供给侧结构性改革深入实施。加强金融审判工作，防范和化解金融风险，持续提升司法服务大局效能。

三是积极参与社会治理创新，全力助推社会治理体系建设。坚持和发展新时代“枫桥经验”，严格落实“将非诉讼纠纷解决机制挺在前面”要求，深入推进多元化纠纷解决机制建设，推动完善人民调解、行政调解、司法调解联动工作体系，努力将矛盾化解在萌芽状态。积极创建“无讼社区”，加大巡回审判力度，发挥司法裁判评价指引作用，提升人民群众法治意识，弘扬社会主义核心价值观，促进自治、法治、德治相结合的城乡基层治理体系建设。

四是深入践行司法为民宗旨，不断增强人民群众司法获得感。全力推进“一站式”诉讼服务中心建设，不断提升现代化诉讼服务水平，增强司法便民利民实效。依法妥善审理各类涉民生案件，强化民生权益司法保障。加强执行工作规范化建设，保持执行工作高水平运行态势，向着“切实解决执行难”目标迈进。

五是持续深化司法体制改革，促进司法能力和司法公信力不断提升。严格落实落细司法责任制要求，持续加强审判权力运行监督，确保公正廉洁司法。大力推进“智慧法院”建设，不断拓展现代科技服务审判执行工作的深度和广度。持续优化教育培训，加强司法能力建设，发扬斗争精神，增强斗争本领，深入推进队伍革命化、正规化、专业化、职业化建设。

六是不断增强接受监督意识，推进法院工作高质量发展。坚持向区人大及其常委会报告法院重要工作、重大事项，认真听取并落实审议意见。加强与代表委员的沟通联络，丰富代表委员联络形式，认真办理代表建议和委员提案。自觉接受检察、媒体及社会各界监督，不断推动法院工作向前发展。

各位代表，新的一年，我们将以习近平新时代中国特色社会主义思想为指导，在区委坚强领导、区人大及其常委会有力监督下，忠诚履职、实干担当、锐意创新、顽强拼搏，为我区“高质量产业之区、高品质宜居之城”建设和决胜全面建成小康社会做出新的更大贡献！

重庆市大渡口区人民检察院工作报告

——2020 年 1 月 20 日在重庆市大渡口区第十三届人民代表大会第四次会议上

重庆市大渡口区人民检察院代理检察长　许创业

各位代表：

现在，我代表重庆市大渡口区人民检察院向大会报告工作，请予审议，并请各位政协委员和列席会议的同志提出意见。

2019 年主要工作

2019 年，在区委和上级检察机关的坚强领导下，在区人大及其常委会的有力监督下，我院以习近平新时代中国特色社会主义思想为指导，深入贯彻党的十九大和十九届二中、三中、四中全会精神、习近平总书记对重庆的重要指示要求，紧紧围绕服务保障打好“三大攻坚战”、实施“八项行动计划”和我区“高质量产业之区、高品质宜居之城”建设，切实聚焦法律监督主责主业，正确履行刑事检察、民事检察、行政检察、公益诉讼检察职能，积极助推治理体系和治理能力现代化。

一、突出开展扫黑除恶专项斗争，做优刑事检察

充分履行批捕、起诉职能，切实加大打击犯罪力度，依法批准逮捕犯罪嫌疑人 393 人，提起公诉 503 人。

（一）深入开展扫黑除恶专项斗争。聚焦“深挖整治”阶段性目标，认真落实扫黑除恶各项工作部署，办案中坚决做到“是黑恶犯罪一个不放过、不是黑恶犯罪一个不凑数”。办理“9+4”类案件 25 件 52 人，批捕涉恶犯罪嫌疑人 12 人，起诉恶势力犯罪集团 3 件 32 人，包括我区首例“套路贷”犯罪案件。坚持扫黑除恶治乱相结合，全力参与辖区成品油、冷冻肉品市场等 9 个重点领域乱象整治专项工作，依法批捕非法经营成品油犯罪嫌疑人 19 人，起诉 5 人。就无《成品油经营许可证》销售柴油是否构成非法经营罪的问题，请示高检院获明确答复。同时针对办案中发现的“乱点乱象”，发出社会治理检察建议 10 余份。

（二）严厉打击发生在人民群众身边的暴力、侵财犯罪和职务犯罪。坚持以人民为中心的理念，聚焦人民群众操心事、烦心事、揪心事，依法从严从快打击群众身边的犯罪，切实增强群众获得感、幸福感、安全感。起诉故意伤害、抢劫、强奸等暴力犯罪案件 20 件 22 人；盗窃、电信诈骗等多发性侵财类案件 140 件 182 人；毒品犯罪案件 94 件 110 人。贯彻落实《中华人民共和国监察法》，建立健全与监委的工作衔接机制，确定检察官办案组专门办理职务犯罪案件，起诉 2 件 2 人，均已判决，庭审时均组织相关人员旁听，进行警示教育，社会反响热烈。

（三）认真落实认罪认罚从宽制度。围绕化解社会矛盾、减少社会戾气、促进社会和谐，以事实为根据，以法律为准绳，对犯罪嫌疑人自愿认罪认罚的，适用认罪认罚从宽制度办理 460 人，适用比例 86.47%，提出确定刑量刑建议占 90.80%，被告人认罪服判率 98.82%。在办理王治岭、宋牡芳等 16 人诈骗案中，充分运用认罪认罚从宽制度，通过耐心细致的释法说理获取追诉线索，引导公安机关及时补充侦查，追诉漏犯 8 名，追加起诉犯罪事实 12 笔，并说服部分被告人主动退赃 20.5 万元，社会效果显著。该案入选市院认罪认罚从宽典型案例。

二、突出守护国家利益和社会公共利益，做亮公益诉讼检察

践行习近平总书记“绿水青山就是金山银山”绿色发展理念和“检察官是公共利益代表”的重托，充分履行修改后的《中华人民共和国民事诉讼法》和《中华人民共和国行政诉讼法》赋予检察机关的公益诉讼职能，共立案办理行政公益诉讼案件 48 件，民事公益诉讼案件 4 件，其中涉及生态环保 43 件，食品药品 9 件。发出诉前检察建议 46 件，均已回复整改。

（一）进一步营造工作氛围，形成保护合力。一是积极争取人大支持。向区人大专题报告了公益诉讼工作，推动区人大常委会做出《关于加强区检察院公益诉讼工作的决议》。多次参与区人大调研、区政协视察活动，发现案件线索。2019 年 6 月，市人大常委会专题调研我院公益诉讼工作并给予高度肯定。二是强化“双赢多赢共赢”理念。与多家行政机关建立沟通协调机制，与区生态环境局会签《关于在检察公益诉讼中加强协作配合的意见》，与区教委会签《未成年人检察公益诉讼线索移送制度》。在线索摸排阶段建立检察机关和行政机关“双方见面”制度，做实建议提出前的磋商、提出后的证据共享和整改回复后的“回头看”“三个环节”，提高诉前检察建议质量和公益修复实效。三是持续加强宣传发动。配合区政协、联合区规划和自然资源局开展了以“保护生态环境，建设山清水秀美丽之地”为主题的大渡口区矿山复垦复绿活动，实现政协民主监督与检察监督相结合。按照市院安排，开展“共护一江水•公益诉讼”媒体走基层活动。群众对公益诉讼工作的认知度和参与度极大提升，主动移送公益诉讼线索 21 件。

（二）进一步突出办案重点，保护公共利益。以全国、全市环保督查为契机，继续办准办好生态环境公益诉讼。一是抓好“保护长江母亲河”“污水偷排直排乱排集中巡查攻坚月”专项行动。针对辖区多处老旧小区污水管道缺失、生活污水直排长江的问题，发出检察建议 4 份，督促相关镇街和行业主管部门新建提升泵、修建排污管网，实现污水达标排放。针对滨江路外长江滑石滩处的违章建筑拆除不彻底、存在安全隐患的问题，发出检察建议，促使责任单位协调联动，迅速拆除违章建筑。二是狠抓森林资源保护。针对我区 1500 多平方米国有林地被持续侵占近 40 年的问题发出检察建议 3 份，相关单位高度重视，召开专题会，迅速启动森林植被恢复工程。三是参与大气污染整治。针对部分建筑工地未采取有效防尘降尘措施，导致扬尘现象明显的问题，向相关行政机关发出检察建议 9 份，督促治理扬尘污染工地 11 处，罚款 7 万元。四是抓好保护“千家万户舌尖上的安全”公益诉讼专项监督。针对某生鲜超市 9 家门店均存在食品标识不清、进货单据保存不完整等问题，向主管部门发出加强监管的检察建议，均获整改，社会效果显著。五是支持行政机关提起生态环境损害赔偿诉讼。蔡某等人非法占用农用地 240 多亩开办建筑垃圾消纳场，导致 90 亩耕地被重度破坏，我院支持区规划和自然资源局提起生态环境损害赔偿民事诉讼，追偿土地复垦等费用 270 万多元。

三、突出维护公平正义，做实诉讼活动法律监督

坚持在办案中监督、在监督中办案，强化对刑事、民事、行政诉讼活动的法律监督，努力“让人民群众在每一起司法案件中感受到公平正义”。

（一）加强刑事诉讼监督。在区公安分局设立了派驻检察室，将法律监督向执法办案一线延伸。监督公安机关立案2人、追捕追诉漏犯10人、漏罪3条；强化人权保护，书面纠正侦查活动违法27件；严格落实检察长列席审委会制度。

（二）加强民事行政诉讼监督。办理民事行政检察监督案件26件。提请抗诉永辉超市申请监督系列案件，针对“职业打假”等现象，向相关单位发出检察建议20件，帮助民营企业堵漏建制，防范经营风险。支持农民工等困难群体起诉案件33件，帮助追回劳动报酬近30万元。

（三）加强刑事执行检察监督。依法开展监所检察和社区矫正检察，办理社区矫正执行和剥夺政治权利执行监督案件7件，办理监管场所执法监督案件7件；认真落实特赦罪犯检察，依法对7名特赦罪犯开展核查监督；切实保护在押人员合法权益，办理羁押必要性审查案件9件、刑期申诉案件5件；开展财产刑执行专项检察，监督立案10件，涉及金额近10万元，经验做法在全国财产刑执行检察工作座谈会上做交流发言；加强刑罚执行监督，成功监督逃匿三年的罪犯王君被收监执行。

（四）加强控告申诉检察工作。全力做好检察环节“防风险、保安全、护稳定、迎大庆”各项工作，开展“拉网式”风险隐患排查，落实24小时政务值班和信访值班值守要求，为大庆期间辖区安全稳定做出了积极贡献。认真落实“群众来信件件有回复”要求，确保7日内程序性答复、3个月内办理过程或者结果性答复“两个100%”，参与区涉法涉诉联合接访12周，办理市院交办信访案件、接待群众来信来访128件次，成功化解销号市院交办的重点积案5件。

四、突出做大做亮“莎姐”品牌，助推市域社会治理现代化

认真落实“枫桥经验”重庆实践十项行动，以持续做大做亮“莎姐”品牌为抓手，着力参与未成年人保护社会治理创新，促进构建基层社会治理新格局。

（一）加强对未成年人的综合司法保护。坚持并发展司法办案、犯罪预防、心理矫治、帮教挽救“四位一体”“莎姐”工作模式，坚持以“零容忍”的态度严厉打击侵害未成年人犯罪，依法惩戒、精准帮教涉罪未成年人，建立2个未成年人观护帮教基地，受理审查起诉未成年人刑事案件首次为零；坚持落实未成年被害人保护制度，向未成年被害人发放司法救助金3.6万元；作为高检院、市院确定的未检业务统一办理试点院，支持起诉全区首例因监护侵害撤销监护权案件成功获判，积极开展侵害众多未成年人合法权益的检察监督，聚焦校园周边群众关心的食品、交通等安全隐患，及时发出6份检察建议，相关部门单位全部予以整改回复。关于加强学生安全保护的检察建议被评为全市检察机关优秀社会治理类检察建议。

（二）认真监督落实高检院“一号检察建议”。2018年10月，高检院主要针对当前一些地方在幼儿园儿童、中小学学生保护和校园安全管理方面存在的问题，向教育部发出了“一号检察建议”。本院就全区落实“一号检察建议”的情况进行专题调研，向区委专门报告。院主要领导面向全区教育系统近百名相关负责人宣讲“落实一号检察建议，护航学生健康成长”的法治课深受欢迎。本院会同区教委对10个中小学及民营教培机构落实“一号检察建议”的情况进行明察暗访，开展教职员工入职前涉罪信息查询7批340余人次。

（三）创新建设“莎姐”帮教维权云平台。“莎姐”云平台将全区20余个职能部门、8个镇街、30余所中小学和56名“莎姐”观察员纳入其中，着力构建“1+4+4”“莎姐”未成年人综合司法保护一体化体系和多部门沟通联动机制。“莎姐”云平台被高检院确定为第二批全国未检创新实践项目，在高检院举办的全国未检创新实践基地建设专题会上做经验交流。截至目前，平台已处理群众申请监督线索30条，做到件件有回复，接收预约法治宣讲32场，宣讲受众人数19000余人。

（四）深入开展“莎姐”大普法。落实“谁执法谁普法”责任制要求，会同区委宣传部联合资助拍摄的《莎姐日记》，作为国内首部检察机关预防青少年犯罪题材公益电影在全国院线公开放映，社会反响热烈。开展“莎姐”送法进学校、进社区、进企业等“法律六进”活动，共开展法治宣讲52场，受众36000余人，“莎姐”工作室被授予“大渡口区法治德治教育示范基地”称号。“莎姐”检察官入选中央电视台《法律讲堂》栏目主讲人和重庆卫视“小学生与法”公开课特邀法律嘉宾，参加“法治进校园”全国巡讲团走进“三区三州”，为贫困地区的孩子们送去优质法治和自护教育课。“莎姐”品牌成功获得国家商标局45份商标注册证书，在421项商品服务项目中获得法律保护。

五、突出落实“四个铁一般”要求，锻造过硬检察队伍

按照习近平总书记“四个铁一般”的要求、“五个过硬”的重要指示精神，努力打造让党放心、让人民群众满意的新时代检察队伍。我院荣获第二届全国“未成年人检察工作创新实践基地”、全市检察信息工作先进单位、全市检察宣传工作先进单位、重庆市三八红旗集体等荣誉。

（一）扎实开展“不忘初心、牢记使命”主题教育。始终把政治建设摆在首位，深入学习习近平新时代中国特色社会主义思想，切实增强“四个意识”、坚定“四个自信”、做到“两个维护”，持续肃清孙政才恶劣影响和薄熙来、王立军流毒；严守党的政治纪律、政治规矩，严格执行请示报告制度；深入推进“两学一做”学习教育常态化制度化，引领党员干警发挥先锋模范作用。“莎姐”团队获市院嘉奖，院机关党委被表彰为“勇担当做表率基层党组织”，11名干警获三等功等奖励，“莎姐”检察官梅玫在市委“不忘初心、牢记使命”重庆市优秀共产党员先进事迹巡回报告会上做报告，并应邀参加国新办举行的检察英模中外媒体见面会。

（二）强化履职能力建设。加强人才培养，涌现出重庆市检察机关案件管理业务标兵、重庆“检察之星”等骨干人才；发挥渡检讲坛、检委会论坛、部门课堂的互动作用，开展“研讨＋实训”的岗位练兵，引导干警强理论、提素能，干警受邀参加中国法学会民事诉讼法学研究会理论年会；突出规范司法能力建设，组织开展案件评查、优秀案件评选，倒逼干警提升执法能力。积极落实司法责任制要求，院领导带头办理大案要案。

（三）狠抓全面从严治检。严格落实“一岗双责”，确保始终把“两个责任”扛在肩上；深入开展“以案四说”警示教育，对新入额检察官、晋升等级的检察官和新招录的聘任制书记员均进行了廉政谈话；盯紧司法办案的风险点，严格落实“三个规定”；开展日常检务督察、节假日安全督察，强化干警纪律作风的监督检查；运用监督执纪“四种形态”，特别是第一种形态，及时抓早抓小、咬耳扯袖、红脸出汗。队伍纪律作风良好，保持了零举报、零投诉。

六、始终坚持党的领导，自觉接受人大监督

把检察工作置于党的绝对领导之下，不折不扣贯彻执行区委各项决策部署，自觉向区委报告工作。认真落实区委人大工作会议精神，坚定接受人大及其常委会监督的宪法自觉，主动接受人大法律监督、工作监督，政协民主监督及社会各界的监督。开展“检察护航民企发展”等主题检察开放日活动4次，邀请市、区人大代表、政协委员、人民监督员以及群众代表走进检察机关，监督检察工作。推荐区幼儿园园长赖天利参加高检院第29次开放日活动。拓展检务公开深度和广度，依法公开各类案件程序性信息676条，文书387份。

各位代表，过去一年，我院的各项工作都取得了新的成绩，这是区委和上级人民检察院正确领导，区人大及其常委会有力监督，区政府、区政协和社会各界大力支持的结果。在此，我代表区检察院表示衷心感谢并致以崇高的敬意！

我们也清醒地认识到工作中还存在一些问题和不足：一是检察监督能力还不能完全适应推进国家治理体系和治理能力现代化的要求。二是针对司法改革中的新情况、新问题，在相关机制建设上还需探索完善。三是检察信息化、智慧检务建设还有待加强。对这些问题，我们将认真研究对策，切实加以解决。

2020年工作安排

2020年，是全面建成小康社会的关键之年。今年检察工作的总体思路是：以习近平新时代中国特色社会主义思想为指导，认真贯彻党的十九大和十九届二中、三中、四中全会精神，全面贯彻落实习近平总书记对重庆提出的“两点”定位、“两地”“两高”目标、发挥“三个作用”和营造良好政治生态的重要指示要求，坚持检察机关宪法定位，推进“四大检察”全面协调充分发展，为建设“高质量产业之区、高品质宜居之城”保驾护航。

一是进一步提高政治站位，坚持党对检察工作的绝对领导。旗帜鲜明讲政治，深学笃用习近平新时代中国特色社会主义思想，进一步增强政治自觉、法治自觉、检察自觉。持续肃清孙政才恶劣影响和薄熙来、王立军流毒，营造良好政治生态。按照案件要做精、公益要做强、机制要做活、质量要做准、重点要做亮、考核要做好的“六要”工作思路，务实履职，不断改进检察工作，切实加强优质检察产品供给。

二是进一步强化大局意识，全力服务保障经济社会发展。发挥好检察职能，坚决维护国家政治安全和社会稳定，完善办理涉众型犯罪，金融犯罪等重大、敏感案件的社会风险评估机制，深入开展扫黑除恶专项斗争，建立长效常治工作机制。坚持“两个毫不动摇”，积极营造支持民营经济发展的市场化、法治化营商环境。探索实行生态环境公益诉讼惩罚性赔偿制度，积极、稳妥探索“等”外公益诉讼案件办理。加强对民事审判活动和执行监督，强化消费者权益保护和虚假诉讼监督。监督行政案件公正审判执行，促进行政权依法正确行使，保障行政相对人合法权益。

三是进一步做大做亮“莎姐”品牌，积极参与构建基层社会治理新格局。认真监督落实“一号检察建议”，持续开展“莎姐”大普法，突出对“一老一小一残”等特殊群体的法治宣讲和司法关爱。升级完善“莎姐”云平台，提高运用现代科技服务公众的能力。积极参与以“莎姐”品牌为核心的辖区特色矛盾纠纷化解机制建设，构建联调联动多元化解格局。推进适用认罪认罚从宽制度高质量、上水平，深入落实“群众来信件件有回复”制度，加强“两法”衔接，推行检察建议案件化办理机制。

四是进一步强化自身建设，着力争创“学习型”检察院、争当“放心型”检察官。严格落实全面从严治党、全面从严治检政治责任，切实强化责任担当，树正气、严管理，严格落实意识形态责任制，大力整治形式主义、官僚主义，着力培养干警“八大能力”，打造“四个铁一般”的检察铁军，为各项检察工作保质保量、有序推进提供充分的人力保障。

五是进一步增强监督意识，确保检察权正确行使。在依法履行法律监督职责的同时，切实增强宪法意识和人大意识，自觉接受人大法律监督、工作监督和政协民主监督。认真执行区人大及其常委会决议，主动报告工作，完善精准办理议案、提案、意见建议工作机制。切实将检察工作置于社会各界的监督之下，确保检察权在阳光下运行。

各位代表，新时代赋予新使命，新征程呼唤新作为。在新的一年里，我们将不忘初心、牢记使命，更加紧密地团结在以习近平同志为核心的党中央周围，在市院和区委的正确领导下，认真贯彻本次会议精神，砥砺前行、埋头苦干，为加快大渡口“两高”建设，全面建成小康社会和“十三五”规划圆满收官贡献检察力量！

重庆市大渡口区 2019 年国民经济和社会发展计划执行情况及 2020 年计划草案的报告

——2020 年 1 月 19 日在重庆市大渡口区第十三届人民代表大会第四次会议上

重庆市大渡口区发展和改革委员会

各位代表：

受区人民政府委托，现将 2019 年国民经济和社会发展计划执行情况及 2020 年计划草案的报告提请大会审查，并请各位政协委员提出意见。

一、2019 年国民经济和社会发展计划执行情况

2019 年，全区上下坚持以习近平新时代中国特色社会主义思想为指导，全面落实习近平总书记对重庆提出的“两点”定位、“两地”“两高”目标、发挥“三个作用”和营造良好政治生态的重要指示要求，在区委的坚强领导下，在区人大及其常委会和区政协的监督支持下，牢牢把握稳中求进总基调，认真落实“六稳”要求，全力推动高质量发展，经济社会各项事业保持稳中向好态势。

（一）国民经济和社会发展指标完成情况。

区十三届人大三次会议批准的2019年计划报告32项指标中，有统计数据的30项，预计完成28项，完成率93.3%。总体看，指标完成情况良好，多数指标达到预期，年度计划得到较好执行和落实。

——经济运行总体趋稳。全年地区生产总值增长5.3%，高于去年同期2.6个百分点；产业结构进一步优化，服务业增加值占GDP比重达60.7%，四大支柱产业增加值占GDP比重达25%。

——工业经济触底回升。全区规上工业总产值200亿元，增长9.1%，高于去年同期11.1个百分点；规上工业增加值增长5.6%，高于去年同期15.5个百分点，工业对经济增长的贡献率达25%。

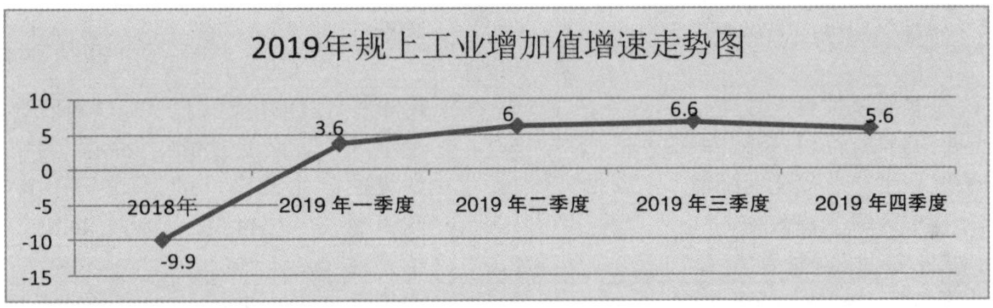

——创新驱动成效明显。全区各类研发平台达45个，全社会研发经费支出占GDP比重达到4%；万人发明专利拥有量达18.04件/万人，位居全市前列；规上工业高技术企业实现产值51.5亿元，增长44.9%，实现营业收入52亿元，增长45%。

——财税和居民收入稳步增长。一般公共预算收入23.1亿元，增长8.2%，其中区级税收19.2亿元，占比83%，增长10.2%；全区居民人均可支配收入40619元，增长8.5%。

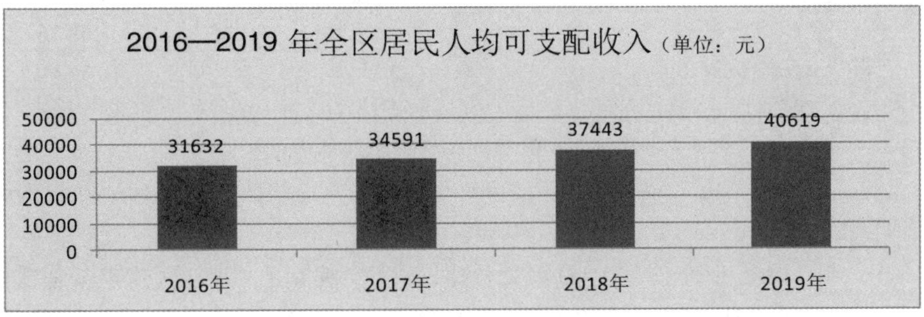

表 1：2019 年国民经济和社会发展计划目标预计完成情况

序号	指标	单位	指标属性	2019 年目标	全年预计完成	是否达到预期
综合质量效益指标						
1	地区生产总值增速	%	预期性	3	5.3	是
2	固定资产投资增速	%	预期性	6 左右	5.9	是
3	社会消费品零售总额增速	%	预期性	3	2.3	否
4	数字经济增加值增速	%	预期性	5	30	是
5	规上工业企业利润增速	%	预期性	5	5	是
6	民营经济增加值增速	%	预期性	3	4	是
7	一般公共预算收入增速	%	预期性	3.5	8.2	是
	其中：税收收入增速	%	预期性	5	10.2	是
创新发展指标						
8	四大支柱产业增加值占 GDP 比重	%	预期性	25	25	是
9	战略性新兴制造业增加值增速	%	预期性	10	10.2	是
10	研发经费支出占地区生产总值比重	%	预期性	2.5% 以上	4	是
11	万人发明专利拥有量	件	预期性	18	18.04	是
12	市场主体净增长率	%	预期性	6	6.83	是
协调发展指标						
13	规模以上工业增加值增速	%	预期性	3	5.6	是
14	服务业增加值增速	%	预期性	3	4.6	是
15	文化产业增加值增速	%	预期性	10	10	是
16	常住人口城镇化率	%	预期性	97.59	97.71	是
17	城乡居民人均可支配收入比	x:x	预期性	1.8 ∶ 1	1.8 ∶ 1	是
绿色发展指标						
18	空气质量优良天数	天	约束性	300 天以上	309 天	是
19	主要污染物排放总量减少	%	约束性	市级下达为准	完成下达目标	是
20	单位地区生产总值能耗降低	%	约束性	市级下达为准	完成下达目标	是
21	建成区绿化覆盖率	%	约束性	44.5	44.6	是
22	城乡生活垃圾处置率	%	约束性	100	100	是
23	城镇生活污水集中处理率	%	约束性	97.85	97.85	是
开放发展指标						
24	进出口总值增速	%	预期性	6	-16.7	否
25	实际利用外资	亿美元	预期性	0.25	1.1	是
26	实际利用内资增速	%	预期性	市级下达为准	—	—
共享发展指标						
27	全区居民人均可支配收入增速	%	预期性	6	8.5	是
28	城镇新增就业人数	人	约束性	8000	14378	是
29	城镇登记失业率	%	约束性	3.7	—	—
30	学前三年教育普惠率	%	约束性	65	68.76	是
31	群众安全感指数	%	约束性	≥ 90	≥ 90	是
32	安全生产事故死亡人数	人	约束性	≤ 16	12	是

备注：实际利用内资、城镇登记失业率 2 项指标因市级层面考核调整而取消。

（二）重点项目推进情况。

深入推行“六个一批”调度机制，加强项目策划和建设管理，编制《大渡口区重点策划项目库》，印发《大渡口区政府投资项目代建制管理办法》，修订《大渡口区重大项目前期工作经费管理办法》，聚焦项目建设各环节，着力解决卡点难点问题，实现项目建设接替有序、梯次推进、滚动实施。全年新开工 56 个项目，竣工投用 33 个项目；32 个在区市级重点建设项目有 29 个推进顺利，占比 87.9%；71 个区级重点建设项目有59个推进顺利，占比83.1%；49个区级重点前期项目有40个按计划推进，占比81.6%。通过加快实施一批节点性道路工程建设，推进一批断头路建设，城市互联互通水平有效提升；城市开发提速扩面，重钢五六厂区域基本建成，钓鱼嘴片区、湾塘片区、五一互助片区成为开发热点；建桥园区能源、管网、公寓等配套设施不断完善，园区产业集聚能力逐步增强；积极实施环境改造提升工程，开展农村人居环境整治，城乡面貌持续改善。

2019年重点开竣工项目情况

新开工重点项目：白居寺大桥西引道及钓鱼嘴立交工程、陈家阁立交工程、JK片区纵四横五路工程、八桥镇金晟路网、新郭伏路地产段、跳磴镇储备地横五路和横七路东延伸段、轨道18号线（5A线）、陈庹路公交站场、镁桥变电站送出工程、团金特殊材料生产基地、禄苑西南总部基地、绿地城听江左岸、中铁建西派国樾、N10-1地块开发项目、泽科御峰、重庆市残疾人康复中心一期、牛溪管网综合整治工程、N31地块新建小学、民族中学和庹家坳小学改扩建。

竣工重点项目：跳磴储备地路网一期、盛尊长河原、蓝光中央广场、楼宇产业园38/39号厂房、建桥B区集中污水处理设施建设工程、华冶科创中心、万达广场、新华路、华宇观澜华府、升光印务地块工业项目、农村公路跳南路和云新路等。

（三）重点任务完成情况。

1. 经济发展基础不断夯实。

传统工业加速升级。主动融入重庆高新区“一区多园”发展，推动建桥园区转型升级。狠抓工业经济挖潜增效，设立区级智能制造专项资金，支持24家企业实施37个工业智能制造项目，创建1家智能工厂和1个数字化车间，国际复合入围国家企业技术中心公示名单。引导支持企业开展“两化融合贯标”，13个项目获得全市工业和信息化专项资金共计619万元，全年实现工业技改投资8亿元，传统企业积极调整生产方式，工业转型显现新活力。

2019年重点实施的智能制造项目

海康威视重庆智能仓储与物流项目、海康威视重庆基地智能制造项目MES3.0、秋田齿轮信息化系统升级、数码模汽车车身功能总成件生产智能工厂、中国石化润滑油合成油脂灌装线自动化提升、华生园智能化净化蛋糕生产线、重庆宝武高标准精细化金属制品智能化技术改造、重庆东豪汽车覆盖件模具生产线智能化技术改造、重庆聚能粉末冶金齿轮生产线数字化提升、重庆利德摩托车离合器齿轮自动化生产线、重庆太仓科技120万套发动机缸体出口专线智能制造、重庆树青建筑施工智能成本风控平台及大数据应用、重庆易建建设工程造价云服务平台、车位飞-固定车位错时共享平台等。

新兴产业加快培育。完善招商引资和产业发展机制，重组4个产业工作组，强化专业招商、产业培育服务，全年“四大支柱产业”签约项目46个，实现营业收入141亿元，增长26%。大数据智能化产业提速发展，海康威视二期开工建设、长江上游总部落地，新引进大数据智能化项目9个，大数据智能化企业累计达400余家，全年数字经济增加值增长30%。生态环保产业加快发展，三峰环境发展势头良好，建桥节能环保战略性新兴服务业集聚示范区加快建设，新引进生态环保项目5个，生态环保企业累计达100余家。大健康生物医药产业集聚发展，中元生物、四川亚中等项目稳步推进，新引进大健康生物医药项目16个，生物医药企业累计达90余家。文化休闲旅游产业稳步发展，新引进文化旅游项目16个，重庆工业文化博物馆建成开园，成功举办首届长江草莓音乐节、重庆国际城市定向赛，全年旅游人数突破560万人，旅游总收入7.13亿元、增长22.6%，城市吸引力不断增强。

2019年四大支柱产业招商情况

大数据智能化产业：引进项目9个，分别是里德电子海康威视配套项目、轨道交通监控系统及检测设备研发生产项目、南工大环境新材料研究院、白玉苑井谷元互联网＋食品科研、畅享大数据信息共享平台、重庆渝希海数科技有限公司、长禔项目（RF）、重庆太奥电子科技有限公司、尚烎互联网生产销售剂型生物产品项目。

生态环保产业：引进项目5个，分别是作爱光电设备研发、九砼建筑新材料、鹏渝土壤治理修复、昱飞科技固废处理、科纵环卫设备研发生产。

生物医药产业：引进项目16个，分别是亚中医疗产品研发转化项目、华伦医疗器械生产销售项目、华融曜阳干细胞科研技术服务项目、重庆医药集团供应链管理、奥纳思干细胞医药生物技术项目、厦门搏动质谱仪研发生产项目、大鸟迈森医疗项目、三丰POCT仪器项目、成都元素医疗手术示教系统项目、四川新健康城项目、博艾迈迪森诊断试剂项目、重庆宝健医疗器械项目、上海汇吉IVD生物原材料项目、灰谷3D打印口腔金属冠研发销售项目、康军医疗器械及试剂贸易项目、厦门宝太IVD仪器研发注册项目。

文化休闲旅游产业：引进项目16个，分别是中国模特行业联合会、听江艺术中心、名生音乐文化产业园、传旗领者体育产业文化研究项目、弘视云谷空树音乐产业孵化基地、石盘古人类遗址公园、高卡公园、城市定向赛、中海创文化产业项目、长江草莓音乐节、铜爵音乐影视制作基地、特豪量贩音乐城、盛德艺术展厅、堇色如枫影视科技制作中心、麓枫酒店、重庆振凯电影院有限公司。

2. 城市建设提质提速。

板块开发竞相发力。组建四大重点板块管委会，新成立钓鱼嘴滨江湾区开发公司、伏牛溪新城开发公司、九宫庙商圈开发公司，统筹推进板块开发。滨江湾区板块北向出区通道取得重大突破，南大干道建成通车，五台山立交至双山隧道改造工程、新九中路二期开工建设，嘉南线连接道、大滨路与九滨路连接道完成施工招标；长江文化艺术湾区策划通过市规委会审议。九宫庙商圈板块扎实推进商圈物业“去库存”，新盘活物业7.7万平方米，大渡口居然之家开业运营，商圈人气商气明显提升。伏牛溪板块完成《油化品基地片区控制性详细规划方案》等规划方案编制，配套工程建设全面铺开，伏牛溪生态恢复工程、恒大麓山湖公园等工程加快推进，板块开发条件日益成熟。建桥园区板块抢抓重庆高新区拓展园发展机遇，加大企业服务和产业培育，实现工业投资稳步增长，全年园区实现规上工业总产值171.6亿元，同比增长11.1%。

城市品质不断提升。“七纵七横”骨架路网基本成型，全年新建改造道路29.8千米，全区城市道路里程累计达192.6千米，建成区每平方千米路网密度达5.53千米；轨道18号线、新郭伏路地产段、陈家阁立交等项目开工建设，江跳线、白居寺长江大桥、百花村隧道、中坝路二期、金家湾立交等项目加快推进，湾塘道路、新华路、岩头湾路竣工投用。推进雨污分流工程建设，全年新建改造雨水管网15.8千米、污水管网12.43千米，全区雨污水管网累计达402千米。城市生活环境持续改善，启动7个老旧社区人居环境整治，新建公厕17座，改造人、车行道15.6万平方米，整治违法建筑56.7万平方米。完成国有土地上房屋征收20万平方米、农村征地1913亩。加快“智慧城市”建设，推行“云长制”，推动区大数据资源中心建设。房地产市场平稳发展，全年出让土地766亩，完成房地产开发投资172.5亿元，实现商品房销售185.3万平方米。

3. 开放创新深入推进。

开放水平不断提升。主动融入全市内陆开放高地建设格局，编制《大渡口区全面融入共建“一带一路”加快建设内陆开放高地行动计划》。加快开放平台建设，建桥A区、B区及跳磴镇全域纳入重庆高新区拓展园，重庆移动互联网产业园纳入中新（重庆）国际互联网数据专用通道示范园区。支持企业开拓海外市场，国际复合主动调整产品结构和市场，投资中东、南美建设生产基地；中冶建工开辟“一带一路”市场，海外承包项目8个。支持企业参加各类国际展会，第二届中国进口博览会达成交易额2亿元。帮助企业争取“重庆市中小企业国际市场开拓资金”、“出口信用保险”、“服务外包”和“对外投资”等市级扶持资金2156万元。全年实现外贸进出口17亿元，实际利用外资1.1亿美元。

创新生态持续优化。加快创新平台建设，建成重庆市老工业基地就业创业服务示范园，台湾中小企业产业园、微企梦工厂等创新平台孵化集聚企业300余家。强化科技创新投入，全年科学技术支出4059万元，93家企业享受研发费用加计扣除税额减免1.66亿元。加大创新人才引进，创建高层次人才“一站式服务平台”，引进高层次人才29人，2家企业、2名个人获得重庆英才创新创业示范团队和创业领军人才称号。加强创新主体培育，国家高新技术企业达69家，增长21%，科技型企业达230家、增长25.7%，规上科技型企业达54家，增长31.7%，“牛羚”和“瞪羚”科技型企业达12家，市级高新技术产品达280个，区域创新活力不断增强。

2019年认定国家高新技术企业

首次认定：20家，分别是重庆病历通科技有限公司、重庆大清生物有限公司、重庆贵飞科技有限公司、重庆国力天龙控制系统有限责任公司、重庆红日照明器材有限公司、重庆京渝激光生物研究所有限公司、重庆精琪科技开发有限公司、重庆可奇机械制造有限公司、重庆欧冠钢结构有限公司、重庆虬龙科技有限公司、重庆三木华瑞机电有限公司、重庆市弘鼎圣科技有限公司、重庆淘创科技有限公司、重庆添馨网络科技有限公司、重庆微浪生物科技有限公司、重庆五海科技发展有限公司、重庆兴达得誉科技有限公司、重庆医康小燕网络科技有限公司、重庆臻焱节能环保科技有限公司、重庆至秦软件科技有限公司。同时，再次认定15家。

4. 重点改革不断深化。

供给侧结构性改革深入推进。全面落实减税降费和支持实体经济发展18条等系列政策，切实减轻企业税收、社保等负担11.1亿元，为606户企业核发稳岗补贴和稳岗返还1.7亿元、稳岗人数近4.45万人，减免农民工工资保障金9498.85万元，两次降低一般工商业电价共5.54分/度。加大金融扶持力度，搭建“政银企”合作平台，建立银企对接“白名单”，试点“商业价值信用贷”“知识产权信用贷”，用好各类金融工具，帮助中小微企业获得贷款约2.1亿元。全区规上工业利润总额同比增长5%，资产负债率63%、同比下降2个百分点。

营商环境不断优化。深化“放管服”改革，落实“全渝通办”，推进“三集中三到位”，深入整合提升政务服务大厅“一站式”功能，90%以上政务事项实现网上标准化、规范化运行。精简办事流程，围绕企业最为关注的“企业开办、工程报建、不动产登记、水电气报装、办理纳税”等重点事项，最大程度压缩办理时限，行政许可办理周期较法定时限压缩54%，全年受理行政许可1.6万件，按时办结率99.43%。改善法治环境，严格执行“双随机一公开”，全区30个行政执法部门均制定实施细则，随机抽查的部门、领域、事项均达到100%。扎实开展招投标领域营商环境专项整治，清理和修订有碍企业发展的行政规范性文件29件，切实保障全区民营企业平等参与公开招投标和市场竞争。加强信用体系建设，完善“信用大渡口”信息平台，强化招标投标、物业服务、环境保护、科研项目、食品安全等重点领域诚信建设，联合奖惩实现行业领域全覆盖，全年实施惩戒89起。

2019 年经济社会领域重点改革任务完成情况

序号	重点改革事项	完成情况及成效
1	促进民营经济高质量发展	1. 制定《大渡口区营商环境优化提升工作方案》《大渡口区社会信用体系建设工作方案》，持续优化区域营商环境 2. 加强企业金融服务，促成 21 家企业获得知识价值信用贷款 3678 万元；促成 49 家企业获得商业价值信用贷款 3626 万元 3. 优化法治环境，解决涉企纠纷 104 起，共返还受害企业冻结资金 1000 万余元
2	推进以大数据智能化为引领的创新驱动发展	1. 设立区级智能制造专项资金，支持 25 家企业实施智能化改造，引导 3 家企业开展“两化融合贯标”。 2. 推动大数据应用，制定《大渡口区非涉密信息系统迁移上云方案》，迁移大渡口区政府门户网站、区社会治理大数据平台、网上入学平台 3 套系统，推动政务信息系统整合
3	推进军民融合发展	1. 组织企业申报军民融合资金，中石化润滑油、钢研所、九洲星熠、兴勇等 5 家企业 7 个项目列入支持计划 2. 制定《重庆市生物医药军民通用技术成果转化试点工作方案》，积极争取市级支持；积极引导国际复合、太仓科技、井谷元等企业向军民融合领域发展
4	推进内陆开放高地建设	1. 建桥 A 区、B 区及跳磴镇全域纳入重庆高新区拓展园，重庆移动互联网产业园纳入中新（重庆）国际互联网数据专用通道示范园区 2. 支持企业开拓海外市场，国际复合主动调整产品结构和市场，投资中东、南美建设生产基地；中冶建工开辟“一带一路”市场，海外承包项目 8 个 3. 组织企业参加第二届中国进口博览会，达成交易额 2 亿元
5	推进科教兴区和人才强区	强化人才服务，为 22 名高层次人才提供便捷出行、项目经费资助等 25 项服务，柔性引进 2 名院士，建立 1 个市级院士专家工作站、1 个国医传承大师工作室
6	深化区属国有企业分类改革	1. 出台《深化国有企业改革助推两高发展实施方案》，新成立重庆钓鱼嘴滨江湾区建设开发有限责任公司、重庆伏牛溪新城建设开发有限责任公司、重庆九宫庙商圈建设开发有限责任公司、重庆渝台创业服务有限责任公司 4 个区属国有企业。2. 出台《区属国有企业非区管干部人员进出管理办法》《区属国有企业负责人经营业绩考核办法》，建立健全区属国有企业非区管干部人员进出管理及激励约束机制
7	完善文化管理体制机制	1. 稳步推进文化市场综合行政执法改革，健全部门与执法队伍协同高效的综合执法运行机制 2. 有序推进公共文化机构法人治理结构改革试点，区图书馆已完成改革，区文化馆和博物馆正在推进中
8	深化医药卫生体制改革	1. 制定《大渡口区改革完善医疗卫生行业综合监管制度的实施方案》，健全医疗、医保、医药协同机制 2. 推动区人民医院开展健全现代医院管理制度试点，远程诊疗覆盖所有基层医疗机构，老年人、慢性病患者、困难群众等重点人群家庭医生签约全覆盖 3. 全区所有公立医疗机构实施药品零差率销售，医保支付方式改革已覆盖 90% 以上出院病例，占全区医保基金总支出的 95% 以上
9	推进生态文明体制改革	1. 制定《大渡口区生活垃圾分类工作实施方案》，建设垃圾分类示范街道、示范社区，公共机构垃圾分类实现全覆盖 2. 制定《海绵城市建设管理办法（修订）》，全区所有新建项目纳入海绵城市建设要求执行 3. 制定《大渡口区山水林田湖草生态保护修复工程试点实施方案》，开展“林长制”试点，实施山水林田湖草工程试点项目 17 个

5. 生态建设成效明显。

生态保护加大力度。优化生态空间格局，划定“生态保护红线、永久基本农田和城镇开发边界”控制线，完成全区国土空间规划编制。制定实施《大渡口区山水林田湖草生态保护修复工程试点实施方案》，完成矿山地质环境治理恢复335亩，修复治理土壤468亩，启动中梁山（大渡口段）保护提升工程，整改违规占用耕地7.1亩。加强长江岸线资源保护，完成渔业船舶退产上岸工作，全面关闭长江沿线砂石码头、取缔餐饮船舶，关停6个长江货运码头，同步实施生态修复。开展国土绿化提升行动，启动林长制试点，加大植树造林力度，实施“增绿添园”工程，建成社区公园、小游园12个，完成绿化改造160万平方米，全区建成区绿化覆盖率达44.6%。

环境整治取得实效。全面完成43个中央、市级环保督察反馈问题案件整改。推进长江生态环境问题整改，深入实施城镇污水垃圾处理、化工污染治理、农业面源污染治理、船舶污染治理等“4+1”工程。加强交通、扬尘、工业、生活污染控制，空气质量优良天数达到309天。深入推进河长制，坚持三级河长定期巡河，拆除长江沿线乱搭乱建100余处，整治污水偷排直排乱排问题，全区水环境质量保持稳定。区域噪声、交通环境噪声优于国家标准。推进垃圾分类试点，新山村、跃进村2个街道全覆盖开展示范试点，跳磴镇3个村开展试点村建设，生活垃圾回收利用率28%。强化生态环境保护执法，移送司法机关立案1起，全区未发生重大生态破坏事件及重大环境污染事件。

乡村振兴深入推进。完成大渡口区村布局规划，抓好“大棚房”专项清理整治，策划实施大美金鳌“稻花香”等观光农业项目，跳磴镇石盘村成功创建重庆市智慧旅游乡村示范点。扎实开展农村人居环境整治，新建改造山沙路、沙石路等8条农村公路22千米，完成422户农村户厕改造，完成农村危旧房改造130户，行政村生活垃圾有效治理率保持在100%。持续推进农村“三变”改革试点，全面启动农村集体经济组织登记赋码，开展农村土地承包经营确权登记颁证工作，打造“三品一标”和品牌农业，认证无公害农产品2个、绿色食品农产品3个、农产品地理标志产品1个。

6. 社会民生日益改善。

社会事业全面发展。稳步推进教育事业，新增公办幼儿园5所，公办园在园幼儿人数占比超过40%，普惠率达68.8%；民族中学和庹家坳小学改扩建、N31地块新建小学等项目顺利推进。加强公共卫生服务建设，市残疾人康复中心（一期）开工建设，区人民医院改扩建工程主体完工，基层医疗机构远程诊疗、家庭医生签约重点人群实现全覆盖。推动公共文化服务提质增效，完成区图书馆升级改造，新建文图分馆6个，开展全民阅读及点单配送艺术普及活动700余场次，3个作品入围全国第十八届群星奖决赛、5个作品荣获第八届重庆艺术奖。健全全民健身组织网络，新增市级城市体育公园1个，建成社区体育文化公园2个、健身点11个。提升养老服务水平，开展长期护理保险试点，进一步调增退休职工基本养老金，新增市级养老服务中心2个、社区养老服务站6个。

民生保障更加有力。完善就业创业公共服务体系，创业孵化基地达到8个（其中市级创业孵化基地4个），在孵企业520户，全年发放创业扶持贷款1360万元，城镇新增就业1.4万人。15件重点民生实事稳步推进，完成率86.5%，切实解决了一批事关群众切身利益的问题。打好扶贫帮困攻坚战，帮助1197名就业困难人员实现就业，资助家庭经济困难学生1.43万人次，开展医疗救助1.44万人次，城乡低保保障2.9万人次；全力助推忠县脱贫攻坚，落实帮扶资金932万元。加强住房保障，建成公租房90万平方米、安置房5万平方米，完成棚户区改造2152户，其中城市棚户区改造1472户，城中村改造680户。围绕金融、房地产、公共安全、生产安全、食品安全、社会治理等经济社会各领域，抓好风险防范化解工作，社会大局总体和谐稳定。

2019年重点民生实事推进情况

序号	工作任务		完成情况
1	主城建成区边角地建设社区体育文化公园：盘活利用城市边角地，新建4个社区体育文化公园		基本完成。已建成并对外开放1号、2号、4号社区体育文化公园，基本建成6号社区体育文化公园
2	发展普惠性学前教育：全区学前三年毛入园率达到98.7%以上，普惠率达到65%以上，新增公办幼儿园4所		完成。建设公办园共5所，其中4所已建成投用，分别是百花小学幼儿园、半岛乐园幼儿园、金科星辰幼儿园、西城佳园幼儿园，完成民办园转普8所，学前三年毛入园率达到98.8%，普惠率达68.8%
3	经济困难家庭大学生资助：对在普通高校就读的全日制学历教育大渡口籍经济困难家庭的本专科大学生进行资助		完成。发放生源地信用助学贷款192.92万元，惠及贫困大学生239人；支付贴息及风险补偿金47.73万元，惠及贫困大学生771人
4	实施主城区交通拥堵治理：建设智能交通二期工程，新增信号灯路口1处，新增违法停车自动抓拍设备16套；建设公交优先道2.1千米		正在推进。1.智能交通二期工程正进行挂网招标工程，下白家湾信号灯建设工程和违法停车自动抓拍设备16套工程正进行设计工作。2.公交优先道正在施工中，计划2020年1月完成
5	实施公共停车场和步行系统建设	续建公共停车场3个，新增公共停车泊位1200个以上	完成。建成投用金桥大楼机械停车场，完工大渡口综合停车楼主体工程，开工建设万达广场公共停车场
		完成500个停车位智能化改造	完成。金融广场停车库完成自动识别系统升级改造，智能管理停车位874个
		新建人行天桥2座	完成。建成平安站人行天桥和春晖路与翠园路交叉口人行天桥（春晖路与榕华街交叉口人行天桥、春晖路与八桥街人行天桥均受榕华隧道方案影响暂停，故调整为以上2座人行天桥）
6	推进城区景区公共厕所和农村卫生厕所建设	新建公厕6座（其中农村公厕2座）改建公厕10座、设置移动公厕2座，对外开放社会厕所14座	完成。新建公厕7座（其中农村公厕2座），改建公厕7座，对外开放社会厕所14座，装配移动公厕2座
		新建景区公厕1座	完成。建成重庆工业博物馆主题馆景区配套厕所1座
		改造建设农村卫生厕所356户	完成。完成422户农村户厕改造
7	实施“增绿添园”工程：增绿添园（含公园提档升级、改造）12个		完成。完成思贤园、月亮岩小游园、平安社区小游园、泸汉社区小游园、新雨社区体育公园等12个公园建设
8	推进社区养老服务“千百工程”：新建“老吾老”居家养老服务站6所、社区养老服务中心2所		完成。建成常嘉社区、锦霞社区、新工社区、双城社区、刘家坝社区、跃新社区等6个“老吾老”养老服务站；建成八桥镇、九宫庙街道2个镇（街）养老服务中心
9	建立医改便民长效机制：每年为计生特扶家庭、贫困户等重点人群、特殊人群进行家庭医生签约、建档并电话随访2次；每年为糖尿病、高血压患者约29000人进行体检、建档及4次面对面随访服务		完成。完成重点人群签约39968人，完成签约人群随访；完成糖尿病、高血压患者建档29262人，体检17676人，随访100758人次
10	实施保险惠民工程：在高龄老人意外保障、电梯故障、火险灾情等高风险领域开展保险惠民工程，提高群众防风险能力		完成。1.火灾惠民保险全区居民参保全覆盖，完成保险赔付20起，赔付金额47万余元。2.完成17个安置还建房小区共341台电梯责任保险购买
11	发放高龄老人津贴：面向全区在籍80岁以上老人发放高龄津贴		完成。完成2019年80周岁及以上老年人高龄津贴发放，金额415万元
12	推进公共健身设施建设：建设山城步道（义渡古镇至思源公园段）、建设金鳌山健身步道、社区健身点10个		部分完成。建成投用社区健身点12个，义渡古镇至思源公园段健身步道已完工，金鳌山健身步道正在建设

续表

序号	工作任务	完成情况
13	开展农村人居环境治理：建设农村村社入户便道20千米、通组道路3.6千米、农村公路三条，改造农村旧房130户，开展跳磴河跳磴镇段雨污管道整治，切实改善农村人居环境	完成。1.新建改造山沙路、沙石路等8条农村公路共计22千米。2.完成农村危旧房改造241户。3.启动大渡口区跳磴河跳磴镇段雨污管道整治项目建设
14	区人民医院改扩建工程：新建综合楼、扩建地下车库、改造装修部分原有用房，将新增床位160张；新建标准化供应室320平方米	完成。改扩建主体工程、外墙装饰工程及外环境工程已完工，2020年竣工投用
15	改善公共交通出行环境：新增或优化调整公交线路3条，新建公交停车港湾4个，制作安装公交站台不锈钢坐凳10组	完成。新开行3条公交线路，分别是公交482路、477路和1483路；新建投用公交停车港湾4个，在雅居乐站等6个站点制作安装了10组公交不锈钢坐凳

备注：1～9项为市级项目，10～15项为区级自选项目。

（四）发展中存在的主要问题。

2019年全区上下凝心聚力、团结奋进，较好地完成了区十三届人大三次会议确定的目标任务。但我们也清醒认识到在经济社会发展和计划执行中还存在一些问题和不足：一是工业经济发展质量有待提高。工业经济对存量企业依赖性较强，新增工业企业总量偏少，工业经济持续增长动力不足，工业新动能培育尚需不断加强。二是新兴产业培育仍需努力。尽管新兴产业增加值GDP的比重达到25%，但生态环保、大数据智能化、大健康生物医药、文化休闲旅游等新兴产业发展领域竞争激烈，新兴产业项目招商难、引进难、落地难问题长期存在，现有环保科技产业园、生物医药产业园、移动互联网产业园等产业发展载体集聚作用需进一步提升。三是内外贸发展水平不高。社会消费品零售总额、进出口总值没有完成年度预期目标，辖区人口数量少，流动性不足，商贸业态单一，消费市场扩展困难；同时，对外开放平台、通道、口岸等资源相对不足，开放型企业数量少，且以传统产业居多，企业“走出去”的能力不够强，亟须丰富消费业态，建设开放载体，培育开放型企业，不断提升商贸经济发展水平和能力。四是公共配套服务有待完善。功能性基础设施短板依然突出，内外交通的通达性需进一步提升，民生保障不够精准精细，卫生、教育、文化等民生建设水平与群众对美好生活的需要之间还有差距，优质公共服务供给亟须加强。

二、2020年国民经济和社会发展主要指标和项目安排

2020年，是“十三五”规划的收官之年，是全面建成小康社会的决胜之年，做好今年工作意义深远、责任重大。

（一）总体要求。

以习近平新时代中国特色社会主义思想为指导，全面贯彻党的十九大、十九届二中三中四中全会精神，增强“四个意识”，坚定“四个自信”，做到“两个维护”，深入落实习近平总书记对重庆提出的“两点”定位、“两地”“两高”目标、发挥“三个作用”和营造良好政治生态的重要指示要求，贯彻落实党中央关于成渝地区双城经济圈建设的重大战略部署，深入学习贯彻中央、全市和全区经济工作会议精神，紧扣全面建成小康社会目标任务，聚焦高质量发展，坚持稳中求进工作总基调，坚持新发展理念，坚持以供给侧结构性改革为主线，坚持以改革开放为动力，坚决打赢“三大攻坚战”，深入实施“八项行动计划”，统筹推进稳增长、促改革、调结构、惠民生、防风险、保稳定，全面做好“六稳”工作，实施“三年打基础”突破攻坚，保持经济运行稳中有进、稳中向好，确保全面建成小康社会和“十三五”规划圆满收官，为“十四五”实现“五年上台阶”奠定基础。

（二）主要发展目标。

综合考虑高质量发展这一根本要求和决胜全面建成小康社会的需要，落实中央、市委经济工作会议精神，综合分析经济发展形势、宏观政策环境和经济增长支撑等因素，建议2020年全区地区生产总值增长5%左右。

确立这一目标，既是落实稳字当头、推动高质量发展的根本要求，又立足于大渡口经济社会发展的现实基础，“两高”城区建设不断夯基蓄势，有条件实现经济稳中有进。传统工业转型升级成效显现，新兴产业引进培育释放新动能，推动工业经济稳定回升，预计 2020 年规上工业增加值增长 5% 左右；滨江湾区、伏牛溪片区城市开发提质提速，基础设施建设持续加快，预计投资增长 6% 左右；文化休闲旅游产业快速发展，在国家消费刺激政策、消费模式升级等带动下，预计社零总额增长 5% 左右；一般公共预算收入受减税降费力度持续加大、房地产市场不稳定等因素影响，预计增长 3%。同时，随着“成渝双城经济圈”战略推进和重庆市“一区两群”协调发展，大渡口将深度融入全市开放发展大局，长江文化艺术湾区规划建设，建桥园区纳入重庆高新区拓展园，只要我们抢抓机遇、真抓实干，通过艰苦努力，能够争取更好结果。

围绕总体要求，对标高质量发展指标体系，按照全面建成小康社会目标要求，2020 年国民经济和社会发展计划指标总体沿用 2019 年的指标设置，具体涵盖发展综合质量效益以及创新、协调、绿色、开放、共享新发展理念等方面，共计 30 项，其中约束性指标 10 个，是政府履行公共职能必须达到的；其余 20 个为预期性指标，体现导向性。

对照党的十八大对全面建成小康社会提出的“两个翻番”量化指标看，2020 年全区 GDP 增长 5%，全区居民人均可支配收入增长 6%，以 2010 年为基数并扣除重钢环保搬迁客观因素影响，2020 年全区地区生产总值和全区居民人均可支配收入在 2010 年基础上翻一番的目标能够实现。对照“十三五”规划目标看，30 项指标中可统计数据的有 28 项，28 项指标中预计能够完成目标的有 24 项，完成率 86%；地区生产总值年均增速、进出口总额等 4 项指标预计不能完成“十三五”规划预期目标，需要进一步加强统筹调度，夯实发展基础，最大程度完成好目标任务。

表 2：2020 年国民经济和社会发展预期目标

序号	指标	单位	指标属性	2020 年目标
1	地区生产总值增速	%	预期性	5% 左右
2	规模以上工业增加值增速	%	预期性	5%
3	固定资产投资增速	%	预期性	6%
4	社会消费品零售总额增速	%	预期性	5%
5	一般公共预算收入增速	%	预期性	3%
	其中：税收收入增速	%	预期性	5% 左右
6	战略性新兴制造业增加值增速	%	预期性	15%
7	服务业增加值增速	%	预期性	4%
8	四大支柱产业增加值占 GDP 比重	%	预期性	25% 以上
9	数字经济增加值增速	%	预期性	10%
10	文化产业增加值增速	%	预期性	10%
11	研发经费支出占地区生产总值比重	%	预期性	4% 以上
12	万人发明专利拥有量	件	预期性	≥ 18 件
13	进出口总额	亿元	预期性	市级下达为准
14	实际利用外资	亿美元	预期性	市级下达为准
15	民营经济增加值增速	%	预期性	4%
16	民营经济市场主体新发展增速	%	预期性	12%
17	规上工业企业利润增速	%	预期性	3%
18	常住人口城镇化率	%	预期性	97.6%

续表

序号	指标	单位	指标属性	2020 年目标
19	城乡居民人均可支配收入比	x:x	预期性	1.7 ∶ 1
20	空气质量优良天数	天	约束性	300 天以上
21	主要污染物排放总量减少	%	约束性	市级下达为准
22	单位地区生产总值能耗降低	%	约束性	市级下达为准
23	建成区绿化覆盖率	%	约束性	≥ 44.6%
24	城乡生活垃圾处置率	%	约束性	100%
25	城镇生活污水集中处理率	%	约束性	98%
26	全区居民人均可支配收入增速	%	预期性	8% 左右
27	城镇新增就业人数	人	约束性	8000 人
28	学前三年教育普惠率	%	约束性	70%
29	群众安全感指数	%	约束性	≥ 90%
30	安全生产事故死亡人数	人	约束性	≤ 16 人

（三）2020 年项目安排。

2020 年全区实施建设项目 183 个，总投资 1196 亿元，年度计划投资 170.7 亿元，其中区政府投资建设项目 61 个，投资 20.4 亿元。年度建设项目按投资行业具体分为四大类：产业类项目 33 个，总投资 56.9 亿元，年度计划投资 16.8 亿元；基础设施类项目 87 个，总投资 154.4 亿元，年度计划投资 47.2 亿元；社会事业类项目 27 个，总投资 60 亿元，年度计划投资 7.9 亿元；房地产开发类项目 26 个，总投资 925 亿元，年度计划投资 98.9 亿元。同时，启动前期项目 85 个，涉及总投资 377.8 亿元。工作中，将进一步加快重点项目建设，加快前期项目开工，加大项目谋划储备，积极扩大投资增量，不断做大投资规模，力争全年固定资产投资增长 6%，发挥投资稳增长的关键作用。

三、2020 年重点工作

围绕全年经济社会发展目标，对标全面建成小康社会和打赢“三大攻坚战”、实施“八项行动计划”目标任务，全力做好以下六方面工作。

（一）坚决打赢“三大攻坚战”。

1. *打好精准扶贫帮困攻坚战*。围绕解决“两不愁三保障”突出问题，深化“一对一”结对帮扶，努力实现“应保尽保、应救尽救、应帮尽帮”。深化就业创业帮扶，落实扶贫帮困对象创业就业扶持政策，全方位提供就业指导、职业介绍、用工招聘、技能培训服务，强化公益性岗位托底安置，实现有意愿、有条件的困难劳动力就业全覆盖。深化健康扶贫，进一步夯实基本医保、大病医保、商业保险、医疗救助、慈善帮扶“五重保障”，落实资助参保政策，确保扶贫帮困对象医疗保险参保率 100%。深化教育文化扶困，落实城乡困难群众子女 12 年免费教育和学前教育资助，加大对残疾儿童教育资助，确保扶贫帮困对象家庭子女不失学。深化住房安全保障，全面排查整治农村土坯房及城镇 C 级以上危险房屋，落实公租房、廉租房等住房保障政策，确保扶贫帮困对象 100% 享受廉租住房保障。强化基本生活保障，开展支出型困难家庭救助，加大临时救助力度，落实特困人员基本生活标准，进一步提高生活不能自理特困人员集中供养率。做好对口支援忠县工作，提升对口支援帮扶成效。

2. *打好污染防治攻坚战*。持续抓好中央、市级环保督察反馈问题整改，防止问题反弹。强化水污染防治，以实施“河长制”为抓手，深入推进“三水共治”，强化长江沿线环境保护联防联控，持续巩固重点流域和湖库整治成果，加快实施跳磴河“清水绿岸”治理提升、双石河二期绿化等工程，持续推进河库“清四乱”等专项整治，确保国考断面水质优良率稳定在 100%。强化大气污染防治，加强扬尘综合治理，开展“散乱污”

企业整治，全年空气质量优良以上天数保持在300天以上，细颗粒物年均浓度达到国家考核要求，重污染天数控制在较低水平。强化土壤污染防治，严格实施化工、医药等8类重点行业企业用地土壤污染防范措施，推进原重钢有机厂、焦化厂、型钢厂等区域1178亩污染地块治理修复，加强农用地、建设用地和固体废物污染防治，确保土壤环境质量总体稳定。

3. 打好防范化解重大风险攻坚战。健全各领域风险监测预警机制，及时有效识别化解重大风险隐患。严厉打击金融违法违规行为，深入开展互联网金融风险专项整治，加强新型金融机构监管，筑牢金融安全防线。强化政府债务管理，确保全口径政府性债务风险可控。稳妥化解困难企业信用风险，协调处理企业处置中遇到的困难问题。坚持“房子是用来住的，不是用来炒的”的定位，稳慎做好房地产市场监管，培育和发展住房租赁市场，促进全区房地产市场平稳健康发展。完善社会治安防控体系，深入推进“雪亮工程”，深化扫黑除恶专项行动，积极推进“枫桥经验”，健全矛盾纠纷多元预防调处化解机制，有效防范化解公共安全、社会治理风险，维护社会安全稳定。

（二）持续推动产业转型升级。

4. 培育壮大“四大支柱产业”。积极融入全市战略性新兴产业发展格局，加快新兴产业集聚发展。壮大大数据智能化产业，融入全市“芯屏器核网”总体布局，引进高清视频产业关联企业，加快海康威视二期、数码模智能制造项目建设，推动海康威视长江上游总部基地、里德电子等项目开工，提升移动互联网产业园发展水平，支持允升、精耕、锦声等互联网企业发展，力争全年数字经济增加值增长10%。壮大生态环保产业，充分用好国家环保产业重庆基地平台，完善配套服务，引进生态环保高端装备制造和综合服务企业，推动三峰环境加快上市，加快科纵环卫、佧爱光电等项目建设，力争全年生态环保产业营业收入增长10%。壮大大健康生物医药产业，依托国家基因检测技术应用示范中心等平台，聚焦体外诊断、先进治疗设备等领域，培育引进一批“精、特、新”企业，完成建桥C区生物医药园一期工程建设，加快四川亚中、厦门搏动、上海汇吉等项目实施，力争全年生物医药产业营业收入增长20%以上。壮大文化休闲旅游产业，完善重庆工业博物馆区域功能配套，提档升级义渡古镇和艺度创，推进金鳌山片区乡村振兴开发，推动重庆音乐厅项目落地，举办智跑重庆、草莓音乐节等文体旅活动，力争全年文化产业、旅游产业增加值分别增长10%、6%。

5. 提速发展现代服务业。围绕居民消费需求升级，推动九宫庙商圈存量业态做优做精，培育引进品牌之家、旗舰店、概念店等新型业态，引导传统商贸企业向“互联网+”体验式转变。启动步行街三期建设，促进蓝光中央广场、耘初城市生活馆开业运营，加快华润万象汇、天安云谷三期建设，引进高端酒店，打造特色民宿，开发特色旅游产品，培育发展工业设计、中介咨询、法律服务等生产性服务业。发展冷链物流、电商物流，支持万吨冷储、金属材料等物流企业转型升级。推动金融业健康发展，完善辖区金融服务业态，增强金融服务实体经济能力，力争全年银行存贷款余额增长8%。统筹开展系列消费促进活动，稳定汽车、百货消费，发展定制消费、时尚消费等新模式，培育绿色循环、文旅体育、康养家政等新增长点，发展特色“夜间经济”，激发居民消费潜力，确保全年社会消费品零售总额增长5%，服务业增加值增长4%。

6. 改造升级传统产业。深入实施以大数据智能化为引领的创新驱动发展行动计划，推动秋田齿轮、三木华瑞、嘉威啤酒等装备制造、材料、食品工业等领域15家企业实施智能化升级改造，支持数码模、太仓科技等10家企业开展机器换人，建成智能工厂1家，引导30家以上中小微企业实施“上云上平台”。支持国际复合、长征重工、中石化润滑油等企业调整供给结构、延伸产业链条、增加综合效益。引导汽摩配套企业顺应轻量化、电动化、网联化发展趋势，强化新技术与新工艺应用。推动本地建筑企业扩大生产规模，围绕市场需求加快转型升级，完善研发、施工、检测等产业链，打造建筑业知名品牌，力争全年建筑业增加值增长10%。

2020年重点产业建设项目

新兴产业项目：海康威视重庆科技园二期、海康威视智能视频采集处理终端设备产业化项目、天安数码城产业楼宇三期、数码模车身功能件智能制造项目、井谷元互联网＋食品科研项目、沃奥电子传感保护器项目、三峡森晶复合材料项目、聚能粉末产业基地、建桥C区生物医药园、大清生物医用止血材料产业化项目、威科贝体外诊断高端辅料生产项目、厦门搏动质谱技术研发项目、瑜皓公司图文设计及文旅产品生产制作项目、五洲世纪图书采配基地。

工业升级项目：长征重工城轨转向架智能化生产线、国际复合高性能玻纤智能制造、中石化润滑油合成油脂综合技改、嘉威啤酒智能化改造、三峰卡万塔垃圾焚烧装备智能制造、可奇高精密塑料模具生产线智能化改造、兴勇军品改造项目、东豪模具生产线技改、聚能粉末数字化车间改造、秋田齿轮数字化车间改造、红九九扩能搬迁、三木华瑞摩配件技改、渝工气动打钉机生产项目。

（三）全力推进重点项目建设。

7. *加快基础设施建设*。抓重点、补短板、强弱项，推进基础设施项目建设，完工投用新郭伏路南段、钓鱼嘴1号路中段、石伏支路等项目，开工建设重钢五六厂片区道路、鑫康路与西城大道连接道等9条断头路，突破区域交通瓶颈，实施雨污分流工程，完善能源、通信配套，增强基础设施对城市开发的支撑作用。实施一批生态保护治理项目，完工白居寺公园、恒大麓山湖绿化工程，开工建设重钢崖线山城步道，推进两江四岸消落区大渡口段保护治理、跳磴河“清水绿岸”治理提升等生态环保项目，加快建设山清水秀美丽之地。推进一批学校、医院、养老等公共服务项目，建成跳磴公租房小学，竣工投用区人民医院综合楼，稳步推进房地产开发，完善区域综合配套设施，切实增进民生福祉。结合“十四五”规划编制，加强“十四五”项目策划储备，科学谋划区域发展重大工程、重大项目，争取更多纳入市级规划盘子。

8. *扎实推进重点板块开发*。滨江湾区板块——加快长江文化艺术湾区规划建设，推进重庆音乐厅、音乐广场等项目前期工作，加大音乐产业招商。加快大滨路与九滨路连接道、大滨路二期、南北干道等重点道路建设，全力助推成渝铁路城市化改造，完工大渡口区综合停车楼，完善葛老溪，刘家坝片区排水、排污系统，加快佳兆业•滨江新城、金科•博翠长江等品质楼盘建设，完成固定资产投资65亿元以上。九宫庙商圈板块——加快商圈品质提升，聚焦商贸新业态，推动商圈物业“去库存”，引进金融、通信、资产评估、质量认证等现代服务业，发展夜市经济和体验式消费，启动步行街三期和商圈连廊建设，建设智慧商圈，完成固定资产投资25亿元以上。伏牛溪板块——夯实区域开发基础，加快中坝路二期、金家湾立交、金晟路网等基础设施建设，启动伏牛溪污水处理厂、伏牛溪北消防站等配套工程建设，加快康体产业城项目征地，启动李雪芮运动学校建设，实施公园步道连接工程，打造“山水交融”宜居宜养小镇，完成固定资产投资40亿元以上。建桥园区板块——抓住纳入重庆高新区拓展园机遇，完善园区交通、能源、用工等综合配套，做好“一企一策”精准服务，加大生态环保、智能制造、生物医药等领域高新技术企业培育，强化闲置工业楼宇招商，严格产业准入，加强土地集约利用，加快建设海康威视二期、红九九食品等重点工业项目，开工建设建桥C区生物医药园，完成固定资产投资65亿元以上、园区规模以上工业总产值增长5%。强化四大板块土地整治供应，力争全年完成农村征地2100亩，完成国有土地上房屋征收（收购）15万平方米，完成土地出让1000亩左右，全年新开工商品房130万平方米、销售170万平方米。

2020年城市开发建设项目

道路交通： 新开工项目：白居寺大桥西引道及钓鱼嘴立交、葛老溪双溪路、南北干道（南段）、大滨路二期等；续建项目：轨道交通18号线、二纵线华岩至跳磴段、百花村隧道、白居寺长江大桥、陈家阁立交、嘉南线连接道、大滨路与九滨路连接道、新九中路二期、新郭伏路地产段、金晟路网等；竣工项目：中坝路、金家湾立交改造、钓鱼嘴1号路、石伏支路、F11-1地块路网、新郭伏路南段等；断头路：桥梓塘3号路延伸段、金凤南路、刘家坝片区7号路、惠丰居北侧道路、鑫康路与西城大道连接道、八桥储备地道路横二路与二纵连接道、重钢五六厂片区断头路、钓鱼嘴1号路北段至星港路连接道、福晟三路北延伸段。 能源配套：陈家坝110千伏输变电站工程、翠湖110千伏变电站主变增容工程、110千伏互助输变电工程、建桥能源管网配套工程、跳红路电力通道项目、群胜村配气站等。 房地产开发：天泰•钢城印象、绿地城听江左岸、佳兆业滨江四季、葛老溪F9-10、F10-1、F10-2等地块开发、中铁建西派澜岸、华润凤凰城、恒大•麓山湖、荣盛城、西麓九里、君领西城、琅樾江山、康田栖樾、金科集美阳光、金地自在城、荣安林语春风、联发•西城首府等。

（四）全面深化改革开放创新。

9.*推进重点领域改革*。对标世界银行营商环境评价体系，落实《优化营商环境条例》，打造市场化法治化国际化营商环境。持续深化“放管服”改革，落实“全渝通办”，构建“数字型”政府，实现“网上办”“马上办”“一次办”。强化公平竞争审查，加大知识产权保护力度。完善社会信用体系建设，加强“信易贷”等信用+创新应用，构建以信用为基础的新型监管机制。深化公共资源交易监管改革，营造公平公正公开的良好环境。推动民营经济高质量发展，深入贯彻《国务院关于营造更好发展环境支持民营企业改革发展的意见》，全面落实减税降费政策，加大金融扶持，拓展“渝快融”“渝企金服”等平台功能，试点“流动信用贷”，支持优质企业上市融资、拓展市场。构建亲清政商关系，完善企业家参与涉企政策制定机制，落实区领导和部门联系服务企业制度，扎实开展精准服务走访活动，纾解企业发展难题。加强PPP项目策划，引导促进社会资本参与基础设施、公共服务等领域投资。加大市场主体培育，支持民营企业“个转企”“微升小”“小升规”，确保全年民营经济市场主体新发展增长12%、民营经济增加值增长4%。深化国资国企改革，完善法人治理结构，激发国企发展内生活力。

10.*增强创新发展动力*。扎实推进科教兴区和人才强区战略行动计划，实施科技型企业成长工程，力争全区国家高新技术企业达到80家、科技型企业达到300家以上。优化创新创业生态，完善“苗圃+孵化器+加速器”配套服务，市级以上创新创业平台达到10个以上；用好知识价值信用贷款、创业种子基金等科技金融政策，落实研发经费加计扣除等政策措施；实施人才安居工程，健全高端人才“柔性”引进机制。支持企业加大研发投入，R&D经费占GDP比重保持在4%以上。强化产学研合作，引导市内外高校来区设立研发机构，促进科技成果转化。

11.*扩大对外开放合作*。深入实施融入共建“一带一路”加快建设内陆开放高地行动计划，积极对接中新（重庆）战略性互联互通示范项目，运用中国（重庆）自由贸易试验区创新成果，发挥好建桥园区、台湾中小企业产业园等开放平台作用，力争在先进制造、高新技术、现代物流、文化旅游等领域实现一批项目合作。推动区内优势企业“走出去”，用好“两个市场、两种资源”，开拓发展空间，支持中冶建工、三峰环境等企业加大对外投资和承包工程，支持国际复合、秋田齿轮等企业做强优势产品贸易规模，积极培育跨境电商、服务外包等外贸新增长点，确保全年外贸进出口总额、实际利用外资完成市级下达任务。

（五）优化提升城乡人居环境。

12.*加强生态保护修复*。严守生态保护红线，落实重庆市生态环境准入清单，严控“四山”地区项目建设，严禁各类违规开发活动，推进中梁山（大渡口段）林长制试点，完成矿山覆土复绿270亩，完成农地非农化治理8万平方米。加强长江岸线资源保护，深入开展“两江四岸”“清水绿岸”治理提升等专项行动。

倡导绿色生产生活，发展绿色循环经济，推动工业企业实施节能生产改造和污染治理技术升级，推进节能减排，促进资源全面节约和循环利用。加快新能源汽车推广应用，完善新能源汽车充电设施。深入推进垃圾分类，建立分类投放、分类收集、分类运输、分类处理的垃圾处理系统，生活垃圾回收利用率达到35%以上。推进“无废城市”创建工作，创建绿色家庭、绿色学校、绿色社区。加大环境执法监管，完善环境风险防范和应急体系，坚决遏制环境污染事故发生。

13. **提升城市功能品质**。立足“留白、增绿、增添公共设施”，实施国土绿化行动，提升园林绿化品质，推进社区公园提档升级，新建城市公园5个，新增城市绿地40万平方米，建成区绿化覆盖率保持在44.6%以上。强化城市雨污水治理，完成大渡口区雨污水管网整治工程、袁茄路污水管网等项目，建成雨污排水管网26千米，实施55处7千米雨污分流改造。深化大城细管、大城智管、大城众管，完善“马路办公”常态化机制，严格落实“门前三包”“五长制”，开展店招店牌、建筑立面、违法占道、渣土运输、消防安全等专项治理。加快城市有机更新，推进老旧社区综合整治，谋划实施大渡村、创新村等特色街区建设。完善城市公共设施，提档升级人车行道15万平方米，新建人行天桥2座，建成公共停车场2个，新增停车位1060个。

14. **建设生态美丽乡村**。深入实施乡村振兴行动计划，稳步扩大农村“三变”改革试点，全面推进农村集体产权制度改革，健全乡村治理体系，推进石盘村乡村治理示范村建设。补齐农村基础设施短板，新建土金路、石河路等5条农村公路，建成集中式污水处理装置2座。持续改善农村人居环境，完成金鳌村试点任务，整治提升农房旧房118户，实施农村户厕无害化改造691户，在6个村开展生活垃圾分类示范。培育特色农业，建设高标准农田3000亩，发展特色乡村旅游，打造义渡桃园等精品旅游项目，促进农旅深度融合，多渠道增进农民增收，推进城市与乡村各美其美、美美与共。

2020年环境治理提升项目

生态环境治理：两江四岸（消落区保护治理）一期、跳磴河“清水绿岸”治理提升、双石河二期绿化、伏牛溪管网综合整治工程、大渡口雨污水管网整治工程（四期）、大渡口雨污水管网整治工程（五期）、重钢崖线居民排污整治工程等重点工程、袁茄路污水管网、重钢片区排污系统、重钢片区主排水系统一期工程、重钢片区葛老溪雨水渠改造工程、白沙沱污水处理项目、伏牛溪污水处理厂建设工程一期。

公园建设：伏牛溪公园、H15地块公园（佳兆业周边）、I64、I65、I67地块公园（恒大麓山湖周边）。

公共配套：九宫庙商圈景观连廊、石林大道人行天桥、大渡口区综合停车楼及配套道路、万达广场公共停车场、陈庹路公交站场、耘初城市生活馆、伏牛溪北消防站。

农村公路提升：金沙路一期和二期、土金路、石河路、凤跳路。

（六）切实抓好社会民生保障。

15. **提升公共服务水平**。推进教育优质发展，加快跳磴湾塘、八桥五一互助等新开发区域学校建设，加大学前教育投入，力争公办园幼儿在园占比达到50%、普惠率达到70%；大力发展职业教育，推动旅游学校、商务学校产教融合发展。完善医疗卫生服务体系，启动大渡口区中医院建设，建成区人民医院综合楼，支持重钢总医院创建三级医院，完成市残疾人康复中心一期主体工程，开展精神病卫生中心前期工作，积极争取市级儿童医院在区布局，持续深化医药卫生体制改革。提升公共文化服务水平，深入开展文化惠民活动，加强文艺精品创作，加大重钢片区、茄子溪片区老旧厂房、历史建筑等工业遗产保护利用，延续大渡口工业历史文脉。倡导全民健身，建设社区体育文化公园，新建社区健身点10个，打造“智跑重庆”城市定向赛、“李雪芮杯”业余羽毛球公开赛等品牌赛事。补足养老服务短板，新建社区养老服务站16个、养老服务中心4个，支持社会力量发展高端养老服务，建设居家社区机构相协调、医养康养相结合的养老服务体系。

2020 年公共服务建设项目

学校建设： 续建项目：民族中学和庹家坳小学扩建、N26 跳磴公租房小学、N31 地块新建小学（湾塘片区）；新开工项目：茄子溪中学初中部扩建、K10-3/02 新建小学（李雪芮运动学校）、F11 地块新建小学（龙文地块）、D9 地块新建学校（万达广场附近）、I59 地块新建小学（五一互助片区）、I03 地块新建学校（五一互助片区）、J5 地块新建初中（八桥镇）、M36 地块新建小学（湾塘片区）、F10 地块新建小学（双山片区）。 医疗卫生：重庆市残疾人康复中心（一期）、区人民医院综合楼、区中医院。 体育设施：重钢崖线山城步道、3 号和 5 号社区体育文化公园（佳兆业周边）。 养老设施：区敬老院改造；社区养老服务站 16 个，分别为跃进村街道 3 个、新山村街道 2 个、九宫庙街道 2 个、春晖路街道 2 个、茄子溪街道 2 个、八桥镇 2 个、建胜镇 1 个、跳磴镇 2 个；养老服务中心 4 个，分别为跃进村街道 1 个、新山村街道 1 个，茄子溪街道 1 个，建胜镇 1 个。 安置房项目：P1 安置房、半岛佳园安置房、八桥安置房。

16. **强化民生兜底保障**。实施就业优先政策，推动就业与产业发展同频共振，推进企校双制、工学一体，全年开展职业技能培训 2000 人次，新增城镇就业 8000 人以上。推进社会保险扩面征缴，城乡居民基本养老保险和基本医疗保险参保率保持在 95% 以上。加强妇女、残疾儿童、农村留守儿童和困境儿童关爱工作，大力发展残疾人福利事业。切实办好民生实事，认真梳理民生问题，建立民生事项任务清单，着力实施人居环境整治、山城步道建设、改善交通出行等一批民生工程。全面完成三年棚户区改造任务，保持粮食、肉类、水果、蔬菜等民生商品价格基本稳定，开展食品药品安全突出问题专项整治，严守食品药品安全底线，加强安全生产监管，推进应急管理体系建设，坚决防范遏制重特大事故。

大渡口区 2020 年民生实事计划项目

序号	项目名称	计划工作目标	责任单位
1	老年人照顾服务计划	完成市级下达目标任务。开展城市社区养老助餐、助浴、助医“三助”行动；对全区符合条件的农村敬老院热水供应系统、老人房间标准化、公共洗浴间适老安全化进行升级改造	区民政局、区卫生健康委、区残联
2	失能特困人员集中照护工程	完成市级下达目标任务。开展农村失能特困人员集中照护工程，农村失能集中照护覆盖率达到 50%	区民政局、区卫生健康委、区残联
3	主城建成区边角地建设社区体育文化公园	完成市级下达目标任务。在主城区建设社区体育文化公园	区规划资源局、大晟公司
4	发展普惠性学前教育	完成市级下达目标任务。全区学前三年毛入园率达到 90% 以上，普惠率达到 70% 以上	区教委
5	实施重庆籍建档立卡贫困家庭大学生资助	生源地信用助学贷款。对在普通高校就读的全日制学历教育大渡口籍经济困难家庭的本专科大学生进行资助	区教委
6	实施主城区交通拥堵治理	完成市级下达目标任务。加快推进智能交通项目建设，续建公交优先道，缓解城市道路交通拥堵	区公安分局
7	推进城区、景区公共厕所和农村卫生厕所建设	完成市级下达目标任务。新建和改扩建旅游厕所，改造农村卫生厕所	区城市管理局、区文化旅游委、区卫生健康委
8	推进社区养老服务“千百工程”	完成市级下达目标任务。新增社区养老服务站、市级示范社区养老服务中心	区民政局
9	建立医改便民长效机制	完成市级下达目标任务。持续推进医改便民十二条举措，着重加强完善预约诊疗制度、建立覆盖全市的远程医疗协作网、在二级以上医疗机构推行“电子健康卡”普及应用 3 方面	区卫生健康委

续表

序号	项目名称	计划工作目标	责任单位
10	主城区山城步道建设	完成市级下达目标任务。建设山城步道	区住房城乡建委
11	推进中小学课后服务	完成市级下达目标任务。在有条件的中小学推行课后服务工作，探索形成服务工作机制	区教委
12	人行道建设	完成市级下达目标任务	区城市管理局
13	改善交通出行	石河路	大晟公司、区交通局
		金沙路一期道路工程	区城市管理局
		金沙路二期道路工程	
		实施车行道品质提升 7.5 万平方米	
		新建公交停车港湾 4 个	区交通局
		石盘村道路交通安全设施制作安装	区交通局
		公交不锈钢坐凳制作安装 10 组	区交通局
14	实施保险惠民工程	为全区居民居住场所购买火灾意外保险	区民政局
		为全区 70 岁以上老年人购买意外伤害保险	
		电梯责任保险 + 服务试点	区市场监管局
15	推进公共健身设施建设	新建社区健身点 10 个	区体育局

备注：1 ～ 12 项为市级项目，13 ～ 15 项为区级自选项目。

各位代表，新的时代催人奋进，伟大梦想引领航向。我们将高举习近平新时代中国特色社会主义思想伟大旗帜，全面贯彻总书记对重庆的重要指示要求，不忘初心、牢记使命，只争朝夕、不负韶华，在市委、市政府和区委的坚强领导下，以高昂的奋斗姿态，乘势而为、迎难而上，为圆满完成全面建成小康社会目标、谱写“高质量产业之区、高品质宜居之城”建设新篇章而不懈奋斗！

附件：

附件 1

大渡口区 2020 年建设项目表

序号	项目名称	业主	建设规模及主要建设内容	总投资（万元）	2020 年工作目标	2020 年计划投资（万元）
共 183 个项目				11964531		1707319
一、滨江湾区板块项目（47 个项目）				4179898		449642
1	重庆市重钢片区百花村隧道道路工程	渝富集团	项目左线起于柏桦路，止于待建南北干道南段桩号 YK0+812 处，长约 1.1 千米（隧道 0.66 千米），道路标准路幅宽度 26 米；项目右线起于钢花路，止于待建南北干道南段桩号 YK0+812 处，长约 0.9 千米（隧道 0.55 千米），道路标准路幅宽度 47.5 米	32129	隧道主体施工	5000
2	重钢片区葛老溪双溪路（B19）道路工程	渝富集团	项目起于起钢花路，止于待建南北干道南段桩号 K0+080 处，长约 1 千米，双向四车道，道路标准路幅宽度 26 米	21342	路基施工	8000
3	重钢片区南北干道(南段)道路工程	渝富集团	项目起于大滨路二期南段隧道工程，止于待建的嘉南线连接道，长约 3 千米，双向六车道，道路标准路幅宽度 36 米	43282	路基施工	10000
4	重钢片区滨江路道路工程（大滨路二期）	渝富集团	项目起于待建南北干道南段桩号 K0+080 处，止于待建的九滨路和大滨路连接道终点桩号 K1+026 处，长约 4.8 千米，双向四车道，道路标准路幅宽度 26 米	28934	路基施工	8000
5	重钢片区榕华隧道道路工程	渝富集团	项目起于重钢滨江路，通过高架方式跨越李子林 B9 等支路后接入春晖路，长约 1.8 千米（其中隧道约 1 千米），双向四车道，道路标准路幅宽度 26 米	29751	开工	1000
6	重庆市大渡口区重钢片区葛老溪雨水渠改造工程	渝富集团	项目上游起于原重钢长江电镀厂附近跌水处，下游止于成渝铁路涵洞进口处，自然溪河长约 978 米，水面宽约 4 ～ 10 米。工程改道后河道长约 850 米，工程设计防洪标准为 200 年一遇	1597	基本完工	1116
7	重钢片区刘家坝 H15-16-4/04 地块配套道路工程	渝富集团	项目共分为两段。其中设计道路 A 段西起 R4 路，向东延伸至设计道路 B 段，全长 184 米；设计道路 B 段起点为设计道路 A 段，延佳意路向北延伸，全长 87 米。两条路总长 271 米，道路标准路幅 16 米，人行道两侧各 4.5 米，双向两车道，道路等级为城市支路，设计行车速度 30 千米 / 小时。建设内容：含路基工程、路面工程、排水工程、交通工程、防护工程、照明工程等	4091	路基施工	2000
8	重钢片区排污系统	渝富集团	项目为位于葛老溪以北的截污干管，对重钢片区进行公共服务设施建设，总长 6500 米	2916	开工建设	1166

续表

序号	项目名称	业主	建设规模及主要建设内容	总投资（万元）	2020 年工作目标	2020 年计划投资（万元）
9	重钢片区主排水系统一期工程	渝富集团	项目为位于葛老溪以南的截污干管，污水干管管径规格为 D600–1000 毫米，全长约 1.3 千米	2800	开工建设	1000
10	白居寺长江大桥	城投集团	起于陈家阁立交（含），止于内环快速路太阳岗组合立交，双向八车道，标准路幅宽 44 米，含大桥及 3 座立交，全长 3.5 千米，大渡口区内长约 2.6 千米	492900	主塔和钢桁梁施工	50000
11	陈家阁立交	城投集团	项目建设立交主线及 A~H 共 8 条匝道，含桥梁、人行、排水、照明、交通、绿化等附属工程，其中，立交主线为快速路五横线中坝路，长 1200 米，道路等级为城市快速路，双向八车道		主体施工	10000
12	嘉南线连接道	城投集团	项目北起正在建设的嘉华大桥南延伸段三期青龙嘴立交，止于待建南北干道，长约 2.1 千米，含桥梁 2 座、隧道 1 座，双向 6 车道，道路标准路幅宽度 54 米	39183	主体施工	10000
13	大滨路与九滨路连接道	地产集团城发公司	项目起于大渡口区大滨路二期，以隧道形式下穿九龙半岛，终点接入九龙坡区九滨路，长约 2.7 千米（大渡口区内长约 0.7 千米，九龙坡区内长约 2 千米），含桥梁 2 座，隧道 1 座，双向四车道（隧道为双向六车道），道路标准路幅宽度 26 米	116000	路基施工	20000
14	白居寺公园	地产集团渝地西部公司	项目占地面积约 662 亩，绿地率约为 87%，打造以山水、田园为主题的城市公园	17375	竣工	2964
15	钓鱼嘴 1 号路中段	地产集团渝地西部公司	项目位于钓鱼嘴片区，长 1.6 千米，宽 40 米	13926	竣工	3926
16	袁茄路污水管网	地产集团渝地西部公司	新建袁茄路 2 号路口至茄子溪火车站污水管 1680 米，雨水管网 450 米	360	竣工	360
17	钓鱼嘴一号路（南段）二期	地产集团渝地西部公司	项目位于钓鱼嘴片区端部，长约 1 千米，宽 40 米	7553	完工	1500
18	白居寺大桥西引道及钓鱼嘴立交	地产集团渝地西部公司	项目连接白居寺大桥与陈家阁立交，长约 1 千米，双向八车道	35400	路基施工	10000
19	P1 安置房 1#2# 地块	地产集团渝地西部公司	项目占地面积共 101 亩，总建筑面积 25.4 万平方米	108900	路基施工	25000
20	钓鱼嘴七号路	地产集团渝地西部公司	项目位于钓鱼嘴片区中部，长 1.3 千米，路幅 20 米	6169	开工	1000

续表

序号	项目名称	业主	建设规模及主要建设内容	总投资（万元）	2020 年工作目标	2020 年计划投资（万元）
21	大渡口区石伏支路道路工程	大晟公司	项目起于滨江路交叉口，止于祥福路交叉口，道路全长 756 米，为城市支路，路幅宽度 22 米。主要建设内容包括道路、结构、综合管网、交通及照明	9574	完工	8000
22	大渡口区综合停车楼配套道路	新城公司	本项目围绕综合停车楼，总占地面积 8.87 亩，道路全长为 269 米，标准路幅宽度为 22 米，车行道宽 14 米，为双向四车道，道路等级为城市次干路，设计速度 40 千米 / 小时，采用沥青混凝土路面。主要建设内容包括道路工程、给排水工程、燃气工程、电气工程、通信工程、照明工程以及附属设施工程	1352	完成路基施工	341
23	大渡口区综合停车楼	新城公司	大渡口区综合停车楼项目位于大渡口区马桑溪大桥及大渡口义渡公园南侧，建筑总用地面积约 9581 平方米，总建筑面积约 3.14 万平方米，层数为 14 层，高 43.2 米。停车楼基础开挖将在其西侧、北侧、东侧形成高边坡，边坡总长约为 210 米，最大高度约 51 米	20897	竣工	4000
24	重钢崖线居民排污整治工作	区住建委	本项目建设内容为大渡口区跃进村街道、新山村街道、九宫庙街道等位于崖线片区的污水管网新建工程。新建重力流排污管网总长度约为 6.6 千米，其中管径 DN300~DN400 管道采用 HDPE 钢塑复合缠绕排水管；新建 $1000m^3/d$ 一体化污水提升泵站 1 座；新建 DN200PE 提升管约 220 米	1500	竣工	1500
25	重钢崖线山城步道	区住建委	项目位于大渡口区，西临钢花路、东临长江、南起建桥大道、北至南大干道，跨越重钢厂区旧址崖线区域，项目占地 1700 亩，全长约 42 千米	25800	完成 2 千米步道建设	3000
26	两江四岸消落区保护治理葛老溪至万发码头段	市城投集团（区住建委）	沿长江，项目起于渔秋浩码头，止于鱼洞长江大桥段共计 17 千米两江四岸治理提升。启动区“葛老溪至万发码头”段长度约 3.3 千米岸线生态修复、消落区治理、步道、休闲配套服务设施等工程的建设	85000	开工	3000
27	茄子溪中学初中部扩建	区教委、大晟公司	该项目位于大渡口区 P2-7-1/04 地块，项目占地面积约 18400 平方米，总建筑面积约 14369 平方米，建设内容包括教学楼、办公楼、运动场地、学生食堂、风雨操场、宿舍楼、配套用房、车库、设施设备、装饰装修、校内道路、平场土石方、景观环境及综合管网等（部分现有建筑物拆除）	16000	开工	300
28	拓新地块周边市政道路	建桥公司	该项目含三条道路，分别为六厂路、兴江路，船板钢路。六厂路大致呈 南北走向，本设计段起于兴江路，向南延伸全长 244 米；兴江路起点位于六厂路，向东止于船板钢路，全长 271 米；船板钢路起于兴江路止于兴盛路，全长 224 米	5500	路基施工	2000

续表

序号	项目名称	业主	建设规模及主要建设内容	总投资（万元）	2020年工作目标	2020年计划投资（万元）
29	重庆市残疾人康复中心西侧、南侧市政支路工程（兴海路一段、六厂路四段项目）	建桥公司	该项目位于大渡口区H15-15-3地块，项目包括两条道路建设，其中：西侧道路长约224米，宽16米；南侧道路长约225米，宽16米	969	路基施工	469
30	重庆市残疾人康复中心（一期）	市残联	总建筑面积为124亩，其中地上建筑面积4.7万平方米，地下建筑面积3.5万平方米。分两期实施	20000	主体完成封顶，二次精装修施工	7000
31	天泰•钢城印象（B区）	天泰房地产开发公司	项目占地面积175亩，总建筑面积15.9万平方米	90000	主体施工	5000
32	天泰•钢城印象（A区）	重庆翊骜投资有限公司	占地面积约73亩，总建筑面积226741平方米	152845	主体施工	30000
33	绿地城（一、二期）	重庆绿地申炎房地产开发有限公司	项目占地面积631亩，总建筑面积90万平方米	370808	竣工	5000
34	绿地城（四、五期）	重庆绿地申弘房地产开发有限公司	项目占地面积292亩，建筑面积41.55万平方米	300000	主体施工	40000
35	佳兆业•滨江新城	重庆佳兆业房地产开发有限公司	占地面积455亩，项目总建筑面积98.9万平方米，商住小区、配套学校建设	500000	主体施工	30000
36	金科•博翠长江	重庆金科兆基房地产开发有限公司	项目占地面积43.6亩，总建筑面积10万平方米	123200	竣工	2000
37	泽科御峰	泽科房地产开发公司	项目占地面积8632.9平方米，总建筑面积45822平方米，新建居住、商业及办公楼	23000	主体完成封顶	2000
38	融创春晖十里	重庆融品汇智房地产开发有限公司	占地面积374亩，项目总建筑面积103万平方米，商住小区建设	448365	竣工	5000

续表

序号	项目名称	业主	建设规模及主要建设内容	总投资（万元）	2020年工作目标	2020年计划投资（万元）
39	中洲半岛城邦	重庆洲立房地产有限公司	项目占地面积131.7亩，拟建住宅22栋、办公1栋，建筑面积约24.7万平方米	200000	竣工	2000
40	佳兆业滨江四季	重庆新兆鑫实业有限公司	项目用地面积约为41724平方米，容积率为2.5，总建筑面积约为17.1万平方米，包含高层住宅、配套设施及商业、地下车库	240000	主体施工	50000
41	葛老溪F9-10	朗基、正荣	占地70亩，建筑面积约9.35万平方米	120000	主体施工	20000
42	葛老溪F10-1、F10-4-1、F10-4-2、F10-6	金融街、金科、世茂	占地112.85亩，建筑面积约150109.1平方米	180000	主体施工	30000
43	葛老溪F10-2、F10-3、F11-6-1、F11-6-2	金地	占地132.61亩，建筑面积约170345.7平方米	200000	主体施工	25000
44	F11地块新建小学	渝富集团、区教委	占地面积54520平方米，建筑面积35953平方米，办学规模66个班	28678	开工	500
45	重钢五六厂片区断头路	渝富集团	包括天泰A区北侧半幅道路、融创一期南侧及东侧半幅道路，共533米	5350	开工建设	500
46	钓鱼嘴1号路北段至星港路连接道	地产集团渝地西部公司	起于钓鱼嘴大道北端，止于星港路，长约130米，双向六车道	1352	开工建设	500
47	惠丰居北侧道路	区土储中心、大晟公司	项目位于惠丰居廉租房小区北侧边界，规划全长约350米，宽度为22米，为双向四车道的城市支路	5100	开工建设	500
二、九宫庙板块项目（15个项目）				1231717		239876
48	天安数码城产业楼宇三期	天安数码城公司	总建筑面积约15万平方米	70000	开工建设	20000
49	中铁建西派澜岸	中铁房地产集团重庆有限公司	项目占地面积263亩，总建筑面积约42万平方米，含商业综合体、住宅小区综合开发建设	622151	主体施工	100000
50	天安珑园二期	天安数码城公司	占地面积38亩，项目总建筑面积约10万平方米，商住小区建设	51000	主体施工	4000

续表

序号	项目名称	业主	建设规模及主要建设内容	总投资（万元）	2020年工作目标	2020年计划投资（万元）
51	华润凤凰城	华润置业公司	项目占地103亩，总建筑面积47.79万平方米	350000	竣工	60000
52	湖滨路道路工程	大晟公司	项目长421米，宽12米	1300	竣工	1300
53	新九中路道路工程二期	城投集团	项目起于华岩立交，止于陈庹路，长1.769千米，双向六车道	35000	主体施工	14000
54	F11-1地块路网	建桥公司	项目长1.15千米，幅宽26米	23436	完工	23436
55	D9地块新建学校	区教委	项目占地面积3.77万平方米，建筑面积3.7万平方米，办学规模为54个班，其中小学24个班，初中30个班	28134	开工建设	500
56	建桥揽江阁	建桥公司	项目占地面积9.8亩，总建筑面积2.4万平方米	10000	主体施工	4000
57	瑞庭青年汇	瑞庭实业公司	项目占地面积9.97亩，总建筑面积约2.6万平方米	26000	主体施工	5000
58	大渡口区行政服务中心新办公楼改造工程	建桥公司	总整修面积约9899平方米，主要装修内容：装饰装修、消费、暖通、弱电、招牌等	3500	完工	3500
59	E3-3耘初城市生活馆	恒事达公司	项目位于大渡口公园旁，占地5.37亩，建筑面积4000平方米，拟建设健身会所和游泳池等体育设施	5000	完工	300
60	区人民医院综合楼工程	区人民医院	项目占地4亩，新建综合楼0.9万平方米，改造装修原有门诊、业务用房、地下室面积共3400平方米，新增床位160张	4696	完工	2340
61	步行街三期	商圈公司	项目结合步行街改造，在南北东西向建设体现区域文化特色的标志性牌坊	500	完工	500
62	中元汇吉生物总部大楼升级改造工程	中元汇吉	总整修面积约8000平方米，主要装修内容：装饰装修、暖通、弱电等	1000	竣工	1000
三、伏牛溪板块项目（34个项目）				2555252		285494
63	恒大I分区项目配套道路二期	大晟公司（实际建设业主：恒大公司）	道路全长621米，建设配套雨污水管网	8000	主体施工	3000
64	伏牛溪管网综合整治工程	大晟公司	口袋沟水库段全长1.7千米	16838	主体施工	8400
			半岛逸景公租房段全长0.2千米	3882	竣工	1132

续表

序号	项目名称	业主	建设规模及主要建设内容	总投资（万元）	2020 年工作目标	2020 年计划投资（万元）
65	新郭伏路南段	大晟公司	项目长2.6千米，起于中坝路，止于滨江路段，路幅26米，双向四车道	50842	竣工	1500
66	恒大麓山湖园林绿化工程	大晟公司（实际建设业主：恒大公司）	项目占地面积30亩，建设公园园林绿化景观工程、水体打造、公园管理维护用房等	20300	竣工	7000
67	JK片区路网	渝地西部公司	纵四路、横五路道路工程项目长650.8米，宽22米	3800	竣工	3800
			纵二路长634.2米，宽22米；横六路长519.8米，宽26米	9228	主体施工	2000
68	半岛佳园安置房	地产集团渝地西部公司	项目占地254亩，总建筑面积约67.8万平方米，拟建住房6997套	254276	主体施工	6000
69	凤翔路南侧道路建设	地产集团渝地西部公司	长约360米，宽度22米，连接口袋沟水库和公租房片区	5000	开工建设	500
70	大渡口区新郭伏路（福茄路-金建路）	地产集团城发公司	起于金建路，止于福茄路，道路全长1783米，双向六车道，路幅宽44米	66536	路基施工	13000
71	中坝路（二期）	城投集团	项目主要建设双向8车道，包括大桥3座，中桥1座，隧道1座	114100	竣工	19000
72	八桥镇金晟路网	城投集团土地发展公司	含12条道路，长7千米，宽16～36米，主要建设道路工程、绿化工程、照明工程、交通工程及综合管网等配套设施	55000	路基施工	16500
73	八桥镇储备地块安置房周边道路整治工程（新三横一纵）	城投集团土地发展公司	项目包含“三横一纵”4条道路，长约2.4千米。主要建设道路工程、绿化工程、照明工程、交通工程及综合管网等配套设施	16676	路基施工	2450
74	恒大I分区项目配套道路一期及隧道工程	恒大公司	I67-1地块西侧（道路长度约134米），I69地块南侧（道路长度约310米）、东侧（道路长度约143米）等道路，总长度约3575米	18640	路基施工	10000
75	恒大•麓山湖	恒大公司	项目占地约277亩，分三期建设别墅、洋房、高层，一期别墅建筑体量约7.7万平方米，拟建运动公园和漫步公园	389000	主体施工	38000
76	陈庹路公交站场	市枢纽集团	项目占地127.6亩，建设公交首末站及停车场、长途客运和办公设施于一体的大型综合换乘枢纽	19200	主体施工	10000
77	群胜村配气站	重庆大渡口燃气分公司	占地面积6亩，总建筑面积6000平方米	4000	主体施工	2000

续表

序号	项目名称	业主	建设规模及主要建设内容	总投资（万元）	2020 年工作目标	2020 年计划投资（万元）
78	伏牛溪北消防站	区消防支队	消防站项目 3 个，含 G01-8 占地面积 4900 平方米；I67-4 项目占地 5715.5 平方米；K15-1 项目占地 4854.4 平方米	3281	主体施工	300
79	I59 地块新建小学	城投集团、区教委	占地面积 24942 平方米，建筑面积 18853 平方米，办学规模为 30 个班	14907	开工建设	2200
80	I03 地块新建学校	城投集团、区教委	占地面积 27027 平方米，建筑面积 25127 平方米，办学规模 21 个班	20870	开工建设	1000
81	J5 地块新建初中	区教委	占地面积 27286 平方米，建筑面积 27897 平方米，办学规模为 30 个班	19061	开工建设	1000
82	K10-3/02 新建小学（李雪芮运动学校）	区教委（代理业主：大晟公司）	占地面积 25683 平方米，建筑面积 29670 平方米，办学规模为 36 个班	27177	开工建设	1400
83	天邻山水安置房续建工程	城投集团颐天康养公司	项目占地面积 105 亩，建筑面积 24.1 万平方米，包括安置房、商业用房等	10000	主体施工	600
84	荣盛城	重庆荣乾房地产开发有限公司	占地面积 770 亩，总建筑面积 175 万平方米，包括综合商业体、高层住宅、多层洋房及别墅	1040000	主体施工	41200
85	西麓九里	重庆寰宸房地产开发有限公司	占地面积 98 亩，建筑面积 13 万平方米	170000	主体施工	55000
86	君领西城	重庆联筑房地产开发有限公司	占地面积 54 亩，建筑面积 7.2 万平方米	100000	主体施工	25000
87	金家湾立交改造	地产集团	项目将现在三纵线直行上跨金建路的菱形立交改造为全互通立交，新建匝道 10 条	27000	竣工	4000
88	民晟 2 路延伸段	大晟公司	民晟路网 2 路道路工程全长 719.3 米，路幅宽 16 米（车行道 8 米，人行道两侧各 4 米），双向两车道，设计速度 20 千米 / 小时，城市支路	5042	路基施工	1512
89	大渡口区金凤南路工程延伸段	大晟公司	道路全长 372.2 米，为城市次干路，标准路幅 32 米。主要建设内容包括道路、桥梁、结构、综合管网、交通及照明	3800	路基施工	1900
90	K6-1 地块公园建设项目	渝地西部公司	项目位于公民村片区，占地面积 50 亩	4000	路基施工	500
91	鑫康路与西城大道连接道	大晟公司、区土储中心	位于八桥村西城大道西侧，连接现在的鑫康路与西城大道，长约 30 米，双向两车道	300	开工建设	100

续表

序号	项目名称	业主	建设规模及主要建设内容	总投资（万元）	2020 年工作目标	2020 年计划投资（万元）
92	八桥储备地道路横二路与二纵线连接道	市城投集团（区住建委）	位于八桥城投储备地范围内，通过隧道，连接二纵线与八桥储备地道路横二路，长约650 米，双向 2 车道	15000	开工建设	1500
93	赛玛特	赛玛特	建筑面积 20000 平方米，建设内容包括主要办公楼、食堂、职工宿舍、停车场、设施等公用与环保工程	10000	路基施工	1000
94	伏牛溪污水处理厂建设工程一期	市水务集团	项目建设污水处理池及管网	26000	开工建设	2000
95	福晟三路北延伸段	市地产集团	起于凤阳小镇西侧福晟三路，上跨福茄路，连接即将建设的 JK 片区横五路，长约 240 米，双向两车道	2496	开工建设	500
96	来龙寺及恒大公园	伏牛溪板块管委会、区城市管理局	项目占地面积 31.2 亩，主要包括绿化工程、管理用房工程等	1000	主体施工	500
四、建桥园区项目（63 个项目）				3617803		594555
97	N10-1 地块开发	建桥置业	大渡口 N 标准分区 N10-1 地块，该地块用地性质为商务用地，占地约 70 亩，拟建设约 7 万平方米商务配套设施	30000	完成 4 号楼室内装饰工程	12000
98	建桥 C 区生物医药园	建桥置业	大渡口 N 标准分区 N10-3-1 地块，项目用地性质为工业用地，占地约 97 亩，拟建设 13 万平方米生物医药产业配套厂房（分二期建设，其中一期建筑面积约 8.6 万平方米）	40000	主体工程	13000
99	建桥园区 H02-7/03 地块停车楼	建桥置业	H02-7 地块停车楼项目，占地面积 6.7 亩，建筑规模约 1.3 万平方米，主要建设社会停车位 340（530）个	4350	竣工	4350
100	N60-5 地块工业厂房项目	建桥置业	占地约 38 亩，主要建设约 25000 平方米单层厂房及配套设施	7000	开工	3500
101	建桥 C 区环保产业园整治工程	建桥公司	包含 N54、N57-4、N58-1、N58-3 等地块的场地整治工作。总面积约 400 亩	5000	主体施工	4000
102	石河路道路工程	建桥公司	连接黄桷树路至石林寺，项目涉及铁路跨线桥引道及乡村道路，总长约 900 米	1500	完工	1500
103	双石河二期绿化工程海康威视一期段	建桥公司	在双石河二期两侧新建边坡绿化，总面积约 8 万平方米	3000	完工	3000
104	N06/03 地块公交站场项目	建桥公司	项目位于建桥 C 区 N06/03 地块，占地面积约 22.6 亩，总建筑面积为 1150 平方米，主要建设公交站场	5238	完工	5238

续表

序号	项目名称	业主	建设规模及主要建设内容	总投资（万元）	2020年工作目标	2020年计划投资（万元）
105	石林大道华福路以北段维修工程	建桥公司	石林大道华福路以北段维修工程预计维修面积约13000平方米	1100	完工	1100
106	跳红路与华福路连接道工程（南侧互通）	建桥公司	位于建桥工业园C区，南接跳红路一期，向北延伸与华福路实现平交，形成华福路南侧互通。该项目道路全长约735米，标准路幅26米，道路等级为城市次干道	5354	开工建设	1000
107	跳磴河“清水绿岸”治理提升工程	建桥公司	位于跳磴镇，大渡口区内长约11.53千米。计划整治长度约5.7千米，其中：项目一期跳磴河九龙坡出水断面到跳磴场镇；项目二期跳磴场镇到二纵线	150000	开工建设	20000
108	能源管网配套项目	建桥公司	主要为能源管网迁改、新建以及站所建设，包括跳石路和黄桷树路自来水主管敷设工程，跳石路路灯供电工程，跳红路电力线路迁改工程，跳红路联线线路迁改工程，跳红路电信线路迁改工程，海康威视二期供电工程	6000	完工	6000
109	跳红路电力通道项目	建桥公司	该项目为电力通道工程，拟在跳红路建设18孔电力通道，长度约1.4千米。建设内容包括沟槽开挖回填、电缆排管安装、检查井砌筑等	460	完工	460
110	建桥C区跳石路和黄桷树路电力通道工程	建桥公司	该项目为电力通道工程，拟建跳石路、黄桷树路电力通道与已建成的石林路电力通道相连，全长约3千米。建设内容包括沟槽开挖回填、电缆排管安装、检查井砌筑等	1466	完工	1466
111	牯牛山路西段工程	建桥公司	项目位于建桥园区C区，连接西小路西线和南海大道，道路全长约0.2千米，标准路幅宽16米	800	开工建设	200
112	H04-1-6地块北侧支路项目	建桥公司	项目全长约0.3千米，标准路幅宽16米	2000	完工	2000
113	新袁茄路南段工程	建桥公司、区土储中心	该项目位于建桥工业园A区蓝领公寓西侧，北接已建新袁茄路，南至老袁茄路，规划为城市主干道，道路长度570米，标准路幅宽度44米，采用双向6车道	11300	开工建设	7000
114	石林大道人行天桥	建桥公司	项目位于C区石林大道，天桥长度约25米	800	路基施工	200
115	N23-3地块西侧道路	建桥公司	项目位于建桥N23-3地块西侧，道路设计路幅宽度16米，长度约220米	800	完工	800
116	大渡口区环保科技产业园建拓一路道路工程	建桥公司	道路全长约395.678米，道路等级为城市支路，标准路幅宽16米。建设内容包括土石方工程、道路工等部分。本次实施跳红路以西长约280米	1983	完成路基施工	300
117	大渡口区环保科技产业园跳红西路道路工程	建桥公司	道路全长约697米，道路等级为城市支路，标准路幅宽16米。建设内容包括土石方工程、道路工程等部分。本次实施建拓一路以北长约400米	4804	完成路基施工	500

续表

序号	项目名称	业主	建设规模及主要建设内容	总投资（万元）	2020 年工作目标	2020 年计划投资（万元）
118	五洲世纪图书采配基地项目	五洲世纪	用地 16 亩，主要建设图书印刷、配送、展示项目	13000	完成主体工程	8135
119	聚能集团聚能粉末冶金产业基地项目	聚能集团	用地 20 亩，主要建设冶金粉末产业化项目	17000	竣工投用	1000
120	海康威视重庆科技园二期项目	海康威视	项目占地 150 亩，建设 17 万平方米的工业厂房及配套用房	126098	完成土建工程施工	30000
121	红九九扩能搬迁项目	红九九食品	项目占地约 126.8 亩，主要建设工业生产厂房、行政办公楼和生活服务设施	63318	完成主体施工	20000
122	红九九总部项目	红九九食品	项目占地约 20 亩，建设总部大楼及食品研发中心	12000	开工建设	2000
123	瑜皓公司图文设计及文旅产品生产制作项目	瑜皓图文	占地面积约 6.4 亩，主要建设图文设计及文旅产品生产制作项目	10000	竣工	5000
124	团金特殊材料生产基地	团金科技	该项目位于建桥 C 区，占地约 12 亩，建设面积约 1.3 万平方米的楼宇标准厂房	8000	主体施工	3000
125	禄苑西南总部基地建设项目	巴味聚食品	项目占地面积约 20 亩，总建筑面积约 20000 平方米，主要建设内容：建设调味品及发酵制品生产厂房、办公楼等	20000	竣工投用	10000
126	三峡森晶公司天然竹原纤维复合材料项目	三峡森晶	该项目占地 50 亩，主要建设建筑面积约 5 万平方米的生产厂房及办公用房	13954	主体施工	5000
127	数码模车身功能件智能制造（数码模四期）	数码模	拟建智能制造车间 2 栋、企业文化楼 1 栋。占地面积约 5 万平方米，计划建筑面积约 2.46 万平方米	14000	主体工程	5000
128	海康威视科技园项目 N05-2 地块和 N08-2 地块连接道工程	海康威视	该项目由重庆海康威视科技有限公司、重庆建桥实业发展有限公司联合建设，位于建桥工业园 C 区，新建建筑面积约 5916 平方米	4000	完工	2000
129	嘉威啤酒有限公司啤酒 18 万千升 / 年二期升级改造工程	嘉威啤酒	新建厂房面积约 5089 平方米；新建一条 40000 瓶 / 时的包装线，升级达产啤酒年生产能力 18 万千升	16000	竣工投用	3000
130	康田栖樾	景佑房地产	总占地面积 20.24 万平方米，总建筑面积 38.5 万平方米，容积率为 1.9	348100	复工，主体施工	80000

续表

序号	项目名称	业主	建设规模及主要建设内容	总投资（万元）	2020 年工作目标	2020 年计划投资（万元）
131	琅樾江山项目	亿臻房地产	建设用地面积约 130592 平方米，总建筑面积约 469551 平方米，建设内容为住宅、商业、车库、幼儿园及按规划要求所配备的设备用房和配套用房	290000	部分住宅交付使用	40000
132	海康威视智能视频采集处理终端设备产业化项目	海康威视	购置生产设备、测试设备以及配套动力设备，形成各类智能视频采集处理终端设备年生产能力约 3000 万台（套）的专业化生产线	14875	投用	8000
133	井谷元互联网＋食品科研项目	井谷元食品	建设包装营养方便粥系列产品自动化生产线建设及预包装糕点系列产品自动化生产线，项目达产后，预计年产值 3 亿元	20000	投产	5000
134	双标公司石油钻采工具加工项目	双标石油	采购线切割机、加工中心等新设备，达产后预计年产规模达到 1500 套石油钻采工具	100	设备全部到位	100
135	合成油脂分公司磷酸酯型抗燃液压液国产化技术改造项目	中石化	对现有 1 条 1000 吨 / 年醚类油调合生产线进行技术升级改造，同时对公用工程设施进行配套升级改造，升级改造为 1 条 1000 吨 / 年磷酸酯型抗燃液压液专用调配生产线	500	投用	300
136	中石化润滑油合成油脂分公司合成油调合装置及灌装线自动化提升改造项目	中石化	对合成油调合装置及灌装线进行升级改造，更新 1 台 30m3 调合罐、1 条自动灌装线，对现有灌装线进行自动化升级，新增自动贴标机、自动开箱封箱机、机器人码垛机及灌装线识别分拣系统等	810	投用	500
137	长征重工城轨（地铁）转向架及构架生产线数字智能化建设项目	长征重工	运用 ERP、MES 系统对生产线进行升级。达产后年产城轨地铁转向架及构架 500 辆能力	2000	投用	1000
138	三木华瑞摩托车电器元件及电机生产技术改造升级项目	三木华瑞	购置数控车床、全自动十二轴绕线机、全自动八轴绕线机、注塑机、全自动双轴定子精密排线绕线机、压力机、插纸机、飞轮自动铆接系统等系列及辅助设备，对摩托车电器元件及电机生产技术改造升级。达产后实现年产摩托车电器元件 1600 万件，电机 400 万台	730	投用	400
139	重庆渝工实业有限公司气动打钉机生产项目	渝工实业	购置车床、铣床、空压机等设备达产后将形成年产量为 35 万台气动打钉机	1000	投用	300

续表

序号	项目名称	业主	建设规模及主要建设内容	总投资（万元）	2020年工作目标	2020年计划投资（万元）
140	大清海德新型生物医用止血材料壳聚糖产业化项目	大清海德	狗子设备，形成医用羧甲基壳聚糖及壳聚糖止血海绵生产线	1000	投产	300
141	沃奥电子新建电子传感保护器项目	沃奥电子	租用厂房，面积1600平方米，主要购置安装注塑机，自动压接机，灌封机，生产装配线及配套环保设备等，建成后达到年产能熄火开关150万件，电子传感器200万件，机油保护器200万件的生产能力	1000	投用	200
142	威科贝体外诊断专用试剂瓶、仪器外壳等高端辅料生产项目	威科贝	租用标准厂房面积2259.08平方米，厂房按十万级净化车间标准装修，生产及生产辅助设备有六台注塑机、八台吹塑机等，建设体外诊断专用试剂瓶、仪器外壳等高端辅料生产项目	400	投用	100
143	金科集美阳光	金科兆基房地产	占地面积187.6亩，项目总建筑面积49万平方米，商住小区建设	330000	续建，部分住宅交付使用	40000
144	金地自在城	金地佳誉置业、金地琅泽置业	占地面积662亩，项目总建筑面积约155万平方米，商住小区综合开发建设	1000000	续建，部分地块竣工交付使用	100000
145	荣安林语春风	康甬置业	占地面积103.9亩，项目总建筑面积25.52万平方米，商住小区建设	172000	续建，部分地块竣工交付使用	25000
146	联发•西城首府	联发集团	项目占地面积131.7亩，建筑总面积约30万平方米，分2期建设，一期建筑面积约16万平方米，二期建筑面积约14万平方米	240000	续建，部分地块竣工交付使用	50000
147	跳磴城投储备地横五路和横七路东延伸段	城投集团	项目包含2条道路，其中横五路长4.7千米，宽16米，横七路东延伸段长0.5千米，宽16米，工程包括建设道路工程、绿化工程、照明工程、交通工程等	11725	路基施工	6600
148	民族中学、庹家坳小学扩建	区教委	项目占地面积47亩，建筑面积2.7万平方米，办学规模57个班	12600	完工	6000
149	跳红路	建桥公司	跳红路起点接规划跳陶路，向南与建拓一路、建拓二路、建拓三路平交后，终点与规划跳红东路相接。全长1.3千米，城市次干路，标准路幅26米，双向四车道	6000	完工	600
150	N26跳磴公租房小学	城投集团	占地面积23805平方米，建筑面积10125平方米，办学规模为30个班	12832	竣工	1000
151	M36地块新建小学	城投集团、区教委	占地面积34189平方米，建筑面积26561平方米，办学规模为42个班	22039	开工建设	1100
152	N31地块新建小学	区土储、区教委	占地面积25199平方米，建筑面积23064.45平方米，办学规模为36个班	15758	完工	4500

续表

序号	项目名称	业主	建设规模及主要建设内容	总投资（万元）	2020年工作目标	2020年计划投资（万元）
153	质谱技术研发和产业项目	厦门搏动	租赁建桥C区第38栋标准厂房，用于建设质谱应用研究机构和生产转化基地项目，建筑面积12314平方米，质谱应用研究机构使用四、五层物业，建筑面积5007平方米，生产转化基地使用一、二、三层，建筑面积7306平方米	20000	完成改造	500
154	白沙沱污水处理项目	跳磴镇	在跳磴镇白沙沱社区新建1套排污处理设施。处理能力180m³/d，采用一体化MBR处理工艺，主要建设内容为：污水处理站厂区；配套管网工程；厂外工程（厂外供电、厂外供水）等	709	完工	306
155	小南海集中安置点项目	跳磴镇	项目占地面积60亩，拟建住宅49栋，建筑面积约15500平方米	7000	完成建设并交付	6000
156	刘家坝东区开发项目（H12-6、H12-8、H12-10、H13-3、H14-1、H14-2地块）	区土储中心	项目位于八桥镇民新村、建胜镇群胜村附近，为居住用地，共5个地块，约占258亩，建筑面积约50万平方米	403000	开工建设	20000
157	刘家坝片区路网一期	区土储中心、大晟公司	项目位于八桥镇与建胜镇交界处的刘家坝片区，包含6条道路：其中1、3、6号路道路等级为城市次干路，2、4、5号路道路等级为城市支路，红线宽为16米/22米/26米/32米，道路总长为3.1千米。本工程实施地为西片区	8000	路基施工	5000
158	刘家坝片区7号路	区土储中心、大晟公司	项目位于八桥镇与建胜镇交界处的刘家坝片区，系规划调整后新增道路，规划全长约361米，宽度22米，为双向四车道的城市支路	5300	开工	2000
159	廒家坳片区开发项目	区土储中心	项目位于八桥镇民新村，为一块居住用地，面积约62亩	70000	完成出让并动工	8000
五、板块之外（共24个项目）				379861		137752
（一）区教委（1个项目）				13000		1500
160	F10地块新建小学	区教委	占地面积19584平方米，建筑面积18500平方米，办学规模为30个班	13000	开工建设	1500
（二）区交通局（4个项目）				10327		10327
161	土金路（新建）道路工程	区交通局、大晟公司	项目起于土地垭，止于金鳌寺，全长3.265千米，路面宽6.5米	3227	完工	3227
162	金沙路一期道路工程	区交通局、大晟公司	项目起于金鳌寺，止于山沙路，全长4.1千米，路面宽6.5米	3600	完工	3600
163	金沙路二期道路工程	区交通局、大晟公司	项目起于山沙路，止于大滨路，全长1.2千米，路面宽6.5米	2200	完工	2200
164	凤跳路	中国铁建、区交通局	项目起于原凤跳路，止于轨道十八号线车辆段，全长0.96千米，路面宽8米	1300	完工	1300

续表

序号	项目名称	业主	建设规模及主要建设内容	总投资（万元）	2020年工作目标	2020年计划投资（万元）
（三）区住建委（6个项目）				325663		18750
165	朵力迎宾大道	重钢集团朵力房地产股份有限公司	占地面积157亩，项目总建筑面积42.06万平方米，商业综合体、住宅小区综合开发	270853	完工	6000
166	桥隆和锦苑	重庆桥隆房地产开发有限公司	占地面积29.4亩，项目总建筑面积9.81万平方米，安置房项目建设	—	完工	4000
167	桥梓塘3号路	地产集团渝地西部公司	项目道路长0.2千米，宽16米	2936	完工	150
168	桥梓塘3号路延伸段	地产集团渝地西部公司	桥梓塘3号路延伸段道路全长216.44米，标准路幅宽16米。桥梓塘4号路道路全长283.13米，标准路幅宽16米，双向两车道	2874	开工建设	100
169	大渡口区雨污水管网整治工程（三期）	区住建委	建成区范围内26处雨污水混流管道进行雨污分流整治	5000	竣工	4700
170	大渡口区雨污水管网整治工程（四期）	区住建委	建成区范围内23处雨污水混流管道进行雨污分流整治	4000	竣工	3800
（四）区城市管理局（2个项目）				5000		5000
171	大渡口区2019年道路品质提升	区市政工程处	实施车行道品质提升7.5万平方米，人行道品质提升2.5万平方米	2500	完工	2500
172	大渡口区2020年道路品质提升	区市政工程处	实施车行道品质提升7万平方米，人行道品质提升2.3万平方米	2500	完工	2500
（五）跨区项目（11个项目不能纳入区统计）						102175
区住建委（6个项目）						84300
173	轨道交通18号线	重庆市轨道十八号线建设运营公司	项目线路起于富华路站，终于跳磴南站，长29.45千米，区内长约8.61千米	——	基础施工	60000
174	重庆市市郊铁路（轨道交通延长线）跳磴至江津线	重庆市江津轨道建设有限公司（区住建委）	项目起于轨道交通5号线跳磴站，止于江津区滨江新城南站，长为28.23千米，其中大渡口区5.98千米	——	主体施工	10000
175	五台山立交至双山隧道段改造工程	地产集团	项目起于五台山立交，止于双山隧道	——	主体施工	1000
176	轨道交通5号线一期南段	重庆轨道集团	起于大石坝，止于跳磴，全长40千米，其中渡口段长1千米，设跳磴站一个	——	完工	2000

续表

序号	项目名称	业主	建设规模及主要建设内容	总投资（万元）	2020 年工作目标	2020 年计划投资（万元）
177	二纵线华岩至跳磴段改造工程	城投集团	项目起于迎宾大道南延伸段终点，止于快速路五横线（中坝路）李家湾立交，长 8.35 千米，大渡口区内长约 1 千米（李家湾立交）	——	主体施工	10300
178	陶家隧道	城投集团	起于五横线文家湾立交，向西穿中梁山，止于绕城高速公路，双向八车道，全长 20 千米（大渡口区内长约 6 千米），含 4 座大型立交	——	开工建设	1000
区经信委（5 个项目）				25871		17875
179	陈家坝 110 千伏输变电站工程	国网重庆市电力公司	项目建设变电容量 12.6 万千伏安，交流线路长 7.6 千米	——	完工	5275
180	翠湖 110 千伏变电站主变增容工程	国网重庆市电力公司	项目建设变电容量 18.9 万千伏安，交流线路长 1.55 千米	——	主体施工	6000
181	110 千伏互助输变电工程	国网重庆市电力公司	项目新建 110 千伏线路双回，16 千米，主变容量 2 × 6.3 万千伏安	5000	竣工	5000
182	35 千伏中征一、二线及 110 千伏柏敖线迁改	市地产集团、市城投集团与区土储中心	35 千伏电缆通道，总长度约 6717 米；110 千伏电缆通道，总长度约 5250 米	20771	开工建设	1500
183	D9 地块高压线迁改	国网重庆市电力公司	市电力公司正在设计，目前规模和投资无法确定	100	开工建设	100

附件 2

大渡口区 2020 年前期项目表

序号	项目名称	项目业主	建设规模及主要建设内容	总投资（万元）	2020 年工作目标
共 85 个项目				3778196	
一、滨江湾区板块（21 个项目）				750904	
1	重钢片区大坪山 B5 道路工程	渝富集团	项目西起锦龙路，东接九滨路连接道，主干路 1.13 千米，次干路 0.18 千米，支路约 0.22 千米，路段长约 1.53 千米，双向两至六车道，路幅宽 16 ～ 36 米	11979	完成施工图设计
2	重钢片区文体隧道道路工程	渝富集团	项目起于区政府广场处，止于待建南北干道南段，道路长约 2.17 千米，双向四车道，道路标准路幅宽度 26 米	39592	完成施工图设计
3	重钢片区锦霞道路工程	渝富集团	项目起于现在的锦霞街，贯通 F2-3-4/05 地块，止于待建大滨路二期桩号 K1+700 处，长约 1.56 千米，双向四车道，道路标准路幅宽度 26 米	13392	完成施工图设计
4	重钢片区李子林 B13 线道路工程	渝富集团	项目起于待建大滨路二期桩号 K3+350 处，止于待建嘉南线连接道桩号 JYK0+600 处，长约 0.201 千米，双向四车道，道路标准路幅宽度 26 米	478	完成施工图设计
5	重钢片区李子林 B9 线道路工程	渝富集团	项目起于待建重钢片区 8# 路，止于南北干道南段桩号 K1+494.894 处，长约 2.49 千米，双向四车道，道路标准路幅宽度 26 米	8523	完成施工图设计

续表

序号	项目名称	项目业主	建设规模及主要建设内容	总投资（万元）	2020年工作目标
6	南北干道与滨江路连接道3条	渝富集团	道路长约669米，城市次干道，双向四车道，道路标准路幅宽度26米	2564	完成施工图设计
7	重钢片区剩余支路（共计18条支路）	渝富集团	道路长约12.2千米，路幅宽约16～22米	26639	完成施工图设计
8	滨江休闲带（公园）	渝富集团	对重钢片区进行公共服务设施建设，总面积约2.2万平方米	68013	完成施工图设计
9	崖线景观带（公园）	渝富集团	对重钢片区进行公共服务设施建设，总面积约6.2万平方米	18769	完成施工图设计
10	钓鱼嘴十一号路	渝地西部	项目位于钓鱼嘴片区端部，长1.7千米，路幅20米	12675	力争开工建设
11	钓鱼嘴十六号路	渝地西部	项目位于钓鱼嘴片区中部，长558米，宽20米	14789	完成规划方案设计
12	钓鱼嘴十八号路	渝地西部	项目位于钓鱼嘴片区端部，长404米，路幅20米	2806	力争开工建设
13	钓鱼嘴十九号路	渝地西部	项目位于钓鱼嘴片区端部，长314米，路幅20米	2467	力争开工建设
14	虹桥院（L32-2-04、L32-3-04）开发项目	渝富集团	用地性质为商住用地，占地面积104亩，规划总建筑面积13.93万平方米	139300	完成土地出让，力争开工建设
15	P1-12-1地块开发项目	渝地西部公司	用地性质为商住用地，占地面积125亩，规划总建筑面积21.83万平方米	218300	完成土地出让，力争开工建设
16	H17地块新建学校	区教委	占地面积4.2万平方米，建筑面积3.1万平方米，办学规模54个班，其中小学30个班，初中24个班	24225	开展前期工作
17	重钢片区李子林B15线道路工程	渝富集团	项目起于待建南北干道南段桩号K2+032处，止于待建的重钢片区10#路，长约0.3千米，双向四车道，道路标准路幅宽度26米	1262	开展前期工作
18	重钢片区李子林B16线道路工程	渝富集团	项目起于待建的大滨路二期桩号K3+680处，止于九龙坡V12-2/04地块东侧，长约1.4千米，双向两车道，道路标准路幅宽度16米	3954	开展前期工作
19	重庆工业博物馆及文化创意产业园(二期)	渝富集团	总部、博物馆、研究院、高校“四个一工程”	—	开展前期筹备
20	两江四岸消落区保护治理鱼鳅浩至葛老溪段	市城投集团、渝富集团(区住建委)	开展“鱼鳅浩至葛老溪”段长度约4.8千米滨江岸线深化设计，结合渝富集团重钢片区EPC项目实施	138000	开展前期工作
21	跃进村老旧社区改造工程一期	跃进村街道城管科	修缮破损围墙、屋面260面/栋，相关相邻停车库（场）补缺改造提升9处，道路平整，地面绿化补建等	3176	完成前期工作
二、九宫庙商圈板块（7个项目）				59153	
22	区实验小学扩建	区教委	占地面积4万平方米，扩建1.4万平方米，办学规模为30个班	9360	完成方案设计
23	春晖路与榕华街交叉口人行天桥	区城乡建委	项目位于春晖路与榕华街交叉处，横跨春晖路	1093	完成方案设计
24	九宫庙商圈景观连廊步行系统	区住建委	走廊总长500～600米，宽度4～5米，平均跨径24米，最大跨径40米	6500	完成施工图设计，力争开工
25	三十七中A区综合楼扩建	区教委	扩建内容包括自得大讲堂、理化生实验室、学科功能室以及配套教辅用房、地下车库等。建筑面积约1.2万平方米	7200	完成施工图设计，力争开工
26	春晖路与八桥街交叉口人行天桥	区城乡建委	项目位于春晖路与八桥街交叉处，为L型天桥，横跨春晖路与八桥街	2000	完成方案设计
27	长途汽车站	市公运集团	实施大渡口汽车站二期建设，楼高25层，集商业、餐饮、住宿等业态于一体	30000	完成施工图设计

续表

序号	项目名称	项目业主	建设规模及主要建设内容	总投资（万元）	2020 年工作目标
28	创新村片区配套道路	区土储中心	项目位于八桥镇创新村，为创新村片区开发配套道路，连接钢花路与湖榕路，规划为双向四车道，长度约 230 米，宽度约 20 米	3000	完成施工图设计
三、伏牛溪板块（15 个项目）				918111	
29	JK 片区纵五路	渝地西部公司	项目位于凤阳村附近，长 771.7 米，宽 32 米	11262	完成施工图设计
30	JK 片区纵一路、横七路	渝地西部公司	项目位于凤阳村附近，其中纵一长 663.8 米，宽 26 米；横七长 651.3 米，宽 22 米	11303	完成施工图设计
31	JK 片区横八路	渝地西部公司	项目位于凤阳村附近，长 471 米，16 米宽	1500	完成施工图设计
32	三纵线双山隧道至金家湾立交段	市地产集团	项目主要将现状双向六车道拓宽为双向八车道	50000	完成规划方案设计
33	k2-2、k4-1、k7-1、k10-23 地块开发项目	市地产集团	项目占地面积约 88 亩，二类商住用地，总建筑面积约 15 万平方米	200000	力争完成土地出让
34	k18-1、k18-2 地块开发项目	市地产集团	项目占地面积约 103 亩，二类居住用地，总建筑面积约 17.5 万平方米	220000	力争完成土地出让
35	I 分区公园绿地建设	市城投土地发展公司	项目位于五一、互助片区，I 分区公园绿地 81 亩、防护绿地 466 亩，面积共计 547 亩	95249	完成初步设计
36	I20 地块新建学校	市城投区教委	项目占地面积 4.5 万平方米，建筑面积 2.5 万平方米，办学规模为 54 个班，其中小学 24 个班，初中 30 个班	25127	开展前期工作
37	互助片区路网	区土储中心（大晟公司）、市城投集团	项目共涉及 12 条道路，总长约 6.5 千米	175000	征地，完成规划方案设计
38	大渡口区中医院新建工程	大晟公司	K12-2/02 地块占地面积约 28 亩，二级中医，建设规模 2.7 万平方米，设置床位 300 张	17700	完成初步设计
39	福晟路网	地产集团渝地西部公司	位于 JK 片区，项目长 3844 米，宽 16 米。福晟七路 800 米；福晟八路 1973 米；福晟三路 560 米；福晟五路 511 米	38400	开展前期工作
40	K11 公园	地产集团城发公司	K11-1/02 占地面积 42 亩	1100	开展前期工作
41	公民路延伸段	大晟公司	项目下穿西城大道，连接现在的公民路与袁茄路，长 500 米，路幅宽度 32 米，双向四车道	5200	完成规划方案设计
42	区党校搬迁项目（I33-12 地块）	大晟公司	占地面积 34.93 亩，总建筑面积约 3.5 万平方米	22000	力争完成前期工作
43	五一互助片区安置房项目（J2-5 地块）	鑫鹏物流公司	占地面积 81.46 亩，项目总建筑面积约 8.2 万平方米	44270	完成规划方案设计
四、建桥园区板块（23 个项目）				800101	
44	N61-2、N63-3 地块工业厂房项目	建桥置业	占地约 113 亩，主要建设约 52000 平方米单层厂房及配套设施	20000	完成土地摘牌，并启动项目前期工作
45	大渡口区环保科技产业园建拓二路道路工程	建桥公司	道路全长约 479 米，道理等级为城市支路，标准路幅宽 16 米。建设内容包括土石方工程、道路工程、照明工程、交通工程、绿化工程、综合管网及道路附属工程等部分	2816	完成施工图设计

续表

序号	项目名称	项目业主	建设规模及主要建设内容	总投资（万元）	2020 年工作目标
46	大渡口区环保科技产业园建拓三路道路工程	建桥公司	道路全长约 448.542 米，道路等级为城市支路，标准路幅宽 16 米。建设内容包括土石方工程、道路工程、照明工程、交通工程、绿化工程、综合管网及道路附属工程等部分	2391	完成施工图设计
47	环保产业园北侧互通工程	建桥公司	项目实现环保产业园片区与华福路全互通。道路总长约 1.4 千米，路幅宽 16 ～ 23 米	10000	完成规划方案设计
48	西小路西线工程	建桥公司	项目位于建桥园区 C 区，北接跳石路和跳陶路连接道，南接牯牛山路西端，道路全长约 2 千米，标准路幅宽 26 米	20000	启动规划方案设计
49	志达路	建桥公司	项目位于建桥园区 C 区，西接跳石路，东接人璜路（现在的西小路），道路全长约 1.1 千米，标准路幅宽 16 米	10000	启动规划方案设计
50	泥塘嘴路工程	建桥公司	项目为打通 N49-1 地块进出南海大道通道，道路全长约 0.6 千米，标准路幅宽 9 米	2000	启动规划方案设计
51	人璜路南段	建桥公司	项目位于建桥园区 C 区，道路全长约 900 米，标准路幅宽 26 米	8000	启动规划方案设计
52	中元生物项目	中元生物	项目拟选址于建桥 C 区，为工业用地，占地面积约 86 亩	50000	完成土地出让
53	恒通国际物流园	恒通物流	本次在用地范围内新建：四栋厂房、一栋倒班楼、一栋库房、一处架空平台、一栋垃圾转运站。保留现在的两栋仓库。工程总建筑面积（新建） 为 8.6 万平方米	24544	启动规划方案设计
54	G01-7 地块开发项目	—	该地块位于建桥B区，面积约75亩，预计投资5亿元，建设 10 万平方米的商住用房	50000	启动规划方案设计
55	绿色建筑材料产业示范基地项目	中冶建工	支持中冶建工基地，面积约 100 亩，投资 4 亿元，重点建设集建筑材料研发、生产为主产业的基地。项目建成后预计实现工业产值 10 亿元以上	50000	启动规划方案设计
56	重庆建工新材绿色环保建材生产示范基地项目	重庆建工	用地 28 亩，主要建设绿色混凝土项目	15000	启动规划方案设计
57	N03/05 地块开发项目	建桥公司	项目位于建桥园区 C 区，为工业用地，占地面积 86 亩	20000	招商完成后出让
58	H04-1-1/03 地块开发项目	建桥公司	项目位于八桥镇八一村，为商业商务用地，占地 75 亩	90000	招商完成后出让
59	N43-01 地块开发项目	建桥公司	项目位于跳磴镇跳磴村，为工业用地，占地约 67.5 亩	20000	招商完成后出让
60	N37 地块开发项目	建桥公司	项目位于跳磴镇跳磴村，为工业用地，占地约 25.79 亩	10000	招商完成后出让
61	大渡口区湾塘片区横五路 N31-2-3 号地块段	区土储中心、大晟公司	项目位于跳磴镇湾塘片区，规划为城市支路，道路长为 173.8 米，路幅宽度 16 米，双向两车道	1350	完成前期手续办理，力争开工建设
62	中元生物项目	中元生物	项目拟选址于建桥 C 区，占地面积约 100 亩	50000	完成土地出让
63	三峰卡万塔扩能项目	三峰卡万塔	拟供 N04/03 地块，面积约 106 亩	30000	完成土地出让
64	刘家坝片区路网（二期）	区土储中心、大晟公司	项目位于八桥镇与建胜镇交界处的刘家坝东片区，包含 5 条道路：其中 3 号路（部分）、6 号路道路等级为城市次干路、2 号路（部分）、4 号路、5 号路道路等级为城市支路，红线宽为 16 米 /22 米 /26 米 /32 米，道路总长为 1.75 千米	11000	力争开工建设
65	大渡口区大渡口组团 R35-1、R36-1-1、R36-1-2 地块	城投集团	占地面积 250 亩	300000	完成土地出让，开展前期工作

续表

序号	项目名称	项目业主	建设规模及主要建设内容	总投资（万元）	2020年工作目标
66	大渡口区K37-3地块	城投集团	占地面积8亩	3000	完成土地出让，开展前期工作
五、板块之外（共14个项目）				1249928	
（一）区卫健委项目（2个项目）				14506	
67	重钢总医院养老中心新建项目	重钢总医院	拟购买医疗用地面积2705平方米，建设规模为地上建筑面积5410平方米（100个床位），地下建筑面积3000平方米（车位50个）	6506	完成初步设计方案
68	大渡口区精神卫生中心	大渡口区精神卫生中心	项目位于大渡口区N27-1/02地块，项目占地面积13791平方米（约20.65亩），新建总建筑面积15000平方米，设置精神病床位100张	8000	开展前期工作
（二）区交通局项目（1个项目）				3200	
69	石新路道路工程	区交通局	项目起于石林村，止于新合村，新建长约3千米的农村公路	3200	完成施工图设计
（三）区住建委（7个项目）				1095322	
70	小南海长江大桥	市住建委	起于大渡口跳磴，止于绕城高速公路，双向八车道	407600	完成规划方案设计
71	佛耳岩大桥	市城投集团	起于小南海立交顺接陶家隧道，向东延伸跨越长江，止于省道106顺接云篆山隧道，双向六车道，含跨江大桥1座、穿金鳌山隧道1座、互通立交3座		完成规划方案设计
72	内环东南半环改造	市城投集团	起于内环快速路东环立交，向东南沿内环快速止于凤中立交，包括东南半环改线		启动规划方案设计
73	跃进村片区雨污水管网整治工程	区住建委	拟对跃进村片区地下管线进行探测，根据探测结果开展设计工作。报区政府研究后实施	200	启动规划方案设计
74	大渡口区排水管网工程	区住建委	根据《重庆市城镇污水处理提质增效三年行动实施方案（2019—2021年）》要求，需对全区排水管网进行详细排查	6000	启动规划方案设计
75	四横线分流道白市驿至黄桷坪大桥段	市城投集团	起于内环华岩立交，止于黄桷坪长江大桥，双向六车道	666522	完成初步设计
76	大渡口区雨污水管网整治工程(五期)	区住建委	建成区范围内82处雨污水混流管道进行雨污分流整治	15000	完成项目可研审批
（四）区城市管理局项目（1个项目）				900	
77	“城美山清”工程	区城管局	涉及城市立体绿化建设、主干道绿化品质提升、新建道路配套绿化等	900	开展前期工作
（五）区经信委项目（3个项目）				108000	
78	220千伏百花村输变电工程	国网重庆市电力公司	新建220千伏线路双回，8千米，主变容量2×18万千伏安	20000	开展前期工作
79	110千伏九宫庙输变电工程	国网重庆市电力公司	项目位于规划地块F2-5/03，考虑终期规模按3×63米VA进行土地预留	8000	开展前期工作
80	500千伏中梁山输变电工程	国网重庆市电力公司	新建500千伏线路双回，56千米，主变容量2×100万千伏安	80000	开展前期工作
大数据产业组（5个项目）				28000	
81	北京贝能达信息技术智慧地铁项目	北京贝能达信息技术股份有限公司	拟选址进驻重庆微企梦工场、打造智慧地铁、智能交通项目	11000	力争开工建设。
82	重庆诺和科技联合智慧社区项目	重庆诺和科技有限公司	拟进驻移动互联网产业园，打造“联合智慧社区平台”	10000	力争开工建设

续表

序号	项目名称	项目业主	建设规模及主要建设内容	总投资（万元）	2020 年工作目标
83	重庆轲航节能科技节电设备项目	重庆轲航节能科技有限公司	选址移动互联网产业园 4-18 号办公，打造节电设备的研发、生产与销售项目	1000	力争开工建设
84	重庆中科众友科技有限公司	重庆中科众友科技有限公司	拟选址移动互联网产业园 2-16 号，打造人脸识别基础平台开发项目	3000	力争开工建设
85	高新兴车联网产业基地项目	高新兴科技集团股份有限公司	包含西南研发中心、生产中心、西南运营总部、车联网示范体验中心、车联网实验室及模拟交叉口	3000	力争开工建设

附件 3

大渡口区 2020 年国有土地上房屋征收计划项目（新增）

序号	项目名称	项目坐落（地块编号）	征收户数	征收房屋建筑面积（平方米）
1	大渡口区重钢崖线绿地项目	重钢崖线片区	236	14160
2	茄子溪火车站项目	P2-11-1、P3-1-3	149	8404
3	大渡口区第二人民医院项目	茄子溪片区	30	4559
4	成渝铁路项目	茄子溪片区	36	2200
5	中铁十七局项目（住宅）	P3-2-1、P3-2-2、P3-2-3、P3-2-4	42	2800
6	茄子溪码头及周边旧城改建项目	茄子溪码头及周边	374	37000
7	建桥 C 区 N61 项目	建桥片区	8	666
8	玻纤厂项目	八桥镇民乐 2 社	12	22000
9	重庆宝丰线缆有限公司项目	建桥大道 11 号、H05-1/04	1	30318
10	梅林今普项目	建桥 A 区	1	80000
11	建工三建、七建项目	V15-1/04、V18-2/04 等	2	9206
12	重钢片区金塔设备厂征收项目	V18-1/05	1	3000
13	重钢片区动力安装公司征收项目	V18-1/05	1	2000
14	B7 道路建设项目	大坪山片区	1	2000
15	重钢片区新港码头征收项目	重钢片区	1	1000
合计			895	219313

重庆市大渡口区2019年财政预算执行情况和2020年财政预算草案的报告

——2020年1月19日在重庆市大渡口区第十三届人民代表大会第四次会议上

重庆市大渡口区财政局

各位代表：

受区人民政府委托，现将大渡口区2019年财政预算执行情况和2020年财政预算草案的报告提请大会审查，并请各位政协委员提出意见。

一、2019年预算执行情况

2019年，全区财政工作在区委、区政府的坚强领导和区人大及其常委会的法律监督、区政协的民主监督下，以习近平新时代中国特色社会主义思想为指引，深入贯彻党的十九大精神，认真落实习近平总书记对重庆提出的“两点”定位、“两地”“两高”目标，发挥“三个作用”的重要指示要求，坚持稳中求进工作总基调，坚持新发展理念，牢固树立过“紧日子”的思想，扎实做好稳增长、促改革、调结构、惠民生、防风险、保稳定各项工作，为“高质量产业之区，高品质宜居之城”建设提供了重要财力保障。

（一）一般公共预算

1. 收入执行情况

一般公共预算收入总计524700万元，具体组成为：区级一般公共预算收入231637万元，完成预算的104.6%，同比增长8.2%，其中税收收入192410万元，同比增长10.2%；上级补助收入89906万元；债务转贷收入69300万元；调入资金101114万元；动用预算稳定调节基金3091万元；上年结转29652万元。

2. 支出执行情况

一般公共预算支出总计524700万元，其中：区级一般公共预算支出380809万元，同比增长7.2%，完成预算的90.4%；上解上级支出24093万元；债务还本支出69304万元；安排预算稳定调节基金13213万元；结转下年37281万元。

2019年一般公共预算收支平衡表

单位：万元

收入	执行数	支出	执行数
总计	524700	总计	524700
一、本级收入	231637	一、本级支出	380809
税收收入	192410		
非税收入	39227		
二、转移性收入	293063	二、转移性支出	143891
上级补助收入	89906	上解上级支出	24093
债务转贷收入	69300	债务还本支出	69304
调入资金	101114	调出资金	0
动用预算稳定调节基金	3091	安排预算稳定调节基金	13213
上年结转	29652	结转下年	37281

一般公共预算主要支出方向：

——*一般公共服务支出 40483 万元*。主要用于：保障党委各部委、人大、政府、政协、发展改革、财政、人力资源、商贸、统计、民主党派及工商联和群众团体等单位正常运转和推进相关工作。加强自身内部管理，大力推进党的建设，提高依法履职能力和公共服务水平等。

——*公共安全支出 32145 万元*。主要用于：保障公安、司法、消防等单位依法履职，维护公共安全和社会公平正义。保障执法办案、警务装备、治安防控管理等经费需求，完成新中国成立 70 周年安保维稳任务。支持社会治安防控体系建设，加快实施“雪亮工程”，推进扫黑除恶专项斗争和“净网 2019”专项行动，有效维护社会安全稳定。

——*教育支出 58307 万元*。主要用于：保障教委、学校等单位正常运转，促进教育事业优质均衡发展。大力发展普惠学前教育，足额落实生均公用经费标准，保障学校基础设施建设投入，支持义务教育学校薄弱环节改善与能力提升。全面落实各学段贫困学生资助工程，支持教育信息技术装备建设，保障实施教师培训计划，加强教育队伍建设。

——*科学技术支出 4059 万元*。主要用于：保障科技局等单位正常运转，稳步提升全区科技创新能力。组建知识价值信用贷款风险补偿基金，助力科技型企业发展。积极争取中央、市级各类科技认证，鼓励企业加快重大新产品研发。搭建企业高端人才平台，引进高层次人才，组建市级院士专家工作站，不断加大科技人才培养力度。

——*文化体育与传媒支出 4547 万元*。主要用于：保障文旅、体育、新闻等单位正常运转，提高公共文化服务水平。支持区图书馆改造项目，保障博物馆运行及文物保护，落实“三馆一站”免费开放。鼓励精品创作，推动文艺创新，支持文化惠民工程和乡村文化振兴，加强旅游公共服务建设。广泛开展群众体育健身活动，持续推进群众体育发展。

——*社会保障和就业支出 36452 万元*。主要用于：保障社保、民政、残联等单位正常运转，构建多层次社会保障体系。扶持重点群体就业创业，落实困难群体参加城乡居民基本养老保险政策，发放各类生活补助和优抚对象抚恤金。支持残疾人康复就业和军转干部等优抚安置工作，为特困供养、困难家庭等提供社会救助服务，支持残疾人康复、就业。

——*卫生健康支出 27197 万元*。主要用于：保障卫健委、区属医院以及社区卫生服务中心等单位正常运转，不断提高公共卫生服务能力。支持公立医院改革，落实政府投入责任，加快推进优质高效医疗服务体系建设。保障重大公共卫生服务项目，加大居民医保财政补助，保障医疗救助支出，持续推进基本公共卫生服务。

——*节能环保支出 7271 万元*。主要用于：保障生态环境局等单位正常运转，提升环保监管执法水平，强化环保能力建设。支持大气环境网格化监测及空气质量预警服务体系建设，改善我区水环境和声环境质量。推进居民生活垃圾分类示范试点，支持创建和巩固扬尘控制示范道路、示范工地，保障次级河流域整治维护、黑臭水体治理等。

——*城乡社区支出 112561 万元*。主要用于：保障住建委、城管局以及村（社区）等单位、组织正常运转，改善城市环境，建设和谐宜居之城。保障城市日常维护管理，开展城市市容环境综合整治，全面改善提升公厕环境。支持骨架路网、人行天桥等项目建设，实施棚户区改造购买服务，推进城区“增绿添园”，改造城市照明设施，不断提升城市品质。

——*农林水支出 4672 万元*。主要用于：保障农业农村委等单位正常运转，支持农业产业发展。支持国土绿化提升专项行动，开展森林防火、防汛抗旱、河道水文监测及河长定期巡查、水资源节约管理与保护工作。支持乡村振兴战略行动计划，推广农业技术，强化品牌农业建设。兑现长江渔民退捕转产、农业支持保护补贴、退耕还林补贴等。

——*交通运输支出 3807 万元*。主要用于：保障交通局等单位正常运转以及支持交通基础设施建设。支持滨江路三期、湾塘片区道路、跳石路、民晟一路、二路等城市及农村公路建设，保障农村公路养护。保障辖区长江航道水上交通安全，支持“两江四岸”范围内货运码头无船舶靠泊作业。

——**资源勘探信息等支出 2875 万元**。主要用于：支持大数据智能化产业发展、传统产业智能化改造提升、工业互联网平台建设、企业技术改造和战略新兴产业培育。支持产业生态建设、工业绿色发展等项目，兑现微型企业成长奖励、孵化平台运营绩效奖励、中小微企业智能化改造奖补等，支持微企梦工场运营和中小微企业提质增效发展。

——**商业服务业支出 2350 万元**。主要用于：支持企业拓展国内外市场、参加境外展会、对外投资合作。支持万吨冷储冷链物流体系建设和商业供应链体系建设，实施乡村绿色家园打造工程。完善重点区域公共商业服务配套，提升商圈营商环境、购物环境、宜游环境。

——**自然资源海洋气象等支出 1518 万元**。主要用于：保障自然资源等公益服务事业方面支出。支持山水林田湖草生态保护修复试点工程、有害生物防治等项目。支持历史遗留废弃露天矿山环境修复治理，支持地灾防治监测预警，开展大渡口区第三次国土调查。

——**住房保障支出 11491 万元**。主要用于：保障机关事业单位的住房公积金、住房补贴等。支持新华路道路工程等保障性安居工程配套基础设施建设。保障公租房平稳有序运行，发放廉租住房补贴，做好廉租住房日常管理及维修维护，解决住房困难群众居住问题。

（二）政府性基金预算

1. 收入执行情况

政府性基金预算收入总计 565977 万元，其中：上级补助收入 497396 万元；上年结转 68581 万元。

2. 支出执行情况

政府性基金预算支出总计 565977 万元，其中：区级政府性基金预算支出 339557 万元；调出资金 98574 万元；结转下年 127846 万元。

2019 年政府性基金预算收支平衡表

单位：万元

收入	执行数	支出	执行数
总计	565977	总计	565977
一、本级收入	0	一、本级支出	339557
二、转移性收入	565977	二、转移性支出	226420
上级补助收入	497396	上解上级支出	0
调入资金	0	调出资金	98574
上年结转	68581	结转下年	127846

政府性基金主要支出方向：

——**城乡社区支出 328028 万元**。主要用于：保障土地前期征收整治，加大土地出让开发力度，改善城市基础设施。支持刘家坝片区、大渡村片区、制材村片区、创新村片区、阁老溪片区、茄子溪码头片区、民乐三社片区、五一互助八桥片区等棚户区改造，稳步推进征地拆迁工作。

——**其他支出 2183 万元**。主要用于：统筹使用彩票公益金，支持社区便民中心建设，开展优抚安置、特困人员帮扶等社会工作，支持我区体育事业发展，建设全民健身点、重点体校、乡村少年宫，举办重要体育赛事等。

（三）国有资本经营预算

1. 收入执行情况

国有资本经营预算收入总计 4172 万元，其中：区级国有资本经营预算收入 3393 万元，完成预算的

113.1%；上年结转 779 万元。

2. 支出执行情况

国有资本经营预算支出总计 4172 万元，其中：区级国有资本经营预算支出 912 万元；调出资金 2540 万元；结转下年 720 万元。区级国有资本经营预算支出主要用于钓鱼嘴滨江湾区开发公司、伏牛溪新城开发公司等新设立国企注资。

2019 年国有资本经营预算收支平衡表

单位：万元

收入	执行数	支出	执行数
总计	4172	总计	4172
一、本级收入	3393	一、本级支出	912
二、转移性收入	779	二、转移性支出	3260
上级补助收入	0	调出资金	2540
上年结转	779	结转下年	720

按照国家有关规定，财政收支在编制决算中有一个整理期，数据会有一定变化，具体情况将在市对区县决算核准后向区人大常委会报告。

二、落实区人大预算决议情况

2019 年，我们认真贯彻《预算法》，全面落实区委、区政府的决策部署，按照区人大第十三届三次会议和区人大常委会有关决议、审议意见的要求，攻坚克难、扎实工作，着力抓重点、补短板、强弱项、防风险，较好地完成了各项目标任务。

（一）狠抓聚财力稳增长，财政收入量质齐升。

积极应对外部经济环境的深刻变化，精抓细管，财政收入实现“三量齐升”：财政总收入超 99 亿元，辖区税收突破 50 亿元，区级一般公共预算收入增幅列主城九区第 1 位。一是用好资源增总量。高质量出让龙文和重钢体育场地块，实现土地出让收入 369358 万元。抓好国有资产管理，实现老旧企业国有资产处置效益最大化，入库非税收入 17198 万元。二是积极争取添增量。积极协调，努力争取公共预算类上级补助 89906 万元。争取土地收入分成政策，获得城投公司土地出让金分成 54985 万元。获得养老保险清算支持，将重钢补缴欠费 37164 万元纳入收入。三是综合治税提质量。重点关注大企业、大税种等核心税源，做好零散税收征管，确保应收尽收。区级税收收入占区级一般公共预算收入的 83.4%，同比增加 0.4 个百分点，收入质量持续提升。

（二）注重促转型增效益，产业培育加力提效。

充分发挥财政资金引导作用，精准施策，助推我区经济结构调整和转型升级。一是减税降费红利深度释放。全面实施更大规模的减税降费，落实减免税政策 65689 万元，涉及 9 个税种、覆盖 19 个行业、囊括 6 种经济类型。全年降低社会保险费 45487 万元，缴费负担实质性下降。二是扶持实体经济卓有成效。统筹各级资金 9096 万元，扶持产业发展。发放稳岗补贴和返还 17047 万元，稳定就业岗位。试点“商业价值信用贷”“知识产权信用贷”，深化政银企多方合作，帮助中小微企业获得贷款约 21000 万元。三是推进创新驱动成果显著。科技领域投入 4059 万元，比上年增长 14.2%。支持新培育科技型企业 55 家、增长 30%，新认定国家高新技术企业 12 家、增长 21%，全社会研发经费支出占 GDP 比重达到 4.4%。

（三）着力补短板夯基础，城乡服务不断增强。

统筹各级各类资金，多渠道保障城乡公共服务配套建设，不断增强城乡承载力和宜居度。一是城乡交通更为便捷。支持推进大滨路九滨路连接道、白居寺长江大桥、金家湾立交改造、百花村隧道等骨架路网建设。

新增城市道路 11.3 千米，新建改造农村公路 22 千米。二是城乡品质加速提升。支持 7 个老旧社区人居环境整治，建成社区公园、小游园 12 个，完成坡坎崖绿化美化 48 万平方米，改造人、车行道 15 万平方米。新（改）建公厕 17 座，完成农村户厕无害化改造 422 户。三是城乡环境持续优化。推进“两江四岸”“清水绿岸”等重点工程，支持矿山覆土复绿 270 亩，修复治理土壤 468 亩。推进生活垃圾分类试点，深化河长制、湖长制长效管理，新建改建雨污管网 28 千米，城镇生活污水集中处理率保持 97% 以上。

（四）突出保基本兜底线，民生福祉持续改善。

不断完善民生投入机制，扎实推进民生实事项目，民生支出占一般公共预算支出约 80%。一是教育发展扩容提效。支持建设小学 3 所，新增公办幼儿园 5 所，维修改造学校项目 150 余个。提高幼儿园生均公用经费 300 元 / 年，学前教育普惠率达 68.8%。兑现教育资助 1791 万元，惠及贫困学生 1.4 万人次。二是公共服务扩面提标。支持建成社区养老服务站 6 个、村（社区）康复室 11 个。开展医疗救助 1.4 万人次，帮助 2200 余名困难人员参加城乡居民基本养老保险。提高人均基本公共卫生服务经费至 69 元，人均居民医保补助至 520 元，调增低保金标准至 580 元 / 月 • 人。三是惠民实事扩优提质。保障“城市书房”建设，新建文图分馆 6 个，支持庆祝新中国成立 70 周年等惠民活动 700 余场。支持建成社区健身点 11 个、体育文化公园 2 个。建成公租房 90 万平方米、安置房 5 万平方米，完成棚户区改造 2152 户。

（五）聚焦防风险守底线，政府债务安全可控。

坚决打好防范化解重大风险攻坚战，政府债务风险评级从“风险预警区”降为“风险提示区”。一是防范风险应对有效。严格债务预算管理，严控债务增量。2019 年，我区争取到再融资债券 6.93 亿元，政府债务余额为 86.8 亿元，控制在市政府核定的债务限额以内，较 2013 年底减少 48.3 亿元，下降 35.8%。二是统筹调度化解有策。每季度研判风险，每月调度资金、有序筹集特殊时间节点的偿债资金。统筹使用龙文、重钢地块的土地出让收入优先偿债。通过合规的“借新还旧”开展到期债务展期、重组，确保全区债务资金不断链。三是债务监管肩上有责。出台《2019 年债务风险防范化解工作要点》，监督和考核政府债务、隐性债务化解和棚改资金使用情况，订立目标责任书，层层分解化债任务，推动债务化解任务圆满完成。

（六）紧扣提质效强落实，财政改革成效显著。

着力建机制、提绩效，推进财政重点领域改革，财政资金效益显著提高。一是绩效管理改革取得新成绩。我区财政综合绩效评价列全市第 3 名，获得市级奖励 2000 万元。853 个区级预算项目实现绩效评价“全覆盖”，涉及资金 58005 万元。开展重点项目绩效评价 14 个，涉及资金 10546 万元，同比增长 41.5%，优良率 92.8%。二是预算管理改革实现新进展。全区学校首次独立公开预算，除涉密部门和事项外，各预算单位均在规定时限公开部门预算和“三公”经费预算，公开率 100%。公开评审预算项目 802 个，审减项目 51 个，审减专项预算 19954 万元，审减率 19.3%。三是资产管理改革体现新要求。启动行政事业单位清产核资工作，核查资产 444059 万元，摸清全区行政事业单位“家底”，首次向区人大常委会报告行政事业性国有资产管理情况。

（七）持续调结构重监管，管财理财高效科学。

当好“铁公鸡”，打好“铁算盘”，不断优化财政支出结构，真正把钱花在刀刃上。一是预算执行从严从紧。大力压减一般性支出，落实一般性项目压减 5%，重点项目压减 12%。“三公”经费支出 2373 万元，同比下降 20.4%。财政投资评审审定 162892 万元，审减 20535 万元，审减率 11.2%。统筹收回存量资金 3302 万元，用于支持经济社会发展重点领域。二是数字财政更快更准。全面实施国库集中支付电子化，实现财政支付数据传送和清算“无纸化”。推行“互联网 + 政府采购”，实现采购金额 83831 万元，节约资金 10801 万元，节约率 11.4%。利用“制度 + 技术”，预算执行动态监控全年预警拦截 636 笔，涉及资金 3836 万元。三是资金监管做实做细。全面执行新的《政府会计制度》，实现新旧会计制度无缝衔接。对 63 家单位开展重点监督检查，督促整改问题 188 个，收缴资金 311 万元。开展惠民惠农“一卡通”等 6 项专项检查治理，督促整改问题 9 个。

2019 年，全区财政运行平稳、管理有序，但我们也清醒地认识到，新常态下的财政改革与发展，依然存在困难和挑战。一是产业结构不均衡，财源培育亟须进一步加快。房地产业占区级税收 60% 以上，“土地财政”容易受到土地市场降温、调控政策变化等因素制约，要大力支持新产业培育、新动能转换，积极涵养和壮大财源。二是收支增量不匹配，收支平衡矛盾亟须进一步解决。中央将实施更大规模减税、更明显降费，而教育、医疗、社保等民生领域政策性提标、重点领域建设推进等刚性支出不断增加，收支平衡矛盾突出。三是绩效意识不到位，绩效改革力度亟须进一步加大。我区实施绩效管理以来，“花钱必问效、无效必问责”的绩效理念已初步建立。但“重投入、轻管理，重支出、轻绩效”的意识依然存在，预算绩效管理的广度和深度不足，绩效激励约束作用有待提高。

千磨万击还坚劲，任尔东西南北风。面对这些困难，我们将以人民为中心，以问题为导向，进一步解放思想、改革创新，综合施策、积极化解。

三、2020 年预算草案

（一）指导思想

坚持以习近平新时代中国特色社会主义思想为指引，全面贯彻党的十九大和十九届二中、三中、四中全会精神，坚持稳中求进工作总基调，坚持新发展理念，坚持推动高质量发展，坚持以供给侧结构性改革为主线，继续支持打好“三大攻坚战”和实施“八项行动计划”。牢固树立过“紧日子”思想，更加注重收入质量，更加注重支出绩效，更加注重预算约束，更加注重风险管控，加快建立现代财政制度，促进全区经济社会持续健康发展。

（二）预算编制原则

围绕上述指导思想，2020 年财政预算着重把握好三个原则：一是艰苦奋斗、勤俭节约。认真贯彻中央大力压减一般性支出要求，坚持勤俭办事，严格落实中央八项规定，严控“三公”经费及各类行政事业经费，把财政资金更多地用在保障与百姓生活息息相关的领域。二是以收定支、量力而行。坚持量入为出，实行零基预算，根据事业发展需要和实际财力科学核定预算。优化财政支出结构，加强预算统筹衔接，切实做好保工资、保运转、保基本民生工作。三是加强管理、严肃纪律。坚持先有预算后有支出，严控预算追加事项。细化部门预算编制，严格支出预算执行，全面实施预算绩效管理，强化绩效责任约束，加强评价结果应用，建立全过程预算绩效管理链条。

（三）全区财政收支预算草案

1. 一般公共预算

一般公共预算收入预算总计 542477 万元，具体组成为：区级一般公共预算收入拟安排 238590 万元，力争同比增长 3%，其中税收收入 202030 万元，力争同比增长 5%；非税收入 36560 万元。上级补助收入 80000 万元；调入资金 30393 万元；动用预算稳定调节基金 13213 万元；债务转贷收入 143000 万元；上年结转 37281 万元。

一般公共预算支出预算总计 542477 万元，其中：全区一般公共预算支出拟安排 375477 万元；上解支出 24000 万元；债务还本支出 143000 万元。

2020 年全区一般公共预算收支平衡情况

单位：万元

收入	预算数	支出	预算数
总计	542477	总计	542477
一、本级收入	238590	一、本级支出	375477
税收收入	202030		
非税收入	36560		
二、转移性收入	303887	二、转移性支出	167000

续表

收入	预算数	支出	预算数
上级补助收入	80000	上解上级支出	24000
动用预算稳定调节基金	13213	安排预算稳定调节基金	0
调入资金	30393	调出资金	0
债务转贷收入	143000	债务还本支出	143000
上年结转	37281	结转下年	0

2. 政府性基金预算

2020 年根据全区土地出让计划等因素测算，政府性基金预算上级补助收入 260369 万元；上年结转 127846 万元；收入总计 388215 万元，相应安排支出 388215 万元，其中：全区政府性基金预算支出安排 358215 万元；调出资金 30000 万元。

2020 年全区政府性基金预算收支平衡情况

单位：万元

收入	预算数	支出	预算数
总计	388215	总计	388215
一、本级收入	0	一、本级支出	358215
二、转移性收入	388215	二、转移性支出	30000
上级补助收入	260369	上解上级支出	0
调入资金	0	调出资金	30000
上年结转	127846	结转下年	0

3. 国有资本经营预算

收入拟安排 3700 万元，上年结转 720 万元，收入总计 4420 万元。相应安排支出 4420 万元。

2020 年全区国有资本经营预算收支平衡情况

单位：万元

收入	预算数	支出	预算数
总计	4420	总计	4420
一、本级收入	3700	一、本级支出	4027
二、转移性收入	720	二、转移性支出	393
上级补助收入	0	调出资金	393
上年结转	720	结转下年	0

四、2020 年财政工作重点

2020 年是全面建成小康社会和“十三五”规划收官之年，全区财政将坚持以习近平新时代中国特色社会主义思想为指引，坚决贯彻党中央和市委关于财政工作的方针政策和重要要求，认真落实区委、区政府各项决策部署以及本次人代会关于预算的审查意见和相关决议决定，采取有力措施，确保 2020 年预算任务顺利完成。

（一）着力坚持过“紧日子”，推进经济高质量发展。

沉着应对经济下行压力，严格收支管理，着力构建速稳质优的收支体系。一是全力组织财政收入。认真落实中央减税降费要求，坚持依法依规组织收入，强化税收征管，积极向上争取，多渠道筹集资金，努力培育和挖掘新的收入增长点，确保财政收入增长稳预期、有质量、可持续。二是全力压减经费支出。大力压减一般性支出，压缩非刚性、非重点项目，严控“三公”经费，加大修正、调整、腾退低效无效支出力度。调整优化支出结构，优先安排“三保”支出，切实兜牢“三保”底线。三是全力硬化预算约束。实行零基预算，严禁超预算或者无预算安排支出。严控预算追加、调整和调剂，探索建立重大政策出台和调整综合影响评估机制。实行全过程预算动态监控，强化资金监督检查，确保财政资金安全。

（二）着力推进创新驱动，增强实体经济动力。

实施积极的财政政策，激发市场主体活力，促进企业创新转型发展。一是发挥资金引导作用。充分发挥财政资金在产业发展升级中的导向、杠杆和激励作用，培育和壮大一批符合区域产业发展导向、具有较强市场竞争力、对区域经济发展带动性强的产业项目。二是发挥政策扶持作用。科学运用财政政策，扶持制造业、民营经济和中小微企业等发展，推动传统企业加快转型升级，支持战略性新兴产业快速成长。三是发挥营商环境助力。继续不折不扣落实减税降费政策，强化服务意识，主动靠前服务，及时兑付各级各类财政政策补助资金，公开公正政府采购，以优质的涉财营商环境促进实体经济做大做强。

（三）着力提升城市建设，加快实现城乡融合。

推进城乡基础设施提档升级，不断加大对道路改造、环境整治、公共设施维护等方面的投入力度。一是持续改善城市品质。支持大滨路二期、中顺大道等道路建设。强化市容环境管控，推进“无废城市”治理试点。支持智慧城市运行中心建设，加强城市更新和存量住房改造提升，全面完成三年棚户区改造任务。二是持续改善生态环境。支持打好蓝天、碧水、净土保卫战，落实“河长制”“湖长制”，保障“两江四岸”综合整治和跳磴河“清水绿岸”治理。支持排污管网建设和雨污分流改造，推进矿山修复及土地污染治理。三是持续实施乡村振兴。支持现代农业发展，继续推动农村一二三产业深度融合，落实《农村人居环境整治三年滚动投资计划》，完善财政涉农资金统筹整合长效机制，持续推进农业重点项目，不断改善农村基础设施和公共服务。

（四）着力保障改善民生，共享社会发展成果。

坚持以人民为中心，完善公共服务体系，增强全区人民的获得感、幸福感、安全感。一是加大民生投入。持续加强民生保障，全力做好普惠性、基础性、兜底性民生建设，支持教育均衡发展，扩大就业创业，促进文化繁荣，全面推进健康服务。二是补齐民生短板。加强各级各类资金统筹整合，支持坚决打赢污染防治攻坚战等重点工作，扎实抓好为民办实事项目，加快补齐教育、医疗卫生、养老、民生基础设施等社会事业短板。三是健全保障机制。健全民生投入保障机制，积极构建覆盖全民、城乡统筹、权责清晰、可持续的多层次民生保障体系，统筹保障各项民生支出，不断加强财政综合保障能力。

（五）着力强化债务管控，牢守债务风险底线。

坚持底线思维，坚持“七个严禁”，正确处理稳发展和防风险之间的关系。一是稳妥化解债务存量。继续执行好隐性债务十年化解方案，通过加快土地出让、资产处置、规范融资、财政预算安排等方式统筹调度各类偿债资源，切实维护资金链安全。二是坚决遏制债务增量。根据《大渡口区政府投资项目三年滚动规划项目库（2019—2021）》中的重点项目，制定项目投资平衡计划，严格项目建设条件审核，坚决管住债务增量。积极争取上级转移支付支持，加快土地出让保障重点公益性项目建设。三是强化考核压实责任。以年度目标考核为导向，对政府债务和隐性债务化解、棚改资金使用情况进行监督和考核，并按照“党政同责、终身追责”的要求，对违规行为严肃追究相关责任人责任。

（六）着力深化财政改革，构建现代财政制度。

加快建设全面规范透明、标准科学、约束有力的预算制度，不断将财政改革推向纵深。一是深化财税体制改革。积极跟进全市财政事权和支出责任划分改革，落实市对区县转移支付制度和增值税留抵退税分担机制。完善镇街财政结算机制，增强镇街财政保障能力。二是深化预算管理改革。坚持零基预算，推进综合预算管理，将绩效管理理念和方法深度融入预算编制和评审环节。跟进项目支出标准体系建设，探索建立同类预算项目的标准化支出管理模式。三是深化绩效管理改革。试行部门整体绩效管理，推进新出台重大政策、项目开展事前绩效评估机制，探索实施绩效管理从一般公共预算拓展至“三本预算”。健全绩效评价结果反馈机制和绩效问题整改制度，坚持重点绩效评价结果向人大报告制度。

各位代表！新时代呼唤新担当，新时代需要新作为。2020 年，我们将继续以习近平新时代中国特色社会主义思想为指引，在区委、区政府的坚强领导下，依法接受区人大及其常委会的法律监督，主动接受区政协的民主监督，自觉接受社会监督，不忘初心、牢记使命，强化担当、锐意进取，努力完成 2020 年财政各项任务，为加快推进“高质量产业之区、高品质宜居之城”建设做出新的贡献！

名 词 解 释

财政预算：财政预算是政府活动计划的一个反映，它体现了政府及其财政活动的范围、政府在特定时期所要实现的政策目标和政策手段。预算是对未来一定时期内收支安排的预测、计划。它作为一种管理工具，在日常生活乃至国家行政管理中被广泛采用。就财政而言，财政预算就是由政府编制、经立法机关审批、反映政府一个财政年度内的收支状况的计划。

调整预算：经人大批准的预算，执行中发生收支增减变化，由政府委托财政部门编制预算调整方案并报同级人大常委会审查批准。2019 年预算草案经区十三届人大三次会议审查批准后，受减税政策调整、政府债券资金到位、政府购买棚户区改造服务等因素影响，编制了预算调整方案，报经区十三届人大常委会第二十次会议审查批准。按照要求，报告中的 2019 年预算数为调整预算数。

三本预算：指一般公共预算、政府性基金预算和国有资本经营预算。

一般公共预算：指政府凭借国家政治权力，以社会管理者身份筹集以税收为主体的财政收入，用于保障和改善民生、维持国家行政职能正常运转、保障国家安全等方面的收支预算。

政府性基金预算：指国家通过向社会征收以及出让土地、发行彩票等方式取得收入，并专项用于支持特定基础设施建设和社会事业发展的财政收支预算，是政府预算体系的重要组成部分。

国有资本经营预算：指国家以所有者身份对国有资本实行存量调整和增量分配而发生的各项收支预算，是政府预算的重要组成部分。

预算稳定调节基金：指财政通过超收收入和支出预算结余安排的具有储备性质的基金，视预算平衡情况，在安排下年度预算时调入并安排使用，或用于弥补短收年份预算执行的收支缺口，基金的安排使用接受同级人大及其常委会的监督。

财政预算绩效评价：指财政部门和预算部门（单位）根据设定的绩效目标，运用科学、合理的绩效评价指标、评价标准和评价方法，对财政支出的经济性、效率性和效益性进行客观、公正的评价。财政预算绩效评价是市场经济条件下现代财政科学管理的重要手段，建立和健全财政支出的追踪问效和问责制度，对提高财政资金的规范高效运作程度、增加财政资金的使用效果和效益、促进政府财力的可持续发展以及有效转变政府职能等都具有重大意义。

预算公开评审：指在年初预算编制过程中，采取成立评审组联合评审方式，对预算单位申报的项目支出预算进行评审论证，提出评审意见和建议的预算管理活动。评审组由区人大常委会专门机构、区审计局等监督部门、区财政局等专业部门有关人员组成，同时，邀请部分区人大代表、区政协委员、相关专家等人员参与。预算公开评审范围包括所有区级财力安排的项目支出。

大渡口概览

地理区划

【地理位置】 大渡口区位于重庆市（主城区）西南部，长江大渡口段西北岸。地处东经106º23′23″～106º31′42″，北纬29º20′4″～29º30′之间，东西长13.75千米，南北长17.25千米。面积102.83平方千米，其中陆地90.87平方千米，占88.37%；水域面积11.96平方千米，占11.63%。东南与巴南区花溪镇、鱼洞镇、江津区珞璜镇隔江相望，东北、西南与九龙坡区九龙、中梁山、铜罐驿、陶家、石板、华岩镇毗邻接壤。区人民政府驻新山村街道文体路126号，距重庆市人民政府所在地14.25千米。

区内交通网络密集，通信便捷，基础设施完备，成渝、川黔、襄渝3条铁路干线交会，有6个火车站，7条铁路专线；区域内有7纵7横城市主干道，210国道、重庆市内环上界高速路，马桑溪长江大桥，鱼洞长江大桥，城市快速干道陈庹路和轻轨二号线纵贯全境，可1小时内到达江北国际机场，15分钟内抵达重庆西站；有长江岸线34千米和6个水运码头。

【行政区划】 1938年，重钢前身汉阳铁厂由汉迁渝落户大渡口，故大渡口又有“钢城”的别名。1965年，经四川省人民委员会批准，设置重庆市大渡口工业区，辖新山村、跃进村、九宫庙街道，面积4.9平方千米，人口84972人。1968年10月14日，改称重庆市大渡口区。1995年3月，经国务院批准，将九龙坡区茄子溪街道和八桥镇、建胜镇及巴南区跳磴镇划归大渡口区行政管辖范围，辖区面积增至102.83平方千米，人口20.38万人。2000年，区人民政府决定建胜镇和茄子溪街道办事处合署办公。2002年1月增设春晖路街道，与八桥镇合署办公。2010年，春晖路街道办事处与八桥镇分设，茄子溪街道办事处与建胜镇分设。2011年，重钢完成环保搬迁。2019年，大渡口区下辖5个街道和3个镇，即新山村街道、九宫庙街道、跃进村街道、春晖路街道、茄子溪街道、八桥镇、建胜镇和跳磴镇。全区设63个社区、32个村。

新山村街道：新一社区、平安社区、钢花社区、翠园社区、沪汉社区、锁口丘社区、冶建社区、光明社区共8个社区。

九宫庙街道：九怡社区、创新社区、新工社区、锦霞社区、百花社区、庹家坳社区、马桑溪社区共7个社区。

跃进村街道：堰兴社区、钢堰社区、东正社区、革新社区、渝钢社区、钢铁社区、跃进社区、跃新社区、大堰社区、马王街社区共10个社区。

春晖路街道：锦愉社区、松青路社区、柏华社区、锦凤社区、锦城社区、翠华社区、新华社区、阳光社区、古渡社区共9个社区。

茄子溪街道：伏牛溪社区、陈家坝社区、刘家坝社区、新港社区、滨江社区、园林社区、永丰社区、惠丰社区、江州社区、桥口社区、兴盛社区共11个社区。

八桥镇：八桥村、五一村、公民村、八一村、民新村、新华村、桥梓塘村、民乐村、凤阳村、互助村、双山村、双林社区、丽景社区、龙都社区、融城社区、凤阳社区、万有社区、常嘉社区、逸景社区、双城社区、五一社区共11个村10个社区。

建胜镇：四胜村、建路村、民胜村、群胜村、新建村、四民村、新雨社区、建新社区、回龙桥社区、百佳园社区共6个村4个社区。

跳磴镇：跳磴村、双河村、石林村、新合村、拱桥村、沟口村、红胜村、南海村、沙沱村、山溪村、金鳌村、石盘村、鳌山村、湾塘村、蜂窝坝村、白

沙沱社区、蓝沁苑社区、幸福社区、华庭社区共 15 个村 4 个社区。

合署办公的社区有 10 个，分别是光明和冶建、马王街和革新、陈家坝和滨江、渝钢和钢铁、百花和庹家坳。

历史沿革

【概况】 大渡口历史悠久，文化厚重。距今 2 万多年前的马王场旧石器时代遗址、杨家嘴新石器时代遗址，见证了重庆市主城区早期人类的活动轨迹。小南海“龟亭”展现了古巴人交易市场的繁荣。

【古代时期】 辖区历史上隶属巴县和九龙坡区。境内马王场旧石器遗址、跳磴镇沙沱村 4 社的杨家嘴遗址，证明旧石器时代就有人类在辖区繁衍生息。石盘村 3 社的大河口遗址，有商周遗物，是先秦早期遗址。南海村长江中的龟亭山巴人立市遗址，对于研究大渡口乃至重庆早期巴人的生产、生活方式具有重大意义，为研究巴人历史提供了可靠的实物资料。

先秦时期，大渡口地属巴国江州。

秦汉时期，区境始属巴郡江州县。

南北朝时期，南齐永明五年（487 年），改江州县为垫江县，区境属垫江县；北周明帝武成三年（561 年），撤垫江县、枳县置巴县，区境为巴县属地。

隋、唐至北宋末，为渝州所属巴县地。北宋末至南宋初，为恭州所属巴县地。南宋淳熙十六年（1189 年），为重庆府所属巴县地。

元代、明朝，区境仍隶属巴县。

清康熙四十六年（1707 年），巴县改编乡村为十二里，大渡口隶属智里二甲。

据清嘉庆庚辰年《巴县志》记载：“大渡口，县西四十里为智二甲米口。”1936 年向楚主编的《巴县志》记载：“大渡口河渡，于光绪二十五年（公元 1899 年）三月十二日正式义渡。”清末长江以南为南大渡口，长江以北为北大渡口，北大渡口为沿江数十里渡口之首，故名大渡口。大渡口成了北大渡口的代名。建区时以大渡口为区名。

清末属巴县人和乡。辛亥革命后改属马王乡。

【民国时期】 1935 年前，马王乡设团总，下辖 7 个团正，大渡口地区为文兴团正（马王场一带）和灵岩团正（九宫庙及新山村一带）。1935 年 10 月马王乡归巴县第二区，改为联保。下辖 3 个保，大渡口地区为一、二、三保（马王场、九宫庙、大渡村一带）。

1941 年，马王乡辖 11 个保，大渡口地区马王街为第一保；黄金庵、大堰村一带为第二保，新山村、九宫庙一带为第三保，第二十九兵工厂区为特编保，归市直辖；老大渡口街、观文岩、新街市场为临时保。当时的马桑溪街为人和乡第七保，车家坪、庹家坳、刘家坝属第八保。

1949 年前，建胜镇现地域属人和乡 10 ～ 14 保。

民国初期，以跳磴场设乡级政区，民国十八年（1929 年）改称跳磴里，民国十九年（1930 年），叫跳磴乡公所。

【中华人民共和国时期】 1951 年 4 月，跳磴乡划归巴县第四区（人和区）管理。

1951 年 10 月，跳磴乡划归巴县铜罐驿区（十一区，后重新整编为巴县第一区）管理，成立跳磴乡人民政府。当月，建胜乡人民政府成立。

1952 年 2 月，划跳磴乡、铜罐驿乡部分辖区组建白沙沱乡。

1952 年 10 月，重庆市调整行政区划，马王乡划归市第四区（1955 年 10 月 24 日更名为九龙坡区）。1952 年建乡制，将原保甲制改为村邻制，马王乡人口集居地区分建为街道办事处，属农村地区分建为八桥乡、建胜乡、公平乡。当年划分八桥乡时，八桥乡下属为八桥、新属、新华、双山、团结、团建、新民、互助等 8 个行政村。

1954 年，重庆市第四区人民政府驻一〇一厂办事处成立。

1955 年 10 月，建胜乡人民政府改建为建胜乡人民委员会。当月，巴县铜罐驿区跳磴乡人民委员会成立。

1956 年 1 月，撤销白沙沱乡，其辖区范围各归原属（跳磴乡与铜罐驿乡）。

1956 年 5 月，撤八桥乡、公平乡、建胜乡，建立人和乡。

1958 年 11 月，重庆市第四区人民政府驻一〇一厂办事处更名为大渡口街道人民委员会。

1958 年，八桥乡、九龙乡、建胜乡、人和乡合并为人和人民公社。当年，人和人民公社将八桥乡所辖行政村调整为六个大队，其区域也有所变化，即群胜大队，由现在的民新村和建胜镇的群胜村、四民村组成；公民大队由现在的民乐村、公民村组成；将原来的新属村、新华村合为新华大队；原来的团结村、团建村、八桥村合为八一大队；双山大队、互助大队不变。

1959 年 2 月，跳磴乡人民公社改称铜罐驿区跳磴人民公社管委会。

1960 年，为保证重庆钢铁公司职工和家属的蔬菜供应，市政府决定从人和公社中抽出若干大队组建大渡口蔬菜人民公社。重钢五厂派工作组进驻该公社，实行以重钢领导为主、九龙坡区领导为辅的双重领导体制。

1960 年 3 月初，成立大渡口城市人民公社，下设渝钢村、新山村、九宫庙、茄子溪 4 个分社，属九龙坡区。

1961 年，建胜乡从人和公社划出设立建胜公社。当年大渡口蔬菜人民公社民新大队的群胜、四民村划归建胜公社。

1961 年 11 月，划出跳磴公社所属白沙沱街道和附近矿区，组建白沙沱镇。

1962 年，设置茄子溪街道，隶属九龙坡区。

1963 年 1 月，撤建胜公社建立建胜乡。

1964 年 3 月，中共重庆市委、重庆市人委遵照全国第二次城市工作会议精神，派出工作组到重钢进行社会分工试点，由九龙坡区划出跃进村、新山村、九宫庙 3 个街道办事处归“重庆市人民委员会大渡口办事处筹备处”管辖。

1964 年 5 月 25 日，市人民委员会通知：“为适应工作上的需要，经市委批准，在大渡口地区暂设重庆市人民委员会大渡口办事处筹备处，行政领导关系直属市人委，在大渡口地区行使政府工作职权。负责领导原九龙坡区所属九宫庙、新山村、跃进村 3 个街道办事处和该地区的财贸、工业交通、文教卫生、城建等单位及重钢交给政府管理的教育、卫生和总务处所移交部门的工作。”

1965 年 4 月 2 日，四川省人民委员会批准，将九龙坡区管辖的九宫庙、新山村、跃进村 3 个街道办事处的区域划出，设置重庆市大渡口工业区建制，成立重庆市大渡口工业区人民委员会，驻地新山村。6 月，全区进行普选。12 月 14 日至 17 日召开区第一届人民代表大会第一次会议，选举产生了区人民委员会委员，正、副区长及法院院长。建区时面积为 4.9 平方千米。

1966 年，重钢五厂工作组撤走，大渡口蔬菜人民公社划回重庆市九龙坡区。

1966 年下半年，跳磴公社改名为“红灯人民公社”。

1966 年 9 月，建胜乡人民公社更名为建胜人民公社。

1968 年 3 月，恢复跳磴人民公社的称谓。

1968 年 10 月 14 日，经重庆市革命委员会、中共 7788 部队委员会批准，成立“重庆市大渡口区革命委员会”。从此大渡口工业区改称大渡口区。

1980 年，大渡口蔬菜人民公社更名为九龙坡区蔬菜人民公社，1981 年又更名为八桥人民公社。

1982 年初，取消“跳磴人民公社”称谓，重新建立跳磴乡人民政府。

1983 年，根据中央关于农村经济体制改革的决定，改革政社合一的体制，将八桥人民公社更名为八桥乡，建胜公社改称为建胜乡。将原来公社的所有大队更名为村。同时将八桥乡八一村分为八一村、八桥村，双山村分为双山村、桥梓塘村，公民村分为公民村、凤阳村。

1992 年，由于小城镇建设的需要，八桥乡改建为八桥镇，建胜乡改建为建胜镇。八桥镇由 11 个村组成，即新华、八桥、八一、民乐、民新、五一、互助、公民、凤阳、双山、桥梓塘村。

1993 年 12 月，撤销巴县铜罐驿区白沙沱镇和跳磴乡，合并组建新的跳磴镇，成立巴县跳磴镇人民政府。

1965 年建区时，大渡口工业区面积为 4.9 平方千米，至 1988 年增至 7.46 平方千米，其中重钢厂区面积 2.64 平方千米，生活区面积 2 平方千米，占全区总面积的 62.2%，东南长余 5 千米，故称“十里钢城”。1965 年全区总人口 8.5 万，1994 年增至 11.06 万。

1995 年 3 月，重庆市行政区划调整，从九龙坡区划入茄子溪街道办事处和八桥、建胜两个镇，从巴县划入跳磴镇。大渡口辖区面积增至 102.83 平方千米，人口增至 20.38 万。经过区划调整，大渡口这个纯工贸城区有了 3 镇共 92 平方千米的农村。

人口 民族宗教

【人口】 2019年，全区有户籍人口27.6万人，比上年增加6650人，其中：男性13.5万人，女性14.1万人。全年出生人口2698人，出生率为9.8‰；死亡人口1561人，死亡率为5.7‰；人口自然增长率为4.1‰。全区常住人口36.2万人，其中：城镇人口35.37万人，城镇化率97.71%，比上年提高0.15个百分点。

【民族宗教】 大渡口区是以汉族为主体，包括土家族、苗族、回族、满族等40个少数民族组成的和睦共处的大家庭。全区少数民族共计10624人，其中常住人口3392人，流动人口7232人。

大渡口区五大宗教信众齐全，信众人数约1万人，其中佛教信众约7100人，道教信众约500人，基督教信众约1060人，天主教信众约1400人，伊斯兰教信众约100人。合法宗教活动场所6个，其中佛教活动场所4个：石林寺、金鳌寺、小南海观音寺（由于存在严重安全隐患于2006年暂停宗教活动）、松家沟观音寺；基督教活动场所2个：马王街基督教礼拜堂、基督教渝钢村活动点。

自然环境

【地形】 大渡口区三面环山，依山沿长江西北岸自下而上呈河漫滩三级阶地和单斜低山岭分布，总体成“飞马”图形。辖区地形为西北高，东南低，呈阶梯状分布，地势起伏较大。境内最高点为跳磴镇西部的新合村六尺顶（中梁山脉），海拔693米，最低点为重钢老厂区的落中子河口，海拔171米，高差522米。辖区中部和东部广大地区以中丘、浅丘、平坝及沿河阶地地貌为主，大部分地域属海拔250～300米之间的浅丘陵和河流阶地。

【地质】 大渡口区位于新华夏构造体系川东南弧形构造带，华蓥山帚状褶皱束东南翼观音峡背斜东翼。其构造骨架形成于燕山晚期褶皱运动，形成背斜间向斜的隔挡式褶皱构造形态。背斜成山，向斜经剥蚀后为丘陵。从大构造看，辖区属侏罗纪第四纪堆积地层，岩层以砂质岩为主，其次为砂质层和泥质页岩，呈不等厚的互存。从微构造上看，属龙王洞大背斜向南倾伏的小背斜轴部。东西各有一向斜层存在，分别为重庆统向斜层、金鳌寺向斜层。该背斜脊线多弯曲，在大渡口区内成北东10º～40º方向。其轴平缓，东翼较陡，西翼则缓，区内出露岩层主要为侏罗纪中统沙溪庙上亚组及第四纪堆积地层。构造形迹从西向东依次为：中梁山断裂带、金鳌寺（化龙桥）向斜、龙王洞背斜、沙坪坝至解放碑向斜。除沙坪坝至解放碑向斜呈NE-SW向外，其余多呈NNE-SSW向展布，并向南转为SN向。区内褶皱均为缓倾没角2º～8º，岩层产状平缓，倾角3º～15º。中梁山断裂带从大渡口区的西南部穿越境区，走向N10ºW，倾向SE，倾角55º～85º，长22千米，断距150～485米，破碎带较宽，属压扭性逆冲断层。区内出露岩层以砂质页岩为主，其次为砂岩和泥质页岩，呈不等厚互层。

区内的物理地质现象有滑坡、河流冲刷、冲沟、危岩、崩塌等，其中滑坡、危岩、崩塌是区内地质灾害的主要类型。

【地貌】 大渡口区属于川东平行岭谷区，出露地层多为中生代侏罗系中统沙溪庙土亚组及第四纪堆积地层，以紫色泥岩为主，属于喀斯特浅丘地貌。由于地层、岩性及水文地质不同，形成了河漫滩、三级阶地、单斜低山岭和丘陵地貌。中部和东部广大地区，以中丘、浅丘、平坝及沿河阶地为主。总体上全区地貌以丘陵为主，同时也有部分低山、平坝和沿河阶地。

【河流】 境内河流均属长江水系。流经大渡口区的河流主要有长江及其支流跳磴河、伏牛溪、桃花溪、葛老溪。这些河流由于受地质地貌的限制，呈南北流向。长江干流绕区境而过，境内流程34千米；跳磴河发源于九龙坡区华岩镇，经跳磴镇从小南海汇入长江，境内流程25.8千米；伏牛溪发源于八桥镇公民村，汇入长江，长6.2千米；桃花溪发源于石桥镇，经城区直接汇入长江，长32千米；葛老溪发源于双山村，由西向东流经新华村、八一村、八桥村和重钢老厂区，汇入长江。

【环境质量】 2019年，全区空气质量在Ⅱ级以上天数309天，城区环境噪声平均值52.8分贝，道路交通噪声平均值65.8分贝，饮用水源水质达标率和地面水水质达标率均为100%。

气　候

【概况】 大渡口地处四川盆地东南部，东北有大巴山区，北有秦岭山脉，西有青藏高原，南有云贵高原，西太平洋的东南季风和北印度洋的西南季风交汇于盆地上空，所带水蒸气易进不易出，造成秋、冬、春三季云雾多而低厚，日光难以直达地面。辖区属亚热带季风性湿润气候，具有春早、夏热、秋晚、冬暖、四季分明、气温高、热量丰富、无霜期长、雨量充沛、冰雪少见、风力小、湿度大、云雾多等特点。

平均气温在18.7℃，冬季最低气温平均在6℃～8℃，夏季平均气温在27℃～29℃，日照总时数1000～1200小时，降雨量1000～1400毫米。5月开始桃花汛，进入梅雨季节，7、8、9月为洪水期，即伏汛。大渡口区的特殊天气主要有雷暴、大风、寒潮、冰雹、干旱、连阴雨等。

自然资源

【土地资源】大渡口区境内的基岩属于侏罗纪的砂页岩层，只有西部沿中梁山脉东翼少部分三叠系的砂岩、石灰岩裸露。土壤大多由基岩风化发育而成，主要有水稻土、紫色土、黄壤、潮土、石灰土，长江干流沿岸尚有少量由河流冲积物发育面的冲积土。其中紫色土比重最大，占总面积的51%，水稻土占总面积的32%。这两种土壤富含钾、钙、镁等矿物养分，理化性质好，宜种性强，适合种植粮食、油料和蔬菜作物。

【矿产资源】 境内矿产有十余种，主要有石灰石、白云岩、耐火黏土、泥岩、砂岩、河沙、地热及煤等。石灰石主要分布在跳磴镇的蜂窝坝、拱桥、新合、红胜、石林、双河、沟口等村，地处中梁山余脉，储量为5亿吨以上。白云石属白沙沱矿床，储量为1938万吨以上。页岩、砂岩广泛露于辖区各镇，储量为8亿吨以上。河沙分布于长江沿岸，取之不尽，广泛用于建筑。已基本探明的地热水水质富含硫、钙、镁、锶、氟等多种微量元素，已利用的是位于跳磴镇的南海温泉中心。煤，在跳磴镇部分山村有煤层出露，分布广、煤层薄、含煤层数少，可开采煤层不丰富。

【动植物资源】大渡口区的森林植被属于亚热带常绿阔叶林。自然植被由常绿阔叶林、针阔混交林和竹林组成；人工植被主要由马尾松和柏木纯林组成。主要的植被类型有：以香樟—细叶冬青—枸杞为主的常绿阔叶林；以马尾松—杜鹃—铁芒萁为主的马尾松林；以柏木—黄荆—白茅为主的柏木林。林场由于紧邻工矿业区、山体破碎、人口密度大及历史原因，原生植被多被次生针叶林取代，物种丰富程度降低。据调查，林场有维管植物147科530属860种，其中蕨类植物22科41属75种，裸子植物7科9属9种，被子植物118科480属776种，有国家重点保护的珍稀濒危植物10种。林场现有组成树种中，针叶树种以马尾松柏木为主；阔叶树有香樟、栎类、千丈、刺桐、桉树、刺槐、黄葛树、泡桐等；经济林树种主要有柑橘、樱桃、桃、李、枇杷、花椒等；竹类有慈竹、硬头黄、孝顺竹等；灌木树种有黄荆、马桑、白荆条等；草本植物有蕨类、南天竹、白茅根等。野生动物方面，大渡口区地处城市近郊，人为活动频繁，珍稀动物少见，只有些常见的鸟类、爬行动物。

【水资源】 大渡口区地下水资源相对贫乏，可利用的水资源主要是地表径流和过境水资源。地下水分为松散岩类孔隙水、基岩裂隙水、碎屑岩类孔隙裂隙水和碳酸盐岩岩溶水四类。全区多年平均地表水资源量为4390万立方米，人均拥有当地地表水资源量仅为214立方米。全区过境水资源量达2805亿立方米，实际利用量为8911万立方米（主要为长江提水），仅利用万分之三，开发前景十分可观。长江干流是大渡口区最根本，也是最可靠的供水水资源。

旅游资源

【概况】 大渡口区旅游资源丰富，主要有重庆工业文化博览园、义渡古镇、华生园金色蛋糕梦幻王国、南海温泉中心、南海地球村生态农业观光园、大渡口森林公园、心湖体育公园、大渡口公园、义渡公园、中华美德公园等。

【重庆工业文化博览园】 2019年9月28日开园。位于重庆市大渡口区丁字路（重钢老厂区）。是以重钢集团型钢厂原址为基础，依托其工业遗存打造的博览园。占地145亩，总规模14万平方米。由重庆工业博物馆、文创产业园、工业遗址公园组成。其中工业博物馆及主体建筑群，占地96亩，以博物馆为内核，以改造利用大尺度车间厂房为特色，是集合文化、创意、体验式商业等复合业态的城市综合体。工业遗址公园，占地49亩，以文物厂房及工业遗存为背景，以工业雕塑为特色，是兼具博物展览和观光游乐功能的主题公园。

【义渡古镇】 2017年1月24日开街。位于大渡口长江北岸的马桑溪河畔、马桑溪大桥下，占地约35亩。古镇总建筑面积近2万平方米，为典型的长江上游码头山地镇街地貌，整个街区临江而上，分为四级台阶，重现了历史上形成的三街九巷关系结构，成为因水路而成的西南山地街巷的典型代表。古镇以“义文化”为主题核心，深度挖掘马桑溪人文资源，配合区域发展属性，凸显人文旅游特色，形成“既传承又创新，既文化又娱乐”的集吃、喝、玩、乐、游、购等为一体的主题人文旅游古镇。

【华生园金色蛋糕梦幻王国】 国家AAA级旅游景区。位于大渡口区凤翔路，占地面积170亩。拥有风格各异的大型欧式城堡建筑，是重庆最大的欧式城堡建筑群。建设打造了中小学生“DIY活动体验教室”“魔法城堡艺术展览馆”“风逸3D魔幻艺术馆”“华生园饼业博物馆”“国家标准化参观通道”“学生活动中心”等优质旅游产品。2012年被评为重庆直辖15周年新地标，同年8月获重庆市非物质文化遗产生产性保护示范基地。2011年，“华生园传统糕点制作技艺”入选重庆市第三批非物质文化遗产名录。华生园金色蛋糕梦幻王国是集旅游观光、康体娱乐、科普教育、亲子乐园、参与体验于一体的特色文化旅游景区，也是重庆市一大网红景点。

【南海温泉中心】 国家AAA级旅游风景区。位于大渡口区跳磴镇红胜村，占地面积280亩。景区距重庆市区30千米，背靠中梁山山脉，空气清新，景色宜人。南海温泉拥有被国家卫生部门命名为“医疗热矿泉”的57℃地下活水，是作为重庆温泉之乡仅有的57℃地下活水温泉，温泉水来自地层深处，含偏硅酸、偏硼酸的氟、锶医疗热矿泉。景区除泡池及桑拿外，还有大型儿童游戏池、循环游泳池、激情滑梯、人造冲浪、DJ冲浪池等，是大渡口区重点打造的中心旅游景区。

【南海地球村生态农业观光园】 南海地球村位于大渡口区跳磴镇小南海村。以朴素的建园手法，保持南海村原有地形地貌的完整性，广泛运用天然的乡土园林材料，营造“采菊东篱下，悠然见南山”的田园风情园林，有滑草场、滑索、高空攀岩、木屋住宿、水上娱乐、草坪婚礼、餐饮住宿、烧烤、垂钓、果蔬采摘等项目，是集休闲观光、旅游度假、参与体验、农业生产、户外拓展等为一体的现代农业观光园。

【石盘—金鳌登山步道】 石盘至金鳌登山步道全长2039米，起点位于石盘村大滨路沿线，沿金鳌山南面依势建设，终点位于金鳌村铜鼓山，并与环金鳌山片区南线彩色健身步道（在建）连接。主干线宽2.4米、长1954米，支线宽1.8米、长85米，凿面青石板铺设，沿线两侧进行景观绿化，重点在半山腰石盘村及终点金鳌村修建观景休息亭2座，设置座椅、凳子等若干，栽植灌木、乔木、花草等，打造乡野景观健身步道。

特色产品

【概况】 大渡口特色产品众多，主要有华生园传统手工技艺制作的怪味胡豆、华生园麻饼、华生园花生块，跳磴镇种植的火葱、四季葱、大叶韭菜、九叶青花椒、石盘柑橘，来自八桥镇的八桥雅风酒，重庆红九九食品有限公司生产的红99火锅底料等。

【华生园怪味胡豆】 怪味胡豆是重庆的土特产，重庆生产怪味胡豆的企业有30余家，年产销量在1.2万吨以上，重庆华生园食品有限公司是怪味胡豆的主要生产企业之一，产品销往海内外。华生园怪味胡豆成品为茶色，颗粒完整，碎瓣率在20%以下，上糖均匀，颗粒上糖率在95%以上，且无粘连，颗粒表面近似桑椹，酥脆、无杂质；口咸酥脆，具有香甜麻辣咸的独特风味。

【跳磴火葱】 种葱是跳磴镇的传统农业，种植基地在沙沱、山溪、石盘、金鳌等村，种葱历史可追溯到20世纪70年代。当地农户靠着祖辈传下来的种植技术，加上当地的沙泥土壤、地下水丰富、海拔高以及气温偏低等特点，再配以农家肥，种出的葱具有葱头颜色鲜红、辛香可口、个头圆大均匀、卖相好的特点。所以跳磴的火葱名声早已在外，主城蔬菜批发市场大部分的火葱都来自这里，约占主城区60%的市场份额，并已进入重庆市的沃尔玛、新世纪、中百、永辉、重百等200余家超市，还远销贵州、四川等地。2010年10月，跳磴火葱被国家农业部农产品质量安全中心认定为无公害农产品。2013年5月，"跳磴火葱"地理标志证明商标获得国家工商总局正式下发的商标证书。2014年9月，被中国绿色产品发展中心认定为绿色食品A级产品，许可使用绿色食品标志。

【九叶青花椒】 跳磴花椒种植主要分布在中梁山一带，平均海拔280米，日照充分，气候温润，特别适应花椒生长。主要种植优质品种——九叶青花椒，具有颗粒大、产量及价值高、麻浓味香、麻味醇正的特点。又因为产出的花椒皮厚且香油多，所以无论鲜花椒还是干花椒均以独特的麻香味占领市场，成为人们喜欢的食用调料、香料和油料。全镇花椒种植面积达到7000多亩，主要分布在跳磴镇的新合村、双河村、石林村、山溪村及金鳌村等。2009年11月正式挂牌成立大渡口区强联花椒专业合作社，并在辖区内成立了"连坡""旺澜"两个花椒加工企业。年产2000余吨，主要销往重庆市主城区大型农贸批发市场和市外各地。

【石盘柑橘】 柑橘的品种优良，有无核橘、春见等种类，其中特色柑橘——春见，种植面积2000余亩，11月中下旬完全着色，果实成熟期在12月中旬，果皮薄，有光泽，果肉脆嫩多汁，风味浓郁，深受消费者喜爱。出售时间从12月下旬到次年2—3月份结束。2010年10月，跳磴镇石盘柑橘被国家农业部农产品质量安全中心认定为无公害农产品。

非物质文化遗产

【概况】 大渡口区非物质文化遗产丰富，有民间美术麦草艺画、堰兴剪纸、于氏滴塑、乱针绣、面塑、糖画，民间音乐跳磴石工号子、唢呐、金钱板、哭嫁歌、祭祀歌，民间舞蹈车幺妹、连箫，杂技与竞技四川盘子、马桑溪龙舟、川江大把等。

【麦草艺画】 流传于重庆大渡口区，又称麦秆画。它起源于隋朝，属宫廷工艺品，传承至今约1500年历史。大渡口麦草艺画从20世纪初复兴，又经100年的传承和发展，再次焕发出勃勃生机。2009年9月，重庆市人民政府公布麦草艺画为第二批市级非物质文化遗产名录。

【堰兴剪纸】 堰兴剪纸是一种古老的民间剪纸艺术，为渝派剪纸的代表。源于北宋时期，作品精巧细腻，题材广泛，已列入《人类非物质文化遗产代表作名录》。2005年10月，堰兴剪纸参加"2005年亚太城市市长峰会巴渝风情艺术展"，其中十幅作品为三峡博物馆收藏，这是三峡博物馆开馆以来第一次收藏剪纸作品。2010年8月，被评为市级非物质文化遗产，和綦江版画、忠县仕女图一并被誉为重庆民间"三宝"。

【乱针绣】 始创于20世纪20年代初，由中国著名刺绣艺术家、教育家杨守玉教授首创。与苏绣、湘绣、蜀绣、粤绣并称为中华"五大绣"。乱针绣艺术虽在巴渝炙热一时，但由于各种因素、传统工艺几近失传。为了保护珍贵的民间艺术，帮助居民群众、农民工朋友实现再就业，2006年新山村街道创立了"新艺乱针绣绣社"，先后聘请了"乱针绣"创始人杨守玉弟子杨世华老师和杨世华老师的弟子吴李蒙老师对街道学员进行培训。学员代表重庆参加了2008年"西安非物质文化遗产博览会""2010年中国国内旅游交易会""上海世博会"等大型国内外交流宣传展示，2011年成功申报重庆市级非物质文化遗产。

【跳磴石工号子】 市级非物质文化遗产，起源于跳磴镇。跳磴石场居多，劳动人民从最初原始的“嘿咗嘿咗”的哼叫声中，逐渐演变成为一种原生态的劳动号子。这种习俗在当地代代相传，有几百年的历史。以跳磴石工号子为原型创作的表演唱，于2013年11月在中国第十届艺术节“群星奖”音乐类的决赛中获得“群星奖”。

【车幺妹】重庆市级非物质文化遗产。又名“车车灯”“旱龙船”“彩龙船”或“彩莲船”，演出时以船内车幺妹说唱为主，拉船的后生、划船的艄公和两旁的少妇帮腔，有时也单独插话说唱。

【跳磴民居上梁习俗】 大渡口区跳磴镇内建造的传统民居多以木结构为主，讲究“四梁八柱”，三间房两架梁，东梁为上，西梁为下。房屋木结构的脊檩称为正栋梁，为了加强这根位于顶端梁的坚固性，在梁下又加了一根梁，因为在它的底部雕有花纹，所以称为花梁。安装这副正栋梁与花梁，有一套隆重的礼仪，当两根梁制作完毕，花梁雕刻完成后，把它们放在老房子的堂屋里，然后请风水先生选择吉日良辰举行上梁礼仪，并请亲朋好友参加。现代上梁分为接梁、接红绸、封七宝、上花梁、唱批布五个步骤。上梁文多数由工匠掌握，上梁仪式传播多限于业内人士，也有少量由其他从事礼仪活动的普通百姓所掌握。上梁仪式很能考验掌墨师的记性和文化素养，因为在上梁过程中，掌墨师要随机应变，“见物必语，语必吉祥”。上梁文从文人的记叙逐渐深化为匠人的口传身授。2015年，跳磴镇民居上梁习俗被录入重庆市第五批市级非物质文化遗产名录。

经济社会发展

【概况】 区内基础设施完善，有全市规模最大、技术先进的仓储设施，有全国首个国家级服务业标准化示范园区——建桥工业园区，有中冶建工、长征重工、国际复合、中石化、中船重工、中交集团、三峰卡万塔、海康威视等大中型企业，产业基础优势明显，成为国家级质量兴区先进区县，连续多年被评为“重庆市工业十强区县”。成功创建全国绿化模范城区、市级文明城区、市级卫生城区、市级环境保护模范区、市级山水园林城区。

【经济发展】 2019年全区实现地区生产总值253.6亿元，比上年增长5.3%（下同），其中：第一产业增加值1.0亿元，增长0.1%；第二产业增加值98.5亿元，增长6.3%；第三产业增加值154.0亿元，增长4.6%。第一产业增加值占全区地区生产总值的比重为0.4%，与上年持平；第二产业增加值比重为38.9%，提高0.3个百分点；第三产业增加值比重为60.7%，下降0.3个百分点。按年平均常住人口计算，全区人均地区生产总值70530元。区级财政实现一般公共财政预算收入23.2亿元，增长8.2%。完成公共财政预算支出38.1亿元，增长7.2%。全区金融机构43家。年末金融机构各项存款余额559.8亿元，增长14.3%；各项贷款余额748.5亿元，增长14.1%。

农业总产值14119万元，比上年增长2.9%，其中：农业产值9194万元，下降1.09%；林业产值3019万元，增长8.6%；牧业产值347万元，增长89.6%；渔业产值477万元，增长6%；农林牧渔服务业产值1082万元，增长7.4%。全年蔬菜播种面积为0.98万亩，蔬菜总产量1.68万吨；生猪出栏319头；山羊出栏173头；家禽出栏2.26万只。

实现工业增加值53.2亿元，同比增长3.4%；其中：规模以上工业增加值增长5.6%。规模以上工业总产值同比增长9.1%；出口交货值同比下降26.7%，营业收入同比增长10.5%，营业成本同比增长12.1%。产值分行业看，行业发展呈现不同趋势。从增长行业来看，金属制品业受区内部分企业市场订单大增的影响，同比增长67.6%；计算机通信和其他电子设备制造业受大型企业生产规模不断提升的影响，增长51.1%；专业设备制造业在龙头企业带动下，增长11.1%。下降行业方面，皮革毛皮羽毛及其制品和制鞋业同比下降24.0%；食品制造业下降2.3%；汽车制造业在市场整体行情不佳的情况下，下降5.1%；石油、煤炭及其他燃料加工业下降7.4%。从产品产量来看，传统产品与新兴产品增势差别明显。区内重要传统产品中，水泥、水泥熟料、钢材、啤酒、鞋等分别下滑9.9%、10.1%、4.3%、1.4%、5.0%，下降面较大。新兴产品表现优于传统产品，其中：电动自行车、卫星导航定位接收机、垃圾焚烧炉、玻璃纤维纱等分别增长76.7%、62.3%、

53.3%、8.8%。建筑业实现增加值45.3亿元，比上年增长10.6%；建筑业企业全年完成总产值204.9亿元，增长14.3%；建筑企业签订合同额700.6亿元，增长6.2%。其中，本年新签订合同额415.8亿元，增长19.7%。

全社会固定资产投资比上年增长5.9%。按投资用途分，基础设施投资同比增长3.5%，工业投资同比增长15.3%，房地产开发投资同比增长2.1%。

批发和零售业增加值22.1亿元，增长4.2%；住宿和餐饮业增加值3.4亿元，增长25.1%；金融业增加值27.8亿元，增长12.2%；房地产业增加值43.9亿元，同比下降1.4%；其他服务业增加值50.7亿元，增长10.8%。全年规模以上服务业企业实现营业收入48.9亿元，比上年增长7.1%。

外贸进出口总额18.0亿元，同比下降11.5%。其中：出口10.6亿元，下降17.5%；进口7.4亿元，下降1.1%。实际利用外资总额1.1亿美元，比上年增长387.7%。

2019年，全区交通运输、仓储和邮政业增加值6.0亿元，增长2.2%。拥有营运机动车辆3012辆，其中：载客汽车20辆，载货汽车2992辆。全年实现公路客运周转量2042万人•千米，同比下降4.4%；实现公路货运周转量339818万吨•千米，增长9.3%；全社会公路客货运输周转量38.5亿吨•千米，增长11.3%。完成邮政业务总量7140万元，同比下降3.3%。接待国内旅游人数559.4万人次，增长14.7%。

【社会发展】 2019年，全区受理1126项专利申请，其中：发明280项，实用新型744项，外观设计102项。651项专利获得授权，其中：发明74项，实用新型495项，外观设计82项。

有279家企业获得质量管理体系认证，其中：7家企业拥有当年认证的重庆名牌产品13个。

有各类学校109所。各类学校教职工5153人，其中：专任教师3888人。各类学校招生人数17586人，在校生57587人，毕业生14275人。2498人参加高考，2314人被各类大专院校录取。中小学学校占地面积77.7万平方米，校舍建筑面积61.6万平方米，其中：教学及辅助用房面积18.1万平方米，行政办公用房面积5.9万平方米，生活用房面积19.7万平方米，其他用房面积17.9万平方米。

文化事业投入2405.65万元，年末拥有“三馆一站”公共文化设施建设面积2.46平方米，公共图书馆藏书32.7万册。

医院（卫生院）38个，其中：综合医院16个，专科医院2个。妇幼保健站1个，疾病预防控制中心1个。卫生机构床位2910张。卫生技术人员4163人，其中：执业医师1072人，职业（助理）医师1234人，注册护师（护士）1581人，药剂人员164人，检验人员112人。医院实现营业收入11.5亿元。全区计划免疫接种率98.81%，孕产妇住院分娩率100%，5岁以下儿童死亡率4.38‰。

全区城镇常住居民人均可支配收入41096元，比上年增长8.4%；农村常住居民人均可支配收入21534元，增长8.5%。城镇常住居民人均生活消费支出26746元，增长1.8%；农村常住居民人均消费支出18430元，增长5.7%。全区城镇常住居民恩格尔系数为32.2%，农村常住居民恩格尔系数为6.6%。

2019年年末，全区参加基本养老保险人数21.4万，其中：参加城镇职工基本养老保险人数15.1万，增长5.1%；参加城乡居民社会养老保险人数6.3万，增长2.4%。参加基本医疗保险人数29.8万，增长3.7%，其中：参加城镇职工基本医疗保险人数15.8万，增长6.4%；参加城乡居民医疗保险人数14万，增长0.7%。全区为2.6万人次的城市居民和0.3万人次的农村居民分别发放最低生活保障金1639万元和168万元。

公安机关破获刑事案件986件，比上年增长9.1%；发现受理治安案件1946件，同比下降22.4%。人民法院受理案件12311件，其中：刑事案件384件，行政案件224件，民事案件7686件，执行案件4017件；案件结案率91.21%。年末全区有律师事务所10所，律师80人；法律援助中心办理法律援助案件258件，调解纠纷案件3882件，办理各类公证总数9562件。

2019年，全区发生生产安全事故12起，生产安全事故死亡人数12人，比上年下降3人；生产安全死亡事故造成直接经济损失523.4万元，下降25.4%。

政　治

中共大渡口区委员会

概　述

【概况】 2019年，中共大渡口区委员会（以下简称“区委”）贯彻习近平新时代中国特色社会主义思想和习近平总书记视察重庆重要讲话精神，落实总书记对重庆提出的“两点”定位、“两地”“两高”目标、发挥“三个作用”和营造良好政治生态的重要指示要求，坚持稳中求进工作总基调，更加注重从全局谋划一域、以一域服务全局，全面加强党的建设，持续打好“三大攻坚战”，深入实施“八项行动计划”，统筹做好稳增长、促改革、调结构、惠民生、防风险、保稳定工作，“高质量产业之区、高品质宜居之城”建设取得积极进展。

深入学习贯彻习近平总书记视察重庆重要讲话精神。坚持把学习贯彻习近平总书记视察重庆重要讲话精神作为首要政治任务和长期战略任务，区委常委会第一时间带头学习贯彻，各级各部门通过党委（党组）会、主题党日等形式认真开展学习，并纳入区委党校（行政学校）主体班教学内容，确保学习入脑入心、走深走实。开展多形式、分层次、全覆盖的宣传宣讲活动，理论直通车“六大宣讲团”宣讲2000余场次。及时召开区委十二届六次全会专题研究会议，深化“高质量产业之区、高品质宜居之城”发展目标，明确重点任务、细化工作措施，部署开展“抓兑现落实、促高质量发展”执行力提升行动，推动既定的行动纲领、战略决策、工作部署兑现落实，切实把总书记殷殷嘱托转化为发展动力和发展实绩。

纵深推进全面从严治党。认真落实新时代党的建设总要求，切实履行主体责任，持续营造风清气正的政治生态。持续加强政治建设，坚决维护习近平总书记在党中央和全党的核心地位，坚决维护党中央权威和集中统一领导，召开区委常委会会议40次、区委中心组学习会20次，及时学习贯彻习近平总书记重要讲话精神和中央、市委决策部署，持续抓好中央和市委反馈意见整改落实，坚决肃清孙政才恶劣影响和薄熙来、王立军流毒，督促全区上下树牢“四个意识”、做到“两个维护”、兑现市委“三个确保”政治承诺。扎实开展“不忘初心、牢记使命”主题教育，创新开展“学讲论评”“一看四问”“党员组团、为民解难”，推动转化调研成果808项，清单化整改查找出的3463个问题，解决了一批关系群众切身利益的突出问题，得到中央主题教育领导小组办公室、中央巡回督导组充分肯定。注重抓班子、带队伍，全覆盖开展区管班子回访调研和干部家访调研，在机构改革“一盘棋”中调整配备干部，着重优化配备党政正职，提拔使用先进典型7人、晋升职级35人。引进189名高层次人才和紧缺优秀人才，“近悦远来”的人才生态正在形成。统筹推进城市、农村、机关、非公等各领域党建工作，“一支一策”整顿软弱涣散党组织14个，基层党建智慧云服务平台获评全国城市基层党建优秀案例，制定党支部五项重点任务清单，提升基层党组织标准化规范化水平，政治功能和组织力进一步增强。认真落实党风廉政建设“一岗双责”，全力支持纪检监察机关开展工作。持之以恒正风肃纪反腐，从严查处了一批形式主义、官僚主义、违反中央八项规定精神、群众身边不正之风和腐败问题，深化政治巡察，建立健全巡察整改监督检查“三方联动”工作机制，深化拓展“以案四说”警示教育，推动党风政风持续好转。

坚定不移推动高质量发展。坚决贯彻新发展理念，坚持“三年打基础、五年上台阶、十年磨一剑”，全力建设“高质量产业之区、高品质宜居之城”。2019年地区生产总值增长5.3%，一般公共预算收入增长8.2%，居民人均可支配收入增长8.5%。“四大支柱产业”发展取得积极成效，新引进项目46个，营业收入同比分别增长53.8%、14.2%、16.7%、43.9%，24家企业实施智能化改造，规模以上工业增加值增长5.6%，产业发展逐步由“重”变“轻”、由“轻”变“好”，高质量发展态势正在形成。优化重点板块开发建设机制，新成立3个板块开发建设公司和渝台创业公司，“四大重点板块”建设提速推进，长江文化艺术湾区、钓鱼嘴音乐半岛等项目得到市委市政府关心支持有力推进，建桥园区A、B区及跳磴镇全域纳入重庆高新区拓展园，伏牛溪新城建设取得积极进展，九宫庙商圈启动扩容提质，台湾中小企业产业园影响不断扩大。全面深化改革开放，对标对表承接落实中央和市委改革事项163项，召开区委深改委会议6次，全面落实“放管服”改革、减税降费等政策措施，减轻企业税收、社保负担11.1亿元，新增市场主体5464户。积极融入共建“一带一路”和长江经济带发展，加快开放通道、开放平台建设，重庆移动互联网产业园接入中新国际数据通道。精准有效防范经济风险，坚决守住不发生区域性系统性风险底线。

大力推动城乡融合发展。坚持乡村振兴和城市提升统筹推进，推动城乡发展协调联动，努力实现城市乡村美美与共。全面落实“五个振兴”要求，以环金鳌山区域为重点，打造都市“周末休闲游”目的地，实施“稻花香”、登山步道等项目，加快推动跳磴全域旅游示范镇建设。实施农村人居环境整治三年行动计划，建成农村公路22千米，完成无害化改厕422户，废弃矿坑生态修复300亩。着力推动“留白增绿增添公共设施”，统筹实施“四大品质工程”，新增城市道路11.3千米，新建改造雨污管网28千米，新建一批停车场、人行天桥、社区小公园和园林景观，“马路办公”“五长制”“门前三包”工作有力推进。健全公共服务体系，新增公办幼儿园5所，顺利通过国家基层中医药先进单位复评审，市残疾人康复中心一期开工，新增市级养老服务中心2个。坚决打好污染防治攻坚战，完成43个中央、市级环保督察反馈问题整改，区领导带头巡河32次，整治偷排直排乱排问题20个，关停6个长江码头货运作业。国考断面水质优良率达100%。空气质量优良天数达到309天。完成矿山治理恢复335亩。

着力抓好民生保障和安全稳定。坚持以人民为中心的发展思想，集中全力做好普惠性、基础性、兜底性民生建设。坚决打赢精准扶贫帮困攻坚战，聚焦解决“两不愁三保障”突出问题，召开10次区委常委会会议研究精准扶贫帮困工作，扎实推进就业创业帮扶、健康医疗保障、教育文化扶持、住房安全保障和基本生活保障5项重点任务，建立“一对一”帮扶机制，覆盖1800余户困难群众。筹集各类资金，对口支援忠县脱贫攻坚。大力实施保障和改善民生行动计划，推出15件区级重点民生实事和76件微型民生实事，一批教育、医疗、养老、居住安全、社会保障等领域的民生措施得到群众认可。紧紧围绕新中国成立70周年大庆，扎实开展“防风险保安全护稳定迎大庆”集中攻坚行动，圆满完成大庆安保任务。加强和创新社会治理，持续深化“枫桥经验”大渡口实践十项行动。推动扫黑除恶专项斗争横向拓展、纵向深入，扎实抓好安全生产、食品药品安全、防范自然灾害等工作，全力做好信访维稳工作，社会大局持续安全稳定。

统筹推进宣传思想文化、民主法治建设等工作。加强党的全面领导，不断提升宣传思想文化、民主法治建设等工作水平。着力加强宣传思想文化工作。隆重举办庆祝新中国成立70周年系列活动。牢牢掌握意识形态工作领导权、主动权，区委常委会及时研究解决重大问题，持续加强思想舆论引导工作。扎实推进新时代文明实践中心建设，爱国主题教育系列活动、“法律点亮生活”行动、“五品家园”建设、“孝行义渡”主题行动成效明显。重庆工业博物馆建成开放，成功举办首届长江草莓音乐节。3件作品代表重庆参加全国第十八届“群星奖”决赛，《最后的棒棒》获得重庆市第十五届“五个一工程”奖，《心殇》获得第十八届百花文学奖科幻文学奖。凝聚统战群团各方力量。持续推进“建桥同心园”建设，发挥资源渠道优势，助推招商引资签约落地项目10个。全面贯彻落实党的民族宗教工作方针政策，深入开展民族团结进步创建活动，抓好中央宗教工作督查反馈意见的整改。深化民主党派基层组织规范化建设，加强党外干部培养、选拔和使用。推进新的社会阶层人士统战工作。认真做好对台工作。扎实做好群团和人民武装等各项工作。持续加强民主法治建设。始终坚持党的领导、人民当家作主和依法治国有机统一，支持人大依法行使监督权，支持政协充分发挥社会主义协商民主的重要渠道和专门协商机构作用。完善全面依法治区体制机制，建立健全领导体制、日常运行体制和督查考核机制，推动全面依法治区工作规范化、制度化。

【区委十二届六次全会】 5月30日，召开中国共产党大渡口区第十二届委员会第六次全体会议，区委常委会主持会议。全会深入学习贯彻习近平总书记视察重庆重要讲话和在解决"两不愁三保障"突出问题座谈会上重要讲话精神，全面贯彻习近平总书记对重庆提出的"两点"定位、"两地""两高"目标、发挥"三个作用"和营造良好政治生态的重要指示要求，认真落实市委五届六次全会部署，听取并审议王俊同志代表区委常委会所做的工作报告和抓党建工作报告，审议通过《中共大渡口区委关于深入学习贯彻习近平总书记视察重庆重要讲话精神在推进西部大开发形成新格局中展现新作为实现新突破的决定》和《中共大渡口区委大渡口区人民政府关于贯彻落实习近平总书记在解决"两不愁三保障"突出问题座谈会上重要讲话精神的实施意见》。王俊代表区委常委会讲话。

全会指出，习近平总书记高度重视重庆发展、始终关心重庆工作、十分牵挂重庆人民。在新中国成立70周年的历史时刻，在决胜脱贫攻坚、全面建成小康社会的关键时期，在实施西部大开发战略20周年之际，习近平总书记亲临重庆视察，时机十分重要、主题十分鲜明、影响十分深远。习近平总书记视察重庆，是新时代重庆发展进程中具有标志性意义的里程碑。习近平总书记的重要讲话，是新时代重庆发展具有方向性意义的指南针。

全会强调，学习贯彻习近平总书记视察重庆重要讲话精神，是当前和今后一个时期的首要政治任务。要坚持以习近平总书记视察重庆重要讲话精神统领全局，更加自觉更加坚定地把践行"两个维护"放在首位、落到实处，更加自觉更加坚定地把习近平新时代中国特色社会主义思想内化于心、外化于行，更加自觉更加坚定地贯彻落实党中央决策部署和市委工作要求，严格兑现"三个确保"政治承诺。

全会强调，发挥"三个作用"，是习近平总书记赋予重庆的重大使命、交给重庆的战略任务，包含着全局与一域、目标和路径、客观形势和自身优势、机遇和责任的辩证统一，与"两点"定位、"两地""两高"目标相互贯通、一脉相承。要深刻领会发挥"三个作用"的重大意义和深刻内涵，准确把握目标要求，在服从服务全局中担当作为、加快发展，为重庆发挥"三个作用"做出大渡口的贡献。要围绕"在推进新时代西部大开发中发挥支撑作用"，坚持稳中求进工作总基调，紧扣推动高质量发展，加大招商引资力度，推动存量变增量、增量变存量，全力建设"高质量产业之区、高品质宜居之城"，实现经济发展稳中有进、稳中向好，不断增强综合发展实力。要围绕"在推进共建'一带一路'中发挥带动作用"，依托建桥园区、大数据产业园、重庆环保科技产业园、台湾中小企业产业园等开放平台，不断提高对外开放水平；打通南北通道，完善东西路网，强化与周边区域协调联动，推动主城南部片区联动发展。要围绕"在推进长江经济带绿色发展中发挥示范作用"，坚持生态优先、绿色发展，推动产业生态化、生态产业化，加快新兴产业发展，持续优化产业结构，从源头上守住绿色发展的底线；保护性开发钓鱼嘴滨江湾区，打造钓鱼嘴"音乐文化半岛"，保护利用好34千米长江岸线；重拳整治环境污染问题，坚决打好污染防治攻坚战。

全会强调，要着力推动高质量发展，深化供给侧结构性改革，深入推动创新驱动发展，充分激发市场主体活力，培育发展"四大支柱产业"，改造提升传统产业，推动产业由"重"变"轻"、由"轻"变"好"，加快构建现代产业体系。要着力深化改革扩大开放，推动重点领域和关键环节改革取得决定性成果，积极融入全市内陆开放高地建设，抓住陆海新通道建设契机，加大招商引资力度，不断提高对外开放水平。要着力推动城乡融合发展，在统筹规划上持续加力，按照"留白、增绿、增添公共设施"要求，聚焦"四大重点板块"提升城市品质，以环金鳌山、小南海周边为重点，实施乡村振兴，努力实现城市让生活更美好、乡村让人们更向往。要着力抓好生态文明建设，坚持"共抓大保护、不搞大开发"，全力筑牢长江上游重要生态屏障，坚定推进绿色发展。要着力抓好精准扶贫帮困，准确把握脱贫攻坚形势，保持决战决胜姿态，强化政治担当，夯实工作基础，注重统筹兼顾，切实解决"两不愁三保障”突出问题，扎实做好今明两年工作。要着力做好思想舆论引导，深化思想理论武装，深化宣传舆论引导，深化意识形态管控，精心组织实施中华人民共和国成立70周年庆祝活动。要着力保障民生维护稳定，滚动实施重点民生实事，统筹推进九大专项行动，全力做好普惠性、基础性、兜底性民生建设；抓好安全生产，坚决遏制重特大安全事故发生；抓好食品药品安全，坚守生命安全红线和健康底线；抓好自然灾害防范，坚持以防为主、防救减结合，整体提升应急救援能力；抓好维护社会稳定工作，有效预防和化解社会矛盾，深化“枫桥经验”大渡口实践十项行动，坚决打赢扫黑除恶专项斗争，努力维护社会大局安全稳定。

全会强调，要纵深推进全面从严治党，持续营造风清气正的良好政治生态。把党的政治建设摆在首位，严守政治纪律和政治规矩，始终在政治立场、政治方向、政治原则、政治道路上同以习近平同志为核心的党中央保持高度一致。扎实开展“不忘初心、牢记使命”主题教育，教育引导党员干部坚定理想信仰、养成浩然正气。坚持破立并举、法德结合、标本兼治，持续肃清孙政才恶劣影响和薄熙来、王立军流毒。锻造忠诚干净担当的干部队伍，严把德才标准，拓宽用人视野，强化正向激励，切实把好干部选出来、用出来、管出来、带出来。着力夯实基层基础，推动基层党组织全面进步、全面过硬。持之以恒正风肃纪反腐，坚决整治形式主义、官僚主义突出问题，一体推进不敢腐、不能腐、不想腐。

全会充分肯定区委常委会工作和抓党建工作。全会一致认为，区委常委会深入学习贯彻习近平新时代中国特色社会主义思想，认真落实习近平总书记对重庆提出的重要指示要求，注重从全局谋划一域、以一域服务全局，坚决打好“三大攻坚战”，大力实施“八项行动计划”，全力建设“高质量产业之区、高品质宜居之城”，推动经济高质量发展，努力创造高品质生活，持续增进民生福祉，扎实推进改革开放，加强宣传思想文化工作，确保社会大局持续稳定，全面推动民主法治建设，让习近平总书记殷殷嘱托在大渡口落实落地，经济社会发展呈现出良好发展态势。认真落实新时代党的建设总要求，切实履行管党治党主体责任，深入推进党的建设各项工作，坚决肃清孙政才恶劣影响和薄熙来、王立军流毒，全面从严治党取得新成效。目前，全区政治生态持续向好，干部群众精神状态积极向上，经济社会发展各项事业稳步向前，人民群众获得感、幸福感、安全感不断增强。

全会号召，全区上下要更加紧密团结在以习近平同志为核心的党中央周围，牢记嘱托，团结一致，沉心静气，真抓实干，奋力开创大渡口各项事业发展新局面，推动习近平总书记视察重庆重要讲话精神落地生根、开花结果，以实干实绩回报习近平总书记的关心厚爱，以优异成绩迎接新中国成立70周年。

【区委十二届七次全会】 11月29日，召开中国共产党大渡口区第十二届委员会第七次全体会议，区委常委会主持会议。全会深入学习贯彻党的十九届四中全会精神和市委五届七次全会要求部署，全面落实党中央关于坚持和完善中国特色社会主义制度、推进国家治理体系和治理能力现代化的重大决策部署，听取并审议了王俊同志代表区委常委会所做的工作报告和抓党建工作报告，审议通过了《中共大渡口区委关于深入学习宣传贯彻党的十九届四中全会精神的决定》。王俊代表区委常委会讲话。

全会指出，党的十九届四中全会，是在“两个一百年”奋斗目标历史交汇点上、新中国成立70周年之际、中国处于中华民族伟大复兴关键时期召开的一次具有开创性、里程碑意义的会议。党的十九届四中全会重点研究坚持和完善中国特色社会主义制度、推进国家治理体系和治理能力现代化问题并做出决定，充分体现了以习近平同志为核心的党中央高瞻远瞩的战略眼光和强烈的历史担当，对于坚定全党全国各族人民的道路自信、理论自信、制度自信、文化自信，决胜全面建成小康社会、全面建设社会主义现代化国家，巩固党的执政地位、确保党和国家长治久安，具有十分重要的意义。全区各级党组织和广大党员干部要深刻认识学习宣传贯彻全会精神的重大意义，深入落实市委五届七次全会部署，切实增强学习宣传贯彻全会精神的政治自觉、思想自觉和行动自觉。

全会强调，要准确把握党的十九届四中全会精神实质。既要整体把握，又要抓住关键，原原本本学、深入系统学、联系实际学。要准确把握中国特色社会主义制度和国家治理体系的科学内涵、本质特征，准确把握中国特色社会主义制度和国家治理体系的显著优势，准确把握坚持和完善中国特色社会主义制度、推进国家治理体系和治理能力现代化的目标要求，准确把握坚持和完善中国特色社会主义制度、推进国家治理体系和治理能力现代化的重大部署，准确把握坚持和完善中国特色社会主义制度、推进国家治理体系和治理能力现代化的根本保证，切实把制度自信转化为政治自觉、把制度优势转化为治理效能、把制度意识转化为执行能力。

全会强调，要全面落实党的十九届四中全会提出的重点任务。要对标对表党中央部署，认真落实市委要求，结合大渡口实际，推动全会部署的各项任务落地落实，为大渡口区经济社会持续健康发展、加快建成“高质量产业之区、高品质宜居之城”提供坚强保障。要落实“坚持和完善党的领导制度体系”的要求，坚决落实维护党中央权威和集中统一领导的各项制度，建立健全不忘初心、牢记使命的制度，坚决落实党的全面领导制度，坚决落实为人民执政、靠人民执政的各项制度，坚决落实提高党的执政能力和领导水平制度，坚决落实全面从严治党制度。要落实“坚持和完善人民当家作主制度体系”的要求，坚持和完善人民代表大会制度，坚持和完善中国共产党领导的多党合作和政治协商制度，巩固和发展最广泛的爱国统一战线，健全基层党组织领导的基层群众自治机制。要落实“坚持和完善中国特色社会主义法治体系”的要求，健全保证宪法全面实施的体制机制，落实社会公平正义法治保障制度，加强对法律实施的监督。要落实“坚持和完善中国特色社会主义行政体制”的要求，全面落实中央和市委关于构建职责明确、依法行政的政府治理体系的部署要求，创新行政方式，提高行政效能和执行力、公信力水平，建设人民满意的服务型政府。要落实“坚持和完善社会主义基本经济制度”的要求，毫不动摇巩固和发展公有制经济，毫不动摇鼓励、支持、引导非公有制经济发展，坚持按劳分配为主体、多种分配方式并存，完善社会主义市场经济体制，完善科技创新体制机制，全面提高开放发展水平。要落实“坚持和完善繁荣发展社会主义先进文化的制度”的要求，坚持马克思主义在意识形态领域指导地位的根本制度，坚持以社会主义核心价值观引领文化建设制度，健全人民文化权益保障制度，完善坚持正确导向的舆论引导工作机制，建立健全把社会效益放在首位、社会效益和经济效益相统一的文化创作生产体制机制。要落实“坚持和完善统筹城乡的民生保障制度”的要求，健全有利于更充分更高质量就业的促进机制，构建服务全民终身学习的教育体系，完善覆盖全民的社会保障体系，建立解决相对贫困的长效机制，强化提高人民健康水平的制度保障，健全民生实事机制。要落实“坚持和完善共建共治共享的社会治理制度”的要求，完善正确处理新形势下人民内部矛盾有效机制，完善社会治安防控体系，健全公共安全体制机制，构建基层社会治理新格局，加强国家安全人民防线建设。要落实“坚持和完善生态文明制度体系”的要求，实行最严格的生态环境保护制度，全面建立资源高效利用制度，健全生态保护和修复制度，落实生态环境保护责任制度。要落实“坚持和完善党和国家监督体系”的要求，完善党内监督体系，健全人大监督、民主监督、行政监督、司法监督、群众监督、舆论监督制度，完善权力配置和运行制约机制，构建一体推进不敢腐、不能腐、不想腐体制机制。

全会要求，要切实加强对学习宣传贯彻党的十九届四中全会精神的组织领导。学习宣传贯彻党的十九届四中全会精神，是当前和今后一个时期的重要政治任务。全区各级党组织要按照市委五届七次全会部署，切实扛起政治责任，不断推动学习宣传贯彻全会精神往深里走、往心里走、往实里走。要压实主体责任，各级党委（党组）要按照党中央部署和市委要求，迅速兴起学习宣传贯彻党的十九届四中全会精神热潮。要抓好学习培训，把学习全会精神作为党的理论武装工作的重点任务，结合开展“不忘初心、牢记使命”主题教育，认真组织广大党员干部特别是领导干部学习。要加强宣传宣讲，在全区范围内开展好宣讲活动，统筹各级各类新闻媒体的力量和资源，网上网下一体宣传，营造坚定中国特色社会主义制度自信的浓厚氛围。要提高能力本领，各级党组织和领导干部要切实强化制度意识，带头维护制度权威，做制度执行的表率，不断提高运用制度干事创业的能力，带动广大党员干部群众自觉尊崇制度、严格执行制度、坚决维护制度。要强化督查考核，明确时间节点、进度要求，落实牵头部门、配合部门和具体责任人，把党的十九届四中全会和市委五届七次全会提出的重点任务分解落实。

全会充分肯定今年以来区委常委会工作和抓党建工作。全会一致认为，在市委的领导下，区委常委会带领全区上下紧密团结在以习近平同志为核心的党中央周围，围绕推动总书记殷殷嘱托在大渡口落地生根、开花结果这条主线，深入贯彻落实习近平总书记视察重庆重要讲话精神，坚持稳中求进工作总基调，更加注重从全局谋划一域、以一域服务全局，持续打好“三大攻坚战”，深入实施“八项行动计划”，统筹做好稳增长、促改革、调结构、惠民生、防风险、保稳定工作，坚决肃清孙政才恶劣影响和薄熙来、王立军流毒，扎实开展“不忘初心、牢记使命”主题教育，举办庆祝新中国成立70周年系列活动，纵深推进全面从严治党，全区政治生态持续向好，干部群众精神状态积极向上，经济社会发展各项事业稳步向前，社会大局和谐稳定，“高质量产业之区、高品质宜居之城”建设取得积极进展，人民群众获得感、幸福感、安全感不断增强。

全会号召，要更加紧密地团结在以习近平同志为核心的党中央周围，深入学习宣传贯彻党的十九届四中全会精神，落实市委五届七次全会部署，坚定信心，保持定力，锐意进取，开拓创新，为坚持和完善中国特色社会主义制度、推进国家治理体系和治理能力现代化、实现“两个一百年”奋斗目标、谱写中华民族伟大复兴中国梦而努力奋斗。

（区委办）

督　查

【督查工作新格局】 结合全区机构改革，理顺完善全区督查工作机制，成立区委督查工作领导小组，下设区委督查工作领导小组办公室，制定《中共大渡口区委督查工作领导小组工作规则》《中共大渡口区委督查工作领导小组办公室工作细则》，形成了领导小组统筹协调、办公室具体负责、区级各部门共同参与的大督查工作格局，为全区开展督促检查工作提供制度保障和行动指南。

【督查工作新实效】 紧跟中央、市委决策部署和区委工作安排，做到中心工作部署到哪里、督查工作就推进到哪里，坚持把督查重点放在发现和解决重大决策部署、重要工作执行过程中存在的问题上，重点开展习近平总书记对重庆所做重要讲话和系列重要指示批示精神贯彻落实、中央八项规定精神贯彻落实、“三大攻坚战”“八项行动计划”、陈敏尔书记调研大渡口及会见海康威视指示精神贯彻落实等督查。聚焦第二轮中央生态环保督察组交办的投诉案件，长江直排口、出区道路建设、钓鱼嘴滨江路征地拆迁、金鳌山片区乡村振兴等专项督查，形成督查专报20期，确保了工作有序开展并取得重大突破。全年督办区委常委会会议议定事项161项，区“四套班子”领导联席会议议定事项23项，制发督查通报13期。联合区政协提案委、区政府督查办共同抓好政协提案办理工作，确保党群系统负责牵头办理的15件政协提案全部按期办结，满意率100%。

【督查落实】 按照中央和市委要求，围绕群众关心的热点难点问题，在全区开展“基层减负行动”，将减负工作作为每月“四大家”办公室主任联席会固定议题，建立了社区、镇街、部门三个监控点，反向全口径监控全区督检考、发文开会情况，及时发现问题、及时预警、及时纠正。全年全区制发文件547份、召开会议201次，较2018年分别减少31.2%、30.9%。全区323个微信工作群清理整合成189个，精简占比58.5%。对全区各部门单位“一票否决”“责任状”“承诺书”进行全面清理和规范，对中央层面和市委、市政府无明文规定的一律撤销，共撤销75项。通过精文简会、清理规范政务App及微信工作群、清理规范各类评比表彰和创建达标活动、校园减负等，确保基层减负工作取得阶段性成效。

【督查改革】 导向更鲜明。从注重过程留痕向突出结果导向转变，探索用事实说话、用数据说话、用工作效果说话、用群众反馈意见说话的新途径，旗帜鲜明地反对花拳绣腿、表面文章，完善责任追究和工作倒逼机制，激励干部担当作为、奋发有为。

方式更灵活。转变督查工作方式，鼓励引导全区各单位多采用不发通知、不打招呼、不听汇报、不用陪同接待，直插基层、直奔现场暗查暗访方式，全年现场督查70余次，联合督查40余次，强化与区级各部门、各单位的协调配合，发挥部门优势，形成督查合力。

靶向更精准。注重加强分管区领导分管工作的过程督查力度，在督促相关责任单位的同时，也及时向分管区领导反馈工作进展情况、存在的问题和困难，增强各级各部门抓落实的责任感、紧迫感，起到以点带面、事半功倍的效果，推进了各项重点工作的有效落实。

（区委督查办）

政策研究

【以文辅政】 承办区委十二届六次、七次全会，全区经济形势分析会，召开“四套班子”领导联席会 2 次、区委常委会会议 40 次，及时编发会议纪要，每月开展专项督查，推动区委决策部署落地落实。全年撰写全委会报告、“不忘初心、牢记使命”主题教育、纪委全会、党建工作会、政法平安工作会等重要讲话稿、重要报告、汇报材料 70 余篇。围绕建设“四大重点板块”、培育“四大支柱产业”以及打好“三大攻坚战”、实施“八项行动计划”，结合“基层减负年”主题，全年研究确定区领导集中调研课题 35 个，各单位重点调研课题 83 个，牵头完成课题调研 7 篇。

【深化改革】 贯彻总书记关于改革重要指示要求和中央、市委决策部署，将区委全面深化改革领导小组调整为区委全面深化改革委员会，作为直接接受区委及其常委会领导的区委议事协调机构，下设 16 个专项小组，修订完善区委深改委工作规则、专项小组工作规则和改革办工作细则。积极抓好中央、市委改革任务承接落实，出台《关于深入贯彻落实习近平总书记视察重庆有关改革工作重要指示精神的实施举措》《区委深改委 2019 年工作要点》等文件，实施区级重点改革项目督察计划、改革经验总结复制推广计划、全面深化改革委员会议题计划，机构改革等重点改革任务有序推进，社会治理、卫生健康、党的建设等领域改革经验做法多次被中央“一台三报三刊”专题报道。认真落实党政主要负责人亲力亲为抓改革要求，全年召开区委深改委会议 6 次，专题研究改革创新社会治理、推进制造业高质量发展等重点改革任务，审议通过《深化区属国有企业改革助推“两高”发展实施方案》《大渡口区事业单位公务用车制度改革实施意见》等改革文件 17 个。

（区委政策研究室）

保 密

【保密教育】 抓住领导干部、公务人员、涉密人员等关键少数和重点群体，通过专题辅导、业务培训等形式，强化保密“两识”教育，普及保密常识和保密防范技能。区委常委会、区政府常务会组织学习中央和市委保密会议精神，研究部署全区保密工作。区委理论学习中心组开展保密警示教育，邀请市国家保密局领导同志在党校对处级干部主体班学员、科级干部主体班学员和全区各单位涉密人员开展保密专题培训，在党政办公室主任培训班开展保密专题课程，到机关单位开展保密讲座，在区“两会”期间播放保密宣传片，在九宫庙商圈步行街开展普及保密知识宣传 1 次，发放保密宣传资料及保密宣传品 1500 余份，提升广大干部群众的保密意识和保密常识。按照上级要求做好保密书籍和保密杂志的征订工作，为保密教育提供辅助学习资料。

【保密管理】 加强涉外保密管理，配合区外办、区委组织部、区人力社保局等单位，对机关单位和领导干部、涉密人员涉外活动开展保密审查和提醒，有序做好涉外保密管理工作。指导全区各单位做好定密工作，做到依法定密，科学定密；加强涉密人员管理备案工作和涉密人员使用社交媒体保密管理工作。加强重点区域和重点领域保密管理，将涉及重点区域和重点领域的机关、单位纳入保密检查重点，每年实地开展保密检查督导。加强便携电子设备使用保密管理工作，制作、发放便携电子设备警示标志贴 300 余张。加强国家统一考试、重大涉密会议活动保障，对高考、中考、学考、成人高考、教师资格考试、自学考试、法律职业资格考试、研究生考试、公务员、事业人员招录等开展全程保密检查、监督。

【保密检查】 依法开展保密监督检查是促进保密工作落实的关键环节和重要抓手。5—6 月，区委机要保密局开展了针对全区机关单位全覆盖拉网式的保密专项检查，检查单位 70 家，电脑 210 台，发出整改通知 66 份，提出整改意见 110 余条，限期整改到位，并组织复查，消除失泄密隐患，力求把隐患处理在萌芽状态。

（区委机要保密局）

组 织

【概况】 2019年，大渡口区委组织部（以下简称“区委组织部”）贯彻新时代党的建设总要求和新时代党的组织路线，坚持在干部人才、基层党建方面抓好夯基层打基础工作，取得明显成效。主题教育工作得到中央第十巡回督导组充分肯定，中央主题教育领导小组办公室《简报（第77期）》《人民日报》《光明日报》等多次刊用报道。12家中央主流媒体走进大渡口聚焦基层党建，相关经验做法被《人民日报》、中央人民广播电台、《经济日报》、市委办公厅《信息专报》和《每日要情》、市委改革办《改革工作简报》等刊载。中组部党建读物出版社党建电视期刊专题报道，重庆电视台《重庆新闻联播》播发新闻。广州番禺区、太原小店区以及市内多个区县来区考察交流。

【“不忘初心、牢记使命”主题教育】 学习研讨聚焦真学深学。突出原原本本自学，组织党员干部读原著、学原文、悟原理，带头开展“一看四问”，问学习进度、内容、收获和差距不足。突出研讨交流，提出“学讲论评”具体举措，推动学习往深里走、心里走、实里走，全区695个党支部利用每月15日支部主题党日等开展1次以上学习讨论，党支部书记讲1次专题党课或党员向所在支部报告1次个人学习体会。突出学习教育全覆盖，督促指导全区基层党组织立足党员实际、创新学习方式，提升学习实效。

调研整改紧盯问题解决。统筹安排全区调查研究，把自行调研与共同调研、到基层调研与在办公室研究、座谈调研与走访调研相结合，全区各级领导干部入户走访群众6800余户，发放问卷调查表11200余份，高质量完成调研课题422个，转化调研成果808项。坚持学和做相结合、查和改相贯通，落实“四个对照”“四个找一找”要求，从一开始就检视问题，建立问题清单、动态更新，努力做到“像准实”，全区各级领导班子查找问题5100余个，全部纳入个人问题清单予以整改。组建82个“民生服务团”定点联系村（社区），统一组织村（社区）设岗，党员到村（社区）报到认岗，建立群众需求、岗位认领、事项办理“三张清单”和分类分级办理群众反映事项工作机制，形成“党员组团、为民解难”的良好局面，受到群众普遍欢迎。

从严从实确保主题教育实效。坚持分类指导，制定区级领导班子、处级领导班子、基层党组织3个工作方案，指导处级领导班子和基层党组织“一班子一方案、一支部一安排”，防止上下一般粗。坚持开门搞教育，采取入户走访、召开座谈会、设置意见箱、发放征求意见函等方式广泛征求群众意见，邀请党外干部、群众代表、服务对象等参加学习交流、调研座谈、听党课，在区内媒体开设专栏宣传报道主题教育开展情况。坚持务实推动，先后提请召开区委常委会、领导小组会、专题会议等21次，区委教育领导小组办公室每周调度，随机调研督导74个单位，召开现场推进会、培训会5次。坚持重要工作审核把关上提一级，特别重要的报区委领导审定。采取过硬措施，有效防止随意安排基层填报材料、写读书笔记和心得体会等，防止层层加码、加重基层负担。

【干部队伍建设】 坚持党管干部原则，坚持新时期好干部标准，加大优秀年轻干部培养选拔和高素质干部队伍建设力度，完成机构改革干部配备、公务员职务职级并行等重点工作任务，落实干部监督信息联系通报制度，切实把忠诚干净担当的干部选出来、用出来、管出来、带出来。统筹考虑新组建和合并机构、整合优化职责机构、更名机构和部分急需优化结构的班子一把手人选，对在同一单位或同一岗位任职时间较长的干部进行适当交流，对镇街基层一线工作时间较长的干部进行顺向交流，广泛征求区委区政府领导和区人大区政协主要领导意见，设置党组（党委）12个，更名党组（党工委）8个，撤销党组（党委）11个，调整区管干部218人，转隶涉改人员115人。

干部正向激励持续强化。研究干部政治素质考察考核具体措施，把干部敢不敢扛事、愿不愿做事、能不能干事作为干部评价的重要内容。结合主题教育推荐遴选3名担当作为先进典型。落实市委《关于大力发现培养选拔优秀年轻干部实施意见》，统筹推进全区优秀年轻干部培养选拔工作，着力建设一支素质过硬、数量充足、结构合理，符合大渡口经济社会发展需要的优秀年轻干部队伍。

公务员职务职级并行稳妥推进。严格落实公务员职务职级并行规定，结合区情实际，反复研究征求意见，认真制定工作方案，精心组织实施，全区公务员职级晋升平稳有序、反响良好，没有发生一起负面舆情。全区35人晋升一、三级调研员，205人晋升一、三级主任科员，职级晋升竞争比1 ∶ 7。

综合施策提高干部选拔任用公信度。聚焦2018年选人用人“一报告两评议”测评得分靠后的问题，认真查找根源，分析原因，落实整改措施，继续开展“三调两访”，严格执行干部谈心谈话办法，统筹做好全区干部选拔任用工作，对区管单位全覆盖开展“一报告两评议”，力求精准做好干部选拔任用工作。

因材施教提升干部培训实效。以学习贯彻习近平新时代中国特色社会主义思想为首要任务，突出政治训练、政治历练，把培养斗争精神、增强斗争本领作为教育培训的重要内容，习近平新时代中国特色社会主义思想主体班次课程安排均超过理论教育的50%，全年培训干部345人次。选派5人外派驻点招商，7人参加区县异地交叉巡察。

【人才队伍建设】 实施科教兴区和人才强区行动计划，优化整合人才项目，研究制定人才工作突破性政策措施，努力聚才、育才、励才、暖才，全年柔性引进院士2人，通过重庆英才大会引进高层次人才19人，推荐7名人才、2个团队入选重庆英才计划。加强人才政治引领和政治吸纳，推荐17名企业优秀人才为区政协委员和区人大代表候选人建议人选，建成高层次人才“一站式”服务平台，为22名高层次人才发放服务证，协助1人入选“百千万人才工程”。全区新建1家市级院士工作站、3家企业研究中心，支持3家知名高校与区内企业合作设立研究院或人才培养基地，新增科技型企业60家。

【基层党组织建设】 建强基层队伍。抓住带头人这个关键，多渠道选派，加强源头培养、跟踪培养，择优储备党组织书记后备人才765名，调整交流党组织书记18人。研究制定社区工作者职业体系建设办法，解决社区工作者来源、身份、待遇、出路等问题。精准化加强党员教育管理监督，做好重钢退休人员党员、征地拆迁安置党员、流动党员等教育管理工作。

建设重点领域。坚持以城市基层党建为突破，推广运用基层党建智慧云服务平台，强化基层党组织对辖区范围内各级各类组织的政治引领，整体推进各领域党建工作。以城市基层党建示范区为抓手，加强党建引领基层治理，实施“民事民办”等四项行动，建立“五联”工作机制，落实三级联席会议制度，落实街道“五项权力”，城市基层互联互动、共建共治解决基层党建重点难点问题，形成整体效应。以组织振兴引领乡村振兴，推进扫黑除恶专项斗争，抓好党建促农村宗教治理，制定发展壮大集体经济方案，实现村村均有集体经济收入。以扩大覆盖面为着力点，细化制定新兴领域、互联网业、律师行业等党建工作重点措施，深化党建项目工作法，非公企业和社会组织党的组织覆盖率分别达87.9%和77.6%。以规范有序为目标，调整优化部分机关党组织，制定实施中小学校党的建设九项强化措施和公立医院党的建设实施意见，落实“四步工作法”，抓好新成立国有企业的党组织建设，完成区属国有企业隶属关系调整工作。

建立基本规范。制定党支部五项重点任务清单，分别制定农村、中小学校、公立医院和城中村党组织作用发挥、社区党组织对业主大会和业主委员会政治引领具体措施，细化实化硬化“三会一课”、主题党日，推行“党性教育一刻钟”、组织生活年度计划政治审查等，增强党支部政治功能。

集中精力抓好整改整顿整治。持续抓好市委巡视反馈意见整改落实，持续用力肃清孙政才恶劣影响和薄熙来、王立军流毒，涉及基层党建的3个方面8个问题已整改到位。配齐补强扫黑除恶专项斗争中处置的18名村（社区）“两委”班子成员，推动新建改建村（社区）阵地5个。“一支一策”大力整治软弱涣散党组织，调整3名不胜任党组织书记，建立“联、访、议、解”工作机制，破解2个软弱涣散村村委会主任补选不成功、“翻烧饼”难题，顺利完成2名村委会主任补选，部门打捆投入1000万余元，为群众办理实事好事30余件，解决居民出行不畅等问题17个，群众认可度明显提高。

（区委组织部）

机构编制

【概况】 2019年，根据大渡口区党政机构改革方案，将重庆市大渡口区机构编制委员会办公室更名为中共重庆市大渡口区委机构编制委员会办公室（以下简称“区委编办”），作为中共重庆市大渡口区委机构编制委员会的办事机构，承担中共重庆市大渡口区委机构编制委员会日常工作，为正处级，列区委工作机关序列，归口中共重庆市大渡口区委组织部管理。区委编办内设综合科、机构编制科。

2019 年，区委编办围绕全区中心工作，稳步推进地方党政机构改革，创新机构编制管理，加强机构编制干部队伍建设，促进机构编制工作高质量发展。

【机构改革】 贯彻市委、市政府批复的机构改革方案，为确保 2019 年 3 月底前基本完成全区机构改革工作。改革前期，按照中央和市委关于机构改革要求，区委编办牵头起草形成机构改革方案，并多次与市委编办进行沟通衔接，反复修改完善，于 2018 年 12 月 12 日区委全会审议通过后上报市委审批。2018 年 12 月 28 日，市委办公厅、市政府办公厅印发《重庆市大渡口区机构改革方案》。按照方案要求，在区委改革领导小组指导下，区委编办抓紧推进机构改革相关准备工作，并于 2019 年 2 月 20 日组织召开全区机构改革动员部署会。

做好机构和人员转隶工作。坚持“先立后破、不立不破”原则，有序做好职责调整和工作衔接。2019 年 3 月上旬印发《区级部门机构和人员转隶的实施意见》，并召开全区机构改革转隶工作部署会议，全区新组建部门迅速开展转隶工作，将有关职责、机构和人员划转到新组建部门。

推动“三定”规定出台。为确保新机构尽快更好履行职责，及时印发《各部门机构编制职数框架》和《职能配置、内设机构和人员编制规定（模板）》，优化党政部门职能配置、内设机构和人员编制，严格审核把关各单位“三定”规定，对职责的删减、增加做到有出处、有去向、有依据。3 月 31 日前，全面完成需重新制作的 21 个部门和需调整的 19 个部门“三定”规定，实现有形式上的“物理变化”和实质性的“化学变化”。

【重点领域体制机制改革】 推进综合行政执法改革。统筹配置行政执法职能和执法资源，完善全区行政执法体制机制。全面推进政府部门内综合执法，结合“三定”制定工作，调整归并行政执法职能，实现“一个部门一个机构管执法”。结合承担行政职能事业单位改革和乡镇机构改革，厘清法律法规授权镇（街道）的行政执法职责。做好涉及的五大领域综合行政执法队伍机构设置、职责划分、人员划转、经费保障以及加强党的建设、规范执法行为等基础工作，完成环境保护、文化市场、农业、城市管理、卫生健康等 5 个重点领域综合行政执法队伍的优化组建前期工作。

优化完善镇街机构设置。按照市委、市政府相关文件精神，对 3 镇 5 街的机构设置和编制配备情况进行专题调研，并与市委编办反复沟通，深入对接，结合实际形成优化完善镇街机构设置方案，按时按质完成镇街改革任务，编印镇街机关及下属事业单位机构、人员、编制调整设置文件。

推进承担行政职能事业单位改革。对照权责清单、“三定”规定和有关法律法规，甄别界定事业单位承担的行政职能，将完全、主要和部分承担行政职能的事业单位全部纳入改革范围。全面清理规范事业单位名称，明确事业单位不再使用“委、办、局”等称谓，并按照能转职能的不转机构、确需转机构的实行综合设置原则，大渡口区完全承担行政职能和部分承担行政职能事业单位全部调整到位。

【机构编制管理】 强化机构编制管理刚性约束。严格按照市委、市政府批复的机构改革方案设置挂牌机构，并明确挂牌机构不单独核定编制和领导职数。按照清理规范的要求，加强管理，精简整合各类派出机构，通过机构改革，精简强化内设机构设置，加大内设机构综合设置力度。

优化配置编制资源。立足实际，坚持分析研判先行，聚焦新组建、重新整合、职能优化划转部门，提前开展系统性研判谋划，结合各部门任务及职责划转情况，科学核定各党政机构人员编制，在现有编制资源总量范围内，各职能部门根据职责增减，相应调整编制数量，最大限度用好用活编制资源，实现编制资源的优化配置。

从严控制规范核定领导干部。根据规范领导职数要求，以部门职责为核心，综合机构性质、机构规格、编制规模和管理幅度等从严规范核定领导职数，部门领导职数由改革前 189 名精简为 162 名，精简领导职数 27 名，严控职数目标任务得到有效贯彻落实。

（区委编办）

宣 传

【概况】2019年，中共大渡口区委宣传部（以下简称“区委宣传部”）在市委宣传部的精心指导和区委、区政府的坚强领导下，高举习近平新时代中国特色社会主义思想伟大旗帜，深入学习贯彻党的十九大和十九届二中、三中、四中全会精神，扎实开展“不忘初心、牢记使命”主题教育，落实市委“三个确保”政治承诺，圆满完成庆祝新中国成立70周年等重大活动，全面推进理论武装、新闻宣传、社会宣传、网络宣传、文艺建设等工作，取得一系列重要成果。

【国庆宣传】 开展新中国成立70周年系列学习宣讲活动，组织“学习新思想、点赞70年、建功新时代”宣讲活动、“学习强国”学习平台“I学I行（爱学爱行）”风采展示活动等1200余场。

开展新中国成立70周年系列新闻宣传活动，在中央、市级等主流媒体刊发“壮丽70年奋斗新时代”主题稿件，在《经济日报》刊发《翻开工业历史大辞典》等报道，在区级媒体各平台推出70年党建民生发展、国庆新民俗等专题稿件1000余篇，市民点击关注100万余人次。

开展新中国成立70周年系列社会宣传活动，在主要路段悬挂国旗8556面，组织20万余名市民通过led等形式收看国庆盛况，组织3000余人集中参加升国旗仪式。

开展新中国成立70周年系列文化宣传活动，开展“微电影大赛”“我和祖国共成长”等系列活动并获市级奖项4个，“魅力彩车”布展重庆工博，创作以新中国成立70周年为主题的作品2100余件，举办“礼赞七十华诞•同抒义渡情怀”大渡口区庆祝中华人民共和国成立70周年优秀原创音乐作品演唱会等区级大型活动100余场。

【理论武装】 深入学习宣传贯彻习近平新时代中国特色社会主义思想。组织区委理论学习中心组学习习近平总书记系列重要讲话精神20次，指导全区各级党组织学习2200余场，向区委中心组成员、各级党组织赠送《习近平新时代中国特色社会主义思想学习纲要》等书籍约4000册。开展习近平总书记视察重庆、党的十九届四中全会等主题宣讲，依托理论直通车等各类理论宣讲3000余场次，组织开展“讲红色故事、讲革命精神”800余场次，市委宣传部曾维纶副部长等领导莅临调研。理论宣讲工作获中宣部、市委宣传部表彰。制定出台《大渡口区“学习强国”学习平台供稿管理办法》，全国学习平台、重庆学习平台采用稿件600余篇，覆盖率、供稿率等关键指标全市领先，采用总量位居全市区县第一。在中宣部举办的第六期市（地、州、盟）党委宣传部副部长培训班上做经验交流发言。区委宣传部被市委宣传部评为调研和部刊先进单位，撰写的《做修德“头雁” 树为政清风》《我市基层群众文化需求现状调研》分别荣获优秀部刊稿件和优秀调研报告。

【新闻宣传】 开展“中央主流媒体走进大渡口”系列主题采访活动，《人民日报》《光明日报》《经济日报》刊发10余篇单条报道（其中头版1篇）。新华社国内动态清样刊发大渡口区稿件获市委书记陈敏尔批示。大渡口网获评“2018年度新华网外宣优秀网站”。

在《重庆日报》头版刊发23篇新闻报道，全年在市级媒体刊发稿件4000余篇。参与市政务微博微信公众号矩阵建设，义渡热爱客户端阅读量位列全市第一，获重庆客户端集群联盟2018年度“精品栏目奖”等5个奖项。大渡口区“晒文化•晒风景”作品荣获最佳创意奖。

推进区融媒体中心建设，制定《大渡口区融媒体中心建设实施方案》，办公场地由528平方米扩大到4231平方米。策划开展一批重要报道，组织区内媒体开设“推进重庆各项事业沿着习近平总书记指引的方向奋力前行”“不忘初心、牢记使命”等专题专栏和系列报道，统筹策划重庆工业博物馆开馆仪式、首届智跑重庆国际城市定向赛、2019重庆长江草莓音乐节等新闻外宣。

健全完善新闻发言人制度，在市、区举办新闻发布会19场次。推荐2名优秀记者参加“好记者讲好故事”主题实践活动。精心筹拍新版城市形象宣传片、优秀共产党员微视频。

【道德风尚】开设新时代中国特色社会主义、中国梦等课程1263堂，推进“领导干部上讲台”

等形势政策宣传。开展“孝行义渡”“家风润万家”等主题活动，汇编《优秀家训集》等，打造德法同治教育基地5个，构建区域公民道德建设网。中宣部新时代公民道德建设工作培训班一行160余人、中国社科院“党员干部家风建设”国情调研组来区考察。《光明日报》头版专题报道大渡口区公民道德建设经验。

组建爱国宣讲队伍，开展“两讲”宣讲100余场。新评“区级爱国主义教育基地”4个，“重庆工博”争创市级基地。经验材料《构建群众身边的爱国教育网》被中宣部《每日要情》采用。结合“家在社区”和“美丽乡村”建设，推进“五品家园”建设。融城社区纳入市创新示范点，20余个省市来区学习。梅玫入选“不忘初心、牢记使命”重庆市优秀共产党员先进事迹巡回报告团。建立市级及以上先进典型数据库。开展“好人微访谈”等活动160余场，报道各类先进事迹1000余次。开展“九童圆梦”“小萝卜头进校园”等活动230场，推进乡村学校少年宫等建设。2篇调研报告分获市思政优秀成果一、三等奖。

【文明实践】 新时代文明实践中心建设入选市级建设试点区县。打造四大数据库，开展活动2700余场。市委宣传部马岱良等领导莅临调研，江苏徐州市等10个地区来参观学习。工作经验在市推进会上交流发言。成功创建市级文明村2个，市级文明单位3个，全国最美家庭1个、市级文明家庭1个，市级文明校园2所。设计“十抵制十提倡”广告全市推广，刊播垃圾分类等公益广告43000余条次。全区注册志愿者86475人，占常住人口的27.5%，名列全市前列。开展“携手山区儿童看祖国发展新变化”等帮扶活动30余场次，捐赠书籍3800余册、艺术培训10余人次。建立好人回馈机制，革新社区获全国“社区学雷锋志愿服务联络工作示范站”并发言交流。开展“我文明、靠右行”“诚信大渡口”主题活动80余场，整治失信等问题500余个。开展“导游词讲解大赛”等活动1790余场次，发放倡议书53000余份。承办“我们的节日·端午”等市级示范活动，获谭家玲等市领导肯定。举办“全民健身日”等市级示范活动，获邓恢林等市领导肯定。结合“山水之城 美丽之地”等主题开展活动3500余次。全年发布公益广告5万余平方米。发布文明信息16000余条。

【网络宣传】 推进网络应急指挥系统、网站信息搜索平台、网络安全态势感知平台建设。排查处置安全事件1起，修复高危漏洞5个，下发网安通报24期，发出安全提示10次。《大渡口区探索全链条闭环式网络舆情预防与应急工作体系》选入《2019重庆市舆情典型案例》。网信执法案例入选国家网信办《网信行政执法指导案例精选》。开展全区卫生健康系统网络安全应急演练，完成网络安全宣传周工作。制定实施“巴渝正能”网络大V工程实施方案，推送作品3600余篇。《69年前的今天，重庆发生“11•27大屠杀”》被中央网信办评为2019年度“五个一百”网络正能量图片类作品。“网络中国节”系列活动阅读量累计达1300万次以上。作为唯一区县在中央网信办社会工作局网络诚信制度建设调研座谈会上交流发言。

加强舆情信息监测报送，上报舆情3000余篇，撰写舆情信息受到中央领导批示3次，其中《关于近期猪肉价格上涨的网上舆论反映》获李克强总理批示，舆情信息得分全市第一。首批实现与市政务信息资源共享平台互联互通。加快推进工业互联网云平台建设，成功争取倪光南院士工作站落户大渡口区。结合乡村振兴工程，实施网络扶贫五大工程建设，开展区内困难群众、忠县、彭水等区县网络扶贫结对帮扶工作。

【文化建设】 明确“长江文化艺术湾区”和钓鱼嘴音乐半岛规划功能定位。编写《大渡口区历史文化溯源》。举办“阅读之星”诵读大赛等活动1800余场。《唱起歌来上大梁》等3部作品入围全国第十八届“群星奖”决赛。科幻小说《心殇》获得第十八届百花文学奖。开展乡村文化振兴“百千行动”试验示范工程。升级改造8个基层综合文化服务中心，打造“田园农家”“厚德”等文化活动品牌5个。

开展“送文化下乡”等惠民活动700余场，举办“盘果采摘节”等乡村文化特色活动70余场。沪汉社区获市“扫黄打非”基层示范点。全区建成电影院5家，建成乡镇室内固定放映厅29个。组织惠民电影放映队深入村（社区）、工地等放映电影700余场次。纪实电影《最后的棒棒》获得重庆市第十五届精神文明建设“五个一工程”奖，大渡口区委宣传部获优秀组织奖。剧本《99万次拥抱》获得重庆市第十届重影杯电影剧本大赛一等奖。《北川照相馆》等3部作品获得重庆市电影扶垚计划项目资助。给予《99万次拥抱》等两部作品1:1配套资金。协助《永不言败》等电影剧组到大渡口区取景拍摄。

【队伍建设】 加强宣传思想文化战线党的建设。落实全面从严治党政治责任，精心组织“不忘初心、牢记使命”主题教育，集中安排9个专题，连续开展集中学习研讨8次，在机关、基层讲党课30余场次。党员撰写的专题党课讲稿在市委宣传部《重庆学习论坛》刊发，调研报告和理论文章在《重庆宣传》《重庆社科界》刊发。加强全区主题教育宣传，人民日报、光明日报刊发《重庆：聚焦群众“急”“忧”“盼”党员干部马上办》等报道大渡口主题教育情况。开展“四力”教育，以六大赛事促“四力”提升，开展“六查六增”征文比赛，撰写原创理论文章120余篇。开展“学重要论述”知识竞赛，展示宣传文化干部学习成果。开展“不忘初心•增强‘四力’”演讲比赛，推出精品讲稿30余篇。开展“头脑风暴”创意策划大赛，提出“金点子”60余个。开展“三心”调研成果比赛，形成调研报告130余篇，提出有针对性可操作性的对策建议80余条。开展书写习近平总书记金句书法比赛，创作出包含为政、修身等内容的书法作品100余幅。

（区委宣传部）

党史研究

【概况】 1981年12月，大渡口区党史资料征集领导小组成立。1983年5月，大渡口区党史资料征集领导小组改为大渡口区党史资料征集办公室，由区委宣传部负责管理。2001年12月，中共大渡口区委党史研究室成立，为区委直属事业单位。2005年，大渡口区地方史编纂委员会成立，办公地点设在中共大渡口区委党史研究室。2006年6月，中共大渡口区委党史研究室、大渡口区档案局、大渡口区档案馆、大渡口区地方志办公室合署办公，成立四合一机构，实行一套班子，四块牌子管理体制。2012年2月，中共大渡口区委党史研究室下设正科级事业单位党史研究室宣传教育中心。2019年2月，中共大渡口区委党史研究室、大渡口区档案馆、大渡口区地方志办公室（一个机构三块牌子）规范设置为大渡口区档案馆，加挂中共大渡口区委党史研究室、大渡口区地方志编纂中心牌子，仍为区委办公室管理的正处级事业单位。

【党史编撰】 8月，启动《口述重庆党史（大渡口卷）》《图说重庆党史（大渡口卷）》编纂出版工作，拟定编撰出版方案。9月，按方案和出版时间进度积极开展编撰工作，先后召开专题会议4次，讨论研究入选标准以及拟用文章和图片。10月，通过发布文件通知、手机报、大渡口区报等形式，向全区机关企事业单位和社会广泛征集图片、口述资料。12月初，初选口述党史文章100余篇，同时向区部分老领导、老同志等以约稿的方式继续搜集口述党史文章；拟定图说党史编撰提纲和图片范围，初选图片数量500余张。

【党史宣传】 推进党史进校园工作，加大“对中学生党史宣传的策略与路径的研究”课题的研究，逐步推进课题申报进程。改进宣传教育的操作方案，按照党史课程进校园、党史研究进校园、党史书籍进校园、党史展览进校园、党史宣讲进校园的“五进”思路，继续在区中学开展“党史进校园”主题活动，以送党史类书籍进学校、参观新中国成立70周年图片巡展、参观区级爱国主义教育基地等方式，扩大宣传覆盖面。继承和弘扬红岩精神，发挥党史以史鉴今、资政育人作用，维护党史领域意识形态平稳，安排专项资金为全区村、社区免费订阅《红岩春秋》杂志，发动各部门单位订阅，订阅量118份。

【纪念活动】 为隆重庆祝中华人民共和国成立70周年，举办“礼赞新中国•讴歌新时代”爱国主义教育基地精品巡展活动。展览采用图片77幅，展板10块，围绕大渡口区建区以来在政治、经济、文化、社会、生态等方面发生的巨大变化和取得的成就，吸引参观4000余人次。

【史料征集】 走访抗美援朝老英雄甯德明，整理口述采访稿约2万字，收集个人纸质资料1套，约70页。

（区党史研究室）

统 战

【经济领域统战】 加强和改进民营经济统战工作。以建桥同心园建设为抓手，深入开展“立足统战为全局、凝心聚力促发展”主题实践活动。民盟中央专职副主席龙庄伟、农工党中央专职副主席曲凤宏等4位党派中央领导，西南大学副校长温涛和丹麦工程院院士等近10位专家来区调研考察。民建、民进、九三学社区委到各自党派中央社会服务部汇报了同心园工作。民建市委来区举办“星五沙龙”暨招商引资推介会，利用农工党北京市委资源和渠道开展的招商等工作态势可喜，区工商联召开“建桥同心园”招商引资工作推进会切实深化以商招商。截至年底，各党派团体共引入对接项目46个，签约项目10个。区侨联拓展“一带一路”侨商资源，邀请意大利威尼托华侨华人工商联合会来区考察，与缅甸中华总商会、老挝老中经贸促进会签订友好合作协议。市欧美同学会青委会落户天安数码城，市委常委李静来区授牌“市归国留学人员创新创业实践基地”。民革中央两岸青年创新大联盟7次带队来区对接项目，区工商联青委会联合市台企协青委会举行“两岸青年企业家走进大渡口”活动。在市台办支持下，正在推动建立市级涉台单位对口帮助台湾中小企业产业园机制，5个台湾团队来区交流考察。建立党派区委与招商局工作对接会，联合制定统一战线招商引资实施办法，建立市级单位实践基地联席会，召开建桥同心园实践基地工作推进会，强化与授牌单位定期沟通互动。

举办工商联主席、副主席企业家“大手牵小手”活动，第四批签约支持50户小微企业。举办民营企业现场招聘会暨惠企政策宣传活动。与有关部门和八桥镇一道深入进行拆迁企业调研，协助兴勇公司在建桥园区购地28亩，帮助在天食品维权合法经营权益。制定出台民营企业反映问题办理、与非公经济人士交心谈心等制度，搭建与企业、商会的交流沟通平台。加强与驻区金融机构的协作，邀请建行、中行等民企开展融资讲解和对接。与区检察院联合开展以“检察护航民企发展”为主题的检察开放日活动。召开全区民营经济发展恳谈会和全区非公经济联席会，听取民营企业发展中的困难问题和意见建议。协助组织50家民营企业对营商环境开展现场测评，测评结果名列全市前茅。

【民主党派、统战团体】 开展统一战线“学讲做”活动，全年举行各类学习宣传活动150余场，举办学习培训10余班次。结合纪念新中国成立70周年及党领导的多党合作和政治协商制度确立70周年，支持各民主党派和无党派人士开展“不忘合作初心，继续携手前进”主题教育活动，增强“四个意识”，坚定“四个自信”，坚决做到“两个维护”。快板舞《同心发展共圆梦》参加全市统战系统“同心向党•共铸辉煌”国庆演出。坚持统一战线意识形态月度沟通研判制度，落实网络意识形态安全责任，加强统一战线网络舆论阵地管理，支持引导新媒体代表人士积极弘扬正能量，共同营造良好政治生态和社会环境。

持续推进中国特色社会主义参政党建设。组织各党派学习习近平总书记在中央政协工作会议上的重要讲话、《中共中央关于加强中国特色社会主义参政党建设的意见》等，引导各党派思考研究各自在思想政治建设、组织建设、履职能力建设、作风建设、制度建设五大内容的具体措施。召开政党协商会议5次，召开主委季度座谈会议3次。抓实党外干部工作，召开党外年轻干部座谈会议暨区第六批挂职干部启动会议，选派6名党外干部到八桥镇基地挂职。按计划推动政协委员届中调整、民主党派代表人士推荐、各民主党派班子成员届中调整等工作。深入推进民主党派基层组织规范化建设，召开工作推进会，组织全区34个党派支部现场观摩学习民进旅游学校支部组织生活。开展党派支部走访调研，支持党派结合各自特点打造1～2个规范化建设示范点，开展凝聚力工程、口述历史、参政小调研、社区法律和就业服务、送文化进社区活动。中央统战部副部长来渝调研，大渡口区汇报了工作经验。民建中央、民进中央、农工党中央分别来区专题调研基层组织规范化建设并做高度肯定。

创新党外知识分子和新的社会阶层人士统战工作。发挥区知联会、新专联、欧美同学会的工作抓手作用，在红色传统教育基地举办党外青年人士培训班，参观三峰集团百果园垃圾环保焚烧发电厂，开展进社区“心理帮扶”活动，举行“520不插电音乐联谊会”等，广泛团结和凝聚新阶层新群体。深化4个楼宇统战实践创新基地“一家一品”系列活动，成立新专联研习、法律、三创、公益服务4个服务团，召开楼宇统战暨文旅融合发展工作座谈会，多方搭建新阶层人士及企业交流合作平台，共同推进楼宇经济发展。

【民宗侨台】 依法依规做好民族宗教工作。深化民族团结进步创建活动，春晖路街道办事处荣获市政府授予的“民族团结进步模范集体”称号，重庆市民族中学获市民族团结进步教育系列实践活动优秀成果一等奖。全面贯彻落实党的宗教工作方针政策，依法管理宗教事务，抓实“三级网络两级责任制”，开展宗教活动场所规范化建设，加强宗教活动场所隐患排查治理。加大网络宗教事务管理力度，联合公安、网信等部门开展网上网下宗教领域安全大排查和重要节点的提前分析研判。举办宗教工作和宗教界代表人士专题培训班。

拓展港澳台侨及海外统战工作。务实推进对台交流服务，协助渝台创业服务有限公司推进台湾中小企业产业园建设，高质量完成第十一届“重庆•台湾周”相关工作。开展中央和重庆市惠台政策和港澳台居民居住证申领的有关政策宣传，积极帮助解决困难问题。

【统战理论、文化建设】 紧抓统战知识划进国民教育工作教师培训。选派区内3名教师参加市委统战部、市教委组织的高校及中小学统战知识培训示范班。联合区教委连续第6年组织全区中小学党组织负责人和骨干教师开展统战知识进国民教育工作培训。拓展统战知识进国民教育工作示范范围。新增三十七中、九十五中、大堰小学作为示范学校，全区示范学校由3所增加到6所。深化统战知识进国民教育工作教学研究。民族中学市级课题“民族教育特色学校建设的校本策略研究”荣获重庆市第六届优秀教育科研成果三等奖。区委统战部、区统战理论研究会联合开展“统战知识进国民教育的探索与思考”课题调研并形成成果，系统梳理统战知识进国民教育工作思路体系。

按照市委统战部统一部署，区委统战部对区内的统战文化旧址及其现状进行统计，撰写大渡口区统战历史文化旧址分析报告并上报市委统战部，力争大渡口区统战历史文化旧址迹纳入全市统战历史文化旧址目录。

为庆祝新中国成立70周年，选送原创节目音乐情景快板《同心发展共圆梦》参加“重庆统一战线庆祝中华人民共和国成立70周年暨多党合作和政治协商制度确立70周年文艺演出”，获一致好评。

由大渡口区与市委统战部五处（无党派人士和党外知识分子工作处）合作课题“圈层统战视角下党外知识分子工作创新探析”荣获2019年度全国统战理论政策研究创新成果一等奖。课题成果被中央统战部研究室《调研参考》《重庆市统一战线理论研究成果蓝皮书》采用。大渡口区与市委统战部八处（侨务事务处）合作课题“大统战格局下侨务部门角色定位研究”被《重庆市统一战线理论研究成果蓝皮书》采用。

全年向上级部门报送信息报道200余篇，中央统战部网站采用7篇，《中国统一战线》杂志采用1篇，人民网采用9篇，《中国政协报》采用1篇，《重庆日报》采用9篇，“重庆统战”微信公众号采用1篇，重庆统一战线网站采用105篇，《重庆统一战线》杂志采用7篇，《中华工商时报》采用6篇，《大渡口报》采用全区统一战线各类信息60余条。区委统战部编辑出版《大渡口统战》报12期，计印刷6000份。

为适应统战宣传工作需要，区委统战部研究决定于2019年12月停办《大渡口统战》，原有板块、专栏在统一调整后迁移至“义渡统战”微信公众号平台。为规范“义渡统战”微信公众号管理，制定实施《“义渡统战”微信公众号管理办法》，明确统战宣传工作“三审三校”责任。“义渡统战”微信公众号全年推送各级各类信息近400条，获中央统战部、市委统战部认可，成为全国第一批由中央统战部授权每日推送3次的区县统战系统微信公众号。

【自身建设】 开展“不忘初心，牢记使命”主题教育，对照剖析了10个方面的突出问题，狠抓整改落实。落实全面从严治党责任，支持驻部纪检监察组工作，加强部机关党建，不断强化政治意识、政治纪律。开展“抓兑现落实、促高质量发展”执行力提升行动，建立重点工作挂图作战、打表推进机制，提升全区统战干部能力水平。

把深入学习贯彻习近平新时代中国特色社会主义思想和党的十九大、十九届二中三中四中全会精神，以及习近平总书记视察重庆重要讲话精神作为首要政治任务，通过月度工作会、主题报告、支部“三会一课”“义渡统战”公众号、学习培训等形式广泛开展宣传。把营造良好政治生态作为重要责任，通过专题民主生活会、组织生活会、机关干部务虚会等，大力肃清孙政才恶劣影响和薄熙来、王立军流毒，增强“四个意识”，坚定“四个自信”，做到“两个维护”。开展“不忘初心、牢记使命”主题教育，认真整改查摆出来的问题。开展“抓兑现落实、促高质量发展”执行力提升行动，实行重点工作挂图作战、打表推进机制，努力提升全区统战干部能力水平。

（区委统战部）

政　法

【概况】 2019年，中共大渡口区委政法工作委员会（以下简称“区委政法委”）围绕防范化解重大风险主线，打好打赢扫黑除恶专项斗争，加快推进社会治理创新、政法领域改革和过硬队伍建设，不断提升新时代政法工作能力水平。大渡口区的公众安全感指数97.6%，政法队伍满意度96.99%，司法公信力97.28分。

【防范化解重大风险】 强化组织。成立区委坚决打好防范化解重大风险攻坚战领导小组、工作小组以及9个专项小组。召开领导小组会、工作小组会，听取各专项小组工作汇报，检查工作进展，统筹协调问题解决。

深化排查。组织拉网式排查政治、经济、社会等8大领域30类、463个风险，并逐条研判，评定风险等级。印发“责任清单”，确保责任明确到人，时间划定到日，措施细化到项，按表推进，及时销号。

聚焦重点。持续开展“防风险保安全护稳定迎大庆”集中攻坚、矛盾纠纷“控增量减存量防变量”、安全稳定工作大排查大整治大督察大执法、9大领域乱象整治等专项行动，化解各类风险隐患。截至年底，全区化解出库风险93个。

健全机制。发挥牵头抓总作用，加强统筹协调，建立“工作小组规则”等6项制度，确保防范化解重大风险工作长效运行。

【扫黑除恶专项斗争】 召开一系列会议。召开扫黑除恶领导小组会议、扫黑办主任会议，总结经验，通报问题，研判形势，部署任务。

打击一批涉恶势力。开展对黄赌毒和黑恶势力听之任之、失职失责甚至包庇纵容、充当“保护伞”专项整治。全区立“9+4类”个案100起，抓获犯罪嫌疑人183人，判决犯罪人员88人；侦结恶势力犯罪集团5个52人，查处涉案资产1041万余元。

整治一群乱象。重点围绕9大领域开展乱象集中整治，严厉打击违法犯罪，依法治理突出问题，健全打击防范长效机制，确保乱象问题得到有效解决。

建立完善一套机制。严格落实线索双向移送制度、查办结果双向反馈机制、公检法“三长”签字背书机制、执纪问责三方会商机制和涉黑涉恶案件核查机制等机制制度，将“打伞破网”“打财断血”与扫黑除恶一体推进，对“关系网”“保护伞”一查到底。

举行一场宣传活动。开展集中宣传日活动，发放宣传资料10000余份，宣传品4500余份，为打赢扫黑除恶专项斗争营造舆论环境。

开展一次督查指导。组建2个督查组，就中央第9督导组反馈意见整改落实情况，对8个镇街、13个部门进行督导，发现6大类、163个问题，通报工作推动不力单位2家、问责4人，并制定整改方案，形成问题责任清单，确保中央督导反馈问题全部整改完毕。

【安全维稳】 强化部署研判。建立平安稳定风险综合研判联动处置“24+N”工作机制，启动日研判日调度，印发简报16期，研判风险问题156件次。

强化排查化解。每日动态排查各类重点人员，清底数、建台账、列管控，梳理重点矛盾或群体性稳定风险共29项（条）、涉稳重点人员72人，交办督办风险问题135件次。

处置稳定风险。采取专题研判处置方式，开展专项风险化解，稳控或妥善处置綦江区罗某某到区人力社保局陪访死亡、区农水系统退休职工彭某某要求补评参战致残、市外人员瞿某某不服司法判决扬言闹事、区内某部门某职工可能出现的不稳定因素等特殊风险隐患或突发事件。

强化重点防控。按照定人、定责、定措施“三定”要求，制定《全区“防风险保安全护稳定迎大庆”集中攻坚行动方案》，对九宫庙商圈、政府广场、轻轨、伏牛溪油库等重要场所、重要设施、重点区域、重点企业开展全天候公安武警联勤联动、联防联控，全面落实驻点执勤、动中备勤、武装联勤、高峰站勤“四项”机制，突出显性用警，提高见警率、管事率、盘查率。

【国家安全】 加强组织领导。印发《中共大渡口区委国家安全委员会2019年工作要点》《全区政法领域维护国家政治安全工作的实施意见》等文件，召开区委国安委第一次会议，认真学习领会市委国安委第一次会议精神。成立区国家安全人民防线建设领导小组及其办公室，制定《2019年度大渡口区反邪教工作考核实施细则》，召开全区反邪教工作会。

健全体制机制。印发《贯彻落实中央国安办〈关于加强地方党委国安办危机管控工作的意见〉的分工方案》，建立维护国家政治安全工作协调机制，制定涉国家安全重大突发事件处置工作预案。

加强重点防控。围绕全国“两会”“4•25”、庆祝新中国成立70周年等敏感节点，动态排查涉政、涉邪重点人员，分级分类落实管控措施。开展涉政、涉邪人员底数摸排专项行动，严控政治安全风险。

开展宣传教育。开展4•15国家安全日大型宣传活动，接受群众咨询100余次，发放宣传资料和宣传品2万余份。集中开展“崇尚科学，反对邪教”警示宣传文艺会演和“抵制邪教，从我做起”防范宣传文艺会演、主题宣传及反邪教征文绘画作品竞赛评选活动。

【社会治理】 组织全区政法信访维稳系统领导干部到浙江诸暨学习“枫桥经验”，深入基层调研，初步形成坚持党建引领，加强自治、法治、德治，依托“莎姐”品牌，建立“莎姐”矛盾纠纷预防化解三级工作体系改革的创新社会治理的基本思路，夯实镇街在基层治理中的中枢地位，实行“三吹哨三报到”工作法，落实“三个全面”工作机制，打造大渡口区“莎姐”社会治理信息平台，实行网上网下矛盾纠纷预防调处全覆盖，依法、有效、快速化解各类矛盾问题，实现小事不出村（社区），大事不出镇街，难事不出区，矛盾不上交的目标。草拟了《关于改革创新社会治理的实施意见（征求意见稿）》，提出了具体举措。

制定“雪亮工程”建设方案，完成可研性报告，申请中央补助资金2700万元；召开专家评审会，完善初步设计方案，完成项目施工招投标，稳步推进综治信息平台建设。开展伏牛溪片区视频监控补建工作，补建监控点位75个、布控球机2个。整合接入外部视频监控12018个。确定区级综治中心建设地点，明确区级综治中心、应急指挥中心、智慧城市运行中心合三为一的建设方案。

加强铁路护路联防，强化日常巡逻巡查，在春运、汛期、国庆等重点时期，加大巡逻值守力度，开展铁路沿线风险隐患排查，整治较大安全隐患4起，消除其他安全隐患59起，全区涉铁重大安全事故零发生。

【执法司法规范化】 推进涉法涉诉信访工作。坚持诉访分离，发挥涉法涉诉联合接访服务中心作用，登记来访案件41人次，均依法及时办理。推进涉法涉诉信访案件化解工作，开展e租宝集资人信息核实登记工作。

开展案件评查工作。评查案件21件，其中合格案件20件，一般瑕疵案件1件，合格率95.24%，案件质量整体较好。

统筹做好司法体制改革专项小组工作。召开区委全面深化改革委员会司法体制改革和社会治理体制改革专项小组2019年全体会议。主动对接上级部门，研究确定2019年涉及的7项具体改革任务。按照区委改革办《2019年区级重点改革项目督察计划》的要求，对区检察院开展“支持检察机关提起公益诉讼制度改革”的督察。

【队伍建设】 强化理想信念教育，筑牢干部思想防线。组织政法干警深学笃用习近平新时代中国特色社会主义思想和十九大精神，习近平总书记视察重庆重要讲话精神、认真学习贯彻《中国共产党政法工作条例》。开展“不忘初心、牢记使命”主题教育，开展集中学习研讨、撰写调研报告、讲专题党课。组织区政法系统开展“礼赞新中国，政法在行动”系列宣传教育活动。狠抓党风廉政建设各项规章制度的落实，加强对政法干部执行党纪和政纪的监督，开展涉权事项公开工作。

落实区委政法委机关的机构改革，指导推动区级政法单位干部队伍建设。制定委机关“三重一大”

事项集体决策制度实施方案，建立委领导班子成员联系政法维稳单位和各镇街平安建设工作机制。召开全区政法系统庆祝中华人民共和国成立70周年座谈会，表彰大渡口区“新时代最美政法人”，慰问新中国成立以来政法系统获得省部级以上表彰荣誉的先进典型，弘扬正气。制作《辉煌70载·奋进新时代——致敬政法先锋》和《新时代·新担当》宣传视频。开展“夏季送清凉，冬季送温暖”从优待警活动，全年走访慰问政法一线单位57个、一线干警200余人，上门看望生活困难和罹患重大疾病干警18人，送去慰问品和慰问金22万余元。

夯实干警教育培训，强化素质能力建设。制定《关于做好2019年全区政法系统干部教育培训工作的指导意见》，坚持“分级管理、分类培训”，以需求和问题为导向，加强党性教育、职业道德教育和警示教育。采用“高校合作联培”方式，举办能力提升培训班2期，政法系统150余人参训。推进政法干部队伍法制化建设，落实“七五”普法，提高执法水平。

（区委政法委）

机关党建

【**概况**】 2019年，大渡口区委直属机关党工委（以下简称“区直机关党工委”）坚持以习近平新时代中国特色社会主义思想为指导，全面落实市委和区委的部署要求，全面落实从严治党责任，全面提升机关党建工作水平。全年走访调研基层党组织102个（次），组织党组织书记、党务干部、入党积极分子和发展对象、党员骨干示范等培训10期、775人次，审批发展党员29人，预备党员转正24人，成功创建“规范化党组织”25个。

【**政治建设**】党员教育管理。通过举办分类培训班、集中学习、观看教育片、参观爱国主义教育基地等多种方式，组织机关党员学习习近平新时代中国特色社会主义思想和党的十九大、十九届四中全会等精神，引导党员切实提高政治站位。不断拓展学习方式，引导党员通过“学习强国”等平台、干部网络学院、知识测试等，学深学透理论知识。增强机关各党组织和党员“四个意识”，坚定“四个自信”，做到“两个维护”。

意识形态工作。坚持把意识形态工作与机关党建业务工作同安排、同部署、同落实，严格落实意识形态工作责任制。不断健全活动备案、工作季报等工作机制，全年专题研究意识形态工作3次，审批16个各类学术活动申报，运用机关微信群、QQ群、致信群平台与基层党组织、党员沟通，实时掌握思想动态和工作舆情。将意识形态工作纳入基层书记述职、年度目标考核、书记培训和下基层检查指导内容，推进区直机关意识形态领域工作再上新台阶。

【**基础党建**】强化基层组织建设。配合全区机构改革，超前准备、谋划在先，对涉及的46个基层党组织及时撤、并、建调整，撤销党组织12个，合并党组织5个，转移隶属关系党组织1个，新建党组织1个，对55个基层党组织及时换届调整。

规范党内组织生活。加大对基层党组织的指导、督促，全年走访调研基层党组织102个（次），班子成员与基层党组织书记交心谈心71人次，发放工作提醒12期，按新规定清理、指导、检查机关党员党费收缴使用与管理工作，规范基层党组织基础党建工作，提升基层党组织党建工作质量。2019年，区直机关3个基层党组织获区“优质组织生活党支部”称号。

强化党员队伍建设。开展基层党组织书记、党务干部、入党积极分子和发展对象、党员骨干示范等培训10期，775名党员干部参加培训；按照《细则》、规范流程、完善资料，有序做好机关党员发展工作，全年发展党员29人，预备党员转正24人。

【**特色党建**】 抓党建主题活动。传承坚持12年的传统党建项目，结合当前全党、全国、全市和全区工作中心，在区直机关基层党组织中开展“不忘初心·牢记使命”主题系列活动。分项活动包括：“勇担当·做表率”党建微视频大赛、“走进新时代·共赴新征程”微党课教案评比活动和“规范化党组织”创建活动。表彰“勇担当做表率基层党组织”13个，评选“走进新时代·共赴新征程”优质微党课教案23个，成功创建“规范化党组织”25个，较好地激励了基层党组织和机关党员干部践行“新时代、新担当、新作为”的干事创业热情；围绕全党“不忘初心·牢记使命”主题教育，开展“心中有党·心中有国”机关党员朗读红色经典活动，主题教育期间，在微信公众号“大渡口发布”——义渡朗读者栏目轮播朗读作品27个。在区电视台展播机关基层党组织“不忘初心•牢记使命”微视频大赛获奖作品21个。

抓党员作用发挥。激励党员立足工作岗位，敢于担当、甘于奉献，充分发挥先进典型表率示范作用，区直机关2名党员获区委组织部“新时代优秀共产党员先进典型”的表扬通报，并在《大渡口报》进行登载宣传。对发现的人大老党员陶志明家属按其遗托向党组织缴纳2万元党费的事迹，联系媒体宣传并上报上级党组织。全年开展“文明守规我带头”“夏日送清凉——慰问环卫工人”等党员义工活动10余次。

抓党建带群建。先后联合文明委、工商联、妇联、团区委、总工会、体育局、城管局等开展“与压力和解•和乐观牵手”心理讲座、“机关妇女干部素质提升”专题讲座、“缅怀先烈•传承有我”主题团日、“我是环保小卫士——垃圾分类从娃娃做起”暑期主题活动和“不忘初心、牢记使命——城市定向赛”等党群活动。

【主题教育】 抓学习教育。开展“不忘初心，牢记使命”主题教育，坚持集中学与自学、读书与研讨相结合，紧密围绕8个专题，采取理论学习中心组学习形式，精心组织领导班子集中学习6天，2名班子成员聚焦主题主线、结合思想工作实际，撰写发言提纲6篇，研讨发言6次。以党支部主题党日、“三会一课”等方式，组织全体党员集中学习6次，并参观重钢烈士纪念碑，学习革命先烈先进事迹。召开书记会研究主题教育相关事宜5次，召开主题教育领导小组会议5次，为主题教育提供保障。

抓调查研究。聚焦机关党务干部队伍建设及发展党员中的突出问题，研究确定了调研课题2个。将调查研究与软弱涣散党组织排查、规范化党组织创建等业务工作相结合，走访调研基层党组织102个（次），多层次、多方位、广渠道摸清基层实际情况，分析透彻问题症结，研究探索具体措施，撰写调研文章3篇。召开调研成果交流会，通过交流研讨，制定《大渡口区委直属机关工委基层党组织新任书记任前谈话制度》《大渡口区委直属机关工委发展党员工作制度》《大渡口区委直属机关工委基层党组织换届提醒制度》3项新制度，将调研成果转化成具体的工作举措。委领导班子成员聚焦学习贯彻习近平新时代中国特色社会主义思想，从认识体会、差距不足、思路措施和感悟收获等方面讲专题党课2次。

抓问题检视。高质量召开对照党章党规找差距专题会议，班子成员对照党章、《准则》《条例》，深入检视自身存在的差距和问题12个。委领导班子成员对在学习研讨中查摆的问题、对照党章党规查找的问题、调研发现的问题、群众反映的问题等，进行系统梳理、剖析反思，共查找梳理班子问题7个，个人问题20个。

抓整改落实。召开“不忘初心、牢记使命”专题民主生活会，班子成员实事求是查不足、摆问题、剖根源，开诚布公进行相互批评，民主生活会班子剖析检视问题13个，班子成员个人剖析检视问题28个，提出相互批评意见4条。

抓示范引领。立足工作本职，加强对区直机关各基层党组织的指导，通过下发工作提醒、走访调研、电话沟通、面对面交流等方式，了解主题教育开展情况，指导具体工作开展。共发主题教育相关工作提醒4期，举办主题教育专题培训班1期（197人参训），走访基层党组织102个（次），与基层党组织书记交心谈心74人次。牵头抓好机关党员为群众办实事、好事工作，摸排社区需求问题150个，点对点部署基层组织和相关单位抓紧落实，督促基层党组织和党员为群众办好事、实事433件。

（区直机关党工委）

信 访

【概况】 2019年3月全区机构改革后，大渡口区信访办公室（以下简称“区信访办”）内设综合科、信访稳定协调科、复查复核科，下设信访接待中心（网上信访受理中心）、应急协调中心2个科级事业单位。有编制21人，其中行政编制9人，事业编制12人。实际在编13人，其中行政编制6人，事业编制7人。区信访办除日常信访工作外，还承担区信访工作（群众工作）联席会议办公室、区人民建议征集办公室的职能职责，“三办”合署办公。

2019年，区信访办以新中国成立70周年安全稳定工作为主线，坚持底线思维，着力风险防控，推进信访法治化建设，持续开展干部接访下访群众活动，推动全区实现重大政治事件、暴力恐怖事件和个人极端事件、群体性事件、到市进京上访事件、恶性刑事治安案件、重大公共安全事故、舆情炒作事件“七个零发生”，荣获“大渡口区新中国成立 70 周年安保维稳工作先进集体”称号。

【信访接待】 完善网上信访信息综合平台，将传统的“来信访、走访”转变为“网上访”，信访系统受理办理信访件 2303 件，及时受理率 99.65%，办结 2303 件，按期办结率 99.70%。区信访办继续牵头开展领导干部接访下访群众工作，坚持区级领导每月至少 1 天在信访接待中心公开接待群众、镇街和部门领导每周至少 1 天到信访接待场所接待群众，形成干部下访长效机制，化解各种矛盾纠纷。全区领导干部接访下访群众 1925 批次、2453 人次，受理群众矛盾问题 1925 件、按期办结 1923 件，化解率 99.90%。

【案件处理】 房地产开发建设、物业管理、涉众型经济案件、涉军等重点领域矛盾比较集中。区信访办加强初信初访和日常信访接待工作，坚持信访联席会议统筹协调，集中实施矛盾纠纷“控增量减存量防变量”行动，开展“4+1”信访突出问题专项治理、信访积案攻坚化解、信访老户转化等专项活动，推动信访突出问题化解。市级交办 11 件信访积案化解 9 件，化解率 82%（达到市级化解率 80% 的考核要求）。对区级自排的各类信访突出问题，落实“一个突出问题、一套解决办法、一套维稳措施”要求，细化、落实和跟进有关工作措施，及时化解问题。

【措施成效】 坚持以习近平新时代中国特色社会主义思想为指导，以高度的政治责任感抓好信访稳定工作。自觉把思想和行动统一到习近平总书记关于信访工作的重要论述和关于“枫桥经验”的重要指示精神上来，贯彻中央、市委市政府和区委区政府有关信访稳定工作的安排部署，站在讲政治顾大局的高度，增强做好新时代信访稳定工作的责任感和紧迫感，强化风险意识、底线思维，始终把工作基点放在有效预防、管控、应对和化解各类风险矛盾上。

坚持改革与法治双轮驱动，推动信访业务工作迈上新台阶。推进信访基础业务规范化建设和信访信息系统深度应用，畅通和拓宽信访渠道，强化信访工作责任制落实，提高信访信息服务决策能力。加强信访事项办理网上巡查和重点典型案件实地督查，及时发现问题、改进工作，促进信访事项有效化解。推进法定途径分类处理信访投诉请求，严格推进“诉访分离”，规范信访事项复查复核工作，持续开展违法上访和非法维权治理等工作，推动信访秩序进一步好转。

坚持以制度建设为核心，在矛盾纠纷排查化解上实现新突破。健全信访工作联席会议制度，探索建立风险评估引入第三方专业评估机构、专业性行业性调解组织介入信访案件化解等制度。全年开展社会稳定风险评估 19 次，做到应评尽评，最大限度地减少不稳定因素，有效地预防重大群体性事件发生。坚持区级部门、镇街、村社三级联动排查化解矛盾纠纷工作机制，形成全覆盖、无疏漏的排查化解工作体系和各负其责的领导责任制体系，对重大信访问题实行区、镇（街道）、村（社区）三级领导层层包案，层层压实信访工作责任，形成“人人有责、人人负责、层层尽责”的信访稳定工作局面，排查重点矛盾纠纷 50 件，化解 43 件，化解率 86%，确保小事不出村社，大事不出镇街，矛盾不上交，将矛盾问题化解在基层，解决在萌芽状态。

（区信访办）

老干部

【概况】 中共大渡口区委组织部老干部局（以下简称“区委老干部局”）成立于 1987 年，主要服务管理机关事业单位的离休干部。1990 年，成立中共大渡口区委老干部局，内设“离休干部管理科”和“退休干部管理科”，并着手接收机关处级以上退休干部的管理。1991 年正式接收处级以上退休干部的服务管理，离休干部与退休干部实行政治待遇一视同仁，生活待遇区别对待。2001 年，撤销“离休干部管理科”和“退休干部管理科”，设立“综合科”，下设“老干部活动中心”（事业单位）。2009 年，老干部活动中心参照《公务员法》管理。2010 年，经区编委同意，区委老干局内设科室调整为办公室、离退休干部管理科、区老干部活动中心。2019 年，区委老干局有在职干部职工 10 人，其中局长 1 人，四级调研员 1 人，科级及其以下工作人员 5 人，工勤人员 3 人。

【“两项”建设】 组织建设。利用老干部党校对30个离退休党支部的书记以及党员骨干进行培训。组织离退休支部书记参加市委老干局培训，增强离退休党支部的凝聚力和战斗力。

思想建设。坚持每月集中学习，重点学习习近平总书记视察重庆系列重要讲话精神、党的十九大、十九届二中、三中、四中全会精神、全市老干部工作会精神等，全年参加老干部3000余人次。

【“两个”待遇】 政治待遇。巩固完善“三个机制”，落实各项政策待遇。持续坚持离退休干部政治理论学习、阅读文件、情况通报等工作制度。为离退休干部征订《中国老年报》《医药养生保健报》《党员文摘》等报纸杂志1800余份。组织参观考察和集中学习40余次，观看警示教育片4次。

生活待遇。严格执行上级文件精神，及时协调相关部门按照要求提高离休干部护理费标准及报销医疗待遇等。坚持每年组织老干部健康体检，2019年建立了区级离退休干部看病就医的“绿色通道”和全区老干部的个人健康档案。结合新中国成立70周年开展走访慰问活动，上门慰问看望生病、住院老干部100余人次；特殊困难帮扶12人次，传统节日及重大节日庆典慰问5000余人次。

【文体活动】 发挥区老干部活动中心作用，以开展“壮丽70年奋斗新时代”重庆市第八届老干部艺术节大渡口区分会场、庆祝新中国成立70周年活动为契机，开展“我和我的祖国——我看新中国成立70周年书画摄影展”“我和我的祖国——庆祝新中国成立70周年征文展”、电影专场活动周、老体协登山活动、文艺表演等文体活动，全年共开展30余场次，收到老干部征文、书画作品、摄影作品等数百篇（幅）。

【“四就近”工作】 做好9个试点社区、225名老干部“四就近”服务工作，全年上门服务老干部938人次。组织社区专职老干部服务人员参加市委老干局相关培训，持续增强服务人员的服务意识和服务能力。

【余热发挥】引导离退休干部为经济社会建设建言献策，参与垃圾分类、关心下一代健康成长等各项社会公益活动。截至年底，参与关心下一代健康成长的“五老”志愿者1000余人，其中骨干力量100人左右，组建稳定的工作队伍6支，在庆祝新中国成立70周年系列活动中，组织老同志深入机关、学校、镇街、社区宣讲青少年法治知识、本土英雄故事报告近10场。

【队伍建设】政治理论学习。依托“三会一课”、主题党日、“不忘初心、牢记使命”主题教育等抓政治学习。重点学习习近平总书记视察重庆系列重要讲话精神、习近平总书记在“不忘初心、牢记使命”主题教育工作会议上的重要讲话、党的十九大、十九届二中、三中、四中全会精神；利用“学习强国”“重庆干部网络学院”“离退休干部工作”“红岩青松”等微信公众号平台学习。

机关作风建设。坚持贯彻中央、市委、区委全面从严治党要求，严格落实“主体责任”和“一岗双责”，从严管理监督党员干部职工，开展“以案四说”，观看警示教育片，严格执行中央八项规定，结合巡察整改规范公务接待、公车使用、政府采购、财务管理、固定资产、外出学习等制度，把党风廉政建设和反腐败工作贯穿到各项工作始终。

意识形态工作。意识形态工作纳入党建工作重要内容，牢牢把握正确的政治方向，坚决维护以习近平同志为核心的党中央权威和集中统一领导，坚决肃清孙政才恶劣影响和薄熙来、王立军流毒，筑牢全局干部职工的“四个意识”。

精准脱贫帮困。落实帮困举措，实行党员领导干部与困难群众一对一结对帮扶，5名困难群众生活状态良好。重视宣传思想工作，提高办事效率、提升服务质量。

（区委老干部局）

党校（行政学校）

【概况】 中共大渡口区委党校、大渡口区行政学校（以下简称“区委党校”）合署办公，同时挂区社会主义学院和区老干部党校牌子。内设办公室、教务科（挂学员培训部牌子）、教研科。区委党校是全区培训轮训各级党政领导干部的主渠道，是锤炼党员领导干部、培养党的理论队伍的大熔炉，是学习研究马克思列宁主义、毛泽东思想、邓小平理论、

“三个代表”重要思想、科学发展观和习近平新时代中国特色社会主义思想的重要阵地。为干部提供理论、业务培训，提供党员培训以及公务员培训。

【干部培训】 全年举办各级各类培训班17期，其中主体班次3期，专题班5期，其他班次9期，培训轮训党员干部1836人次。2019年学员对教学评价整体优良率95%以上，学员满意率94%以上。同时，完成了非洲国家青年政党领导人培训班现场教学任务。

优化教学布局，突出主业主课。坚持以学习习近平新时代中国特色社会主义思想为教学的中心内容和首要任务，把党的理论教育和党性教育放在突出位置，加强干部教育培训工作，及时推进党的创新理论进课堂、进教材、进头脑。精心设计教学专题，开发习近平新时代中国特色社会主义思想专题课程8门，形成“总论、分论、特色论”课程体系，在教学布局中占全部理论课程60%以上。

创新培训方式，提高培训质量。区委党校加大“走出去”力度，创新培训方式方法，将培训班派往北京大学、浙江大学、江西省委党校井冈山培训基地等地，提高实效性和感染力。

推进领导干部上讲台，提升培训效果。强化领导干部上讲台制度，确保区党政领导班子成员每年到区委党校授课次数不少于10人次。区委副书记、区委党校校长陈中举，区委常委、区纪委书记、区监委主任汪建，区委常委、常务副区长徐晓勇，区委常委、区委宣传部部长郭诏彬，区委常委、区委统战部部长王涛等先后到校授课。

“不忘初心、牢记使命”主题教育。发挥干部教育培训的重要阵地作用，把主题教育纳入培训内容。完成三期基层党组织书记培训全覆盖，培训基层党支部书记557人。发挥思想理论战线的主力军作用，聚焦主题教育相关理论研究。

【科研咨政】 制定《大渡口区委党校科研经费报销实施细则》《大渡口区委党校科研成果登记办法》《大渡口区委党校意识形态类制度》等3项管理制度。通过深化改革创新，探索基层党校科研资政提质增效的途径。全年教师各类科研成果44项，为历年最高。

科研工作。结项课题，完成市级部门课题4项，区级课题5项，区级部门课题1项，校级课题8项。著作出版，出版专著1部、教材1部。学术论文，公开发表理论文章22篇，其中在《领导科学》《岭南学刊》等核心期刊上发表3篇，人均公开发表2.2篇。理论研讨，参加各类理论研讨会，入选论文4篇。党校论坛，举办党校论坛6次，包括《提升科研资政能力》《科研项目报销规范及要求》《大渡口区委十二届六次全会精神》《2019年大渡口区政府工作报告》等专题讲座。

决策咨询。《习近平总书记视察重庆重要讲话精神的两个层次与落实建议》一文获重庆市副市长陆克华肯定性批示。两篇资政报告被市委党校《领导视窗》采用。资政报告，围绕建设“高质量产业之区、高品质宜居之城”中心任务，形成资政报告16篇，均获区领导肯定性批示，被大渡口区委《调研与思考》采用1篇。发挥学员实践经验丰富的优势，报送学员资政报告9篇，对策性建议173余条。

【思想政治宣传】 组织教师到各部门、镇街、村社宣讲精神、解读政策。全年宣讲33场，受众2682人次。

【师资队伍建设】 提升队伍能力，全年派出14人次到中央党校、北京大学、浙江大学、武汉大学等地参观考察学习。充实职工队伍，从区内优选一名参公人员充实职工队伍。打造名师名课，全校教师开发新课8堂，一名教师在全市党校系统第六届教学比赛片区赛中获得二等奖。开展教学测评，通过问卷调查、交流座谈等形式，收集各类班次学员对教学和培训工作的意见，并将各班次测评结果及时反馈，增强干部培训的实效性和针对性。搭建发展平台，完成岗位设置工作，为教师打通晋升通道，提振工作信心。一名教师通过特殊人才评定渠道，被评为副教授，截至年底，区委党校有副教授3人。

【自身建设】 坚持从严治校、质量立校，把党校姓党原则贯穿于区委党校办学治校全过程。坚持严以治教、严以治学，落实《中国共产党党校（行政学院）工作条例》，补齐区委党校软件硬件短板，不断提升建设管理和教育培训水平。发挥制度引领激励作用，形成科学有效的教学组织管理体系。严格落实意识形态工作责任制，加强学风校风建设。

创新党的建设工作，扎实开展“不忘初心、牢记使命”主题教育，保质保量落实“三会一课”制度，区委党校机关支部被区委组织部评为2019年第一、二季度优质组织生活党支部；继续推进机关支部建设制度化、规范化，做好党风廉政建设工作，班子成员认真履行好“一岗双责”，推进区委党校迁建工作，开展党员义工活动，响应群众需要，聚力民生服务，维修维护建胜镇回龙桥社区便民服务中心基础设施；组织党员干部与建胜镇困难群众结成对子，形成“一对一”结对帮扶机制，经常深入到户进行走访慰问和精准帮扶，力所能及地为群众做好事、解难事、办实事。

（区委党校）

大渡口区人大常委会

【概况】 2019年，区人大常委会认真执行区第十三届人大三次会议做出的各项决议，切实履职，督促决议的落实。全年召开区人大常委会会议10次，听取审议议题43项，做出决定、决议和审议意见28件。召开主任会议19次，听取议题57项。

【人代会】 1月21—24日，召开大渡口区第十三届人民代表大会第三次会议，大会共7项议程。（1）听取和审议大渡口区人民政府工作报告。（2）审查和批准大渡口区2018年国民经济和社会发展计划执行情况及2019年国民经济和社会发展计划（草案）的报告，批准大渡口区2019年国民经济和社会发展计划。（3）审查和批准大渡口区2018年财政预算执行情况和2019年财政预算（草案）的报告，批准大渡口区2019年财政预算。（4）听取和审议大渡口区人大常委会工作报告。（5）听取和审议大渡口区人民法院工作报告。（6）听取和审议大渡口区人民检察院工作报告。（7）决定区第十三届人民代表大会有关专门委员会的设立、更名及通过其组成人员的人选。

会议表决通过了关于设立、更名区第十三届人民代表大会有关专门委员会的决定、区第十三届人民代表大会有关专门委员会组成人员人选通过办法、区第十三届人民代表大会有关专门委员会组成人员名单；表决通过了关于大渡口区人民政府工作报告的决议、关于大渡口区2018年国民经济和社会发展计划执行情况及2019年计划的决议、关于大渡口区2018年财政预算执行情况和2019年财政预算的决议、关于大渡口区人大常委会工作报告的决议、关于大渡口区人民法院工作报告的决议、关于大渡口区人民检察院工作报告的决议。

【选举与任免】 1月，召开大渡口区第十三届人民代表大会第三次会议，与会代表通过举手表决方式，决定大渡口区第十三届人民代表大会设立社会建设委员会，大渡口区人民代表大会法制委员会更名为大渡口区人民代表大会监察和法制委员会。会议表决通过了大渡口区第十三届人民代表大会监察和法制委员会、社会建设委员会组成人员名单：监察和法制委员会主任委员刁勇，副主任委员黄婷婷（专职）、伍平伟、张远奎，委员李美军、陈箭宇、唐帅；社会建设委员会主任委员喻悦，副主任委员任山玲，委员邓春梅、陈文军、陈孝平、范蜜、黄秋节。

区人大常委会坚持党管干部和人大依法任免相统一，严格按照法律规定和程序，依法任免国家机关工作人员66人次、人民陪审员41人。坚持任前法律知识考试、任前表态发言、颁发任命书制度，推进任免工作规范化、制度化。全面贯彻实施宪法宣誓制度，促进宪法宣誓规范有序，增强选举和任命人员恪守宪法原则、依法履职的意识和自觉性。对区人大常委会任命人员进行工作走访，加强对人大任命人员的监督，增强任命人员的责任意识和公仆意识。加强代表资格审查工作，组织指导18个选区补选代表，依法确认并公告代表资格变动35人次。

【重大事项决定】 区人大常委会围绕经济社会发展，依法做出关于批准2018年区级财政决算的决议和2019年区级财政预算调整方案的决议。通过常委会会议、主任会议等方式，听取区政府关于机构改革等重大事项情况的报告。听取审议区检察院关于开展公益诉讼工作情况报告，做出加强公益诉讼工作的决议，促进依法行政、依法履职、公正司法。

【监督视察】 区人大常委会坚持正确监督、有效监督，听取审议工作报告31项，开展工作评议 1 项、执法检查 4 项、专项视察 2 项，确保宪法法律有效实施。

助力经济高质量发展。听取审议 2019 年上半年国民经济和社会发展计划执行情况报告。听取内陆开放高地建设工作推进情况报告，提出加快融入内陆开放高地建设意见建议。听取乡村振兴战略行动计划实施情况报告，开展“人大代表助力乡村振兴”活动，助力乡村振兴发展。专项视察四大板块建设推进情况，听取招商投资促进工作情况报告，推动板块建设和产业培育。听取市场监督管理工作情况报告。听取和审议旅游产业发展工作评议意见研究处理情况报告，并开展满意度测评。

深化财政预决算监督。听取审议国有资产管理情况报告，监督完善国有资产管理制度。听取审议财政预算执行、预算调整、决算等工作报告，推动预算绩效管理全面实施。听取审议审计工作及整改落实情况报告，对审计查出问题整改情况开展“回头看”，提升审计工作监督实效。听取重点项目绩效评价情况报告，推进人大预算审查监督重点向支出预算和政策拓展。开展《重庆市预算审查监督条例》贯彻实施情况执法检查。预算联网工作有序推进。推进预决算公开，区级部门预决算公开范围扩大到 109 个。听取防范化解政府隐性债务风险情况报告，要求政府完善债务风险监测、预警、化解、应急处置机制。

关注重点民生问题解决。开展重点民生实事完成情况专项视察，推动事关群众切身利益的民生实事工程落实落地。开展校园食品安全专项检查，加强学校及周边食品安全管理，确保师生“舌尖上的安全”。听取职业教育发展情况报告。开展就业促进法实施情况执法检查，促进创新创业带动就业。开展中小学生入学难问题专题调研，提出“适度超前合理布局教育资源、将学校建设放在优先位置”等建议。

助推生态文明建设。听取审议环境保护、污染防治攻坚战工作情况报告，推动生态环境质量持续改善。开展水污染防治法实施情况执法检查。组织人大代表视察“污水偷排、直排、乱排专项整治行动”开展情况，贯彻落实总河长令、河长制工作部署，助力守护一江碧水、两岸青山。听取规划和自然资源工作情况报告。听取城市提升行动计划、生态优先绿色发展行动计划实施情况报告。开展大渡口长江沿岸生态环境保护、老重钢片区土壤治理、跳磴河治理、农村人居环境整治等专题调研。

有序推进法治建设。开展宪法宣传和“七五”普法专项视察，推动形成自觉遵法学法守法用法的社会环境。听取审议法治政府建设情况报告，助力建设人民满意的法治政府。与市人大上下联动，组织开展民营企业发展法治环境工作专项评议，助力推动营商环境改善，促进民营企业发展法治环境不断优化。开展安全生产条例实施情况执法检查，促进安全生产水平不断提高。听取实施法律顾问和公职律师制度执行情况报告。听取区法院关于民商事审判工作报告。协助市人大开展立法调研，就物业管理、促进科技成果转化、湿地保护等条例的修订制定提出意见建议。依法开展规范性文件备案审查工作。做好人大信访工作。

【代表工作】 加强代表服务保障和管理。组织开展代表综合培训、专题培训，提升代表履职能力。邀请代表列席区人大常委会会议和参加执法检查、专项视察、专题调研等活动 180 余人次，推动代表参与区人大常委会工作常态化、制度化。完善代表履职管理机制，建立健全代表履职台账，通报人代会和闭会期间代表履职情况，引导、激励和监督代表更好发挥作用。广泛宣传代表履职事迹，激发代表履职热情。

拓展联系群众的深度和广度。推进“两联一述”工作落地落实，区人大常委会组成人员、区人大代表开展走访联系选民群众活动，37 名区人大代表在原选区述职。各镇街代表组紧紧围绕重点产业发展、重要板块建设、保障和改善民生等内容，全年开展视察活动 52 次，代表参加 719 人次，联系接待选民群众 2236 人次，收集社情民意 662 件，解决民生问题 373 个。坚持开展“主任走访接待日”活动，走访人大代表 32 人、接访选民 130 余人，代表和选民提出的 36 条意见建议得到及时交办和跟踪落实。开展“代表活动周”活动，组建教育、法律、健康、调解、民生和技能培训 6 支代表服务队，通过展才能、亮风采、常回家、解民疑、助发展、提建议六大主题活动，走访联系选民，收集社情民意，代表根植群众，彰显了生机与活力。

加强建议督办。区十三届人大三次会议以来，代表提出的 235 件建议全部办理完毕。区人大常委会听取审议区政府关于代表建议办理情况报告，对代表建议办理情况进行满意度测评。听取有关承办部门关于代表建议办理情况报告，提升代表建议办理质效。强化跟踪督办，开展代表建议办理情况“二次评价”，促进代表建议办理由“重答复”向“重落实”转变。区领导牵头就长江沿岸生态修复、金鳌山旅游开发、民营经济发展等17件建议进行重点督办，推动工作落实。

【自身建设】 旗帜鲜明讲政治。区人大常委会深入学习贯彻习近平新时代中国特色社会主义思想和党的十九届四中全会精神，增强“四个意识”，坚定“四个自信”，做到“两个维护”，在政治立场、政治方向、政治原则、政治道路上同以习近平同志为核心的党中央保持高度一致。以习近平总书记重要指示为指引，进一步坚定人民代表大会制度自信，充分发挥地方国家权力机关作用，夯实推进国家治理体系和治理能力现代化的基础。开展“庆祝新中国成立70周年暨纪念地方人大设立常委会40周年”人大知识竞赛，不断增强将人民代表大会制度优势转化为治理效能的政治自觉、思想自觉和行动自觉。认真落实全面从严治党主体责任，充分发挥人大常委会党组把方向、管大局、保落实的重要作用，严守政治纪律和政治规矩，为区人大常委会依法履职提供坚强的政治保证。

贯彻落实区委决策部署。全面贯彻落实区委第五次人大工作会议精神，严格执行重大事项请示报告制度，全年向区委请示报告22次，区委主要领导批示22次，区委常委会专题研究人大工作7次，确保各项工作毫不动摇地体现党的领导。贯彻落实区委十二届六次、七次全会精神，坚持区委有号召人大有行动，区委交任务人大有落实。聚焦“三大攻坚战”“八项行动计划”，围绕建设“高质量产业之区、高品质宜居之城”，突出产业发展、环境保护、扶贫帮困等重点工作，组织人大代表开展集中视察、专题调研，走访联系重点企业、困难群众，真正做到察实情、出实招、谏真言、求实效，助推全区经济社会发展。

开展主题教育。开展“不忘初心、牢记使命”主题教育，牢牢把握“守初心、担使命、找差距、抓落实”总要求，推动理论学习往深里走、往实里走，聚焦主题学习研讨，紧盯问题开展调研，深查细照检视反思，动真碰硬整改落实，力戒形式主义、官僚主义。区人大常委会党组成员带头深入镇街村社区，紧扣环境保护、创新发展、依法治区等开展深度调研，提出对策建议68条。

思想政治建设。强化意识形态工作，抓牢学习教育，建立健全党组中心组理论学习制度，始终坚持以习近平新时代中国特色社会主义思想武装头脑、指导实践、推动工作。突出思想引领，及时学习贯彻中央、市委、区委重大决策部署，重要会议精神，认真贯彻落实区委第五次人大工作会议精神，增强在人大工作中坚持党的领导、贯彻党的路线方针政策的自觉性。

推进组织制度建设。开展区人民代表大会议事规则修订工作，修改完善人大工作相关制度，保障人大及其常委会依法履职。加强专门委员会制度建设，促进作用更好发挥。制定加强代表之家建设、代表履职活动登记办法等工作制度，推进代表工作规范化、制度化。推动镇街设置人大办公室，配备相应的工作人员，镇街人大工作力量得到加强。

强化作风纪律建设。坚持不懈、持之以恒纠正“四风”，倡导求真务实工作。主任会成员带头深入基层，就建设长江文化艺术湾区、民生实事项目票决制、代表履职作用发挥等开展深度调研，形成了一批针对性强、有指导价值的调研成果。持续改进会风，提高常委会审议质量。坚决贯彻落实中央八项规定精神和市委实施意见，深入开展党风廉政“以案四说”警示教育，提高拒腐防变的意识和能力。

加强履职能力建设。注重人大制度理论研究，组织参加市人大纪念地方人大设立常委会40周年征文，3篇论文获奖，其中《地方人大常委会专题询问制度探析》荣获一等奖。强化人大宣传工作，市人大《公民报》等市级媒体登载大渡口区宣传稿件143篇，位居全市前列。《大渡口报》、大渡口电视台宣传报道人大工作160余次，增强人大工作公开性和透明度。加强学习培训，开展党组理论学习中心组学习26次，组织履职培训、专题培训等13次，举办“财经讲坛”22讲。推进信息化建设，完成机关办公OA系统建设。

（区人大办）

大渡口区人民政府

概　述

【政治引领】 旗帜鲜明讲政治。始终把政治建设摆在首位，树牢“四个意识”，坚定“四个自信”，坚决做到“两个维护”，自觉在思想上政治上行动上同以习近平同志为核心的党中央保持高度一致。深学笃用习近平新时代中国特色社会主义思想，将其贯彻到区政府班子建设全过程、各方面，全面彻底干净肃清孙政才恶劣影响和薄熙来、王立军流毒，坚决兑现市委“三个确保”政治承诺，锻造忠实履行习近平新时代中国特色社会主义思想的领导班子。严格执行民主集中制，落实集体领导和个人分工负责相结合的制度，召开政府常务会议、区长办公会议、政府党组会议等53次，审议议题272项。落实重大事项请示报告制度，报请区委常委会审议重大事项34项。

把好理想信念总开关。扎实开展“不忘初心、牢记使命”主题教育，严格按照中央、市委和区委统一部署，认真落实主题教育总要求，聚焦主题主线，在学思用贯通、知信行统一上下功夫，深入检视整改区政府班子自身问题14个，班子成员认真做好民生服务团工作，积极帮助民营企业、村（社区）解决具体困难和问题。落实意识形态工作领导责任制，自觉参加区委理论中心组及学习大讲堂学习。严格执行双重组织生活有关规定，按照“三会一课”制度要求，自觉以普通党员身份参加政府办机关党支部组织生活。

依法行政履职。认真执行区人大及其常委会决议、决定，积极支持区政协履行职责。定期向人大报告工作、向政协通报情况，办理人大代表建议232件、政协提案176件。加强法治政府建设，深化综合行政执法改革，推动行政执法重心下移，整合行政执法机构和职责，强化规范性文件审查备案和行政权力责任清单动态管理，做好行政复议和行政应诉工作。扎实开展“抓兑现落实、促高质量发展”执行力提升行动，强化干部担当作为，大棚房整治、刘家坝西片区等11个地块征收实现清零。深化行政审批制度和商事制度改革，工程建设行政审批改革取得实效。推行政务大数据“云长制”，90%以上政务事项实现网上运行，行政许可办理时间较法定时限减少58%。

正风肃纪反腐败。认真学习贯彻中央八项规定精神和区委实施意见，驰而不息反“四风”。严格执行中央八项规定精神，严格落实过“紧日子”要求，压缩财政一般性项目支出和重点项目支出5331万元。强化审计监督、财政评审，节约资金2.3亿元。认真履行党风廉政建设“一岗双责”，落实党风廉政述责评议、约谈、纪实等制度。班子成员带头落实个人有关事项报告制度。强化廉政警示教育，深入开展“以案四说”。推动党风廉政建设和反腐败工作同经济社会发展工作同研究、同部署、同落实。

人　事

【概况】 完成机构改革相关人事工作，完成机改事业人员转隶，涉及12家单位139人。完成三批次158家事业单位岗位设置调整方案报送，核准函复144家，协助完成党群序列15家事业单位岗位设置，向市争取设置398个周转岗位，确保区基础教育和基层卫生机构人才优化配置。完成机改后事业单位科级领导干部提拔任用32人、平级交流32人、“三类”人员补岗聘用484人、转正定级257人、转岗聘用1人。对拟转递的公务员、参公人员档案499册进行严格审核，补充零散材料617份，日常转入人事档案109册，转出213册，配合查阅116次。完成转入党群干部因私出国（境）证件22本、转出28本，报送出入境支队撤销登记29人。

开展事业单位人员招聘7场（公开招聘2场、公开选聘1场、优秀村社区干部招聘1场、基层医疗卫生考核招聘1场、赴高校招聘2场），办理新进人员入职手续218人、辞聘16人、调出7人、区内调动37人。

加强和规范区属国有企业非区管干部人员进出管理，会同区国资办拟制并出台《区属国有企业非区管干部人员进出管理办法》，完成4家区属国有企业用工需求设置并在2个月内为区属国企补充25人。

开展临时用工人员清理、统计工作，完成全区74家单位、2154名可聘人员数量核定（不含教育、卫生系统）。完成全区新中国成立70周年纪念章发放及材料报送，根据年度考核结果及时开展定期表彰奖励，完成记功51人、嘉奖502人。按巡察工作要求，配合开展21家被巡察单位的选人用人专项检查，形成问题报告2个、检查组意见反馈2个。

【工资福利】 完善事业单位工资收入分配制度。完成全区157家事业单位2018年度超额绩效总量终核和2019年度超额绩效总量初核，优化各单位的考核办法，实现在总量范围内自主分配。审核离退休人员健康休养费、按年度正常增加事业单位人员薪级工资等工资待遇。完成区人民医疗薪酬制度改革试点工作，发挥工资政策的激励导向作用。

【人才工作】 服务体系。贯彻执行《大渡口区科教兴区和人才强区行动计划（2018—2020年）》《大渡口区人才强区三年工作方案（2018—2020年）》《大渡口区人才强区三年工作方案计划安排表（2018—2020年）》，切合产业发展，开展人才强区建设。贯彻《大渡口区关于聚焦乡村发展难题落实“五个振兴”的意见》，成立乡村人才振兴领导小组，建立工作协同机制，推动实施乡村人才振兴“四大工程”，制定乡村人才振兴若干措施。

人才平台建设。用好现有人才平台，获得留学人员创业扶持、博士后创新人才支持计划等4个人才项目76万元的市级人才资金支持。发挥以天安梯公司为载体的专家服务基地的平台作用，聘请专家走进园区，围绕企业发展共开展10场活动，涉及知识产权、财税等多个方面，吸引2800余人参加。与欧美同学联合会青年委员会共建高层次人才“一站式”服务平台，设立服务窗口4个，设置区级人才服务专员4人，明确各职能部门人才联络员60人，为人才提供“一对一”服务。

高层次人才引进。主动与市人力社保局沟通，深入企业20余次，点对点向辖区博士后工作站和重点企业发布引才活动信息，组织辖区企业积极参与市人才交流中心搭建的“走出去，请进来”引才活动。依托11个博士后工作站等平台，引进高精尖缺人才29人，1名人才成功入选“百千万人才工程”国家级人选，5人获得创新创业领军人才称号，1人获得留学人员创新创业扶持一等奖。

人才培养成长。畅通职称评审“绿色通道”，7名人才申报2019年特殊人才认定，受理职称初定254人，来渝确认48人，留学回国人员职称评定报送1人，实现零的突破。受理各专业高、中、初级职称申报342人。完成教育、卫生系统等学历确认16件。获得1个市级高级研修班开班资格。落实“巴渝工匠2020”计划，开展区首届传承与创新手工艺技能大赛。

人才服务。开展引才统计，分门别类，完成博士后工作站等人才平台、千人计划、百千万人才工程、留学人才、25项服务事项等13个项目库统计工作。完成高层次人才22名专家的选拔及人才服务证制发。开展高层次人才和正高级职称的慰问、体检112人次。提供职称、百千万人才项目申报、院士、博士后工作站申报材料指导等服务2100余次，服务人才90人次。做好“社区党建引领社区治理智慧云服务平台”系统的人才服务、政策宣传等维护工作，上传政策11个，人才信息22条，答复人才需求16条。发放宣传册8000余册，走进企业开展专场政策宣传4次、职称政策宣讲3次，开展学术沙龙服务2场。解答职称、人才等政策咨询7600余次。

（区人社局）

政务服务

【概况】 重庆市大渡口区政务服务管理办公室成立于2003年6月。2019年2月更名为重庆市大渡口区政务服务管理办公室（以下简称“区政务服务办”），区政务服务办为区政府派出机构。行政编制8人。2017年下设全额拨款事业单位“重庆市大渡口公共资源交易中心”，机构类别为公益一类，事业编制7人。

区政务服务办的主要职责是：（1）贯彻落实国家、市、区有关深化行政审批制度改革等职能转变的决策部署和重要决定，负责组织接受公民、法人和其他组织有关投资政策、行政审批服务事项的咨询，组织办理公民、法人和其他组织申请的各类行政审批和服务事项。（2）贯彻执行《行政许可法》，协调督促有关部门对区级行政许可（审批）、公共服务项目进行清理、审核、公布、实施。（3）负责制定区政务服务中心的各项规章制度，并组织实施；负责组织协调对进入区政务服务中心服务项目的审核确立、变更调整和流程优化，对项目运转情况进行协调、督查；负责对服务窗口、工作人员的管理和考核；负责区政务服务中心的日常管理工作。（4）负责对区级分中心、镇（街）公共服务中心、村（社区）便民服务中心进行业务指导。（5）负责统筹推行网上行政审批服务，并实行效能监管。（6）负责受理服务对象对行政审批服务方面的投诉、举报，会同有关部门进行核查和处理。（7）负责管理区公共资源交易中心。（8）完成区委、区政府交办的其他任务。

【行政审批制度改革】 持续推进审批流程优化和再造。推进“行政权力和公共服务事项网上运行”工作，举办培训会、召开工作会，指导督促全区政务服务部门和镇街按照《重庆市（市、区县、乡镇）三级行政权力和责任事项清单》认领所涉事项事权，并在重庆市网上办事大厅上实现标准化规范化发布和网上运行。5042 项（小项）行政权力和公共服务事项向社会公布，行政许可事项较法定时限压缩 59%。

【服务群众】 推进“三集中、三到位”。设立企业开办综合受理窗口，由综合窗口一次性收取企业开办所需材料，各有关部门并联办理，将企业办理营业执照、申领发票的办结时限由 5 个工作日压减至 3 个工作日以内，减少企业往返跑路，优化营商环境。设立工程建设项目审批综合服务窗口，开设自助服务区，举办业务培训，启用重庆市工程建设项目审批管理系统，督促相关部门在运用重庆市政务服务系统时杜绝出现超时办理、“秒办”等问题，实现“一窗受理、并联审批、限时办结”。

【“互联网 + 政务服务”】 根据市政府文件要求对应取消 17 项事项，对应承接 6 项事项。启用新版重庆市网上办事大厅，鼓励督促职能部门开展网上办理，行政许可事项网上可办率 81%。至 2019 年年底，区中心受理 15436 件（其中互联网受理 3739 件，占 24.2%），按时办结率 99.9%。大力推广“渝快办”应用，在三级服务中心摆发或发放“渝快办”宣传资料 2000 余份，同时在大渡口党建云服务平台开设“渝快办”链接端口，党建云服务平台 10 万用户可以通过端口链接进入“渝快办”。

【公共资源交易】 完成电子招投标相关工作。按照全市基本实现公共资源交易全过程电子化以及重庆市公共资源交易中心对各区县电子招投标建设规范化、标准化的有关要求，全面完成电子招投标硬件设施设备配置。已完成机房、网络安全软硬环境改造，已初步具备电子招投标基础设施要求。

提升交易效率和效益。公共资源交易平台覆盖范围逐步扩大，公共资源交易项目扩面增量，采购规模大幅提高。区政府采购围绕财政支出管理改革，范围逐步扩大，采购规模和财政资金节约率保持稳定增长。

优化公共服务。交易中心不断优化信息、场所建设、信息、专家抽取、开评标等服务，优化营商环境。交易流程更加科学高效，交易活动更加规范有序，效率和质量进一步提升。积极服务区重点项目、民生类项目，专门开辟绿色通道，优先制作文件，发布公告，实施采购，确保区重点项目、民生类项目按时保质保量完成。按照相关要求，协助行政主管部门落实中小企业、残疾人企业优先采购和节能环保采购政策，将具有竞争优势的产品纳入协议采购目录。

【新中心迁建】 推进区行政服务中心迁建工作。数次收集部门进驻新中心需求，多部门联合考察新中心选址，3 月 27 日区政府常务会、5 月 8 日区委常委审议通过《中心迁建方案》。招标装修装饰设计单位，协调解决新中心防火分区和部门布局需求等问题，完成新中心整体装修装饰设计方案和消防审查。论证确定多联机空调系统。区科投公司与国瑞城开发商（重庆龙厦房地产开发有限公司）签订购房合同和购车位合同。国瑞城开发商正在对新中心外围环境进行整治。收集掌握各单位对新中心车位和办公家具需求。财政局工程费用预算审核即将结束。

（区政务服务办）

机关事务管理

【办公用房】 机构改革以来，按照全区统一部署，拟定全区办公用房调整方案，实施了区纪委监委、医保局、退役军人事务局等 9 家单位办公用房的调整、搬迁、装修等，保障了各单位工作正常开展；与区发改委、区财政局联合建立区党政机关办公用房巡检制度并开展巡检工作。重点对建设或者大中修办公用房违规情况，不按规定腾退移交办公用房情况，未经批准租用、借用办公用房情况等九项内容进行巡检；根据市级下达任务，完成全区党政机关房屋资产信息数据统计上报工作，建立了办公用房数据库。

【公务用车】 继公务用车标识化管理以来，全区公务用车管理迈上新台阶，全面启动公务用车信息化管理平台建设。完成227台公车OBD信息化系统的安装，建立了全区公车管理一张网，对各单位车辆信息、出行路线、出行事由等进行严密监控和备案，实现公务用车集中化、智能化、科学化管理。

【公共机构节能】 推进全区公共机构垃圾分类回收工作，通过采取“四强化”和“四举措”，全区投放分类垃圾桶约3112个，建立5个市级垃圾分类示范岗和5个区级示范点，引导干部职工形成绿色环保、循环利用的办公和生活方式；全年完成31家目标单位的油烟治理工作。同时，区机关、金桥食堂厨房油烟治理，率先以远低于重庆市油烟排放1.0新标准通过全市复检；推进区环境污染防治工作，投入500万余元，对区机关办公大楼燃气空调、机关食堂空调进行气改电改造及大楼电力增容工作；开展节约型公共机构示范单位创建活动，推选重庆旅游学校参加国家级节约型公共机构示范单位创建，推选重庆三十七中学参加国家级能效领跑者遴选。

【标准化与信息化】 安排专人前往国管局、市场监管局等单位学习培训机关事务标准化知识，助力标准化工作提档升级；先后与安徽省铜陵市机关事务局、璧山区、涪陵区、大足区等机关事务管理部门进行了业务交流，拓展标准化工作全新思路；市机关事务局先后两次组织市质量与标准化研究院相关专家来区调研指导机关事务标准化工作，并向市局申报《集中办公区安全保卫服务规范》《党政机关会务服务规范》两个标准化示范项目，为机关后勤标准化工作指明方向。

【后勤保障】 先后增设食堂餐饮卤菜、中式面点、西式面点等特色食品的供应，调整优化工作餐菜品口味。成立由服务对象代表为主的食堂监督委员会并定期召开意见征求会，通过微信等渠道提前公示一周菜谱。全年，食堂早中晚餐就餐人数13.92万人次，各类公务接待134起，1823人次；持续保持物业耐心高效服务水平，全年承接会议服务243起，有效服务投诉为零。服务热线受理解决各类来电诉求480余起，完成各类维修维保事务953件，全年未出现重大设备故障和安全事故；安全保卫工作及时到位，为全力保障今年中华人民共和国成立70周年大庆活动，维修增补了安保监控设施设备，通过人防与技防相结合，击破盲点，全面强化机关办公大楼安全防护措施。

【全面从严治党】 政治建设。局党组切实将党建责任牢记心中、扛在肩上、落实到行动上。坚决维护习近平总书记党中央的核心、全党的核心地位，坚决维护党中央权威和集中统一领导。认真学习党的十八大、十九大精神和习近平总书记系列重要讲话精神。用习近平新时代中国特色社会主义思想武装头脑、指导实践。牢固树立“四个意识”、坚定“四个自信”，始终把党的政治建设摆在首位。

思想建设。注重意识形态工作导向，通过召开党组会、中心组学习会，贯彻全面从严治党思想，加强“一岗双责”落实到位。通过开展学习党的十九大专题党课、知识测试、演讲比赛、参观学习等形式加强思想教育，坚定努力方向。同时，特别强调意识形态工作在机关后勤服务中发挥的重要作用，专题研究意识形态工作，掌好舵、把好关。全年召开党组会30余次，中心组学习4次；坚持宣传阵地、集会场所刊登发布信息审批制度，全年50万余次的报刊收发中，无一例违法违规情况发生，严格管控网络信息安全。

配合区委巡察工作，扎实开展“不忘初心、牢记使命”主题教育。在局党组的带领下，全局党员干部职工提高站位、端正态度、积极作为，努力做好巡察检查工作。针对巡察提出的5个方面17个问题制定了详细的“问题清单、任务清单、责任清单”，落实整改时限。结合“不忘初心、牢记使命”主题教育，将巡察问题纳入检视问题整改落实，局党组制定整改问题清单9项。

（机关事务管理局）

应急管理

【概况】 2019年，大渡口区应急管理局（以下简称“区应急局”）以“控大事故，防大灾害”为目标，以大排查大整治大执法为抓手，坚决打好防范化解重大风险攻坚战，加快推进应急机构改革，不断完善体制机制，取得了阶段性的成果。全区纳入市政府控制指标统计考核9人，占全年考核指标数（16人）的56%，同比下降18.2%，未发生较大及以上生产安全事故和自然灾害，全区安全生产和自然灾害防治总体形势稳定可控。

【应急管理体系】 深化应急行政管理体系改革。结合全区机构改革，从区级、镇街2个层面建立了行政机构，明确工作职责。区级层面，区应急局负责全区安全生产、自然灾害防治的综合统筹，组织指导协调事故灾害应急救援。全区各负有安全生产和自然灾害职责的重点部门都设置了应急管理内设行政科室，负责专项防治工作，参与应急救援。镇街层面，各镇街设置了应急管理办公室，负责辖区安全生产、自然灾害防治的综合统筹，组织协调辖区事故灾害应急救援；各村社设置了应急管理专职人员，纳入综合治理网格化管理。

健全应急组织指挥体系。成立“两委”，分别成立了区安全生产和减灾委员会，负责安全生产、自然灾害防治和应急救援的统筹协调、检查指导、考核奖惩等工作。办公室设在应急局，负责委员会的日常工作。成立“八办”，在区安委会下设道路交通、水上交通、轨道交通、建设施工、危险化学品、旅游、城市运行、消防8个专项安全办公室，办公室设在各行业领域主管部门，负责行业领域的安全生产工作。成立“一总四专指”，成立区自然灾害应急总指挥部，总指挥部下设森林防灭火、防汛抗旱、抗震救灾和地质灾害防治救援、气象灾害防御4个专项指挥部，负责统筹协调灾害防治，组织指挥应急救援。总指挥部和专项指挥部办公室设在区应急局，负责各指挥部的日常工作。

建立应急队伍“11885”体系。“1”是建立了覆盖防汛抗旱、森林灭火、地质灾害、道路交通、建设施工、危险化学品、非煤矿山、特种设备、消防等9个行业领域的1支应急救援专家队伍33人。“1”是依托区消防救援支队组建了1支常备救援队伍150人。“8”是依托各行业领域主管部门，组建了防汛抗旱、森林灭火、地质灾害、道路交通、建设施工、危险化学品、非煤矿山、特种设备等8支专业救援队伍146人。“8”是依托8个镇街组建了8支群众队伍312人。“5”是依托各行业领域主管部门，组建了医疗救护、通信燃气电力、市政设施、环境监测、维护稳定等5支救援保障队伍266人。

强化应急管理基础制度保障。（1）明确监管职责边界，制定减灾委和各专项指挥部成员单位规则，细化职责任务，落实灾害防治责任。（2）健全风险隐患排查机制，常态化开展防汛抗旱、地质灾害、森林防火等重点领域风险隐患排查，已排查整改防控风险隐患125个，分类建立台账，落实管控措施。（3）推进应急管理制度建设，初步建立起预警信息发布、会商研判、预警响应、应急响应、现场救援指挥部组织架构等6项应急制度，保障了各项工作有序开展。（4）建立各类应急救援队伍人员、装备台账。全年各镇街、各相关部门组织开展应急演练158次，提升应急救援队伍实战能力。

【应急处置】 处置各类突发情况。快速有效处置中交茄子溪港“10•4”火灾突发事件、中石油伏牛溪油库“10•29”输油管道泄漏事故，经受住了清明、国庆、连续雨季的检验，预警预报、应急响应、灾害统计等工作运转有序，应急体制机制改革成效得到初步显现。

严肃查处生产安全事故。严格事故接报工作，在事故接报之时起，在规定的时限内及时统计上报事故情况，未发生事故信息迟报、漏报的情况。参与生产安全事故救援，在接到事故报告后第一时间赶赴事故现场，组织事故救援，防止事故扩大，减少人员伤亡和财产损失，做好开展事故处置评估。本着“四不放过”原则，严格按照生产安全事故“一案双查”要求，依法对12起生产安全事故启动企业主体责任和监管责任的调查；按照《安全生产行政执法机关移送涉嫌犯罪案件规定》，对涉嫌犯罪的7名企业人员移送公安机关开展刑事责任查处。依法对事故单位及责任人的违法行为进行立案处罚，处罚款206.11万元，未发生行政复议和行政诉讼案件。

【安全生产】 强化督查督办，抓兑现落实。（1）区安委会对排查出的重大隐患实施区级挂牌督办和点对点交办，每月收集整治工作进展并报区政府督查室，督促落实整改责任。按期整治完成38个，按期整治率100%。（2）紧盯国考国巡问题整改，对国务院安委会考核巡查反馈的12个个性问题和19个共性问题，细化整改方案、分解下达任务，将整改情况纳入区安委会综合督查，强化跟踪督办，防止问题反弹，31个问题已按期整改完成。（3）按照区委常委会要求，完善督查督办机制和企业黑名单制度，区安委会办公室会同区纪委监委、区委督查办、区政府督查办，邀请专家、电视台参与，在重点时段、敏感节点，通过集中督查、现场抽查、暗查暗访等方式，对部分镇街和重点部门开展综合督查，对查出的问题视频曝光、通报警示、交办催办、跟踪督办，闭环管理，并将督查情况报送区政府、区纪委监委。

抓专项攻坚，强化大庆安保。8月—10月10日，组织全区安全生产和自然灾害防治领域开展了“防风险保安全护稳定迎大庆”集中攻坚专项行动，各镇街、区安委会各重点成员单位扩大检查执法范围，增加检查执法频次，强化对重点方面、重点区域、重点部位、重要环节的巡查盯防，确保人员在岗位、在现场、在状态，有效防止各类生产安全事故和自然灾害事件的发生。

抓风险管控，强化本质安全。区安委会办公室强化综合统筹，组织各镇街、各重点部门全面开展风险研判和问题排查，建立各行业领域风险清单，在春节前、高温汛期前、国庆节前分别开展三次针对性风险研判，完善了重大风险清单，更新了风险数据库，全面摸排26个种类，238个风险，目前风险数据库存量48个，已逐项明确防控措施、责任主体和化解时限。开展道路交通领域严重违法行为专项整治和建设施工领域“建安”系列集中执法行动，全年开展执法检查1.5万家次，排查安全隐患1.3万个，实施行政处罚3823.081万元。

抓宣传教育，提升安全意识。牵头组织相关镇街、安委会重点成员单位，在步行街广场举办2019年“安全生产月”集中宣传咨询日活动。“安全生产月”宣传期间，开展警示教育225场，受教育43589人次，现场咨询互动5300人次，制作发放各类宣传资料23000余份。组织各镇街发动社区（村居）网格员和安全生产志愿者开展安全宣传教育“七进”活动。联合区总工会开展“安康杯”竞赛活动。持续开展特种作业人员考试，全年1700余名特种作业人员参考，其中区属企业负责人及安全员50余人参考。持续开展各类培训，聘请市应急局专家对全区各镇街委托执法人员开展两期执法培训，培训200余人。开展“重庆市党政领导干部安全生产责任制实施细则”专题培训，各镇街、安委会各成员单位等60余人参训。组织开展两期全区网格员安全知识培训，培训300余人。

抓统筹调度，圆满完成国务院安委会考核督查。牵头组织全区迎接国务院安委会第四考核巡查组对大渡口区2018年安全生产与消防工作的考核，多次统筹调度，完成了迎检工作。

【专项执法】 牵头开展危险化学品综合整治行动。“建立伏牛溪片区危化品联合执法机制”是2019年改革工作20项自选动作之一，区应急局强化统筹，压实责任，加大执法监管力度，坚决确保该片区安全可控。(1)针对伏牛溪片区7家危化企业，制定了“一企一策”管控措施，明确检查人员、时间、内容，加大检查巡查力度，及时发现存在的风险隐患和违法行为。（2）由区应急局牵头，联合公安、经信、商务、交通、市场监管、消防等部门，组建伏牛溪片区危化品联合执法队伍，每周开展2次以上联合执法，严查严打危化品经营、运输、储存环节违法违规行为。在70周年国庆期间，联合执法队采取现场办公的形式，全力强化对伏牛溪片区危险化学品领域的监管，有力确保了全年重点时段、重点区域的安全平稳。（3）制定举报奖励办法，公开举报电话，鼓励群众踊跃举报危险化学品非法违法行为。全年检查企业268家次、重点区域42个，排查车辆2780辆，发现隐患277处，罚款9.29万元，查处举报4起，落实举报奖励2000元，查扣车辆2台、气瓶201个，查获乙醇2.5吨，氢氧化钠1.5吨，责令停产企业1家，非法违法行为得到有效遏制。

推进非煤矿山安全监管工作。制定全区非煤矿山安全生产工作要点，明确工作目标，强化责任落实。召开全区非煤矿山现场会，聘请专家面对面授课，推进双重预防机制建设和全员安全生产责任制等工作落实。结合重点工作及专项整治，精心编制年度执法计划和现场检查方案，并根据年度监督检查计划的安排，每月认真开展执法检查，并结合重点时段、重点部位和重点区域开展有针对性的检查。围绕关键节点和薄弱环节，持续深化非煤矿山安全生产大排查大整治大执法，每季度开展2次“全覆盖”督查检查。结合执法检查“三部曲”工作要求，开展非煤矿山安全标准化评审与监督检查“一体化”评定及各类专项整治。全年检查企业21家次、查处安全隐患36处，下达整改指令13份，督促企业全面完成整改，罚款4.3万元。

探索开展工贸安全监管工作。机构改革后，区应急局承担了工贸安全监管职责，在边改边学中逐步探索开展工贸安监工作。6月，以“四涉一有限”（涉液氨制冷、涉粉尘防爆、涉金属冶炼、涉冶金煤气、有限空间作业）为重点，联合行业主管部门（经信委、商务局）及镇街开展执法检查16次。会同区经信委组织开展安全培训120余人次。开展粉尘防爆及有限空间专项整治相关知识培训60余人次。全年检查工贸企业26家次，发现问题77条，处罚企业7家次，处罚金额8.5万元。

【基层党建】 强化党建统领全局作用。贯彻落实习近平新时代中国特色社会主义思想，充分发挥党建引领作用，严格执行重大事项民主决策机制，党组书记、局长坚持末位发言，凡是涉及“三重一大”的事项，均邀请纪检监察的同志参加会议。认真开展党风廉政建设，组织开展“以案四说”，组织党员干部参加全区“以案四说”警示教育会，筑牢拒腐防变思想防线。每月定期召开党组中心组学习、主题党日活动，精心准备学习内容，严格落实“三会一课”制度，通过加强理论学习，提升党员干部业务素质。全年组织开展党组中心组学习15次，主题党日活动12次。

开展“不忘初心、牢记使命”主题教育。组织党组成员开展学习教育、调查研究、检视问题、整改落实四项重点内容，通过开展集中交流学习、革命传统教育、先进典型教育、警示教育、志愿服务等，努力实现“理论学习有收获、思想政治受洗礼、干事创业敢担当、为民服务解难题、清正廉洁做表率”的目标任务。主题教育中，党组班子查找出问题13个，已完成整改9个。班子成员查找出问题38个，已完成整改22个。通过调查研究解决问题4个，开展党课宣讲5次，开展志愿服务5次，为群众办好事18件。召开专题民主生活会1次、专题组织生活会1次。

（区应急局）

消防救援

【概况】 2019年，大渡口区消防救援支队（以下简称“区消防支队”）在市消防救援总队党委和区委、区政府的坚强领导下，聚焦主责主业，主动适应“主力军”“国家队”新职能定位，紧紧围绕防火灭火中心工作落实各项任务，内强素质、外树形象，求实创新、戮力前行，辖区消防安全形势持续平稳可控，队伍高度稳定，自身建设取得新突破。

2019年，区消防支队先后被表彰为“全国消防监督管理工作先进单位”、总队“先进党委”“先进支队”“勤政廉政先进单位”“安全工作先进单位”“执法质量优秀单位”“全市消防监督管理工作先进单位”。

【火灾防控】 创新消防工作模式。以跃进村街道革新社区为试点，探索推广社区消防自防自治管理工作模式，召开社区消防安全自治管理现场会，相关经验做法得到总队高度评价并在全市进行推广。持续深化消防执法改革，按期全部移交消防行政审批事项，全面实施“双随机、一公开”监管模式。开展城乡消防安全风险评估、火灾高危单位消防安全评估，为全区10万余户家庭投保火灾惠民保险，消防监督执法案件依法查结率100%，群众满意率100%。

加强隐患整治力度。梳理出全区5大类、30余处突出性火灾隐患，形成专题报告呈区政府研究解决。关停违规经营养老院4处，确立重大火灾隐患3处，提请市政府挂牌督办1处，支队1名消防监督员、1名消防文员被总队评为全市消防监督管理工作优秀个人。

强化消防宣传。建成全市首个老旧社区消防体验馆，推出官方抖音宣传号，启动智慧消防体验空间建设工作，实现全区重点单位、镇街、微型消防站消防安全教育培训100%覆盖。承办第六届主城西片区消防安全示范课比赛，先后荣获片区及全市中学组评比决赛一等奖。依托“119”消防宣传月活动，举办“火焰蓝”消防形象艺术展，收获群众暖心祝福留言2500余条。

【灾情处置】 区消防救援支队全年接警2018起，出动车辆3800余辆次，出动人员近2.6万人次，抢救和疏散被困人员140余人，抢救财产价值2600万余元，完成“4•5”中交万都汇火灾、“10•4”中交茄子溪港口木材场火灾扑救、新中国成立70周年大庆消防安保等急难险重任务。

【执勤训练】 开展全员岗位大练兵活动，承办片区全员岗位练兵阶段性体能考核验收工作，开展业务训练“竞技榜”活动。在总队“火焰蓝”比武决赛中，支队取得背负空气呼吸器5000米跑第五名和枪炮协同灭火操第五名的好成绩。在总队执勤岗位练兵技能科目考核验收的6个项目中，支队所属3个消防站均取得优异成绩，支队综合成绩名列全市前茅，被总队通报表扬。

开展辖区重点单位熟悉调研活动42次，典型灾害事故实战演练11次，战评总结及典型案例研讨16次，制作修订数字化类型预案20份。针对辖区灾害特点，开展“突击2019”实战实装实景地震救援演练、水域救援编队实战拉动演练，万达广场、居然之家火灾事故综合应急救援无预案夜间实战演练。推进主城南战区危化品火灾扑救专业队建设，重点开展石油化工、高层建筑、地下建筑等3支攻坚专业队实战化训练，加快从处置单一灾种向应对“全灾种、大应急”转变。

【管理教育】 出台干部、消防员、文员三类人员请销假制度，狠抓队伍“四个秩序”、正规化专项整顿及作风养成，召开专题会议4次，分析研究队伍管理教育及安全形势，开展队伍管理专项督导30余次，督促全体指战员时刻保持良好应急状态。开展从严管酒治酒集中整治、从严整治涉赌涉贷问题、巡察反馈问题整改等系列重大专项活动，开展突击测酒及召回检测390余次，检查指战员及文员7500余人次，全年未发生涉酒事故案件。落实基层食品采购每日视频点验备案制度，推广基建工程第三方专业机构委托审计。全年未接到举报投诉案件，队伍无违法违纪行为发生。

以“六微六小”为载体开展随机教育。以“火线学堂”为依托，组织指战员参观“智博会”、重庆市工业文化博物馆等地，亲身体验前沿科技，擦亮队伍思想底色。策划12期原创活动，邀请专家学者来队举办专题辅导讲座，帮助全体指战员开阔视野、增长见识、提升能力。刘家坝站团支部在五四运动100周年之际被总队团工委表彰为“五四红旗团支部”，支队选手在大渡口区“不忘初心、牢记使命”全民健身运动会中荣获一等奖，1名战士获团区委“青春心向党、建功新时代”评比活动一等奖。

【基层党建】 区消防救援支队党委坚决贯彻落实总书记“四句话”训词精神、主题教育总要求及上级党委关于队伍改革系列重大部署，以党委谋划决策掌控全局，班子成员团结一心，勇于开拓、担当、作为。扎实开展“不忘初心、牢记使命”主题教育，经验做法在省部级以上媒体发稿28次，2篇调研报告、1篇专题党课教案被总队评为优秀文章并挂网展示，在全市消防救援队伍党委书记政工业务大比武中夺得第三名。专题研究制定《机关干部经常性工作职责》，将工作任务落实到人，形成“日跟踪、周通报、月问效”常态机制。

【表彰奖励】 2月21日，大渡口区召开区委政法工作会议，表彰2018年“10•1”大滨路伏牛溪桥油罐车火灾扑救先进集体和个人，区消防支队荣记集体三等功，赵凌霖、赵壁沿、刘潇然等10名指战员荣立个人三等功，20名指战员受到通报嘉奖。

【区消防支队挂牌成立】 12月31日，大渡口区消防救援支队举行挂牌仪式。区政府常务副区长徐晓勇出席仪式并做重要讲话，区政府办公室副主任潘红林、区应急管理局局长付骏出席仪式并共同为支队揭牌。区消防支队党委班子成员、机关全体指战员和中队指战员代表参加仪式。

（区消防支队）

经济社会发展

【概况】 2019年，区政府党组在区委的坚强领导下，紧盯区委确定的“高质量产业之区、高品质宜居之城”建设目标，厘清思路、找准路径、狠抓落实，重点培育发展“四大支柱产业”、打造“四大重点板块”，将新理念新思想落实到改革、发展、稳定等各领域实践之中。全区实现地区生产总值253.6亿元、增长5.3%，规模以上工业增加值增长5.6%，固定资产投资总额增长5.9%，一般公共预算收入增长8.2%，城乡居民人均可支配收入突破4万元、增长8.5%。

【产业结构优化】 “四大支柱产业”持续优化壮大。大数据智能化产业新引进项目8个，海康威视长江上游总部、区域研发中心落地，产业园一期全面达产、二期加快建设，实现营业收入56亿元；生态环保产业新引进项目5个，推进三峰环境上市步伐，实现营业收入50亿元；大健康生物医药产业新引进项目16个，提速推进建桥生物医药产业园建设，全产业实现营业收入近20亿元；文化休闲旅游产业引进项目17个，重庆工业博物馆建成开放，成功举办首届长江草莓音乐节、“智跑重庆”国际城市定向赛，旅游总收入增长22.6%，文化产业增加值占地区生产总值比重突破4%。传统产业稳步提升，支持秋田齿轮、中石化润滑油等24家企业实施智能化改造，支持长征重工、国际复合等企业扩大生产，规模以上工业总产值增长9.1%。商业“老字号”培育实现零突破，新增“重庆老字号”4家。金融业健康发展，银行存贷款余额增长15.2%。

【城市建设】 加快完善基础设施。大滨路九滨路连接道启动建设，南大干道建成通车，北向通道建设取得重大突破。有序推进成渝铁路主城至江津段改造、白居寺长江大桥、轨道交通18号线等一批重大交通项目建设。新增城市道路11.3千米，新建改建变电站3个、配气站2个，开通5G基站398个；聚力打造“四大重点板块”。钓鱼嘴滨江湾区规划建设提速，长江文化艺术湾区策划通过市规委会审议。九宫庙商圈迈出扩容步伐，万达广场、居然之家开业运营，天安云谷二期建成投用。伏牛溪新城开发积极推进，伏牛溪生态恢复工程、来龙寺公园实现开工。建桥园区成为重庆高新区拓展园，完成标准厂房建设专项规划编制，建成产业楼宇11万平方米。园区规模以上工业总产值增长11.1%；稳步推进城市开发。启动国土空间规划编制。完成城市房屋征收20万平方米、农村征地1913亩，出让土地766亩。房地产市场保持稳定，新开工建设商品房286.8万平方米、销售185.3万平方米。

【城市品质提升】 启动7个老旧社区人居环境整治，开展生活垃圾分类试点。新建改建社区公园、小游园12个，完成坡坎崖绿化美化48万平方米。建成人行天桥2座，新建改建公厕17座，改造人、车行道15.6万平方米，整治违法建筑56.7万平方米。开工建设小学3所。新增公办幼儿园5所，公办园在园幼儿人数占比超过40%，普惠率68.8%。新增市级城市体育公园1个，建成社区体育文化公园2个、健身点11个。新增市级养老服务中心2个、社区养老服务站6个。完成43个中央、市级环保督察反馈问题整改。开展大气污染综合治理，空气质量优良天数达到309天。全面落实河长制，整治偷排直排乱排问题20个，关停6个长江码头货运作业，完成长江渔船转产上岸工作。建成建桥B区集中污水处理设施，新建改建雨污管网28千米，国考断面水质优良率达100%。治理修复污染土壤468亩。开展林长制试点，稳妥推进山水林田湖草生态保护修复，实施中梁山（大渡口段）保护提升，完成矿山治理恢复335亩。大力支持文艺精品创作，3个作品入围全国第十八届群星奖决赛、5个作品荣获第八届重庆艺术奖。完成区图书馆升级改造，建成文图分馆6个。

【深化改革】 区政府机构改革等重点改革任务有序推进。扎实开展“五清”专项行动，清理处置闲置土地228亩，盘活工业楼宇8万平方米、商业商务物业4万平方米。落实减税降费政策，减轻企业税收、社保负担11.1亿元。持续改善营商环境，新增市场主体5464户，总量突破3万户。帮助8家园区企业解决了产业楼宇办证遗留问题。推进国企分类改革，新成立3个板块公司和渝台创业公司。优化招商引资机制，签约项目51个，协议引资54.6亿元。实际利用外资1.1亿美元。组团参加第二届中国进口博览会。实现外贸进出口总额17亿元、服务外包执行额1.2亿美元。新培育科技型企业55家，新增国家高新技术企业12家，高技术产业产值增长44.9%。试点“商业价值信用贷”“知识产权信用贷”，深化政银企多方合作，帮助中小微企业获得贷款约2.1亿元。新增院士工作站1个，引进高层次人才29人，科技型企业（团队）数量增长31%。

【民生保障】 城镇新增就业人数1.4万人。退休职工基本养老金进一步调增。建立“一对一”结对精准扶贫帮困机制。开展医疗救助1.44万人次，帮助2200余名困难人员参加城乡居民基本养老保险，资助家庭经济困难学生1.43万人次。长期护理保险试点覆盖群众14.6万人。建成公租房90万平方米、安置房5万平方米。完成棚户区改造2152户，整治改造老旧小区9万平方米。支持老旧住宅增设电梯11台、改造更新电梯33台。实现退役军人三级服务体系全覆盖，通过市级双拥模范城创建验收。持续推进农村“三变”改革试点，扎实开展人居环境整治，开工建设农村公路8条，建成5条、22千米，改造农村危旧房241户，完成农村户厕无害化改造422户，行政村生活垃圾有效治理率达到100%。纵深推进扫黑除恶专项斗争，挂牌整治地区刑事案件，发案率下降41%，现行命案侦破率连续10年保持100%。

综合协调

【重要工作协调】 完成政府工作报告中计划工作的协调推进，先后专题协调“三大攻坚战”“八项行动计划”战略部署、城市提升行动、违建别墅清查整治等重点任务100余次。按季度调度全年重点民生工作的推进落实情况，承接市级民生实事项目9件：主城建成区边角地建设社区体育文化公园、发展普惠性学前教育、经济困难家庭大学生资助、实施主城区交通拥堵治理、实施公共停车场和步行系统建设、推进城区景区公共厕所和农村卫生厕所建设、实施“增绿添园”工程、推进社区养老服务“千百工程”、建立医改便民长效机制等。区级自选民生实事项目6件：实施保险惠民工程、发放高龄老人津贴、推进公共健身设施建设、开展农村人居环境治理、区人民医院改扩建工程、改善公共交通出行环境等。各镇街实施96件镇街微型民生实事，增强群众的获得感、幸福感、安全感，积极回应群众对美好生活的期盼。2019年民生实事项目，计划总投资6.06亿元，年内完成投资3.48亿元。资金来源为：中央资金3942万元，市级资金3616万元，区级配套2.08亿元（其中，年初预算5040万元，民生预留3187万元，其他资金1723万元，平台投入1.08亿元），社会投资6440万元。

【重大项目协调】 对区委、区府确定的112个重大项目按季度通报进度，协调相关职能部门解决项目推进过程中存在的困难和问题。长征重工、国瑞城三期、天安数码城二期等一批历史遗留的土地手续办理、产权登记等问题得到妥善解决，白居寺长江大桥、中坝路二期、金家湾立交改造等一批项目顺利推进。

【重大活动协调】 严格按要求落实每月区政府常务会、区长办公会等会务协调工作，做好会前议题收集审核、会场布置、参会人员通知，会中资料准备、会议记录、会场服务，会后资料完善、出台会议纪要等工作，全年服务区政府常务会27次、区长办公会17次。协调推进“三大投”“四大板块”各项事宜，全年协调开展与“三大投”对接21次，解决储备地范围污水处理厂、变电站、电力迁改、燃气管道迁改等问题32个。

政务督查

【概况】 围绕中心工作开展督查督办。牵头负责综合目标考核经济社会发展实绩、区政府工作报告、政府法定会议议定事项、“六个一批”重点任务、重点民生实事等的督查督办工作，围绕542个具体项目（任务）开展月调度、季督查，以实地督查加强节点跟进，推动各项工作取得实质进展。

开展专项督查。针对项目推进缓慢、群众反映突出的问题以及上级要求的工作开展专项督查，全年圆满完成市级交办和区领导交办督查任务63项，制发各类督查通报（专报、总结）74期。通过督查，有效解决了征地拆迁工作推进缓慢等问题。

抓好办理代表建议的督查。对人大代表所提建议进行梳理，明确责任单位和办理时限，全程跟踪督促办理。2019年督导政府系统相关责任单位办理代表建议共232件（含闭会期间3件），所提问题已经解决或基本解决的代表建议有188件，包含部分群众关心的医疗、教育、交通等民生问题得到有效解决，占办结总数的81%；所提问题正在解决或列入计划逐步解决的代表建议有25件，占办结总数的10.8%；所提问题因客观条件限制或其他原因暂无法解决的代表建议有19件，占办结总数的8.2%，代表回执满意率100%。

后勤保障

【概况】 综合行政。修订完善《公务接待工作细则》《公务车辆管理制度》《采购管理办法》等制度规范。落实专人管理，严格实施申请审批制度，确保大机关运转高效。

财务管理。严格落实中央八项规定精神及市级相关制度，及时修订完善《财务报销规范》等内控制度，引导干部职工严守财经纪律，从严从紧把好财务关。

车辆管理。率先全面推广使用重庆公车管理App，加强对驾驶人员的教育和管理，不断强化安全意识和责任意识，合理安排调度，严格车辆检修保养，确保车况良好和安全行车，强化公车调度，缩紧开支，公务用车运行维护费比上年度下降59.78%。

服务老同志。及时与老干部局等部门沟通协调，确保老同志的政治和生活待遇得到落实，在生日、节假日、生病等特殊时期积极主动与老干部联系，热心关怀掌握老干部的生活及家庭情况。

经济协作

【概况】 抓好高层对接。2019年组织区委、区政府与城投、地产、渝富等市级投资集团开展对接21次，“三大投”在区完成投资19.2亿元，出让土地316亩。截至年底，市地产集团可出让经营性用地6938亩，主要集中在伏牛溪片区、钓鱼嘴片区、凤阳及双山部分地块；市城投集团可出让经营性用地3621亩，主要集中在五一、互助及跳磴片区；渝富集团可出让经营性用地2184亩，主要集中在老重钢片区。

抓好“三大投”服务。承担区委、区政府与城投、地产、渝富等市级投资集团的经常性协调工作，协调解决储备地范围污水处理厂、变电站、电力迁改、燃气管道迁改等问题，持续加大相关市政基础设施建设，土地开发的统筹、协调和督促力度，助推钓鱼嘴一号路中段、钓鱼嘴一号路南段二期、百花村隧道等项目建设顺利推进，大滨路与九滨路连接道和嘉南线连接道完成施工图设计，“七纵七横”骨架路网基本成型。

清理往来债务。积极对接市城投集团、地产集团、渝富集团等开展往来账务清理结算工作，清理债务13.8亿元，其中城投集团11.3亿元，地产集团1.5亿元，渝富集团1亿元；2019年年底已收回城投集团5.5亿元，尚有8.3亿元待收回。

外事管理

【概况】 落实市委外事工作要求。规范因公出国（境）管理，成立区委外事工作委员会，建立健全相关会议制度、报告制度。聚焦大数据智能化、生态环保、大健康生物医药、文化休闲旅游产业，借助“一带一路”、中新（重庆）战略性互联互通示范项目，依托重庆市2019年与美国、日本、韩国、中东欧等21个国家和地区的交往合作计划，与俄罗斯、白俄罗斯、日本、韩国等国家加强交流合作，积极捕捉产业、科技、文化等方面的合作信息，推动“四大”支柱产业发展。

友城交往“零突破”。在市外事办的帮助下，先后与美国埃尔塞贡多市、立陶宛拉德维利什基斯市签订友好交往合作备忘录。

以外事工作服务新发展。结合区情实际，全力助推开放发展，开展对外引资引智，强化对外合作交流。从健全管理机制、统筹出访任务、规范审批程序、严格经费审核等方面严格因公出国（境）过程监管。2019年度自组团出国（境）考察3批18人次，参团5人次。

对口支援

【概况】 抓巡察整改。全面落实市委巡视反馈问题整改。针对“落实中央市委决策部署不够坚决，忽视农村和社区仍然存在大量贫困对象，以及承担对口支援忠县脱贫攻坚任务的实施，将党的十九大确立的‘三大攻坚战’改为‘两大攻坚战’，删除了‘精准脱贫攻坚战’”等问题，开展全面、严肃、认真的整改，将对口帮扶作为全年工作的重要内容来抓，牵头倾尽全力保障帮扶工作取得实效，全年帮扶忠县资金及实物1200万余元，其中帮扶资金932万元。

抓项目及产业帮扶。帮扶忠县资金的60%用于忠县深度贫困乡镇、贫困村基础设施建设和易地扶贫搬迁群众后续发展。聚焦东溪、马灌、官坝、石宝等贫困乡镇、贫困村道路基础设施落后等重点，援建道路15千米，扶持花椒、山楂等经果产业1500亩，大力推进脱贫攻坚相关的附属设施、影响后续发展的路、水、网等基础设施建设。继续援助支持忠州博物馆布展装饰工程后续建设，确保忠州博物馆顺利竣工投用。

抓扶智扶志。资助忠县贫困学生500人，帮助忠县培训各类科学技术、劳动就业、职业技能、医护人员367人次，完成忠县110名新生代劳动力转移就业，互派交流挂职人员18人次，两地组织部、卫生健康委、教委、科技局已分别互派5名机关干部、5名医生、5名教师、3名科技工作者交流挂职。此外，协助忠县引进的遵义金巨仁贸易有限公司的“种植连片有机高粱集观光旅游基体”项目已正式落户忠县，协议投入资金2500万元，目前已投入资金1200万元。

党的建设

【政治思想教育】 规范组织生活。党组班子和两个支部深入学习了习近平新时代中国特色社会主义思想和党的十九大精神，及时规范组织召开党组会议、中心组学习、党总支委会、主题党日活动，党组书记带头讲党课3次，班子成员讲党课7次，引导全体党员不忘初心、牢记使命。严格落实党管意识形态原则，坚持将意识形态工作和业务工作一起谋划和部署，每半年定期研究意识形态工作。特别是在外事管理、重大活动管控等方面强化保障措施，在政府门户网站、微信公众号及大渡口手机报等移动新媒体渠道上宣传党的政策，抓牢宣传阵地，积极唱响主旋律。

完善议事规则。建立完善了《大渡口区政府办公室党组会议议事规则》《大渡口区政府办公室主任办公会议事规则》《大渡口区政府办公室“三重一大”事项决策实施规则》《大渡口区政府办公室财务报销管理办法》《大渡口区政府办公室国有资产管理办法》《大渡口区政府办公室采购管理办法》《大渡口区政府办公室预算管理办法》等工作制度和相关规范，以此为契机推动区政府办公室各项工作迈上新台阶。坚持民主集中制，完善领导班子决策机制，全年召开办公室党组会33次，审议和通报区政府办公室“三重一大”事项69余项。

严格党员干部管理。办公室坚持开门搞活动，敞开大门听意见，召开全办学习交流会，聚焦反映强烈的突出问题，对办公室工作中存在的短板进行全面梳理，梳理汇总4方面34个问题，办公室全体干部深入反思反省，逐项分析，对号入座、主动认领。开展“以案说纪、以案说法、以案说德、以案说责”警示教育；开展党员干部亲属涉权事项公开工作，并与党员干部签订涉权事宜承诺书，促使党员干部时刻牢记“底线”“红线”，时刻警钟长鸣。

【“不忘初心、牢记使命”主题教育】 抓组织领导。9月12日召开区政府办公室干部职工大会，启动主题教育。及时成立主题教育领导小组，制定《区政府办（区大数据局）党组“不忘初心•牢记使命”主题教育实施方案》，确保党组织从一开始就将学习教育、调查研究、检视问题、整改落实同研究、同部署、同推进、同落实。

抓学习教育。主题教育期间，中心组集体学习8天，开展专题研讨11次，观看教育片3次，实地到白公馆、渣滓洞、聂荣臻元帅故居等3处红色教育基地现场学习，并重温入党誓词。依托主题党日、党支部大会、党小组会等，开展全体党员集中学习30余次、交流研讨22余次，区政府办机关党支部3个党小组共计开展集中学习18次，实现区政府办公室党员全覆盖。区政府办主题教育领导小组办公室不定期进行督查指导，检查党员读书笔记3次，检查主题党日、党小组学习记录5次，开展党员应知应会闭卷检测1次，对未完成读书笔记、学习记录以及检测不合格的党员同志及时进行约谈，约谈普通党员4人。

抓调查研究。严格按照主题教育要求，紧盯经济社会发展、城市建设管理、生态环境保护、民生领域等方面，结合制造业高质量发展、大数据智能化产业发展、深化“放管服”改革、教育公共服务配套、社区养老服务改革、生态环境提升等区委区政府当前中心重点工作，确定调研主题7个，区政府办公室党组成员深入基层调研20余次，形成《关于以工业大数据推动大渡口区制造业高质量发展的调研报告》《依托大数据技术推进建筑领域“两金三制”工作研究》《关于破解城市发展中教育配套难题的思考与建议》等7份调研报告，宣讲党课7堂。

抓检视问题。向全区机关事业单位发放征求意见表60份，收回40份，提出意见收到意见2条。领导班子成员之间、领导班子成员同分管科室同志之间开展谈心谈话，相互听取意见建议。共征求到问题和建议20余条，均已纳入主题教育检视问题之中，列入领导班子和领导干部检视问题清单。召开专题民主生活会2场，第一场查摆问题174条，第二场查摆问题92条。同时，普通党员严格按照《专题组织生活会普通党员要求》，以党小组为单位，召开普通党员专题组织生活会。民主生活会期间，进行批评与相互批评，真点问题、点真问题，达到红脸出汗、排毒治病的效果。

抓整改落实。突出主题教育的实践性，坚持边学边查边改，对检视查摆出的问题、调研发现的问题、群众反映强烈的问题、巡视巡察反馈的问题，列出清单、逐项整改。

【队伍建设】 选优配强科级干部。修订完善《区政府办公室科级领导干部选拔任用和职级晋升程序规范》，认真做好科级领导干部选拔任用和公务员职级晋升工作，严格按照选拔任用程序，开展干部动议、考察、公示、任用的流程，全年选拔任用、平级交流科级领导干部20人次，补岗竞聘2人次，公务员职级套转、晋升10人次。

加强干部历练。选任7名年轻干部到科级领导岗，统筹安排20余名干部参加市、区各类培训，有针对性地安排年轻干部开展重大项目、文化创意、历史遗留问题、社会热点等课题调研，完成调研专报18篇，在实践中增加干部理论素养和综合能力。

提升干部自身素质。常态化开展党员干部亮身份，时时自警自省，加强党员干部教育监督，经常开展批评与自我批评。党组书记带头主动与党员干部谈心谈话，做到班子成员必谈、重点科室必谈、其他干部选谈，及时了解党员干部思想动态，全年开展党员干部谈心谈话29人次。

（区政府办）

退役军人事务管理

【概况】 大渡口区退役军人事务管理局（以下简称“区退役军人事务局”）成立于2018年11月26日，为大渡口区政府组成部门。领导职数为一正两副，内设科室2个：综合科和安置就业优抚科。下设全额拨款事业单位2个：区军休中心和区退役军人服务中心。核定编制总数为19名，其中行政编制5名、参公编制7名、事业编制6名、机关工勤1名。

2019年，安置退役士兵80余人，安置军转干15人，发放各类优待抚恤金1904.16万元，悬挂光荣牌9000余块，完成新一届双拥模范城创建工作，开设法律援助服务站，实现全年“零进京”上访。

【退役军人安置】 依据《大渡口区退役士兵中“四类人员”工作安置实施方案》，完成退役士兵安置任务80余人，安置率100%。其中岗位安置6人，事业单位工勤岗位2人， 国有企业4人。货币安置75人，发放一次性经济补助金247万余元。完成军官转业安置15人，安置率100%。其中完成随调家属、复员和转改文职人员干部安置各1人，自主择业军转干部安置6人，完成计划分配军转干部安置任务6名且全部安置到区内参公编制岗位。

【教育培训】 组织63名秋季退役士兵开展“退役第一课”适应性培训。通过邀请4名自主就业老兵“传帮带”，聘请7位专家教授讲课等方式，“面对面、心贴心”传道授业解惑，达到自主就业士兵掌握最新政策，厘清思路、坚定信心的目的。

联合区就业局举办全区退役军人专场招聘会2场，100余家用人单位提供2000余个岗位，现场达成就业意向近200人，年度自主就业退役士兵就业率90%以上。年度接收的75名自主就业士兵中，有68名参加了相关教育培训学习，兑现技培费用73368元，其中有23名参加高等教育学习，24名参加技能培训，21名推荐就业岗前培训，培训率90%，合格率100%。为169名历年退役军人报名高职院校，提供身份核对，确保顺利入学。

【政策落实】 落实优抚政策，及时准确发放各类补助金800万余元。根据不同重点优抚对象情况，分类开展精准关爱服务。投入30万元，开展四批重点优抚对象短期疗养工作。投入28万元组织重点优抚对象开展身体健康检查。引入优抚社工项目，开展优抚对象关爱服务。

【权益维护】 设立权益维护接待中心和心理疏导室，接待来电来信来访2000余人次，收集各类意见、建议或诉求近3000条。组建法律援助服务站，提供免费法律援助7人次。开展矛盾排查化解工作，排查重点人员83人。执行“一人一专班”包案制，办理信访案件42起，市长公开信箱3件，办结率100%，回复率100%，实现全年“零进京”上访。

【基层党建】 深学笃用习近平新时代中国特色社会主义思想，开展“不忘初心、牢记使命”主题教育，坚决做到“两个维护”“三个确保”。把学习教育、调查研究、检视问题、整改落实四项重点措施整体推进，对检视发现的68个问题立行立改，召开民主生活会，深刻反思剖析根源，实现理论学习有收获、思想政治受洗礼、干事创业敢担当、为民服务解难题、清正廉洁做表率的具体目标。建立完善党组织体系。设立1个党总支、2个党支部。落实“三会一课”制度，每月召开主题党日活动，完善12371党建信息平台维护。落实意识形态主体责任，每季度研究意识形态工作。加强廉政教育，强化日常管理监督。落实中央八项规定精神，持之以恒正风肃纪。

【荣誉培养】 采集退役军人信息10100余条，信息通过率99.84%，居全市前列。启动悬挂光荣牌启动仪式，区领导入户为退役军人悬挂光荣牌，为烈属、军属和其他退役军人悬挂光荣牌9000余块。开展最美退役军人挖掘和宣传报道工作，挖掘出甯德明、刘文斌、刘世银等最美退役军人，在《大渡口报》上刊发他们的先进事迹。开展重庆市模范退役军人先进典型评选推荐工作，新山村街道办事处、跳磴镇石盘村支部书记李波、春晖路街道退役军人服务站站长魏佳军分别被评为退役军人工作先进集体、模范退役军人、模范退役军人工作者。利用重钢烈士陵园组织开展“传承•2019清明祭英烈”和大渡口区第六个“烈士纪念日”活动，区四大班子相关领导、双拥工作领导小组成员单位、各镇街及退役军人代表和驻区部队官兵2000余人先后参与祭扫活动。

【“双拥”工作】 调整充实区“双拥”工作领导小组成员单位，区长亲自任“双拥”领导小组组长，全区37家单位纳入“双拥”领导小组成员单位。先后召开2次“双拥”模范城创建工作推进会和1次迎检专题会，精准确定工作重点、方法、任务等。通过公益喷绘、悬挂标语、制作展板、开设专栏、视频播放等方式全方位、多渠道地开展“双拥”共建和爱国主义宣传。精心打造融城“双拥”特色示范社区和西南军政文化广场，制作“双拥”专题片，不断提升群众“双拥”共建知晓率和参与度。9月19日，市“双拥”模范城检查考评组通过听、看、查、评对大渡口区“双拥”模范城创建工作给予充分肯定，考评得分创历史新高。

【民生实事】 组建部分退役士兵社会保险接续问题工作专班，实行“一门受理、协同办理”工作机制。坚持推进学习政策和宣传政策并举并重，组织全区退役军人系统传达学习18次，开展专题培训13次，培训311人次，张贴和发放宣传资料4000余份，开展“点对点”电话告知和“面对面”入户走访宣传活动，提高社保接续政策知晓率。主动作为，开展信息比对和数据核查，摸排出全区以政府安排工作方式退出现役的退役士兵基本养老保险出现未参保和欠缴、断缴情形747人，全部录入系统。

【基层服务站建设】 强化责任担当，服务体系建设实现全覆盖。落实“五有”（有机构、有编制、有人员、有经费、有保障）的要求，完成街道2名、镇3名编制，村（社区）按每30名退役军人配备一名专职工作人员的服务队伍建设。按照“八个一”（一个办公场地、一块醒目标牌、一支专职队伍、一套制度流程、一个服务窗口、一块宣传阵地、一个网格体系、一套工作台账）标准，制定基层服务站装修规范和VI视觉识别标识标志。建立覆盖党的建设、工作规范、组织管理、内部运行等方面的制度体系，切实履职尽责。实现全区1个中心、8个镇街、88个村（社区）退役军人服务站100%挂牌运行，建立起区、镇街、村（社区）“三级”退役军人服务保障体系。

（区退役军人事务局）

大渡口区政协

【概况】 政协重庆市大渡口区委员全（以下简称“区政协”）于1984年4月成立。2017年1月区政协换届、选举，产生了第九届委员会领导班子，设主席1人，副主席7人，秘书长1人。2019年，有委员169人。

【九届三次全体委员会议】 中国人民政治协商会议重庆市大渡口区第九届委员会第三次全体会议于2019年1月21—23日举行。会议审议通过了张琼代表政协大渡口区第九届常务委员会所做的工作报告和杨金胜代表政协大渡口区第九届常务委员会所做的提案工作情况的报告。全体委员列席了区十三届人大三次会议第一次全体会议，听取并协商讨论了区政府工作报告，协商讨论了计划报告、财政报告、区法院工作报告、区检察院工作报告。会议通报表扬了2018年度优秀政协委员、优秀提案、反映社情民意信息工作先进集体和个人。

【常务委员会议】 3月7日，区政协召开九届十三次常委会。区政协主席张琼，副主席刘安东、袁凯明、邹文炬、周进源、黄万秋、胡军，秘书长李贤敏参加会议。张琼主持会议。会议审议通过了《2019年区政协重点工作安排（送审稿）》《2019年区政协主要工作分月安排意见（送审稿）》《政协大渡口区委员会全体会议工作规则（送审稿）》《政协大渡口区委员会常务委员会工作规则（送审稿）》和相关人事事宜。会议还书面通报了全区党风廉政建设和反腐败斗争情况。

5月23日，区政协召开九届十四次常委会，重点协商“四大支柱产业”培育工作，书面通报全区防范化解公共安全风险情况。区政协主席张琼，副主席刘安东、袁凯明、邹文炬、周进源、黄万秋、杨金胜、胡军，秘书长李贤敏及全体政协常委参加会议。区委常委、区政府常务副区长徐晓勇应邀参加会议，区政协各委室、各民主党派和人民团体、区级相关部门负责人列席会议。会前，与会人员先后前往重庆太可环保科技有限公司、爸爸的山坡亲子研学营地、重庆塞领科技有限公司等进行了实地视察，详细了解了这些项目的科研投入、运营、销售等具体情况。会上，“四大支柱产业”工作组分别就产业现状、主要做法、存在问题及下一步打算等做了通报。区政协相关委室结合前期走访调研情况提出了书面意见建议。与会人员围绕主题纷纷建言献策。

7月26日，区政协召开九届十五次常委会，重点协商“四大重点板块”建设工作。区政协主席张琼出席会议并讲话。区委常委、区政府常务副区长徐晓勇，区政协副主席刘安东、袁凯明、邹文炬、周进源、黄万秋、胡军，秘书长李贤敏，区政协全体常委，以及区政协各委室，区各民主党派和人民团体，区级相关部门负责人等参加会议。会上，“四大重点板块”建设责任单位通报了各板块工作推进情况、存在的主要问题和不足、下一步工作打算，区级相关部门进行了补充发言。区政协各委室结合前期走访调研，提出了意见建议。会议还审议并原则通过《政协大渡口区委员会委员履职工作规则（送审稿）》，书面通报区检察院2019年上半年工作情况。

9月27日，区政协召开九届十六次常委会，重点通报区政协九届三次会议以来提案办理情况。区政协主席张琼，副主席袁凯明、邹文炬、周进源、黄万秋、杨金胜，区政协全体常委参加会议，区政府副区长唐勇应邀参加会议，区政协各委室、区级各相关部门、各民主党派相关负责人参加会议。邹文炬主持会议。会议通报了区政协九届三次会议以来提案办理相关情况，提案办理重点单位做了补充，政协常委会成员围绕议题建言献策。张琼强调，要深刻认识提案工作的重要作用，全面推动提案工作提档升级，切实增强提案办理工作水平。会议还传达学习了习近平总书记在中央政协工作会议暨庆祝中国人民政治协商会议成立70周年大会上的重要讲话精神。

12月4日，区政协召开九届十七次常委会，会议审议通过了跳磴镇政府驻地迁移相关事宜、区政协委员调整事宜、区政协委员划分专委会和委员划分界别相关事宜。会议传达学习了区委十二届七次全会精神。区政协主席张琼强调，要认真学习贯彻中央、市委、区委全会精神，立足岗位、担当作为、履职尽责，为全区经济社会发展贡献政协力量。区领导钟渝、刘安东、袁凯明、邹文炬、周进源、黄万秋、胡军，区政协全体常委参加会议。

【主席会议】 3月20日，区政协召开九届二十七次主席会，专题视察全区骨干路网建设情况，区政协主席张琼，区委常委、区政府常务副区长徐晓勇，区政协副主席刘安东、袁凯明、邹文炬、黄万秋、胡军，秘书长李贤敏，区政协各委室及相关部门负责人参加视察。张琼一行先后视察了南大干道、白居寺长江大桥、新郭伏路南段、半岛逸景人行天桥、金家湾立交改造工程、春晖路与翠园路交叉口人行天桥、九宫庙商圈交通组织改造等项目，通过实地查看和听取相关负责人介绍，了解项目的整体规划、建设情况、施工进度、存在的困难和问题等。

3月29日，区政协召开九届二十八次主席会，区政协主席张琼，副主席刘安东、袁凯明、邹文炬、胡军，秘书长李贤敏参加会议。区政协副秘书长，各委室主任、调研员、副主任列席会议。会议由袁凯明主持。会议审议通过了《2019年区政协重点提案推荐方案（送审稿）》《2019年区政协提案办理重点单位推荐方案（送审稿）》。

4月24日，区政协召开九届二十九次主席会，专题通报全区机构改革情况，书面通报全区防范化解社会矛盾风险情况。区政协主席张琼，区政协副主席刘安东、袁凯明、邹文炬、周进源、黄万秋、胡军，秘书长李贤敏出席会议，区委常委韩瑞碧应邀参加会议。政协各委室、区级各相关部门负责人，区各民主党派、社会团体和政协委员代表参加会议。刘安东主持会议。会议通报了全区机构改革总体情况，与会人员围绕会议主题积极建言献策。

5月9日，区政协召开了九届三十次主席会。区政协主席张琼，副主席袁凯明、邹文炬、黄万秋、胡军，秘书长李贤敏参加会议。区政协副秘书长，各委室主任、调研员、副主任列席会议。会议由黄万秋主持。会议审议通过了《区政协2019年度民主评议提案办理工作方案（送审稿）》，由区政协提案委牵头落实。

6月21日，区政协召开九届三十一次主席会，专题协商全区学前教育改革。区政协主席张琼，副主席刘安东、袁凯明、邹文炬、周进源、黄万秋，秘书长李贤敏出席会议。区政府副区长唐勇应邀参加会议。区级有关部门、区政协各委室、区各民主党派负责人、社会团体代表参加会议。张琼一行实地视察了童梦幼儿园、海贝幼儿园，仔细查看了基础设施和办学环境，详细了解了师资、生源、食品卫生和安全保卫等情况。会上，区教委通报了全区学前教育改革总体情况，区级有关部门进行了补充发言。会议还书面通报了区属国有企业改革情况。

7月26日，区政协召开了九届三十二次主席会。区政协主席张琼，副主席刘安东、袁凯明、邹文炬、周进源、黄万秋、胡军，秘书长李贤敏参加会议。区政协副秘书长，各委室主任、调研员、副主任列席会议。会议由刘安东主持。会议审议通过了《政协大渡口区委员会委员履职工作规则（送审稿）》《政协大渡口区委员会委员履职考核办法（试行）（送审稿）》，提交区政协常委会审议。

9月3日，区政协召开九届三十三次主席会，专题协商全区城市提升行动。区政协主席张琼，副主席刘安东、邹文炬、黄万秋、胡军参加会议，区政府副区长唐勇应邀出席会议。部分区政协委员，各民主党派及相关部门负责人参加会议。会前，张琼一行视察了轨道交通5A线项目部、区图书馆。会上，区住房城乡建委及相关部门通报了全区城市提升行动相关情况，主席会成员围绕城市提升关键环节提出了意见建议。

10月30日，区政协召开九届三十四次主席会，专题视察2019年民生实事落实情况。区政协主席张琼一行先后视察了九宫庙街道社区养老服务中心、百花村隧道、社区体育文化公园、金科星辰幼儿园等项目，详细了解相关民生项目的落实情况及存在的问题。张琼指出，民生实事项目承载着人民群众对美好生活的向往。要始终坚持以群众需求为导向，在发展基础上多办利民实事、多解民生难事、兜牢民生底线，不断提升人民群众的获得感、幸福感、安全感。区领导江欣、邹文炬、周进源、黄万秋、胡军，区政协各委室、各民主党派、区级相关部门负责人参加视察。

11月27日，区政协召开九届三十五次主席会，专题通报2019年民主评议提案办理单位工作情况。与会人员围绕民主评议、提案办理等工作开展讨论，提出意见建议。区政协主席张琼强调，要深刻认识民主评议提案办理工作的重要意义，不断深化民主评议成果转化，精心准备好区政协九届四次全会提案工作。区领导江欣、刘安东、袁凯明、邹文炬、周进源、黄万秋，区级相关部门、区政协各委室、区各民主党派负责人参加会议。

12月3日，区政协召开九届三十六次主席会，区政协主席张琼，副主席刘安东、袁凯明、邹文炬、周进源、黄万秋、胡军，秘书长李贤敏参加会议。区政府副区长钟渝应邀参加会议，区级相关部门、区政协各委室负责人列席会议。会议由袁凯明主持。会议听取并审议同意了区政府关于跳磴镇政府驻地迁移的通报，提交区政协九届十七次常委会审议。会议听取并审议同意了区委统战部关于届中增补区政协委员、区政协常委推荐提名人选的说明，提交区政协九届十七次常委会审议。会议听取并审议同意了区政协委员联络委关于委员划分专委会和委员划分界别相关事宜，提交区政协九届十七次常委会审议。

12月31日，区政协召开九届三十七次主席会，会议审议并同意区政协九届四次会议相关事宜，书面通报了区政协2020年工作要点。会议要求，要扎实做好全会的各项筹备工作，各筹备组要认真谋划、通力配合，确保区政协九届四次会议圆满召开。区政协主席张琼，副主席刘安东、袁凯明、邹文炬、周进源、黄万秋、胡军及各委室负责人参加会议。

【提案工作】 区政协九届三次会议收到提案277件，审查立案253件，并案后交办191件，办结率100%。书记、区长等区级领导带头督办12件重点提案。在滨江路经济带发展、区内河流沿岸治理等方面开展提案办理“回头看”活动。对123件提案、10个办理单位开展提案办理工作民主评议，提出评议意见23条。

【社情民意】 全年收集社情民意信息238条，向市政协报送社情民意信息48条，其中，《关于加强白沙沱长江大桥保护利用的建议》被市政府、市政协领导批示，2条信息被转报全国政协，6条信息被市政协采用。向区委、区政府报送《社情民意信息（专报）》11期，提出意见建议130余条。

【专题调研】 主席会成员带领常委、专委会、界别联组深入基层开展调研30余次，在打造钓鱼嘴音乐半岛、发展大数据智能化产业、防范化解政府债务风险、古镇提档升级、中医药事业发展、加快九宫庙商圈建设、化解住宅小区车位租售矛盾、体育产业发展、非遗保护传承、提升城市品质、社会工作发展、注重家庭教育、环金鳌山区域城乡融合发展、强化专委会工作、反映社情民意信息工作等方面开展专题调研，形成16篇、7万余字的调研报告。

【专题视察】 围绕商业项目运营、委员企业发展、公安工作、邮政工作、台湾中小企业产业园建设等5个方面开展委员年终视察活动。开展“聚焦污水偷排直排乱排问题”委员监督性视察活动，集中视察7次，交叉视察3次，排查问题20个，参与委员217人次，洗车废水乱排、沿江污水直排等15个问题已整改完成，跳磴河上游来水污染、重钢家属区污水管网缺失、排水公司污水处理能力不足等5个问题正逐步得到解决。按照区委要求，落实河长制工作，加大巡河力度，完善“一河一策”，督导河流周边镇、村落实责任，有序推进流域治理，不断改善双石河水质。

【委员履职实践】 3月28日，区政协、区检察院、区规划和自然资源局在跳磴镇小南海水泥厂平桥矿（拱桥村）开展以“保护生态环境，建设山清水秀美丽之地”为主题的矿山复垦复绿活动。区政协主席张琼，区委常委韩瑞碧，区人大常委会副主任罗先德，区政府副区长毛伟，区政协副主席刘安东、袁凯明、邹文炬、周进源、胡军，区检察院检察长李荣辰出席活动。市政协、市检察院第五分院、区委办、区纪委监委、区政法委等十余个区级部门和八个镇街的相关负责人，部分人大代表、党代表、政协委员和相关工作人员100余人参加活动，共同种植树木300余株。

4月3日，区政协第七界别联组联合民盟大渡口区委、区文化馆、九宫庙街道举办“我们的节日清明——饮水思源故事会”，邀请优秀曲艺表演艺术家、民盟盟员为观众讲述廉政故事《一样一样》、盟员英烈故事《报国心•鸿鹄志》、孝道故事《会仙桥》，吸引100余名群众观看。

4月16日，区政协开展“聚焦污水偷排直排乱排问题”委员监督性调研视察活动。区政协主席张琼，副主席袁凯明、邹文炬、黄万秋、胡军，秘书长李贤敏及部分住区市政协委员、区政协委员参加了调研视察。张琼一行先后来到重庆市大九排水公司，融创、佳兆业片区以及九宫庙街道技光村，对全区污水偷排直排乱排问题进行调研视察，就溢流口问题、雨污混排入长江问题、管网损坏导致污水散排问题等进行了详细了解、实地查看，要求相关部门对发现的问题迅速进行整改。

4月25日，区政协第三界别联组赴建胜镇调研乡村振兴及农村人居环境整治情况，区政协主席张琼、区政协副主席邹文炬应邀参加活动。区政协相关委室和区级相关部门单位负责人参加调研和座谈会。会前，张琼一行还前往揽江阁、建胜镇民胜村，实地走访调研了乡村振兴及农村人居环境整治情况。会上，建胜镇相关负责人对乡村振兴及农村人居环境整治情况做了汇报。

5月13日，市政协人资环建委副主任陈德彰率市政协委员、市环境行政执法总队、区政协经济城环委负责人，部分区政协委员以及区级相关部门、镇街，在大渡口区开展“聚焦污水偷排直排乱排问题”委员监督性调研视察活动。陈德璋一行现场视察了周边区域污水流入大渡口区渝富储备地、洗车废水排入雨水管网等问题的整改情况。要求大渡口区不断强化“上游意识”，切实担起“上游责任”，充分体现“上游水平”，有效解决污水偷排直排乱排问题，打好污染防治攻坚战。

6月19日，区政协主席张琼率队巡查双石河。张琼一行实地查看了双石河的水质情况，听取了二季度以来巡查双石河情况的汇报。

6月20日，区政协副主席刘安东带领区政协社法民宗委与第一界别联组部分委员代表，前往建胜镇四胜村九社直排口、义渡古镇上游直排口、大坪山直排口实地开展监督视察活动。刘安东一行详细了解污染源排放情况和整治工程开展情况，对四胜村九社直排口、义渡古镇直排口整治工作开展情况表示肯定，对大坪山直排口整治工作提出了工作建议。

6月27日，按照市政协安排，区政协主席张琼带领5名住区市政协委员和3名区政协委员开展了“聚焦污水偷排直乱排问题”明查暗访监督性交叉视察调研。委员们一行视察了九龙坡区跳磴河流域综合整治情况、九龙坡区蟠龙印务有限公司印染污水处理情况，发现了具体问题线索并提出建议：一是九龙坡区跳磴河流域综合整治成效显著，建议进一步加强对跳磴河水质监控力度，沿线游客增多后，有白色垃圾污染隐患，应注意清扫保洁。二是九龙园区b3区暂未建工业污水处理厂。建议尽快启动园区工业污水处理厂建设，园区工业污水处理厂建成前严格审批有工业废水排放的项目，并进一步强化园区企业日常监管，严控工业污水排放。

7月19日，区政协副主席袁凯明带队，第二界别联组和委员联络委22名委员联合开展“聚焦污水偷排直排乱排问题”委员明查暗访监督性调研视察。委员们前往九宫庙街道老重钢家属区视察生活污水排放情况，前往跃进村街道渝富储备地，视察排污管网污水溢流问题。对发现的问题积极与环保局相关人员沟通交流。

9月11日，区政协副主席邹文炬率15名政协委员开展“聚焦污水偷排直排乱排问题”监督性调研视察活动。委员们前往金建路口袋沟大桥、跃进村街道视察污水排放问题，对发现的问题进行积极的沟通交流，并函告相关职能部门。

9月19日，双石河区级河长、区政协主席张琼带队巡查双石河，并召开现场办公会。张琼一行实地查看了双石河的水质情况、建桥C区污水处理厂运行情况，听取了三季度以来巡查情况汇报，并按照“一河一策”年度任务现场一对一划定工作任务。

10月16日，区政协主席张琼率住区市政协委员和部分区政协委员开展了“聚焦污水偷排直乱排问题”明查暗访监督性调研视察。张琼一行视察了九龙坡区桃花溪污水处理厂、茄子溪街道生活污水处理工程。委员们走近排污设施，详细了解了污水防治工作。

11月21日，区政协开展第一界别联组委员年终视察活动，组织区政协委员视察区公安分局工作。区政协主席张琼，副主席刘安东，部分区政协委员、区政协相关委室负责人参加视察。张琼一行先后前往区公安分局交巡警支队、出入境管理支队、指挥中心，实地了解了区公安分局2019年工作情况。

12月4日，双石河区级河长、区政协主席张琼带队巡查双石河。张琼听取了关于双石河二期景观绿化工程方案设计情况及拦河坝修建情况的汇报，实地查看了双石河的水质情况。

（区政协办）

中共大渡口区纪委检查委员会、大渡口区监察委员会

【中国共产党大渡口区第十二届纪律检查委员会第四次全体会议】 2月2日召开。第一次大会上，区委书记出席全会并发表讲话，全体在职区领导出席会议，区管副处级及以上领导干部参加了会议。第二次会议上，出席区纪委委员21人，相关纪检组织负责人等49人列席会议。全会由中共大渡口区纪委常委会主持，全会总结2018年全区纪检监察工作，部署2019年任务，审议并通过了汪建代表大渡口区纪委常委会所做的《忠诚履职担当、坚持改革创新、奋力推动新时代纪检监察工作高质量发展》工作报告。全会与会人员围绕区委书记讲话、全会工作报告和全会决议（草案）进行分组讨论，分别结合实际畅谈感想、建言献策，助力纪检监察工作高质量发展。

【主题教育】 开展“不忘初心，牢记使命”主题教育活动，把习近平新时代中国特色社会主义思想作为做好新时代纪检监察工作的行动指南，区纪委常委会常态化制度化集中研读学习纲要、重要论述选编等，跟进学习习近平总书记最新重要讲话和重要指示批示精神，向各级纪检监察干部赠阅学习书籍1700余册，带动全系统深刻学习领会习近平总书记关于全面从严治党、党风廉政建设和反腐败斗争重要论述精神，不断提高思想理论水平、政治政策水平和攻坚克难水平。

区纪委监委严格对标对表中央、市委和区委要求，制定主题教育总方案、四项重点任务方案和若干个具体举措的“1+4+N”工作方案，开展学习交流研讨11次，对照党章党规找差距4次，党员干部做交流发言132人次，全方位多渠道检视出重点问题20个，形成调研报告7篇，调研成果转化为解决实际问题措施6项，修订完善委机关内部工作制度4个。区纪委监委班子成员带队到20个部门单位开展督查指导，统筹协调推进全区“8+2”专项整治工作，确保主题教育取得实效。

区纪委监委牢牢把握“两个维护”党的政治建设首要任务，推进政治监督具体化常态化，重点督促习近平新时代中国特色社会主义思想和党中央重大决策部署的贯彻落实，聚焦习近平总书记对重庆提出的“两点”定位、“两地”“两高”目标、发挥“三个作用”和营造良好政治生态指示等要求，深入督查精准扶贫帮困、减税降费工作落实等，深入相关部门、镇街对全区61个生态环境问题整改开展现场督查。

【“四风”纠治】 坚持日常监督和专项监督相结合，严肃查处隐形变异“四风”问题，整治违规公款吃喝、违规收送红包礼金、违规发放津补贴、公务加油卡违规购买非油类商品等问题，清退各类违规发放的津补贴109.1万元，严肃处理违规使用公务加油卡购买非油类商品69人。整治领导干部利用名贵特产类特殊资源谋取私利问题16件、23人，涉及金额11.5万元。

坚决破除形式主义、官僚主义，紧盯党中央决策部署贯彻落实情况，区纪委监委班子分别带队深入学校、村（社区）开展调研走访，广泛收集基层减负落实情况的意见及建议，形成调研报告《关于破除基层形式主义、官僚主义突出问题的对策及建议》。

区纪委监委带头取消区管领导干部履行全面从严治党责任记实月报制度，狠抓基层反映突出问题整治，全区323个微信工作群整合为189个，清理“一票否决”“责任状”“承诺书”100项，撤销75项。开展“三多一懒”专项整治，全区文件、会议、督查检查考核数量分别同比下降40.8%、41.4%、64%。全年查处违反中央八项规定精神问题30件、62人次，处分6人，查处和纠正形式主义、官僚主义问题10件、21人，处分4人。

区纪委监委督促相关职能部门履行职能监督，推动完善津补贴、开会发文、公务接待、婚丧喜庆报告等制度规定。开展全区贯彻落实中央八项规定精神情况专题调研，研究分析共性问题、突出问题，形成《十九大以来全区贯彻落实中央八项规定精神情况报告》。印发《落实中央八项规定精神30问（第二辑）》，厘清政策边界。

【反腐败斗争】 2019年，区纪委监委召开问题线索处置会64次，移送问题线索57件，立案28件，给予党纪政务处分30人；实施党内问责32人，处分3人；实施领导干部问责60人，处分4人，持续释放越往后执纪越严的强烈信号；精准运用监督执纪“四种形态”处理229人次。其中，第一种形态199人次，占86.9%；第二种形态11人次，占4.8%；第三种形态10人次，占4.4%；第四种形态9人次，占3.9%，持续推进监督执纪由“惩治极少数”向“管住大多数”拓展；强化警示教育宣传教化作用，常态化制度化开展“以案四说”警示教育，全区累计开展了434场“以案四说”警示教育活动，受教育1.8万余人，多种形式开展党风廉政宣传教育，拍摄警示教育片2部、忏悔视频1部。

持续整治群众身边腐败和作风问题。推进扶贫领域腐败和作风问题专项治理，贯彻习近平总书记在解决“两不愁三保障”突出问题座谈会上的重要讲话精神，抓好中央脱贫攻坚专项巡视反馈意见整改落实，办结市纪委交办中央巡视组移送问题线索11件。委领导到忠县开展对口帮扶资金监管工作，达成帮扶资金监管机制协商意见，实现扶贫工程项目招投标、扶贫资金管理使用的制度化监督。聚焦民生领域“微腐败”问题，牵头开展漠视侵害群众利益问题专项整治，组织并督促全区16个部门对整治项目进行梳理，列出任务清单20项，已完成整改19项，持续整改1项。深化党员干部亲属涉权事项公开工作，通过系统比对发现党员干部亲属涉权482人次，核查问题176个。推进农村“三资”清理监督工作试点，完成6个行政村、48个合作社的清理工作。全区共查处群众身边不正之风和腐败问题44件103人，问责56人。区纪委监委健全与区政法机关协同办案机制，制定《大渡口区纪委监委整改落实中央扫黑除恶第9督导组反馈意见的方案》，进一步落实纪委监委机关、政法委和公安等三方会商机制，督促建立“三长”签字背书机制及同级扫黑办组织核查机制。2019年召开三方会商会8次，公检法“三长”签字背书15件次，核查涉黑涉恶案件4件，办结问题线索24件。

【信访举报】 区纪委监委主动适应新形势下信访举报工作要求，把信访举报工作的具体内容、标准、要求等清单化，将任务逐级分解到分管副书记、协管常委和信访举报工作人员。按照“属人、属事、属地”原则，把信访举报的受理、办理和源头治理等责任网格化，压紧压实各单位党委（组）的主体责任和纪检监察组织的监督责任。对涉及群众切身利益的检举控告，采取“一件一方案、一事一对策”等办法，突出个性化特色，切实把事实查清、把问题解决好，减少越级、重复和盲目信访。

推进检举举报平台建设，建成并投入使用来访接待受理系统12388电话举报受理系统，新设来访接待室1间，新建12388举报电话接听室1个，聘用12388举报电话座席人员。全年受理信访举报243件，总量同比下降4%，其中检控类举报102件，检控类越级举报同比下降72%，上级转办检控类信访举报同比下降60%。

【政治巡察】 中共大渡口区委把开展巡察作为履行全面从严治党主体责任的重要抓手，区委常委会先后9次专题传达学习中央和市委关于巡视巡察工作的新部署新要求。区委书记主持召开3次书记专题会听取巡察综合情况汇报，对巡察发现的18件问题线索提出明确具体的处置意见。区纪委书记、区委组织部部长带队参加进驻动员和意见反馈，面对面交任务、压担子、提要求。区委巡察办组织实施了十二届区委第七、八轮巡察，配合开展市委第三轮交叉巡察。聚焦党的路线方针政策和党中央重大决策部署、习近平总书记对重庆重要讲话和系列重要指示批示以及脱贫攻坚、扫黑除恶、生态文明建设等方面贯彻执行情况的监督检查，发现突出问题503个，清退各类违纪违规款22.7万元。同时，坚持把推动解决问题作为巡察工作的落脚点，财政、审计等部门结合巡察反馈意见，督促被巡察党组织制定、修改、完善30余项制度。截至年底，巡察发现的503个问题已整改完成477个，整改完成率94.8%。市委巡视移交的3件问题线索和巡视带巡察移交的19件问题线索已全部办结。

【纪检监察体制改革】 区纪委监委根据职能职责不同，将原7个纪检监察室（含民生室）调整为4个监督检查室和3个审查调查室，完善监督检查和审查调查分工配合机制、审查调查转换衔接办法。坚持派驻监督全覆盖，结合机构改革实际，及时调整派驻纪检监察机构综合监督单位，将4家新成立的区属国有企业纳入派驻纪检监察组监督范围。发挥派出监察室作用，全年处置问题线索21件，立案1件，运用“四种形态”处理20人。选聘村（居）监察监督员89人，实现监察职能向基层延伸，打通监督“最后一千米”。当好大渡口区委主体作用发挥的参谋助手，向中共大渡口区委常委会专题汇报中央纪委国家监委和市纪委监委的决策部署、中央八项规定精神落实情况等议题35个，并提出履行全面从严治党主体责任的建议及措施，推动主体责任、监督责任贯通协同、形成合力，并制定《深化落实全面从严治党主体责任实施办法》，构建“两化管理、明督考问”推动责任落实工作体系。

【队伍建设】 开展全员培训，选派纪检监察干部参加中央纪委培训8人次、市纪委培训13人次、其他培训13人次，上挂市纪委锻炼12人次，抽调基层纪检监察干部到委机关锻炼11人次。开展以中央纪委国家监委录制下发的18张光盘课程为重点的自办培训52次，参训3885人次，开展纪法知识应知应会测试3次，打牢纪检监察干部的政治根基和业务功底。全委围绕“盯住人”“看住事”“管住权”要求，建立并更新纪检监察干部廉政档案，自查纪检监察权力运行风险点，强化纪检监察干部纪律教育，通过组织参观廉政教育基地、开展日常警示教育、“以案四说”警示教育，促使纪检监察干部知“红线”、筑“防线”。

（区纪委监委）

民主党派 工商联

民革大渡口区委员会

【概况】民革大渡口区组织成立于1983年1月，1990年7月成立工委，1996年11月成立区委，民革大渡口区第五届委员会下设6个支部，区委委员15人，区委班子5人，有党员160人，其中女党员66人（占41.3%），中级职称70人（占40%），副高级职称53人（占34.5%），本科以上95人（占60%）。市政协委员1人、区人大代表2人、区政协委员12人、担任重庆市仲裁委员会仲裁员1人。

2019年，民革区委荣获民革中央《团结报》发行征订工作先进集体进步奖。集体提案“关于对老龄化趋势下医养结合的建议”荣获区政协2019年度优秀提案。民革区委荣获区政协2019年度社情民意信息工作先进集体称号。郑文胜、唐贵云、乔音、熊敬荣获2019年度区政协优秀政协委员称号，郑文胜、唐贵云荣获2019年度区政协社情民意信息工作先进个人称号。

【参政议政】 建立参政议政骨干党员微信群，搭建参政议政信息沟通、交流、讨论平台，分享最新的行业信息、政策文件、社会热点等资料。完成中共大渡口区委“进一步做好减税降费工作的建议”的课题调研，参加区政协主席接待委员日、区政协主席会等协商会议活动10余次，提出“关于我区精准扶贫帮困的建议”“关于我区民营经济发展的建议”“关于优化营商环境、推动发展民营经济政策落地落实的建议”“关于我区在不断增进社会民生福祉的建议”“关于我区在致力构建生态宜居文化旅游的建议”“关于我区在科学统筹城市开发建设的建议”“关于全区产业融入‘一带一路’建设和长江经济带发展的建议”等建议。

在市区“两会”期间，提交提案22件，其中，集体提案8件（提案专委会1件），全部采用（重点提案1件）；个人提案14件全部采用（市政协2件，区政协12件）。“关于对老龄化趋势下医养结合的建议”被选为区政协重点督办提案。“关于对老龄化趋势下医养结合的建议”荣获区政协2019年度优秀提案。全年向区政协和民革市委报送社情民意40篇，“关于防止国家大型普查PAD设备浪费的建议”被市政协采用并转报全国政协，“关于引入轨道交通5A线项目公司的建议”获批示，21篇被区政协采用。民革区委会荣获区政协2019年度社情民意信息工作先进集体称号。

【社会服务】 参加区委统战部开展全区统一战线“建桥同心园”社会服务活动。开展母亲节骨健康公益宣传活动，联合区政协、区统战部、农工党区委、区工商联等部门举办“为中国健康加骨劲”母亲节大型骨健康公益宣传活动，得到中国健康促进基金会和重庆华伦医疗器械有限公司等单位的支持，重庆华伦医疗器械有限公司捐赠价值30万元的医疗物资，罗氏制药和GE医疗也给予资金和设备的支持，区卫计委组织辖区内多家医院的医生在步行街开展公益宣传、免费筛查、义诊以及赠送药物等活动。在社区开展“新时代文明实践所志愿者招募活动”“司法调解促和谐”“安全巡查保平安”“志愿者冬日送暖走访慰问”“精彩人生路，法制伴我行”等社会服务活动，参加群众500余人。依托民革大渡口区法律援助工作站品牌，开展法律援助工作，承办法律援助案件6件，进社区、互联网产业园开展义务法制讲座40次，为微企梦工场30余家企业提供义务法律咨询，惠及群众1500余人。

【主题教育】 围绕“不忘合作初心，继续携手前进”主题教育活动主线，开展民革“思想政治建设年”各项工作，严格按照活动的目标任务和原则要求，把思想政治建设摆在首位。（1）明确学习要义。以深入学习贯彻习近平新时代中国特色社会主义思想作为首要任务和核心内容，全面系统学、深入思考学、不断加深对其重大意义、科学体系、丰富内涵的理解。（2）把握学习重点。着重学习总书记视察重庆重要讲话精神和关于加强和改进统一战线的重要思想、关于多党合作的重要论述，切实用理论武装头脑、指导实践。（3）强化学习要求。密切联系思想和工作实际，推动学习贯彻往深里走、往心里走、往实里走，补齐短板弱项，做到学思用贯通、知信行合一，全面提升能力和水平。（4）推荐学习内容。向各支部推荐习近平新时代中国特色社会主义思想、中共党史、新中国史、多党合作制度与历史、民革章程、有关重要讲话精神和有关重要文件等六个方面的学习内容，为区委委员、支部委员和骨干党员发放《习近平关于“不忘初心、牢记使命”论述摘编》等学习资料97套。全年开展有班子成员、区委委员、各支部委员及党员骨干参加的中心组（扩大）学习活动3次，区委会领导班子成员分别到所联系的支部开展学习宣讲6场次，党员覆盖面80%。

【思想建设】 以示范支部创建和“民革党员之家”建设为抓手，夯实学习阵地。召开示范支部创建活动推进会，组织指导支部填写支部手册，督促、检查支部创建资料3次，茄子溪支部代表民革大渡口区在民革重庆市召开示范支部创建活动中期推进会上做交流发言，上报参加民革市委示范支部评先；持续推进“民革党员之家”创建。利用QQ群和微信群，增强学习时效性。集中推送习近平总书记重要讲话精神、中共中央市委区委和民革中央市委区委各项文件及会议精神、民革历史等学习材料。

【宣传工作】 发挥网站、微信公众号的宣传主阵地作用，及时向民革市委和区委统战部报送民革区委开展“不忘合作初心、继续携手前进”主题教育活动信息、相关材料及履职成果。相关媒体采用了69篇，其中，人民网1篇、团结报网站1篇、华龙网1篇、民革中央网站16篇、市政协报1篇、市委统战部网站6篇、市委会网站12篇、《大渡口报》2篇、《大渡口统战报》和义渡统战微信公众号32篇。

（民革大渡口区委）

民盟大渡口区委

【政治建设】 把学习好宣传好贯彻好习近平新时代中国特色社会主义思想和中共十九大、十九届二中三中四中全会精神作为首要政治任务，通过主委会、全委会、支部会、专题会等形式强化政治理论学习，全年组织集中理论学习30余次。围绕新时代中国特色社会主义参政党“四新”“三好”目标，开展“不忘合作初心，继续携手前进”主题教育活动，将学习教育、履职尽责、查找不足、整改提高贯穿活动全过程，把“三个70周年”纪念活动作为主题教育重要内容，组织开展主委讲盟章、重走先贤路、朗读会、观看爱国主义电影、纪念座谈会、摄影作品展、“11•27”纪念扫墓、文艺演出等系列活动20余次，发放学习读本100余册，做到每月有1～2个特色活动，每月一篇综合活动简报。抓好基层调研，召开6场盟员座谈会收集意见建议，实现基层支部走访全覆盖，同时形成问题清单，坚持边查边改立查立改。在民主生活会上认真开展批评和自我批评，切实做到红脸出汗。

【思想宣传】 向“大渡口民盟”微信公众号推送消息51条，设置“不忘合作初心，继续携手前进”主题教育活动专栏，发布活动信息13篇，专题学习资料5篇。基层支部分别参加民盟中央丁仲礼主席、徐辉副主席召开的基层调研座谈会。文化支部音乐情景快板《同心发展共圆梦》代表大渡口区参加全市统一战线庆祝新中国成立及人民政协确立70周年文艺演出。民盟区委会宣传稿件被人民政协报采用2篇，团结网采用1篇，重庆市政协报采用1篇。挖掘民盟历史资料，整理完成钢迁会主任、盟员张可治人物研究，《志拯国难的机械专家张可治》一文的信息被重庆市政协报采用。2019年，民盟区委会荣获民盟中央思想政治建设和宣传工作先进集体、民盟中央群言发行突出成绩奖。

【参政议政】 2019年，盟员市政协委员在市政协会议上提交“关于我市民办艺体培训机构监管缺失问题的建议”等个人提案4件。在区级“两会”上，民盟区委会提交人大建议4件，政协集体提案11件，个人提案20件，其中“关于积极争取成为重庆科学城成果转化区助推两高建设的建议”被列为政协1号提案，“关于进一步推进教育强区的建议”被评为政协优秀集体提案。

创新调研形式夯实建言基础。走访部门调研企业圆满完成民盟市委合作课题和中共区委年度党派调研的“当好引导者与服务员，推动传统制造业智能化升级改造的对策建议”课题。延续基层支部调研小课题形式，全年基层组织完成教育、交通等7篇调研报告，为民盟重庆市委2020年市政协集体提案提供素材6篇。

做好社情民意工作。全年举办参政议政培训沙龙3次，提交“关于将企业支付的人工成本纳入增值税可抵扣范围的建议”“关于我市城乡特殊困难群体帮扶工作存在的问题和建议”等社情民意提案32篇，民盟中央采用1篇，市委统战部采用4篇，市政协采用1篇，民盟市委采用5篇，区政协采用12篇。2019年，民盟区委会荣获区政协社情民意信息工作先进集体称号。

民主监督。参加区委、区政府、区政协、区委统战部等召开的暑期谈心会、双月座谈会、征求意见会、专题协商会、情况通报会等，围绕“两高”建设、优化营商环境、建设内陆开放高地、党风廉政建设等方面提出“科学涵养税源，发展实体经济”“强化政府企业互动，着力解决企业发展难题”等意见建议30余条。盟员中人大代表、政协委员、各类特约（邀）人员，参加人大视察、政协调研、民主评议等活动，负责履行民主监督职能。

【社会服务】 深化“同心牵手”社服品牌，协同参与社区自治，做好宣传政策、服务群众、化解矛盾等社会服务工作，“三牵手”打造“1+1+N”社会服务新模式，挂牌融城社区党派社会服务基地，锻炼志愿者队伍，深化“民盟同心牵手”社会服务品牌，并向民盟中央专职副主席龙庄伟专题汇报，得到高度评价。民盟区委会对接社区协调解决实际困难6个，开展社区新春慰问、“不忘初心•与党同行”庆祝新中国成立70周年文艺演出、“传统文化社区行”书画活动、“思源故事会”等社会服务10余次，发出“同心”扶贫帮困倡议书，在全区盟员中募捐成立“同心”帮扶基金4万余元，结对帮扶大渡口区3名困难群众及民盟市委对口联系合川渭沱镇化龙村。参与民盟市委“农村教育烛光行动”“黄丝带帮教工作”等活动，进监狱、戒毒所开展文艺演出参与帮教。民盟区委会社会服务工作被团结网宣传报道。

【自身建设】 组织结构优化。专题学习《各民主党派中央关于新时代组织发展座谈会纪要》等文件精神，坚持高标准高质量发展盟员，全年新入盟5人，均不到40岁，转入1人，转出1人，年净增率4.1%。梳理盟内科级及后备干部队伍，上报党外代表人士15人名单，推荐1名区政协委员。全区有盟员122人，平均年龄45.9岁，盟员中有市政协委员2人，区人大代表3人，区政协委员13人。

规范化建设。落实李静部长视察调研指示精神，各支部均做到“六个一”基层规范化标准，定期走访慰问老盟员，开展民营企业家走访活动。强化盟员培训，参加区政协举办的履职能力提升培训班和区委统战部举办的民主党派能力与素质提升培训班。完善盟员之家和重庆三十七中民主党派基层组织阵地功能，先后开展特色活动5次，支部“交心谈心会”等活动4次，全委会、参政议政经验交流等活动10余次，先后接待三亚市各民主党派、上海嘉定区民盟等友好区委来区参观交流。

建功立业。郭毅军荣获重庆市首届创新争先奖、入选第四批国家高层次人才特殊支持计划（科技创业领军人才）。黄秋节、杨树强、李雪连、谭畔、祁杰夫入围全国第十八届群星奖决赛。张香玲荣获重庆市审计局优秀女职工称号，毛续获重庆市教委论文二等奖。邓迪、袁凤梅、钱虹获民盟市委优秀盟员称号，唐瑜、杨群芳获优秀盟务工作者称号，刘跃斌获优秀新盟员称号。全年全区盟员有52人次获得各类表彰奖励。

【引资引智】 响应区委区政府号召，聚智聚力“建桥同心园”助推大渡口区经济社会发展。邀请民盟中央专职副主席龙庄伟、社会服务部部长刘圣宇视察“建桥同心园”和“盟员之家”，为钓鱼嘴音乐半岛建设出谋划策。牵线搭桥招商引资，成功引进康为（重庆）信息技术有限责任公司智慧消防项目落户大渡口。邀请重庆市儿童医院来区对接儿童医疗工作，与区政府座谈交流。牵线协调西南大学与重钢总医院就附属医院事宜加强合作与联系，共同推进三甲医院建设。拜访北京泰豪智能工程公司，邀请来区考察与政府对接交流，推动北京泰豪与锦声科技签订战略合作协议。对接北京繁星社、雅昌文化公司，与民盟上海嘉定区委会缔结友好区委，邀请温涛副主委及民盟市委会创新专委会、联谊委员会、民盟嘉定企业联谊会来区调研。

（民盟大渡口区委）

民建大渡口区委

【概况】 2019年新发展会员9人，会员总数145人，平均年龄47.9岁，经济界占79.3%。会员中有市人大代表1人、市政协委员1人、区人大代表10人（其中区人大常委会副主任1人）、区政协委员12人（其中区政协常委2人）。民建大渡口区委荣获民建重庆市委2019年度区县会务工作综合考核一等奖。

【参政议政】 参加政党协商。针对党风廉政建设、推进内陆开放高地建设工作、优化营商环境、推动发展民营经济政策落地落实等提出针对性强、操作性强、有价值的意见和建议。

提案工作。在区“两会”上，提交大会发言1篇，集体提案7件，会员个人政协提案14件、人大建议10件。民建大渡口区委集体提案“关于加强旅游融合发展的建议”荣获区政协2018年度优秀提案表彰，民建大渡口区委荣获2018年度反映社情民意信息工作先进集体称号。3名会员黎平、徐彤彤、覃小龙荣获2018年度优秀政协委员表彰，会员马林达、张军荣获2018年度反映社情民意信息工作先进个人表彰称号。集体提案“加快旅游产业发展打造大渡口区全域旅游”作为重点提案得到区政协召开专题督办会办理。

社情民意。向各级、各有关单位报送39篇，得到各级采用31篇，采用率大幅度提升。市委统战部采用4篇、民建市委采用9篇，区政协采用28篇。《年底农民工工资清欠压力犹存》被市委办公厅一把手手机报采用。

专题调研。主委带队，组成调研组，深入一线摸实情，先后召开调研课题讨论会、部门座谈会，围绕职业教育发展存在的问题开展调研，形成《提升大渡口职业教育水平，服务地方经济发展的思考和建议》调研报告。11月12日，中共大渡口区委召开双月座谈会暨调研成果交流会，区长专门对调研报告提出较高评价意见。

【主题教育活动】 开展“不忘合作初心，继续携手前进”主题教育活动。制定《“不忘合作初心，继续携手前进”主题教育活动方案》，先后召开专题会议7次，组织区委班子集体学习3次，开展专题研讨3次。购买习近平总书记系列重要讲话读本和印发重大会议精神等学习资料给区委班子成员、区委委员、人大代表、政协委员、支部主委、支部会员进行学习。区委班子成员严格督学，采取座谈交流、现场提问等方式，了解学习情况。全面总结主题教育开展情况，主动向中共区委统战部汇报，征求意见建议。召开主题教育活动推进会，学习贯彻中共十九届四中全会精神。听取会员意见和建议，形成整改落实清单。自我检视问题，自我整改提高。召开班子主题民主生活会，开展区委及班子的问题查找，对查找出来的问题进行及时整改，将整改情况写入年度工作报告，并在2020年工作计划中就如何巩固主题教育活动成效做出安排。

【三个“70周年”纪念活动】 开展系列庆祝新中国成立70周年、人民政协成立70周年、中国共产党领导的多党合作和政治协商制度确立70周年活动。组织会员参观中国民主党派历史陈列馆等，集中收看庆祝新中国成立70周年阅兵式。拍摄MV《我和我的祖国》，在大渡口区政府广场、重庆工业博物馆、中国民主建国会成立旧址陈列馆（西南实业大厦）共同唱响《我和我的祖国》。原创诗歌《讴歌新时代 自豪中国人》在民建市委诵读会上获得二等奖。歌伴舞节目《好儿好女好江山》在民建市委庆祝新中国成立70周年文艺会演上压轴演出。

【后备队伍建设】 坚持政治标准，加大后备队伍建设力度，为骨干会员“给平台、压担子、搭梯子”。重视后备干部的培养和推荐工作，选派基层骨干会员参加各级各类的培训学习，向各级党委及统战部门推荐人才，为会员搭建施展才能的平台。骨干会员先后参加民建中央、民建市委、中共大渡口区委统战部等组织的各类培训150余人次。推荐1名骨干会员新任政协委员，完成了区级党外代表人士推荐工作。

【组织建设】 承办民建市委2019年“基层组织建设创新”区县工作研讨会，区委形成的理论文章《以基层组织规范化建设为抓手增强凝聚力、提升影响力》在研讨会上被讨论。“挂镇街、落社区”，支部阵地设在社区。在四个综合支部全面落实“六个一”建设（坚持开放共享，建立1个阵地。亮出党派身份，挂出1块牌子；根据支部特点，制定1套制度。记录组织生活，丰富1本台账。做好宣传报道，树立1块展板。注重归纳整理，完善1套档案）的基础上，各支部以党为师，向党看齐，支部每半年一次的组织生活主动邀请街道、社区党委班子参加。

支部在社区设立法律服务站，组建的律师志愿者团队长期为社区居民义务提供法律服务。设立的就业服务站为用工企业和需要就业的居民牵线搭桥，在社区打造“永不落幕的招聘会”，助力精准脱贫和社会民生改善。开展“民建大课堂”，打造“民建图书角”等，在社区开展民建大课堂家庭教育宣讲、垃圾分类知识宣传，结对帮扶困难群众、为社区残障人士过集体生日、中秋敬老慰问、关爱特殊儿童、送文化进社区军营、资助贫困学生圆大学梦等活动。通过设在社区的“社情民意联络点”，把收集社情民意作为支部组织生活的一项重要内容。基层组织规范化建设工作得到民建中央组织部部长李维平、民建市委主委金强的充分肯定。《团结报》总编辑汪业芬一行到区调研采访民建基层组织与街道结对共建工作情况。

【企业家联谊会】 走访重庆酷峰人防工程设备有限公司、重庆红九九食品有限公司等会员企业，了解会员企业发展现状。推进主题教育活动，助力会员企业发展，邀请法院、三级人大代表调研走访会员企业。组织企业家会员参加“中国风险投资论坛”“中国非公有制经济发展论坛”、民建市委会星五沙龙、企业家专委会活动等，引导非公经济会员把握经济发展大势，提振会员企业发展信心。

【建桥同心园建设】 主动上门招商，邀请考察团体来区实地调研考察，李青主委带头赴北京、广州到上市企业东华软件、高新兴科技集团股份有限公司上门招商，促成东华软件、高新兴科技集团股份有限公司、五斗米智慧工厂等来区洽谈。支部主委马林达引荐铜牛电影产业园投资人一行到大渡口区开展投资考察调研。李青主委作为民建中央妇委会委员，在民建中央妇委会第二次全会上推介大渡口，受到李说副主席的高度关注。发挥企业家作用，加强招商宣传推介，实现“以商带商”“以商引商”。会员企业青岛启龙科创新材料科技发展有限公司、重庆建链科技有限责任公司已经落户大渡口区。在民建中央常委、重庆市人大常委会副主任、民建重庆市委主委沈金强的亲自关心下，成功承办民建市委第十八期“星五沙龙”暨走进大渡口专题招商推介活动。通过“星五沙龙”宣传推介大渡口。对接企业 73 个，实现落地 3 个。

【社会服务】 “99 公益日”，民建重庆市委号召民建会员参与中华思源工程扶贫基金会与腾讯公益基金联合发起的重庆“思源•教育移民计划”。在不到两天时间内，77 人次参与活动，捐款 9900 多元。在爱心众筹中，民建会员捐赠获得了腾讯公益 1 ：N 配捐（即腾讯公益会根据会员的捐赠金额进行一定比例的配捐）和中华思源工程扶贫基金会爱心伙伴配捐 50000 多元。企业重庆华美电力联合梅明社工中心开展残疾困难家庭帮扶。梅明社会工作服务中心、橄榄树社工组织长期积极开展助学、敬老、助残、救灾等社会公益活动。会员梅明、徐建在民建中央脱贫攻坚表彰大会上荣获“民建脱贫攻坚奖先进个人”称号。

【宣传工作】 提升《大渡口民建》办刊质量，全年刊发普刊 2 期。向各级部门报送宣传信息 50 余条，《民建重庆大渡口区委：基层组织规范化建设，我们这样做》被民建中央微信公众号采用推送，《我们会员都有家了》被《人民政协报》微信公众号采用推送，中央统战部网站宣传报道 1 篇，团结网宣传报道 1 篇，民建中央网站宣传报道 15 篇，重庆统一战线网站报道 12 篇，民建市委网站报道 47 篇。《人民政协报》刊登 1 篇，《重庆政协报》刊登 3 篇，《重庆统一战线》刊登 1 篇，《重庆民建》刊登 3 篇，《大渡口统战》刊登信息 14 篇，《大渡口报》刊登报道 11 篇，“义渡统战”微信公众号刊登信息 31 条，大渡口手机政讯刊登信息 4 条。

（民建大渡口区委）

民进大渡口区委

【概况】 2001 年 7 月 20 日成立民进大渡口区直属支部，2005 年 3 月 18 日成立民进大渡口区工作委员会，2006 年 10 月 25 日成立民进大渡口区委员会，2016 年 6 月 26 日举行第二次代表大会，进行换届，选举产生民进大渡口区第三届委员会。2019 年，民进区委会有主委 1 人，副主委 5 人，区委会委员 13 人（空缺 2 人）。民进区委会下设机关支部、综合支部、新山村支部、九宫庙支部、重庆市旅游学校支部、重庆市三十七中学支部、重庆市九十五中学支部和重钢支部共 8 个支部。目前共有会员 148 名，主要分布在教育、文化、机关、民营企业和中介组织等界别。会员中有区人大代表 3 人

(其中常委1人),区政协委员11人(其中常委2人)。

2019年,民进大渡口区委会被民进重庆市委会评为会刊工作、社会服务工作、电子信息化建设工作先进单位。新山村支部荣获“民进重庆市先进基层组织”。曹敏被民进中央评为民进全国组织建设先进个人。

【思想建设】 开展“不忘合作初心,继续携手前进”主题教育活动,深化思想政治建设。把深入学习习近平新时代中国特色社会主义思想作为重点内容,购买学习资料供支部和会员学习,邀请专家开展讲座。结合庆祝新中国成立70周年、人民政协成立70周年等活动,通过座谈、参观学习等方式,深化民进优良传统教育,增强会员“四个意识”、坚定会员“四个自信”、做到“两个维护”,增进“四个认同”。参与参政党理论研究工作,形成调研报告《民主党派成员组织认同度现状及提升路径研究》。开展会员的意识形态工作。加强新闻宣传工作,全年在国家级媒体报道9篇、市级媒体报道18篇,出刊《大渡口民进》会刊4期。

【组织建设】 加强领导班子和干部队伍建设,开展理论学习中心组学习12次,举办暑期干部培训班1期。以“强组织、增活力、有作为”为目标,开展基层组织建设主题年工作。按照“6个1”标准加强支部规范化建设,推动支部工作制度和机制建设。4月,民进中央副秘书长左延珠到区调研民进重庆市旅游学校支部的基层组织建设,给予充分肯定。注重会员发展,全年发展高素质人才7名入会。

【参政议政】 组织撰写市、区政协会议提案,立案5件,其中1件由区委书记督办,1件提案在区政协九届三次会议上被评为优秀提案。开展专题调研,形成调研报告《发展特色效益农业助推乡村振兴的思考》。全年收集社情民意60多条,上报30余条,其中10多条被市委统战部、民进市委会、区政协等部门采用。

【社会服务】 助力“建桥同心园”建设,深入北京等地开展招商引资工作,引荐北京瑞图科技发展有限公司、江北民进企业家到区考察。恳请民进中央支持大渡口区招商引资和“建桥同心圆”建设。8月,民进中央副主席王刚一行到区调研区委会开展“不忘合作初心,继续携手前进”主题教育活动和社会服务工作情况。参与民进中央及市委会组织的各类社会服务活动。开展“党外人士在社区”活动和“服务社区培训行动”,深入各镇街社区开展讲座和培训等10余场次,培训居民群众400多人次。深化与建胜镇党委的结对共建活动,发挥在回龙桥社区建立的社会服务实践基地的作用,开展送春联、暑期学生培训、家庭教育讲座等活动。

(民进大渡口区委)

农工党大渡口区委

【概况】 2019年,农工党大渡口区委下设4个支部,有党员105人,其中新发展党员3人。党员平均年龄51岁,其中女党员54人,在职党员72人,党员中具有中高级职称86人。党员中现有市政协常委1名,农工党市委委员2名(含常委1名),区人大代表3人,区政协委员10名(含常委2名),副处级以上4人。

【参政议政】 建言献策。“两会”期间提交提案8条,其中“关于从严落实河长制保持治水长效化的建议”等2件提案被列为优秀提案。报送社情民意近30条,其中2条建议被市委统战部党外人士建言采用,4条“两会”建言被市委统战部采用,10条建议被区政协采用。与农工党渝北区委会、农工党梁平区支部联合完成市级调研课题“促进全市智慧农业发展的政策建议”和“建桥园区新兴产业发展和传统产业再造的思考”等3个区级调研课题。

制度建设。制定《农工党大渡口区委重点委托课题申报办法(试行)》,修订《农工党大渡口区第四届委员会参政议政工作用稿补贴标准》,完善参政议政工作制度,推动参政议政课题调研工作。

【社会服务】 助推“建桥同心园”建设。在农工党中央和重庆市委的大力支持下,助推大渡口区中医院的建设。农工党北京市委会专职副主委李亚男率队来区助推“建桥同心园”建设。

发挥“农工党中央社会服务部社会服务基地和农工党重庆市委社会服务实践基地”作用,以“进园区、进社区”为途径,在阳光社区建立“健康小屋”，每周定期为社区居民免费提供专业、规范、日常化的便民医疗服务。在“建桥工业园”开展“进园区送服务”活动，为园区企业员工提供体检、公益基金服务。以“五进五关爱”活动为载体，开展第二届关爱烧伤儿童夏令营、赴凉山为困难儿童义诊、健康宣讲和广场义诊等大型公益活动。年内，还专门向农工党中央社会服务部专题汇报了开展社会服务工作的情况。

【自身建设】 思想政治建设。农工党大渡口区委以习近平新时代中国特色社会主义思想为指导，认真贯彻习近平总书记关于民主党派“四新”“三好”要求和对重庆提出的“两点”定位，“两地”“两高”目标、发挥“三个作用”和营造良好政治生态的重要指示要求，开展“不忘合作初心，继续携手前进”主题教育活动，引导广大党员增强“四个意识”，坚定“四个自信”、自觉做到“两个维护”。结合庆祝中华人民共和国成立70周年、人民政协成立70周年、中国共产党领导的多党合作制度建立70周年活动，开展参观爱国主义教育基地、座谈会、主题演讲比赛和义诊活动。加强宣传报道，被相关媒体采用27篇，其中中央统战部采用1篇、农工党中央采用2篇、市政协报采用2篇、重庆统一战线采用1篇。

组织建设。制定领导班子成员率先遵守和执行联系基层工作制度和一对一联系党员制度，建立基层组织意识形态工作月报告制度，健全基层组织长效激励机制和动态考评机制。按照“六个一”标准基本完成基层组织的阵地建设，并按照“一支部一特点”思路推进基层组织规范化建设。二支部创建的“党员之家”成为农工党市委会首批审批授牌的四个“党员之家”之一。四支部在阳光社区建立“健康小屋”为社区居民提供定时、定点的免费医疗和慢病管理服务。9月3日，全国政协副秘书长、农工党中央专职副主席兼秘书长曲凤宏实地调研四支部基层组织规范化建设工作。

作风建设。召开领导班子民主生活会，通过对标对表，深入查找问题，深刻剖析根源，明确整改方向。加强党内监督。通过专题培训、主委会、主委接待日等多种形式组织党员开展廉洁风险预警提示活动。加强机关建设。安排机关干部参加培训，提高机关干部个人素质和服务水平。推进机关廉政建设工作，强化规章制度执行力度。

（农工党大渡口区委）

致公党大渡口区支部

【概况】 致公党大渡口区支部成立于2018年11月，主任委员徐鹏，委员金实，委员郭林瀚。2019年，致公党大渡口区支部有党员11人，其中女性4人，有侨海关系的8人，平均年龄44岁，在职党员9人，机关干部3人，民营企业4人，国企及国有控股企业2人，退休2人，市政协委员1人，区政协委员1人。

【主题教育活动】 利用支部活动学习传达中共中央党外代表人士座谈会和中国共产党第十九届委员会第四次全体会议等重要会议精神，习近平总书记在视察重庆时的重要讲话，在改革开放40周年上的重要讲话以及在中央政协工作会议暨庆祝中国人民政治协商会议成立70周年大会上的重要讲话精神，《中共中央关于加强中国特色社会主义参政党建设的意见》等重要文件精神。

为党员购买《习近平关于“不忘初心、牢记使命”选编》《习近平关于“不忘初心、牢记使命”论述摘编》，组织党员学习习近平新时代中国特色社会主义思想，并指导自身工作实际。

组织党员坚持参加“不忘合作初心，继续携手前进”主题教育活动，组织党员参加“中国•祝福你”主题庆祝活动，组织党员收看庆祝改革开放40周年大会、赴国家博物馆参观“伟大的变革——庆祝改革开放40周年大型展览”。

【思想建设】 以支委会议和组织生活为抓手，做好党员思想教育、政治引领。召开支委会议6次，讨论班子成员分工，研究建桥同心园建设工作、调研课题、确定入党积极分子等。开展组织生活3次，学习党章、党史，传达学习习近平总书记在党外人士座谈会上和视察重庆时的重要讲话精神，传达市、区“两会”精神、致公党市委主委会等的会议精神，总结2018年工作，谋划部署2019年工作。

【参政议政】 参加协商议政会议。参加政党协商会议三次，分别就加强全区党风廉政建设，推进全区内陆开放高地建设，党派参政议政调研成果做发言。参加政府协商一次，审议政府2018年工作报告。

提交政协提案。徐鹏作为市政协委员、区政协委员，参加市政协会议和区政协会议并发言，对市提交“建议将儿童防性侵纳入亲子教育内容”，对区提交“关于‘渡口’文化、‘义渡’精神及‘渡’字灵魂打造的思考和建议”政协提案。

报送党外人士建言。全国两会期间上报“加大智慧路灯建设政策支持力度的建议”等3篇党外人士建言。

参加专题调研。组织专题调研1次，形成《加快引进留学创业人员的建议》调研报告。参加区县联合专题调研1次，参与完成《现代都市农业和生态农业发展情况》调研报告。

报送宣传信息20篇，其中有9篇被致公党中央采用。

【**社会服务**】 参加区委统战部组织的“建桥同心园”社会服务活动，组织党员中的心理学专家为社区居民开展心理健康咨询。参加区委统战部组织结对帮扶暨“夏荷”志愿服务活动，并慰问结对的困难群众。

【**对外联谊**】 赴北京海淀区综合二支部拜访交流，参加致公党重庆市委接待北欧致公协会来渝考察交流，接待国家新能源汽车技术创新中心来区考察投资环境，接待致公党广东省茂名市委、致公党海南省三亚市委来区交流拜访，参加与致公党璧山区支部和重庆第二师范学院支部联合开展的交流学习和联谊活动。

（致公党大渡口区支部）

九三学社大渡口区委

【**概况**】 九三学社成立于1946年5月4日，是以科学技术界高、中级知识分子为主的具有政治联盟特点的政党，是接受中国共产党领导、同中国共产党通力合作的亲密友党，是进步性与广泛性相统一、致力于中国特色社会主义事业的参政党。九三学社大渡口区委员会成立于2011年9月3日，有社员153人。下设一个委员会（九三学社重钢基层委员会）、五个支委会（重钢科技支委会、重钢工程技术支委会、重钢颐年支委会、财经科技支委会、教育科技支委会）。其中重钢三个支委会归属重钢基层委员会。

【**思想建设**】 开展“不忘合作初心，继续携手前进”主题教育活动，成立主题教育活动领导小组，将学习教育贯穿始终，对照建设中国特色社会主义参政党要求，征集意见建议25条。在社市委第一阶段总结会上做经验交流发言。全年撰写各类宣传、活动信息50余篇，被社中央采用9篇、市委统一战线网站采用8篇、义渡统战采用13篇、社市委网站采用52篇。社区委获社市委2019年度思想建设和宣传工作先进集体称号。冷洪英、刘俊获社市委宣传工作先进个人称号。

【**理论研究**】 围绕“五四运动精神与九三学社发展”“不忘合作初心，继续携手前进”“纪念新中国成立与中国新型政党制度确立70周年、人民政协成立70周年”“发挥老年社员作用，弘扬社的优良传统”等4个主题开展理论研究，形成研究成果11篇，获社市委一等奖1篇，二等奖3篇，三等奖2篇。社员张龙参加市政协“我和我的政协”演讲，获三等奖。社员唐闰兰、刘可参加重庆九三青年论坛，获重庆九三青年论坛三等奖。与重钢档案馆联系，挖掘重钢新中国成立后首位厂长王怀琛的事迹。组织重钢颐年支社开展口述历史活动，挖掘“文革”后在全国国有企业成立的第一个民主党派基层组织——重钢支社成立史。

社区委被社市委评为2019年度参政党理论与社史研究工作先进集体。冷洪英、刘俊、田婷、胡鹏举分获参政党理论与社史研究一、二、三等奖。冷洪英、刘俊、胡鹏举获参政党理论与社史研究工作先进个人称号。

【**参政议政**】 提案建议。提交市政协个人提案5件，提交区政协提案25件，其中集体提案10件，个人提案15件，提交区人大建议5件。刘伟廷撰写的集体提案“关于加大区内河流两岸治理的建议”、柳卫东撰写的个人提案“关于加大钢花路市政设施管护力度，提升我区城市品质的建议” 获区政协重点提案、优秀提案。孙长领“关于尽快连通双山路与九龙坡区迎宾大道的建议”获区人大重点建议案。

社情民意。编报社情民意信息及党外人士建言33条，采用17条。区政协采用10条，社市委采用7条，市委统战部4条。

民主监督。集体提案“关于加大区内河流两岸治理的建议”被列为重点办理提案。开展“聚焦污水直排乱排问题”政协委员明察暗访监督性活动，监督相关部门狠抓落实。参与区政协委员视察活动，参加区市场监督局销毁非法冻肉监督活动，参加区财政预算公开评审工作。

调研课题。完成中共区委课题“关于大渡口区发展都市观光农业的思考和建议”和社市委常委课题“提升基层医疗机构基本公共卫生服务能力相关问题研究”，提炼形成区级、市级提案建议或相关参政议政素材，完成社市委课题“老年社员组织生活相关问题研究”，获社市委理论研究二等奖。

九三学社大渡口区委获社市委、区政协社情民意信息工作先进集体称号。柳卫东、孙长领获社市委参政议政工作先进个人称号。张龙获社市委社情民意信息工作先进个人称号。

【组织建设】 全年发展新社员7人，其中高级职称3人，正处级领导干部1人。

落实区委统战部“六个一”要求，在重庆渝韬律师事务所新开辟基层组织活动阵地一个，创建九三法课堂社会服务品牌，开展2期以法律讲座和实施法律援助为主要内容的品牌活动。接受社市委基层组织规范化建设督查获好评。

九三学社大渡口区委被社市委评为组织建设工作先进集体，刘俊获社中央组织建设先进个人称号，冷洪英获社市委组织建设工作先进个人称号。

【社会服务】 教育扶贫。落实社中央“同心智力行”行动，继续推动重庆市九十五中与贵州威宁石门民族中学的结对教育扶贫，邀请石门中学师生参加九十五中科技节、院士专家科普巡讲，两校互派老师14余人次交流学习，增强石门中学校综合软实力，得到社中央肯定，并致信重庆市教委予以感谢。

建桥同心园。邀请2位丹麦科学院院士及三位重大教授、博士来区为企业提供智力支持。9月10日、12日，邀请社中央“院士专家科普巡讲团”专家张云泉主任、吴宝俊教授来区开展科普巡讲，受众600人。社市委两次率社市委科技、科创及海外联络委3个专委会主任、引荐BBD（数联铭品）公司、中广传媒重庆中广博远科技有限公司、北京建工中南土木建设集团3家企业到区考察。社区委引荐重庆云环文化集团公司、国家电投集团重庆公司、上海肇远环保科技有限公司、南光控股（深圳）有限公司、北京微赛时代体育科技有限公司来区开展招商考察。

九三学社大渡口区委被社市委评为社会服务工作先进集体，余涛获社市委社会服务先进个人称号。

【自身建设】 贯彻中共中央八项规定精神，开展集中整治形式主义、官僚主义工作，以实际行动体现新担当新作风。建立领导班子成员分工、议事规则、中心组学习、谈心会、民主评议、领导班子成员联系基层组织等规章制度。召开主委会议5次，全委（扩大）会议6次、调研工作会2次、参政议政会2次、“不忘合作初心、继续携手前进”专题会2次、民主生活会1次、总结会1次。

根据社市委《九三学社区工委机关正规化建设工作规范》，对领导班子制度、社务工作制度、机关管理制度进行梳理修改，制定《九三学社大渡口区委员会工作手册》，社员人手一本，可随时翻阅社章、制度、入社程序、社员通信录等。重视档案管理，规范有序管理档案。

【建功立业】 束惠芬获“庆祝中华人民共和国成立70周年”纪念章。刘康杰获中国煤炭建设协会优秀工程设计二等奖、三等奖。卢靖获中国冶金协会优秀工程设计二等奖。孙长领、卢靖、李勇、杨展获中国冶金协会应用技能三等奖。余涛被聘为重庆市政府立法评审专家。陈泽艳 、张恒学获重庆市优秀教育科研成果二等奖。

（九三学社大渡口区委）

区工商联（总商会）

【主题教育】 融合开展党内党外两项主题教育。把“不忘初心、牢记使命”主题教育及非公经济人士理想信念教育实践活动结合，组织党员干部和非公经济人士共同学习习近平新时代中国特色社会主义思想、学习党的十九届四中全会精神。开展工商联系列

“学讲做”宣讲活动，成立由工商联党组书记和非公经济代表人士组成的宣讲团，深入企业开展宣讲。

组织党员干部和非公经济人士一起参观曾家岩旧址、建川博物馆，共同接受红色教育和形势政策教育。组织民营企业家到警示教育基地开展法治廉洁教育，联合法院、市场监管局开展民营企业食品领域安全宣传教育活动。通过两项主题教育，要求党员领导干部不忘初心、自觉筑牢为民服务的宗旨意识，引导非公经济人士不忘党恩、自觉做到诚信守法经营，回报社会。

【人才培养】 加强对年轻一代非公人士的培养。针对年轻一代留学海外，缺乏对国情市情认识等问题，创新开展传思想、传经验、传责任，帮解困、帮发展、帮提升，导师带、模范带、龙头带的“三传三帮三带”活动，建立大渡口区年轻一代非公有制经济人士与原工商业者联系机制，引导他们传承老一辈企业家光荣传统，听党话、跟党走。以政治培训为重点，在武汉大学举办年轻一代非公人士高级研修班。

2019年，区工商联副主席单位重庆潜能实业（集团）有限公司、重庆钰鑫实业集团有限责任公司获评2019年重庆市民营企业100强，副主席刘一获重庆十大优秀青年渝商称号。重庆秋田齿轮有限责任公司、重庆华伦医疗器械有限公司等7家民营企业12个产品荣获2018年度重庆名牌产品称号。

【招商引资】 围绕“建桥同心园”建设，争取市工商联主要领导率30余位企业家来区调研指导、投资考察。发挥“以商招商”作用，推荐招商引资项目6个。助推内陆开放高地建设，引进巴基斯坦海德拉巴工商联联合会驻重庆代表处落户大渡口区，为区内企业参与“一带一路”提供平台。工商联青委会承办两岸青年企业家走进大渡口活动，支持台湾中小产业园发展。推荐企业参加国家、各省市举办的博览会、经贸论坛等20余次。根据一批小微企业因城市开发面临搬迁的工作实际，梳理会员企业闲置厂房，促成10余家小微企业留在大渡口区。

【企业合作平台】 深化“大手牵小手”工作品牌，连续4年共组织50家大型民营企业与200家具有产业关联性的小微企业结对合作，通过指定成长导师、倾斜采购订单、提供技术帮扶、共同开发市场等举措，促进大小企业共同成长。牵线搭桥，促成正博兴康养项目落户重庆元石国际有限公司签订意向协议。

【营商环境】 出台《重庆市大渡口区非公有制经济工作联席会议民营企业反映问题办理制度》，召开全区民营经济发展恳谈会和全区非公经济联席会3次。帮助锦天、宝丰、富士达、在天食品等10余个企业向区外相关部门协调沟通、维护合法权益。与区检察院联合开展以“检察护航民企发展”为主题的检察开放日活动。举办2019年民营企业现场招聘会暨惠企政策宣传活动，发放《政策汇编》300余册。

【商会改革】 加强基层商会建设，落实中央和市委关于促进工商联所属商会改革和发展相关文件精神，赴改革试点地区学习经验，制定商会改革工作任务清单，列出改革时间表和路线图。推动商会依法登记注册，完成率为43%，加强商会党建工作，指导商会成立党组织。推进“四好”商会建设，指导建胜镇商会成功创建市级工商联“四好”商会和重庆市“十佳”乡镇商会，评选区级“四好商会”5个，形成以点带面强力示范。

【自身建设】 全面从严治党，主动配合巡察组工作。在2019年度全市工商联工作会议上，做交流汇报发言。参加区直属机关工委开展的机关党建微视频评选，获得一等奖。坚持严管与厚爱并重，注重干部培训培养，提高干部职工政治把握能力、履职尽责能力和创新发展的能力。开展调查研究，围绕民营企业运行状况、排查民营经济风险、商会改革等18个方面情况进行专题调研。提高宣传工作能力，在《重庆日报》《中华工商时报》等报纸上宣传民营经济发展经验及成效。

（区工商联）

群众团体

大渡口区总工会

【概况】 大渡口区总工会（以下简称“区总工会”）机关内设办公室、基层工作部、服务发展部和宣教文体部，下属1个正科级事业单位：大渡口区职工服务中心。区总工会有主席1人（区人大常委会副主任），专职副主席2人，挂（兼）职副主席4人，正科级领导职数4人。人员编制及实际配备编制：行政编制6名，事业编制4名，工勤2名。2019年，区总工会机关有在编行政编制6人，事业编制3人，工勤人员2人，专职副主席2人，调研员3人，科级及以下人员4人，工勤2人。另有挂职副主席1人，兼职副主席3人。

【思想引领】 区总工会召开五届五次全委会和十一次全委（扩大）会，组织工会干部职工学习会28次，举办全区基层工会干部培训班。各项会议、培训把深入学习习近平新时代中国特色社会主义思想和党的十九大精神作为重中之重，结合“不忘初心、牢记使命”主题教育，在各基层工会宣传阵地开辟“学习贯彻习近平新时代中国特色社会主义思想”专栏，组织劳模代表进企业、进校园、进社区开展宣讲4场，组织职工参加全市举办的“我和我的祖国”征文、演讲、知识竞赛等活动，团结引导职工群众听党话、跟党走的政治责任。

【建功立业】 开展以“当好主人翁，建功新时代”为主题的劳动和技能竞赛。2019年，区总工会组织9家企事业单位参加全市网上劳动和技能竞赛，有60名职工获得全市网上劳动和技能竞赛月度之星称号，1名职工获得年度技能之星称号（全市10个）。组织部分企业职工参加全市举办的智能制造技能、IT行业技能、集体协商技能等线下大赛，分别获得个人一等奖1个、二等奖2个、三等奖2个的较好成绩。

开展五一劳动奖推评工作。做好全国及重庆市五一劳动奖的推荐评选工作。1人获得全国五一劳动奖章，3人获得重庆五一劳动奖章，1家企业获得重庆五一劳动奖状，2个班组（科所）被评为重庆市工人先锋号。茄街大漆制作技术第三代传承人王黎阳当选为“2019年巴渝工匠年度人物”。

弘扬劳模精神、劳动精神、工匠精神。举办劳模专题报告会2场。开展劳模和工匠人才创新示范工作室建设，已建成劳模工作室5个。五一期间，在《大渡口报》刊登、宣传大渡口区各级劳模代表事迹，扩大劳模精神、工匠精神的影响力。

【职工维权】 开展普法宣传。联合区相关部门开展“春风送法律·平安万里行”“遵法守法·携手筑梦”等法律宣传活动，以提升职工群众的守法意识和权益保护意识。开展“律师服务职工在基层”活动。与律师事务所签订协议，聘请律师进驻镇街、园区，为职工提供法律咨询、法律援助等服务，推动构建和谐劳动关系。全年协调处理劳动争议50余件，提供法律援助13件。助推企业安全生产，提升职工安全意识。联合区相关部门扎实开展“安全生产月”活动，参加区安全事故调查分析会以及工伤鉴定、劳动能力鉴定、病退评审认定等工作，维护职工安全健康权益。

【服务工作】 开展“四送”活动。联合区相关部门开展“春送岗位”就业服务活动，组织企事业单位招聘会3场次。开展“夏送清凉”活动，发放防暑降温物品5万余元。开展“金秋助学”活动，资助4名建档困难职工家庭子女上大学。开展“冬送温暖”活动，慰问困难职工350人次。

帮扶城市困难职工。全年开展医疗救助7户，发放资金3.8万元；对无住房家庭开展住房补贴5户，发放补贴3.6万元。根据家庭参加医疗保险情况和人数，开展慰问47户，发放资金7万余元；对20户建档困难职工发放生活救助10.25万元。

深化互助保障工作。通过举办培训会，召开推进会等方式对互助保障工作进行宣传指导。全年职工申请互助金300余人次，发放互助金60万余元。申请慰问金、救助金40余人次，发放慰问金10万余元。

【作用发挥】 夯实基层基础。实施200人以上非公企业工会主席工作补贴制度，调动非公企业工会主席搞好工会工作的积极性。开展灵活就业群体人员的建会入会工作，让灵活就业人员感受到工会的关怀，该项工作的经验和做法被市总工会推到《工人日报》进行了宣传报道。开展全区百人以上企业建会情况的摸排和督促指导建会工作，确保百人以上企业独立建会全覆盖。

创新活动内容。与区体育局共同举办全民健身拔河比赛、羽毛球比赛、城市定向赛等活动，受到广大职工群众好评。同时，区总工会与基层工会一起组队参加重庆市首届职工运动会，取得较好成绩。

工会系统党建。严格落实意识形态工作责任制，把意识形态工作作为“一把手”工程常抓不懈，要求班子成员认真履行“一岗双责”，抓好各自分管科室、分管领域的意识形态工作，并专门安排工作人员作为意识形态工作联络员。按照区委的安排部署，扎实开展“不忘初心、牢记使命”主题教育。坚持重大事项请示报告制度，确保工会工作始终置于党的领导之下。推进工会系统党风廉政建设和反腐败工作，加大工会经费审计审查力度，对20家基层工会2018年的工会经费收支情况进行实务审计。同时，加强对工会机关干部职工的教育管理，强化廉政风险意识，落实中央八项规定要求，严格公车管理和政务接待等事项，全年未发现机关职工不廉洁行为和违反中央八项规定精神的情况。

（区总工会）

共青团大渡口区委

【概况】 共青团大渡口区委员会（以下简称“团区委”）机关内设办公室、青少年工作部2个机构，机关行政编制4名，书记1名，副书记1名，内设机构领导职数2名。下属青少年活动中心属于全额拨款科级事业单位，共有事业编制2名。团区委直属团组织14个，基层团（工）委26个，团总支14个，团支部459个，团员7763人，其中2019年新发展团员669人。

【理想信念教育】 举办团队干部培训班4期，邀请市团校、团市委专家专题授课，覆盖200余人。实现与党组织活动阵地共建共享，依托党群服务中心、便民服务中心等建设青少年之家8个。与结对双林社区打造示范性活动阵地1个，常态化开展联系服务群众示范性活动。在全区各级团组织中开展“青春心向党•建功新时代”特别主题团日活动，共计举办区级示范活动3场，直播示范性活动1场，创新开展线下观影、“匆匆那年”照片征集等活动数场。组织230名青年志愿者参与“点赞公民——千万市民升国旗”大渡口区庆祝中华人民共和国成立70周年活动。微博平台引导青年参与“青春心向党”“新中国成立70周年”等话题讨论，在《2018政务指数微博影响力报告》中位居重庆团委系统微博第9名，单条微博最高阅读量达271万。推动出台《大渡口区贯彻落实重庆市中长期青年发展规划（2018—2025年）实施方案》，区青年发展规划贯彻实施工作联席会议办公室设在团区委，20个区级单位共同配合推进发展规划落地落实。

【服务经济发展】 坚持“未来企业家培养青锋计划”工作机制，在各创业基地、孵化园征集创业申报项目，发放政府全额贴息贷款30万元。开展青锋计划配套活动8场，持续开展导师“1对1”帮扶活动。联合区人社局开展面向青年的专场招聘会及劳动维权宣传活动，为青年创客提供免费创业工位75个。组织“河小青”志愿者参加“向春天报到”学雷锋日主题志愿服务、“世界环境日”公众交流等活动，参与“河小青”志愿者170余人次。制定“青春助力乡村振兴”行动方案，成立领导小组，联系协调17个部门，发挥共青团组织优势，提出乡村振兴学习研讨等九大行动，引进专业机构，打造共青团服务农村发展的核心品牌项目。与区建桥公司共同推进海峡两岸青年创业基地建设。承办中俄青年创业孵化器双向交流项目，10余名俄罗斯创业青年来区参观交流。

【服务青年】 投入专项资金，通过政府购买服务的方式，用于购买青年创新创业、青年婚恋交友、青年身心健康、网络平台建设等服务项目。结合主题教育，调研基层团组织23个，完成2篇调研文章。多次与市财政局及团市委沟通协调，市校外联明确将大渡口区新建青少年活动中心工作纳入第一批建设补助范围，推动青少年活动中心迁建工作。新建“微型少年宫”2所，开展非物质文化主题公益活动18场，开展“阳光护航•助青成长”青少年安全健康教育系列活动10场。送青少年免费艺体培训进社区，开课77余节，覆盖6个镇街10个社区。承办第十届红领巾之声小主持人大赛主城片区复赛及决赛。联合区残联等单位举办“粽香浓情•欢庆六一”对口帮扶忠县活动，为特教中心儿童送去图书270本。举办“预防残疾•共享和谐”宣教活动2场。积极申报浙江青基会“向阳花少儿医疗救助基金”，为1名患病儿童争取到救助金2万元。希望工程“精准扶贫•圆梦行动”公益助学系列活动，募集资金4.9万元，资助7名贫困新入学大学生圆梦。

【从严治团】 五四期间，区内评选五四红旗团委（团支部）20个、优秀共青团员（团干部）20人。全区464名团支部书记参加满意度测评，满意度80%以上的团支部书记455人，满意度60%～80%的团支部书记9人。

开展全区性团干培训1场、分领域团干部培训2场、与巴南区团委联办基层团建培训班1场。分组到一线从严推进基层团组织整顿及团员发展审核工作。完成对13个示范点团组织的分级验收，验收通过团组织10个。10个特色团建工作项目最终验收通过4个优质项目。

与区委组织部联合出台《关于加强新时代非公有制经济组织党建带团建工作的实施意见》；在"天安t+space青创空间"开展青年职工趣味运动会1场。开展"双创周"主题活动2场，举办第二届"重庆移动互联网产业园青年创客篮球友谊赛"，承办团市委上门为非公经济组织和社会组织团组织开展心理健康活动1场，举办"爱在大渡口，情定一回眸"大渡口专场交友活动，服务过程中，推进非公团建工作，建立非公团组织30个。

（团区委）

大渡口区妇女联合会

【概况】 大渡口区妇女联合会（以下简称"区妇联"），机关有行政编制4名，其中：主席职数1人，副主席职数1人，办公室主任职数1人，维权信访部部长职数1人。另配备挂职副主席1人，兼职副主席2人。内设机构2个：办公室（妇儿工委办公室）、维权信访办。有事业编制（妇女儿童活动中心）2人。2019年，实际在岗6人（行政4人，妇女儿童活动中心事业2人）。区妇联下设3个区级机关妇委会，8个镇（街道）妇联，80个村（社区）妇联，区移动互联网产业园、九宫庙商圈和建桥工业园区等3个区域性妇女组织。2019年，区妇联有9个集体、35人（户）获得全国、市级表彰。

【思想引领】 主题宣传。以"百千万巾帼大宣讲""红岩网宣讲""巾帼心向党 礼赞新中国"等活动为载体，开展"巾帼心向党"系列行动，深化妇女群众理想信念教育。组织拍摄制作"巾帼心向党、礼赞新中国"专题微视频在"义渡姐妹"微信公众号等新媒体发布。开展各类主题宣传教育活动217场次，受众43000余人次。

主题教育。开展"不忘初心、牢记使命"主题教育，及时召开动员会、成立领导小组、制定"1+4"工作方案，党组专题研究主题教育工作5次。通过党组会、党组理论中心组学习会、书记讲党课、党员大会等方式集中学习19次。确定"关于健全我区家庭教育指导服务体系的思考与建议"等2个专题调研课题，组织班子成员深入基层开展调研6次、召开交流会2次。广泛征求意见建议37条，列出检视问题清单10条。制定整改具体措施和任务清单19项。

【助力发展】乡村振兴巴渝巾帼行动。围绕"三清一改"，紧扣"文明乡风"，开展"美丽家园""最美家风、最美家庭、最美风尚"等专题培训、主题活动9次。发动妇女群众参与"整洁庭院""最美庭院""最美阳台""清洁户"等评选评比活动13次。推荐2户参加2019年重庆市"绿色惜福家庭"和"乡村生态文明家庭"创建。

城市提升巴渝巾帼行动。实施"家家幸福安康工程"，发挥妇女在弘扬中华民族家庭美德、树立良好家风方面的独特作用。联合区教委举办大渡口区第二届中小学"我家好家训"征集评选活动，征集家训251条，评选出优秀家训82条。组织家庭教育讲座进企业，进学校，进基层11场。开展家教师资培训4场次，参训400人次。策划开展"我们一'植'在一起"、"美丽家园"巴渝巾帼行动等巾帼志愿服务活动23场。涌现出全国"最美家庭"1户，市级"最美家庭"7户，市级最美阳台及庭院4户，区级最美家庭24户，区级"最美阳台""最美庭院"35户。

脱贫攻坚巴渝巾帼行动。开展"送温暖 惠民生"主题活动，慰问困难妇女儿童及其他困难人员640人次，发放慰问金（品）8万余元。完成妇女"两癌"免费检查6000人，争取农村妇女"两癌"患病救助专项资金10000元。组织困境儿童和爱心妈妈参加全市团辅活动，组织辖区基层干部、女企业家、爱心企业（含企业职工）等爱心人士参与99公益日"春蕾计划"众筹活动，捐款38866.98元。

创业创新巴渝巾帼行动。1人获评重庆市首届手工制作"巴渝巧姐"、1人获评农村电商"巴渝网姐"、3人获评家政服务"巴渝大姐"，其中至品家庭服务管理有限公司总经理杨定兰荣获重庆市首届十佳家政服务“巴渝大姐”称号。联合开展专场招聘会5场，组织25名妇女参加职业技能培训，10名妇女参加创业培训，组织女性法人组织负责人参加第三期重庆市女性社会组织创新驱动培训班。73名女性农村劳动者实现就业。

【权益维护】 构建项目化服务机制，以购买服务的方式，依托梅明社工推进“婚姻家庭服务进村（社区）、进企业”项目；开展法治宣教，开展以“建设法治中国巾帼在行动——千万妇女大学法”为主题的法治维权宣传活动。各镇街、村社区妇联以妇女之家为阵地，分别开展法治讲座、文艺展演、维权知识趣味游园、集体舞比赛、巾帼志愿服务等形式多样、寓教于乐的维权宣传和服务活动。全区基层妇联共开展维权活动280余场，发放维权宣传资料和宣传品10000余份，参与人数15000人次。参与国家宪法日、全民禁毒宣传月等大型主题宣传活动10余次；推进依法维权，处理来访案件58件，接待来访群众70余人次，婚姻家庭纠纷调解案件61件，矛盾调处结案率达100%。为30人提供劳动维权和法律维权援助。妇联干部参与法院陪审案件5次，担任合适成年人到场为未成年被害人、犯罪嫌疑人等参与询问（讯问）帮教6人次。大渡口区司法局陈静红获全国维护妇女儿童权益先进个人称号。

【改革成果】 夯实组织基础。组织3名村、社区妇联主席参加重庆市基层妇联组织成员示范培训班，组织115名村社区基层妇女干部参加素质提升培训班，开展2019年全区女领导干部相关情况调查。2人荣获重庆市“妇女之友”称号，重庆市大渡口区中医院公共卫生科荣获全国巾帼文明岗称号，国家税务总局重庆市大渡口区税务局建胜税务所等6个单位荣获重庆市巾帼文明岗、重庆市三八红旗手（集体）称号，燕宏等3人荣获重庆市三八红旗手（标兵）、重庆市巾帼建功标兵称号。

优化服务阵地。继续开展创建市级优秀妇女之家及“十佳妇女之家”工作。推进儿童之家规范化建设，完成8个示范型儿童之家和80个村（社区）基础型儿童之家的打造。

强化网上妇女之家建设。用好“大渡口妇联网宣员群”“义渡姐妹九届执委群”等微信群、工作QQ群，指导基层妇联用好用活各类网络阵地。全年推送文章65篇，阅读人数5000余人次。

【妇儿工作】 牵头对68项指标任务查漏补缺，完成全区2018年度妇女儿童发展纲要（规划）统计及监测评估工作。举办庆六一“做新时代好少年”暨“礼赞新中国·寻根大渡口”中小学生绘画作品大赛，征集作品130余幅。

（区妇联）

大渡口区归侨侨眷联合会

【思想政治引领】 开展学习宣讲，确保“学懂”。开展“不忘初心、牢记使命”主题教育，充分领会习近平新时代中国特色社会主义思想、十九届四中全会精神；中国侨联、市委统战部、市侨联的新部署、新要求等，在学懂、弄通、做实上下功夫，增强侨联组织的政治性、先进性、群众性，区侨联组织各级侨联组织和侨界群众开展“学讲做”活动，系统学习习近平新时代中国特色社会主义思想，召开全委会、全委扩大会、专题学习会等10场。

加强理论培训，确保“弄通”。组织班子成员、委员、侨联干部参加市区政治理论培训；组织基层侨联骨干参加“2019年度大渡口区镇街、村、社区统战工作人员培训班”、组织侨届青年赴井冈山参加“重庆市大渡口区知联会、欧美同学会、新专联班子及骨干成员培训班”等各类培训8次，确保侨联干部、侨界代表人士始终与党中央思想保持高度一致。

组织贯彻执行，确保“做实”。发挥侨联组织联系广泛优势和桥梁纽带作用。充分发挥区侨青委会平台，侨联组织联系广泛的优势和桥梁纽带作用，做好侨界青年思想政治引导工作。组织侨界人士围绕区经济社会发展开展招商推介、引资引智、服务社会等活动13余次。发挥街道侨联分会、镇侨联小组作用，及时将党十九届四中全会精神、习近平总书记重要系列讲话精神、区重要会议精神宣传到基层、宣传到侨界群众，归侨侨眷之中。

【参政议政】 社情民意。区侨联依托基层侨联组织反馈社情民意，针对群众反映强烈、在全区转型发展中具有代表性的重点、热点、难点问题开展深入调研，收集社情民意68篇。

政协提案。撰写提案15件，集体提案7件，侨界政协委员个人提案8件，立案9件，并案处理4件。并以《关于破解民营实体经济经营难题、激发“两高”建设活力的建议》为题做大会书面发言，提出依法依规帮助民营实体经济融资、解决资源性要素配置难题、提振民营实体经济信心、增强民营经济风险防范意识能力、建立现代企业制度的建议。同时此提案也被并案为重点提案由区政协主席张琼亲自督办。区侨联集体提案“关于乡村振兴存在的问题和建议”由区委副书记陈中举、区政协副主席邹文炬督办。

政协活动。组织侨界政协委员参加区政协各项活动，激发参政议政能力。参加区政协民情服务队，深入了解基层群众所思所想。参加政协主席委员接待日等活动，围绕“高质量产业之区、高品质宜居之城”建设献计出力。

【助推经济发展】 争取上级支持，做好引资引智。借助市侨联引荐，由意大利威尼托华侨华人工商联合会会长王士晃带队的意大利经贸科技文化考察团一行11人，来区考察并详细了解大渡口区产业布局及招商政策。借助市侨联平台申报中国侨联新侨创新创业基地，并提交《中国侨联新侨创新创业基地申报书》。区侨联主席参加市侨联出访缅甸、老挝，区侨联与缅甸中华总商会、老挝老中经济促进会缔结友好协作单位签订了友好合作协议。

用好侨联平台，推介区级项目。参加首届“一带一路”侨商组织年会，以宣传短视频、图文资料等方式向与会嘉宾们全方位展示大渡口区县经济社会发展规划、产业布局和重点企业情况，并与嘉宾们一对一地交洽谈，向他们详细介绍大渡口的区位优势、生态优势、产业优势和政策优势，诚挚邀请他们来大渡口区参观考察，共觅商机，投资置业。参加2019年中国侨联特聘专家委员会年会展览，发放大渡口投资指南、大数据智能化产业投资指南画册资料500余本。重庆赫尔墨斯体育产业有限公司，市侨联副主席、区侨联副主席廖红海赴大渡口区商讨“关于提请审议大渡口双山公园迎宾足球场扩建为全民健身体育公园”项目。

聚焦创新创业，助推转型发展。将新一代华侨华人、归国留学人员作为创新创业的重要力量，注重联系和服务新侨高层专业人才，为新侨归国创业就业铺路搭桥。2019年重庆英才大会期间，区侨联推荐高层次人才5人，受邀请2人，现场签约博士站1人。

【为侨服务】 助力社区侨务工作阵地建设。按照“社区基础扎实、服务网络健全、整合资源为侨服务、围绕中心发挥侨力”目标，在社区统战全覆盖基础上持续狠抓社区侨务工作阵地的建设。争取到中国侨联创建“侨胞之家”名额3个，新山村街道沪汉社区、春晖路街道阳光社区、茄子溪街道新港社区已经完成创建工作。

发挥侨联社区服务队作用。以社区需求为导向，与刘家坝社区结对开展为侨服务活动，举办“情浓迎端午、粽香入万家”“九九重阳侨意浓”等系列活动。区侨联法律服务站聘请专职律师，在5个街道侨联分会，3个镇侨联小组开展侨法讲座和咨询20余场。发放《中华人民共和国归侨侨眷权益保护法》《为侨服务手册》、侨法宣传围裙、侨法宣传环保袋等资料5万余份。解决侨眷纠纷维权50余次。各镇街、社区不断推进涉侨行政服务窗口建设和服务，保持办公热线畅通，提供涉侨涉法等相关服务，及时解决归侨侨眷难题。先后5个街道3个镇开展了“我爱我家、幸福社区”心理帮扶系列活动，举办讲座8场，来自各社区的青少年和家长240余人参加了本次系列活动。

开展重大节日联络联谊、慰问帮扶困难侨眷。做好元旦春节、中秋、国庆等节日慰问活动，争取各方资金做好困难侨眷慰问帮扶工作，春节前共慰问困难侨眷、归侨侨眷、侨界优秀代表人士、离退休侨联工作者、新侨知识分子、老归侨和重点侨眷77人，送出慰问金及慰问品约5万余元。中秋慰问侨眷50人，送出慰问品2万余元。九九重阳节慰问老人100人，送出慰问品4000余元。赴区福利院为老人们送上由澳大利亚魏基成慈善列车捐赠的冬衣105余件。

【联络联谊】 开展联络联谊活动。区侨联系统开展新春联谊会、庆端午、迎中秋、九九重阳系列等主题活动10场。组织高中在校生参加“第二十届世界华人作文大赛”，征集优秀作文74篇，获奖17篇，一等奖获得7篇、二等奖获得5篇、三等奖获得5篇。联合区委统战部、区侨办主办建桥同心圆•建功新时代——“凝侨心、聚侨力”纪念新中国成立70周年主题活动，市侨联、市委统战部侨务事务处、大渡口区政府、区委统战部相关领导、各镇街统战委员、区侨联全体班子成员、归侨侨眷、侨青委会、留学生家长及群众约200人参加活动。

强化与友好侨联组织的联络联谊。赴渝北区调研学习侨联工作，实地学习渝北区龙山街道龙山路社区、双凤侨街道凤鸣路社区的“侨胞之家”创建，共同交流为侨服务经验，提升为侨服务工作水平。

推动侨界青年互动交流。组织区侨界青年参加各项活动，组织侨届青年参加重庆欧美同学会青委会组织的520不插电音乐联谊会活动。组织侨界青年赴九龙坡区铜罐驿开展“学讲做”学习会暨参观周贡植烈士故居活动。

【自身建设】 用好侨联阵地。全区8个基层侨联组织依托区“全国侨务工作明星社区”“全国侨务工作示范点”“侨法宣传角”“侨之家”等14个为侨服务阵地，开展各类活动30余场。

强化基层组织建设。以激发基层组织活力为根目标，区侨联不断强化对基层侨联组织的指导，推动街道侨联分会、镇侨联小组完善学习、活动相关体制机制。并为各个基层侨联组织建设提供了适当经费保障。

用好宣传平台，广泛宣传侨联工作。全年在中华全国归国华侨联合会网站、重庆统一战线网站、市侨联网站、《新华侨杂志》《大渡口报》《大渡口统战报》上刊载信息54篇。利用“重庆市大渡口区归侨侨眷联合会”“义渡统战”微信公众号，向全区归侨侨眷定期或不定期精准推送理论学习、侨务知识以及各类信息20条。

（区侨联）

大渡口区台属台胞联谊会

【概况】 重庆市大渡口区台属台胞联谊会（以下简称“区台联”）成立于1992年7月21日。2016年7月5日，区台联选举产生第六届新领导班子。2019年，区台联有分会8个，台属会员390人，理事会成员13人，台属户数222户，台胞43人，覆盖全区所有镇街。

【参政议政】 不定期地组织分会会长及理事会成员到社区收集社情民意，并鼓励台联成员积极撰写提案，撰写集体及个人提案5篇：《关于大力发展装配式建筑，加快推进大渡口区建筑业转型升级的建议》《关于加强对重钢改制民企扶持力度的建议》《关于大渡口区设立电动汽车充电桩的建议》《关于坚决取缔在居住小区公共地带搭设灵堂的建议》《关于强化我区高层建筑防火安全监管的建议》。

【社会活动】 2019年，区台联先后联合社区及各分会组织了多项活动：区台联、九宫庙街道新工社区组织干部职工、社区居民一同前往社区敬老院开展“欢乐闹元宵 爱心送汤圆”活动。组织台属会员在新工社区组织了“放歌新时代”庆元宵演出，为社区居民送去诚挚的祝福。“三八”节组织台属台胞女会员在长寿新重钢进行学习参观活动。开展端午节联谊活动。“七一”组织台属会员在新工社区文化广场举行宣传十九大精神，学习贯彻习近平总书记视察重庆重要讲话精神，载歌载舞庆“七一”。组织各分会在大渡口区龙凤山庄联合举行2019年中秋节台属台胞联谊活动，增进台属台胞感情，增强台联与台属台胞们的凝聚力。组织台属会员在新工社区文化广场举办迎国庆进社区文艺演出活动。重阳节组织台属台胞，在九宫庙街道新工社区“老吾老”老年人活动中心举办“九九重阳、喜气洋洋”活动，和老人们进行座谈，开展文艺表演，为老年人过集体生日，为老年人送上重阳节慰问品。让台属台胞老年人真正感受到党和政府及台联的关爱。

【思想建设】 区台联定期组织召开理事会、各镇街台联分会会长工作会议，传达中央和市区最新文件精神，专题学习十九大文件及习近平总书记系列重要讲话精神。结合自身工作实际，积极做好台属台胞联络工作，了解他们的诉求，关心困难台属的生活，将区委、区政府改善民生的要求落到实处。专题组织学习重庆市惠台政策58条。举办台属学习培训216人次、举办台属学习培训班1次、召开台属宣讲会13次。

【信息宣传】 区台联建立QQ群及微信群。利用网络广泛收集信息及传播文件，并在网络群里大力宣传党的最新对台政策和国家的大好形势。

【服务会员】 全年慰问生病、困难台属台胞以及过世台属台胞家属等60多人。慰问65岁以上老人50多人。

【自身建设】 区台联每月定期组织召开理事会全体成员、各镇街台联分会会长工作会议。听取各分会工作汇报。加强各分会交流；传达学习各种文件、会议精神；座谈相关事宜。

制定每周定时理事接待日制度，认真倾听、及时解决台属台胞们反映的问题；不能解决的问题，积极联系相关社区、街道，妥善解决。

区台联认真贯彻习近平总书记系列重要讲话精神，结合自身工作实际，做好台属台胞联络工作，了解他们的诉求，关心困难台属的生活，将区委、区政府改善民生的要求落到实处。完善了理事会会议制度，定期召开理事会。

（区台联）

大渡口区残疾人联合会

【概况】 大渡口区残疾人联合会（以下简称“区残联”）成立于1989年7月21日，为区属正处级机构。2019年2月19日，区委决定，设立中共重庆市大渡口区残疾人联合会党组。3月18日，经批准，中国共产党重庆市大渡口区残疾人联合会支部委员会更名为中国共产党重庆市大渡口区残疾人联合会机关支部委员会。6月17日，区委机构编制委员会决定，区残联机关设办公室。12月，按照《中共大渡口区委机构编制委员会关于调整重庆市大渡口区残疾人联合会机关内设机构和人员编制的通知》（大渡口委编发〔2019〕51号）人员编制调整后，区残联机关有行政编制6名，机关后勤服务事业人员编制1名。领导职数为理事长1名，副理事长1名，按群团改革实施方案配备兼职副理事长1名，科级领导职数1名。实际在编在岗6人（其中：理事长1人，副理事长1人，一、二、三级调研员各1人，机关后勤服务事业编制人员1人），并按群团改革工作要求，配有兼职副理事长1人。

区残联下属区残疾人综合服务中心，为全民所有制科级事业单位，成立于1999年1月18日，有事业编制3名，正科级领导职数1名。实际在岗2人。

【组织联络】 开展全国残疾人基本服务状况和需求信息数据动态更新工作，完成5029名持证残疾人调查工作。培训残疾人专职委员117人。作为全市第三代残疾人证（智能化）换发试点单位，完成4934个残疾人证换发工作。完成全市基层残联组织专项改革试点任务。2019年，全区有持证残疾人5041人。

【信访维权】 结合“两走一贴近”和“学听跟”专项行动，深入5000余名残疾人家中，访民情、解民忧。全年为101户残疾人家庭实施无障碍改造，提高残疾人生活质量，为21人申办重庆绕城高速及以内六条射线套餐通行费减免，为42人发放机动轮椅车燃油补贴，为1人申办C5驾照培训补贴。通过重新制作发放车主标识卡、集中清理车身商业小广告、统一张贴公益宣传标语，强化对190辆残疾人代步车的监督管理。依托专业律师事务所、“莎姐”宣讲团开展16场专题法制宣传教育活动。全年接待处理群众来信1件、来访35件次，办结率100%，协办区政协会议提案3件。

【教育就业】 依托“爱心惠残”“微托帮”众创空间为残疾人提供就业培训、咨询服务，在爱心惠残众创空间成立空间服务中心，为残疾人提供就业能力评估、就业培训、创业孵化等“一站式”服务。全年开办就业技能提升培训班8期，培训残疾人1110人次，带动就业300人次（大渡口区40名残疾人达成就业意向）。为28名残疾人及亲属、失业人员开办线上线下视频剪辑培训班，12名优秀学员成为独立签约剪辑师。开展盲人按摩机构及从业人员调查工作，输送4名盲人参加国家级、市级培训，为8家符合扶持条件的盲人按摩机构发放扶持资金。全年上下两个空间新增入园企业12个，实现产值2300万。

【扶贫济困】 围绕实现残疾人“两不愁三保障”目标，出台7个方面的“普惠＋特惠”惠残政策。在元旦、春节、中秋等传统节日期间，开展“送温暖”活动，投入资金31.73万元，对1509人次残疾人家庭进行走访慰问。为全区505名残疾学生和残疾人子女发放入学补贴23.1万元，为72名残疾人发放临时生活困难、大病医疗等救助资金8.89万元，为405名残疾人发放24.3万元的“阳光家园”居家托养补贴。为9家残疾人托养机构中的30名残疾人提供4.5万元的日间照料补贴。补贴139户残疾人家庭数字电视收视维护费用。落实“两项补贴”制度审核工作。全年审核按比例安排残疾人用人单位88家，通过审核的残疾职工251人。

【康复服务】 实施精准康复服务，为997名精神残疾、重度残疾及低保户残疾人发放城乡医保参保补贴30.46万元。为267名精神残疾人提供医疗救助21.36万元。配发基本辅助器具508件，安装大（小）腿假肢13例、低视力配镜60件，儿童矫形器5例。新建示范性村（社区）残疾人康复室（站）11个，为残疾人就近康复创造条件。年初，区政府出台《关于建立残疾儿童康复救助制度的通知》（大渡口府发〔2019〕8号），安排资金44.79万元，转介35名康复需求儿童到定点机构接受康复服务。为29名在康复机构训练的儿童发放生活补贴11.76万元。联合团区委、区妇联等邀请专家开展残疾预防知识讲座11场。持续推进市残疾人康复中心项目建设。

【宣传文体】 整合党群、助残组织和企业资源，围绕各大节日，开展“助残公益基金捐赠”“浓香粽情关爱残疾儿童”“法制知识竞赛”等活动，丰富基层残疾人文化生活。围绕新中国成立70周年主题，组织200余名残疾人开展《我爱你中国》快闪活动。在第十届全国残疾人运动会暨第七届特殊奥林匹克运动会上，肢残运动员肖祖贤代表重庆参加比赛，获羽毛球项目女子单打金牌、混双银牌、女子双打铜牌，并获个人体育道德风尚奖。肢残田小淼代表重庆，获射击项目10米卧射团体银牌、50米卧射团体铜牌、50米步枪三姿个人第五名。跃进村街道革新社区获评“全国残疾人之家”。区残联获评“勇担当做表率基层党组织”。在《重庆新闻联播》《天天630》《大渡口报》等市、区主流媒体及市、区各大网站刊播信息298条。

【专门协会】 五类残疾人专门协会充分履行“代表、服务、维权”职能，结合各类别残疾人的特点，开展观看无障碍电影、建军节慰问一线官兵、法制知识竞赛、博物馆无障碍体验等协会活动。

（区残联）

法　治

公　安

【概况】 2019年，大渡口区公安分局（以下简称“区公安分局”）把做好新中国成立70周年大庆安保维稳工作作为首要政治任务和全年公安工作的主题主线，围绕市委、市政府“七个坚决防止”和公安部“五个严防，四个确保”目标，紧盯政治安全、反恐防暴、社会稳定、公共安全等重点领域，从严从实推进“六大行动”、打好“七场硬仗”，开展“不忘初心、牢记使命”主题教育和“践行新使命，忠诚保大庆”实践活动，以最高标准、最严要求、最周密措施，抓好各项措施贯彻落实。

2019年，区公安分局有33个集体和391名个人受到表彰奖励，其中集体三等功17个，集体嘉奖16个，个人二等功5人，个人三等功84人，个人嘉奖302人。2个集体和42名个人获得市级以上表彰奖励，其中集体三等功1个，集体嘉奖1个，个人二等功5人，个人三等功8人，个人嘉奖29人。全年表彰辅警111人次，其中二级嘉奖19人次，三级嘉奖92人次。

【打击犯罪】 破获刑事案件986起，成功破获“3•15”故意杀人案、“7•27”故意伤害致人死亡案，现行命案破案率连续10年保持100%。破经济类案件31起，挽回经济损失1612.3万元。查获吸毒人员293人，执行强制隔离戒毒人员138人。办理环保案件8件。启动命案侦办工作机制查找失踪妇女儿童30余人，通过血样采集及DNA鉴定检验，比中被拐儿童1人。

【扫黑除恶】 落实中央和上级决策部署，围绕专项斗争“深挖根治”阶段性目标，以新中国成立70周年安保维稳工作为主线，科学谋划、精心组织，多次召开会议传达贯彻、部署推进扫黑除恶专项斗争工作，强化力量投入和保障经费，深化警种协作配合，“扫黑除恶”取得阶段性成效。

【治安管理】 处置房地产开发、物业管理、涉众经济案件、征地拆迁、劳动社会保障、企业改制突发事件80余起。深化新时代“枫桥经验”，打造以春晖路派出所为代表的“枫桥式公安派出所”，创建“老马群众工作站”1个（春晖路派出所），全面推进落实司法调解驻所工作。提升群众对公安工作的知晓率和见警率，入户发放警民联系卡20万余张，张贴社区民警留言卡10万余张。检查民爆物品、剧毒放射性物品单位480余家次，发现整改安全隐患50余起。7个挂牌治安乱点整治地区刑事案件立案率同比下降41%，全部摘牌。收缴管制刀具3把，废旧炮弹1枚。投入警力2980人次，完成多项重大活动安保工作。开展进校园法制宣传及安全教育活动219次，开展校园及周边治安安全督检128次、综合整治4次。

【户政管理】 审核、签发上传居民身份证19543个，审核签发、上传、分发港澳台居住证28个。制作临时身份证1204个，办理边境通行证503个。上门为老弱病残群众办理身份证22人次。审核审批户口事项报批申请1824份2519人，签发准迁证1954张。为群众服务办理户口事项65810人次。

【出入境管理】 受理内地居民出国（境）证件申请37006人次。受理台湾居民来往大陆通行证11人次，出入境通行证6人次。微信预约办证21645人次。为老、弱、病、残、孕等特殊人群开通办证绿色通道100余次。办理因特殊情况确实急需出国（境）加急出国（境）证件1704人次。

【交通管理】 接、处交通类警情38208起，其中交通事故9815起，挡道警情24788起，其他警情3605起。查获各类道路交通违法行为284125件，非现场247341件，现场执法36784件。受理驾驶人业务办理13290笔，受理机动车业务办理77606笔。依托短信平台、QQ群、互联网发布实时路况、交通安全提示、天气情况107万条。在中央级媒体发布信息5条，新浪、搜狐等全国主流网络媒体发布707条，市级媒体发布692条、电视媒体发表69条，区级媒体发布103条、报刊14篇，官方微博原创526篇，重庆市公安局交巡警总队官方微博采用转发56条，公安部采用2条。

【服务民营经济发展】 以优质高效民生警务，为全区经济和民营企业发展营造良好的“亲商、安商、护商”环境，与民营企业开展互动式上门走访2700家次、服务326人次，发放宣传册2万余份，召开警企座谈会119次，解决涉企问题107件，涉企案件追赃挽损1363.7万余元。

【“放管服”管理】 依托政务网和“重庆市网上办事大厅”互联网平台，对外发布行政许可、公共服务、行政确认、网上预约等办事指南和办事流程清单747项。根据大渡口区《“双随机、一公开”监管工作实施方案》要求，转变监管理念，创新监管方式，制定29项随机抽查清单，建立分局执法检查人员名录库，为“放管服”工作打下坚实基础。

【警务督察】 开展明察暗访960余次，出动警力1700人次，检查单位4145个次，人员17000余人次，公务用车2110台次，枪支2505支，视频督察45349个次，语音督察1833个次，GPS卫星定位2697个次。全年受理维权11件，为不实投诉证名35人，维权15人，处理不实投诉违法犯罪嫌疑人10人。受理、办理投诉80件，不属实77件、存疑1件、查证属实和部分属实2件。民意监测中心回访17104人，制发通报8份，专题分析报告2份，督促基层单位走访群众不满意事项27件。

【公安宣传】 围绕“不忘初心、牢记使命”主题教育、“扫黑除恶”专项斗争、“践行新使命、忠诚保大庆”实践活动等主要工作，在市级以上媒体及新媒体刊发原创新闻稿件2738篇次。开展各类线下宣传活动60余次，发放各类宣传资料12万份，先后推出“我和我的祖国”快闪、“平安课堂”“季度警情通报”“人大代表、政协委员进警营”等系列线下活动。持续加强新媒体建设，打造《大渡渡平安说防》《大渡渡拍案说法》《大渡渡侃新闻》等多个品牌栏目，推出《禁燃禁放版燃烧卡路里》《明月耀初心、家书寄浓情》等50余次原创新媒体策划，被《人民日报》《新京报》等转评。

【队伍建设】 按照重庆市公安局统一部署，结合职务序列分类管理制度改革，套改执法勤务警员职务9人，晋升执法勤务警员职务81人，晋升警务技术职务10人，套改综合管理类警员47人，首次晋升综合管理类警员54人，二次晋升综合管理类警员8人。全年审批领取出国境证件64人次，审批办理出国境证件19人次。组织办案民警旁听案件庭审401人次，检查执法办案场所42次、涉案财物管理95次、办案区使用及讯问犯罪嫌疑人同步录音录像84次。备案结婚、生日、父母寿辰、子女结婚、亲属丧事等缘由操办酒席申报17人。

【基层党建】 开展“不忘初心、牢记使命”主题教育，开展党委班子集中学习研讨会8次，对照党章党规检视问题24条，研究制定《关于深化落实全面从严治党主体责任实施方案》，建立党建工作责任清单和书记、委员、纪委书记责任清单。召开4次党建形势分析研判会和23次党委会研究党建工作，组织47名党支部（总支）书记、33名党务内勤和22名党员发展对象开展党务知识培训，全年发展党员22人，15名预备党员转正。看望慰问分局71名困难党员。

（区公安分局）

检 察

【概况】 大渡口区人民检察院（以下简称“区检察院”）有政法专项编制55人，实际在编干部54人，平均年龄39岁，其中员额检察官19人，检察辅助人员22人，司法行政人员9人，司法警察4人；党建方面，有在职中共党员45人，占83%，设机关党委，下辖5个支部（含退休支部17名党员），设7部1室（6个检察业务部及政治部、办公室）。

2019年，区检察院荣获第二届全国“未成年人检察工作创新实践基地”称号、全市检察信息工作先进单位、全市检察宣传工作先进单位、重庆市三八红旗集体等称号。

【司法办案】 履行批捕、起诉职能，加大打击犯罪力度，依法批准逮捕犯罪嫌疑人393人，提起公诉503人。

【扫黑除恶】 办理“9+4”类案件25件、52人，批捕涉恶犯罪嫌疑人12人，起诉恶势力犯罪集团3件、32人，包括大渡口区中首例“套路贷”犯罪案件。坚持扫黑除恶治乱相结合，依法批捕非法经营成品油犯罪嫌疑人19人，起诉5人。就无成品油经营许可证销售柴油是否构成非法经营罪的问题，请示高检院获明确答复。

【公益诉讼】 推动区人大常委会做出《关于加强区检察院公益诉讼工作的决议》。立案办理行政公益诉讼案件48件，发出诉前检察建议46件，均已回复整改。办理大渡口区首例支持行政机关提起生态环境损害赔偿诉讼，法院一审判决被告赔偿土地复垦等费用270万多元。

【“莎姐”工作】 建立2个未成年人观护帮教基地，受理审查起诉未成年人刑事案件首次为零。支持起诉全区首例因监护侵害撤销监护权案件成功获判。未检检察建议获评全市检察机关优秀社会治理类检察建议。监督落实高检院“一号检察建议”，开展教职员工入职前涉罪信息查询7批、340余人次。“莎姐”云平台被高检院确定为第二批全国未检创新实践项目，在高检院举办的全国未检创新实践基地建设专题会上做经验交流。“莎姐”检察官入选中央电视台《法律讲堂》栏目主讲人和重庆卫视“小学生与法”公开课特邀法律嘉宾。

【诉讼监督】 在区公安分局设立派驻检察室，监督公安机关立案2人、追捕追诉漏犯10人、漏罪3条。办理民事行政检察监督案件26件。开展财产刑执行专项检察，监督立案10件，涉及金额近10万元，经验做法在全国财产刑执行检察工作座谈会上做交流发言；成功监督逃匿三年的罪犯王某收监执行。

【队伍建设】 “莎姐”团队获市院嘉奖，院机关党委被表彰为“勇担当做表率基层党组织”，11名干警获三等功等奖励，“莎姐”检察官梅玫在市委“不忘初心、牢记使命”重庆市优秀共产党员先进事迹巡回报告会上做报告，并应邀参加国新办举行的检察英模中外媒体见面会。涌现出重庆市检察机关案件管理业务标兵、重庆“检察之星”等骨干人才。干警受邀参加中国法学会民事诉讼法学研究会理论年会。

（区检察院）

法 院

【概况】 2019年，大渡口区人民法院（以下简称“区法院”）由8个部门组成。全院有政法专项编制92人，实有在编干警84人，其中，员额法官36人，占42.9%。在编干警中具有硕士学位或研究生学历及以上36人（含在读博士1名），占全院干警总数的42.9%，大学本科47人，占全院干警总数的56%。全院干警平均年龄38.7岁。全年受理各类案件13498件，审执结12311件。

【刑事审判】 审结一审刑事案件384件，判处罪犯488人。依法审结涉恶案件2件，判处罪犯14人。落实深挖彻查要求，印发《开展扫黑除恶专项斗争线索排查办法》，移送涉恶线索3条。深化以审判为中心的刑事诉讼制度改革，推进庭审实质化，普通程序案件证人、鉴定人、侦查人员出庭率38.67%，律师辩护率100%，刑事案件当庭裁判率85.2%。深化刑事案件认罪认罚从宽制度改革，审结认罪认罚案件346件441人，认罪认罚适用率90%。贯彻教育感化挽救方针，持续推进“阳光助苗司法关爱基金”，受助未成年犯无一再犯罪，该基金项目荣获第四届中国青年志愿服务项目大赛铜奖。

【民商事审判】 审结一审民商事案件7509件。依法妥善审理涉民生案件，审结医疗、消费、物业等与人民群众切身利益密切相关的案件2689件。高度重视婚姻家庭纠纷化解，依法维护未成年人、妇女和老年人权益，弘扬传统美德，促进家庭和谐，审结婚姻、赡养、抚养、继承等案件517件。坚持保障劳动者权益与促进企业发展并重，依法审结劳动争议案件444件，助力构建和谐劳动关系，有效维护社会稳定。

实行院领导带队定点联系走访机制，院长带队走访民营企业10余次。加强民营企业法律风险分析研判，通过发送法律风险防控提示书、举办法律风险防控讲座等形式，为民营企业送“温馨提示”。推进“府院”联动机制，组建破产审判专业团队，审结破产案件5件，涉案金额近10亿元。制定《破产管理人报酬管理办法》，规范管理人报酬的确定与收取。运用重整、和解法律手段，尽最大可能对破产企业进行重整救治，推动2家企业实现破产重整。对无法救治的企业依法进行破产清算，裁定涉债金额20亿元的重庆海丰集团破产清算，及时淘汰落后产能。防范化解重大风险，审结金融借款、民间借贷等案件993件，涉案金额7.83亿元。

【行政审判】 审结一审行政案件224件。一方面，监督行政机关的行政行为，判决行政相对人胜诉案件30件，促使行政机关变更行政行为案件56件。另一方面，依法维护行政行为的权威性和公信力，判决支持行政行为、驳回原告诉讼请求案件106件。持续推进行政机关负责人出庭应诉工作，行政首长出庭应诉45人次。建立与行政机关的良性互动机制，为政府及相关部门提供法律咨询意见50余次，举办法治讲座6次，300余名领导干部旁听庭审，助推法治政府建设。

【执行工作】 执结案件4194件，执行到位金额28.43亿元，实际执行到位率74.5%，位居全市法院第一位。完成网络司法拍卖324次，成交16.91亿元，溢价率20.47%。推进“三中心一场地”建设，开展“利剑2019·三集中专项行动”，拘留24人次、腾退房屋13套、扣押车辆14辆。发挥司法拆迁保障作用，执结重钢体育场地块拆迁案，并从根本上化解被拆迁人鞠某纠纷，促成该片土地以过万楼面地价出让。

【诉讼服务建设】 推进“一站式”诉讼服务中心建设。优化诉讼服务窗口设置，将定期式执行信访窗口转化为常设制，增设人民调解室、律师工作室，购置智能化诉讼服务“一体机”，为群众提供贴心诉讼服务。提高诉讼服务质量，让群众“只跑一次”，当场立案成功率98%以上，立案工作实现零投诉。构建诉讼服务大厅、诉讼服务网络、12368诉讼服务热线“三位一体”的诉讼服务新格局，网上立案1336件。发放司法救助金6万元，缓减免交诉讼费188万元，减轻群众诉讼负担。

开展“一站式”多元解纷机制建设。推进驻院调解室建设，加强与各调解组织对接，2名人民调解员入驻法院开展诉前调解，全年开展诉前委派调解788件，调解成功207件，司法确认调解协议21件。落实诉源治理要求，主动下沉诉讼服务资源，联合跃进村街道和春晖路街道分别在东正社区、古渡社区开展“无讼社区”试点工作，指派专门法官与社区对接，直接参与、指导社区矛盾纠纷化解工作，让矛盾纠纷化于未发、止于未诉。

【司法改革】 制定《院庭长审判监督和审判管理职责实施办法》，落实院庭长办案责任和审判监督职责清单，院庭长办结案件6242件，占全院结案总数的50.7%。印发《关于进一步规范审判委员会和专业法官会议运行有关事项的通知》，规范专业法官会议和审判委员会运行机制。执行“随机分案为主、指定分案为辅”的案件分配机制，坚持每月召开一次审判质效分析研判会，及时解决制约审判质效的突出问题。完善法官绩效考核实施方案，激发法官办案热情。加强员额法官动态管理，遴选法官5名，充实审判力量。加强审判团队建设，优化机构设置和人员配置，圆满完成内设机构改革工作。持续深化司法公开，被市高法院评为“司法公开改革工作先进法院”。

【队伍建设】 强化政治理论学习，全年开展各类理论学习130余次，教育引导全院干警学深、悟透、做实。开展“不忘初心、牢记使命”主题教育，围绕主题教育总要求和具体目标，精心制定《实施方案》，列出45条具体措施推进主题教育。开展专题学习研讨8次，发言58人次，完成主题教育调研报告8篇。坚持边学边查边改，通过发放征求意见表、召开座谈会等形式，广泛征求意见建议50条，班子成员围绕“18个是否”检视出问题35个，逐条列出整改清单，抓好整改落实。

坚持基层党组织建设与内设机构改革同部署、同落实，配齐配强党务干部队伍，共选举支部书记及支委会委员25名。持续推进“青年干警导师制”，为新招录干警配备业务导师，发挥“传帮带”作用，促进青年干警迅速成长。加强审判理论研究，4篇调研文章荣获全国或区域性奖励。培育身边先进典型，2名干警荣获大渡口区“新时代最美政法人”称号。

压实管党治党政治责任，院党组坚持每季度听取党风廉政建设工作汇报，专题研究党风廉政建设工作5次。坚持廉政风险动态排查防控机制，开展审务督察、“以案四说”警示教育，接受司法巡查“回头看”并切实加以整改，发出督查通报12期，筑牢防范化解廉政风险“防火墙”。核查违法违纪案件线索，做到有报必查，查必有果。

（区法院）

司法行政

【概况】 2019年3月，大渡口区司法局（以下简称“区司法局”）完成机构改革工作。区司法局设置办公室、政治处、执法监督科、行政复议应诉科、社区矫正管理局、促进法治科、公共法律服务管理科7个内设机构，同时承担区委依法治区办的有关职责。2019年，区司法局机关核定政法专项编制15名，实际在编14人。区法律援助中心核定参公事业编制9名，实际在编5人。大渡口公证处核定事业编制3名，实际在编3人。

2019年8月，大渡口区司法局被中共重庆市委、重庆市人民政府评为“重庆市文明单位”。

【普法教育】 构建“大普法”格局，落实“谁执法谁普法”责任制，制定年度普法计划。年度普法计划申报实施工作实现申报制度常态化、工作要求常态化、督导流程常态化的“三个常态化”。

围绕重点内容、重点对象开展法治宣传教育和主题法治宣传活动。对村（社区）普法骨干进行培训，开展各类法治宣传教育活动625场次，举办各类法治讲座150余场，开展集中宣传和咨询30余场，发放各类普法宣传资料10万余份。

加强领导干部法治教育培训。创新法治教育培训方式，组织200余名领导干部、普法骨干和一线行政执法人员旁听庭审。组织49名新提任领导干部参加法治理论知识考试。组织3名厅级领导干部、113名处级领导干部参加法治理论知识现场集中抽考，2630名机关事业干部参加法治理论知识在线学习考试，参考率、合格率均100%。

加强宪法宣传工作。通过强化公职人员宪法教育、开展宪法进基层活动、强化青少年宪法教育等普法宣传活动，推动宪法宣传。承办重庆市2019年“宪法宣传周”主场活动，市、区两级44个部门、1000余名志愿者参加活动。

开展民主法治示范村（社区）自治、法治、德治“三治结合”建设。完成民主法治示范村（社区）复核验收工作。春晖路街道柏华社区顺利通过全国民主法治示范社区复核验收，46个村（社区）参与市级民主法治示范村(社区)复核。完成2019年自治、法治、德治“三治结合”建设目标。32个村（社区）达到自治、法治、德治“三治结合”建设标准。

【人民调解】 加强矛盾纠纷排查化解。推进调委会规范化建设，全区90%以上的调委会达到规范化标准。建立专职人民调解员队伍，加强人民调解员技能培训，不断提高人民调解员的业务素质。创新调解方式，依托党建云平台，开设“法律点亮生活——法律服务窗口”，推动在线调解，探索以司法行政部门为主导、社会各界力量广泛参与的“8小时外一线调解”新机制。全年各级调解组织共调解成功各类矛盾纠纷3882件，协议涉及金额659.5万元，发挥人民调解防范化解基层矛盾纠纷的“第一道防线”作用。

【司法所建设】 严格按照“一镇（街）一所”、司法所工作人员不少于3人的标准建立司法所，全区8个司法所全部达到市级规范化司法所标准。2019年，建胜司法所长张烨被司法部授予“全国模范司法所长”。

【法律援助】 开展岁末年初为农民工讨薪百日维权专项行动。在农民工聚集场所开展法律援助专项宣传，开辟农民工追讨欠薪“绿色通道”，做到快速受理、快速指派、快速办理“三快速”。2018年11月1日至2019年12月31日，全区接待法律咨询1412人次，受理法律援助案件258件，办结172件，为受援人挽回损失619.39万元。其中，受理农民工民事法律援助案件92件，含农民工追索劳动报酬法律援助案件25件，已结案18件，为农民工挽回经济损失69.84万元。

开展刑事案件律师辩护全覆盖试点工作，全年受理刑事案件111件，其中律师辩护全覆盖试点案件85件，为刑事案件被告或犯罪嫌疑人提供法律帮助856人次。

【公共法律服务体系建设】 2019年，建成公共法律服务工作站3个、公共法律服务工作室31个。做好12348公共法律服务热线、12348重庆法网推广运行工作，推荐群众、律师注册12348法网，提高12348法网的知晓度。组织安排大渡口区12348热线驻场法律服务人员开展法律咨询工作，全年大渡口区负责值班35次，接听专线有效咨询346人次。

【公证】 大渡口公证处全年办理各类公证9562件，业务收入764.12万元。

【律师】 服务民营企业。组织律师参加民营企业服务培训3次，组建律师团开展法治宣讲12场次，化解矛盾纠纷3起，进园区开展“法治体检”2次，出具防范法律风险提示建议1份。

坚持律师担任村（社区）法律顾问全覆盖。根据各镇（街）、村（社区）法律顾问需求，指派律师进行法治宣讲，动员号召党员和热心公益的律师主动对接村社区开展法律服务，全年完成法治宣讲80场。

坚持律师参与信访接待工作。律师参与信访接待36人次，接待来访群众123人，提供法律咨询97次。

指导律师依法开展涉嫌黑恶势力犯罪刑事辩护代理。组织律师参加专题学习培训2次，做好代理律师教育引导工作15人、30次，会同律工委参加庭审旁听3次。

开展“双随机一公开”执法检查。对所属10家律师事务所开展了规范执业检查，通过实地查验档案、听取相关业务汇报等形式，检查律所是否存在违规收费、代理不尽责等情况，督促律所在制度健全、执业规范、案卷质量等方面不断提高完善。

开展律师调解试点工作。在区法院设立律师调解工作室，制定相应的管理办法，有3家律师事务所进驻值班，为当事人提供法律咨询服务，成功化解矛盾纠纷1起。

【法律职业资格考试】 做好国家统一法律职业资格考试报名工作，审核360余名考生的照片、户籍信息、学历证明等内容，确保考生顺利报名参考。10月，实施国家统一法律职业资格考试重庆市主城考区大渡口考点（唯一纸笔考场）的考务工作。

【司法鉴定】 开展“四类外”司法鉴定人和司法鉴定机构规范清理工作。按照重庆市司法局统一部署，对全区5家鉴定机构及鉴定人员进行摸底、动员，按要求提交了申请表、相关材料说明。10月完成清理，全区鉴定行业专业服务更加规范。

【社区矫正】 全年新接收社区矫正对象×××人，到期解除×××人，现有在矫对象×××人，其中缓刑×××人、暂予监外执行×××人。加强对社区矫正对象的执法监督，给予违反相关监督管理规定社区矫正对象警告35人次，对×××人进行出入境布控报备，按时撤销×××名解除矫正对象的布控，开展社会调查评估案件23件，办理社区矫正对象变更居住地管理案件21件。全年未发生因脱管漏管重新犯罪造成重大社会影响的事件。按照中华人民共和国主席特赦令，依规依法办理上报7名符合特赦条件的社区矫正对象，后经重庆市第五中级人民法院裁定全部特赦，特赦率100%。加快推进社区矫正应急指挥中心和远程视频督查系统建设，3月全部建成并投入使用。

【安置帮教】 全年新接收刑满释放人员×××人，现有帮教安置人员×××人。对303名困难户进行走访和临时救助，推荐就业219人，开展就业技能培训9人，开展就业培训和社会适应性指导96场次，协调帮助落实责任田5人，落实低保113人，安置率98%以上。2019年实现在监服刑人员信息核实率、预释放人员信息核查回执率100%，刑满释放人员的衔接率、帮教率100%。全年未发生因帮教不到位导致重新犯罪造成重大社会影响的事件。

【执法监督】 完成对3月31日前制发的现行有效的区政府规范性文件的全面清理，向市政府、区人大常委会报备新制发的行政规范性文件7件。提供合法性审查建议101份，承办法规规章草案的征求意见2件，接收区内委托执法备案1件，办理行政执法证271件（新进行政执法人员161人、执法证件到期更换110人），举办行政执法人员培训1次，培训43人。

【行政复议应诉】 全年受理行政复议案件57件，不予受理3件。启用全国行政复议工作平台，2018年、2019年行政复议案件全部进入工作平台。全区一审开庭审理行政案件51件，行政机关负责人出庭应诉25件，负责人出庭应诉率为49.2%，比2018年增长3.2%。全区收到司法建议4份、有履行内容的生效判决4件，已全部办结，并回复有关司法机关。

（区司法局）

军　事

人民武装

【概况】 2019年，大渡口区有驻区部队2个：区人民武装部（副师级单位）、中国人民武装警察部队重庆总队第二支队执勤五大队（正营级单位）。

中国人民武装警察部队重庆市总队第二支队执勤五大队成立于2018年1月1日，并进驻大渡口区，驻大渡口区有2个中队：大渡口区中队（即大渡口区看守中队），十六中队（即大渡口区巡逻中队）。大渡口区中队于1983年进驻大渡口区。主要担负大渡口区公安分局看守所外围警戒，协助公安机关执行押解、抓捕、逮捕犯罪嫌疑人，抢险救灾，反恐维稳，处置突发事件等任务。十六中队于2014年9月组建成立，原隶属重庆市武警总队第六支队第六中队，2018年1月转隶为中国人民武装警察部队重庆市总队第二支队执勤五大队，主要担负城市抢险救灾，反恐怖维稳、处置突发事件等任务。

【军事工作】 组织“训练周”军事活动，强化专武干部军事组织指挥能力。会同区人防办组织全区11个单位（部门），参加渝动•2019军地联合防空指挥所演练，指导区人防办开展“金盾2019人防演练”。开展民兵应急连备勤训练，对城市排涝、森林灭火、防暴维稳等13个科目强化训演练。组织3名民兵骨干参加重庆市“精武民兵”四会教练员集训竞赛，获3000米武装越野第五名和综合第六名。指导各镇街应急排在綦江民兵训练基地展开轮训，提升应急行动能力。组织78名民兵教练员完成4所高中3100名学生的军训任务。组织20名专武干部，集中3天时间进行训练与考核，提高专武干部业务能力，增强个人军事素养。

【征兵】 制作发放征兵宣传资料3万多份，提前3个月完成18周岁男青年兵役登记工作，登记率100%。协调教委组织学校领导、高三班主任召开征兵工作座谈会，深入4所高中和中职学校开展“征兵宣传校园行”活动，利用高考志愿填报辅导时机向学生家长面对面宣讲征兵政策。二季度开始组织征兵体检，依托区新媒体中心开展征兵宣教月活动（每天手机报定时推送 1 条征兵广告，每周大渡口发布推送一则征兵政策宣传），在步行街两个巨型 LED 屏持续播放征兵宣传片，各镇街在人口密集区常设征兵宣传站，发放印有征兵宣传标语的家用环保袋、围裙等宣传品 2000 余件。投入 12 万余元建立征兵工作站，严格落实征兵办集中办公制度。联合区卫计委、区公安分局，组织区人民医院体检医生与基层专武干部、派出所所长和户籍民警开展征兵业务工作专项培训，严把体检关、政审关、学历关，以兵员质量为核心，开展征兵工作。全年完成新兵征集 ×× 人，其中男兵大学生新兵比例 94%，在全市征兵工作中排名第四位。

【民兵】 严格对照《区县、乡镇深化民兵调整改革检查考评标准》，聚焦基干民兵队伍编组“严、实”标准，搭建民兵组织建设专班，20 余次深入相关企业、部门对接民兵编组任务，组织基层武装部集中办公，建立协调督导机制，盯住短板弱项、错项漏项做工作。深入编兵单位组织民兵集中点验，联系区发改委、经信委和相关企业落实民兵装备预征预储，完成普通民兵、基干民兵编兵任务，其中新质力量超过 40%，党员、退役军人占比均超过 30%，先后迎接片区、警备区两次检查考评。建胜镇和茄子溪街道民兵应急排重大节日期间坚持巡逻全区重点目标——伏牛溪油库片区，民兵小分队协助地方公安维护大渡口首届“长江草莓音乐节”现场秩序。

【装备管理】 装备建设得到加强，接收配发冲锋舟 1 艘，初步建成民兵携行装具、运行装备和野营设施 3 个分类仓库。

【国防教育】 按照《关于进一步加强新形势下国防教育工作的实施意见》要求，利用 3 月份学雷锋活动月、4 月份国家安全日活动、9 月份全民国防教育日暨重庆市国防教育宣传周，新兵入伍欢送仪式及国家公祭日活动，庆祝新中国成立 70 周年系列活动等时机，开展国防教育进镇街、进农村、进社区、进学校、进企业、进军营活动，向市民宣讲国防知识，发放国防教育知识普及手册，营造“人人关心国防、人人支持国防”的氛围。

【基层武装部正规化建设】 区政府高度重视基层武装部正规化建设，统筹划拨专项经费 71 万元给予保障。区人武部坚持每月督导检查，统一印制规范各类表、本、册，协调解决建设问题矛盾。各镇街党（工）委大力支持，集中参观全市示范点——巴南区李家沱街道武装部，解决基层武装部正规化建设场地、财力、人力不足的现实困难，跃进村街道武装部率先完成正规化建设试点任务，新山村街道、九宫庙街道、茄子溪街道和建胜镇成功实现一级达标，长征重工武装部完成二级达标。警备区交叉检查评比中，跃进、建胜、茄子溪 3 个抽点单位成绩优秀，基层达标建设全市排第八名。

（陈浩）

人民防空

【概况】 因机构改革，重庆市大渡口区民防办公室更名为重庆市大渡口区人民防空办公室（以下简称“区民防办”），是区政府工作部门，为正处级。设主任 1 人，副主任 1 人（实有 2 人），内设 2 个职能科室：综合科、指挥工程科（新设立），下设 2 个事业单位（人防工程开发建设维管中心、人防应急指挥所）。负责贯彻落实国家有关人防工作的方针、政策和法律，战时人口疏散基地的建设和管理、人民防空机关“准军事化”建设、战备值班值勤和本级人民防空行政审批工作。2019 年，在职干部职工共 10 人，其中行政人员 4 人，事业人员 5 人，工勤人员 1 人。

【指挥通信】 新安装固定警报 × 台、改建警报设备 × 台，迁建固定警报 × 台，警报总数 ×× 台，“6•5”警报试鸣放率和城市建成区警报音响覆盖率保持在 100%，建成区应战应急指挥平台指挥室。在跳磴镇南海村新建 × 万人区级机关疏散基地，对綦江区 ×× 镇 ×× 村 × 万余人安置能力的异地疏散基地进行维护。完成中国电信股份有限公司大渡口分公司重要经济目标防护试点工作。

【应急支援能力建设】 完成重庆市“大渡口金盾——2019”人民防空综合演练、“渝动人防——2019”城市人民防空行动演练。组织跨区通信训练 5 次，周训练 40 余次，跨省（市）应急支援拉动训练1次，参加全市人防跨省支援应急响应拉动训练1次。开展群防组织第八周期组训工作，新整组电力、水务抢修抢险、运输人防专业队伍×支×××人，对×支专业队伍进行组训。与区团委共同组建人防志愿者队伍×××人。对现有××个“两防一体化”社区宣传阵地进行维护管理。

【人防工程建设管理】 加快推进“放管服”改革，落实“全渝通办”。配合市人民防空办对大渡口区10个结建式人防工程进行质量监督。配齐兼职执法队伍，年均开展执法检查10余次。完成全区人防工程的普查工作；解决了志龙居办公室配套车库以及金融广场、佳禾鑫人防工程等值损毁赔偿产权过户问题。

【平战结合管理】 开展“百日纳凉送爽”工作，完善3个纳凉点软硬件设施，接待群众约10万人次。落实安全生产责任制，进行40余次的安全检查，发放安全宣传资料2000余册。推进城市提升行动计划人防工程服务民生专项工作，编制大渡口区人防工程提档升级服务民生方案。

【宣教工作】 常态化地抓好人防知识宣传教育“五进”工作。人防知识进校园学校开课率、学生受教育率、任课教师培训率100%，组织区长征中学参加全市初级中学人防知识竞赛活动，获得三等奖。在法治宣传月、“5•12”防灾减灾日、“6•5”等特殊时日开展宣传活动。在纳凉点开展“重温红色记忆、回顾人防历史、礼赞家乡变化”图片展、“新时代红岩讲习所”纳凉微宣讲等活动。

【自身建设】 开展机关“准军事化”建设，组织干部职工参加各级各类培训，提高干部队伍的综合素质，参加人防系统干部职工业务知识比武竞赛（主城片区）获得第二名。

【基层党建】 深学笃用习近平新时代中国特色社会主义思想，学习党的十九大、十九届四中全会精神和习近平系列讲话精神。开展“不忘初心、牢记使命”主题教育。加强机关党支部建设，完成机关党支部换届选举，成功创建规范化基层党组织，组织党员开展集中学习12次。定期研判分析意识形态工作，持续开展扫黑除恶专项斗争工作，坚决肃清孙政才恶劣影响和薄熙来、王立军流毒。8月，接受区委巡察组巡察。严格执行“一岗双责”制度，开展廉政学习，落实中央“八项规定”，支部全体党员无违规违纪情况发生。

（区民防办）

经　济

农　业

概　述

【概况】 2019 年，大渡口区实现农业总产值 1.4120 万元，比上年增长 2.95%；实现农林牧渔业增加值 1.0712 万元。全年粮食作物播种面积 2817.9 亩，实现粮食总产量 852.8 吨；蔬菜产量 16774 吨；农村常住居民人均可支配收入 21534 元，比上年增长 8.5%。乡村户籍人口 2.01 万人。

种 植 业

【粮食】 大渡口区 2019 年的粮食种植面积与 2018 年相比较有所减少，水稻、玉米等粮食作物种植面积较小，产量较低，主要用于自食。2019 年全区玉米种植面积 1700 亩、水稻 10 亩。粮油作物与杂粮种植面积几乎为零，没有纳入统计。

【蔬菜】 大渡口区蔬菜主要种植种类包括四季葱、韭菜、火葱、藤菜、丝瓜、冬瓜、南瓜、茄子、辣椒等，秋菜有小白菜、菠菜、莴笋、秋豇豆、秋茄子、秋玉米等，蔬菜除供应本区居民食用外、还供应杨家坪、盘溪等蔬菜批发市场。跳磴镇火葱及四季葱凭借优质高产的特点，继续充当蔬菜明星产品，不仅实现了与沃尔玛、新世纪、中百、永辉、重百等 200 余家超市的成功对接，而且在各大农贸市场持续畅销。2019 年，全区蔬菜总播种面积 1000 公顷，年产量 2.75 吨。相较上一年，种植面积减少，产量降低。

【水果】 全区有果园 4500 亩，主要种类包括柑橘、葡萄、梨、枇杷、无花果等，全年水果产量提量 1500 吨，主要在跳磴镇。

【惠农政策】 2019 年，根据市农业农村委要求，将原有的农业支持保护补贴更名为耕地地力保护补贴。全年发放收益每亩 30 元，共 217209.81 元。

【农产品安全】 在石盘村和沙沱村设立蔬菜、水果农药残留快速检测点 2 个，坚持每天对生产的蔬菜抽检并上墙公示。对蔬菜专业合作社每批采摘蔬菜进行蔬菜农药残留快速检测，并对蔬菜专业合作社和种植大户即将采摘的蔬菜定期抽样送重庆市农产品质量安全检测中心检测 30 批次，快速检测 10 批，包含韭菜、四季葱、火葱、平菇、柑橘等主要农产品，快检样用品 400 个，检测合格率 96.8%。

【蔬菜病虫害】 蔬菜主要虫害有小菜蛾、菜青虫、美洲斑潜蝇害虫、根结线虫等；主要病害有茄科类的青枯病、黄萎病、疫病、灰霉病，十字户花科蔬菜的黑腐病等。

畜 牧 业

【概况】 大渡口区是畜牧生产的小区，全区无规模化畜禽养殖场，畜禽养殖总量偏少，随着全区转型升级发展步伐的进一步加快，各种畜禽的饲养量呈进一步下降趋势。在此背景下，畜牧业工作重心已完全倾向于动物防疫监管，防止区域性重大动物疫病发生及保障上市动物产品安全已成为动监工作重点，万吨冻品交易市场和茄子溪火车站动物卫生监督检查站成为大渡口区检疫监管工作的重点。

2019年大渡口区畜牧业生产情况

单位：只、头、吨

序号	畜禽品种	年末存栏数	全年出栏数	肉产量	能繁母畜数
1	生猪	481	319	25	29
2	鸡	11326	11066	16.6	
3	鸭	5262	7772	11.66	
4	鹅	2000	3811	6.74	
5	山羊	106	173	2	54

【畜牧防疫】 2019年，区农业农村委组织三镇五街开展以狂犬病、H7N9禽流感、口蹄疫等重大动物疫病及人畜共患传染病为对象，以春秋两季普防工作为重点的动物疫病综合防控工作，各种疫苗的免疫密度和免疫效果监测情况均达到或超过国家和市级标准，有效地防止了动物疫病的发生和流行，确保全年无重大动物疫病及人畜共患传染病的发生。

【动物防疫体系建设】 区级动物防疫体系：区农业农村委为辖区农业农村工作的主管部门，下设大渡口区动物卫生监督所，负责辖区动物防疫检疫监督管理工作。区动物卫生监督所下设万吨分所，有专职检疫工作人员6人，负责茄子溪火车站动物卫生监督检查站检疫监督工作及万吨冻品交易市场畜禽产品检疫监管工作。

镇级动物防疫体系：三镇设农业服务中心，负责各镇农业农村工作。共有编制数36人，实有人员31人，负责防疫工作的人员9人。其中，大专文化7人，中专文化2人。专业技术人员7人，具有中级职称的2人，初级职称的5人。

村级动物防疫体系：辖区共32个行政村，每村设村级兽医防疫员1人，共32人，负责村级动物疫病的预防和治疗工作。其中，高中及中专文化8人，初中文化21人，小学文化3人。

【动物检疫】 2019年，进行动物产品备案审查13162次，检疫出具A证6659张、B证12636张，检疫动物产品24810.37吨。铁路检查站检查火车285车次，检查动物产品5460.92吨，检查鸡苗54000只。全区全年无畜产品安全事故发生。

渔　业

【概况】 2019年，大渡口区登记在册渔船25艘，养殖面积170亩左右，水产养殖主要以池塘养“四大家鱼”为主，其中草鱼、鲢鱼占总量的75%以上。

【水产技术推广】 加强鱼病监测和鱼类综合病害防治，满足市场消费需要。推行健康养殖技术，向市民提供“放心鱼”。

【支渔惠渔政策】 2019年，继续落实禁渔护渔补贴发放方案，补贴渔民25户，每户补贴4000元，并保证禁渔护渔补贴按时足额发放到渔民手中。区内43名船员全部办理保险。

【渔业船舶安全】 加强对辖区25艘渔船的安全管理，制定安全生产预案，加强对渔业工作者和从业者的安全教育培训。坚持捕捞许可制度，严格渔船检验发证制度。按照“一岗双责”要求，坚持“分级负责、属地管理”原则，逐级落实责任制。积极宣传、推荐使用标准船型，加强节假日、汛期渔业船舶安全检查，建立健全隐患排查整治长效机制，严格渔业船舶审验制度，加大执法检查力度，严厉打击非法载客载货行为。

全年检查40余次，检查渔船130余艘次，排查出一般安全隐患3个，整改3个，整改率100%，渔船安全处罚2起、2人，渔业安全处罚全部清零。遇恶劣天气、高洪水位等情况，向镇街管理人员及渔民群发短信预警200余条，有效防范渔业船舶安全事故。

【渔业船舶退捕转产上岸】 2019年，与25艘渔船主及43名渔民签订转产上岸协议，依法对25本内陆渔业船舶证书和43本渔业船员证书进行回收注销，对转产的25艘渔船、15艘辅助渔船及其他渔具进行限时集中切割，对登记在册合法有效的渔船按20万元/艘的标准进行转产安置。

【水产品质量安全】 加强渔药销售门市的定期不定期检查，杜绝销售违禁鱼药，对全区养殖大户进行实地宣传和检查，对饲料、鱼药、肥料等投入品使用提出了严格的管理要求，加强鱼类病害监测和报告，发布鱼病流行信息，减少病害发生，提高水产品质量。加强执法检查，重点规范饲料和鱼药的使用和管理，倡导养殖单位建立健全生产记录、用药记录、销售记录，建立养殖单位登记备案制度，加强养殖用药行为的监管，确保水产品安全供给。

【水域生态安全】 实施天然水域禁渔制度，加强渔具渔法调查和管理，打击电、毒、炸等非法捕捞作业。在辖区重点水域安装禁渔宣传栏3个，张贴禁渔通告6份，发放禁渔宣传资料1000余份，并通过区报持续刊登《禁渔通告》3天、区电视台和“村村通”广播持续播放《禁渔通告》1周；结合实际制定《2019年禁渔期工作方案》《重庆市大渡口区农业农村委员会2019年禁渔期巡查方案》并严格按照方案要求开展针对辖区重点河段禁渔期巡查工作。禁渔期间，已开展禁渔期白天巡查30余次、夜间蹲守10余次，受理群众举报20余次，出动执法人员200余人次，出动执法车辆70余台次、执法艇4艘次，与九渡口水上派出所、长航公安巴南派出所、鱼洞水上派出所、南纪门派出所夜间联合执法10余次，查获非法捕捞10起、19人（其中电捕鱼2起、4人，网捕鱼8起、15人）。制定《重庆市大渡口区农业农村委员会2019年禁渔期巡查方案》，劝离游钓人员1000余人次，解救长江鱼类200余尾。

水　利

【概况】 大渡口区有水库3座：红领巾水库，建胜镇陈家郭水库，八桥镇口袋沟水库。有泵站29处。山坪塘工程117口。长江防洪护岸1处（滨江路一期），总有效灌溉面积0.97万亩，实际供水量7066万立方米。

农业农村产业发展

【产业规划】 编制完成《大渡口区农业农村产业发展三年行动计划》，明确产业发展目标和定位。规划综合考虑地理气候、区位优势、产业基础、资源禀赋和市场需求等因素，以“义渡”文化为内涵，发展观赏性和经济好的桃树，打造以“义渡桃园”为主题的都市现代农业，突出大渡口区的“道义”“忠义”“仁义”的义之精神，重述“义渡”从“乡里之义”到“民族大义”的命运升化历程的规划——“一带两区三基地”。“一带”即义渡桃园•果香长江带，“两区”即义渡桃园•生态农业中梁山养生区、义渡桃园•金鳌山精致农业示范区，“三基地”即智慧水果基地、精品花椒基地和特色蔬菜基地，策划产业发展义渡桃园、义渡田园、义渡荷花苑、义渡橘园项目40余个。

【特色农业】 立足农业农村发展实际，以农业供给侧结构性改革为主线，围绕桃树、柑橘、花椒、蔬菜四大特色优势产业，坚持走“小、精、特”现代农业之路，促进农业结构不断优化升级。以绿色化、优质化、特色化、品牌化为导向，做精做强桃树、柑橘、花椒、蔬菜产业。实施产业兴村强区行动，将跳磴镇培育成为农业产业强镇，打造一镇一业、一村一品的发展格局。截至年底，大渡口区柑橘产业已发展4150亩，其中投产2500亩，花椒产业5500亩，蔬菜9450亩，葡萄500亩、枇杷100亩，桃树500亩，并形成以石盘村“柑橘”，红胜村“葡萄、枇杷”，新合村“花椒”，石林村“松涛”，金鳌村“桃园”，双河村桃林的“一村一品”格局。

【产业融合】全区有规上农产品加工企业11个，规下具有一定规模的农产品加工企业8个，其中市场级龙头企业4个。大渡口区高度重视对农产品加工企业的扶持，为1家企业提供13.57万元的贷款贴息资金；推荐参选全市农产品加工业示范企业评选3家，均被评为市级农产品加工示范企业。2019年，农产品加工企业实现总产值18.3亿元，完成投资额12000万元。

大力发展乡村旅游业。大渡口以跳磴镇区域为突破口，依靠其“半壁江山、半壁城”的地貌优势，打造休闲农业和乡村旅游精品工程，建设大都市乡村振兴示范区和城乡融合发展示范区。大渡口推动城乡融合发展，着力建设旅游三大环线，即：跳磴镇依托“两山一带一片区”的全域旅游发展格局，以滨江路为主轴，形成相对完整独立又联系紧密的长江、跳磴河的生态旅游带；整合旅游资源，打造小南海温泉—南海地球村—九久生态园、金鳌寺—石盘水果公园—长江滨江带、大渡口森林公园—西石路生态长廊—石林寺3条旅游路线；将3条旅游路线与滨江路上的义渡古镇、重庆工业博物馆连为一体，建设成为主城近郊主题旅游区、生态休闲度假中心。已建成特色旅游镇1个、特色村3个，规模比较大的休闲农业园6个，全区2019年乡村旅游经济收入1.2276亿元。

【品牌建设】 2019年，大渡口区有无公害农产品2个（重庆源由食用菌种植公司的金针菇、平菇），绿色农产品3个（重庆市石盘水果种植股份合作社柑橘1个，重庆市大渡口区沙沱村蔬菜股份专业合作社蔬菜2个），地理标志农产品1个，重庆市跳磴镇蔬菜专业协会的“跳磴火葱”，驰名商标农产品1个（重庆红九九食品有限公司的“红99”调味品）。非物质文化农产品制作手艺1个（重庆华生园食品股份有限公司的“华生园传统糕点制作手艺”），老字号农产品1个（重庆华生园食品股份有限公司“华生园”老字号品牌），重庆名牌农产品1个，“巴味渝珍”授权2个（重庆市石盘水果种植股份合作社“石源果”柑橘，华生园）。

【智慧农业】 2019年，农产品电子商务销售额766.4226万元，比上年增长12.98%。有从事农产品电商交易的企业4家：重庆石盘村水果种植合作社、重庆市华生园食品股份有限公司、重庆井谷元食品科技有限公司、重庆辽宇食品有限公司。注册在本区县的网点数5家，分别是京东、淘宝、微信商城、美团、有赞微商城。经营的主要产品有：柑橘、糕点、粥类、木耳、香菇等。同时打造了大渡口区益农信息社，发展网点21个。

农村经营管理

【农民增收】 2019年，农村居民人均可支配收入21534元，增长8.5%。累计规上休闲农业企业4家，营业收入9158万元。

【农村土地承包经营管理】 全区通过强化组织领导、科学制定工作方案、抓好宣传培训、强化技术资金保障、规范程序操作和实行双督导双反馈工作机制等措施，蹄疾步稳推动深化农村土地承包经营权确权登记颁证工作。中标技术服务单位千景空间科技有限公司在镇、村、社积极配合下深入田间地头，现场指界绘图，完成13个村，73个社农村土地承包地块外业调查和数据矢量化，调查承包方4226户，调查地块33287个。大渡口区成为全市首批成功向农业农村部进行数据汇交的区县之一。加强农户信息修正工作，完善农村土地承包合同。

【农民专业合作】 2019年，大渡口区登记注册农民专业（股份）合作社26个。市级示范合作社3个，农民合作社成员3960个。开展农民专业合作社“空壳社”专项清理，其中，有11个农民专业合作社属于清理整顿的六类问题，其中：无实际生产经营活动的有7个，因经营不善停止运行的有4个。

【农村“三变”改革试点】 2019年，农村“三变”改革试点村为石盘村、南海村。石盘村确认集体经济组织成员身份513户、2035人，整个集体经济组织共设置股份28486股。成立了石盘村股份经济合作联合社并予赋码。不断挖掘新型农村集体经济组织“聚集要素、内联成员、外引业主”作用，盘活农村自然资源和存量资产，增强社会资本聚集吸引力。

【农村集体产权制度改革试点】 组织区级相关部门和镇、村、社基层相关人员召开农村集体产权制度改革动员及培训会，印发《大渡口区农村集体产权制度改革试点方案》，明确农村集体产权制度改革目标任务，细化工作流程，规范操作步骤。全面完成农村集体资产清产核资，有序推进农村集体经济组织成员身份确认和农村集体资产股份合作制改革，探索构建利益联结机制。

【村级集体经济】 扶持农村集体经济发展，有序推进发展壮大农村集体经济项目实施。全区经营收益5万元以上的农村集体经济组织20个数，占62.5%；经营收益50万元以上的农村集体经济组织7个数，占22%。

【农民负担监管】 抓好一事一议筹资筹劳规范管理，规范农村公益建设筹资筹劳行为。通过村级公益事业建设一事一议财政奖补项目，2019年建成农村公路22千米，通组公路3.68千米，村社入户便道10千米。新建2座生态公厕，修建山坪塘3口，蓄水池1口，建成石盘村、拱桥村、金鳌村、民胜村4个垃圾分类示范村。

【厕所革命】 争取中央、市级各部门资金建设无害化卫生厕所改造413户，中央、区级财政奖补资金169.45万元。农村公厕建设实际完成3座，占目标任务的150%。

【人居环境整治】 出台《大渡口区农村人居环境整治工作分工方案》和《大渡口区2019年农村人居环境整治工作要点》，完成村布局规划和32个村分类，编制《金鳌山片区路网概念性设计方案》，完成3000亩高标准农田项目设计。2019年建成农村公路22千米，通组公路3.68千米，村社入户便道10千米。清理房前屋后、河塘沟渠、公路沿线、田间地头垃圾2371吨，清理沟渠287千米，清理塘堰48处，整治残垣断壁22处，清理废弃秸秆、农膜及露天堆放农业废弃物59吨，集中开展大扫除、大清洁9412户，受益群众人数22347人次。

完成农村危旧房集中迁建86户，自主改造37户，整治提升118户。在辖区村民聚居点和农村主要通道安装太阳能灯230盏，解决村民出行照明问题。建成村（社区）综合文化服务中心29个，实现农村综合文化服务中心覆盖率100%。创建鳌山村等2个市级文明村，畜禽粪污综合利用率达到90.27%。还田率约82%，饲料化（喂鱼）利用率约3%，综合利用率已达85%。回收废弃农膜8.21吨。购置垃圾分类收集车6辆，设置垃圾分类投放点130个，户用分类收集桶400个，乡镇级再生资源回收站3个，配齐垃圾分类指导员41个，安装垃圾分类宣传栏25块，安置5立方米密闭式垃圾箱108个，设置垃圾收集桶912个。农村生活垃圾治理行政村有效治理比例100%。

【乡村振兴】 落实“菜篮子”工程行政首长负责制，完成“菜篮子”工程各项考核任务。印发大渡口区以“三农”工作为主题的区委1号文件。推进农业“接二连三”，促进一二三产业融合发展。完成3000亩“鳌寨人家”乡村振兴都市农业观光旅游项目实施方案设计，3000亩高标准农田改造项目规划设计。启动金鳌村石盘村休闲旅游观光步道建设。实施“义渡桃园”项目，种植花果两用优新品种桃树4000多株、100余亩。全年乡村旅游经营收入1.2亿元。全区规模以上农产品加工企业6家，规模较大农产品加工企业8家，全年农产品加工业总产值17亿元。围绕“环金鳌山”狠抓乡村振兴招商引资，签约3个项目，总金额7.5亿元。

2019年，新培育引进乡村技能人才8人、乡村产业人才36人、乡村文化旅游人才8人、乡村公共服务人才338人。

改造8个基层综合文化服务中心，开展梦想课堂399次、理论直通车宣讲150场，开展全民艺术普及、全民阅读、文化下乡等惠民活动300余场次，策划创办品牌活动10余场次，举办特色活动30余场次。评选出各类“新乡贤”43人，完善村规民约80个，成立“红白理事会”89个，宣传“新乡贤、新农村、新生活”活动600余次，组织开展法律进乡村活动304场次。举办第二届“中国农民丰收节”，组队参加全国首届农民水果采收邀请赛暨重庆市第四届农民水果采收运动会。

全区完成矿山治理恢复335亩。全面推进河长制，长江、跳磴河出境水质不低于入境水质。行政村生活垃圾有效治理率100%。全面启动中梁山集中安置小区污水处理设施建设。

严格落实村干部联审工作机制，对58名村干部人选进行联审，对32名村党组织书记进行全覆盖集中培训。推进3个软弱涣散村党组织的集中整顿。全年发展农村党员17人。

建立精准扶贫帮困“一对一”结对帮扶机制。36名区级领导帮扶困难农户和示范户72家，全区各部门和镇街机关干部帮扶困难农户和示范户73户。

农业行政执法

【监督检查】 农产品质量安全检查。牵头制定《大渡口区2019年“绿剑护农”行动实施方案》，成立领导小组，召开2019年工作布置会，全面落实农产品质量安全责任制，加强初级农产品的监管。突出重点食品，肉、蔬菜、奶制品、水产品等作为重点品种进行专项整治；突出重点环节，重点抓好产地、市场等重点环节的农产品质量安全专项整治；突出重点对象，重点加大对蔬菜基地、经销门市的检查整治；突出重点时段，重点做好春节、“五一”“十一”等节日期间的农产品质量安全专项整治。

对全区经营种子、农药、肥料、兽药的门市和销售点进行全面监督检查，联合动监所和农技站对全区的4个农资门市、3个兽药门市进行多次全面检查，全年查获销售未标注过期农药的农药案1件，立案调查处理1件，结案1件，处罚款0.2万元，没收过期劣质农药10余瓶（袋）。配合渔政所在禁渔期内多次开展执法检查，并联合渔政所加大对电捕鱼的专项整治和查处力度，遏制在禁渔期非法作业和电捕鱼行为。

【质量安全执法】 根据市农业农村委和市农业执法总队的工作要求，结合大渡口区农业生产的特点和实际，开展农产品质量安全的执法抽检工作，对相关农业企业和农民合作社开展两个批次10个品种的食用农产品的抽检工作，送检样品全部合格。

【执法能力建设】 编印《大渡口区农林水利渔业行政执法大队制度汇编》，实行“四册一台账”管理，即建立来人、来信、来函、来电情况反映登记册；执法检查登记册；整改通知发放登记册；行政处罚、罚没物资收缴、处置登记台账。编印农业法律法规宣传单（册）10000余份，在执法过程中宣传法律、普及法律。

（区农委）

工　业

概　述

【概况】 2019年，全区66家规上工业企业实现总产值200亿，同比增长9%。规上工业增加值同比增长5.6%。从业人员年平均数1.9万。实现利润总额15.8亿，同比增长3.5%。工业投资16.8亿，同比增长15.3%。分行业来看，电子制造产业实现产值50.3亿元，同比增长44.7%。装备制造业实现产值28.3亿元，同比增长8.8%。材料产业实现产值56.9亿元，同比下降3%。汽车、摩托车及配件制造业实现产值22.9亿元，同比增长0.5%。消费品产业实现产值22.5亿元，同比增长7.1%。

电子制造产业

【概况】 全区电子制造产业是大渡口区发展较快的产业，有企业4家，2019年实现产值50.3亿元，占全区规上工业产值比重的25%，产值同比增长44.7%。其中，重庆海康威视科技有限公司是全球安防监控领域的行业领头羊。

【重庆海康威视科技有限公司】 公司在建桥工业园C区投资8.7亿元建设的海康威视重庆科技产业园一期项目顺利投用，建筑面积12万平方米，建设110余条生产线，包括电装23条SMT线，7条THT线，年产能4000万台（套）。为进一步扩大生产能力，企业公司于2019年3月开工建设重庆科技产业园二期项目，总投资12.57亿元，建筑面积17万平方米，年产能5000万台（套）。

装备制造产业

【概况】 装备制造产业是大渡口区的重要支撑，有企业10家，2019年实现产值28.3亿元，占全区规上工业产值比重的14%，产值同比增长8.8%。其中，重庆三峰卡万塔环境产业有限公司、重庆长征重工有限责任公司是装备制造产业的代表企业。

【重庆三峰卡万塔环境产业有限公司】 公司是重庆三峰环境产业集团有限公司的子公司，专业从事垃圾发电项目总包、提供焚烧炉及成套设备、运营垃圾焚烧发电厂，实现生活垃圾的环保治理和资源化利用。通过近20年的发展，三峰卡万塔已经跃居行业前沿，成为中国环保产业协会副会长单位，国家环保产业固废处理牵头单位，先后被评为国家优秀环保骨干企业、环境保护先进单位和重庆市高新技术企业。公司拥有国家住建部颁发的环境工程（固体废物处理处置工程）专业甲级资质、重庆市建委颁发的电力行业（新能源发电）设计资质、国家环保总局颁发的环境污染治理设施运营（生活垃圾）甲级、国家发改委颁发的工程咨询（新能源）资质、电力调试及国家商务部颁发的对外承包工程经营资格证书等多项资质证书。2009 年 6 月 1 日，由重庆三峰卡万塔环境产业有限公司主编的《生活垃圾焚烧炉及余热锅炉》（GB/T18750-2008）国家标准正式实施，同时三峰卡万塔成为生活垃圾焚烧炉工作组召集单位，代表国家组织生活垃圾焚烧炉的国家、行业标准的编制修订工作。三峰卡万塔正成为世界一流的垃圾焚烧发电技术及设备供应商、最好的垃圾焚烧发电 EPC 总承包商、最优秀的垃圾焚烧发电运营公司。

【重庆长征重工有限责任公司】 公司是大渡口区一家重点大型中央在渝工业企业，系中国船舶重工集团公司（位列世界 500 强第 281 位）旗下中国船舶重工股份有限公司的全资子公司，是中国造船工业在西南地区的铸锻中心，中国铁路货车及配件的重要供应商，中国最大的船用集装箱绑扎件研制基地，中国唯一一家非客车厂生产地铁转向架企业，也是重庆本地唯一一家地铁转向架生产企业。长征重工有员工 3000 余人，其中，中、高级专业工程技术人员 310 余人，研究员级高级工程师 6 人，总资产近 30 亿元。公司技术力量雄厚，专业门类齐全，是重庆市市级技术中心，国家模具 CAD 工程研究中心重庆 C3P 示范基地。企业具备年产铁路货车 5000 辆、地铁转向架 500 辆、模锻件 2 万吨、自由锻件 5 万吨、铸钢件 5 万吨的能力，其主要产品有铁路货车及配件、城铁转向架、卡特彼勒产品、风电主轴、机架、连杆、集装箱绑扎件、轻轨支座以及各类铸锻件等产品，广泛用于铁路、船舶、风电、城市轨道交通、石油、化工、冶金、汽车、航空、工程机械等领域。

材料产业

【概况】 材料产业有企业 16 家，2019 年实现产值 56.9 亿元，占全区规上工业产值比重的 28%，产值同比下降 3%。其中，重庆国际复合材料有限公司、重庆小南海水泥厂是材料产业的代表企业。

【重庆国际复合材料有限公司】 公司是一家集玻纤产品研发、生产、销售为一体的大型国有企业，专注于高性能新材料，致力于研制品质稳定、持续创新的高性能产品，为客户提供有价值的服务和应用解决方案。 企业成立于 1991 年，前身是 1971 年成立的重庆玻璃纤维厂，1999 年被云天化收购，现由云天化集团有限责任公司主要控股，是云天化集团新材料产业的重要支柱。CPIC 拥有的总资产超过 110 亿元，分别在重庆（有大渡口和长寿两个生产基地）、珠海、常州以及海外的巴西、巴林建有生产基地，玻纤年产能突破 60 万吨，玻纤布年产能达到 1.5 亿米。公司下设北美公司、欧洲公司、俄罗斯公司和中国香港公司 4 家销售子公司。企业拥有世界一流的生产设备和工艺技术、更具有训练有素的专业员工和忠诚的供应商。提供的玻璃纤维产品从纺织细纱、膨体纱，到增强材料产品，如粗纱、毡（乳液 / 粉末）、方格布、多轴向织物、热塑性塑料用短切纤维、热塑性塑料用直接粗纱，产品质量一直领先于同行。通过多年的探索和努力，企业现已拥有世界一流的自主核心技术，拥有包括 ECT、TM、TM+ 等发明和实用型专利 96 项。无捻粗纱产品荣获“中国名牌”称号，主要产品通过德国船级社（GL）、英国劳氏（LR）、美国 FDA 认证。产品畅销亚洲、欧洲、美洲、中东等多个国家、地区，与 GE、杜邦、LM 等国际知名企业建立了稳定的合作关系。产品被广泛应用于城市建筑、室内装饰、汽车工业、机械电子、风力发电、航空航天、海洋、轨道交通等领域。2018 年，企业投资 4.1 亿元，完成国际复合 F05 线高性能玻璃纤维生产线技术改造项目，对原生产线进行智能化升级改造，形成了一条年产 10 万吨的高性能玻璃纤维 TM Ⅱ生产线。

【重庆小南海水泥厂】 是大渡口区重点工业企业之一，是纳税大户之一。该企业为个人独资民营企业，始建于 1970 年，改制于 1998 年，主要经营范围为水泥制造、预制构件、建筑材料、露天采掘、装卸搬运等；主导产品有“南海牌” 32.5 级、32.5R、42.5 级、42.5R、52.5 级、52.5R 普通硅酸盐水泥和复合硅酸盐水泥，“南海牌水泥”为重庆市名牌产品。

汽车、摩托车及配件制造业

【概况】 汽摩和摩配制造业是大渡口传统支柱产业，有企业16家，2019年实现产值22.9亿元，占全区规上工业产值比重的11%，产值同比增长0.5%。处于行业领先地位的企业有重庆秋田齿轮有限责任公司、重庆三木华瑞机电有限公司、重庆太仓科技有限公司和重庆利德工业制造有限公司等。

【重庆秋田齿轮有限责任公司】 公司创建于1993年，位于重庆大渡口区建桥工业园区，占地160余亩，有职工2700人。为一家集研发、制造、销售为一体的现代化民营企业。与日本本田及其国内外合资企业、铃木、大长江、隆鑫、力帆、广东海利、中国长安汽车集团青山变速器分公司、淮柴动力集团株洲齿轮以及美国SPX、美国中西公司、意大利比亚乔、德国宝马、印度马恒达、印度百佳吉等国际国内数十家知名企业建立了广泛的合作关系。秋田公司各型汽车、摩托车齿轮的产销量均超过了1亿件/年。公司是重庆市高新技术企业，连续多年被重庆市大渡口区人民政府评为“工业十强企业”“十佳纳税企业”，连续多年被重庆市政府评为“重庆市民营企业五十强”，被市政府授予“重庆市百户就业先进民营企业”“重庆市用户满意企业”“重庆市用户满意产品”等称号，近年来公司又相继获得“国家免检产品”“重庆名牌产品”“重庆市著名商标”“重庆市产业振兴重点扶持骨干企业”“重庆市企业技术中心”“市级工程技术中心”“企业技术创新工作先进单位”“标准化良好行为AA级”“全国先进基层党组织”等诸多荣誉。

【重庆三木华瑞机电有限公司】 公司成立于1994年，是一家集研制、开发、生产、销售于一体的汽车覆盖件、摩托车、通用机器、汽车电装品的企业。主要产品包括：汽车覆盖件、汽车电器件、电子点火器、点火线圈、调压整流器、启动继电器、防盗报警器、电子闪光器以及汽油发电机组一体化点火器、调压器，还有磁电机和启动电机等系列产品。公司具有年产20万套的汽车覆盖件、700万套电装品、300万套磁电机和500万套启动电机的生产能力，总资产2亿元以上。公司现拥有员工1500余人，其中，高级工程师22人，工程师45人，各类专业技术人员80余人，管理人员100多人，全公司员工中大专及以上学历占18%，中专学历占45%。

【重庆太仓科技有限公司】 公司是一家专业从事汽车、摩托车发动机汽缸体和汽缸盖研发制造的民营企业，拥有压铸、机加工、表面处理一体化的生产设备。有员工1500余人，其中技术人员60余人，公司技术力量雄厚、设备精良、检测手段齐全。拥有主要生产设备700余台套，其中有快速集中熔化炉、旋转除气精炼机、全自动压铸机、通过式热处理流水线、表面钝化、表面处理流水线、加工中心、数控珩磨机、数控专用机床、镗床等；拥有8条先进的机加工生产流水线和全自动三坐标测量仪、圆柱度仪、光谱仪、粗糙度仪、布氏、洛氏硬度仪、理化检测中央实验台等先进的计量设备和精密测量手段。公司具有年产摩托车汽缸体1000万件、汽缸盖100万件的生产能力，在全国双金属汽缸体行业中，产能名列前茅。公司生产的汽缸体，汽缸盖品种齐全，有CB系列、CG系列、CL系列、泰本田系列、双缸系列、水冷系列、GY6系列、GS系列、GN系列等，共300余种品种，1000余种状态。公司有很强的新产品设计和开发能力，平均每年自主开发新产品达到20余种。

【重庆利德工业制造有限公司】 公司是专业从事摩托车离合器研制、生产、销售和服务的民营企业。公司质保体系完善，通过ISO9001：2008质量体系认证，是中国外贸企业信用指定示范单位。离合器产品是中国行业内首家通过CQC产品自愿认证，年产量达到800万套。公司不断凝聚行业高端人才，创新行业尖端技术，持续推进精益文化，向着“打造离合器第一品牌”的公司愿景高速迈进。

食品医药及消费品产业

【概况】食品医药及消费品产业是大渡口区主要的轻工业行业，有企业14家，2019年实现产值22.5亿元，占全区规上工业产值比重的11%，产值同比增长7.1%。其中，重庆红九九食品有限公司、重庆嘉威啤酒有限公司、重庆华伦医疗器械有限公司是食品医药及消费品产业的代表企业。

【重庆红九九食品有限公司】 公司品牌“红九九”始建于1993年，是生产多用途“浓缩火锅底料”的专业生产厂家，公司采用国际先进的管理体系ISO9001:2008及ISO22000:2005食品安全管理体系确保公众健康，恪守100%高品质的承诺。历经20年发展，拥有近4万平方米的生产经营场地和绿化面积近2万平方米的全覆盖花园式工厂，年生产能力可达到10万余吨，并配有齐备的检验设施，自主创新设计能力极强，拥有自主开发创新的世界唯一的全自动化、智能化的火锅底料机械化生产线11条。专业化程度极高，做到科学合理、安全可靠。公司是全国火锅底料生产行业中享有盛誉的专业化、产业化、现代化、科学化的龙头企业。

【重庆嘉威啤酒有限公司】 公司地处建桥工业园A区。公司原系大渡口区八桥镇集体企业，于1998年1月经大渡口区体制改革办公室、八桥镇政府批准，实施了产权制度改革，并于1999年实行了资产重组，现为股份制企业，属重庆钰鑫实业集团控股子公司，同时为重庆啤酒成员企业，是大渡口区重点企业。公司占地面积近14万平方米，员工500余人，其中高中级管理工程技术人员及大专以上学历的员工占公司总人数的22%。生产规模为年生产啤酒15万千升。多年来，公司先后荣获重庆市民营企业50强，重庆市最佳文明单位，重庆市市级园林单位，重庆市质量效益型企业，大渡口区民营企业10强，大渡口区重点纳税大户，大渡口区十强纳税企业、大渡口区重合同守信用企业、大渡口区森林式企业等荣誉。公司于1998年3月通过了ISO9002国际标准产品质量认证；2003年1月通过了ISO9001：2008质量管理体系认证；2005年6月通过了QS食品安全市场准入认证；2011年12月通过了安全生产标准化三级企业认证；2013年11月取得了企业标准化良好行为AAA级证书；2015年5月通过了危害分析与关键控制点（HACCP）体系认证；公司现生产山城系列啤酒，主要产品有重庆国宾啤酒、560mL重庆啤酒、清爽山城、山城冰花金帽啤酒、山城新清爽啤酒等5个品种。公司设备先进、工艺配方科学、检测手段完善、技术管理严格，以绿色环保为主题，先后多次组织实施大规模的技术改造，完善污水处理工程、煤改气工程、厂区环境改善工程，形成了观光式、花园式的企业格局。

【重庆华伦医疗器械有限公司】 公司创建于1993年3月，主要致力于医疗器械、机电、仪表、生物技术产品的科研、开发、销售、服务，是重庆市“高新技术企业”和“重庆市精神文明单位”，是国内生产高频医用诊断X射线机和康复设备的主要企业之一。公司拥有高频医用诊断X射线机系列、多克自热式柔性TDP灸疗贴系列、华伦药灸系列、特定电磁波（TDP）治疗器等康复设备系列、消毒产品系列产品。高频医用诊断X射线机系列和多克自热式柔性TDP灸疗贴系列产品是重庆市高新技术产品。开发、研制、生产的多克自热式柔性TDP灸疗贴系列产品、移动储能式高频医用诊断X射机系列产品均具自主知识产权，其中GPX200C储能式高频医用诊断X线机的储能技术填补了国内空白，获国家科学技术部、国家商务部、国家质量监督检验检疫总局、国家环保总局“国家重点新产品”证书。公司2004年通过了医疗器械CMD国际质量体系认证，部分产品通过了CMD产品质量认证、CCC强制性安全认证、欧洲CE认证、韩国的KFDA认证等。企业现有国家发明专利3件、实用新型专利39件。各类产品销售网络覆盖全国各省市、并销往欧美、东南亚、港澳台等30多个国家和地区。

（区经信委）

交　通

【概况】 重庆市大渡口区交通局成立于1988年12月，2014年12月更名为重庆市大渡口区交通委员会，2019年2月15日更名为大渡口区交通局（以下简称“区交通局”），是负责全区城乡公共客运交通及道路、水路交通行政管理和行业管理的区政府工作部门。内设党政办公室、安全法制科、规划审批科。下设重庆市大渡口区公路事务中心、重庆市大渡口区道路运输事务中心（挂重庆市大渡口区港航事务中心牌子）2个事业单位。

2019年，大渡口区完成道路货物运输量3281万吨，道路货物运输周转量367838万吨•千米，实现增速9.6%。港口货物吞吐量38.2万吨，水路货运量32.9万吨，货物周转量44436.22万吨•千米。

【农村公路建设】 争取普通干线公路补助资金

1.41亿元。聘请专业单位编制《金鳌山片区概念性方案》和《农村公路路网规划方案》，2019年计划新建改建公路9条，建设里程32.6千米。全年建成投用山沙路、沙石路、跳南路、云新路等4条农村公路，共计20千米，在建金沙路（一期）、石河路、金沙路（二期）、土金路等4个项目，在建里程9.5千米。

【公交基础设施】 全面完成辖区运行的500余台公交车驾驶区域防护隔离设施安装，在7个公交站点制作安装不锈钢坐凳10组。建成投用大渡口步行街、铜桥路等4个公交停车港湾。协调市枢纽集团，启动陈庹路公交枢纽站场（一期）建设。

【公路客运】 辖区有道路旅客运输企业1家：重庆钢铁集团运输有限责任公司，有公路旅客运输车辆20辆。2019年，新开通公交线路3条，优化调整公交线路4条。辖区32个行政村全部实现公交客运覆盖，行政村客运通达率100%。全年完成公路客运量58万人次，旅客周转量2220万人•千米。

2019年大渡口区主要地面公交线路

序号	线路编号	开班时间	起点站	区内主要途经站点	终点站	收班时间
1	109	6:00	山海路1站	诗情广场	大坪	21:00
			大坪	诗情广场—东海阿特豪斯	山海路1站	
2	207	6:00	祥和御馨园	松青路—锦霞街—九宫庙—翠楼—钢花—猫鼻梁—李子林—丁家垭口	菜园坝火车站	21:00
			菜园坝火车站	丁家垭口—李子林—猫鼻梁—翠楼—九宫庙—百花村	祥和御馨园	
3	214	6:20	祥和御馨园	湖榕锦苑—锦霞街—香港城—轨道新山村站—冬瓜山	民安华福E区	21:30
		6:00	民安华福E区	冬瓜山—轨道新山村站—香港城—锦霞街—湖榕锦苑	祥和御馨园	22:00
4	218	6:30	龙桥花苑	钓鱼嘴大道—怡景苑—刘家坝—车家坪—香巴站—庹家坳—轨道建桥站—九中立交站—香港城—大渡口陶瓷市场—轨道大渡口站	大渡口步行街	20:00
		7:00	大渡口步行街	大渡口陶瓷市场—香港城—九中立交—轨道建桥站—轨道金家湾站—怡景苑—钓鱼嘴大道	龙桥花苑	19:30
5	225	5:00	陈家坝	石棉厂—茄子溪火车站—茄子溪—大渡口区二医院—怡景苑—刘家坝—车家坪—香巴站—庹家坳—钰鑫集团—八一村—柏树堡—百花村—九宫庙—翠楼—钢花—新山村—建设村	大坪	0:00
			大坪	建设村—新山村—文体路口—钢花—翠楼—九宫庙—百花村—柏树堡—八一村—钰鑫集团—庹家坳—香巴站—车家坪—刘家坝—怡景苑—大渡口区二医院—茄子溪—茄子溪火车站—石棉厂	陈家坝	
6	229	6:05	47中学	冬瓜山—轨道新山村站—香港城—锦霞街—九宫庙—翠楼—钢花—新山村—建设村	杨家坪西郊	22:30
		6:00	杨家坪西郊	建设村—新山村—文体路口—钢花—翠楼—九宫庙—锦霞街（三木花园）—香港城—轻轨新山村站—冬瓜山	47中学	22:00
7	230	6:00	鑫瑞乐居	柏树堡—百花村—锦霞街—香港城—翠园路—钢花—新山村—建设村—跃进村	大堰一村	22:00
			大堰一村	跃进村—建设村—新山村—区政府—园丁小区—旅游学校—香港城—锦霞街—百花村—柏树堡	鑫瑞乐居	

续表

序号	线路编号	开班时间	起点站	区内主要途经站点	终点站	收班时间
8	235	6:00	石盘村	丰收路—伏牛溪—伏牛溪油库—民胜村—长征厂—迎春桥—太阳湾1站—太阳湾—刘家坝—车家坪—香巴—庹家坳—八一村—天辰美苑—松青路1站—迎宾大道—香港城—陶瓷市场—新山村—建设村—轻轨平安站—重钢总医院—双山小学—盛世融城	山海路	21:00
			山海路	双山路—双山小学—重钢总医院—轻轨平安站—建设村—新山村—区政府—陶瓷市场—旅游学校—香港城—迎宾大道—松青路1站—天辰美苑—八一村—庹家坳—香巴站—车家坪—刘家坝—太阳湾1站—迎春桥—长征厂—民胜村—伏牛溪油库—伏牛溪—丰收路	石盘村	
9	238	6:00	化龙路	刘家坝—车家坪—庹家坳—天辰美苑—松青路（祥和御馨苑）—锦霞街—湖榕路（天辰华府）—翠楼—钢花—区政府—朵力名都	石桥铺	21:00
			石桥铺	朵力名都—阳光花园—翠园路（金华大厦）—翠楼—湖榕路（天辰华府）—锦霞街—松青路（柏桦小区）—天辰美苑—庹家坳—车家坪—刘家坝	化龙路	
10	239	6:30	大渡口步行街	大渡口陶瓷市场—香港城—九中立交—轨道建桥站—轨道金家湾站—太阳湾	半岛逸景公租房	21:30
		6:00	半岛逸景公租房	太阳湾—轨道金家湾站—轨道建桥站—九中立交—香港城—大渡口陶瓷市场	大渡口步行街	22:00
11	257	6:00	跳磴镇	石龙—西铁二村—坑木厂—中梁山	华庆路	20:00
		6:10	华庆路	中梁山—坑木厂—西铁二村—石龙	跳磴镇	19:30
12	259	6:00	小南海水泥厂	南海温泉—蓝沁园—明安华福—凤阳村—轨道金家湾站—轨道建桥站—新九中立交—香港城	大渡口步行街	19:40
		5:00	大渡口步行街	香港城—新九中立交—轨道建桥站—轨道金家湾站—凤阳村—明安华福—蓝沁园—南海温泉	小南海水泥厂	21:00
13	274	6:00	竹园小区	陈家廓—茄子溪火车站—茄子溪—刘家坝—庹家坳—柏树堡—蓝谷小镇—柏桦小区—香港城—陶瓷市场	轨道大渡口站	21:00
		6:40	轨道大渡口站	阳光花园—沃尔玛—湖榕路—柏桦小区—迎宾大道东—柏树堡—庹家坳—刘家坝—茄子溪—茄子溪火车站—陈家廓	竹园小区	20:20
14	275	6:00	鑫瑞乐居	迁禧花园—鑫瑞小区—松青路（祥和御馨苑）—锦霞街—湖榕路（天辰华府）—湖榕路（沃尔玛）—翠园路（金华大厦）—新山村—建设村—跃进村—大堰一村—渝钢村—丁家垭口	杨家坪西郊	0:00
			杨家坪西郊	丁家垭口—渝钢村—大堰一村—跃进村—建设村—新山村—区政府—阳光花园—湖榕路（沃尔玛）—湖榕路（天辰华府）—锦霞街—松青路（柏桦小区）—鑫瑞小区—迁禧花园	鑫瑞乐居	23:30
15	297	5:40	西彭汽车站	跳磴—湾塘村—三一重工—凤阳村—半岛逸景—太阳湾—轨道刘家坝站—水坝站—轨道白居寺站	化龙路）	18:00
			化龙路	轨道白居寺站—水坝—轨道刘家坝站—太阳湾—半岛逸景—凤阳村—三一重工—湾塘村—跳磴	西彭汽车站	18:30

续表

序号	线路编号	开班时间	起点站	区内主要途经站点	终点站	收班时间
16	342	6:40	春晖路北	香港城—柏桦小区—天辰美苑—内环快速路	巴南中学	20:00
		6:00	巴南中学	内环快速路—柏桦小区—锦霞街—九宫庙（三十七中）—翠楼—钢花—区政府	春晖路北	20:40
17	344	6:30	云篆山水公租房	鱼洞大桥北桥头—轨道白居寺站—水坝—轨道刘家坝站—刘家坝—车家坪—香巴站—庹家坳—钰鑫—八一村—天辰美苑—松青路1站—大渡口迎宾大道—春晖路—大渡口陶瓷市场—园丁小区	春晖路北	19:50
		7:30	春晖路北	大渡口陶瓷市场—香港城—春晖路—大渡口迎宾大道—松青路1站—天辰美苑—八一村—钰鑫集团—庹家坳—香巴站—车家坪—刘家坝—轨道刘家坝站—水坝—鱼洞大桥北桥头	云篆山水公租房	19:00
18	419	6:15	大堰一村	渝钢村—丁家垭口	洋河体育场	20:30
		6:30	洋河体育场	丁家垭口—渝钢村	大堰一村	20:15
19	431	6:40	跳磴镇	山溪村—沙沱村五社—沙沱村—天房站	石盘村一社	16:30
		7:15	石盘村一社	天房站—沙沱村—沙沱村五社—山溪村	跳磴镇	16:00
20	450	6:00	月光小区	大渡口图书馆—阳光花园—大渡口沃尔玛—湖榕路—九宫庙—百花村—百花村1站—柏树堡—八一村—钰鑫集团—建桥大道—银桥路—金中大道—轨道金家湾站—太阳湾—半岛逸景3站—半岛逸景2站—半岛逸景1站—凤阳小镇路口	凤阳小镇	21:30
			凤阳小镇	凤阳小镇路口—半岛逸景1站—金湾路—半岛逸景2站—半岛逸景3站—太阳湾—轨道金家湾站—钰鑫集团—八一村—柏树堡—移动互联网产业园站—百花村1站—百花村—九宫庙—翠楼—钢花—大渡口区府	月光小区	
21	451	6:00	九中路口	湖榕路—锦霞街—香港城—轻轨新山村站—华生园—方家岩—马鞍山—互助工业园	五一村	22:30
			五一村	互助工业园—马鞍山—方家岩—华生园—轻轨新山站—香港城—锦霞街—九宫庙	九中路口	
22	452	6:00	园丁小区	旅游学校—香港城—锦霞街—九宫庙（三十七中）—翠楼—新山村—建设村	四千米绿州龙城	20:00
			四千米绿州龙城	建设村—新山村—区政府—阳光花园—翠园路（金华大厦）—翠楼—锦霞街—香港城	园丁小区	
23	453	6:30	跳磴镇	双河村—沟口村	拱桥村	18:30
			拱桥村	沟口村—双河村	跳磴镇	
24	455	6:20	跳磴镇	双河村—沟口村	新合村	18:30
		6:30	新合村	沟口村—双河村	跳磴镇	18:20
25	456	6:00	桥梓塘	山川路—东海阿特豪斯—诗情广场	重大C区	21:00
			重大C区	诗情广场—东海阿特豪斯—晋愉盛世融城—双山路—雅居乐	桥梓塘	
26	472	6:30	翠柏路	春晖路—香港城—旅游学校—晋愉绿岛—双山隧道	沙坪坝火车站	21:00
			沙坪坝火车站	双山隧道—晋愉绿岛—西城大道—旅游学校—大渡口陶瓷市场—香港城—春晖路—迁禧花园	翠柏路	

续表

序号	线路编号	开班时间	起点站	区内主要途经站点	终点站	收班时间
27	477	7:00	园丁小区	旅游学校—香港城—大渡口迎宾大道—松青路1站—天辰美苑—八一村—钰鑫集团—建桥大道1站—建桥大道2站—义渡古镇—滑石滩—下河路口—大滨路白居寺大桥—三湾—建路村—小沱—民胜村八社—民胜村七社—黄桷路口—石盘村—鲜家石盘—土地垴—檬水沟—牛栏坝—黄桷堡隧道—南海温泉	南海温泉B区	19:20
		8:20	南海温泉B区	南海温泉—黄桷堡隧道—牛栏坝—檬水沟—土地垴—鲜家石盘—石盘村—黄桷路口—民胜村七社—民胜村八社—小沱—建路村—三湾—大滨路白居寺大桥—下河路口—滑石滩—义渡古镇—建桥大道2站—钰鑫集团—八一村—天辰美苑—松青路1站—大渡口迎宾大道—香港城—旅游学校	园丁小区	18:00
28	479	7:00	竹园小区	陈家廓－水坝—轨道刘家坝站－怡景苑—区二院—茄子溪—茄子溪火车站—石棉厂	陈家坝	18:30
		7:30	陈家坝	石棉厂—茄子溪火车站—茄子溪—区二院—怡景苑—轨道刘家坝站—水坝—陈家廓	竹园小区	18:00
29	482	6:00	金建路	桥梓塘—山海路—双林路—诗情广场	杨家坪人才联盟平台	20:30
		6:15	杨家坪人才联盟平台	双林路—双山路—雅居乐	金建路	20:00
30	483	6:45	香港城	九中立交—轨道建桥站—金中大道—金建路—和泓四季—阳光小镇—贝迪颐园	农科院	18:30
			农科院	贝迪颐园—黄家堰村1站—阳光小镇—和泓四季—金建路—金中大道—建桥大道—轨道建桥站—轨道新山村站	香港城	
31	487A	6:00	重庆交大东门（巴福校区）	跳磴—凤阳村—半岛逸景—太阳湾—轨道金家湾站—轨道建桥站—九中立交	香港城	20:30
			香港城	九中立交—轨道建桥站—轨道金家湾站—太阳湾—半岛逸景—凤阳村—跳磴	重庆交大东门（巴福校区）	20:00
32	487B	6:00	民安华福	凤阳村—半岛逸景—太阳湾—轨道金家湾站—轨道建桥站—九中立交—香港城—旅游学校—晋愉绿岛—双山隧道	毛线沟	20:00
			毛线沟	枫丹苑—西城大道—旅游学校—大渡口陶瓷市场—香港城—九中立交—轨道建桥站—轨道金家湾站—太阳湾—半岛逸景—凤阳村	民安华福	21:00
33	489	6:00	新世界建材	诗情广场—东海阿特豪斯—晋愉盛世融城—双山—双山路1站—重钢总医院—轻轨平安站—建设村—新山村—大渡口区府—阳光花园—大渡口沃尔玛—秀水丽苑—湖榕瑞苑—金色世纪—钰鑫小学—秋实景苑鑫瑞小区—迁禧花园—八一村—钰鑫集团—建桥大道—建桥大道1站—铜桥路—钢城大道1站	钢城大道	21:00
			钢城大道	钢城大道1站—铜桥路—建桥大道1站—建桥大道—钰鑫—八一村—迁禧花园—鑫瑞小区—翠柏路—钰鑫小学—御景天都—湖榕锦苑—秀水丽苑—九宫庙—翠楼—新山村—建设村—重钢总医院—双山—晋愉盛融城—东海阿特豪斯—诗情广场	新世界建材	
34	490	7:00	二村路口	大堰一村—跃进村—跃进路小豆子艺培中心—九校—建设村—轨道平安站—重钢总医院—双山—双山路－雅居乐	桥梓塘	19:30
		6:30	桥梓塘	雅居乐—双山路—双山—双山路1站—重钢总医院—轨道平安站—建设村—九校—跃进路小豆子艺培中心—跃进村－大堰一村－大堰小学－跃进路	二村路口	20:00

续表

序号	线路编号	开班时间	起点站	区内主要途经站点	终点站	收班时间
35	493	6:30	商务中学	蓝泌苑—南海大道—赛公桥—南海地球村	小南海火车站	19:10
		7:00	小南海火车站	南海地球村—赛公桥—南海大道—蓝泌苑	商务中学	16:40
36	499	6:00	晋愉绿岛	西城大道—旅游学校—大渡口陶瓷市场—香港城—锦霞街—九宫庙—翠楼—钢花—新山村—建设村—轨道平安站—重钢总医院—双山—双山路—雅居乐—桥梓塘	重庆西站	22:00
		6:30	重庆西站	雅居乐—双山路—双山—双山路1站—重钢总医院—轨道平安站—建设村—新山村—大渡口区府	晋愉绿岛	
37	806	6:15	锦霞街	九宫庙—翠楼—钢花—新山村—建设村—朵力名都	学林雅园	22:00
			学林雅园	朵力名都—建设村—新山村—大渡口区府—阳光花园—大渡口沃尔玛—湖榕路	锦霞街	
38	818	6:05	锦天康都	轨道新山村站—香港城—锦霞街—九宫庙—翠楼—钢花—新山村—建设村	重庆北站北广场	22:00
		6:00	重庆北站北广场	朵力名都—建设村—新山村—大渡口区府—阳光花园—大渡口沃尔玛—湖榕路—锦霞街—香港城—旅游学校	锦天康都	
39	836	6:00	迁禧花园	鑫瑞小区—钰鑫小学—松青路—香港城—大渡口陶瓷市场—阳光花园—枫丹苑—双山隧道	丽水菁苑	20:30
			丽水菁苑	双山隧道—枫丹苑—阳光花园—春晖路北—大渡口陶瓷市场—香港城—松青路—钰鑫小学	迁禧花园	
40	BRT1	6:00	香港城	大渡口陶瓷市场—阳光花园—枫丹苑	同创高原	21:00
			同创高原	枫丹苑—西城大道—旅游学校—大渡口陶瓷市场	香港城	
41	1288	7:00	钢城大道	钢城大道1站—镁桥路—银桥路—大渡口公证处—大渡口迎宾大道	轨道新山村站	19:30
		7:30	轨道新山村站	香港城—大渡口迎宾大道—大渡口公证处—银桥路—镁桥路—钢城大道1站	钢城大道	19:00
42	1483	6:30	香港城	九中立交—万有广场—互助村—中湾—伏牛大道	人和场	19:00
			人和场	伏牛大道—中湾—互助村—凤祥路—轨道新山村站	香港城	19:30

【公路货运】 全区公路货运企业240户（含个体户74户），有货运车辆2824辆，总吨位40888吨，其中：危险货物运输企业有8家、危险货物运输车辆1015辆，总吨位14058吨；车辆保有量在30辆以上的公路货运企业15家，货物运输车辆1986辆，总吨位26120吨。全年完成公路货运量3281万吨，货物周转量367838万吨•千米。

开展安全服务质量考核工作。按照市运管局的统一部署，开展对客货运输行业、维修行业和驾培行业的安全服务质量考核。通过企业自评、协会考评、部门抽查的方式健全考评机制，帮助企业相互学习，提高安全基础工作。在促进企业规范经营的同时，还促进了企业安全管理基础工作水平的提升，有3家维修企业和1家危险货物运输企业获得“3A”评级。

开展安全隐患排查工作。围绕“两个重点”，突出“三个集中”，抓住“三个关键”，通过企业自查和行业检查，深化安全隐患排查治理工作。将“两客一危”企业和重点普通货运企业纳入平台监管范围，2019年，有28家企业开展安全监管信息化工作，企业自查出安全隐患1775起，全部整改到位。出动检查人员348人次，对174家道路运输行业企业开展常态化安全督促检查，排查发现安全隐患687起，下达整改指令687条，下发整改通知书161份。

【水上运输】 大渡口区有长江航道里程29千米，均为Ⅲ级航道，岸线33.6千米。沿长江分布13个码头，水运主要以集装箱、大宗散货、件杂货、石油等为主。2019年，全区港口码头货物吞吐量38.2万吨。

水上客运。大渡口区有水路客运企业1家：重庆长江黄金游轮有限公司，有运输船舶7艘，总客位3541个。客运总量16.86万人，旅客周转量4.07万人•千米。

水上货运。大渡口区有水路货运企业2家：重庆大渡口区阳升运输有限公司和重庆梦港供应链管理有限公司，有运输船舶9艘，总载重量为3.4万吨，全年水运货运量32.8万吨，水运货物周转量为44436.22万吨•千米。

【码头治理】 开展主城区“两江四岸”货运码头治理提升，全面关停辖区“两江四岸”范围内6个码头的货运功能，并完成全部货物清运。推进老码头检测评估工作，小南海水泥厂老码头检测评估率先通过市级审查。

【渡口】 白沙沱渡口位于跳磴镇，航行路线为大渡口白沙沱至江津珞璜，核载30人，全年渡运量约6.78万人次。

（区交通局）

网络通信

【概况】 加快“光网•无线重庆”建设，推进“光纤到户”建设，推广三网融合，形成多业务、多功能的信息服务网络，在已实现全光网的基础上，全光网络更深更透更全，全区光端口48万个，99.99%可达千兆速率，光纤网络和通信信号均已覆盖到全区所有镇街、行政村以及重点园区，形成多业务、多功能的信息服务网络。至年底，大渡口区有网络基站约4000个，其中5G网络基站245个，管道资源约2560管程千米，杆路约730杆程千米，光缆线路约11200皮长千米。无线网络方面，建成750个800M基站，C网基站300余个（含室分基站）。

通信运营商在大渡口区有营业网点97个（含直营店和外包授权网点），其中电信17个，移动65个，联通15个。全区固定电话用户约9.7万户，移动电话用户约56万户，互联网宽带接入用户约18万户。

（区经信委）

城乡建设

城乡规划与自然资源

【概况】 2019年，按照市区关于机构改革的统一部署，将原大渡口区国土分局和原大渡口区规划分局职责、机构、人员、编制划入，并整合区发展改革部门组织编制主体功能区规划职责，区水利部门的水资源调查和确权登记管理职责，区农业部门的草原资源调查和确权登记管理职责，区林业部门的森林、湿地等资源调查和确权登记管理职责等，组建成立大渡口区规划和自然资源局（以下简称“区规自局”），为市规划自然资源局的派出机构，并加挂区林业局牌子。主要负责全区国土空间规划和用途管制，自然资源权属调查，自然资源保护和开发利用，自然资源文化的挖掘、研究，耕地保护和国土空间生态修复，矿产资源管理，林业管理，以及地质灾害防治等相关职责。

区规自局机关设办公室、法规督察科、自然资源调查登记科、自然资源权益和利用科、国土空间规划科、市政交通规划科、建筑规划科、村镇规划科、国土空间用途管制科、耕地保护和生态修复科、地质矿产科、林业科、财务科、机关党委等14个内设机构和纪检组，下设大渡口规划和自然资源事务中心、大渡口地质环境监测站、大渡口区林业绿化办公室、大渡口区林场4个事业单位，派驻八桥镇、建胜镇、跳磴镇3个基层规划和自然资源所。2019年，全局在编干部职工59人，其中局领导7人，行政人员33人，事业人员26人。

【国土空间规划】 结合大渡口区自然禀赋和区域比较优势，协助做好全区国土空间规划，配合市规划自然资源局开展长江文化艺术湾区（含原重钢片区和钓鱼嘴半岛）策划研究、城市设计和控规修编，为将钓鱼嘴半岛打造为长江艺术湾区音乐半岛奠定了良好的规划基础和招商引资条件。

【城乡规划实施】 完成大渡口区海绵城市专项规划编制方案初审，协助推进大渡口区海绵城市规划通过区政府审批。推进社区体育文化公园建设、老旧住宅加装电梯等民生工程，配合推进重钢步道规划研究和李雪芮运动学校建设，督促协调在建工程幼儿园无偿移交产权或使用权，提高城市品质。继续推进城中村改造，全面完成民乐村三社、民乐村五社、民新村七社、八社及五一互助片区共计480户城中村改造任务。加强重钢传统风貌区保护，推动重庆工业博物馆顺利建设落地。围绕城乡融合发展，科学编制大渡口区村布局规划，指导跳磴镇加快实施金鳌村、鳌山村的村规编制工作，保障乡村振兴用地需求。

【资源保障】 加强用地保障，精准对接区“三大攻坚战”“八项行动计划”，聚焦城市提升，保障老成渝铁路改造、陶家隧道、轨道交通5A线、滨江片区等市区重点工程项目和城市开发用地需求。全年征地报件24宗、3888亩。统筹土地供应，聚焦经济社会发展，合理确定土地供应时序，全力保障各类建设项目用地需求。全年完成土地出让10宗、766.09亩，出让综合价金77.5亿元，楼面单价首次突破10000元/平方米。

【耕地红线保护】 严格落实耕地保护目标责任制，市级下达大渡口区耕地保有量任务为400公顷，根据变更调查成果，大渡口区耕地保有量934.38公顷，其中八桥镇82.45公顷，建胜镇229.42公顷，跳磴镇622.51公顷，超额完成目标任务。落实永久基本农田特殊保护机制，严格落实生态保护红线、永久基本农田、城镇开发边界“三线”管控制度，强化永久基本农田对各类建设布局的约束，确保划定的293.7公顷永久基本农田总量不减少、质量不降低。

【生态保护修复】 坚持生态优先，推进山水林田湖草生态保护修复工程试点。全区山水林田湖草工程试点计划实施项目17个，2019年完成项目9个，对上争取专项资金8327万元。统筹推进绿色矿山建设和关闭矿山地质环境恢复治理。全区21个关闭矿山地质环境治理恢复，已完成油坊石灰石矿一期、帽盒山石灰石矿、扦担山黄沙矿等12个矿山治理恢复，修复受损面积53.64公顷。坚持绿色发展，启动中梁山（大渡口段）保护提升工程，推进“林长制”试点。推进国土绿化工作，积极开展全区义务植树活动，将国土绿化任务与林区森林质量提升、农民增收相结合，全年落实国土绿化资金500万元。

【地质灾害防治】 强化地质灾害联防联治责任，加强应急演练和“四重”网格化管理，推进观音岩危岩带、方家岩危岩以及插旗山危岩等地灾工程治理项目。全区45处地质灾害防患点全部纳入群测群防预警监测，全年开展“三查”监测预警工作4000人次，开展单点应急演练29次。

【综合行政执法】 开展“四山”范围违法建筑整治。全年查处违法图斑32个，其中已结案24个，剩余8个图斑已下达限期拆除处罚决定。统筹推进卫片执法工作，核查2018年度下发的违法图斑16个、45.1亩，实际消除违法状态12个、33.5亩。依法开展土地征收行政处理，全年处置土地征收行政处理案件15宗，已结案4宗，其余11宗已全部进入行政处理程序。开展森林督查工作，做好林业有害生物防控、森林防火等基础性工作，开展林业植物检疫执法专项行动和自然保护地大检查大整治，保护稀缺森林资源。

【专项调查清查】 推进第三次全国国土调查、地理国情监测和土地变更调查，摸清家底、底数。开展“大棚房”专项整治，按时完成6宗、24.92亩清理整治工作任务，完善重点休闲农业项目建设用地手续4宗、33.47亩。开展违建别墅清查整治，对大渡口森林公园、长江上游珍稀特有鱼类国家级自然保护区、大渡口区长江丰收坝水厂水源、口袋沟水库管理范围、跳磴河（河道管理范围）、长江（河道管理范围）进行三轮清查，未发现保护区范围内的违建别墅以及保护区外群众反映强烈的违建别墅项目。推进“增存挂钩”，对全区闲置土地和批而未供土地进行全面清理并进行逐宗分析，处置闲置土地8.02公顷，清理2009—2018年批而未供的存量土地约953公顷。

【行政审批制度改革】 以机构改革为契机，对行政审批、行政处罚等10类、249项行政权力及公共服务事项进行清理，编制并公布权责清单、公共服务事项清单，逐一明确法律依据、实施主体、监督方式、责任方式等相关事项，强化对行政权力的监督和制约。推进网上行政审批，强化行政审批规范化、标准化建设。将所有行政许可项目全部上线市网审平台运行。编制行政服务指南，以规范行政许可办理程序为核心，细化量化行政审批各环节的内容和标准，推行全事项、全过程、全环节标准化审批。探索“多规合一”“多审合一”，不断优化行政审批流程，各阶段的审批资料和审批结论严格实行“一个窗口”管理模式，做到“并联审批、限时办结”。

（区规自局）

住房与城乡建设

【住房保障】 廉租住房保障对全区低收入住房困难家庭实现应保尽保，全年实物配租553户，其中，167户廉租住户受益于公廉并轨政策入住公租房（仍按廉租房标准缴纳租金及物业费）。租赁补贴保障95户、109人，全年发放补贴资金15.59万元。加大保障性住房统筹使用力度，提供公租房用于解决企业集体租住73户，用于城镇C、D级危房住户应急搬迁4户，既解决了园区内外企业职工住房问题，也发挥了保障房的解困解危作用。公租房重点解决“夹心层”群众住房难题，截至年底，半岛逸景•乐园公租房累计配租2.9万余户，入住率97%。幸福华庭公租房新投用4437套，3405户群众喜迁新居。

【房屋征收】 全区实际实施征收项目23个，涉及1335户，完成征收20万平方米。其中新增项目14个，涉及1209户，完成征收17万平方米。续征项目9个，涉及126户，完成征收3万平方米。2019年，大渡口区完成棚户区改造2152户，完成1780户市级目标任务的120.9%。

重点保障民生实事。（1）推进棚户区改造工作，基本实现“三年棚改两年完成”。启动猫鼻梁片区、创新村片区、茄子溪码头（装卸村、纺材村）片区、茄子溪片区及大渡村片区5个棚户区改造片区1429户签约工作，完成庹家坳片区、重钢体育场片区攻坚任务。（2）启动九宫庙危房零星量（新工二村156号）、九宫庙危房零星量（钢花路132号）、跃进村危房零星量（渝钢村62栋）3个危房避险搬迁项目，住户现已全部搬迁完毕，彻底解决了危房存在的安全隐患，切实保障了居民的人身财产安全。（3）完成F1-9地块、P1地块安置房分房工作，196户被征收人结束过渡安置、顺利入住新房，解决了钓鱼嘴2、3号道路周边零星旧城改造项目、三峡森晶片区旧城改建项目及电业村片区旧城改建项目88户被征收人超期过渡的问题。

保障土地出让。完成涉及土地出让的重钢体育场片区旧城改建项目攻坚，腾交体育场地块净地约62亩。完成庹家坳重钢六厂家属区片区旧城改建项目攻坚，可腾交土地约21亩。完成白水泥厂项目和沥青仓库项目签约，腾交刘家坝西地块净地约49亩。

建 筑 业

【概况】 依据《中华人民共和国建筑法》《重庆市建筑管理条例》《建筑业企业资质管理规定实施意见》《建筑业企业资质等级标准》《重庆市建筑业企业三级资质审批实施细则》的规定，建筑业主管部门的职责是：负责建筑施工企业资质管理、培训、施工许可证管理、建设领域民工工资拖欠处理、工地流动人口计划生育管理等工作。

2019年，全区有建筑企业181家，其中总承包企业44家，专业承包企业71家，不分等级及劳务企业66家。加强建造师注册管理，完成一级建造师初始注册10人、二级建造师初始注册11人、一二级建造师变更注册146人、二级建造师注销注册100人。完成建筑业总产值204.9亿元，上升14.3%。

【建筑施工许可管理】 强化建筑施工许可管理，开展不定期检查，核查建设工程施工项目经理、关键岗位人员上岗证书，并逐步规范建设工程施工现场从业人员持证上岗制度，防止发生恶意逃避建设工程施工许可管理现象和超越建设工程施工许可的范围进行建筑施工现象，对违法违规的工程项目进行严肃的处理并责令改正。全年核发建设工程施工许可证61件。

【工资拖欠处理】 及时妥善解决建筑行业农民工工资拖欠投诉问题，设置接待室，建立日常接待制度。对每一项农民工投诉都详细备案记录并限时处理。全年处理农民工工资拖欠投诉125起，涉及金额2300万元。

【诚信综合评价】 按照市建委关于施工企业诚信综合评价体系建设工作要求，实施建筑施工企业合同履约评价。对全区纳入质监提前介入和已办理施工许可证的80多个在建项目施工企业实施合同履约现场评分，规范施工现场管理。

城区建设

【城市道路】 大渡口区新增城市道路约11千米，全区城市道路总里程194千米。北向通道全面开工，“七纵七横”骨架路网基本成型，重钢片区路网、八桥互助片区路网、公民凤阳片区路网、钓鱼嘴片区、跳磴片区路网建设全面推进。完工湾塘片区道路、新华路、岩头湾路、钓鱼嘴6号路、兴通路、兴海路等项目，继续推进中坝路、二纵线华岩至跳磴段、金家湾立交改造、新郭伏路南段、钓鱼嘴一号路中段、钓鱼嘴一号路南段二期、百花村隧道等项目，开工大滨路与九滨路连接道、八桥金晟路网、JK片区纵四横五路、大渡口综合停车楼配套道路、跳磴横五横七路、湖滨路等项目。

【轨道交通】 推进轨道5号线南段及延伸段江跳线工程，轨道交通18号线进场施工，轨道21号线纳入全市第四批建设计划。

【物业管理】 全年归集物业专项维修资金1.8亿元，使用1388万元，第三方审计审减159万元。划转农转非安置房物管费补贴费用754万元。中冶建工大厦等1个物业小区获“重庆市智能物业示范小区”称号。三木花园、园丁小区、静寓花园、阳光花园、新华小区、月光村等6个老旧住宅小区增设电梯10部。东正社区、堰兴社区、沪汉社区等7个社区老旧住宅实现管理提升。开展140个小区物业服务监督管理，全年行政处罚1件，罚款1万元，未出现安全生产事故。

【房地产业】 开发企业出现新面貌，世茂、正荣、金融街等中国房地产前100强企业入驻大渡口区。重钢体育场地块被佳兆业竞得，楼面地价10066元/平方米，创历史新高。开发规模稳中有升，全年商品房新开工面积286.8万平方米，同比增加10.4%。房地产业的不断发展壮大为全区经济社会发展提供了有力支撑，全区完成房地产固定投资172.5亿元，同比增长2.1%，房地产固定投资占全区固定投资的79.8%。房地产行业配套费返还2.54亿元，同比下降43.3%。房地产行业相关税收23.68亿元，为历年来新高。高品质楼盘配比逐步增多，群众改善性需求日益增长，全年完成商品房销售185.3万平方米，同比下降3.5%。

【建设工程审批】 推动审批流程再优化、审批环节再精简、审批时限再压缩，全面提升企业与群众办事便捷度和满意度。做好部分审批事项取消、合并、精简等相关工作，确保申报事项和材料再精减20%以上。运用重庆市网上审批平台，优化审批报送体系，实现“一个窗口”接件、出件率100%，“一张表单”落实率100%。全年办理施工许可61件，审批初设项目17个，施工图审查备案项目134个，竣工验收备案项目67个，消防设计审核63个，建筑能效测评30个，档案验收40个，办理建筑业企业资质33个。

【房屋安全】 全区鉴定D级危房11栋，完成疏散搬离。鉴定C级危房21栋，其中2栋纳入征收范围，其余的C级危房建议由产权单位修缮加固。对于已纳入棚改但未及时实施搬迁的部分D级危房以及未能纳入棚改且暂不能修缮的C级危房，由各镇街安排专人监测。

【城市提升】 开展“两江四岸”约17千米的综合治理提升工作，启动贯通工程段方案设计。关闭6个码头货运功能，配合开展跳磴河“清水绿岸”治理提升工作，培育绿色生态小区2个，出台《大渡口区海绵城市建设管理办法》及《大渡口区近建区海绵城市修建性详细规划》，并严格执行相关要求。

【城市排水】 完成约600千米的市政排水管网普查，建立排水管网建设管理系统，对全区排水管网实现信息化管理。分两批启动55处雨污合流管道整治工作、重钢崖线居民排污整治工程。编制《大渡口区城市排水管网建设行动计划(2019—2021年)》，计划新建道路配套排水管网228千米，单独实施新建、改造排水管网76千米，确保至2021年大渡口区排水管网建设工作取得量的变化、质的飞跃。

【安全监管】 全年建筑工地执法检查1388次，查找安全隐患8134个，处罚138起、248.5万元，处罚单位86家，处罚18人。大渡口建筑施工执法检查强度、问题查找强度、经济处罚强度连续三年保持全市各区县前列，完成主次干道周边项目施工围挡整治，保持外立面及公益广告的干净整洁形象。制定施工扬尘和噪声污染防治工作实施细则，督促企业做好扬尘及噪声控制各项工作。整治建筑工地污水偷排偷放，全年处罚文明施工违规行为37起，罚款67万元，表彰市级文明工地1个，创建扬尘示范工地20个。

【质量监管】 强化工程质量监督管理，多数采用“双随机、一公开”检查方式，要求工程建设各方主体认真执行工程质量安全手册内容，将施工安全要求落实到每个项目、每个员工，落实到工程建设全过程。将工作重点放到工程巡查和重点部位抽查，同时继续推行“差别化”管理，对质量评价差的企业实行重点监管，加大执法力度，强化对工程建设全过程的质量监管。全年立案14起，处罚14起，罚款52万元。制定装配式建筑工作实施方案，发展钢结构等装配式建筑，推进工程质量创优。大渡口区荣获三峡杯5个、巴渝杯2个、市政金杯奖1个，创建智慧工地43个。推广新技术应用，施工阶段有2个项目采用BIM技术、恒大麓山湖I58-1中建五局三公司将砌体、门窗栏杆、外墙保温及抹灰在爬架上升前完成作业的施工方式。

（区住建委）

城市管理

【概况】 2019年，按照市委、区委机构改革的要求，推进城市管理与执法一体化体制改革，按照新三定方案，平稳推进城管执法机构整合。同时，按照市委、市政府关于推进城市品质提升工作的总体部署和区委关于建设“高质量产业之区、高品质宜居之城”要求，围绕建设山清水秀美丽之地和推动高质量发展、创造高品质生活的目标，以城市综合管理提升行动为总揽，深化“大城三管”，强化“马路办公”，推进“七大工程”，提升城市安全运行和管理水平，为庆祝新中国成立70周年等重大活动提供良好城市环境。

【市政设施建设】 完成伏牛溪大桥加固、袁茄路沉降路段病害整治，检测25座结构设施；涂装桥梁隧道8500平方米，整治文体路、松青路车行道46473平方米，提升双龙路、山海路、双山路、双园路人行道35000平方米，整治违规广告店招牌1408处。实施6项重要节点灯饰、智能改造4套光控，维护路灯2100盏。改扩建老旧供水管网7481米、改造二次供水2775户，整治排污口2处。新建公厕6座、改建5座，新增社会对外开放14座。安装“锦天康都”“秋实春华”隔声屏600余米。

【园林绿化】 按照点、线、面相结合，在点上做精、线上出彩、面上成景思路，通过栽植大量开花植物、色叶植物、闻香植物和季相变化植物，以及加强乔灌草的修剪造型，营造良好环境。通过开花乔木、草花和整形的搭配提升景观，在立交、主要干道匝道、绿岛内设置景石，利用堆山叠石手法，展现园林艺术。全年建成社区公园、小游园12个，整治边坡崖壁160万平方米。

【环境卫生】 完善区、街道、社区网格化综合管理体制，以农贸市场、背街小巷为重点，全面深化“马路办公”“五长制”“门前三包”工作，“出门就上班，随时查问题”呈常态，推动城市精细化管理。组织垃圾分类指导员培训2次，开展学校、家庭、社区互动实践活动22529人次，主流媒体宣传量17万余条。推进生活垃圾分类示范试点片区建设，新山村、跃进村2个街道全覆盖，其余街道选定1个社区示范试点，覆盖居民52876户，示范街道占比40%。跳磴镇石盘、拱桥、金鳌3个村开展试点村建设，1220户村民参与。1045个餐饮单位和超市农贸市场等企业实施生活垃圾分类。完成积存建筑垃圾治理，以矿坑生态修复项目解决工程土石方消纳，建设工程渣土填埋场2座。初步建立垃圾收运体系，与市环卫集团达成易腐垃圾收运协议，交由市环卫集团统一收运处理。出动保洁人员60万人次，作业车辆4.2万台次，冲洗用水量34万吨，清理暴露垃圾5000余吨，收运垃圾87748.85吨。

【综合执法】 开展蓝天行动春夏秋冬季、路平桥安、排水与污水处理等执法专项行动，协同区交巡警开展夜间渣土联合执法。全年出动执法人员6000余人次，查处乱停车辆10万余台、劝阻占道经营7万余次、劝阻占道经营摊点7万余个。查处违法施工工地24个、乱倾倒车辆20辆。关停2家不合格排水单位，整治违法建筑2175处42.77万平方米，实施行政处罚108起、171万余元。全面实施危险源在线监控，组建应急队伍147人，处置突发隐患235起。

（区城管局）

征地拆迁

【概况】 重庆市大渡口区征地服务中心（以下简称“区征地中心”）是隶属于区政府办的全额拨款（公益一类）事业单位，对全区征地工作履行统筹协调、政策指导、监督检查等职能，内设综合科、征地事务科、安置房管理科、财务管理科4个科室。

【征地攻坚】 2019年，实施农村集体土地征收征地项目25个，面积5007.72亩（其中：续征地10个项目，面积486.41亩。新征地项目15个，面积4521.31亩），全年完成1913.8582亩交地任务。完成征地拆迁攻坚112户。

【安置房管理】 安置房建设。2019年，农转非安置房西城佳园（二期）竣工验收，共计2栋，建筑面积约4.56万平方米，住房478套。

安置房分配。2019年，农村征地拆迁现房安置1152户，安置人员1998人。其中，集中分房安置353户，安置人员823人。零星现房安置799户，安置人员1175人。

物业管理。及时与各安置小区物管核对已接房数据，统计汇总2011—2018年空置房物管费垫付情况，向部分业主单位发函催收空置房物管费费用。

【信访稳定】 2019年，信访登记、信访接待、矛盾调处25起、103批次，包括征地领域内各种信访、桥隆征地拆迁安置问题群访和重点稳控帮扶对象等，涉及人数500余人。办理区纪委、区信访办等各区级部门转办件15件，配合区规资局、各镇征地拆迁单位处理信访件9件，办理群众直接来访、来函等信访工作12件，解决群访事件7件。

【扫黑除恶】 积极承担起扫黑除恶专项斗争工作责任，认真开展“回头看”工作，制定和实施扫黑除恶专项斗争工作整改措施，做到有计划、有重点、有专题、有活动，确保扫黑除恶工作落到实处。全年制作发放扫黑除恶宣传扇1000把、宣传横幅12条、宣传伞200把。

【民生工作】 区征地中心参加惠丰社区民情恳谈会，及时协调解决社区相关问题，走访慰问困难群众13人次，发放慰问金7400元。“不忘初心、牢记使命”主题教育期间，拨付12万元帮助惠丰社区开展休闲桌椅、健身设施安装等民生工作，拨付5万元协助鑫瑞乐居解决小区积水、清理电缆沟等问题。

【基层党建】 开展“不忘初心、牢记使命”主题教育。通过中心组学习、“三会一课”、党课等方式，将集中学习与个人自学相结合，组织党员干部持续、深入学习习近平新时代中国特色社会主义思想、十九届四中全会精神、党章党规、系列讲话及中央、市委、区委区政府的重大决策部署及指示批示精神，组织开展警示教育、革命传统教育、形势政策教育和先进典型教育，将学习教育、调查研究、检视问题、整改落实贯穿全过程。

严格执行《新形势下党内政治生活若干准则》，认真贯彻落实民主集中制，严格执行“三重一大”决策制度、请示报告等制度，坚持好“三会一课”、民主生活会、组织生活会、谈心谈话等制度。12月10日，区征地中心党组召开专题民主生活会，党支部召开组织生活会，开展民主评议党员。全年谈心谈话约30人次，对10名干部职工进行家庭走访，并于7月邀请职工家属代表参观座谈，及时掌握干部职工思想动态，多渠道、个性化关爱干部，落实全面从严治党主体责任和监督责任。

（区征地服务中心）

土地整治储备

【概况】 大渡口区土地整治储备中心（以下简称“区土储中心”）成立于2013年。区土储中心围绕经济社会发展用地保障和维护区级资金链安全两个重点，强化土地出让、用地保障、资金调度等4个方面工作。截至2019年，储备土地约13300亩，其中五一互助片区1500亩、刘家坝东片区300亩、小南海片区 7800 亩和伏牛溪油化品基地片区 3700 亩；已取得储备批文土地 3631.03 亩，其中整治性储备 1240.91 亩、控制性储备（五一互助、小南海片区）2390.12 亩；已供应土地 1926.27 亩，其中已出让土地 1232.35 亩、已划拨土地 693.92 亩；已取得征地批文土地面积 7598.11 亩。

【经营性用地出让】 紧抓市场机遇，完成原重钢体育场片区 63 亩土地出让工作，土地综合价金 10.5 亿元，提升区域土地价值预期。完善刘家坝片区服务设施布局，出让加油站用地 10 亩，土地综合价金 0.324 亿元。加强协同配合，完成跳磴湾塘片区 R35 地块 50 亩、九宫庙阁老溪片区 22 亩土地规划优化等手续办理，与市城投集团、重庆渝富公司土地联合挂牌出让。紧扣节点，倒排计划，加快完成 258 亩刘家坝西片区土地林地占用、环保治理出让前期工作。着眼未来，提前启动庹家坳片区、刘家坝东片区近 300 亩经营性用地的土壤环保评测和手续办理相关工作。

【用地保障】 及时交付金家湾立交施工用地 10 亩，提前交付轨道交通 18 号线站场施工用地近 190 亩，确保重点基础设施项目节点工程顺利实施。多方筹资、加快推进轨道交通 18 号线 750 亩和陶家隧道 800 亩征地组件工作，已基本完成陶家隧道 800 亩征地批文工作任务，轨道交通 18 号线 750 亩征地组件工作已完成现场勘测和报批资料准备，待确定余下施工红线后再开展相关工作。

【资金保障】 强化资金统筹调度确保土储工作开展。根据刘家坝、庹家坳等土地整治项目需求，统筹调度资金 1 亿元，购买地票 500 亩，为土地出让获取充足的用地指标。统筹调度资金 1.32 亿元，保障湾塘片区“四横一纵”路网项目和伏牛溪化工厂征地项目顺利推进。加强与区级部门的协同配合，回收原重钢体育场片区土地出让价款 10.5 亿元、跳磴湾塘片区 M36 地块土地成本 0.62 亿元、刘家坝加油站土地成本 0.324 亿元，葛老溪片区土地出让金 1.5 亿元。

【服务发展】 为大棚房清理工作提供价值 1200 万元的地票支持，及时解决用地指标问题。配合相关单位推动创新村片区、庹家坳片区、茄子溪片区城市房屋征收项目。推动城市品质提升研究、湾区城市设计及伏牛溪油化品基地区域研究，启动茄子溪码头片区城市开发研究工作。

（区土储中心）

环境保护

【生态文明】 按照区委改革办《关于印发中共大渡口区委全面深化改革委员会 2019 年工作要点的通知》（大渡口委改〔2019〕2 号）文件精神，印发《生态文明建设和城市管理体制改革领导小组 2019 年度任务分工》，17 项年度改革任务均已完成。推进山水林田湖草生态保护修复工程试点工作，完成矿山治理恢复 2 个，修复面积 335 亩，推进 5000 亩国土绿化工作。优化调整全区生态保护红线范围，完成大渡口区长江经济带战略环境评价“三线一单”（生态保护红线、环境质量底线、资源利用上线和生态环境准入清单）编制并通过验收，重要生态空间得到有效管控。建成废弃农膜回收网点 4 个，回收利用废弃农膜 8.3 吨。完成生态环境保护体制改革，整合发展改革、农业、水利、国土等部门的污染防治职能，统一行使生态环境保护职责。开展“无废城市”建设试点。完成辖区年销售汽油 5000 吨以上加油站在线监控设施建设。推进生态损害赔偿改革试点，2 起生态环境损害赔偿案件已完成磋商，其中 1 件已办理完结。

【污染防治】 地表水环境质量在全市区县中保持前 10 名，次级河流基本达到地表水Ⅴ类水质，长江丰收坝国考断面水质保持或优于Ⅲ类水质。完成建桥工业园区 B、C 区工业污水集中处理设施及在线监控设施建设。完成 5.4 千米污水管网建设，改造落后供水管网 2.6 千米，推动新建公共建筑雨水回收或中水利用，全区城市生活污水集中处理率 96% 以上。

开展整治污水偷排偷放行为专项行动，排查点位 1800 余个，排查问题 20 个，整治销号 18 个，罚款 95 万元，移送公安机关拘留案件 1 件。空气质量优良天数 309 天（同比增加 2 天），PM2.5、NO_2 平均浓度同比分别下降 2.6%、4.3%。完成 5 座加油站在线监控设施建设，淘汰更新柴油车 60 辆，完成机动车排气路检10078辆，查处冒黑烟车上路行驶违法行为1735起。完成33家餐饮单位及9家公共机构食堂油烟污染治理，40个扬尘控制示范工地和道路的巩固和建设。

印发《大渡口区土壤污染治理与修复规划》《大渡口区建设用地土壤污染防治监督管理机制》，建立污染地块名录，清理焦化厂遗留危险废物1816.14吨。完成虹桥院L31、L32、L33地块治理修复，处置危险废物700吨，治理污染土壤6466立方米，建设用地安全利用率100%。成功创建1个市级安静居住小区，强化巩固3个市级安静居住小区。区域环境噪声、道路交通噪声均值分别为52.8分贝、65.8分贝（昼间），均优于国家标准。

【环保督察】 22个第一轮中央环保督察反馈问题，已整改完成21个。26个市级环保集中督察反馈问题，已整改完成22个。第二轮中央生态环境保护督察中，大渡口区接到交办投诉案件38件，已整改完成37件，剩余问题均在完成时限内正常推进。

【环境质量】 严格执行环境准入。全年指导完成环评项目23个，验收固定废物污染防治设施18个，办理排污权交易核定化学需氧量95.6吨、氨氮10.18吨，核发国家排污许可证7个。加强核与辐射监管，完成5家核许可，审批辐射类建设项目环评3个。

严格落实双随机抽查制度，严厉打击各类环境违法行为。出动环境执法人员2500余人次，检查企业1700余家次，立案查处环境违法行为66件，下达行政处罚决定59件，移送公安机关环境违法案件2起，共处罚金792.445万元。

加强环境风险防范。全区完成新备案和修编备案突发环境事件风险评估和应急预案各13个。开展环境安全专项行动，出动执法人员556人次，巡检排查环境风险源企业268家次，检查发现一般环境安全隐患19处，已全部按期完成整改。举办“大渡口区2019年突发环境事件及饮用水源保护环境应急演练”。

强化环境信访办理。全年受理办结各类环境污染投诉1426件，市生态环境执法总队对大渡口区回访环境信访满意度为99.6%。全年无因处理不当引发群体事件的情况发生。

【污染源普查】 推动污染源普查。完成全区4139家各类污染源清查建库工作，对956家污染源开展入户调查，并进行产排污核算等工作，形成大渡口区第二次污染源普查污染排放情况简表，编制大渡口区第二次污染源普查工作总结、质量核查报告、数据分析报告和普查公报，并通过验收。

【环保宣传】 围绕中央生态环保督察、重庆市第二批环保集中督察及大渡口区生态文明建设成效等内容，加大媒体报道，发挥利用环保“双微”宣传力，开展环保新闻媒体报道114篇，双微矩阵发布微博1464条、微信715条。以“六五”世界环境日、环保工作开放周等活动为重要抓手，结合“美丽中国、我是行动者”等环保主题，组织各部门、镇街开展宣传活动40余次，发放宣传资料及宣传品2万余份。积极开展环保教育培训，将生态文明建设课程纳入处干、科干班学习课程。开展基层环保人员能力提升培训2期、200余人。

（区生态环境局）

商业贸易

概　述

【概况】 2019年，大渡口区有限上商贸企业75家（其中批发零售企业64家，住宿餐饮企业11家），拥有百亿级市场2个（万吨冷储、龙文钢材），大型商业综合体3个（万达广场、新天泽、壹街区），大型综合类超市10家，精品农超6个，标准化农贸市场12个。有汽车4S店6家。有电商企业202家（其中年交易额1000万元以上的有12家）。加油站13座，报废汽车拆解企业2家。九宫庙商圈自2008年开街以来蓬勃发展，商圈内重点商业物业面积67.8万平方米，在建商业物业面积22万平方米，已建成大型商业综合体2个（新天泽、壹街区），另有2个在建（华润、蓝光）。有大型综合类商场1个（新世纪），专业市场2个（皮草城、陶瓷市场），大型小商品综合商场1个（义乌），每年社零贡献占全区社零60%以上。

全区有外贸企业79家，其中生产型工业企业为34家，在工业企业中，全出口企业17家，全进口企业为2家，进出口都有的企业15家，大多以经营玻纤、机械和汽摩配件为主，产生的外贸进出口数据占全区数额的96.1%。纯外贸企业为45家，大多以经营汽摩配件、五金和陶瓷工艺品为主，产生外贸进出口数据占全区数额的3.9%。

2019年，全区实现社会消费品零售总额47.6亿元，同比增长2.3%；实现商品销售额277.6亿元，同比增长9.9%；实现住宿餐饮营业额15.1亿元，同比增长11.9%；全区外贸进出口总额实际完成18.07亿元，同比下降11.47%。

商贸服务

【内陆开放高地建设】 编制《大渡口区内陆开放高地建设行动计划（2018—2020）（送审稿）》，代区政府向区人大进行汇报，提出实施"三大行动"的总体行动框架。

首次召开全区开放型经济体制改革和发展专题会，部署全区开放工作，将开放改革、发展工作推上新台阶。举办政策宣讲会，为企业提供指导和服务。

做好市、区、企业间三级沟通协调，为企业争取全方位的资金政策支持。全年为区内企业申报"重庆市中小企业国际市场开拓资金""出口信用保险""服务外包"和"对外投资"等市级政策扶持资金2156万元，已拨付企业438.84万元。

应对贸易战风险。中美贸易战将持续影响全区外贸经济。贸易战主要影响区外贸支柱企业国际复合，受中美贸易战影响，1—9月涉美外贸进出口总额同期下降约2亿元，直接影响全区进出口总额下降。为应对贸易战影响，大渡口帮助企业开辟新市场，扩大"一带一路"市场份额，同时给予政策支持，帮助企业提振信心。

组织企业参加"一带一路"推介会、商务洽谈和展会，鼓励有条件的开放市场主体"走出去"。国际复合在巴林和巴西对外投资建厂已成为企业应对中美贸易战的主要手段。中冶建工海外承包工程进展顺利。在建阿尔及利亚住房等项目6个，10月，签订塞尔维亚项目2个。

支持企业参加国内外各类展会、交流会，协助外贸企业寻找新的合作伙伴。带领8家企业参加第二届中国国际进口博览会，完成签约3018万美元，完成市政府下达的任务。签约采购产品涵盖化工原料、设备、汽摩材料和家具饰品四大类，签约外商伙伴分别来自意大利、美国、日本、德国、印度等地。

围绕市商务委推出的7项在全市可复制可推广的自贸区试点经验，制定了大渡口区落实工作措施。

【帮扶企业】 加强对企业的服务协调，帮扶新综合体开业运营，帮助促进万达广场、居然之家开业。协助企业提档升级，帮助企业做好品牌宣传。完成2019年重庆"老字号"申报工作，成功申报4家老字号企业。帮扶企业做好招商盘活、项目引荐推介等协调服务，重点围绕教育培训、运动娱乐、互动体验等体验式业态帮扶企业开展针对性招商。引入彪马、阿迪达斯、斐乐等知名运动品牌专卖及松鼠AI、心田花开、广发银行等在内的12个项目，加快推动区行政审批大厅项目搬迁国瑞城三期进展，重新启动国瑞城三期整体对外招商。全年完成盘活商业物业面积2.3万平方米。支持传统商贸企业做优做精，完成1家限上企业培育，28家企业正在按程序申报。

【提振消费】 面对经济下行压力，帮助企业开展各类节展活动，组织全区汽车销售企业参加九宫庙步行街春季冬季汽车车展、重庆国际汽车展等展会，协调举办格力空调内购会、"双11"购物节等。参与全市夜市文化节，引导企业开展大渡口区香港城第二届啤酒美食嘉年华和义渡古镇第三届星空音乐啤酒节，吸引20万余人，拉动消费超过350万元。适应消费升级需要，优化商圈业态布局，加大服务力度，对重点商业体进行重新定位，引导新世纪百货、新天泽国际广场、春光购物广场、义乌商贸城等企业进行业态的优化布局，同时关注消费者的参与、体验和感受，注重线上线下互动和家庭成员联动，引导商圈业态向体验式消费、艺术培训等五个方面聚焦推动存量业态升级，提升消费和供给品质。

【现代物流业】 完成万吨冷储标准化改造项目，兑现企业扶持资金1250万元，项目已经建成包括金融平台、冷运平台、农产品全程冷链流通质量追溯等在内的供应链综合性一站式服务平台。指导同城智汇开展无车承运人工作，截至11月，平台交易额6120.45万元，活跃车辆2210辆，单日最高交易额32万元。支持万家燕申报智慧物流配送和物流标准化项目，争取扶持资金 30 万元，项目实施后，实现货运量 9213 吨，流通货值 36854 万元，增长 55.75%；营业收入 15650 万元，增长 15.48%。

【电商培育】 健全产业载体孵化空间。着眼内贸转型，完善移动互联网产业、微企梦工场两大核心，街道创业基地为补充的电商载体的产业孵化协作机制；着眼外贸升级，新增引进阿里巴巴跨境电商大渡口服务中心，辐射主城南部外经外贸工业企业，全年新增跨境电商企业 18 家。

强化企业培育与服务指导。编撰《大渡口区电子商务政策服务手册》《2018 版电子商务法解读手册》，发放资料 300 余份，指导企业用好用活现有市区两级政策。全区电商企业 200 余家，网络零售额约 1.8 亿元。

助推企业开拓业务。组织科尔士等电商企业参加渝货京东 618、扶贫爱心购等大型电商网络促销活动，企业销售同比增长 20%。

【供销商业】 完成 2019 年度供销合作社系统综合业绩考核相关考核任务。区供销合作社系统实现销售总额 34892 万元，较上年增长 3.09 %。实现利润总额 292 万元，较上年增长 2.82 %。资产总额 5692 万元，较上年增长 3.7%。所有者权益 5454 万元，较上年增长 4.66%，净资产收益率 4.45%。

推进“两社两化”工作，组织区供销合作社机关、基层社及其参股的专业合作社相关人员参加市供销社组织的各类培训 4 次，参训人员 20 余人次。宣传推广以“跳磴”火葱、“春见”柑橘、“九月青”花椒等为代表的特色农副产品，推介本土农产品参加市级展会活动，指导农民专业合作社通过电商平台拓展宣传、销售渠道。

完成 2019 年度废弃农膜回收利用考核任务。回收利用废弃农膜 7 吨。经重庆市勤业会计师事务所审计，大渡口区 4 个废弃农膜回收网点共回收废弃农膜 8.86 吨，向加工利用企业交售 8.21 吨。

【非洲猪瘟保供监测】 面对猪肉价格持续上涨，对市场销售量及价格每日进行监测，同时落实专项应急猪肉储备，完成 90 吨猪肉储备任务。

【安全稳定】 落实安全监管责任。全面夯实领导班子全员责任制，明确五大重点监管领域和 41 家重点监管企业，安全工作制度日趋完善，工作机制基本形成。强化风险研判与管控，每季度开展 1 次风险研判。全面落实安保维稳责任，确保重点时期重点群体信访稳定。

全年处理来信来访 47 件，接待信访人员 238 人次，办结 43 件，按规定不予受理 4 件。办结市联席办交办的区领导包案信访案件 1 件，办结纪委信访室转来信访举报信 1 件，完成对茄子溪供销社退休职工增长和信访问题的调查答复，委托律师完成陈金全诉区商务委行政诉讼的二审开庭准备工作，多次配合区发改委协调处理粮食系统信访积案。全年未发生非法到市、进京上访事件。

（区商务委）

建桥园区

【概况】 重庆市建桥工业园区（以下简称“建桥园区”）是市政府批准设立的首批市级特色工业园区，于 2003 年 6 月破土动工。远期规划面积约 20 平方千米，分为 A、B、C 三个分区。建桥园区自成立以来，按照“百年建桥，千亿园区”的发展目标，始终秉持“环境就是资源，就是资本，就是生产力的”的发展理念和“招大引强”的招商原则，实现了园区的快速发展，先后吸引 400 余家企业入驻。

建桥园区自成立以来，先后获得“国家级服务业标准化示范园区”“中国最具政府服务竞争力品牌园区”“中国最具竞争力品牌园区 100 强”“中国十大最佳投资环境工业园区”“中国十大最具发展潜力园区”“重庆市首个园林式工业园区”“全国绿化模范单位”“重庆市新型工业化示范基地”“重庆市首批知识产权试点园区”“中国绿色低碳示范园区”“重庆承接东部产业转移示范区”“重庆出口制造基地示范区”“重庆玻纤产业园”“重庆非公有制经济示范园”“重庆创新基地”“重庆市优秀工业园区”等 16 项殊荣。连续多年被重庆市政府评为“十强园区”。

【产业布局】 生态环保产业。主要分布在建桥 A 区，以三峰环境集团为龙头，以固废处理为重点，聚焦生态环保制造和生态环保综合服务等领域。2019 年实现工业产值 22.4 亿元。A 区规划面积 4.3 平方千米，正在由传统制造业向生产性服务业、总部经济转型。

大数据智能化产业。主要分布在建桥C区，以海康威视为龙头，以海康威视重庆科技园为载体，聚焦云服务、电子商务、工业软件、电子信息制造等领域，上下游产业逐步补链，同产业企业逐步成群。2019年实现工业产值49亿元。

大健康生物医药产业。主要分布在建桥C区，以中元生物、华伦医疗为龙头，以楼宇标准厂房为载体，聚焦体外诊断、第三方医学检测、试剂（设备）生产及销售等领域。2019年实现工业产值3.2亿元。

【经济指标】 2019年，实现规上工业产值171.6亿元，同比增长11.1%。实现固定资产投资72.5亿元，同比增长9.65%，其中工业投资15.8亿元，同比增长15.6%。

【规划编制】 编制《重庆市建桥工业园区标准厂房项目建设专项规划》，规范标准厂房项目建设管理，提升土地集约节约利用水平。完成地质灾害危险性评价、压覆重要矿产资源评价、环境影响评价工作并形成相关评估报告，优化营商环境，推动园区区域整体评价工作。

【招商引资】 外出考察和接待企业102家，成功签约海康威视长江上游区域总部、四川亚中体外诊断产品研发生产项目、厦门搏动质谱仪研发生产项目、佧爱光电设备研发项目、上海汇吉体外诊断试剂原料项目等30个项目，协议引资76.52亿元。

【重点项目】 建桥园区板块有建设项目100个。其中，区属重点项目18个，重点前期项目6个，非重点项目76个。建桥B区废水处理设施厂建成投用，长征重工污水截污管道工程开工建设。新建16800千伏电力开闭所一座，完成万达广场14900千伏安双电源供电，完成电力及通信线路迁改约3千米。完成岩头湾路、续建跳红路道路1.2千米。建成安置房约46037平方米，续建安置房约77000平方米，翻新蓝沁苑公寓188套，新建3个健身场所。启动N06/03地块公交站场项目、跳红路与华福路连接道工程（南侧互通）、环保科技产业园建拓一路道路工程、环保科技产业园跳红西路道路工程等项目前期设计工作。

【服务企业】 以“企业服务全覆盖”为抓手，建立企业常效对接机制。收集企业生产经营及项目建设等问题180余项，处理急难问题145余项，问题处理率80%；帮助解决资金难题。协助海康威视、数码模、大清生物、中元汇吉、国际复合、秋田齿轮等10余家企业申报《2019年度工业领域中央预算内投资补助储备项目》，鼓励银行开展金融业务创新，为11家企业提供融资服务，预计完成融资金额约2亿元；加快代办事项，解决企业难题。推进海康威视、红九九、数码模等企业新建项目9个，完成企业项目审批事项40余项，先后解决博巨、载君舟、勤牛等7家企业工业厂房产权历史遗留问题，推进安碧捷、国际复合产权办证联合会签工作；提供有针对性的精准服务。先后组织秋田齿轮、万达广场等20余家企业参加招聘会7次，招聘员工2236余人。协助海康威视、三峰环境等企业成功申报区级高层次人才13名。搭建企业职工子女入学信息平台，帮助27名外来职工子女就近入学。

【资金保障】 筹措资金38.4亿元，资产负债率控制在45.67%。其中融资23.23亿元（流动资金贷款4亿元，债券融资计划2亿元，隐性债务置换10.53亿元，私募公司债6.7亿元），土地款返还等资金3.49亿元，返还政府债券利息1.18亿元，关联单位归还借款10.5亿元。

【环境保护】 全年走访园区企业与自有物业69家次，发现问题178个，督促80%企业完成整改，未完成整改企业制定了整改计划。

完成“重庆建桥工业园区规划环评超期未进行跟踪评价”“重庆建桥工业园区位于长江沿岸”“建桥园区B区组团、C区组团未建污水集中处理设施”问题的环保整改销号；针对建桥C区路段货车运行噪声扰民、秋田齿轮公司空压机噪声扰民、焚烧垃圾浓烟污染等8次群众投诉问题及时回复，配合整改、全程跟踪，完成环保督查配合工作；梳理落实入园企业废水排放口位置，排查可能存在的污水偷排、直排、乱排行为，对C区企业废水排放口排查结果形成了图纸档案；签订《2019年建桥工业园区环境污染责任保险项目合作协议》，为园区自有物业发生环境风险后抢险、恢复提供保障。

【安全稳定】 全年走访园区企业与自有物业80余家次，发现问题298个，90%的企业完成整改，未完成整改企业制定了整改计划。

编制《建桥公司防汛抗旱预案》《建桥公司自然灾害隐患台账》《风险评估应急预案》，完成应急物资采购、消防应急演练工作；推行保障农民工工资发放“一金三制”制度，排查化解园区企业矛盾纠纷，压实责任、明确措施，确保工作推进得力。配合区人社局协调三鼎通用动力机械有限公司解决欠付遣散工人薪酬问题，协调解决重庆博巨玻璃钢有限公司欠付工程款问题，密切跟踪万商国际项目破产重整进展情况及债权人动态信息，配合区信访办处理债权人上访问题，协调重庆西华建桥建设开发有限公司处理解决中冶熙城商街已出售公寓的天然气安装问题，做好国庆前夕购房户接房工作，排除了国庆期间稳定隐患。

【市场经营】 义渡基金公司设立基金6支，管理基金的认缴规模95亿元，实际到位68.4亿元，实际投放68.1亿元。与黔江新禹、荣昌荣万、长寿乐至开展合作融资，支持上述区域经济发展。配合大渡口区转型开展土地房屋为主要标的资产并购，重点推动宝丰、三鼎、梅林、顺祥壹街区、屯茂机械等项目的重整；建桥置业公司启动大健康生物产业基地、C区商业配套项目、建桥·览江阁安置房和万达停车楼等项目开发。

【基层党建】 开展“不忘初心、牢记使命”主题教育，组织国企党员和非公党员参观聂荣臻故居等革命传统教育基地，运用实践教学、形势政策教育、先进典型教育、警示教育等形式强化主题教育效果；强化非公领域政治引领，推进党组织组织覆盖和工作覆盖，新建1个党支部，新发展党员国企2人、非公企业10人。加强对“秋田党建”工作经验的推广，秋田齿轮工作案例在全市300多个申报案例中获得市委非公办肯定并参加展演。

（建桥园区管委会）

大晟公司

【概况】 重庆大晟资产经营（集团）有限公司（以下简称“大晟公司”）成立于2004年6月，区属国有独资公司。负责全区的城市基础设施建设、公园建设，重大社会事业项目建设，推进城市开发。经营范围为资产经营、投资策划、项目开发。利用自有资金从事投资业务；在政府授权范围内进行土地整理。

大晟公司下辖重庆飞腾城市建设发展有限公司（主要负责全区范围内基础设施建设）、重庆市大渡口新城建设有限责任公司（具有房地产二级开发资质，主要负责投资项目开发）、重庆义渡古镇旅游有限公司（原重庆马桑溪文化旅游发展有限公司，主要承担专业化招商、项目建设、产业运营等职能）、重庆鑫瑞建设投资有限公司4家全资子公司，代管重庆市大渡口区新晟发建设有限公司（原重庆市大渡口住宅发展有限责任公司，主要负责市政公用工程）。下设综合事务部（信访办）、审计稽核部、资金财务部、融资事业部、土地事业部（环保部）、项目管理部（安全部）、投资事业部、资产事业部等8个内设部门。

【基础设施建设】 主动对接“四大重点板块”，2019年主导实施项目16个，完成固投约7亿元。建成新华路、湾塘路、社区体育公园2个，区人民医院综合楼主体完工，推进乡村振兴，完成山沙路、沙石路、云新路、跳南路等新建改建农村公路18.78千米，开工建设金沙路、土金路8.58千米。继续推进N31小学建设、民族中学和庹家坳小学改扩建等续建工程，严格落实“两金三制”，完成清欠工作。配合落实河长制责任，保护和修缮伏牛溪河道生态环境，启动污水管网工程3个，其中金建路污水管网工程完工并验收合格。全面启动“桥隆·和锦苑”项目复工准备工作，完成安置房项目办证收件及契税核算5196户。

【义渡古镇】 义渡古镇位于大渡口区马桑溪大桥下方，总建筑面积约1.8万平方米，坚持原面积、原高度、原基础、原风貌“四原原则”修复建设，最大限度还原历史街区原始风貌，为典型的长江上游码头山地镇街地貌，整个街区依江而上至成渝铁路，其三街九巷廿一院落呈四级阶梯分布。古镇是展现义渡文化人文复兴的商业集群，涵盖人文体验、休闲娱乐、旅游观光、综合服务四大功能。2019年，优化古镇环保设施前中端配套工程，严控入驻商家装修油污分离、管网接入及古镇排污管道清维，增建3号一体化处理设施前置过滤池，优化及完善一体化污水处理设备线路，协调古镇污水管网设计接入重钢片区主排污系统一期工程，加强和规范古镇排污管网制度化管理；举办“中国好声音”专场海选赛事、古镇星光音乐啤酒节主题活动，承办“向春天报到”学雷锋日主题志愿服务活动、“中国水周”大渡口区宣传活动、“中国旅游日”大渡口分会场公益宣传活动、“我们的节日•端午”市级主题示范活动等特色主题活动，接待游客逾百万人次。

【债务风险防范化解】 完成新增贷款综合回报工作，节约贴现利息约680万元，严控新增融资成本，按贷款期限测算节约成本约4.6亿元。通过城区老工业区搬迁改造等渠道，累计争取上级资金3783万元；成功追回地产集团钓鱼嘴片区棚改项目资金2900万元、渝富集团危旧改片区征地费用尾款1955万元；清理已用未结算安置房涉及17个征收安置单位，其中农村征收安置11705套、城市征收安置396套。

【经营管理】 完成联合出让龙文地块、原重钢体育场地块，涉及公司出让土地22.3亩，综合价金3.05亿元；完成返还土地成本5764.6万元；启动大渡村等4个片区的棚户区改造，支付棚改专项资金24.22亿元。完成29个商业用房公开竞价招租，全年资产租赁总收入4043.55万元；公开竞价出让闲置住宅6套，回收资金342.83万元；利用司法诉讼解决资产纠纷，追回租赁资金91.6万元，并成功收回自2007年以来被占用的迁禧花园住宅4套；资金财务部积极申报，完成并通过了企业所得税清缴年审工作，在全区国有平台企业中仅大晟公司一家被评为A级纳税企业。

（大晟公司）

水电气供给及设施管理

【供水】 继续推进城市供水设施建设，提升城市供水保障能力。完成丰收坝水厂二期扩建配套供水主管网建设5.5千米，完成建设村、茄子溪民新村、大堰一村等区域的老旧供水管道改造2.6千米，完成国瑞城、翠湖龙庭、静江花园等小区的二次供水改造工程2775户。

【电力】 2019年，全区电力供应（使用）量总体形式趋于平稳。全年全区社会用电总量18.36亿千瓦时，同比增长1.44%，其中大工业用电量10.75亿千瓦时，同比增长4.1%；普非工业用电量1.24亿千瓦时，同比增长30.5%；居民用电量4.01亿千瓦时，同比增长55.4%；非居民用电量0.58亿千瓦时，同比下降14.7%；商业用电量1.77亿千瓦时，同比下降100.56%。

2019年，全区有220千伏变电站2座，分别是柏树堡和敖山变电站，变电总量102万千伏安；110千伏变电站8座，分别是红狮、翠湖、建胜、刘家坝、小南海、跳磴、马桑溪、镁桥变电站，变电总量70万千伏安；110千伏专用变电站3座，分别是新钢厂、长征重工、小南海牵引站变电站，变电容量19.15万千伏安。2019年，动工新建110千伏陈家坝变电站，开工实施大渡口翠湖110千伏变电站主变增容工程、110千伏互助输变电工程。

【燃气】 全区有燃气经营企业2家，分别是重庆燃气集团股份有限公司大渡口分公司和重庆市渝川燃气有限责任公司大渡口分公司。

2019年，全区天然气用户数约18.5万户，其中居民用户18.3万户，总用气人口约34.28万人。全年天然气供应（使用）总量17452.65万立方米，同比增长12.4%，最高日供（用）气量46.5万立方米，其中民用、集体、商业年用气量5414.67万立方米，同比增长6%；CNG用气量2985.79万立方米，同比增长11.4%；工业用气量9258.19万立方米，同比增长19.7%。根据大渡口区天然气供需情况预估，天然气供应可以满足全区未来发展需求。

大渡口区内无天然气储气能力，有6座天然气调压计量站，分别是新城站、九宫庙站、茄子溪站、长征站、跳磴站、建胜站；5家CNG加气站，分别是双山、鱼洞大桥、马桑溪和跳磴、陈庹路加气站，其中跳磴、陈庹路加气站为2019年新投入使用。大渡口区已建成天然气供气管道535.12千米（不含小区庭院管网），其中2019年新建天然气主管道18.9千米。各燃气经营企业将根据大渡口区发展的用气需求，相继投资建设天然气基础设施，按照城市道路建设规划，同步建设天然气管道，确保天然气平稳可靠供应。

（区经信委）

烟草专卖

【概况】 重庆市大渡口区烟草专卖局（分公司）（以下简称“区烟草专卖局”）成立于1985年10月15日，内设办公室、政工科、综合管理科、财务审计科、专卖监督管理科、内管与法制监督科、客户服务部。专卖监督管理科下设政务大厅1个，烟草专卖稽查大队1个、稽查中队2个。

【经济运行】 2019年，区烟草专卖局（分公司）销售卷烟18053箱，实现销售收入（含税，下同）6.66亿元，同比增长3.3%；实现单箱销售收入3.69万元，同比增长5%；实现税利1.15亿元，同比增长5.9%。

【专卖管理】 聚焦“严管、重治、求新、强基”，严厉打击辖区内的各类涉烟违法行为，全力维护辖区卷烟销售市场环境秩序。全年查获涉烟违法违规案件175起，查获涉案卷烟178.23万支，实物案值161.57万元，其中：查获暗流烟57.02万支、假烟78.36万支、走私烟42.85万支，市场净化率98%，成功破获国家局级假烟网络案件一起。

【内部管理】 夯实管理基础，突出税利在财务审计工作中的核心地位，加强财务管理，严把规范经营关口，持续加强内部监管，坚决杜绝不规范经营行为。提高工作质量，加强自我诊断，致力通过管理创新推动企业高质量发展，实现优化流程、提高效率、堵塞漏洞的目标。巩固安全防线，全面落实安全稳定责任制，依法依规做好信访稳定、网络安全和舆情风险防控工作，加强风险源头管控。

（区烟草专卖局）

招商投资促进

【概况】 2019年，在大渡口区招商投资促进工作聚焦发展大数据智能化、生态环保、大健康生物医药、文化休闲旅游“四大支柱产业”，立足滨江、九宫庙商圈、伏牛溪、建桥园区“四大重点板块”，着眼顶层设计，进一步做实“专业招商、公司运作、板块承接、全区联动”工作格局，聚力对标对表市级招商投资促进体系，集中力量抓好重大项目跟进落实。

【指标完成情况】全区签约正式协议项目51个，协议投资额54.61亿元，协议税收（3年累计）6.42亿元，其中，完成重点以上签约项目19个，协议投资额39.5亿元，占协议总投资比例72%，文化休闲旅游产业项目占比增大，达到8个，占比42%，主要集中在滨江板块，标志着滨江湾区的建设发展开始起步，另外，存量项目的投资扩容项目3个，新增投资额5.6亿元，占比14%。

市级认定的正式协议项目14个，协议投资额36.2128亿元，预计排名主城区都市圈第二十二位；新开工项目10个，完成投资额8.389亿元，预计排名主城区都市圈第二十位。

根据区统计局提供2019年全区新增规上企业和退库企业数据（不含更换专业的单位以及当年进当年出的单位），全区新增规上限上84家，退库企业43家。

实际利用外资11018万美元（目标任务2500万美元），排名主城区都市圈第十六位，同比增长826.66%，预计排名主城区都市圈第三位。

【项目签约情况】 （1）四个产业发展办签约项目情况：大数据智能化产业发展办招商引资4个项目，重点3个、一般1个。生态环保产业发展办招商引资2个项目，一般2个。大健康生物医药产业发展办招商引资15个项目，重大3个、重点2个、一般10个。文化休闲旅游产业发展办招商引资14个项目，重大3个、重点5个、一般项目6个。

产业发展办	项目情况
大数据智能化	重大0个；重点3个：里德电子海康威视配套项目（市级）、南工大环境新材料研究院项目、白玉苑井谷元互联网＋食品科研项目；一般1个：畅享大数据信息共享平台项目（市级）
生态环保	重大0个；重点0个；一般2个：九砼建筑新材料项目（增资）、鹏渝土壤治理修复项目
大健康生物医药	重大3个：亚中医疗产品研发转化项目（市级、增资）、华伦医疗器械生产销售项目（增资）、华融曜阳干细胞科研技术服务项目；重点2个：医药集团供应链管理项目、奥纳思干细胞医药生物技术项目（市级）；一般10个：三丰POCT仪器项目、成都元素医疗手术示教系统项目（市级）、四川恩诺新健康城项目（市级）、博艾迈迪森诊断试剂项目、重庆宝健医疗器械项目、灰谷3D打印口腔金属冠研发销售项目、康军医疗器械及试剂贸易项目、大鸟迈森医疗项目、上海汇吉IVD生物原材料项目、厦门宝太IVD仪器研发注册项目
文化休闲旅游	重大3个：中国模特行业联合会项目、听江艺术中心项目、名生音乐文化产业园；重点5个：传旗领者体育产业文化研究项目、石盘古人类遗址公园、高卡公园项目、城市定向赛、弘视云谷空树音乐产业孵化基地；一般6个：中海创文化产业项目、长江草莓音乐节（市级）、铜爵音乐影视制作基地、堇色如枫影视科技制作中心、特豪量贩音乐城项目、盛德艺术展厅项目

（2）五个平台公司签约项目情况：建桥公司签约项目13个，重大2个、重点5个、一般6个。滨江公司签约11个，重大3个、重点5个、一般3个。伏牛溪公司签约项目2个，一般2个。九宫庙公司签约项目11个，重大1个、重点2个、一般8个。渝台公司签约项目3个，一般3个。

平台公司	项目情况
建桥公司	重大2个：亚中医疗产品研发转化项目（市级、增资）、华伦医疗器械生产销售项目（增资）；重点5个：里德电子海康威视配套项目 （市级）、医药集团供应链管理项目、嘉威二期升级改造项目、白玉苑井谷元互联网＋食品科研项目、数码模车身功能件智能制造项目；一般6个：九砼建筑新材料项目（增资）、三丰POCT仪器项目、进瑜金属零配件项目、渝工气动工具打钉器项目、沃奥气动工具汽摩配件制造项目、上海汇吉IVD生物原材料项目
滨江公司	重大3个：中国模特行业联合会项目、听江艺术中心项目、名生音乐文化产业园；重点5个：传旗领者体育产业文化研究项目、石盘古人类遗址公园、高卡公园项目、城市定向赛、弘视云谷空树音乐产业孵化基地；一般3个：长江草莓音乐节（市级认定项目）、铜爵音乐影视制作基地、堇色如枫影视科技制作中心
伏牛溪公司	一般2个：特豪量贩音乐城项目、盛德艺术展厅项目
九宫庙公司	重大1个：华融曜阳干细胞科研技术服务项目；重点2个：南工大环境新材料研究院项目（市级）、奥纳思干细胞医药生物技术项目（市级）；一般8个：畅享大数据信息共享平台项目（市级）、成都元素医疗手术示教系统项目（市级）、四川恩诺新健康城项目（市级）、博艾迈迪森诊断试剂项目、重庆宝健医疗器械项目、康军医疗器械及试剂贸易项目、大鸟迈森医疗项目、厦门宝太IVD仪器研发注册项目
渝台公司	一般3个：中海创文化产业项目、鹏渝土壤治理修复项目、灰谷3D打印口腔金属冠研发销售项目

（3）三个外派驻点招商组签约项目情况：北京外派驻点招商组招商引资2个项目，重大1个、重点1个。上海外派驻点招商组招商引资3个项目，重点2个、一般项目1个。深圳外派驻点招商组招商引资5个项目，重点项目2个，一般3个。

驻点组	项目情况
北京外派驻点招商组	重大1个：名生音乐文化产业园；重点1个：城市定向赛
上海外派驻点招商组	重点2个：里德电子海康威视配套项目、南工大环境新材料研究院项目；一般1个：上海汇吉IVD生物原材料项目
深圳外派驻点招商组	重点2个：奥纳思干细胞医药生物技术项目（市级）、白玉苑井谷元互联网＋食品科研项目；一般3个：畅享大数据信息共享平台项目（市级）、成都元素医疗手术示教系统项目（市级）、厦门宝太IVD仪器研发注册项目

【招商体制机制建设】 招商投资促进工作围绕产业发展来做，聚力“四大支柱产业”和工业招商，形成“1+3+4+5+N”的招商投资促进体系，按照“相对稳定、个别调整”原则，统筹协调全区招商人员的抽调和派遣工作，区委办、区委组织部、区政府办先后印发《关于调整“四大重点板块”管理委员会、“四大支柱产业”发展工作组的通知》《关于抽调第二批驻点招商工作人员的通知》《关于抽调何彬等12名同志到“四大支柱产业”发展工作组工作的通知》，涉及约招商人员40人，完善全区招商人员配备工作。

加强1个统筹协调服务全区招商工作部门的带动性，专题调度招商引资工作15次，拟写招商工作报告10次，指出全区招商引资工作中存在问题20项，提出工作建议21条，另外，发表招商专题宣传报道近10篇，《新时代新担当新作为先进典型系列报道——张亮》《我的招商故事》系列报道、《用理论滋养初心、以实干践行使命——区招商投资局》均在《大渡口报》等刊物刊登转发。

发挥3个外派驻点招商组的招商“情报员”作用，拓宽全区招商渠道，精准捕捉招商信息，3个外派驻点招商组接待客商256人次，请回来考察185次。

强化4个产业发展办的招商“战斗员”作用，依托行业主管部门，加大向上争取力度，专业化的推动产业发展，并分别从税务、市场监管等专业部门抽调人员参与工作，提升产业发展组的招商专业能力，产业发展办对接项目132个，对接客商434人次，签约项目46个，协议投资额50.21亿元。

打造5个平台公司的招商“主战场”作用，深挖招商载体，推动项目的落地生效，平台公司包装重点以上项目30个，吸引客商约500人次来区考察，承接超40个项目落地生效（2018年和2019年招商项目），项目落地的达效情况还在统计中。

调动好N个政府行业主管部门积极性，做好存量企业扶持培育，营造良好的营商环境，精准帮扶支持70家以上存量企业升规入统。

【招商政策流程体系】 完善“1+4+4”招商引资政策体系，明确1个产业培育和发展奖励政策，制定了4大支柱产业的专项政策，建立了金融、科技、人才、质量4个配套政策，为项目落地提供政策支持。另外，围绕全面深化改革，针对大渡口区招商投资促进工作实际情况，完善《关于进一步优化招商引资机制的实施办法》文件，对招商工作的体制机制、分层决策程序、政策兑现等工作提出要求和执行办法，优化全区招商环境，提高决策的时效性以及政策兑现工作的延续性和便捷性，提供了政策依据和操作流程。截至年底，全区已兑现招商政策金额约913万元。

对外开放方面，先后参与了加州萨克拉门托商务对接会、美国中西部对华商会企业交流会并推介大渡口区投资环境。接待印度国家信息学院、奥地利新世代再生塑料机械、泰国盘古银行等外资企业来区考察，参与接待了美国加利福尼亚州埃尔塞贡多、立陶宛拉德维利什基斯市、非洲国家政党青年领导人等政府代表团来渝访问。

【招商环境优化】 精准服务全区各招商团队，做好资金调度、后勤保障等工作，办公资产采购和发放200余次，涉及金额近30万元，商务接待用车调度200余次，拨付调度各产业发展办、外派驻点招商组和相关板块公司招商引资专项资金约500万元，完成商务机票采购200余项，飞行航次近500次，保障产业发展办工作开展。服务好民生实事，主题教育期间，帮助九怡社区安装休闲桌椅和发放慰问品约3.5万元。

【招商考核体系】 按照市级和区级招商投促工作考核要求，及时调整思路，注重招商引资增量和投资促进存量并重，修改完善《大渡口区2019年招商投资促进工作实施方案》，把新开工招商引资项目、净增企业数量等指标纳入考核，为有针对性地开展新体系下的招商投资促进考核工作，副区长舒莉多次带队开展专题调研调度，要求各产业发展组、平台公司和相关部门要加强项目的“签约率”“开工率”、规上限上企业净增数量以及达效情况，在注重营造良好营商环境同时，强化存量企业的培育扶持。

（区招商投资局）

金　融

概　述

【概况】 2019年，大渡口区金融机构达到42

家。其中，银行类金融机构21家，分别是工商银行大渡口支行、建设银行大渡口支行、中国银行大渡口支行、农业银行大渡口支行、重庆银行大渡口支行、农村商业银行大渡口支行、交通银行大渡口支行、华夏银行大渡口支行、光大银行大渡口支行、中信银行大渡口支行、农业发展银行大渡口支行、邮政储蓄银行大渡口支行、浦发银行大渡口支行、平安银行大渡口支行、民生银行大渡口支行、三峡银行大渡口支行、融兴村镇银行、兴业银行大渡口支行、恒丰银行大渡口支行、招商银行大渡口支行、成都银行大渡口支行；证券类金融机构3家，分别是华泰证券大渡口营业部、西南证券大渡口区营业厅，银河证券大渡口营业部；保险类金融机构4家，分别是人民财产保险公司大渡口支公司、人寿保险公司大渡口支公司、太平洋财产保险股份有限公司大渡口支公司、中国平安财产保险股份有限公司大渡口支公司；小额贷款公司6家，分别是公弘小额贷款公司、盛元昌小额贷款公司、同汇小额贷款公司、大华小额贷款公司、潜锦小额贷款公司、康信小额贷款公司；担保公司1家，瑞桥担保公司；基金公司4家，分别是正银广惠基金公司、智玺股权投资管理中心（有限合伙）、环保基金有限公司、义渡基金有限公司。大渡口区金融资源日益丰富，已初步形成多种金融业态并存，全国性、区域性、地方性金融机构多元发展的格局。

金融业对经济社会发展的支撑作用日益突出。银行存贷款余额稳步增长。驻区金融机构存贷款余额分别为549.41亿元、748.48亿元，同比增长12.21%、14.13%。

银　行

【中国工商银行股份有限公司重庆大渡口支行】 成立于1984年1月1日，位于重庆市大渡口区钢花路350号，下辖9个网点，内设办公室、公司金融业务部、个人金融业务部、运行管理部、信贷管理部。业务范围涉及办理工商企业存、贷款，贴现、结算、投行顾问、代发工资及个人储蓄、贷款、理财等业务。截至年底，存款总额89.59亿元，同比增长8.32%，贷款总额94.45亿元，同比增长12.16%。

【中国建设银行股份有限公司重庆大渡口支行】 成立于1991年1月1日，位于重庆市大渡口区钢花路428号，下辖7个网点，内设办公室（加挂安全保卫部）、财务会计部、风险管理部（加挂内控合规部）、公司业务部、个人金融部、住房金融业务部、小企业业务部（加挂普惠金融事业部）。业务范围涉及吸收公众存款，办理贷款、结算、票据贴现，对公结售汇业务，个人外汇业务，经中国银监会批准的其他业务。2019年，实现存款余额81.61亿元，同比增长13.99%。贷款余额103.78亿元，同比增长22.72%。

【中国银行股份有限公司重庆大渡口支行】 成立于1993年7月，位于大渡口区钢花路624号，下辖6个网点，其中包括：1个营业部、5个二级支行，内设有综合管理部、个人金融部、公司业务部、国际结算部、营业部5个部门，经营区域覆盖大渡口区钢花路、新山村、九宫庙、春晖路、松青路等主要街道及九龙坡区巴国城部分区域。业务范围涉及办理人民币存款、贷款、结算；办理票据贴现，代理发行金融债券，代理发行、代理兑付、销售政府债券，代理收付款项及代理保险业务，外汇存款、外汇汇款、外币兑换等业务。2019年，实现存款余额41.41亿元，同比下降0.37%，贷款余额75.73亿元，同比增长27.96%。

【中国农业银行股份有限公司重庆大渡口支行】 成立于1994年，位于大渡口区新街道钢花路540号，下辖8个网点，其中包括：1个营业部、7个二级支行，内设综合管理部、风险管理部、信用管理部、运营财会部、公司业务部、个人金融部五个部门。业务范围涉及人民币存款、贷款、结算，票据贴现；代理发行金融债券，代理收付款项，代理发行、代理兑付、销售政府债券，外汇存款；结汇、售汇，开放式基金代理销售等业务。2019年，实现存款余额51.79亿元，同比下降1.24%，贷款余额103.67亿元，同比增长16.91%。

【重庆银行股份有限公司大渡口支行】 成立于1998年5月4日，位于重庆市大渡口区春晖路街道翠柏路37号附18号，下辖2个网点。内设风险部、综合部、小微部、零售部、公司业务部、营业部。业务范围涉及办理人民币存款、贷款、结算、票据贴现业务。2019年，实现存款余额25.47亿元，同比增长

51.19%，贷款余额 23.97 亿元，同比增长 19.11%。

【重庆农村商业银行股份有限公司大渡口支行】 成立于 2008 年 7 月 1 日，前身为重庆市大渡口区农村信用合作联社，位于大渡口区春晖路街道天辰华府 1 栋。下辖营业网点 14 个，其中包括：一级分理处 11 个（含营业部），二级分理处 3 个；内设机关职能部室 7 个，包括综合部、风险管理部、零售金融部、公司金融部、审计稽核部、会计财务部和保卫监察部；各类中心两个，其中营销中心设置营销一部、营销二部和营销三部，集中作业中心下辖监控操作、清算和事后监督三个小组。2019 年，实现存款余额 90.53 亿元，同比增长 10.29%，贷款余额 100.95 亿元，同比增长 13.39%。

【交通银行重庆大渡口支行】 成立于 1994 年 3 月，位于大渡口区，是重庆分行下辖的不带网点的小型直属支行之一，内设营业部、营销部、办公室。业务范围涉及办理人民币存款、贷款、结算，票据贴现结算业务，办理外汇存款、处汇贷款、外币兑换业务，其分行在中国银监会批准的业务范围内转授权的业务，经中国银监会批准的其他业务。2019 年，实现存款余额 20.59 亿元，同比下降 15.03%，贷款余额 25.41 亿元，同比下降 5.49%。

【华夏银行股份有限公司重庆大渡口支行】 成立于 2003 年 8 月 28 日，位于重庆市大渡口区松青路 1028 号，有 1 个营业网点，内设公司部、个人部、营业室。业务范围涉及吸收公众存款，发放短期、中期和长期贷款，办理国内结算；办理票据贴现，发行金融债券，代理发行、代理兑付、承销政府债券，买卖政府债券；从事同业拆借，提供担保，代理收付款项及代理保险业务，提供保管箱业务，办理地方财政周转使用资金的委托贷款业务，以及经中国人民银行批准的其他业务。2019 年，实现存款余额 32.94 亿元，同比增长 167.91%，贷款余额 35.03 亿元，同比下降 38.54%。

【中国光大银行大渡口支行】 成立于 2006 年 4 月 12 日，位于大渡口区松青路 1101 号，下辖 1 个网点，内设营业部、公司业务部、零售业务部。业务范围涉及办理人民币存款、贷款、结算，办理票贴现，办理外汇存款、外汇贷款、外汇汇款、外币兑换业务。2019 年，实现存款余额 11.34 亿元，同比下降 8.96%，贷款余额 30.47 亿元，同比下降 1.83%。

【中信银行重庆大渡口支行】 成立于 2006 年 01 月 05 日，位于重庆市大渡口区松青路 1029 号，业务范围涉及涵盖人民币存款、贷款、结算、票据贴现、上级行在监管机构批准的业务范围转授权的业务及监管机构批准的其他业务。2019 年，实现存款余额 5.14 亿元，同比增长 32.91%，贷款余额 15.38 亿元，同比下降 2.21%。

【中国农业发展银行重庆市大渡口支行】 成立于 1997 年 3 月 12 日，位于重庆市大渡口区松青路 80 号，无下辖网点，业务范围涉及办理业务范围内开户单位存款结算和国家政策贷款；国务院和中国人民银行批准的其他业务。2019 年，实现存款余额 2.89 亿元，同比下降 3.94%，贷款余额 19.37 亿元，同比增长 37.1%。

【上海浦东发展银行股份有限公司重庆大渡口支行】 成立于 2008 年 11 月 27 日，位于重庆市大渡口区春晖路街道翠柏路 101 号三幢，下辖 1 个网点，其中包括：一个营业网点，两个 ATM，内设 ATM、VTM 私人公司业务办理。业务范围涉及吸收公共存款，发放贷款，办理结算业务、办理银行业监督管理机构或其派出机构许可业务。2019 年，实现存款余额 9.08 亿元，同比增长 182.47%，贷款余额 5.12 亿元，同比下降 1.86%。

【邮政储蓄银行大渡口区支行】 成立于 2018 年 1 月 1 日，位于大渡口区松青路 1029 号，下辖 4 个自营网点，其中包括：支行营业部、九宫庙支行、茄子溪支行、田坝支行，内设综合管理部、个人业务部、公司业务部、信贷业务部、会计核算部、审计组六个部门。业务范围涉及个人存款、公司存款、理财、保险、基金、个人贷款、公司贷款、供应链融资、票据等金融业务。2019 年，实现存款余额 35.15 亿元，同比增长 5.59%，贷款余额 38.42 亿元，同比增长 19.89%。

【平安银行股份有限公司重庆大渡口支行】 成立于2008年12月26日，位于重庆市大渡口区春晖路89号远景大厦一楼，下辖1处网点，在行式24小时自助银行服务区1处。内设运营室、零售部两个部门。2019年，实现存款余额2.35亿元，同比增长41.55%，贷款余额1952万元，同比下降89.29%。

【民生银行股份有限公司重庆大渡口支行】 成立于2009年6月2日，位于大渡口区松青路1028号，下辖2个网点，其中包括：锦天国际社区支行和湖榕锦苑社区支行，内设厅堂团队、资产团队、社区团队和新型团队等。业务范围涉及吸收公共存款、发放贷款、办理结算、办理票据承兑与贴现、代理发行金融债券、代理发行兑付销售政府债券、代理收付款项等业务。2019年，实现存款余额9.95亿元，同比下降27.35%，贷款余额7.76亿元，同比增长5.09%。

【重庆三峡银行股份有限公司大渡口支行】 成立于2010年7月27日，大渡口支行是隶属总行的直管支行，位于大渡口区松青路1011号。下辖一个营业网点，内设综合管理部、公司业务部、零售业务部。业务范围涉及流动资产贷款、固定资产贷款、房地产开发贷款、土地储备贷款、土地按揭贷款、厂房按揭贷款、仓单质押贷款、保兑仓、委托贷款、农用机械消费贷款、工程机械按揭贷款等。零售类资产业务有：个人经营性贷款、个人综合消费贷款、个人汽车贷款、一手（二手）房按揭贷款、平安易贷、特定市场经营性贷款、活期存款、定期存款、通知存款、协议存款（协定存款）、电信代收代缴业务、代发工资，保函、银行承兑汇票、存款证明、常年理财“多多得利”、不定期特色理财等。2019年，实现存款余额19.96亿元，同比增长90.13%，贷款余额15.00亿元，同比增长76.3%。

【重庆市大渡口融兴村镇银行】 成立于2010年12月15日，位于重庆市大渡口区春晖路街道翠柏路37号附27号，下辖3个网点，其中包括：营业部、钢花路支行和建胜支行，内设市场拓展部、风险合规部、资产管理部、运营管理部、综合保障部五个职能部门。业务范围涉及吸收公众存款，发放短期、中期和长期贷款，办理国内结算，办理票据承兑与贴现，从事同业拆借，从事银行卡业务等。2019年，实现存款余额2.21亿元，同比下降29.89%，贷款余额2.95亿元，同比下降29.76%。

【兴业银行大渡口支行】成立于2011年6月8日，位于大渡口区春晖路街道松青路1048号翠云街18号香港城。2019年，实现存款余额7.51亿元，同比下降25.78%，贷款余额18.68亿元，同比增长47.11%。

【恒丰银行大渡口支行】 成立于2011年12月4日，位于重庆市大渡口区新山村街道文体路126号2栋2-2-3，下辖1个社区支行。业务范围包括吸收人民币存款，发放短期、中期和长期贷款，办理结算，办理票据贴现，发行金融债券，代理发行、代理兑付、承销政府债券，承销、买卖政府债券、金融债券，办理同业拆借，提供信用证服务及担保，代理收付款项，提供保管服务，外汇存款，外汇贷款，外汇汇款，外币兑换，国际结算，同业外币拆借，外汇票据的承兑和贴现，外汇借款，外汇担保，结汇、售汇，发行和代理发行股票以外的外币有价证券，买卖和代理买卖股票以外的外币有价证券，自营外汇买卖，代客外汇买卖，资信调查、咨询、见证业务，及经中国证券会批准的其他业务。2019年，实现存款余额4432万元，同比下降83.11%，贷款余额4908万元，同比下降15.96%。

【招商银行重庆大渡口支行】 成立于2013年1月18日，位于大渡口区春晖路街道松青路1029号。下辖1个网点，内设行长室、零售部、运营部、办公室等部室。业务范围涉及办理人民币存款、贷款、结算业务，办理票据贴现，提供信用证服务，代理发行金融债券，代理发行、代理兑付、销售政府债券，代理买卖政府债券，代理收付款项，外汇存款，外汇贷款，外汇兑换，国际结算，结汇、售汇，外汇信用卡的发行，代理国外信用卡付款，通过上级行办理代客外汇买卖，资信调查、咨询、见证业务，经中国银行业监督管理委员会批准的其他业务。2019年，实现存款余额6.48亿元，同比增长16.66%，贷款余额8.83亿元，同比增长97.06%。

【成都银行重庆大渡口支行】 成立于2015年1月12日，位于大渡口区美德路21号。内设综合管理部、业务部、营业部 3 个部门。业务范围涉及包括吸收公众存款，发放短期、中期和长期贷款，办理国内外结算，办理票据承兑与贴现，提供信用证及担保，提高资信调查及咨询服务，经中国银行业监督管理委员会批准的其他业务。2019 年，实现存款余额 2.81 亿元，同比增长 9.53%，贷款余额 7.79 亿元，同比增长 94.05%。

证　券

【华泰联合证券有限责任公司春晖路证券营业部】 成立于 1995 年 8 月，位于大渡口区春晖路 89 号远景天下二楼。投资品种包括股票、证券投资基金、开放式基金、权证、债券交易，代理深、沪 A、B 代码卡开户服务。2019 年，新开户数 10231 户，全年实现交易 1009.7 亿元，同比增长 56.16%。

【西南证券股份有限公司钢花路证券营业部】 成立 2009 年 08 月 21 日，位于重庆市大渡口区春晖路街道松青路 1046 号，内设运营中心、财富管理中心、营销中心、创新（机构）业务部。业务范围涉及证券经纪，证券投资咨询，与证券交易、证券投资活动有关的财务顾问，证券投资基金代销，代销金融产品，融资融券，为期货公司提供中间介绍业务。2019 年，新开户数 385 户，全年实现交易 91.82 亿元，同比下降 5.45%。

【中国银河证券股份有限公司重庆松青路证券营业部】 成立于 2014 年 3 月 25 日，位于重庆市大渡口区春晖路街道松青路 1048 号附 7 号，为中国银河证券股份有限公司的下辖网点。业务范围涉及融资融券，证券经纪，证券投资咨询，证券投资基金代销，与证券交易、证券投资活动有关的财务顾问，代销金融产品。2019 年，新开户数 328 户，全年实现交易 50.23 亿元，同比增长 30%。

保　险

【中国人民财产保险股份有限公司大渡口支公司】 成立于 1996 年 10 月 20 日，位于重庆市大渡口区大堰 3 村 2 栋 2 单元 1 号，下辖 2 个网点，其中包括：人保财险大渡口支公司本部和人保财险大渡口支公司建桥工业园营销服务部。业务范围涉及财产损失险、责任保险、法定责任保险、信用保险和保证保险、农业保险、其他财产保险业务、短期健康保险和意外伤害保险、上述保险业务的再保险业务，代理中国人民人寿保险股份有限公司重庆市分公司保险险种。2019 年，实现保费收入 1.07 亿元，较上年增长 680 万元，同比增长 6.73%。

【中国人寿保险股份有限公司大渡口支公司】 成立于 1999 年 5 月 18 日，位于大渡口区钢花路 389 号，业务范围涉及人寿保险、健康保险、意外伤害保险等各类人身保险业务。2019 年，实现保费收入 1.52 亿元，较上年增长 2359 万元，同比增长 18.33%。

【中国太平洋财产保险股份有限公司大渡口支公司】 成立于 2019 年 9 月，位于大渡口区春晖路街道翠柏路 101 号 5 幢，业务范围涉及：财产损失保险、责任保险、法定责任保险、信用保险和保证保险、农业保险、其他财产保险业务、短期健康保险和意外伤害保险、上述保险业务的再保险业务（按许可证核定的事项和期限从事经营）。

【中国平安财产保险股份有限公司大渡口支公司】 成立于 2018 年，位于重庆市大渡口区双城路 198 号，业务范围涉及：承保人民币和外币的各种财产保险业务，包括财产损失保险、责任保险、法定责任保险、保证保险和信用保险、机动车辆保险、农业保险、其他财产保险业务、短期健康保险和意外伤害保险、上述保险业务的再保险业务，代理国内外保险机构检验、理赔、追偿及其委托的其他有关事宜，经中国保监会批准的其他业务（在许可证核定事项内从事经营）。

小额贷款

【重庆市大渡口区公弘小额贷款有限责任公司】 成立于 2009 年 4 月 23 日，位于重庆市大渡口区春晖路街道翠柏路 101 号 1 幢 1-2 号。业务范围涉及重庆市主城九区办理各项贷款、票据贴现和资产转让。2019 年，实现存贷款总额 1.49 亿元，同比增加 0.1%。

【重庆市大渡口区盛元昌小额贷款有限责任公司】 成立于 2009 年 3 月 31 日，位于重庆市大渡口区钢花路 728 号阳明山庄大厦 611 室。业务范围涉及：在重庆市范围内开展各项贷款、票据贴现、资产转让和以自有资金进行股权投资。2019 年，实现存贷款总额 6060 万元，同比增加 0.5%。

【重庆市大渡口区同汇小额贷款股份有限公司】 成立于 2011 年 1 月 17 日，位于重庆市大渡口区新山村街道钢花路 540 号第二层，业务范围涉及在重庆市范围内开展各项贷款、票据贴现、资产转让和以自有资金进行股权投资。2019 年，贷款余额 1.14 亿元，同比增加 6.41%。

【重庆市大渡口区大华小额贷款有限公司】 成立于 2011 年 9 月 28 日，位于重庆市大渡口区春晖路街道松青路 1048 号 3 栋 21-3 号。业务范围涉及办理各项贷款，票据贴现，资产转让。2019 年，贷款总额 3.08 亿元，同比下降 0.15%。

【重庆市大渡口区潜锦小额贷款有限公司】 成立于 2011 年 11 月 1 日，位于重庆市大渡口区钢花路 4 号 1-1 号至 1-6 号，内设总经办、财务部、风控部、市场一部和市场二部五个职能部门。业务范围涉及在重庆市范围内开展各项贷款、票据贴现、资产转让和以自有资金进行股权投资。2019 年，贷款总额 5.64 亿元，同比下降 2.97%。

【重庆市大渡口区康信小额贷款有限公司】 成立于 2014 年 4 月 24 日，位于重庆市大渡口区金桥路 1 号鑫鹏大厦 19 层，业务范围涉及贷款，票据贴现等。2019 年，贷款总额 2.97 亿元，同比下降 2.05%。

担　保

【重庆瑞桥融资担保有限公司】 成立于 2011 年 4 月 28 日，位于重庆市大渡口区春晖路街道翠柏路 101 号 1 幢 1-2。业务范围涉及贷款担保、票据承兑担保、贸易融资担保、项目融资担保等服务。2019 年，在保余额 3810 万元，同比下降 22.1%。

基　金

【重庆正银广惠股权投资基金管理有限公司】 成立于 2011 年 8 月 15 日，位于大渡口区钢花路 515 号金融广场 4 栋 19 楼。业务范围涉及股权投资、上市辅导、IPO 首发（包括 A 股和新三板挂牌）、市值管理、金融咨询服务、税收策划、投融资管理。2019 年，募集并管理基金产品 3 支，认缴基金规模 1.18 亿元，实际管理规模 9507 万元。

【重庆智玺股权投资管理中心】 成立于 2011 年 7 月 4 日，位于重庆市大渡口区春晖路街道翠柏路 101 号 2 幢 6-3，业务范围涉及股权投资管理及相关信息咨询，受托资产管理。

【重庆环保产业股权投资基金管理有限公司】 成立于 2015 年 10 月 12 日，位于重庆市大渡口区春晖路街道翠柏路 101 号 3 幢 20-1。业务范围涉及股权投资管理。2019 年，成功募集并管理基金产品 15 支，认缴基金规模 110.37 亿元，实际管理规模 5.96 亿元。

【重庆义渡股权投资基金管理有限公司】 成立于 2016 年 12 月 15 日，位于重庆市大渡口区金桥路 8 号。业务范围涉及股权投资管理。2019 年，募集并管理基金产品 6 支，认缴基金规模 88 亿元，实际管理规模 52.91 亿元。

【重庆恒昌股权投资基金管理有限公司】 成立于 2012 年 7 月 9 日，位于重庆市大渡口区春晖路街道柏华街 25 号附 1 号，主要从事股权投资管理，投资咨询（不含金融、证券、期货及其他法律法规规定需取得审批许可的项目）。

【重庆优创股权投资基金管理有限公司】 成立于 2012 年 8 月 22 日，位于重庆市大渡口区新山村街道文体路 126 号 3 栋 5-1、6-1 号，主要从事股权投资管理。

【重庆航鼎股权投资基金管理有限公司】 成

立于2014年8月20日，位于重庆市大渡口区春晖路街道翠柏路101号1幢3-7，主要从事股权投资管理，财务信息咨询，发起设立股权投资企业。

（区金融办）

经济综合管理

发展改革

【概况】 2019年，大渡口区发展改革委员会（以下简称"区发改委"）全面做好国民经济和社会发展年度计划的制定和执行，编制完成《重庆市大渡口区2019年国民经济和社会发展计划执行情况及2020年计划草案的报告》，并以计划报告为纲采取各种措施平衡、监督、协调和统筹推进经济社会发展。

【2019年执行情况】 2019年，区十三届人大三次会议批准的2019年计划报告32项指标中，有统计数据的30项，完成28项，完成率93.3%。总体看，经济社会指标完成情况良好，多数指标达到预期，年度计划得到较好执行和落实。

【2020年计划安排】 2020年全区经济社会发展主要预期目标：地区生产总值增长5%左右，规模以上工业增加值增长5%左右，全社会固定资产投资增长6%左右，社会消费品零售总额增长5%，一般公共预算收入增长3%，全区居民人均可支配收入增长8%左右。围绕全年经济社会发展目标，对标全面建成小康社会和打赢"三大攻坚战"和实施"八项行动计划"目标任务，2020年重点做好六个方面的工作。（1）坚决打赢"三大攻坚战"。打好精准扶贫帮困攻坚战，围绕解决"两不愁三保障"突出问题，深化"一对一"结对帮扶，实现"应保尽保、应救尽救、应帮尽帮"。强化水污染、大气污染、土壤污染等重点领域防治，打好污染防治攻坚战。健全经济社会各领域风险监测预警机制，及时有效识别化解重大风险隐患，打好防范化解重大风险攻坚战，维护社会安全稳定。（2）持续推动产业转型升级。培育发展大数据智能化、生态环保、大健康生物医药、文化休闲旅游四大新兴产业，构建现代产业体系。推动现代服务业提质增效，培育文旅体育、康养家政等新增长点。推动装备制造、材料、食品工业等传统产业迭代升级。（3）推进重点项目建设。着力抓重点、补短板、强弱项，推进一批基础设施项目，实施一批生态保护治理项目，推进一批学校、医院、养老等公共服务项目。加强"十四五"项目策划储备，争取重大工程、重大项目纳入市级规划盘子。强化市区联动，加快土地整治供应，推进四大重点板块开发。（4）全面深化改革开放创新。推进重点领域改革，深化"放管服"改革，深化公共资源交易监管改革，加大知识产权保护力度，打造市场化法治化国际化营商环境，推动民营经济高质量发展。增强创新发展动力，促进科技成果转化。深入实施融入共建"一带一路"，加快建设内陆开放高地行动计划，加大引进来、走出去力度，提升开放发展水平。（5）优化提升城乡人居环境。加强生态保护修复，严守生态保护红线，加强长江岸线资源保护，深入推进垃圾分类，推进"无废城市"创建，坚决遏制环境污染事故发生。提升城市功能品质，立足"留白、增绿、增添公共设施"，实施国土绿化行动，强化城市雨污水治理，深化大城细管、大城智管、大城众管。建设生态美丽乡村，深入实施乡村振兴行动计划，补齐农村基础设施短板，持续改善农村人居环境，推进城市与乡村各美其美、美美与共。（6）抓好社会民生保障。统筹推进教育医疗、文化体育、养老就业等各项事业，提升公共服务水平。强化民生兜底保障，办好民生实事，稳定物价、严守食品药品安全底线，及时解决社会高度关切的民生问题。

项目投资管理

【概况】 2019年，全区有建设项目178个，总投资约1054亿元，年度计划投资约183亿元。其中，四大板块建设项目147个，总投资约1029亿元，年度计划投资约173亿元，占年度计划投资的94.5%。按照有保有压、科学安排、稳步推进的原则，筛选确定全区重点建设项目71个，总投资约901亿元，年度计划投资约163.3亿元，占年度计划投资的89.2%。

2019年，全区固定资产投资完成216.1亿元，同比增长5.9%。按投资用途分，基础设施投资22.1亿元，增长3.5%。工业投资16.8亿元，增长15.3%。房地产开发投资172.5亿元，增长2.1%。按板块投资完成划分，四大板块完成投资212.7亿元，占全区投资的98.4%，板块之外完成3.4亿元。四大板块中滨江湾区板块完成74.3亿元、九宫庙商圈板块完成30.5亿元、伏牛溪板块完成35.4亿元、建桥园区板块完成72.5亿元。

【重点项目推进】 按照形象进度和投资完成情况测算，71个区级重点建设项目有60个推进顺利，占比84.5%。从重点项目推进时序看：湾塘片区道路工程、跳磴储备地路网一期、朵力迎宾大道二期、农村公路网工程中山沙路、沙石路、跳南路、云新路等一批项目基本建成或竣工投用；万达广场于6月开业运营；葛老溪双溪路道路工程、重庆市残疾人康复中心一期、八桥镇金晟路网工程、伏牛溪管网综合整治工程、N10-1地块开发、建桥C区生物医药园项目、禄苑西南总部基地等新开工项目如期开工或投资入统；百花村隧道、白居寺长江大桥、天泰钢城印象、绿地城、新九中路二期、华润凤凰城、中坝路二期、金家湾立交改造、荣盛城、N31地块新建小学、联发西城首府、琅樾江山、海康威视二期等续建项目快速推进。

【重点项目管理】 以项目推进为抓手，统筹推进“四大板块”建设，推行“一月一调度、一月一公示、双周一督办、一周一通报”工作机制，健全“六个一批”项目“双周”调度工作机制，完成2019年和启动2020年度投资计划编制、市级重点项目申报、区级重点项目和重点前期项目筛选，制地图、做展板、升级并高效运行重点项目管理系统、制作《四大板块通信手册》，协调解决项目难点卡点问题，协调解决30个项目涉及的征地拆迁等37个问题。

开展大渡口区2019年一季度集中开工仪式和2019年“四大板块项目推进”工作培训。

完成区委、区政府主要领导5次专题视察，完成区人大主任会、区政协主席团和专委会视察调研5次，完成市政府组织的市级重大项目“竞进拉练”调度工作；召开固投联席会11次，巡查项目100余人次，完成六大板块专报10期，编发一周动态43期，公示重点项目推进11期。

策划包装33个重大项目，涉及投资330亿元，并编印成册呈送区委区政府主要领导及相关单位。

印发《2019年计划投资项目手册》，指导2019年项目推进和投资进度，编印《2019年重点项目横道图手册》。

牵头拟定《大渡口区政府投资项目代建制管理办法》《大渡口区四大板块开发公司2019年度主要目标任务和考核办法》，明确年度目标任务。完成向区人大汇报《关于2019年四大板块建设推进情况的通报》材料及各类情况报告等汇报材料30余篇。

公共资源管理

【概况】 按照市政府办公厅《关于深化公共资源交易监督管理改革的意见（试行）》（渝府办发〔2019〕114号）文件要求，依据全区机构改革工作部署，3月15日，区住建委对工程建设招标投标监督管理职能职责进行了移交，与区发改委实现了机构和人员的整合。依照此次“三定方案”，在区发改委加挂区公共资源交易监督管理局牌子，承担全区公共资源交易监督管理工作职责。同时，撤销合并了原大渡口区工程建设招标投标办公室及原大渡口区招标投标管理中心，新成立了大渡口区招标投标中心，承担全区招标投标活动日常工作，实现了全区工程建设项目招标投标集中统一监管。

【招标】 2019年，全区达到应招标规模标准国有投资项目81个（含勘察设计、监理、施工、重要设备材料等），工程造价189214.07万元，招标率100%。其中公开招标项目79个，工程造价约152174.61万元，公开招标率为75.07%；邀请招标项目2个（海康威视重庆科技园二期项目施工及监理），工程造价约47168.29万元，邀请招标率24.93 %。

物价管理

【价格监测】 持续深化民生价格“日监测、日报告”制度，密切跟踪分析重要商品价格走势，及时开展预研预判和预警，防范价格异常波动。全年上报价格监测数据16753笔，通过手机报公示民生价格信息254期，通过政府门户网站公开民生价格信息52期，派出50人次对区内大型超市、农贸市场等开展商品价格检查指导。

【民生保障】 完成“菜篮子”区县长负责制相关考核工作。为保障低收入困难群众基本生活水平不因物价上涨而降低，2019年4月起，启动社会救助和保障标准与物价上涨挂钩联动机制，对低收入困难群众发放价格临时补贴，4—12月发放125万余元，月均惠及4180人。

【价格管理】 执行电价政策。2019年全市分两次降低一般工商业目录销售电价，累计降价每千瓦时5.54分，加快转供电环节清理规范，多渠道开展降电价政策宣传，确保降价政策红利及时传导至终端用户。深化农业水价综合改革。建立工作联系机制、摸排水利设施情况、指导农业用水协商价格。

落实气价调整。调整后主城区居民日常生活用气和采暖用气一、二、三阶梯价格分别为1.96元/立方米、2.13元/立方米、2.48元/立方米，执行居民类用气价格的非居民用户用气价格为2.01元/立方米。经城市燃气企业转供的非居民用气最高销售价格调整为2.308元/立方米，车用CNG最高销售价格调整为3.418元/立方米（按质量计算为5.02元/千克）。

【收费管理】 完成行政事业性收费年审相关工作。专人对照区财政行政事业性收费明细审核财务数据，2018年全区行政事业性收费总额4286.32万元，2018年已停征排污费和首次申领居民身份证工本费，两项收费额较2017年减免207.346万元。规范开展教育收费备案，妥善完成民生热点收费事项。2019年完成9所幼儿园（含公办园）、8所培训学校的调费工作，完成停车和物业收费登记19个。实行“开门定价”，核定重庆鑫康殡仪服务有限公司（大渡口区殡仪服务站）殡葬服务收费项目和收费标准。专项清理涉及铁路货物运输费用。对全区2个火车站、9条铁路专线的铁路货物运输收费进行专项调查，推动收费单位加强行业自律，保证政策措施落实到位，减轻企业负担。

【价格认定】 全年受理并完成涉案财物价格认定106件，认定金额64.33万元，办结率100%，仍以侵财犯罪案件为主，所办案件均无复核、无诉讼、无纠纷、无投诉，错案率为零。相关工作得到委托机关及当事人的一致认同，为公安机关及时有效打击犯罪，审判机关客观公正定罪量刑，维护社会公平正义提供了重要依据。

（区发改委）

财 政

【概况】 大渡口区财政局（以下简称“区财政局”）为大渡口区人民政府组成部门，全局内设办公室、预算科、国库科、行财社保科、经建国资科、评审科、企财农财科、政府采购科、会管监督科（挂行政审批科牌子）、政府债务管理科10个职能科室，下属2个参公事业单位国库支付中心和会计委派中心，2个全额拨款事业单位区社会保障资金管理中心和区预算绩效管理中心（挂中华会计函授学校大渡口分校牌子）。大渡口区财政局（含下属事业单位）各类人员编制61人，在编人员54人。

【一般公共预算】 （1）收入执行情况。一般公共预算收入总计524700万元，具体组成为：区级一般公共预算收入231637万元，完成预算的104.6%，同比增长8.2%，其中：税收收入192410万元，同比增长10.2%；上级补助收入89906万元；债务转贷收入69300万元；调入资金101114万元；动用预算稳定调节基金3091万元；上年结转29652万元。

（2）支出执行情况。一般公共预算支出总计524700万元，其中：区级一般公共预算支出380809万元，同比增长7.2%，完成预算的90.4%；上解上级支出24093万元；债务还本支出69304万元；安排预算稳定调节基金13213万元；结转下年37281万元。

2019年一般公共预算收支平衡情况

单位：万元

收入	执行数	支出	执行数
总计	524700	总计	524700
一、本级收入	231637	一、本级支出	380809
税收收入	192410		

续表

收入	执行数	支出	执行数
非税收入	39227		
二、转移性收入	293063	二、转移性支出	143891
上级补助收入	89906	上解上级支出	24093
债务转贷收入	69300	债务还本支出	69304
调入资金	101114	调出资金	0
动用预算稳定调节基金	3091	安排预算稳定调节基金	13213
上年结转	29652	结转下年	37281

一般公共预算主要支出方向：

一般公共服务支出 40483 万元。主要用于：保障党委各部委、人大、政府、政协、发展改革、财政、人力资源、商贸、统计、民主党派及工商联和群众团体等单位正常运转和推进相关工作。加强自身内部管理，大力推进党的建设，提高依法履职能力和公共服务水平等。

公共安全支出 32145 万元。主要用于：保障公安、司法、消防等单位依法履职，维护公共安全和社会公平正义。保障执法办案、警务装备、治安防控管理等经费需求，完成新中国成立 70 周年安保维稳任务。支持社会治安防控体系建设，加快实施“雪亮工程”，推进扫黑除恶专项斗争和“净网 2019”专项行动，有效维护社会安全稳定。

教育支出 58307 万元。主要用于：保障教委、学校等单位正常运转，促进教育事业优质均衡发展。大力发展普惠学前教育，足额落实生均公用经费标准，保障学校基础设施建设投入，支持义务教育学校薄弱环节改善与能力提升。全面落实各学段贫困学生资助工程，支持教育信息技术装备建设，保障实施教师培训计划，加强教育队伍建设。

科学技术支出 4059 万元。主要用于：保障科技局等单位正常运转，稳步提升全区科技创新能力。组建知识价值信用贷款风险补偿基金，助力科技型企业发展。积极争取中央、市级各类科技认证，鼓励企业加快重大新产品研发。搭建企业高端人才平台，引进高层次人才，组建市级院士专家工作站，不断加大科技人才培养力度。

文化体育与传媒支出 4547 万元。主要用于：保障文旅、体育、新闻等单位正常运转，提高公共文化服务水平。支持区图书馆改造项目，保障博物馆运行及文物保护，落实“三馆一站”免费开放。鼓励精品创作，推动文艺创新，支持文化惠民工程和乡村文化振兴，加强旅游公共服务建设。广泛开展群众体育健身活动，持续推进群众体育发展。

社会保障和就业支出 36452 万元。主要用于：保障社保、民政、残联等单位正常运转，构建多层次社会保障体系。扶持重点群体就业创业，落实困难群体参加城乡居民基本养老保险政策，发放各类生活补助和优抚对象抚恤。支持残疾人康复就业和军转干部等优抚安置工作，为特困供养、困难家庭等提供社会救助服务，支持残疾人康复、就业。

卫生健康支出 27197 万元。主要用于：保障卫健委、区属医院以及社区卫生服务中心等单位正常运转，不断提高公共卫生服务能力。支持公立医院改革，落实政府投入责任，加快推进优质高效医疗服务体系建设。保障重大公共卫生服务项目，加大居民医保财政补助，保障医疗救助支出，持续推进基本公共卫生服务。

节能环保支出 7271 万元。主要用于：保障生态环境局等单位正常运转，提升环保监管执法水平，强化环保能力建设。支持大气环境网格化监测及空气质量预警服务体系建设，改善水环境和声环境质量。推进居民生活垃圾分类示范试点，支持创建和巩固扬尘控制示范道路、示范工地，保障次级河流域整治维护、黑臭水体治理等。

城乡社区支出 112561 万元。主要用于：保障住建委、城管局以及村（社区）等单位、组织正常运转，改善城市环境，建设和谐宜居之城。保障城市日常维护管理，开展城市市容环境综合整治，全面改善提升公厕环境。支持骨架路网、人行天桥等项目建设，实施棚户区改造购买服务，推进城区“增绿添园”，改造城市照明设施，不断提升城市品质。

农林水支出 4672 万元。主要用于：保障农业农村委等单位正常运转，支持农业产业发展。支持国土绿化提升专项行动，开展森林防火、防汛抗旱、河道水文监测及河长定期巡查、水资源节约管理与保护。支持乡村振兴战略行动计划，推广农业技术，强化品牌农业建设。兑现长江渔民退捕转产、农业支持保护补贴、退耕还林补贴等。

交通运输支出 3807 万元。主要用于：保障交通局等单位正常运转以及支持交通基础设施建设。支持滨江路三期、湾塘片区道路、跳石路、民晟一路、二路等城市及农村公路建设，保障农村公路养护。保障辖区长江航道水上交通安全，支持“两江四岸”范围内货运码头无船舶靠泊作业。

资源勘探信息等支出 2875 万元。主要用于：支持大数据智能化产业发展、传统产业智能化改造提升、工业互联网平台建设、企业技术改造和战略新兴产业培育。支持产业生态建设、工业绿色发展等项目，兑现微型企业成长奖励、孵化平台运营绩效奖励、中小微企业智能化改造奖补等，支持微企梦工场运营和中小微企业提质增效发展。

商业服务业支出 2350 万元。主要用于：支持企业拓展国内外市场、参加境外展会、对外投资合作。支持万吨冷储冷链物流体系建设和商业供应链体系建设，实施乡村绿色家园打造工程。完善重点区域公共商业服务配套，提升商圈营商环境、购物环境、宜游环境。

自然资源海洋气象等支出 1518 万元。主要用于：保障自然资源等公益服务事业方面支出。支持山水林田湖草生态保护修复试点工程、有害生物防治等项目。支持历史遗留废弃露天矿山环境修复治理，支持地灾防治监测预警，开展大渡口区第三次国土调查。

住房保障支出 11491 万元。主要用于：保障机关事业单位的住房公积金、住房补贴等。支持新华路道路工程等保障性安居工程配套基础设施建设。保障公租房平稳有序运行，发放廉租住房补贴，做好廉租住房日常管理及维修维护，解决住房困难群众居住问题。

【政府性基金预算】 （1）收入执行情况。政府性基金预算收入总计 565977 万元，其中：上级补助收入 497396 万元；上年结转 68581 万元。

（2）支出执行情况。政府性基金预算支出总计 565977 万元，其中：区级政府性基金预算支出 339557 万元；调出资金 98574 万元；结转下年 127846 万元。

2019 年政府性基金预算收支平衡情况

单位：万元

收入	执行数	支出	执行数
总计	565977	总计	565977
一、本级收入	0	一、本级支出	339557
二、转移性收入	565977	二、转移性支出	226420
上级补助收入	497396	上解上级支出	0
调入资金	0	调出资金	98574
上年结转	68581	结转下年	127846

政府性基金主要支出方向：

城乡社区支出 328028 万元。主要用于：保障土地前期征收整治，加大土地出让开发力度，改善城市基础设施。支持刘家坝片区、大渡村片区、制材村片区、创新村片区、阁老溪片区、茄子溪码头片区、民乐三社片区、五一互助八桥片区等棚户区改造，稳步推进征地拆迁工作。

其他支出 2183 万元。主要用于：统筹使用彩票公益金，支持社区便民中心建设，开展优抚安置、特困人员帮扶等社会工作，支持大渡口区体育事业发展，建设全民健身点、重点体校、乡村少年宫，举办重要体育赛事等。

【国有资本经营预算】 （1）收入执行情况。

国有资本经营预算收入总计 4172 万元，其中：区级国有资本经营预算收入 3393 万元，完成预算的 113.1%；上年结转 779 万元。

（2）支出执行情况。国有资本经营预算支出总计 4172 万元，其中：区级国有资本经营预算支出 912 万元；调出资金 2540 万元；结转下年 720 万元。区级国有资本经营预算支出主要用于钓鱼嘴滨江湾区开发公司、伏牛溪新城开发公司等新设立的国企注资。

2019 年国有资本经营预算收支平衡情况

单位：万元

收入	执行数	支出	执行数
总计	4172	总计	4172
一、本级收入	3393	一、本级支出	912
二、转移性收入	779	二、转移性支出	3260
上级补助收入	0	调出资金	2540
上年结转	779	结转下年	720

按照国家有关规定，财政收支在编制决算中有一个整理期，数据会有一定变化，具体情况将在市对区县决算核准后向区人大常委会报告。

【财政收入】 应对外部经济环境深刻变化，精抓细管，财政收入实现“三量齐升”：财政总收入超 99 亿元，辖区税收突破 50 亿元，区级一般公共预算收入增幅列主城九区第 1 位。（1）用好资源增总量。高质量出让龙文和重钢体育场地块，实现土地出让收入 369358 万元。抓好国有资产管理，实现老旧企业国有资产处置效益最大化，入库非税收入 17198 万元。（2）积极争取添增量。积极协调，努力争取公共预算类上级补助 89906 万元。争取土地收入分成政策，获得城投公司土地出让金分成 54985 万元。获得养老保险清算支持，将重钢补缴欠费 37164 万元纳入收入。（3）综合治税提质量。重点关注大企业、大税种等核心税源，做好零散税收征管，确保应收尽收。区级税收收入占区级一般公共预算收入的 83.4%，同比增加 0.4 个百分点，收入质量持续提升。

【产业培育】 减税降费红利。全面实施更大规模的减税降费，落实减免税政策 65689 万元，涉及 9 个税种、覆盖 19 个行业、囊括 6 种经济类型。全年降低社会保险费 45487 万元，缴费负担实质性下降。

扶持实体经济。统筹各级资金 9096 万元，扶持产业发展。发放稳岗补贴和返还 17047 万元，稳定就业岗位。试点“商业价值信用贷”“知识产权信用贷”，深化政银企多方合作，帮助中小微企业获得贷款约 21000 万元。

推进创新驱动。科技领域投入 4059 万元，比上年增长 14.2%。支持新培育科技型企业 55 家、增长 30%，新认定国家高新技术企业 12 家、增长 21%，全社会研发经费支出占 GDP 比重的 4.4%。

【城乡服务】 城乡交通。支持推进大滨路九滨路连接道、白居寺长江大桥、金家湾立交改造、百花村隧道等骨架路网建设。新增城市道路 11.3 千米，新建改造农村公路 22 千米。

城乡品质。支持 7 个老旧社区人居环境整治，建成社区公园、小游园 12 个，完成坡坎崖绿化美化 48 万平方米，改造人、车行道 15 万平方米。新（改）建公厕 17 座，完成农村户厕无害化改造 422 户。

城乡环境。推进“两江四岸”“清水绿岸”等重点工程，支持矿山覆土复绿 270 亩，修复治理土壤 468 亩。推进生活垃圾分类试点，深化河长制、湖长制长效管理，新建改建雨污管网 28 千米，城镇生活污水集中处理率保持在 97% 以上。

【民生福祉】 推进民生实事项目，民生支出占一般公共预算支出约 80%。（1）教育发展扩容提效。支持建设小学 3 所，新增公办幼儿园 5 所，维修改造学校项目 150 余个。提高幼儿园生均公用经费 300 元 / 年，学前教育普惠率 68.8%。兑现教育资助 1791 万元，惠及贫困学生 1.4 万人次。（2）公共服务扩面提标。支持建成社区养老服务站6个、村（社区）康复室11个。开展医疗救助1.4万人次，帮助2，200余名困难人员参加城乡居民基本养老保险。提高人均基本公共卫生服务经费至69元，人均居民医保补助至520元，调增低保金标准至580元/月•人。（3）惠民实事扩优提质。保障“城市书房”建设，新建文图分馆6个，支持庆祝新中国成立70周年等惠民活动700余场。支持建成社区健身点11个、体育文化公园2个。建成公租房90万平方米、安置房5万平方米，完成棚户区改造2，152户。

【政府债务安全】 防范风险。严格债务预算管理，严控债务增量。2019年，争取到再融资债券6.93亿元，政府债务余额为86.8亿元，控制在市政府核定的债务限额以内，较2013年年底减少48.3亿元，下降35.8%。

统筹调度。每季度研判风险，每月调度资金、有序筹集特殊时间节点的偿债资金。统筹使用龙文、重钢地块的土地出让收入优先偿债。通过合规的“借新还旧”开展到期债务展期、重组，确保全区债务资金不断链。

债务监管。出台《2019年债务风险防范化解工作要点》，监督和考核政府债务、隐性债务化解和棚改资金使用情况，订立目标责任书，层层分解化债任务，推动债务化解任务圆满完成。

【财政改革】 绩效管理改革。大渡口区财政综合绩效评价列全市第三名，获得市级奖励2000万元。853个区级预算项目实现绩效评价“全覆盖”，涉及资金58005万元。开展重点项目绩效评价14个，涉及资金10546万元，同比增长41.5%，优良率92.8%。

预算管理改革。全区学校首次独立公开预算，除涉密部门和事项外，各预算单位均在规定时限公开部门预算和“三公”经费预算，公开率100%。公开评审预算项目802个，审减项目51个，审减专项预算19954万元，审减率19.3%。

资产管理改革。启动行政事业单位清产核资工作，核查资产444059万元，摸清全区行政事业单位“家底”，首次向区人大常委会报告行政事业性国有资产管理情况。

【财政监管】 预算执行。大力压减一般性支出，落实一般性项目压减5%，重点项目压减12%。“三公”经费支出2373万元，同比下降20.4%。财政投资评审审定162892万元，审减20535万元，审减率11.2%。统筹收回存量资金3302万元，用于支持经济社会发展重点领域。

数字财政。全面实施国库集中支付电子化，实现财政支付数据传送和清算“无纸化”。推行“互联网+政府采购”，实现采购金额83831万元，节约资金10801万元，节约率11.4%。利用“制度+技术”，预算执行动态监控全年预警拦截636笔，涉及资金3836万元。

资金监管。全面执行新的《政府会计制度》，实现新旧会计制度无缝衔接。对63家单位开展重点监督检查，督促整改问题188个，收缴资金311万元。开展惠民惠农“一卡通”等6项专项检查治理，督促整改问题9个。

（区财政局）

税　务

【概况】 大渡口区税务局（以下简称“区税务局”）有内设科室20个（办公室、法制科、货物和劳务税科、所得税科、财产行为税科、社会保险费和非税收入科、收入核算科、纳税服务科、征收管理科、税收经济分析科、税收风险管理局、财务管理科、人事科、考核考评科、教育科、机关党委、老干部科、纪检组、信息中心、服务中心），派出机构7个（第一税务所、第二税务所、第三税务所、新山村税务所、建胜税务所、八桥税务所、春晖税务所）。有在职职工233人，平均年龄41.7岁，离退休职工81人，长聘人员51人，共产党员212人，在职干部中本科以上学历215人，占全局在职干部的92.27%。担负辖区5街3镇2.1万户纳税人、13.8万自然人的税收和非税收入征管及服务工作，年纳税亿元以上企业14户，1000万元以上企业66户，500万元以上企业102户。

2019年，组织税费收入75.67亿元，同比增长7.22%，增收5.10亿元。区级税收入库17.4亿元，同比增长12.7%，税收占区级一般公共预算收入的比重达到82%。获得总局、市委市政府和区委区政府领导肯定性批示14次，其中总局、市委市政府领导肯定性批示2次。在全市税务系统绩效考评中，第一片区综合排名第八名。在市局开展的政治生态调查测评中问卷调查排名第四名。在第三方开展的纳税人满意度调查中取得较好成绩，纳税人满意度大幅提升。区税务局团支部荣获重庆市五四红旗团支部称号，新山村税务所荣获市级工人先锋号、建胜税务所荣获重庆市巾帼文明岗称号。

【税收收入】 应对传统制造业税源下滑、新兴税源支撑不足、减税降费效应不断显现等挑战，坚持组织收入原则，统筹处理好减与收的关系，推动组织收入平稳高质增长，税收收入首次突破50亿元。2019年，组织税费收入75.67亿元，同比增长7.22%，增收5.10亿元。其中：税收收入完成52.82亿元，同比增长16.54%，增收7.5亿元，税收增幅在主城9区、考核第一组22区中均排第一名，增量在考核第一组22区中排第三名。社保费、非税收入及其他收入完成23.21亿元，同比下降9.99%，减收2.57亿元。在全市财政、税务、审计工作会议上，市委常委常务副市长吴存荣对大渡口区组织收入工作给予了充分肯定，指出"在严格落实减税降费政策的同时，依法依规强化征管，推动了组织收入平稳高质增长"。

【税收营商环境】 压减办税时间，推动房产、土地、婚姻登记、人口信息数据共享，实现房产交易涉税业务"一窗式"办理。推广电子税务局，完善网上办税服务、实体办税服务和自助办税服务等多元化办税格局。落实"首问责任""预约办税"等制度，解决纳税人"多跑路"问题，办税事项"最多跑一次"业务增加至209项，实现80%以上办税事项一次性办结。深化"税银互动"，为诚信守法企业投放399笔银行贷款2.21亿元，增强纳税人、缴费人获得感。

【减税降费】 2019年，新增减税降费7.27亿元，其中，落实新增减免税收6.57亿元，减免社会保险费7040万元。落实各项稳增长、促改革、调结构、惠民生、防风险的税收优惠政策和国务院措施，助力企业轻装上阵，激发市场主体活力。

【队伍建设】 深化队伍"四合"，开展新春趣味运动会、新春剪纸、茶文化妇女节主题活动、减税降费知识竞赛、纪念"五四"运动100周年、拓展训练等系列活动，9人被市局选树为"五个一百"先进典型，2人被评选为"重庆市优秀税务青年"，2人被评选为"重庆市税务系统青年才俊"，2人被市局评选为"纳税服务之星"。

完善人才培育机制，为入职两年内的22名青年干部开办为期28周的夜校培训，开展政策业务培训12期、241人次，委托市税务干部培训中心举办两期全员培训，帮助干部全面更新知识。

培养专业人才队伍，4人入选全市税务系统业务能手，8人通过初级会计职称考试、6人通过中级会计职称考试、2人通过律师资格考试，1人通过注册会计师专业阶段考试。

拓宽干部成长渠道，完成3名正科级领导干部选拔任用，推荐2名干部到区政府挂职锻炼，为"想干事、能干事、干成事"的干部搭建成长舞台。

【基层党建】 坚持思想建党，通过党委中心组统领学、支部集中学、个人主动学，把习近平新时代中国特色社会主义思想学懂弄通，全年组织党委中心组学习5次。

规范组织生活，落实"三会一课"制度，开展"九个一"活动和主题党日活动，先后组织开展庆祝建党98周年系列活动、"不忘初心、减税降费、攻坚有我"主题宣讲、走进聂荣臻故居等红色基地、拍摄党建宣传片等活动，激发担当有为精神。

开展主题教育，抓牢学习研讨，组织党委中心组学习、跨支部交流会、开展担当作为大讨论等集中研讨38次。开展调查研究，征求各类问题建议128条，形成专题调研报告10篇，将调研内容和"四讲"相结合召开主题党课10堂。整改落实，将调研、自查及上级巡察发现的99个问题分类建立问题清单，对单销号，全部整改到位。

压实"两个责任"，将全面从严治党列为党委会第一号议题，对7类36项任务实行挂图作战，全年专题研究党建工作4次，听取机关党委、纪检组工作汇报4次，坚持"三述三评"制度，实现党委书记、党委委员、支部书记述职全覆盖。

深化党风廉政建设，有效运用监督执纪"四种形态"，使红脸出汗成为常态，全年运用"第一种形态"18人次，其中提醒谈话17人次，批评教育1人次，营造风清气正政治生态。

（区税务局）

审 计

【概况】 2019年，大渡口区审计局（以下简称“区审计局”）有编制26人（不含军转干部2人），在编人员21人（不含军转干部2人）。内设办公室（电子数据审计科）、法规审理科、整改督查与内审管理科、财政审计科（重大政策跟踪审计科）、投资审计科、经济责任审计科（经济责任审计联席会议办公室）。下设大渡口区审计中心（参公事业单位）。

2019年，区审计局深入推进审计管理体制改革，4月底全面完成机构改革工作，完成区发展改革委、区财政局、区国资办承担的重大项目稽查、财政收支监督检查、国有企业监事会等职能的划入。根据新“三定”方案及时调整科室职能职责，积极探索划入职能与现有职能的优化配置。经大渡口区委第十二届117次常委会审议通过，成立了大渡口区委审计委员会。区审计局着眼服务宏观决策，牵头实施预算执行和决算草案审计，推进国家治理体系和治理能力现代化建设。部门预算执行审计以全覆盖为目标，首次将全区44个一级预算单位全部纳入审计范围内，促进财政预算资金使用的精准度。着眼规范权力运行，按照《党政主要领导干部和国有企事业单位主要领导人员经济责任审计规定》对领导干部开展经济责任审计，形成反腐倡廉制度震慑。整合审计力量，按照审计项目审计组织方式“两统筹”探索性开展自然资源资产离任审计。推进大数据审计，加强信息化建设。规范内部审计工作，完善审计监督体系。

2019年，区审计局被区委直属机关工委评为“勇担当做表率基层党组织”“区直机关第一批规范化党组织”。被区总工会评选为区级“先进职工之家”。在全市审计系统技能挑战赛中获优秀组织奖。

【审计成果】 完成审计（调查）项目29个（含跨年度项目8个），查处主要问题金额482343万元，查处违规金额40266万元，比上年同期增加31125万元，同比增长340%。审计处理处罚金额42787万元，比上年同期增加29747万元，同比增加228%。核减投资额2521万元。审计期间整改金额48434万元，比上年同期增加48014万元，同比增加113倍。审计促进整改落实有关问题金额15838万元，比上年同期增加12482万元，同比增加3371.93%。向纪检监察机关移送线索3件，涉及人员1人，向有关部门移送线索7件，涉及人员9人，移送处理金额522万元。提出审计建议107条，促进区级部门出台规范化制度21项。提交审计信息129篇，被采用58篇。向社会公告审计结果1篇。

【跟踪审计】 审计发现问题涉及重大项目推进、环境污染防治、河长制落实、电子政务能力建设、“放管服”改革推进、中小微企业发展、创新驱动战略、清理拖欠企业账款、农村人居环境整治等多方面政策落实情况，查出问题36个，涉及问题金额4142.98万元。

【重点项目审计】 开展生态环保领域补短板项目的跟踪审计、四好农村路及农村一二三产业融合发展的跟踪审计、部分中央预算内投资项目实施情况的跟踪审计，查出问题8个。对重大建设项目新郭伏路南段道路工程进行跟踪审计。

【财税审计】 开展永川区2018年度本级预算执行情况和编制本级决算（草案）审计，大渡口区44个单位的部门预算执行审计，大渡口区跳磴镇人民政府2018年度预算执行和决算草案编制情况审计等3项财政类审计，查出问题金额452163.25万元，其中：管理不规范金额412220.39万元，违规金额39947.86万元，提出审计建议7条。2019年，首次实现部门预算执行审计全覆盖。

【投资审计】 按照市审计局“五审并举”的要求，将监理履职情况作为2019年投资审计的重点，在完成常规结算审计的同时，开展中介机构核查工作，受区政府委托开展评审中介机构的执业情况复核。加强对建设工程领域的审计监督，节约了政府投资，规范了建设项目管理。全年完成审计项目8个，送审金额23081.52万元，综合审减金额2521.07万元，综合审计率10.92%。

【经济责任审计】 牵头召开2019年经济责任审计联席会议，印发《大渡口区经济责任审计工作动态》，首次将2018年度经济责任审计中发现的共性问题在全区范围内进行通报，规范权力运行，使权力在阳光下运行。全年对 8 个单位、11 名领导干部开展任期经济责任审计，查出问题金额 6192 万元，其中违规金额 352 万元、管理不规范金额 5840 万元，增收节支金额 328.51 万元，对 23 名领导干部开展离任经济责任事项交接手续。

【自然资源资产离任审计】 整合审计力量，结合经济责任审计开展领导干部自然资源资产离任审计，统筹拟定审计思路，确定审计重点，做到“一审多项”“一审多果”“一果多用”。加大实地调研走访，对领导干部辖区内水污染治理、大气污染治理、固体废弃物管理、土壤污染治理等资源环境问题进行全面审视。

【信息化建设】 全年采集 116 个单位的审计电子数据，涵盖全区所有一、二级预算单位和区属国有企业，采集的原始数据超过 100G，并进行规范化处理。加大“一张图”掌上电脑、google 地球、天地图等信息化技术手段的利用，并进行数据分析对比，结合实地走访，提高审计效率。

【内部审计】 全区各部门、各企事业单位设内部审计机构 44 个，配备内部审计人员 120 人（其中专职内审人员 5 人）。举办全区内审工作培训会，41 个单位、70 名内审人员参训，抽调 2 名内审人员参与国家审计项目，组织区内 4 个单位、8 名内审人员参加市内审协会举办的主题培训班。指导 21 个单位完成 32 个内审计划的编制并及时备案，全年开展内审项目 66 个，审计总金额 2.58 亿元，增收节支 1299.3 万元，提出审计建议 16 条。

（区审计局）

统　计

【概况】 2019 年，大渡口区统计局（以下简称“区统计局”）有编制 24 名，实有在编人员 20 人，内设办公室、综合核算科、工业和投资科、服务业统计科、信息化建设和管理科，下设区普查中心、区社会经济调查队、区统计执法大队 3 个事业单位。大渡口区第四次全国经济普查领导小组办公室设在区统计局。2019 年，区统计局获全市统计系统综合考评二等奖，成功创建全区第一批规范化党组织和区级先进职工之家。

【基层基础】 按照市、区机构改革部署，调整相关业务科室分工，新设立信息化建设和管理科。抓业务培训，加强能力建设，组织有关部门、各镇街和调查对象参加各类统计培训共 38 场次，参训 1300 余人次。组织 40 余人参加统计继续教育等在线学习，完成在线培训 2000 余学时。严格执行数据质量控制要求，集中力量组织统计造假专项整治，完成各项重要统计数据生产。强化部门协作，运用“资源互补、信息共享”工作机制，用好用活相关部门行政记录和业务资料。对全区 8 个镇街的统计基础工作开展督导检查和实地调研，全面指导推进统计规范化建设台账等工作，夯实镇街统计基础。

【统计服务】 加强经济运行监测。聚焦“四大支柱产业”“四大重点板块”发展情况，围绕全区“两高”建设发展要求，建立大渡口区经济高质量发展监测指标体系，开展数字经济、民营经济、文化产业等发展情况监测，科学评价全区经济高质量发展情况，及时反映全区“两高”建设进展，为区委区政府决策提供快、新、准的优质服务。

全面提升统计服务水平。升级改版“数据大渡口”App，创新制作统计调查宣传微视频《记》，开展经普知识微信平台有奖问答，制作“壮丽 70 年、奋斗新时代”系列微讯、撰写展示新中国成立 70 年以来大渡口区经济社会发展取得的伟大成就的专题报告，提升统计影响力。至年底，全局撰写统计分析、信息 240 余篇，被各级采用 120 余篇，获评全市优秀统计分析二等奖、优秀调查分析三等奖各 2 篇；原创统计微讯近 30 篇，被国家、市、区等各级采用 8 篇。

推进统计改革创新，运用移动信令大数据完成人口抽样调查，建立兼职统计调查员库。编排制作抖音经普宣传视频，荣获全国经普微视频大赛最佳创意奖。

【依法治统】 建立完善防范统计造假制度保障。学习贯彻习近平总书记等中央领导关于统计工作重要讲话指示批示精神，出台《大渡口区防范和惩治统计造假弄虚作假实施办法》等系列文件。结合双随机抽查、经济普查执法检查，组织全部专业人员集中力量开展统计造假专项整治，推动统计法治氛围持续向好。深化统计“大宣传”和统计治宣传“六进”“七五”普法，推进统计法进党校，组织开展经济普查集中宣传日统计法治主题宣传、对重点统计调查对象的专项法治宣传和“宪法宣传周”等活动。

【经济普查】 2019年，全区347名普查人员实施经济普查实施方案及13项业务流程，利用25个部门的行政记录和业务资料，全面使用手持移动终端和行业代码自动识别赋码等科学技术，采取“地毯式”清查，全面摸底辖区内普查对象情况。

普查结果显示，2018年，全区有从事第二产业和第三产业活动的法人单位8526个，比2013年第三次全国经济普查增长了146.8%；从业人员123008人，增长27.5%；产业活动单位9515个，增长138.4%；个体经营户13682个。第四次经济普查实行全过程数据质量控制，区经普办印发《大渡口区第四次全国经济普查事后质量抽查方案》，坚持狠抓源头数据质量，实时全过程监控、审核普查数据采集、上报情况，组织抽取了全区8个镇街41个普查小区2400余家单位（个体）开展数据核查。抽查结果表明，普查单位和主要经济指标错报率均在合理范围内，普查数据质量符合控制标准，普查数据真实可靠。

【基层党建】 突出实效抓主题教育。聚焦主题主线，紧抓学习教育，组织认真学习习近平新时代中国特色社会主义思想，让学习入脑入心。查找差距不足，狠抓整改落实，通过组织专题组织生活会等多种方式，对照党章党规找差距，开展批评和自我批评，促发展。2019年，支部班子共检视问题4个，已整改问题3个，正在整改最后1个问题。主题教育期间局机关支部党员参加志愿服务、为身边的群众做好人好事7件，共60人次。发挥支部党建堡垒作用，严格执行《大渡口区统计局机关支部工作规范》，严格落实“三会一课”、支部主题党日等制度，全年召开支委会14次、党员大会10次，开展主题党日活动12次，领导干部带头讲党课6次，获评大渡口区民生服务团优秀联系单位和2019年第一、二季度优质组织生活党支部。

（区统计局）

不动产登记

【概况】 重庆市大渡口不动产登记中心（以下简称“中心”）是重庆市规划和自然资源局（以下简称“市局”）直属副处级事业单位，主要职责是：受重庆市规划和自然资源局的委托，承担辖区内土地（含土地承包经营权）登记、房屋登记、林地登记等不动产登记发证的具体工作，以及房地产交易管理的事务性工作。承担土地（含土地承包经营权）登记、房屋登记、林地登记等不动产登记信息化建设工作。承担房地产交易和不动产登记档案的整理、保管、利用等工作。协助开展房屋权属纠纷信访处理，以及土地权属纠纷和合同纠纷的调处；承担相关行政诉讼的事务性工作。

中心内设综合科（挂财务科牌子）、市场监管科、受理审查科、缮发证件科、登记复核科、档案科、信息管理科等7个科室。2019年，中心编制29人，在编职工27人，其中大专及本科学历以上27人，中共党员14人。

【不动产登记】 2019年，受理各类登记案件10700件，协征契税47182万元，不动产登记规费收入503万元。

全面推行“一窗受理”，线上线下并行办理。优化不动产交易、登记和税收“一窗受理、并行办理”流程，加强与税务部门的协作和信息共享，整合办理人员、窗口及业务流程，统一受理办理事项，一次性收取全部材料，并联审批业务。持续推进抵押登记银行专网申报，不断扩大合作银行范围及线上办理类别，累计办理不动产抵押远程申报业务1707件，涉及抵押金额95433万元，极大方便了群众及金融机构。

解决企业群众办证难题。配合区政府做好安置房办证工作，主动解决被安置人办证难题，保护群众合法权益，办理安置房不动产权证2589个。推进工业厂房联合审批办证工作，解决历史遗留问题，解决辖区9个工业项目、30.43万平方米办证问题。配合区政府，跟进解决晋愉江州一期、盛世融城等问题楼盘办证遗留问题。

优化业务规则，合理安排各登记流程的办理时限，防止办件时间过快或过慢。建立快件申请及回访制度，所有快件依申请办理，逐一登记造册，层级审批，并通过信息技术加强监管、排查、公示、回访，最大限度预防和减少重点岗位人员以权谋私、不作为、慢作为、乱作为的腐败问题。持续提升服务品质。不断优化现有办事大厅环境，增加指示标识，更新办理要件、收费标准、办理流程等公示信息，保障群众知情权和监督权，提升办事体验感。

【房地产市场监管】 加强房地产市场日常监管。加大对销售价格备案的指导力度，简化企业办事流程，实现预售方案备案快速受理，确保房地产市场稳定。加强开发项目的售前、售中、售后监管，及时指导规范开发企业销售行为。

开展房地产市场专项秩序整治工作。坚持常态化开展矛盾纠纷排查，配合区信访办化解房地产市场矛盾纠纷，与金融办、住建委、市场监管局密切配合，共同处理卢山锦程、金融广场等项目的违规销售，跟进晋愉江州一期司法拍卖后续情况及晋愉盛世融城司法处置进展。

【基层党建】 开展主题教育。6—8 月，在市局巡回指导四组的督促指导下，开展“不忘初心、牢记使命”主题教育。领导班子成员坚持问题导向，围绕不动产抵押登记远程申报、杜绝不动产登记有偿快件等课题开展针对性调研，提出对策建议 26 条。针对不动产抵押登记远程申报工作调研中发现的银行推广积极性不高，工作推进不平衡、业务流程待优化等问题，建立一对一业务帮助、工作联动、问题快速处理、专网人员培训机制，主动服务金融机构，简化申报、优化取件流程，用线下提速等方式解决并案办理时间。

加强作风监督、流程监督、纪律监督，运用信息化手段，建立回访机制，杜绝不动产登记有偿快件。针对查找出的班子成员个人问题 18 项，班子问题 21 项，已全部整改完成。优化预售后房屋权属登记及抵押登记并案办理流程，解决批量件取件等候时间较长问题，加快同一批次报件数量较多的批量件受理速度，优化预售后房屋权属登记及抵押登记并案办理流程，有序推进农房办证工作，切实解决民营企业发展中涉及不动产登记的困难和问题，妥善解决半岛乐园公租房项目房屋现状与规划设计不一致导致的办证问题，解决辖区 30 万平方米工业厂房办证遗留问题，并注重整改具体问题与完善规章制度相结合，着力从制度上进行源头防控，推进整改成果长效化。

（吴雯雯）

市场监督管理

【概况】 重庆市大渡口区市场监督管理局（以下简称“区市场监管局”）作为大渡口区政府工作部门，加挂大渡口区知识产权局牌子，实行市以下垂直管理，主要负责市场综合监督管理，组织实施质量强国战略、食品安全战略和标准化战略，严守食品药品、工业产品质量、特种设备安全底线，规范和维护市场秩序，营造诚实守信、公平竞争的市场环境。

区市场监管局有行政编制 109 名，行政执法专项编制 27 名（含锁定事业编制 2 名），后勤服务人员事业编制 12 名。设局长 1 人（兼任区知识产权局局长、区食品药品安全委员会办公室主任），副局长 3 人，区委非公经济和社会组织工委副书记 1 人（可兼任党组副书记）。纪检组长按有关规定配备。科级领导职数 63 人（含纪检组副组长）。

【食品安全】 2019 年，区市场监管局受理生产企业许可申请 15 家次、小作坊登记申请 19 家次，食品生产环节监督抽样 123 批次，实现肉制品、白酒、食用植物油等重点产品抽检全覆盖，合格率 98.3%。开展小作坊专项整治，取缔黑作坊 14 家，立案 2 起。

全年审核新办《食品经营许可证》600 余户，完成流通领域抽检 536 个批次，特殊食品抽检 6 个批次，通过“双随机、一公开”抽查流通主体 915 户次，建立完善“三级三层三处”机制，筑牢茄子溪万吨冻库食品安全防线。

餐饮环节，完成重庆长江草莓音乐节、智博会、全区两会等近 10 起食品安全保障任务。推动全区 104 所学校（幼儿园）食堂“明厨亮灶”率 100%，区委主要领导在调研校园食品安全时特别予以表扬，全年未发生食品安全事件或负面舆情传播事件。

【药品安全】 先后开展执业药师“挂靠”行为、医疗器械“清网”整治等专项行动 7 个，检查药械化经营使用单位 350 家，完成药械化抽检 200 余批次。做好不良反应填报工作，区市场监管局在 2019 年重庆市药品不良反应报告质量评估中名列全市第三。牵头并协同相关部门查获“苗立权生产销售假药案”，货值金额超过 100 万。

【产品质量安全】 坚持问题导向，强化监督抽检作用，抽检范围覆盖生产流通全链条，儿童用品、成品油、车用尿素等全品种，全年监督抽查生产、流通领域产品分别为218、239批次，合格率分别为92.66%、85.77%。

【特种设备安全】 持续推进特种设备智慧监管，开展“互联网＋特种设备”、电梯“保险＋服务”、专家“免费诊断”等系列工作，创新监管模式。2019年，辖区有41家单位、1644台特种设备通过“互联网＋特种设备”系统实行网上管理。针对小区居民与物业公司因信息不对称引发矛盾，导致电梯维修难的问题，邀请专家为10个小区“免费诊断”，就电梯维修方案是否合理开展专业评估20余次。

【风险管理】 建立风险研判、排查、管理、整改等一系列防范化解工作机制，确保监管责任无遗漏、风险应对无缝隙。全年入库22个风险点，全部按时限化解完成。第一时间处置中石油伏牛溪油库管道泄漏突发事件，成功排除险情。

【法制建设】 规范执法行为，强化执法监督，全面推进“行政执法”三项制度，落实市场监管行政处罚程序、听证等规定，切实统一执法程序、执法文书、处罚裁量。严格案件审核，开展案卷评查，加强行政复议和应诉工作，全年行政复议维持率92%。

【反垄断与反不正当竞争】 加强反不正当竞争执法，聚焦公用事业、房地产、医药、教育等领域，严厉打击各类限制竞争行为，重点查处乱收费等违法行为。推进公平竞争审查制度，牵头抓好清理与企业性质挂钩的歧视性规定和做法，在全区开展公平竞争审查工作落实情况专项督查，为内资与外资、国有与民营、大企业与中小企业创造公平竞争的良好环境。

【信用监管】 征集区级单位企业信用数据6375条，向相关行业主管部门抄告“先照后证”信息4072条。466户企业被依法列入“经营异常名录”，在工程投标、政府采购、评先评优中受到制约。

【网络交易监管】 受理投诉举报980件，投诉解决率100%，挽回消费者经济损失422万元。审核通过格式合同备案48份、动产抵押29笔（涉及金额94615.51万元）、电子标识41户。重点约谈家电售后服务企业，全年家电售后服务投诉32件，占比2%。

【广告监管】 大渡口区有广告主体1664户（新增277户），开展10项广告专项整治，检查广告信息151条，监测互联网广告113条次，总体情况良好。着重开展房地产广告专项整治，约谈房地产企业36家次，巡查指导58次，辖区房地产广告监管形势平稳可控。

【企业监管】 针对不同市场主体，开展4次“双随机、一公开”抽查工作（跨部门2次，本部门2次），抽取市场主体815户。多举措、全方位宣传年报公示，2018年年度内资企业年报率92.66%，位列主城九区第二。

【综合执法】 以涉及婴幼儿、校园、网络餐饮服务为重点目标，以疫苗、血液制品、保健食品、成品油为重点产品，以电梯、锅炉、叉车为重点设备，强化食品药品、工业产品、特种设备等安全领域的案件查办。严厉查处商标侵权、假冒专利等不法行为，重拳打击制假售假等扰乱市场秩序的违法行为。全年查办各类案件116起。

【质量发展】 聚焦大渡口区“四大支柱产业”，打造“四大重点板块”，代区政府拟定《大渡口区开展质量提升行动加快建设质量强区工作实施方案》。2019年第七届市长质量管理奖评选中，重庆国际复合材料股份有限公司、重庆三峰卡万塔环境产业有限公司2家企业入围现场评审阶段，大渡口区入围企业数量居全市第一。

【标准化管理】 申报1个国家级社会管理和公共服务综合标准化试点，19家企业主导和参与制定国家标准、行业标准、地方标准39个，22家企业获得“标准化良好行为企业”称号。全区7家企业在标准信息公共服务平台上主动公开13个产品执行标准，实现新制（修）订产品标准自我声明公开100%。

【知识产权】 服务大渡口区“两高”建设目标，成立重庆天安数码城知识产权服务中心，针对重点企业实施专利导航项目2个，申报国家级知识产权优势企业1户，市级5户，先后指导重庆虬龙科技有限公司、中冶建工集团有限公司2家企业获得第二十届中国专利奖优秀奖、第二十一届中国专利奖。2019年，大渡口区有效发明专利总量648件，万人发明专利拥有量18.15件（全市排名第7）。累计注册商标6818件，万户市场主体商标拥有量2224.39件，其中驰名商标1件、地理标志1件、著名商标32件，新增注册商标1437件，PCT国际专利申请2件。

【注册登记许可】 推进“多证合一”改革，实行“一套材料、一表登记、一窗受理”模式，打造优质宽松、便捷高效的准入环境，同时优化市场主体退出机制。市场主体设立登记当日办结率达到100%，新登记市场主体增速17.19%，市场主体净增长6.83%，2019年大渡口区市场主体总量突破3万户。

【计量管理】 免费检定47家基层医疗机构的496台计量器具，专项检查13家商场农贸计量器具是否“短斤少两”，检查15家加油站、54台加油机铅封是否完好，辖区出租车计价器检定率100%。核查“三表”数据919784台，确保民用“三表”计量专项督查取得实效。

【消费维权】 建立消费纠纷快速解决绿色通道，督促商场（市场）开办者自觉履行经营者首问和赔偿先付制度。构建消费维权共治格局，发挥区级消费者权益保护联席会议作用，与相关部门建立合作机制，实现热点难点问题快速高效解决。

【基层党建】 以党的政治建设为统领，加强思想建设、组织建设、作风建设和纪律建设。树牢“四个意识”，坚定“四个自信”，做到“两个维护”，深入贯彻习近平总书记重要指示批示精神，不折不扣落实党中央决策部署。牢固树立党建主责主业意识，坚持党建工作与业务工作同谋划、同部署、同考核，推动党建工作与业务工作深度融合，实现党建强、监管强。

压实管党治党政治责任，建立责任清单，强化督查考核，严格责任追究，形成“清单明责、督查压责、失职问责”责任闭环。抓紧抓实基层党建，以提升组织力为重点，推动支部更好地发挥政治功能、服务功能和发展功能。推进党风廉政建设，以持续纠治形式主义、官僚主义为突破口，坚持把纪律和规矩挺在前面，深化运用监督执纪“四种形态”，严肃查处各类违纪违法行为。

【队伍建设】 把政治纪律和政治规矩挺在前面，弘扬正气，抵制歪风邪气，带领广大干部职工坚决同一切违法违规行为及不正之风做斗争。坚持正确选人用人导向，任命中层干部53人，交流轮岗47人。推进职务职级并行，完成91人职级套转和39人职级晋升工作。坚持严管就是厚爱，运用监督执纪“四种形态”，开展警示谈话1人，批评教育3人，查处违规使用公务加油卡案件1起，处分人员1名。通过集中培训、专题讲座、在线教育等多种形式组织特种设备、食品药品、认证认可等各类业务培训29期，培训517人次。1人被国家市场监管总局表彰为“全国市场监管系统优秀基层工作者”，区市场监管局被区政府表彰为“生态环境保护先进集体”。

（区市场监管局）

大数据应用发展

概　述

【概况】 大渡口区大数据应用发展管理局（以下简称“区大数据发展局”）成立于2019年2月，机关有行政编制5个，设局长1人、副局长2人，内设行政科室2个、科级职数2个，实有在岗人员4人。6月，设立科级事业单位——区大数据发展应用中心，有事业编制4个，设七级、八级岗位各1个，专技岗位2个，实有在岗人员3人。

【制定规划】 按照《重庆市全面推行“云长制”实施方案》，制定《大渡口区全面推行“云长制”工作实施方案》，明确工作总体目标、组织体系、主要任务和各级各部门“管云、管数、管用”职能职责，组建近100人的“云长制”工作队伍，初步形成全区推行“云长制”工作体系。

以《重庆市新型智慧城市建设方案（2019—2022年）》为主要指引和对标参照，结合大渡口区区情实际，起草《大渡口区新型智慧城市建设方案（2019—2022年）》，明确全区新型智慧城市建设的基本思路、总体框架、主要任务和组织保障，提出“1+3+5+33”总体建设体系。

按照“资源整合、数据汇合、系统融合、人员统合”总体建设原则和思路，制定全区新型智慧城市运行中心建设方案，以整合全区各级各部门大数据管理应用资源，推进全区新型智慧城市建设工作，完成中心场地选址和初步方案设计等前期工作。

【迁移上云】 规范全区数据机房建设。会同区发改委、区财政局，规范明确全区信息化项目及资金管理，同时本着集约化建设原则，引导各有关部门将原有数据机房物理设备迁移至区大数据中心机房，为下一步统一迁移至“数字重庆云”提前做好准备。2019年，全区已减少部门数据机房4个。

做好非涉密系统迁移上云。严格按照市大数据局关于推进“数字重庆云”迁移工作的统一安排和要求，全面梳理明确区内“迁云”工作任务和需求，对接市云长办确定的5家电子政务云平台服务商，抓紧推进“迁云”工作，确保按时保量完成迁移上云工作。

推进政务专网整合。在对全区各级各部门政务专网进行摸排梳理的基础上，全面开展政务专网整合工作，除中央、国家部委的专线和部分市级部门专线外，其余非涉密政务专线均已转入区电子政务外网。区电子政务外网全部覆盖至各区级部门、镇街和国有企业。

【政务数据资源整合】 依托全区大数据共享交换平台，有效整合区委政法委、区卫健委、区教委等业务部门的20余个信息系统，清理比对17个部门数据，基本建成人口、法人、地理信息、城市部件四大基础数据库，形成有效数据670万余条。首批实现与市政务信息资源共享平台互联互通，获取41家市级部门相关业务数据，对约150万余条次工商法人信息、49万余条次市网上政务服务平台办件信息进行了共享应用。

按照“统建、统管、按需使用”原则，先后建成全区党政办公信息化（OA）系统、全区政务网站群系统、全区政务信息统发平台等集约化信息系统，推进全区系统平台整合、消除信息孤岛，提升政府政务服务和监管能力。

开展全区信息系统排查摸底，召开全区政府部门专题培训会，启动区级信息资源梳理及目录编制工作。建立包含44家区级部门、总计1818项的区级政务信息资源目录。

【数据应用】 在全区大数据共享交换平台的基础上，研发建设政务大数据基础应用平台，实现统一数源、统一接口、统一规则，面向全区提供大数据挖掘和应用的基础环境和基本应用，鼓励引导各级各部门依托基础应用平台，结合自身业务工作积极研发打造各类大数据应用系统，更快更好推动全区新型智慧城市建设。全区有30家部门接入使用大数据基础应用平台，研发各类应用42个。

抓好大数据典型应用示范项目打造。发挥全区政务大数据基础应用平台支撑作用，助推各级各部门打造大数据典型示范应用。其中，区委组织部基层党建智慧云服务平台，区委政法委综治网格化信息平台，区教委义务教育网上注册入学平台和重钢总医院5G+医疗急救专线通道，被《人民日报》《重庆日报》等多家主流媒体宣传报道。

实施新型智慧城市建设项目三年滚动申报机制，面向全区各级各部门广泛收集以大数据智能化应用为重点的项目需求，以此为基础建立起全区新型智慧城市动态储备项目库。首期项目征集工作已经完成，收集各级各单位大数据应用项目17个。

【机制体系】 分别成立大渡口区新型智慧城市建设领导小组、大渡口区全面推行“云长制”工作领导小组，建立大渡口区社会公共信息资源整合应用工作联席会议制度，定期研究推进全区新型智慧城市建设、“云长制”等重点工作，有力强化全区大数据应用发展的统筹领导。

按照“统一申报、统一评审、统一划拨、统一验收、统一监管”的“五统一”工作思路，探索建立全区信息化项目及资金管理制度，由区大数据发展局、区发改委、区财政局共同牵头，对全区各级各部门的信息化建设项目进行统一管理，杜绝信息化项目重复投入、重复建设、建而不统、各自为政等突出问题。

着眼于规范全区各重点信息系统运行管理，初步建立区大数据中心机房管理制度、大数据共享交换平台管理制度、大数据基础应用平台管理制度、区政务网站集群系统管理运行制度等系列制度，确保各类重点信息系统高效、稳定、安全运行。

（区大数据发展局）

社会事业

科学技术

【概况】大渡口区科学技术局（以下简称“区科技局”）是负责管理全区科学技术工作的行政机构，内设办公室、科技企业发展科、科技创新统计与服务科，下设区生产力促进中心（事业单位），同时挂大渡口区创新创业服务中心牌子。区科技局机关有行政编制7名，实际在编6人，其中局长1人，副局长2人，调研员1人，办公室主任1人，科技企业发展科科长1人，科技创新统计与服务科科长空缺。区生产力促进中心有事业编制3名，实际在编2人，其中副主任（七级职员）1人、八级职员1人。

【科研机构】大渡口区的科研机构主要有重庆钢铁研究所有限公司，位于大渡口区建桥工业园A区镁桥路2号，属重钢集团全资子公司，注册资本1830.7507万元，至2019年年末，总资产22127.96万元。公司始建于1960年，原名为重庆市钢铁研究所，2002年由事业单位转制为科技开发型企业，2010年由企业法人改制为公司制法人，更名为重庆钢铁研究所有限公司，同年被认定为高新技术企业和“重庆市第一批创新型企业试点单位”。2012年，公司承接了原重庆东华特殊钢铁有限责任公司的相关人员、技术、设备、资质和产品，2014年被人社部和中国钢铁工业协会评为全国钢铁工业先进集体，2015年组建“重庆市高性能钢铁材料工程技术研究中心”，2016年建立“重研新材众创空间”平台，2019年再次获得“国家高新技术企业”认定。

公司机构设置为4个职能科室（综合部、财务部、运营协调部、科技质量部），5个事业部（特钢、管材、冷材、铸件、板材事业部）。2019年，在册职工133人，各类专业技术人员59人，其中高级技术职称26人。

公司主要从事航天、航空、兵工、新能源、环保设施等领域特殊条件下服役的特殊钢材料的研发和生产，以及提供相应的技术服务，其中军品占总量的80%。目前重点研发和生产的产品包括高品质的超级不锈钢、高温耐蚀合金、精密合金、高强度合金结构钢热锻（轧）棒、航空航天用不锈钢管、合金结构钢管、特殊钢及合金冷材、丝材、磁性材料及制品、高强度中板、薄板、垃圾焚烧炉排特殊铸件。主要应用于航天领域、兵器工业领域。

公司坚持走“高、精、尖”的发展道路，致力于发展高新技术及产品，建所以来，先后取得了200多项科技成果，获得国家、部省、市级重大科技成果30多项，完成军工新材料试制项目600余项。近5年获得市区级科技进步奖8项，授权发明专利88项。

【科技管理与服务】实施创新主体培育计划，培育入库科技型企业65家，累计233家；培育认定国家高新技术企业35家，累计69家，其中规模以上高新技术企业38家；指导天安T+SPACE众创空间招引创新创业企业（团队）39个，累计56个。

实施创新绩效激励计划，指导企业投入R&D（研究开发）经费超过11亿元，占GDP比重超过4%，位居全市前列。

实施创新发展服务计划，开展“双创活动周”“义渡赛创会”、国家高新技术企业申报培训会、知识产权贯标培训会、研发加计扣除政策培训会等各类活动30余场。组建规模1亿元的知识价值信用贷款风险补偿基金，指导64家科技型企业申请知识价值信用贷款16040万元，其中22家企业通过审批，共获得贷款3678万元。

【**高新技术企业**】 2019年，认定国家高新技术企业35家，全区高新技术企业达69家。成功将建桥工业园A、B区及跳磴镇全域约55.1平方千米纳入重庆高新区拓展园。

2019年大渡口区有效高新技术企业

序号	企业名称
1	重庆清禧环保科技有限公司
2	重庆社平科技有限公司
3	重庆威畅信息技术有限公司
4	重庆恒创汽车零部件制造有限公司
5	重庆聚能粉末冶金股份有限公司
6	重庆上联青电科技有限公司
7	重庆长征重工有限责任公司
8	重庆树青科技有限公司
9	重庆太仓科技有限公司
10	重庆华美电力设备有限责任公司
11	重庆博巨玻璃钢有限公司
12	重庆钢铁集团建设工程有限公司
13	重庆云停智连科技有限公司
14	重庆久远银海软件有限公司
15	重庆芝诺大数据分析有限公司
16	重庆迪安医学检验中心有限公司
17	重庆迪威纳迪亚医学检验所有限公司
18	重庆云旅科技股份有限公司
19	重庆锦声科技有限公司
20	重庆宏美科技有限公司
21	重庆优乃特医疗器械有限责任公司
22	重庆秋田齿轮有限责任公司
23	重庆渝能滤油机制造有限公司
24	重庆数码模车身模具有限公司
25	重庆恒悍机电设备有限公司
26	重庆朗润机电有限公司
27	重庆兴勇实业有限公司
28	重庆镏镔实业股份有限公司
29	重庆朝阳气体有限公司
30	重庆国际复合材料股份有限公司
31	重庆三峰卡万塔环境产业有限公司
32	重庆科蓝环保实业有限公司
33	重庆盎瑞悦科技有限公司
34	重庆科力建设工程质量检测有限公司

续表

序号	企业名称
35	重庆钢铁研究所有限公司
36	中冶建工集团有限公司
37	重庆钢铁集团电子有限责任公司
38	重庆乾威科技有限公司
39	重庆欧冠钢结构有限公司
40	重庆微浪生物科技有限公司
41	重庆五海科技发展有限公司
42	重庆西野电器制造有限公司
43	重庆病历通科技有限公司
44	重庆可奇机械制造有限公司
45	重庆虹南机械有限公司
46	重庆国力天龙控制系统有限责任公司
47	重庆精耕企业管理咨询有限公司
48	重庆市弘鼎圣科技有限公司
49	重庆添馨网络科技有限公司
50	重庆医康小燕网络科技有限公司
51	重庆三木华瑞机电有限公司
52	重庆精琪科技开发有限公司
53	重庆淘创科技有限公司
54	重庆钢铁集团设计院有限公司
55	重庆九洲星熠导航设备有限公司
56	重庆贵飞科技有限公司
57	重庆虬龙科技有限公司
58	重庆红日照明器材有限公司
59	重庆大清医诚生物技术有限公司
60	重庆大清生物有限公司
61	重庆东方电磁阀厂
62	重庆四森科技有限公司
63	重庆至秦软件科技有限公司
64	重庆京渝激光生物研究所有限公司
65	重庆臻焱节能环保科技有限公司
66	重庆众和网星信息技术有限公司
67	重庆华伦弘力实业有限公司
68	重庆特瑞电池材料股份有限公司
69	重庆兴达得誉科技有限公司

【科技项目】 实施2019年创新绩效激励计划、创新主体培育计划项目，对承担项目的约120家科技型企业拨付资金近950万元。指导海康威视等11家企业成功申报2019年度重庆市技术创新与应用发

展项目13项，其中重大、重点项目6项。指导56家企业申领市科技资源共享券、高成长性企业创新券等，总券额达208万元。指导2家企业申报重庆英才创新创业示范团队项目，2名个人申报创业领军人才项目。

（区科技局）

科学普及

【概况】 大渡口区科学技术协会（以下简称“区科协”）自1978年组建后一直与区科技局（原区科委）合署办公。区科协有基层科协组织30个，其中街（镇）科协8个，学（协）会9个，企业、园区科协13个。2019年，区科协新核定9名编制，新设1个内设科室，共有在编人员4人，分别为主席1人，副主席1人，兼职副主席2人，内设科室人员2人，另聘用工作人员2人。

2019年，区科协大力开展科普宣传、科技咨询、学术交流、助力乡村振兴等活动，荣获中国科协2019年全国科普日活动优秀组织单位称号、科技部授予的科技活动周活动优秀组织单位称号、第六届重庆科普讲解大赛优秀组织奖、重庆市第二届公民科学素质大赛第一赛区二等奖、第34届重庆市青少年科技创新大赛优秀组织奖、2019年重庆市青少年创意编程活动优秀组织奖等10余项国家级、市级奖项。

【创新服务】 慰问全区企事业科协，组织科技工作者系列活动，开展市创新争先先进个人事迹报告及科技工作者身心健康讲座、科技信息数据库应用培训等，组织科技工作者代表赴外区学习交流、参加2019年中国国际智能产业博览会专题论坛，推荐高端人才参加重庆英才大会、引进高层次人才等，组织参加第六届重庆科普讲解大赛和重庆市第二届公民科学素质大赛。推荐姚远、杨伟获评重庆市创新争先先进个人称号。为科技工作者赠阅科技书籍170余册、基层科协订阅全年《重庆科技报》，购买170套农业实用技术科普书籍分送各镇学习，为全区农技协（合作社）订阅全年《科普惠农》杂志。

【科普惠民】 创建市级党建引领社区科协工作试点单位1个，市级科普大学示范教学点3个，市、区级院士专家工作站各1个，乡村振兴科技助力示范点1个，区级科普基地2个，清理维护全区56台重庆科普云终端。全区实行了“三长制”全覆盖。

开展全国科普日、科技活动周、反邪教宣传等系列重点科普活动。主办重庆市院士专家科普团成立仪式暨专场科普报告会以及院士专家进校园活动，开展人工智能编程教育课程、防震减灾知识普及讲座、少年儿童奇思创意活动、科普大篷车校园巡展、反邪教巡演和少年儿童反邪教绘画大赛等科技展示和咨询活动40余场，发放宣传资料20000余份，惠及民众20000人次以上。按照“四化八有”标准，打造社区科普大学品牌，全区开设16个教学点。到忠县和本区跳磴镇石盘村和金鳌村开展乡村振兴和科技下乡活动4次，惠及群众500余人。全区年度公民科学素质比例提高到10.7%，比上年提升0.7个百分点，超过全市平均水平1.68个百分点。

【科学决策】 组织科技界别的政协委员参与科技活动周、全国科普日、科普进乡村入农户等系列活动，开展科普宣传和服务工作，撰写调研报告3篇，为党委政府提交决策咨询，提交第四届科协改革论文4篇。

【自身建设】 组织科技工作者深入学习宣传贯彻习近平新时代中国特色社会主义思想，全面落实市、区群团改革总体部署，积极参加“不忘初心、牢记使命”主题教育，组织科技工作者参加“讲信仰、讲信念、讲信心”专题宣讲活动，新建立4家企业科协组织，协调重庆市生态学会在大渡口区成立石盘村服务站和市生态学会服务站1个，创建市级社区科协样板间1个。

（区科协）

教　育

【概况】 大渡口区委教育工作委员会、区教育委员会（以下简称“区教委”）设教育一科、教育二科、基建后勤科、党政办公室、政府教育督导室、人事科、财务科、安全稳定科8个科室以及区委教育工作领导小组秘书组秘书科，区教委下属事业单位40个。

2019年，区教委全方位践行“多维一体，教育大渡”理念，聚焦“五大体系”构建，抓好“三轮驱动”，优化学校布局，加强常规管理，狠抓质量提升，深化教育改革，推进教育公平，加快教育现代化，着力办有文化、有内涵、有品质的大渡教育。

【师资建设】 2019年，全区公办学校有教职工4762人（在职2802人，离退休1960人），其中：在职幼儿园教职工113人，小学教职工1118人，初级中学教职工525人，完全中学教职工489人，中职学校教职工551人，电大分校教职工6人。2019年招聘教师175人，新增全国模范教师1人、全国优秀教师1人、重庆市中小学学科带头人1人、重庆市中小学学科名师8人、市级骨干教师19人、区级骨干教师140人、市级中职双师型教师22人、区高层次人才初步人选1人、区级中职双师型教师6人。新增正高级职称教师1人，副高级职称教师27人，中级职称教师73人。全区现有重庆市特级教师12人，市级骨干教师185人，中职双师型教师253人，正高级职称教师14人，副高级职称教师446人，中级职称教师1209人。

【教育督导】 开展规范中小学办学行为专项督导2项，责任督学集中研讨工作6次，经常性督导560次，形成督导记录150篇，访谈记录100次，听课记录800余节，发现解决学校安全隐患10起，梳理解决学校、学生、家长实际问题30余个。完成国家义务教育基本均衡区督导评估认定实地核查迎检工作，完成2019年重庆市义务教育质量监测工作。与重庆市教育评估院合作，编制“义渡扬帆”行动计划，构建人本与科学的教育评价体系。

【学前教育】 全区有幼儿园72所，普惠园在园幼儿9601人，普惠率68.76%。全区公、民办幼儿园教职工2034人，专任教师1113人。新增公办园园点4个，纳入四大幼教集团，实行集团化办园。通过政府统筹、部门联动，形成“两条治理线”（在办小区配套园治理和新建小区配套园治理），找准“两个突破口”（转普和移交），有序推进小区配套幼儿园治理工作。

【义务教育】 全区有义务教育学校29所，其中九年一贯制学校3所，民办学校3所，2019年在校学生37039人。开展第五届“爱上阅读，点亮生命”阅读节系列活动，制定《大渡口区义务教育控辍保学工作实施方案》，完善工作机制，实现依法控辍保学，巩固义务教育“普九”成果。

【高中教育】 全区有高中2所：三十七中和茄子溪中学，有在校学生4101人。2019年高考再创佳绩，三十七中重本上线438人，茄子溪中学重本上线157人。实施普通高中发展促进计划，助推学校高质量发展。

【职业教育】 中职学校坚持校企融合发展，服务地方经济有成效，中职学校主动深入区内企业，对接用人需求，加强与区内企业在专业建设、课程开发、师资与技术、实习实训等方面的融通与合作。全年开展企事业员工素质提升、老年教育短期培训8261人次。旅游学校全年接待区内26所中小学2572人次职业体验。先后举办“泰国菜培训”“中泰职业教育交流”等活动。商务校与海康威视深度合作，平稳组织98名学生进入企业进行为期3个月的教学实践。旅游校高水平中职学校建设与商务校“1+X”试点工作推进顺利。“3+4”“三•二分段制”人才培养机制日渐成熟，“3+4”毕业生顺利通过转段考试进入本科院校学习。

【民办教育】 全区有民办幼儿园62所，在园幼儿8371人。经区教委审批的文化教育类培训机构24家。2019年，出台《重庆市大渡口区教育委员会关于开展民办学校分类管理改革的通知》，启动推进民办学校分类登记工作，至2019年年底，有2所幼儿园和19家培训机构完成分类登记。出台《大渡口区校外培训机构最低余额保障金管理办法》（渡教发〔2019〕110号），建立培训机构最低余额保障金与办学规模相适应的动态调整机制。

【成人教育、社区教育】 大渡口区成人教育形成了学历教育、非学历教育、社区教育协调发展，办学质量稳步提升、服务社会能力显著提高的办学新格局。打造“互联网+”的信息技术应用特色，拓展成人学历教育招生渠道，使在读学员常年保持在3200人以上。

【教育科研】 参加“新高考背景下高中数学教学设计策略研究”等16项市、区级课题开题论证会，组织专家对“‘互联网＋微课’在书法教学中的应用研究”等7项市区级课题进行结题评审并顺利结题。9项课题被立为市级以上规划课题，其中“区域性新入职幼儿教师研训一体化实践研究”等3项被立为重点课题；全区各中小学258个取得研究成果的小课题参加区级成果评选，评选出优秀成果132项。

【信息技术】 全区中小学互动式多媒体设备配备率100%，全区更新改造率68%，录播教室建有率90%。录制100余堂优秀课例供全区教师交流学习，有30堂课例入选市级优课，7堂课例入选教育部级优课。全年组织学校参加市级以上赛事活动10项，获国家级奖项7个，市级奖项147个（其中一等奖26个）。

【德育工作】 承办全国中小学班主任工作室发展论坛暨优质区域德育现场会，开展区第三届班主任工作室主持人培训工作。举行区第二届班主任工作室优秀案例评选活动，评选优秀案例32篇。区教委被评为市禁毒工作成绩突出集体；市中小学课程育德精品课评选活动一等奖5个、二等奖4个；市中小学优秀班会视频课评选活动一等奖2个、二等奖1个；市青少年毒品预防教育“627”工程先进学校1所、优秀教师1人；市首批立德树人特色项目实践研究基地1个。

【体育美育劳动实践】 举办第二届登山节、智跑等普及性赛事与田径、足球、篮球等竞技比赛；安全有序地组织初三学生中招体考和五、八年级学生体育学业水平测试。组建16个艺术工作坊，以项目深研的方式传承技艺、弘扬文化。在重庆市体育、音乐、美术教师基本功大赛中均获团体一等奖，个人一等奖14个，成绩均列全市前列。在市教委举办的系列体育竞赛中，获得个人金牌95枚、银牌78枚、铜牌102枚；三十七中获市校园足球比赛2个冠军、2个亚军；区实武术套路队在国家级赛事中获得个人金牌4枚、银牌3枚、铜牌2枚。

【招生考试】 普通高校招生考试有2498人报名，比2018年增长14.12%。10月成考全区报考1392人，比2018年增长0.01%。全年组织自学考试两次，3838人报考9301科次，比2018年增长57.68%。首次承接2020年硕士研究生招生考试，1536人参考。区教委拨付130万元用于区指挥中心建设，8月竣工并投入使用。

【民生工程】 拨付资助资金1920万元，惠及学生15577人次；发放生源地信用助学贷款193万元，贷款学生239人，支付财政贴息22万元、风险补偿金29万元；落实社会捐助5万元，惠及家庭经济困难学生33人。

【教育改革重点项目推进】 构建区域教育五大体系，助推有品质、有内涵、有情怀的大渡教育发展。拟定《大渡口区义务教育优质资源延伸实施方案（2019—2022）》并在区实验小学教育集团试点，将新工小学作为区实验小学校区，促进优质教育资源延伸。持续实施“1+X”集团化办园模式，确保“开园一所、优质一所”。与重庆市钰鑫集团有限公司董事长尹兴明共同设立“尹兴明教育基金会”，产生良好的社会效益。与四川省开江县教科局、贵州省惠水县教育局建立教育战略合作联盟，推动两地教育发展。成功创刊《自得教育》，为学校、教师搭建物化成果平台。

【基层党建】2019年，区委教育工委深入学习贯彻习近平新时代中国特色社会主义思想和党的十九届四中全会精神，全年开展工委中心组学习12次，机关政治学习18次，召开党工委会28次、党建工作专题会、推进会共计3次。制定《关于进一步加强中小学党的建设工作的实施方案》，推动党建工作再上新台阶。扎实开展“不忘初心、牢记使命”主题教育，工委班子集中学习研讨13次，跟进学习7次，各基层党组织开展交流讨论177次。组织教师家访1169次，教育系统党员认领服务岗位1388个，办理实事好事1373件次。本年度教育系统获评市先进党组织1个，市优秀共产党员1人。

（区教委）

文旅事业

概　述

【概况】 2019年，大渡口区文化委员会更名为大渡口区文化和旅游发展委员会（以下简称“区文旅委”）。区文旅委内设办公室、产业发展科、公共服务科、市场管理和统计科；下属事业单位 6 个，其中与委机关合署办公事业单位 3 个（文化市场综合行政执法支队、文化产业发展中心、旅游营销中心），独立核算事业单位 3 个（文化馆、图书馆、文管所）。区文旅委有编制 72 个，委机关行政编制 8 个，机关后勤服务人员事业编制 1 个，其中主任 1 人、副主任 3 人、文化市场综合行政执法支队队长 1 人（副处级）、调研员 1 人、副调研员 2 人，工勤 1 人。文化市场综合行政执法支队为副处级参公事业单位，参公事业编制 8 个，在编 8 人；文化产业发展中心事业编制 5 个，在编 5 人；旅游营销中心事业编制 2 个，在编 2 人。下属独立核算事业单位，文化馆事业编制 31 个，在编 30 个；图书馆事业编制 13 个，在编 10 人；文管所挂非遗中心、博物馆牌子，事业编制 4 个，在编 4 人。

文　化

【文艺创作】完成音乐剧《义渡悠悠》创作任务。原创精品《唱起歌来上大梁》《睡在上铺的兄弟》《一条“表扬信”》荣获全国第十八届群星奖入围奖并在全国各地巡演 20 余场；歌曲《那一年》、书法《古诗摘录》、小品《睡在上铺的兄弟》、故事《一条“表扬信”》荣获第八届重庆艺术奖；歌曲《那一年》《小康路上一起走》荣获“2019 年重庆市庆祝新中国成立 70 周年原创歌曲征集活动优秀歌曲奖”；书法《王维诗一首》在第十九届重庆市美术书法摄影联展中荣获一等奖，表演唱《唱起歌来上大梁》荣获重庆市第三届民间文化艺术之星，摄影《义渡往事》在《中国摄影报》做专版刊发。

【文化活动】大型活动。举办大渡口区 2019 年“送欢乐•下基层”文艺志愿服务活动等基层惠民活动 70 余场。承办大渡口区 2019 年春节联欢晚会、重庆市第二届青年书法篆刻作品展等大型品牌活动 10 余场。应邀参加第二届全国乡村优秀曲艺节目交流展演、2019 重庆市“群星奖”获奖作品基层展演，联合浙江绍兴举办“绍兴有戏”走进大渡口文艺晚会。

主题活动。承办庆祝新中国成立 70 周年系列活动，承办“粽情粽意传文明•爱国情怀永流传”我们的节日•端午等系列主题活动 20 场。

惠民活动。开展全民艺术普及、全民阅读活动等 300 余场次，送图书 2000 余册，送电影 600 余场。组织节目赴新疆石河子举办 2019 年文化和旅游部“春雨工程”边疆民族地区志愿服务大渡口专场演出等交流志愿服务活动 10 余场。指导组织镇街开展形式多样、内容丰富的文化活动 800 余场次。

培训辅导。开办老年艺术大学、职工艺术培训学校等，开设 60 余个班次课程，培训学员 1400 余人；举办“义渡涛声”文化沙龙系列活动 12 场；选派业务干部到镇街分馆、直管分馆、机关企事业单位等部门开展辅导培训 1100 余场次，服务 5 万余人次。

【文化设施】完成区图书馆升级改造，建成 6 个文图分馆：半岛逸景分馆、退役军人事务局分馆、七月故事分馆、武警执勤十六中队分馆、武警执勤五大队大渡口中队分馆、巴渝学校分馆。加快推进基层综合文化服务中心建设，建成 8 个镇街综合文化服务中心和 48 个村（社区）综合文化服务中心；不断拓展分馆和基层服务点领域，探索建设行业分馆、学校、体制外分馆，建成重庆市三十七中学、区育才小学、大渡口区消防支队、农村商业银行等文化分馆 10 个，创新探索“总分直管”模式，启动融城文化分馆和百佳园文化分馆、图书分管直管运行。加大数字馆建设，做好重庆市文化馆数字文化网大渡口区平台建设。

【大渡口区文化馆】大渡口区文化馆始建于 1979 年，位于大渡口区九宫庙商圈核心地带，经两次改扩建和装修升级，总面积 5520 平方米，馆舍环境优雅、功能完备、陈设精致、特色突出，既具时代审美气息，亦集传统文化氛围。馆内建有十处“文化看点”、三个“艺术沙龙”和三个“文创空间”、一个“艺术书吧”，以及八个功能厅室，拥有风雨舞台、灯光音响、展墙展架等一流的设施设备，设有综合办公室、辅导培训部、文化活动部、创作编研部、数字信息部、书画摄影部 6 个部室。

2019 年，区文化馆有编制 31 人，专业技术人员 29 人，研究生学历 3 人、本科学历 22 人，高级专业技术职称 6 人（其中正高级 2 人），中级专业技术职称 11 人。拥有一支包括中国作协会员、中国书协会员，中央音乐学院音乐学系等专业院校优秀毕业生及“中国书法进万家先进个人”“重庆市五一巾帼标兵”“重庆市文化系统青年岗位能手”等专业人才在内的业务精专、素养全面的专业队伍，为全区文化事业的繁荣发展和持续推进提供有力的人才保障。

全面构建形成“总分协管”为主、“总分直管”为辅，行业分馆、民营分馆共存的“3+N”多层级立体型新体系。全年新建4个文化分馆；先后有全国第三十八期县级文化馆长研习班等6班次到馆开展现场教学；应邀到中央文化和旅游干部管理学院等单位讲授总分馆制建设经验10余次；接待343家单位、373人次前来实地交流观摩；迎接新疆兵团第一师阿拉尔市4名文化骨干到馆跟班学习2周。

区文化馆在“网聚正能量•共筑中国梦”重庆微视频大赛中，荣获优秀组织单位称号。在重庆市“三馆”免费开放绩效考评中荣获一等奖第一名，创造了连续四年荣获一等奖的佳绩。在“三八”国际妇女节期间，荣获“重庆市三八红旗集体”称号。作为会员单位，参加了中国文化馆协会第二届会员代表大会。

【大渡口区图书馆】 是一家财政全额拨款事业单位，工作人员25人（其中：在编人员11人、临聘人员14人，本科以上学历占90%），总建筑面积13624平方米。

2019年，区图书馆功能升级改造，馆内设有总服台、城市书房、报刊借阅室、少儿书刊借阅室、低幼亲子借阅室、青少年借阅室、成人图书借阅室等服务窗口，有纸质藏书32.1万余册，年订报刊800多种，提供100兆宽带及Wi-Fi无线上网服务。改造后可供读者使用的公用空间扩容20%以上，阅览座席数由300余座增至600余座。运用RFID识别技术建立智能读者服务系统，对馆藏图书及图书借还等工作实现了智能化自助管理，提供AI智能机器人在大厅引导服务。

新增城市书房，实现无人值守服务，读者可自助办理读者证、借还纸质图书、电子图书下载等服务，日均接待读者687人次。

报刊借阅室设置了老年人阅览区，配置了阅读工具，便于老年人读者阅览。同时提供过期杂志借阅服务，日均接待读者735人次。

少儿借阅区域分为少儿书刊借阅室、低幼亲子借阅室，分别提供儿童文学、绘本等少儿读物和少儿报刊供读者借阅。同时设有亲子阅读小剧场用于开展各类亲子阅读活动、故事会等，日均接待读者525人次。

青少年借阅室、成人图书借阅室实行借阅一体化服务，供读者自行借阅，日均接待读者657人次。

文化信息资源共享工程支中心，是大渡口区文化信息共享工程服务支中心，主要负责全区文化信息资源共享工程工作及基层服务点业务指导。

2019年，图书馆举办讲座、展览，开展“幸福婚姻三部曲”专题讲座、“老年人数字阅读”系列讲座、“朗读技巧及语言表达”等专题讲座24场，将讲座送进社区、校园。开展“廉洁文化”专题展览、“奋斗的历程，辉煌的成就——纪念改革开放40周年”图片展等展览22场。开展主题鲜明的全民阅读活动45场次。先后开展“我的中国梦——公共文化数字进万家”系列活动、“共享阅读新时代”世界读书日、图书馆服务宣传周等主题鲜明的系列活动；丰富多彩的少儿阅读活动：“名家进校园”名家分享会、“博物世界 遇见未来——领略历史文化之美”写生等活动。

全年接待读者35.8万人次，图书流通34.9万余册次。先后荣获“渝城e站阅读——我是阅读达人”数字阅读推广活动、“常青e路 幸福夕阳”老年人数字阅读培训优秀组织单位、优秀宣传单位等称号。

新闻宣传

【概况】 大渡口区新闻宣传中心（以下简称“区新闻中心”）是大渡口区委宣传部领导下的正处级全额拨款行政事业单位，成立于2008年3月，最初由大渡口报编辑部和大渡口新闻60分影视部整合而成，2010年底成立广播事业部，2017年10月成立新媒体部，区新闻中心，由报刊采编部、影视报道部、广播事业部、新媒体部和综合保障部组成，有编制人员19名，其中处级职数3名，科级职数7名。中心有员工61人（在编17人，聘用44人），专业涵盖报纸编辑记者、电视摄制编播制作、广播节目制作、新媒体编辑制作等业务门类。中心负责正确、全面、及时地宣传党的路线、方针、政策，贯彻执行党和国家有关信息化工作的政策和各种法规；围绕区委、区政府的中心工作，通过电视、报纸、网络等新闻媒体，全面客观报道全区政治、经济、文化和社会生活等方面的情况，报道全区改革开放和各条战线的先进典型，充分发挥区内媒体的宣传阵地作用和服务职能。

【报刊】《大渡口报》每周三刊，四开八版，发行量2万份，连续10年荣获优秀区县报称号。2019年，大渡口报在重要版面开设了“‘不忘初心、牢记使命’推动重庆各项事业沿着习近平总书记指引的方向奋力前行”“庆祝新中国成立70周年系列报道”“在行动大型系列报道”“看效果大型系列报道”“爱国情 奋斗者”“壮丽70年奋斗新时代”“新中国峥嵘岁月”“讲红色故事、讲革命精神”“抓兑现落实促高质量发展”“走进‘最后一千米’”等栏目，采用消息、通信、专访、图片等多种报道形式，持续采访报道全区各上下以习近平新时代中国特色社会主义思想为指引，全面贯彻党的十九大精神的具体举措、实际行动、生动事迹。全国“两会”和市“两会”期间，大渡口报推出《我区干部群众关注全国两会》报道并及时转发市两会开闭幕式。同时，大渡口报还完成了其他系列时政要闻报道，推出《聚焦大渡口两会》《学习贯彻两会精神》《智博会特别报道》《清风义渡》《扫黑除恶进行时》《重庆环保督查在行动》等栏目，为建设“高质量产业之区、高品质宜居之城”加油鼓劲、凝心聚力助推发展，传递正能量。

【电视】 区新闻中心是重庆电视总台的业务合作中心之一，每天自制的“大渡口社区60分”在重庆电视台公共频道20：00—21：00时播出。2019年，大渡口电视台推出《把习近平总书记重要讲话落实在重庆大地上》《新时代新担当新作为》《晒风景晒文化》《上善之地大德之城》《聚焦党建》《扫黑除恶》《环保督察》《看变化》《不忘初心 牢记使命》等多个栏目，播放时长600分钟左右。完成“两会”报道、新中国成立70周年报道、草莓音乐节、智跑重庆等多个大型宣传报道。完成区人大、区纪委等多个部门专题短片的拍摄制作任务。大渡口电视外宣工作继续在全市保持领先，全市总排名前三。全年完成重庆电视台新闻上稿约500条，平均每月40余条。

【广播】 大渡口广播电台于2010年12月30日正式开播，又名农村应急广播系统，主要从事日常宣传报道和突发事件应急处理工作。每天播出时间135分钟，分早、中、晚三个时段播出，每个时段45分钟。全年播出广播栏目350期，播出时长780个小时。2019年，大渡口广播对学习和宣传中央十九届四中全会和中共重庆市委五届六次全委会、中共大渡口区委十二届六次全委会精神等进行了专题报道，特别是对新中国成立70周年的相关报道采取了多种报道形式，发布“壮丽70年奋斗新时代”系列专题报道16条，全面展现大渡口区70年来的发展变迁历程。同时，报道“新时代新担当新作为”20条、环境保护97条、民生实事34条、文化体育103条、“不忘初心 牢记使命”89条等稿件。此外，配合区内的各种宣传，每天进行公益广告刊播6～8次和中国梦歌曲的播放。大渡口广播外宣排名稳定地保持在全市前五名，全年供稿120条左右。

【新媒体】 区新闻中心新媒体部成立于2017年11月，包括大渡口网、大渡口手机报、大渡口发布政务微博、大渡口发布微信公众号、义渡热爱App、大渡口手机台、大渡口报数字报等多个新媒体平台，是大渡口区唯一的官方网络宣传阵地。2019年，新媒体部在承担原有大渡口网、大渡口手机报、大渡口发布微信公众号、大渡口发布微博、义渡热爱客户端、大渡口手机台等几大平台的基础上，新增了学习强国平台供稿的全区审核任务。全年各平台已刊发图文、音视频、H5等稿件近4万篇，按时接收发送指令超过800次，开设“庆祝中华人民共和国成立70周年”“晒文化•晒风景、大型文旅推介”“网络中国节”等专题超过30个。向学习强国平台投稿，全年上稿近800篇，在全市各区县供稿排名中，总量稳居全市榜首。

新媒体部各平台及创作作品获得多项国家级和市级奖项，其中作品《69年前的今天，重庆发生11•27大屠杀》获评全国第四届“五个一百”百幅网络正能量图片类作品。大渡口网被评为新华网外宣优秀网站。大渡口手机报获评年度突出贡献奖、优秀管理者奖、优秀编辑奖等三个奖项。义渡热爱客户端获评重庆客户端集群联盟年度优秀管理奖、突出贡献奖、优秀运营奖、优秀技术奖等四个奖项。大渡口手机台浏览量3458万次，排名全市前十名，荣获重庆市区县广电媒体融合发展创新奖。

（区新闻中心）

文旅产业

【概况】 编制《大渡口区文体旅产业融合发展规划》，为重庆首创，明确未来产业发展的重点方向。聚焦音乐主题，成立钓鱼嘴半岛保护性开发专项领导小组，明确了“长江文化艺术湾区”和钓鱼嘴音乐半岛规划功能定位，完成钓鱼嘴音乐半岛概念策划，厘清规划建设思路。重视市场培育，加强文旅产业软硬件建设。利用第六届西部旅游产业博览会、第四届重庆文化旅游惠民消费季、第八届重庆文博会等市级重要展会，积极推介华生园金色蛋糕梦幻王国、重庆工业博物馆等景区，提升市场知名度。

文旅产业投入 19.56 亿元（文化产业投入 7037 万元，旅游产业投入 18.84 亿元，其中包括投入额超 500 万元的 19 个涉旅项目，投资 18.79 亿元。全年旅游宣传和营销投入 165 万元）。

第四次经济普查初步摸底，全区文化企业 872 家，是 2013 年的 2.6 倍，其中规上企业 19 家（含新增 5 家待国家审核），是 2013 年的 4.8 倍。重庆工业文化博览园项目中工业遗址公园已经建成，招商中心开放，博物馆对外开放主题馆、主展馆。协助艺度创园区完成由政府主导向企业主导的转型，继续帮助园区打造以文化创意为特色的都市旅游目的地。积极组织皖新集团申报重庆数字文化创意产业园。协助跳磴镇石盘村成功创建首批“重庆市智慧旅游乡村示范点”。

遗产保护

【大渡口区文物管理所】 成立于 2007 年 12 月，2019 年机构改革后，为大渡口区文化和旅游发展委员会下属事业单位，是全区文物保护管理专门机构，也是政府文物工作的职能管理部门。区文物管理所与区博物馆、区非物质文化遗产保护中心合署办公，有事业编制 4 名，专职工作人员 10 人，主要负责全区文物和非物质文化遗产资源调查、申报，博物馆开放管理，文物保护利用，优秀传统文化传承普及，重点项目建设中的文物抢救保护等工作。

2019 年，全区有全国重点文物保护单位 1 处、市级文物保护单位 3 处、区级文物保护单位 16 处，未定级不可移动文物 74 处。重庆市市级非物质文化遗产代表性项目 15 项，区级非物质文化遗产代表性项目 42 项。国有博物馆 2 家，其中新建成并投入使用博物馆 1 家。

【大渡口区博物馆】 全年举办临时展览 4 个，接待参观观众 108944 万人次。完成原创策展并举办“峥嵘七十载•奋进新时代——大渡口市民生活变迁展”“商埠印迹——重庆开埠摄影文献展”“泥韵风华——于士华滴塑馆藏作品展”“清风正气——历史文物中的廉政文化展”4 个展览和“大渡口区考古成果图片展”“寻根大渡口”绘画作品展、“守护历史•传承文明——大渡口区博物馆爱国主义科普展”3 个巡展。

配合科学普及教育讲座、全市文化旅游消费季、新中国成立 70 周年等组织开展展板图片展进社区、进广场、进学校、进商圈等巡展活动 30 余场。完成馆藏文物 455 件 / 套的“四有”建档工作，完成 25 件 / 套珍贵文物囊匣的制作。开展藏品征集，征集藏品 133 件 / 套，接受社会捐赠 23 件。加强与助残服务机构合作，组织助残讲解活动，新增“手语讲解”和“语音导览”等线上讲解服务。

【文物保护】 区委区政府将文物安全工作纳入政府考核目标。全年完成文物保护工程 3 个：秦家院子民居过厅及厢房文物修缮工程、新山村防空警报台保护修缮工程和金鳌寺古井及放生池环境改造项目。做好文物资源调查申报工作：兵工署第二十一兵工厂火工所旧址被市政府公布为第三批市级文物保护单位；原重钢型钢厂——行政办公楼等 7 处历史建筑成功申报重庆市第三批历史建筑名录；完成 12 处第二批大渡口区文物保护单位申报、评审工作。加强文物安全巡查和文物建筑消防安全标准化创建工作，全年巡查文物 559 处次，全年无安全事故发生。配合区人民检察院首次开展辖区文物保护检察公益诉讼专项监督工作。

【非物质文化遗产保护】 组织老氏静卧养生保护单位开展第五批国家级非遗项目保护名录申报工作，已成功入选重庆市预报名单。联合市文旅委在武隆举办鲁渝共建非遗扶贫（中巴谢氏）培训班（第一期），招收以农村建卡贫困户和残疾人为主的学员 50 人，展开为期30天的培训，培训结束后为6名培训班优秀学员提供就业岗位，并为其他学员提供创业指导。

开展交流宣传。堰兴剪纸和重庆大漆传统制作技艺传承人在“巴渝工匠”杯中获奖，受邀参加“一带一路”国际技能大赛中的“巴渝工匠”绝技绝活展；组织堰兴剪纸、糖画等15个非遗项目分别参加了“第23届都市旅游节”“第四届重庆市非遗暨老字号博览会”“第十届文化和自然遗产月”宣传活动等，各类非遗活动辐射人群超9.8万余人；举办春节、端午节、中秋节等传统节日非遗宣传展示展演活动；重视非遗在校园内的普及工作，在育才小学双山校区、钢花小学、三十七中学开展非遗进校园活动；积极联系群众，走进基层，在各社区开展老氏静卧养生讲座30余场次，惠及群众2万余人次。

行业监管

【市场审批】 全年受理审批件52件。3月，依据机构改革职能调整将新闻出版、印刷及电影审批职能划转移交给区委宣传部。9月29日，重庆工业博物馆开馆。10月19—20日，举办重庆长江草莓音乐节。

2019年，全区互联网上网服务营业场所数量40家，经营性互联网文化单位数量8家，娱乐场所数量28家，演出经纪机构数量4家，艺术品经营单位数量2家，“民办非”企业单位数量2家。旅行社数量2家，已备案分社总数量2家，已备案网点总数量85家。

【市场监管】 检查文化旅游市场经营单位871家次，收缴各类非法出版物1068余张册，处理文化旅游市场投诉42起，依法取缔场所57家次，办理违规经营案件29件。联合南岸区共同申报的“电影市场虚假交易、虚报票房行为查处实务”课件，入选文化和旅游部文化市场综合执法规范化课件。“重庆市大渡口区浪琴网吧违规接纳未成年人进入营业场所案”案卷代表重庆参加文化和旅游部2017—2019年度案卷评查活动（全市仅6件）。

“扫黄打非”工作取得实效，在“扫黄打非”专项行动中，收缴非法出版物1068张册，消除网上有害信息700余条，上报国家和市“扫黄办”工作信息37条，办理“扫黄打非”案件9件，开展进校园、进社区和进企业宣传活动24次。九宫庙街道锦霞社区被评为国家级“扫黄打非”进基层示范点和市级标兵，春晖路街道锦城社区被评为重庆市“扫黄打非”进基层标兵。

推进行业安全监管工作，检查文化旅游单位586家次，排查出一般安全隐患107处，挂牌整改3家次，处罚存在重大安全隐患13家。

（区文旅委）

档案·地方志

【概况】 1981年2月，大渡口区档案馆成立。1986年10月，大渡口区地方志编纂委员会成立。1988年1月，大渡口区档案局成立。2001年12月，大渡口区地方志办公室与大渡口区档案局、大渡口区档案馆合署办公。2006年6月，中共大渡口区委党史研究室、大渡口区档案局、大渡口区档案馆、大渡口区地方志办公室合署办公，成立四合一机构，实行一套班子、四块牌子的管理体制。2019年2月，档案局（档案馆）承担的行政职能划归区委办公室，对外保留区档案局牌子，不再保留与区档案馆合并设立的区档案局。中共大渡口区委党史研究室、大渡口区档案馆、大渡口区地方志办公室（一个机构三块牌子）规范设置为大渡口区档案馆，加挂中共大渡口区委党史研究室、大渡口区地方志编纂中心牌子，仍为区委办公室管理的正处级事业单位。

大渡口档案馆馆藏全宗101个，以纸质档案为主，有文书、科技、会计、婚姻、照片、声像、审计、修志、人口普查等门类73835卷、197569件。有7家区属国有破产企业、解体集体企业的15230卷档案寄存在区档案馆，其中文书档案5261卷，会计凭证、报表和工资册9969卷。此外还有政论书籍、中外文学名著、典籍、志书年鉴、工具书等馆藏图书2000余册。

【年鉴】 12月，《大渡口年鉴（2019）》公开出版，是大渡口区编纂的第十部区级综合年刊。《大渡口年鉴（2019）》设特载、大渡口概况、政治、法治与军事、经济、城市建设、社会事业等12个类目，系统、客观、翔实地记录了大渡口区2018年度政治、经济和社会各项事业发展状况，全面地展示了大渡口区新发展、新变化、新面貌。全书收录100

余个单位资料，共62万余字，采用16开装帧，发行1000册。按时完成《重庆年鉴（2019）》大渡口部分的编写报送工作，共有9个代表性的部目及图片3张、5900余字，记述了大渡口区的区情和经济社会发展情况。

【志鉴发行】《重庆市大渡口区志（1989—2008）》《大渡口年鉴（2018）》于2018年年底同时公开出版。区地志办通过《大渡口区报》、手机报、政府网站等多种途径刊登志鉴出版信息，送书进村、社区、学校、医院、机关企事业单位，拓展读志、用志领域，扩宽读者群、用志群，在全区范围以及市内各区县地方志部门赠阅发行《重庆市大渡口区志（1989—2008）》《大渡口年鉴（2018）》1200余套。

【地情资料征集】归纳整理区内部分地名、历史古迹、年度大事记等资源约1万字。征集社会知名人士、钢琴家李云迪的个人珍贵资料，包括宣传画册、杂志、纪念品、音像制品、奖章、奖杯、文件、图书等235件。

【区档案馆获评国家档案先进集体】 经过市人社局和市档案局的联合推荐，区档案馆被人力资源社会保障部和国家档案局联合表彰为全国档案系统先进集体。该荣誉每四年评比一次，区档案馆是重庆市唯一获奖单位。

【档案执法检查】5—6月，区档案局联合区委机要保密局开展档案和机要保密工作联合检查，通过查看台账、现场指导、情况反馈等形式实地走访，对70家机关企事业单位进行拉网式检查，机关单位覆盖率100%，发出联合检查通知书70份，提出整改意见170余条。

【依法行政】完成网审平台的升级，完成3项行政许可、6项公共服务事项的流程配置和清单编制，所有行政权力均实现网上办理，方便社会公众；在互联网＋监管平台上完成相应监管清单的认领，完善管理流程；完成《重庆市公共信用目录（2020年版）》中区档案局10项事项的编制。

【档案处置和移交】 清理馆藏，梳理各立档单位档案移交情况，结合机构改革的档案处置，按照国家档案局令第9号的要求，推进全区档案的接收工作。印发《关于做好机构改革中档案管理和处置工作的实施意见》，由区委办公室主任李新路主持召开全区机构改革档案处置工作推进会，部署档案处置进馆工作，区委常委韩瑞碧对机构改革中档案处置和移交工作提出严格要求。档案业务科多次指导涉改单位编制档案处置方案，处置档案工作，完善各单位《归档范围》和《文书档案保管期限表》。

【档案专项工作】 配合人社部门完成市属国有企业退休人员的社会化移交，与新增渝富土地、重庆银行、燃气公司等3家企业完成协议签署，分别与区农业农村委联合开展土地确权颁证档案，与区民政局联合开展地名普查档案，和区规划与自然资源局开展山水林田湖草生态保护修复工程档案等专项档案业务指导。

【档案利用】 将档案查询平台由四楼搬迁至图书档案馆大厅。加大档案服务社会的力度，在跨馆查询试点的基础上，积极配合加入重庆市档案资源在线利用平台，实现全市综合档案馆婚姻档案的异地查询。

（区档案局）

卫生健康　体育

卫生健康

【概况】 2019年2月，按照区委统一部署，撤销原区卫生计生委、区老龄委，成立大渡口区卫生健康委员会（以下简称“区卫健委”）。3月底全面完成职能划转、人员转隶、办公用房及固定资产移交、档案资料移交等机构改革各项任务。机构改革后，区卫生健康委与区红十字会、区计生协会合署办公，内设9个科室，核定行政编制14名，下设参公事业单位2个（区卫生计生监督执法局、区药管站）、医疗卫生事业单位8个（区职业健康安全监察所、区人民医院、区疾控中心、区妇幼保健院、区第二人民医院、区中医院、新山村街道社区卫生服务中心和跳磴镇卫生院）。

2019年，辖区医疗卫生机构278个，开放床位3004张，执业（助理）医师1234人，注册护士1581人，每千人卫生机构床位数8.53张。医院27家，其中政府办医院3家、企业办医院2家、民营医院22家。社区卫生服务中心（站）32家，乡镇卫生院1家、村卫生室18家，门诊部和诊所（卫生所、医务室）198家。其中卫生计生监督执法局1个，疾控中心1个，妇幼保健院1个，职业病防治院1个。

【医药卫生体制综合改革】 持续推进医联体建设、落实分级诊疗制度。推进大渡口区加入“重儿儿科医生联盟”项目，实现基层医疗机构全覆盖。探索城市医联体“三通”试点，完善协作机制、畅通双向转诊通道、扩大基层首诊病种范围。2019年医疗体内部下转病人258人，同比增长23.25%。加快建立现代医院管理制度。继续完善区人民医院现代医院管理制度，完成区人民医院章程修订，加强医院对党的建设，完善医院内部决策机制、工作规范、财务资产、医疗质量等监督管理制度。持续开展公立医院综合改革绩效评价，促进公立医院从规模扩张型向质量效益型、粗放行政管理向精细化信息管理化转变。建立健全综合监管工作机制。出台大渡口区医疗行业综合监管实施意见，落实部门职责，形成监管合力。建立综合监管工作制度，突出全行业监管、实施全流程监管。全年完成国家“双随机”监督抽检73家、重点监管项目“回头看”3个、住宿场所卫生监督等市级专项整治11个；完成医疗卫生机构传染病防治分类监督综合评价工作。

【基本公共卫生服务】 为2.5万名65岁以上老年人、3800余名产妇、2.3万名0～6岁儿童开展免费体检和健康管理工作。高血压规范管理率67.15%、糖尿病规范管理率67.06%。组建家庭医生团队53个，建立精品工作室4个，开展“渡医生”家庭医生签约服务品牌活动，吸引7.6万群众签约，重点人群签约率68.78%。推广“玲玲姐讲健康”品牌，在区级媒体播放健康教育公益广告1400余次，优选26名医师组建“玲玲姐讲师团”，开展健康讲座616次，全年接受各类健康教育宣传67861人次。

【民生实事】 “四个维度”全面落实民生实事，推进病有所医落地落实，巩固国家卫生区创建成果。为2895名困难群众建立健康档案，开展精准结对帮扶382户，困难群众“先诊疗后付费”在公立医院实现全覆盖。建立健全疫苗线上采购与线下使用全程追溯制度，全区接种门诊全程可追溯系统覆盖率和使用率达到100%，开展专项督查3次。开展疾病筛查，完成城乡妇女宫颈癌、乳腺癌筛查6000人。严格幼儿园、中小学、车站等公共卫生场所疾病预防控制，开展检查4次。2019年：孕产妇死亡率25.74/10万，婴儿死亡率2.57‰，早孕建册率96.34%，产后访视率95.75%，新生儿访视率97.01%，孕产妇健康管理率92.18%、儿童健康管理率92.15%。

【疾病防控】 推动建立“政府主导、卫健牵头、部门协作”的防控工作机制，疾控应急处置水平不断提升，及时规范处置突发公共卫生事件，妥善处置登革热疫情，全区未发生重大突发公共卫生事件。贯彻《中华人民共和国疫苗管理法》，严格疫苗采购、运输、管理，确保疫苗全程冷链和追溯，通过手机24小时在网络云端实时监控冷链设备温度。加强艾滋病患者管理，免费抗病毒治疗覆盖率87%，随访管理率94.30%。规范结核病防治，结核病人管理率100%，继续开展结核病知识宣传进万家活动。完成地方病三年攻坚行动。加强慢病监测，推进全民健康生活方式行动。对全区医疗机构和民营医院开展消毒效果监测工作，完成饮用水、职业病危害因素监测和职业性肿瘤监测，全年无食品安全事件发生。

【卫生计生监督】 推进卫生计生监督局机构改革工作，起草《重庆市大渡口区卫生健康综合行政执法支队主要职责内设机构和人员编制方案》。以国务院环保大督查为契机，加强医疗废物废水管理，全年开展3次医疗废物废水专项整治行动，整治违法行为17起，警告处罚4起，罚款20000元，督促各医疗机构添置医疗污水处置设备，全区医疗机构污水处置设备配置率95%以上。与所有医疗机构（含诊所）签订《大渡口区医疗机构规范化管理责任书》，落实医疗机构主体责任，加强医疗机构监管，全年监督单位899户，监督1803户次，人均监督户次150户次，监督覆盖率100%，全年办案117件，罚款16.8万元。

【人才队伍建设】 选派40余名骨干到三级医

院进修，参加住院医师规范化、全科医生转岗、精神科转岗医生培训。制定《大渡口区全科医生培养规划（2018—2020年）》，2019年送培全科医生12人，每万名居民拥有全科医生2.64人。注重外引。招录优秀专技人员19人，柔性引进16名市级知名专家长期在基层医疗机构坐诊。

【爱国卫生工作】 加快城乡环境卫生整治，推进农村无害化卫生厕所改造，开展病媒生物防制，万户城乡居民免费灭鼠，营造健康防病环境，提升城乡环境品质。全年开展4次巩固国家卫生区成果工作评测，举办病媒生物讲座培训20余次，开展万户城乡家庭灭鼠10000户，开展全民动手日活动约2500余次，创建区级无烟机关示范单位4家，改造农村无害化卫生厕所422户。

【中医工作】 健全制度，规范中医诊所备案管理、师承和确有专长人员分类考核。组织开展中医师带徒结业考核，考核合格5人。与区人力社保局联合开展大渡口区“名老中医”评选工作，共评审出区级名老中医10人。巩固全国基层中医药工作先进单位创建成果，完成基层医疗机构中医馆信息化建设各项目标任务。推动二级以上专科医院和妇幼保健院设置中医科，确保基层医疗机构中医药服务占30%。8月，通过创建全国基层中医药工作先进单位复审。

【红十字会工作】 开展“三救”“三献”宣传工作、开展红十字志愿服务活动、开展博爱助学活动、开展应急救援知识培训，配备“三救三献”宣传资料、备灾救灾基础设施设备。开展红十字应急救护培训进机关、企业、社区、农村、学校的“五进”活动，举办培训班74个，培训学员5946人次。为市民发放《应急知识手册》5000余本，在普及自救互救知识的同时，提高市民自救互救意识和能力。

【卫生应急】 健全卫生应急组织体系，修订完善卫生应急预案，规范卫生应急物资储备。加强卫生应急队伍能力建设，开展传染病疫情应急演练、突发事件紧急医学救援应急演练和自然灾害卫生应急专题培训。开展公众卫生应急技能提升行动和“5•12防灾减灾”宣传活动，提高群众自救互救能力。每季度开展突发事件公共卫生风险评估，定期开展专题风险评估。建立卫生应急保障快速响应机制，做好全区重点项目、大型活动、重大会议等现场医疗保障，全年未发生一般及以上级别传染病类突发公共卫生事件。

【安全稳定】 落实“党政同责、一岗双责”和“管行业管安全”责任，对31家重点医疗卫生单位定期或不定期进行检查，开展扫黑除恶专项斗争、大排查大整治大执法、“防风险保平安迎大庆”消防安全执法检查等专项活动。建立风险制度化常态化排查机制和风险出入库机制，坚决打好防范化解重大风险攻坚战。畅通信访渠道，加强矛盾纠纷排查化解，完成了2019年安全生产重点任务指标。

【基层党建】 加强政治建设。深学笃用习近平新时代中国特色社会主义思想，坚决维护以习近平同志为核心的党中央权威和集中统一领导，引导全系统各基层党组织和党员干部坚定政治立场，提高政治站位，树牢“四个意识”、坚定“四个自信”，做到“两个维护”，全面彻底肃清孙政才恶劣影响和薄熙来、王立军流毒。持续开展扫黑除恶专项斗争，对照中央扫黑除恶“回头看”开展自查整改。加强公立医院党的建设，公立医院制定了党组织与行政领导班子议事决策制度，厘清党委行政决策制度和运行机制。

开展“不忘初心、牢记使命”主题教育。成立领导小组和指导小组，制定“1+4”工作方案，委班子成员分别联系15个基层党组织，督促指导主题教育工作。开展“不忘初心、牢记使命”主题教育学习研讨，班子成员撰写心得体会27篇。检视问题到位，班子检视问题12个，班子成员个人检视问题47个，建立整改台账逐一销号。完成高质量调研报告8个，为身边群众办实事好事26件。

全面落实意识形态工作责任制。建立了卫生健康系统意识形态工作“正规军”“志愿军”人员队伍名册。定期召开例会专题研判意识形态工作。严格管控意识形态阵地，对全区卫生健康领域微信、微博、网站进行了摸排，清理处置新媒体僵尸账户7个，规范学术论坛管理，建立管理审批制度，审批学术论坛3件。提高了意识形态工作在绩效考核细则中的比重，将意识形态责任落实情况纳入了干部考核评价使用重要内容。

全面落实从严治党。坚决扛起管党治党主体责任，落实“一岗双责”。严格执行卫健委党组议事规则和“三重一大”决策制度。指导11个基层党支部完成了换届选举，对班子不健全、软弱涣散的2个非公党组织进行整顿。以身边的正反典型组织开展“四说”警示教育。全力做好巡察“后半篇文章”，制定完善民主决策等规章制度11个。开展过度诊疗等五个专项整治行动，紧盯重点环节，为实现全区卫生健康事业持续健康发展提供坚强政治保证。

【全面两孩】 持续落实全面两孩政策，推进计划生育服务管理，区、镇街、村社三级均开设计生便民服务窗口，按照“特事特办、急事急办、易事即办”原则，全年办理生育服务证2376个，再生育服务证63个，独生子女父母光荣证425个，继续全面实施两孩政策。

【计生家庭发展】 全年发放奖特扶金2282人次1069.74万元。其中农村部分计划生育家庭奖励扶助对象1141人，发放奖扶金140.196万元。计划生育家庭特别扶助对象1141人，发放特扶金929.544万元。为1189名计生特殊群体购买住院护理保险，为741个计生特殊家庭发放特别扶助金，为全区739个失独家庭进行免费健康体检。加强“3+X”联系人制度，计生特殊家庭就医绿色通道和家庭医生签约服务实现全覆盖。

【母婴设施】 全区建成并完善10个母婴室，公共场所母婴室配置率90%。新打造的万达广场母婴室，采用“1+7”的设置模式，是西南地区所有大型综合高端商场中面积最大、最具特色的母婴室。

【人口监测】 在中国计划生育家庭发展追踪调查工作中，大渡口区是重庆市唯一优秀区县，获得国家通报表扬。2019年常住人口30万人，出生人口3712人，其中一孩占比56.7%，二孩占比40.7%，多孩占比2.6%，出生人口性别比为105。全区设立4个出生人口信息监测点，全年共上报监测数据2353条，其中出生人口及孕产妇信息数据670条，育龄妇女及家庭、人口流动及家庭流动、人口死亡等信息数据1683条，为国家及时掌握和科学预判生育水平变动态势提供数据参考。

【婴幼儿照护】 全区托育机构2家，幼儿园77家，其中75家幼儿园接收3岁以下婴幼儿3707余名，服务680余个家庭；医疗机构开展科学育儿讲座、孕妇课堂等173次，区妇幼保健院、新山村和春晖路社区卫生服务中心推广小儿推拿特色服务项目，全年提供小儿推拿服务1.6万人次。

【老龄健康】 全区老龄人口6.7万人，人口老龄化率为22%，80岁及以上户籍老年人发放高龄津贴294万元，9000多名老年人受益。强化家医签约、社区养老、医养结合三大服务助推医养融合高质量发展，医养结合机构6家，医养服务机构7家，护理型床位1358张。

【计生服务】 科学构建294个免费药具网点和定点服务机构的5～10分钟免费药具发放服务圈，全区药具网点管理实行“三统一”，药具发放率100%。针对产后、人工流产等重点人群，开展“三送”服务，发放药具关爱礼包2000多份，避孕节育咨询指导率100%。开展药具宣传服务“三进”活动150场，发放免费药具1.2万盒。将药具服务链向家庭医生签约、健康促进、卫生计生监督执法、美沙酮维持治疗门诊、艾滋病预防以及妇女全生命周期服务内容延伸，推进药具服务常态化。

（区卫生健康委）

体　育

【概况】 根据渡编发〔2001〕132号文件，重庆市大渡口区体育运动委员会更名为重庆市大渡口区体育局（以下简称“区体育局”）。区体育局是区政府主管全区体育工作的职能部门，内设办公室，辖区体育运动场和区重点体育运动学校2个事业单位。2019年年底，核定编制21人，其中行政编制4人，事业编制17人（区体育运动场4人，区重点体育运动学校13人）。

【体育赛事与活动】 举办2019年大渡口区全民健身运动会“体彩杯”钓鱼比赛、2019年重庆市大渡口区全民健身运动会“体彩杯”拔河比赛、2019

年大渡口区全民健身运动会“体彩杯”乒乓球比赛、2019年全民健身运动会“体彩杯”首届排舞广场舞比赛、2019年全民健身运动会“体彩杯”羽毛球比赛、2019年“不忘初心•牢记使命”全民健身运动会定向赛、2019年大渡口区足球比赛、2019年大渡口区老年人门球比赛、2019年大渡口区长跑比赛、2019年大渡口区太极拳剑比赛、2019年大渡口区健身气功比赛、全国百城和千村健身气功展示系列活动大渡口区健身气功展示、2019年大渡口区气排球比赛、2019年大渡口区老年人柔力球比赛、2019年大渡口区残疾人乒乓球比赛，2019年大渡口区迎新登高健身活动等22次。

【体育设施建设】加强体育设施建设和管理，资助社区健身点11个，其中5个成为市级社区健身点。改造升级大渡口区公园体育设施，区公园被授予市级城市体育公园。区体育馆、游泳池、网球场、门球场等场馆坚持免费和低收费开放。

【社会体育指导员培训】举办三级社会体育指导员培训班。2019年年底全区有社会体育指导员521人。

【国民体质监测】 2019年，国民体质监测人数2200人，国民体质监测合格率95%以上。

【金牌赛事】 2019年，打造“李雪芮杯”羽毛球公开赛。11月1—3日，举办2019PWT世界定向精英巡回赛暨智跑重庆国际城市定向赛，整体赛事分为定向运动公益进校园、世界定向精英巡回赛重庆站及智跑重庆国际城市定向挑战赛。该赛事活动分为3日，来自30多个国家、50多名世界级运动精英，与国内的5000多名运动爱好者共同起跑，在奔跑中发现重庆城市之美，在任务中感触旅游新方式。

【大渡口区重点体育运动学校】 学校有运动项目13个：羽毛球、拳击、游泳、射击、网球、乒乓球、跆拳道、武术散打、武术套路、国际象棋、田径、足球、空手道等。有基础训练运动员1800余人，一线运动126余人。

【项目基地布局】 大渡口区小学是羽毛球基地，实验小学是武术基地，育才小学是乒乓球基地，钰鑫小学是羽毛球基地，茄子溪小学是拳击基地，马王乡小学是足球基地，重庆九十四中是乒乓球基地，重庆三十七中是足球、射击基地，茄子溪中学是拳击基地，重庆民族中学是跆拳道基地，旅游学校是足球、田径基地，巴渝学校是游泳基地。

【参赛情况】 各项目运动员参加全国、全市各级各类比赛50余次，有全国第二届青年运动会、全国羽毛球后备人才基地西南赛区、全国羽毛球后备人才基地总决赛、全国东西南北中羽毛球大赛以及全市各项目精英赛、锦标赛和冠军赛。全年度各项比赛获得金牌65枚、银牌63枚、铜牌69枚。输送到市级训练单位28人，其中市级优秀运动队转正6人。达到一级运动员人数18人、二级56人。被重庆市体育局评为“全市优秀重点区县体校”和“2019年度重庆市优秀运动队优秀输送单位”。

羽毛球、拳击、高尔夫、武术散打、足球5项目、82人代表重庆市代表团参加第二届全国青年运动会预赛，有43人进入决赛。并获得银牌1枚、铜牌2枚。创历届参赛人数、参赛项目、奖牌总数之最。获重庆市体育局授予的最佳组织奖。

【体育名人榜】 世界羽联宣布奥运冠军李雪芮退役。李雪芮获得第七届世界军人运动会羽毛球女子单打亚军。李影代表中国女子足球队参加2019法国女子足球世界杯赛。

【体育竞赛活动】举办市级、区级各项赛事活动10余项，参赛8000余人次。

【大渡口区体育馆】 始建于1992年，坐落于大渡口区文体支路18号，占地面积6576.08平方米，建筑面积4900平方米，主要场地面积831.6平方米，能容纳观众3100人。2009年经过翻修后场地设施得到改善，内设羽毛球馆、乒乓球馆、搏击馆、棋类馆等场地，向市民及团体免费和低收费开放。

【体育总会】 区体育总会下设群众体育协会17个，其中11个注册登记独立法人社团。各个单项体育协会全年开展群众赛事、展示活动、健身交流、学术讲座等活动200余场次，全年参加健身活动的群众和会员人数超过5万余人次，参加国家级，市级各类群众体育活动超过100场次，获得各种奖牌总数200余枚。

【体育产业】 围绕管理、宣传、服务、销售、培训等工作重点，立足服务，强化管理，强化体彩办公室工作，做到承上启下。全年开展网点培训45场，在售网点68个完成体彩销量1.06亿元。区体育局参加了重庆市第二届国际体育产业博览会。

（区体育局）

社会生活

城乡居民收入

【概况】 2019年全区常住居民人均可支配收入首次站上了4万元的台阶，达到40619元，同比增加3176元，增长8.5%，增速较上年同期提高了0.3个百分点。分城乡来看，城镇居民人均可支配收入41096元，增长8.4%，首次突破4万元大关；农村居民人均可支配收入21534元，也成功突破2万元大关，增长8.5%。

收入结构保持稳定。从收入来源看，常住居民工资、经营、财产、转移净收入占比分别为56.7%、7.1%、5.8%、30.4%，与上年同期对比来看，各项收入来源占比保持了相对的稳定，变动幅度在0.5个百分点以内。其中，工资性收入占比提高0.3个百分点，占比不变，经营净收入、财产净收入占比下降0.1个百分点，转移净收入占比不变，由此说明居民收入结构保持相对稳定。

工资性收入仍是居民收入的主要来源。2019年，全区常住居民人均工资性收入23028元，同比增加1896元，增长9.0%，增速居四大收入项首位，在可支配收入的比重为56.7%，对收入的增长贡献率达到了59.7%，是居民收入增长的第一拉动力，支撑了居民收入的半边天。

经营净收入和转移净收入增长较快。2019年，全区常住居民人均经营净收入2907元，同比增长8.2%，对收入增长的贡献率为7.0%；转移净收入为12333元，增长8.2%，对收入增长的贡献率为29.6%。这两项收入继续有力地拉动了居民收入增长。

财产性净收入小幅增长。2019年，全区常住居民人均财产净收入为2351元，同比增长5.4%，对可支配收入增长贡献率为3.8%。虽然该项占可支配收入的比重只有5.8%，但它是居民增收的有益补充，进一步丰富了居民增收渠道。

人民生活

【社保改革】 开展2019年全民参保计划扩面专项行动，入户调查20019人，促进了1079名未参保人员参保，全区城乡居民养老保险参保率稳定在95%以上。

加强社会保险扩面征缴工作，全区城镇企业基本职工养老保险、城乡居民基本养老保险、工伤保险参保人数分别为151120人、9745人、108689人，征收保险费分别为113569.37万元、120.92万元、5186.98万元。

推进机关事业单位养老保险改革落地，完成全区机关事业单位在职人员2018年度工资申报和日常业务维护工作。按时足额兑现2019年度全区8万余名机关企事业单位退休人员养老待遇调整和发放工作。

全面落实好社保降费减负。“降费率”，养老、失业两险为4000多户用人单位减负17920.63万元；“调基数”，调整就业人员平均工资计算口径，减负16877.12万元。继续实施小微企业社保缴费政策，为1527户企业减负2961.51万元。完善困难行业企业社保缴费政策，为996户企业减负7728.01万元。2019年减轻养老、失业、工伤保险缴费负担45487.27万元。

做好社会保险费征收职责划转工作。7月1日起，城乡居民基本养老保险费征管职责按期划转至区税务部门。

全面加强工伤保险经办管理。全面推动建筑业按项目参加工伤保险，全年新增43个建设项目参加工伤保险，征收工伤保险费377.05万元，涉及项目金额9.33亿，贯彻落实工伤保险费率浮动办法，做好费率浮动业务经办管理工作。全年为3965人（次）支付工伤待遇3160.28万元。

【社保扶贫】 支持帮助特困和低保人员参加城乡居民基本养老保险，落实全额代缴补助帮扶机制，确保扶贫对象参保率100%全覆盖。全年有2272名困难群体人员参保，其中特困人员11人参保，低保人员2261人，57名超龄困难人员参保并领取了待遇。

【社保基金监管】 以女性参保人员挂投靠企业参保提前至50岁退休的政策漏洞为重点，精准稽核疑似挂投靠参保企业79户，整改违规参保人员134人，补缴基金107.54万元。通过稽核警示约谈退出机制，促使18户企业及当事人撤销退休申请。查处涉嫌违规领取待遇人员201人，全年可减少基金支出约460万元。新采集退休人员3202人，退休资格认证54368人。追回重复领取工伤待遇24100元。4月起，养老待遇发放、12月起工伤保险定期待遇及特殊人群代发医疗补贴全面取消手工报盘，启用“社银接口”与代发金融机构交换数据。顺利通过市人力社保局对大渡口区社保基金风险防控专项检查，检查并整改问题24类。

【社保服务】 全面更新涉及城镇企业职工基本养老保险、机关事业单位养老保险、城乡居民基本养老保险、工伤保险单位和个人68项业务办事指南。实现社保卡业务办理“就近可办、多点能办”，全区标准化窗口由1个拓展为9个。推进人力社保系统电子认证服务网上经办工作，900多家单位已开通网上社保经办业务，实现业务档案数字化8万余件。加强退休人员社会化管理服务工作，有26232名市属国企退休人员移交到街道社区。

（区人社局）

民　政

【概况】 重庆市大渡口区民政局（以下简称“区民政局”）是负责管理全区民政工作的政府机构。2019年，全局内设机构为办公室、社会组织区划地名科、社会救助科、基层政权和社区治理科、社会事务儿童福利科、养老服务安全监管科（挂民政综合执法办公室），均为正科级单位。局下属有区最低生活保障事务中心、区殡葬管理所、区社会救助家庭经济状况核查认定中心、区社会工作管理服务中心、区救助管理站、区民政局婚姻登记处等事业单位，均为正科级单位。其中，区救助管理站和区民政局婚姻登记处分别于2009年参照公务员管理法管理。全局在编人员25人，其中，行政编制9人，参公编制5人，事业编制11人。2019年，区民政局荣获重庆市民政局民政重点工作考评优秀单位。

【社区建设】推动阵地建设源头治理，出台《大渡口区社区综合服务中心配置管理办法》，破解阵地建设难题。主动对接开发建设单位配置社区综合服务中心用房8679.31平方米，收取2家开发建设单位缴纳社区综合服务中心用房建设费用46.6万元。依法厘清镇街和基层群众性自治组织权责边界，健全完善基层群众性自治组织“三张清单”，开展“城乡社区减负增效”专项督查，减轻村（居）委会负担。建立了“三事分流”工作机制，解决好城乡社区治理中的热点、难点、疑点。建立健全村（居）民议事会、红白理事会、道德评议会，拓宽了村（居）民自治的实践渠道和空间，调动了村（居）民依法有序参与的积极性、主动性和创造性。开展村民自治领域扫黑除恶专项斗争工作。指导各镇街完成村民委员会成员补选工作，成功补选48人，指导八桥镇完成常嘉社区、逸景社区居民委员会选举工作，选举居民委员会成员10人。

【社会工作】 2019年，全区实施市级、区级社工项目33个，投入资金240万元，受益人群覆盖老年人、未成年人、残疾人和低收入家庭等二十几类对象。大渡口区社会组织实践园组织沙龙、论坛149次，开设各类培训课程73次，分享交流会47次，参与社工、社区工作者和志愿者上千人。截至年底，全区社区工作者中持证社工有417人，较上年增长23%。其中，社会工作师169人，助理社会工作师143人，重庆市社会工作员105人。社工人才总数占社区专职工作者总数的85%。

【特困人员供养】 2019年，全区供养特困人员103人，供养标准为754元/月。其中，集中供养33人，分散供养70人。共计发放生活补贴108.76万元。

【孤儿供养】 2019年，全区供养散居孤儿6人，供养标准为1204元/月，共计发放生活补贴7.95万元。

【福利事业】 全区有各类养老机构31家，其中，公办养老机构（区敬老院）1家，取得备案或许可的社会办养老机构26家，小区内养老机构4家。设置养老床位2137张，其中，设置护理型养老床位1022张，占总床位数的47.8%。

投入福彩公益金270万元，新建新工社区、锦霞社区、双城社区、常嘉社区、丽景社区、光明冶建社区、白沙沱社区、刘家坝社区、桥口社区、锦凤社区、跃新社区等11个“老吾老”社区养老服务站。改造闲置社区用房9642.75平方米，投入资金1372.21万元，建成“老吾老”社区养老服务站39个，社区养老服务设施覆盖率69.64%，引入社会资本投资2480万元，建成3个镇（街道）养老服务中心。

落实高龄失能老人生活补贴，为全区61名高龄、失能困难老年人发放养老服务护理补贴121400元。加强养老机构消防安全监管，全年关停小区内养老机构2家，2家养老机构完成消防整改，取得养老机构设立许可。

落实残疾人“两项补贴”制度，全年享受残疾人“两项补贴”人数2319人次，其中享受贫困残疾人生活补贴人数714人，享受重度残疾人护理补贴人数1605人，发放残疾人“两项补贴”资金198.895万元。全年销售福利彩票13633.78698万元，其中中福在线6880.87758万元，刮刮乐486.008万元，电脑票6266.9014万元。

【殡葬改革】 落实城乡困难群众基本丧葬服务费，对区内50名困难群众免除基本丧葬服务费6.278541万元。推进节地生态安葬，发放困难群众节地生态安葬补贴0.9万元。推进殡葬礼俗改革，指导全区94个村（社区）建立了红白理事会，完成村规民约、居民公约的修订完善。

【社会救助】 建立流浪乞讨人员救助管理工作联席会议制度，明确部门、镇街工作职责，共同做好流浪乞讨人员救助管理工作。全年救助流浪乞讨人员61人次。全区滞留流浪乞讨人员9人，其中市第一社会福利院托养2人，重钢总医院精神病科托养7人，托养情况良好。

【婚姻与收养】 区民政局婚姻登记处是参照公务员法管理的事业单位，负责全区婚姻、收养登记工作，有工作人员4人。

2019年，婚姻登记处登记服务规范化、标准化深入推进，全年办理结婚登记3584对、离婚登记2923对、补发婚姻证件994件，收养登记2件，解除收养登记1件。在线登记率100%，档案入库率100%，无有效投诉和违法、违规事件发生。

婚姻收养登记规范管理。（1）严格依法登记。贯彻《中华人民共和国婚姻法》《中华人民共和国收养法》《婚姻登记工作规范》等法律法规及其他规范性文件，严格按规定程序办理各项业务，确保登记合格率100%。（2）规范档案管理。全年整理档案7504卷，做到档案资料无丢失、无损毁、安全使用。完成2016—2018年19088件婚姻档案数字化处理，并将纸质档案移交进大渡口区档案馆。完成档案“文档一体化管理系统”采购安装，将区档案馆现有电子化婚姻档案拷贝至婚姻登记处，让群众至婚姻登记处就能查询离婚协议书和历史婚姻档案，档案查询更加便民高效，全年接待群众查询档案1267件。（3）坚持人性化便民服务。坚持推行优质、高效、精准化服务。长期坚持执行延时服务、预约服务、加班服务等便民服务制度。对群众提出的问题积极主动联系相关部门协助解决，切实帮助群众解决实际问题。全年受理网上预约登记73对；坚持每周六9：00—12：00时正常上班，加班51次办理登记177件。

婚姻登记服务内涵深入拓展，结婚颁证仪式、婚姻家庭辅导服务和文明婚俗宣传不断深化，“家庭和谐计划”社工项目持续开展。联合妇联、社区、律师事务所、社工组织等单位力量，开展“移风易俗”、倡导“婚事新办简办”宣传活动7场，家庭教育宣传倡导活动4场，社区困境家庭走访6户，小组活动6个（24节），沙龙活动42场，为117对夫妻提供离婚调解服务，媒体宣传报道110次。

【城乡低保】 大渡口城乡低保同标，按照渝民发〔2019〕39号文件要求，城乡低保标准提高到每人每月580元。2019年，全区有城乡低保对象2369人，全年发放低保资金1806.8万元，城乡低保人均补差水平分别为567.62元、560.85元。

【临时救助】 及时实施临时救助。全年临时救助296户次、113.3万元。依托区社会救助家庭经济状况核查认定中心和镇街的核查工作站，所有社会救助家庭纳入部门联动核查，核查工作站全年联动11000余人次。为2户困难家庭申请市级“困难救助基金”5.5万元。

【惠民济困保险】 为辖区低保对象、孤儿等4类3067名困难群众购买“惠民济困”保险，减轻困难群众因意外和疾病而造成的负担。

【民政建档】 开展民政建档清理工作，全年清理民政困难建档家庭300余户，清理工作结束后及时返回要件缺失或者材料信息不准确的资料到镇街并督促整改。

【社会行政事务管理】 全年新登记社会团体5家、民办非企业单位9家，备案社区社会组织278家，类型涉及教育、体育、文化等多个领域。依法对47家社会团体、123家民办非企业单位进行了年检；注销3家社会团体、3家民办非企业单位。深入推进平安边界建设，积极开展《行政区划管理条例》宣传贯彻，严格执行《重庆市地名管理条例》，依法命名福华路、五盛路、益胜路等3条道路。

2019年大渡口区社会团体

序号	社会团体名称	成立时间
1	重庆市大渡口区汽车维修行业协会	1991-9-10
2	重庆市大渡口区建筑业协会	1991-10-31
3	重庆市大渡口区医药卫生学会	1991-10-17
4	重庆市大渡口区个体劳动者协会	1991-12-13
5	重庆市大渡口区退休教师协会	1991-12-13
6	重庆市大渡口区集邮协会	1991-12-13
7	重庆市大渡口区税务学会	1992-9-25
8	重庆市大渡口区球迷协会	1996-8-13
9	重庆市大渡口区体育总会	1996-11-5
10	重庆市大渡口区私营企业协会	1997-4-2
11	重庆市大渡口区赛马会	1998-9-25
12	重庆市大渡口区山城啤酒联合会	2001-8-28
13	重庆市大渡口区商业联合会	2001-8-31
14	重庆市大渡口区道路运输协会	2002-11-25
15	重庆市大渡口区网球协会	2003-12-12
16	重庆市大渡口区跳磴花椒专业协会	2003-12-12
17	重庆市大渡口区跳磴镇蔬菜专业合作协会	2004-5-26
18	重庆市大渡口区社会福利企业协会	2005-1-19
19	重庆市大渡口区网吧行业协会	2005-4-8
20	重庆市大渡口区食品药品行业协会	2005-4-29
21	重庆市大渡口区慈善会	2005-5-19
22	重庆市大渡口区汽车运动协会	2005-11-26
23	重庆市大渡口区摄影家协会	2006-4-7
24	重庆市大渡口区教育学会	2007-8-9
25	重庆市大渡口区文化音像协会	2008-3-9
26	重庆市大渡口区警察协会	2008-5-9

续表

序号	社会团体名称	成立时间
27	大渡口区党外知识分子联谊会	2008-5-15
28	重庆市大渡口区反邪教协会	2009-2-18
29	重庆市大渡口区物业管理协会	2009-8-26
30	重庆市大渡口区国际税收研究会	2009-11-16
31	重庆市大渡口区微型企业协会	2011-3-29
32	重庆市大渡口区金融业协会	2011-9-23
33	重庆市大渡口区社会工作者协会	2011-11-30
34	重庆市大渡口区统一战线理论研究会	2012-11-19
35	大渡口区义渡志愿者协会	2012-12-12
36	重庆市大渡口区建胜镇商会	2013-5-2
37	重庆市大渡口区检察学研究学会	2013-5-2
38	大渡口区作家协会	2013-5-2
39	重庆市大渡口区书法家协会	2013-12-10
40	重庆市大渡口区餐饮商会	2014-1-13
41	重庆市大渡口区国际标准舞协会	2014-1-13
42	重庆市大渡口区音乐家协会	2014-2-18
43	重庆市大渡口区舞蹈家协会	2014-2-18
44	重庆市大渡口区晋愉梦想联盟	2014-2-6
45	重庆市大渡口区教育红十字会	2014-4-16
46	重庆市大渡口区机电商会	2014-6-10
47	重庆市大渡口区国学研究会	2014-9-2
48	重庆市大渡口区老氏养生文化研究会	2015-5-19
49	重庆市三十七中学校校友会	2015-6-19
50	重庆市大渡口区楹联学会	2016-2-3
51	重庆市大渡口区建桥工业园区企业联合会	2016-4-29
52	重庆市大渡口区浙江（东阳）商会	2016-5-27
53	重庆市大渡口区互联网商会	2016-7-13
54	重庆市大渡口区美术家协会	2016-7-13
55	重庆市大渡口区关爱青少年儿童协会	2016-9-18
56	重庆市大渡口区老年人体育协会	2017-4-12
57	重庆市大渡口区收藏协会	2017-8-14
58	重庆市大渡口区门球协会	2017-11-8
59	重庆市大渡口区信鸽协会	2017-11-8
60	重庆市大渡口区环境保护联合会	2017-11-28
61	重庆市大渡口区棋类协会	2017-12-12
62	重庆大渡口区浙江商会	2018-1-24
63	重庆市大渡口区互联网界联合会	2018-7-19

续表

序号	社会团体名称	成立时间
64	重庆市大渡口区中医康复服务商会	2018-11-19
65	重庆市大渡口区跆拳道协会	2019-1-18
66	重庆市大渡口区武术协会	2019-1-21
67	重庆市大渡口区羽毛球协会	2019-8-23
68	重庆市大渡口区篮球协会	2019-11-15
69	重庆市大渡口区瑜伽协会	2019-11-15

2019年大渡口区民办非企业单位

序号	民办非企业单位名称	成立时间
1	重庆海天艺术学校	2001-4-1
2	重庆市大渡口区育人职业培训学校	2001-8-1
3	重庆康立中医康复职业培训学校	2002-1-1
4	重庆市大渡口区运翔青少年体育俱乐部	2003-2-1
5	重庆市大渡口区中小企业创业技术服务中心	2005-4-28
6	重庆市大渡口区华威外国语培训学校	2006-6-18
7	重庆市大渡口区雏鹰幼儿园	2006-8-13
8	大渡口区绿岛大地幼儿园	2007-8-2
9	重庆市大渡口区新山村街道稻草援助中心	2007-12-6
10	重庆市大渡口区跃进村街道稻草援助中心	2007-12-6
11	重庆市大渡口区九宫庙街道稻草援助中心	2007-12-6
12	重庆市大渡口区八桥镇稻草援助中心	2007-12-6
13	重庆市大渡口区建胜镇稻草援助中心	2007-12-6
14	重庆市大渡口区跳磴镇稻草援助中心	2007-12-6
15	大渡口区恒悦职业培训学校	2009-2-26
16	大渡口区民乐苗苗幼儿园	2009-7-9
17	重庆市大渡口区博雅香港城幼儿园	2009-7-9
18	重庆市大渡口区蓝天齐爱幼儿园	2009-7-13
19	重庆市大渡口区公民村育苗幼儿园	2009-8-15
20	大渡口区迁禧育才幼儿园	2009-8-5
21	大渡口区迎春幼儿园	2009-8-5
22	大渡口区小太阳幼儿园	2009-8-5
23	大渡口区群渝幼儿园	2009-10-19
24	大渡口区更欣学前幼儿园	2009-10-19
25	大渡口区玉兰剑桥培训学校	2009-12-15
26	重庆市大渡口区启慧青少年体育俱乐部	2009-12-15
27	重庆市大渡口区灵灵思维培训中心	2009-12-15
28	重庆市大渡口区国瑞城洄龙幼儿园	2009-12-15

续表

序号	民办非企业单位名称	成立时间
29	重庆市大渡口区春晖路街道锦城社区卫生服务站	2010-2-20
30	大渡口区天辰阳光幼儿园	2010-2-26
31	重庆市大渡口区安安幼儿园	2009-3-26
32	重庆市大渡口区园丁子炫幼儿园	2010-2-26
33	重庆市大渡口区锦天德艾幼儿园	2010-4-15
34	大渡口区希望园幼儿园	2010-6-7
35	重庆市大渡口区三星幼儿园	2010-6-7
36	大渡口区金果幼稚园	2010-8-19
37	重庆市大渡口区红太阳幼儿园	2010-8-19
38	重庆市大渡口区阳光宝贝壹街区幼儿园	2010-8-19
39	重庆市大渡口区睿星教育培训学校	2010-9-29
40	重庆市大渡口区云岭天城幼儿园	2010-12-20
41	重庆市大渡口区启蒙幼儿园	2010-12-20
42	重庆市大渡口区南海幼儿园	2011-2-16
43	重庆市大渡口区天辰美苑洄龙幼儿园	2011-3-28
44	大渡口区绿茵青少年体育俱乐部	2011-3-28
45	重庆市大渡口区茄子溪街道稻草援助中心	2011-8-1
46	大渡口区绿手指培训学校	2011-8-1
47	重庆市大渡口区锦绣星宇幼儿园	2011-8-1
48	重庆市大渡口区娃娃国幼儿园	2011-8-1
49	重庆市大渡口区耀星第一幼儿园	2011-11-9
50	大渡口区启慧培训学校	2011-11-9
51	重庆市大渡口区世纪英才培训学校	2011-11-9
52	重庆他她少儿艺术培训学校	2012-3-19
53	重庆市大渡口区启慧幼儿园	2012-3-19
54	大正幼儿园	2012-6-19
55	重庆市大渡口区清华教鸿幼儿园	2012-6-19
56	重庆市大渡口区四季童话幼儿园	2012-6-19
57	重庆市大渡口区哆来咪幼儿园	2012-6-19
58	重庆市大渡口区迪乐贝儿幼儿园	2014-8-29
59	重庆市大渡口区东方学堂幼儿园	2013-1-23
60	重庆市大渡口区春晖路街道稻草援助中心	2013-1-23
61	重庆市大渡口区蓓蕾幼儿园	2013-2-1
62	重庆市大渡口区时代幼儿园	2013-2-1
63	重庆市大渡口区山城社会工作服务中心	2013-3-19
64	重庆市大渡口区冯军艺术教育培训学校	2013-5-2
65	重庆市大渡口区维维幼儿园	2013-5-27

续表

序号	民办非企业单位名称	成立时间
66	重庆市大渡口区东海幼儿园	2013-7-9
67	重庆市大渡口区壹心壹教育培训学校	2013-7-9
68	重庆大渡口旭东医院	2013-7-31
69	重庆市大渡口区奥搏青少年体育俱乐部	2013-7-31
70	重庆市大渡口区启明社会工作服务中心	2013-10-14
71	重庆市大渡口区金港湾幼儿园	2013-10-14
72	重庆市大渡口区金贝贝幼儿园	2013-11-6
73	重庆市大渡口区御景天都三色幼儿园	2013-11-20
74	重庆市大渡口区联心公益发展中心	2013-12-12
75	重庆市大渡口区健博青少年体育俱乐部	2013-12-12
76	重庆市大渡口区鑫鹏康苗幼儿园	2013-12-12
77	重庆市大渡口区朵儿艺术教育培训学校	2013-12-12
78	重庆市大渡口区梅明社会工作服务中心	2014-1-13
79	重庆市大渡口区百禾星宿哆来咪幼儿园	2014-3-18
80	重庆市巴渝学校	2014-3-31
81	重庆市大渡口区广仁颐和老年公寓	2014-6-18
82	重庆市大渡口区金鳌幼儿园	2014-6-18
83	重庆市大渡口区康乐养老院	2014-8-5
84	重庆市大渡口区成田公益服务中心	2014-9-3
85	重庆市大渡口区三昇幼儿园	2014-12-16
86	重庆市大渡口区智慧星幼儿园	2014-12-16
87	重庆市大渡口区家群社会工作服务室	2015-2-27
88	重庆市大渡口区维多利亚幼儿园	2015-6-30
89	重庆市大渡口区竹园大地幼儿园	2015-9-15
90	重庆市大渡口区茄子溪文创空间服务中心	2015-9-17
91	重庆市大渡口区茄子溪四叶草社工服务中心	2015-12-7
92	重庆市大渡口区维多利亚儿童之家幼儿园	2016-1-6
93	重庆市大渡口区宝贝树幼儿园	2016-1-13
94	重庆市大渡口区建桥职业培训学校	2016-1-16
95	重庆市大渡口区实验小学佳兆业学校	2016-4-13
96	重庆市大渡口区九十五中佳兆业中学校	2016-4-14
97	重庆市大渡口区破壳文化交流中心	2016-4-26
98	重庆市大渡口区爱萌幼儿园	2016-5-6
99	重庆大渡口杜氏中医医院	2016-5-26
100	重庆市大渡口区伟才幼儿园	2016-6-20
101	重庆市大渡口区至品职业培训学校	2016-7-20
102	重庆市大渡口区海贝幼儿园	2016-7-21

续表

序号	民办非企业单位名称	成立时间
103	重庆市大渡口区奇特乐幼儿园	2016-8-24
104	重庆大渡口同仁肛肠医院	2016-9-5
105	重庆市大渡口区育人幼儿园	2016-9-18
106	重庆市大渡口区艾书教育青少年儿童课外活动中心	2016-10-21
107	重庆市大渡口区八桥镇融城社区卫生服务站	2017-1-10
108	重庆市大渡口区千载青少年发展研究中心	2017-1-12
109	重庆市大渡口区八桥镇逸景社区卫生服务站	2017-1-25
110	重庆市大渡口区新山村街道平安社区卫生服务站	2017-2-23
111	重庆市大渡口区慧雅蓝精灵幼儿园	2017-4-27
112	重庆市大渡口区九宫庙街道九怡社区卫生服务站	2017-5-24
113	重庆市大渡口区城邦幼儿园	2017-6-19
114	重庆市大渡口区凯尔心怡老年公寓	2017-7-12
115	重庆市大渡口区杨渡路三色幼儿园	2017-7-12
116	重庆市大渡口区中交丽景奇特乐幼儿园	2017-9-4
117	重庆市大渡口区七月故事青少年俱乐部	2017-10-31
118	重庆市大渡口区八桥镇双城社区卫生服务站	2017-12-5
119	重庆市大渡口区新山村街道新一社区卫生服务站	2018-1-5
120	重庆市大渡口区八桥镇双林社区卫生服务站	2018-1-5
121	重庆市大渡口区八桥镇丽景社区卫生服务站	2018-1-9
122	重庆市大渡口区童梦幼儿园	2018-2-27
123	重庆市大渡口区春晖路街道柏华社区卫生服务站	2018-3-26
124	重庆市大渡口区爱与山三之三幼儿园	2018-4-11
125	重庆市大渡口区跃进村街道钢堰社区卫生服务站	2018-5-10
126	重庆市大渡口区创翔青少年体育俱乐部	2018-6-7
127	重庆市大渡口区八桥镇凤阳社区卫生服务站	2018-7-4
128	重庆市大渡口区义渡艺术团	2018-8-16
129	重庆市大渡口区八桥镇万有社区卫生服务站	2018-8-16
130	重庆市大渡口区黄桷树青少年课外活动俱乐部	2018-9-17
131	重庆市大渡口区黑石青少年体育俱乐部	2018-9-29
132	重庆市大渡口区博弈青少年体育俱乐部	2018-9-30
133	重庆市大渡口区孝诚社会工作服务中心	2018-12-14
134	重庆市大渡口区跳磴镇白沙沱村卫生室	2018-12-19
135	重庆市大渡口区建胜镇回龙桥社区卫生服务站	2019-1-17
136	重庆市大渡口区春晖路街道锦愉社区卫生服务站	2019-3-15
137	重庆市大渡口区新山村街道光冶社区卫生服务站	2019-3-25
138	重庆市大渡口区广仁颐和医院	2019-4-19
139	重庆市大渡口区德善社会工作服务中心	2019-5-13

续表

序号	民办非企业单位名称	成立时间
140	重庆市大渡口区常青藤社会工作服务中心	2019-5-13
141	重庆市大渡口区爱心惠残众创空间服务中心	2019-6-11
142	重庆市大渡口区阳光家园康复托养中心	2019-6-11
143	重庆市大渡口区唐工民族乐团	2019-9-12

（区民政局）

劳动和社会保障

【概况】 大渡口区人力资源和社会保障局（以下简称“区人社局”）于2009年12月由原区人事局、区劳动和社会保障局合并组建，负责全区人事人才、工资福利、就业服务、社会保障、劳动维权等工作。地址位于重庆市大渡口区松青路76号。2019年3月机构改革后，划出公务员管理、军队转业干部管理和服务、军官转业安置等相关职责，现内设行政科室为7个，下属事业单位5个。7个内设科室分别是：办公室、政策法规科、工资计财科、事业人员管理科、专业技术人员管理科（挂大渡口区职称改革办公室，大渡口区博士后管理办公室）、社会保险科、人事综合科。5个下属事业单位分别是：大渡口区社会保险事务中心（正处级事业单位）、大渡口区就业和人才中心（2019年12月更名，副处级事业单位）；大渡口区劳动保障监察大队、大渡口区劳动人事争议仲裁院、大渡口区人事考试中心（科级事业单位）。大渡口区社会保险局于2014年8月由原区社会保险局、区医疗保险管理局合并成立，2019年3月，划出医疗保险相关职责，2019年12月更名为大渡口区社会保险事务中心。

【劳动保障监察】 接待群众劳动保障政策咨询及来信来访1900余人次。协调处理劳动纠纷385件次，涉及劳动者3400余人、金额4359.13万元。受理举报投诉案件30件，涉及107名劳动者，结案率100%。开展日常巡视检查，巡查用人单位243户。开展“人力资源市场整治”等专项执法检查，检查用人单位120户。开展书面审查，审查用人单位155户。推进“一金三制”落实，“一金三制”项目覆盖率100%。

开展根治欠薪夏季专项行动和根治欠薪冬季攻坚行动，24个相关部门单位参加，检查用人单位465家、工程项目106个，实现“两清零”行动目标。开展“建设领域农民工工资”“一金三制”专项督查，督查工程项目30个。依法打击拒不支付劳动报酬犯罪，向公安部门移送涉嫌拒不支付劳动报酬犯罪案件1件。

设立劳动保障监察举报投诉大厅和2个镇街劳动保障监察站，完善内部管理制度，规范执法程序，成功创建人力资源和社会保障创新执法优化服务试验区。推动企业劳动用工网上申报工作，申报企业975家。开展企业劳动保障守法诚信等级评价，评价企业165家，将诚信等级评价和行政处罚情况向社会公布，初步构建联合激励和失信惩戒机制。

【劳动人事争议仲裁】 立案受理各类劳动争议案件777件，结案751件，结案金额1800万余元。开展集中宣传活动3次，提供政策咨询解答400余人次，发放宣传资料300余份。开展“构建和谐劳动关系，助推民营企业发展”专题讲座，针对劳动争议常见问题给予企业实务指导。开展企业调研，发现仲裁工作中的突出问题，及时调整，提升办案质量。召开裁审联席会，与区法院就近期裁审不一致的劳动争议案件进行交流，取得共识，并联合出台了关于劳动人事争议裁审衔接的实施意见。继续严格执行终局裁决有关规定，对小额劳动争议和涉及国家劳动标准的争议，依法做出终局裁决，全年仲裁终局裁决率为86.44%。

【退休办理、工伤认定、劳动能力鉴定和企业年金备案】 办理辖区参保人员退休2640人，其中正退2235人、特殊工种退休334人、病退61人。受理工伤认定申请835件，办结816件。办理工伤劳动能力鉴定申请568件。办理各类企业职工、民办非企业单位职工和以个人身份参加城镇企业职工基本养老保险人员因病或非因工负伤劳动能力鉴定92件。围绕社会保险基金管理风险防控开展基金监督工作，查实重复领取待遇1人，追回基金6879元。为2家企业办理企业年金方案备案。

【行政服务】 加强劳动关系工作，规范行政审批行为，加强了网审平台建设，全年指导帮助1家企业荣获重庆市AAA级和谐劳动关系企业称号、5家企业通过重庆市AAA级和谐劳动关系复核；组织20家企业开展的第二批和谐劳动关系示范点建设，顺利通过上级检查验收；办结特殊工时行政审批43件、劳务派遣行政许可30件、职业培训业务范围变更行政许可1件、人力资源服务行政许可2件、人力资源服务备案2件、集体合同审查22件。在新的网审平台补录政务服务事项实施清单和配置流程表单177项，保障新网审平台转换运行。

【就业创业】 全区城镇新增就业13954人，指导和帮助城镇登记失业人员就业3433人，其中，就业困难人员就业1157人。应届离校未就业高校毕业生就业率98.28%，全区“零就业家庭”保持动态为零。引导农民工就近就业创业，全区返乡创业总户数378户，返乡创业吸纳就业总人数7876人，劳务总收入实现13.95亿元。采取购买服务的市场经济手段，共给予12家单位、1981人、99.05万元的全区重点企业人才招聘补贴。全年召开就业援助、春风行动、退役军人等专场招聘会10场，服务民营企业专场活动2场，日常招聘会30场，提供1165家企业、15328个岗位、2170个工种的匹配对接服务。组织用工和失业动态监测培训会，发布信息4344条，介绍成功5607人次。为区重点企业海康威视送工1795人，企业录用1599人。对口忠县精准帮困，建立贫困劳动力供应双向互动调配协调机制，为忠县发布和提供就业岗位250个，转移就业忠县新生代劳动力110人。大渡口区八桥镇民新村、跳磴镇石林村、建胜镇群胜村3个村被认定为2018年度重庆市充分就业村，九宫庙街道百花社区被认定为2018年度重庆市充分就业社区。

调整并提高创业担保贷款贴息比例，发放创业担保贷款1360万。创建市、区级创业孵化基地8个，发放一次性奖励补贴612万元，指导基地加速布局产业生态链，基地入驻企业517家，培育规上企业14家，带动就业4091人，带动就业比为1 ∶ 8，产值近10.65亿元。对上争取1500万元资金打造“智慧型”重庆市老工业基地就业创业服务示范园，示范园实体入驻企业296家、虚拟入驻企业171家，规上企业10家，营业收入10.365亿元，带动就业3736人。为引进和培育青年人才创业创新，2019年为青年人才提供免费创业工位85个，已成功入驻4家企业。承办重庆市第三届“渝创渝新”创业创新大赛获特别贡献奖。

开展职业培训2857人（其中：职业技能培训1017人，创业培训1589人，企业职工培训240人，就业适应性培训11人）；领失业金人员培训665人，家庭服务从业人员培训200人。开展技师培训11人，网络创业培训28人。开设“大数据培训”“视频剪辑”“谢氏烧烤”三项特色职业技能培训，为辖区产业培养技能人才48人。开展企业新型学徒制培训，培养电工424人；开展照料老年人、中式烹调师、母婴护理等培训136人。

（区人社局）

医疗保障

【概况】 大渡口区医疗保障局（以下简称“区医保局”），2019年2月机构改革时新成立，是区政府工作部门，为正处级单位。内设办公室、财务和法规科、待遇保障科、基金监管科、医药服务管理科5个科室，下设大渡口区医疗保障事务中心1个事业单位（性质待定）。2019年，有在编干部17人。

【基金监管】 全区有定点医药机构344家，其中定点医疗机构176家、定点药店168家。2019年市医保局下达大渡口区协议医疗机构基金支出预算41694万元，通过优化总额控制分解方案，全区实际支出38060.14万元，医保基金总额控制分解预算支出较上年减少医保基金总额预算支出783万元，下调幅度2.21%。

开展监管检查。配合国家医保局对在渡口区3家医疗机构开展“飞行检查”，配合完成主城片区联组交叉检查专项行动、市医保局对大渡口区开展市级检查等专项工作。开展打击欺诈骗保专项检查、对全区具有住院资格的29家医疗机构开展检验检查等专项检查、38家具有特病资质的定点医疗机构开展门诊特病专项检查，对全区344家定点医药机构实现全覆盖现场检查，共检查902家次，发现违规违约389家次，受理举报投诉17例，追回违规本金266.04万元，处违规违约金656.65万元，其中，追回违规本金是上年（90.81万元）的2.93倍，处违规违约金是上年（236.92万元）的2.77倍。

【行风建设】 成立加强行风建设工作领导小组，制定《大渡口区医疗保障系统行风建设工作方案》。加强内部管理和廉政教育，制定各项规章制度，发布《大渡口区医疗保障系统行风建设八禁令》，筑牢拒腐防变的思想防线。深化“放管服”改革，全面梳理清理政务服务事项，优化规范医疗保障服务流程，编制业务办事指南，打造优质服务窗口，确保全局各项工作规范运行。召开辖区两定医药机构行风建设工作会，公布行风建设监督投诉电话，开展行风宣传1场次。加大现场检查力度，对2019年全区344家定点医药机构进行全覆盖检查，持续开展打击欺诈骗保“百日攻坚”行动，配合国家医保局“飞行检查”，严格执行服务协议，加强部门联动，对查实的违法违规行为发现一起、查处一起。

【国家药品集中采购和使用试点】 3月20日，根据重庆市医保局统一部署，将大渡口区纳入国家药品集中采购和使用试点区县。通过落实带量采购、调整医保支付标准等措施，针对部分使用较普遍的药物（包括25个品种，32个品规）下调药价，平均降幅52%，最高降幅96%。全区2家试点医院已提前完成协议期采购任务，实际采购率572.7%，实际使用率523.7%，共结余医保统筹基金约341.17万元。

【长期护理保险试点】 5月1日，根据《重庆市长期护理保险实施细则（试行）》（渝医保发〔2018〕14号），将大渡口区纳入长期护理保险制度试点区县，即日起正式启动试点。至年底，有146574人参加长护险，征收保费1421.7万元，通过重度失能评估并取得待遇资格269人，支付待遇59.6万元。首批符合条件的81名参保人已从8月1日开始享受长护险待遇。建立长期护理险专家评审库，入库专家113人。有3家护理机构取得长期护理保险协议定点资格。

【异地就医】 推进放管服改革，全面简化跨省异地就医直接结算备案工作。至年底，全区实行跨省联网结算医院9家，已办跨省联网异地就医备案827人次，异地结算715人次，基金支出765.36万元。

【医疗扶贫】 全面落实脱贫攻坚工作责任，确保医疗扶持政策落到实处。2019年，全区享受医疗救助待遇15712人次，医疗救助支出426.39万元，其中：享受医疗救助的医保扶贫对象13252人次，救助支出310.03万元。

【基层党建】 区医保局党支部以党的十九大、十九届二中、三中、四中全会精神为行动指南，深入学习领会习近平新时代中国特色社会主义思想，强化“四个意识”、坚定“四个自信”，做到“两个维护”，压紧压实全面从严治党主体责任，将意识形态工作融入单位日常工作中。利用主题党日、“三会一课”开展学习教育，推进“两学一做”教育制度化、常态化，全年召开党员大会4次、支部委员会9次、主题党日活动9次。开展“不忘初心、牢记使命”主题教育，局领导班子成员围绕8个专题开展集中交流24场次，组织党员集中学习3场次，支部书记讲党课3场次，开展警示教育和形势政策教育5场次，完成重点调研课题2个，组织党员到民生服务团开展志愿服务1次，送服务上门1次，慰问困难群众2次，办理实事好事4件。

（区医保局）

镇 街道

八 桥 镇

【概况】 八桥镇辖区面积18.17平方千米，辖11个村、10个社区，常住人口5.15万户、15万余人（其中：农村人口1400余人）。有中小学5所，幼儿园19所，“三上”企业23家（其中：工业企业12家、服务业企业5家、批发零售6家）。

【经济发展】 主动为辖区企业排忧解难，为20余家征地拆迁企业进驻园区牵线搭桥，3家企业成功入驻园区。全年新增“三上”企业8家，共有“三上”企业23家。推进第四次全国经济普查，完成登记普查企业1407家、个体经营户503家。

【民生保障】 办好民生实事。投资440万余元，完成常嘉社区“老吾老”养老服务站、公租房片区视频监控、镇综合文化服务中心建设等8项民生实事。

实施精准帮困。建立177户困难群众台账，实行动态管理，“一对一”结对帮扶。发放低保金、救助金104万元。开展“春风行动”“金秋十月”等现场招聘会，700余人实现就业。组织就业创业培训862人、帮扶172名困难群众实现再就业，发放创业担保贷款135万元。对口支援忠县新生街道困难学生100人，帮扶资金5万元。

落实公共服务。完成8个市级社区健身点、1个区级社区健身点、1个养老服务中心、3个社区养老服务站和2个农村养老互助点建设。在半岛逸景公租房建立24小时图书馆、升级改造文明实践大舞台。镇综合文化服务中心建成并正式开放。

【城市建设】 完成10个历时多年未解决的攻坚项目，涉及用地1000余亩。续征项目18个，涉及土地近5000亩。新启动项目6个、1281.6亩。签订征地拆迁农房安置协议489户、企业216家，拆除房屋335栋、47.6万平方米，交净地1183亩。完成市残疾人康复中心、民族中学、金家湾立交等5个重点项目用地。拆除五一、互助片区影响金晟路网建设的10余栋房屋和多处水塘。完成2009年征收但历经多次收地不成功的重客地块清表和交净地。

【社会治理】 扫黑除恶专项斗争。开展扫黑除恶专项斗争集中宣传70余次，发放宣传用品1.5万余份。完成新中国成立70周年安保维稳工作。

安全监管。突出成品油、冷冻肉品等9个领域的乱象整治，排查违法线索57条。开展“打非治违”、涉危涉爆隐患排查和安全生产“百日攻坚”专项行动，检查企业607家次，排查隐患245处，整改157处。开展非洲猪瘟检查9次、渔业船舶和水上交通安全检查21次、地灾检查16次、森林防火检查9次、防汛抗旱检查43次。开展食品药品专项检查7次，检查各类经营主体463户次。开展道路安全巡查36次，辖区内11处安全隐患点全部销号。投资50万余元完成互助片区消防隐患整治工程。

社会稳定。成功化解信访老户1人。社区矫正、安置帮教、邪教、严重精神障碍、失独、吸毒等重点人群基本稳定。深化“枫桥经验”，解决问题443件、调处矛盾纠纷394件，调解成功率98%。受理信访案件254件，办结249件，办结率98%。市级A类挂牌治安重点整治地区逸景社区和市级B类挂牌治安重点整治地区八一村顺利通过摘牌验收。

【生态环保】 整治和拆除违法建筑。拆除存量违法建筑542处、25.11万平方米，拆除新增违建29处、9375.7平方米，集中拆除天堂堡、冬瓜山、桥梓塘等多处多年未拆除的经营户50余家、违法建筑8万余平方米，清理菜地1万余平方米，植绿补绿10万余平方米。

改善城乡人居环境。落实“五长制”，对双山片区等区域进行专项整治，清除牛皮癣等968处，整治占道经营商家921户，取缔露天烧烤60余家。在双城社区开展生活垃圾分类试点。开展“三清一改”人居环境整治和村庄清洁行动。

生态环境保护。整改中央第四生态环境保护督察组交办案件16件。其中：整治公民村九社“散乱污”企业，搬离企业44家，拆除厂房2.4万平方米。实施“五大环保行动”，严处施工扬尘、渣土运输等违法行为368起。全面落实“河长制”工作，整改发现问题20起。拆除口袋沟水库旁违法搭建厂房4000余平方米，并对水库进行抽水和清理捕捞，改善水质。开展“清河一号”、河道“清四乱”等专项行动。

【政府建设】 严格落实依法行政，办理行政应诉案件1件，公开政务信息83条。完善政府工作规则、议事规则和决策程序。落实规范性文件备案审查制度，健全镇机关部门规范性文件管理机制。顺利完成机构改革。办理区人大代表建议9件、镇人大代表建议11件，办理区政协提案5件，满意率100%。

【基层党建】 以学习贯彻习近平新时代中国特色社会主义思想为指导，贯彻党的十九大和十九届二中、三中、四中全会精神，教育引导党员干部提高政治站位，树牢“四个意识”，坚定“四个自信”，坚决做到“两个维护”，坚决肃清孙政才恶劣影响和薄熙来、王立军流毒。

“不忘初心、牢记使命”主题教育。镇党委成立领导小组及11个指导组，形成“1+4+10”任务清单，采取“一看四问”“一审二导三讲”等方式，确保基层党组织10件事落地落实。坚持“四学”精准学习研讨，围绕8个专题集中学习研讨11次，基层党组织集中学习讨论210余场次，镇领导班子成员上党课14次，基层党组织书记上党课44次。坚持“四有”精准调查研究，完成调研报告11篇，解决问题31个。坚持“四听”精准检视问题，镇领导班子查找问题18个，领导班子成员检视问题113条，基层党组织班子查找问题410余个。坚持“四必”精准落实整改，廉政提醒谈话10人次，解决了残疾人康复中心配套道路建设用地问题。民生服务团单位组织党员深入村（社区）开展组团服务，村（社区）党组织组织党员立足岗位，发挥先锋模范作用，认领服务岗位1100个、参加志愿服务900余人次，办理实事好事400余件次，解决各类问题60余个。

精神文明建设。传达学习习近平总书记系列重要讲话等197次。宣传宣讲党的十九届四中全会精神60余场次。组建八桥“蚁家”志愿者服务队132支，注册志愿者2.8万人，开展活动271批次。推广“德分宝”，关注人数近5万人。建成新时代文明实践所、20个村（社区）实践站，106个文明实践服务点。融城社区的“厚德融城”建设，得到中宣部、市委宣传部等领导的充分肯定，《光明日报》等主流媒体报道86次。履行意识形态责任制强化舆情管控，及时稳妥回应网络热点13件，上报舆情信息612篇、网评24篇、跟帖4132条次。

基层党组织建设。完成机构改革，选拔任用科级干部12人，补岗聘用专业技术人员、管理人员、工勤10人，完成公务员职级套转13人，职级晋升7人。成功选举2个业委会。落实城中村党组织十六项机制，转入社区党员250人。重视村（社区）“两委”班子和后备队伍建设，增补村（社区）“两委”成员35人。

正风肃纪。高度重视巡察整改，区委第一巡察组向镇党委反馈的41个问题，整改完成39个，2个正在整改中。新制定和修订《八桥镇村（社区）财务管理办法》等制度16项。严格执行中央八项规定精神，开展各类提醒谈话68人次，开展“以案四说”警示教育32次。开展党员干部及亲属涉权事项公开，197名党员干部上报本人及1644名亲属基本信息。

推进兄弟装饰创意工场“楼宇统战”实践创新试点。完成征兵工作任务。推进基层武装部规范化建设，完成了基干民兵和普通民兵编组工作。在融城社区建成国防教育示范点。完成镇人大代表、镇总工会、妇联、团委的换届及补选工作。

（八桥镇）

跳 磴 镇

【概况】 跳磴镇位于大渡口区西南部，距区政府10千米，地处长江北岸，拥有江岸线7.5千米，总面积49.48平方千米。2019年，辖跳磴、双河、石林、拱桥、新合、沟口、红胜、南海、沙沱、石盘、金鳌、鳌山、湾塘、山溪、蜂窝坝15个行政村，白沙沱、蓝沁苑、华庭3个居民委员会，新成立1个公租房社区，即幸福社区。2019年，辖15个自然村，4个居民委员会。有10828户，26126人，其中男12892人，女13234人。非农业人口11159人，人口出生219人，出生率8.4‰。有中学1所，小学1所，在校学生共2949人，在职教师376人；幼儿园（含托儿所）3处，入园幼儿599人。有医院1所。

镇政府内设党政办公室、党建办公室、人大办公室、经济发展办公室、民政和社会事务办公室、平安建设办公室、规划建设管理环保办公室、财政办公室、应急管理办公室、旅游发展办公室、综合行政执法办公室，下设农业服务中心、文化服务中心、劳动就业和社会保障服务所，退役军人服务站、综合行政执法大队共5个事业单位。

【社会事业】 制定精准扶贫帮困“一对一”结对帮扶方案，各级党员干部常态结对帮扶498个困难户。全年发放低保金213万元，发放临时救助金22.56万元。为计生特殊家庭、临时困难户、三无人员、高龄失能老人等1843人次发放生活费、救助金、医药费及各类补贴162万元。拨付忠县精华小学帮扶款7万元，为贫困山区孩子送去一批体育用品。做好城乡居民养老保险、基本医疗保险工作，城乡合作医疗保险征缴16578人。新增城镇就业2697人，为137人发放社保补贴和失业金150万元，处置劳资纠纷16起。审批农房新建31件、改造搬迁农村危旧房40户。监测防范地质灾害，完成559人次的应急避险工作。完成退役军人信息采集录入工作，发放优抚资金94人、85.98万元，发放义务兵优待金32人、33.49万元。

【城乡建设】 服务“四大重点板块”建设、“四大支柱产业”发展，实施征地项目21个，完成交地任务1425亩，城投山溪村2440亩征地任务签约率55%，全年发放征地补偿金2.6亿元，保障轨道交通江跳线、18号线和中坝路、新郭伏路等项目建设用地。完成西城佳园涉及7个镇村、133户居民分房，协调做好天然气入户管道安装、电力改造和通信覆盖等工作。推进“三变”改革，开展11个村、61个社的土地确权颁证工作，完成15个村的集体资产清产核资工作。完成国土绿化提升工作，在5个村种植4400亩经济苗木。严格“双违”管控，强力整治存量违法建筑773件、18.18万平方米，及时制止拆除新增违法建筑9件、2300平方米。

【环境保护】 完成跳磴场镇雨污管道整治工作，以及丰收坝一级水源地保护区内房屋拆除、水源保护区、国考断面规范化建设工作。基本完成一级水源地保护区120亩耕地种植退出工作，彻底消除农业面源污染。制定落实“一河一策”管理方案，完成镇级河长巡河61次，村社区河长巡河980次，生态水质持续向好。开展中梁山“林长制”试点工作，建立镇村林长体系。加强森林防火工作，定制自动发送森林防火保护入境提醒短信。完成关闭矿山地质环境治理恢复270亩。全面打响“蓝天保卫战”，全年空气质量优良天数309天。全面落实“户集、村收、镇转运”垃圾处理模式，修建无害化公厕2座，完成422户农户改厕任务。购置分发垃圾收运车20台、垃圾分类设施1000余套，完成石盘村、金鳌村、拱桥村、蓝沁苑社区生活垃圾分类试点工作。

【基础设施】 推动山沙路、沙石路、云新路、跳南路等农村公路白改黑升级改造18.8千米，推进金沙路、土金路、石河路等新建农村公路用地调整、水电气讯管线迁改工作，金沙路、土金路施工已经进场。完成9条、3.7千米通组道路建设，新（改）建石林村、石盘村、沙沱村、南海村、金鳌村等入户便道20千米。金鳌山登山步道基本实现全线贯通。石盘村、沙沱村、金鳌村、鳌山村、南海村等5个村的自来水管网改造已进入施工阶段。修建蓄水池4口、山坪塘2口。

【文化建设】 开展文化惠民活动，完成读书活动64次，摄影、书画展览14次，广场舞培训、体育健身培训、科普活动等78次。开展“放歌新时代•欢乐迎新年”2019年新春文艺演出、“庆五一”、2019年广场舞展演、庆祝新中国成立70周年文艺会演等文化惠民活动50余场。组织文艺骨干参加总馆举办的书画展、舞蹈讲座、4•23世界读书日宣传活动、书法联展系列活动11次。惠民电影放映152场次，点播文艺服务86场次，组织流动文化进村、社区活动130场次，覆盖率100%。打造文艺作品《唱起歌来上大梁》《睡在上铺的兄弟》入围第十八届全国群星奖。舞蹈《家乡美》获“倾情礼赞新中国·巾帼奋进新时代”集体舞比赛最佳风采奖。

【社会治理】 以保新中国成立70周年大庆安全为目标，抓好安全稳定工作。调整设立“两委、一总三指”应急管理体系，修订完善6大类、15个应急预案，建立突发性事件快速反应机制。检查各类单位851家次，下发责令整改通知655份。排查整治交通隐患9处，道路交通纠违428起。严格落实平安建设责任制，以网格化管理为基础，以“雪亮工程”建设为契机，协调建设视频监控设备86套，基本实现重点区域、重点行业、重要部位全覆盖。镇村两级调委会成功调解纠纷288件。推进扫黑除恶专项斗争，治安形势平稳可控，未发生重特大案事件。完成了新中国成立70周年大庆安保期间维稳工作任务，实现辖区零非法上访滋事，零安全事故，零重大案事件。

【基层党建】 开展“不忘初心、牢记使命”主题教育。通过召开党委中心组学习、举办读书班等形式，开展镇领导班子集中学习8天，集中研讨12次，跟进学习4次，交流发言36人次。全年召开党建形势分析会12次，研判分析问题13个，召开党建联席会4次，协调解决民生问题12个。积极开展“党员认岗先锋行”活动，为群众办好事办实事，推动场镇污水管网治理、农村道路“白改黑”工程、生态公厕建设、农村危旧房改造、金沙路建设、白沙沱社区污水治理、丰收坝饮用水源地一级保护区退耕、插旗山危岩整治等民生项目顺利实施，为群众办实事办好事658件。

（跳磴镇）

建胜镇

【概况】 建胜镇位于大渡口区境中南部，面积20.65平方千米，其中土地面积12.39平方千米，与巴南区鱼洞街道隔长江相望，西与跳磴镇接壤，北与八桥镇毗邻，距城区23千米。辖建路、四胜、新建、群胜、四民、民胜6个村和新雨、回龙桥、建新、百佳园4个社区，户籍人口11746户、22290人，其中男10265人、女12025人。有小学1所，在校学生716人，适龄儿童入学率100%，在职教师44人。有幼儿园（含托儿所）4所。镇党委下属20个直属党组织，全镇共有党员776人。有企业280家，其中规模以上工业企业6家（中石化、国际复合、红九九、升光印务、明德门窗、聚洋无油），2019年实现工农业总产值58.07亿元。

【民生保障】 民生实事。完成长湾路、建肖路等路段2470平方米路面修补，民胜村安装抗旱管道900米，修建人行中大路2660米，新建村黄小路垭口至金龙山公墓路段公路路面硬化整治，四民村花郑路加装路灯10盏，龙桥花苑三组团脱落外墙、排污管网全面整治，四民村两个点增设健身器材10件，新雨社区公园增设健身器材一套12件，百佳园社区老吾老活动中心新增棋牌桌，增加218路公交车发车频次等20件民生实事。

扶贫帮困。实施精准扶贫帮困，采取一户一策，帮扶困难群众166户。完成城乡医保参保14535人次、缴费414.16万元。开展职业培训113人次，实现城镇新增就业1554人、城镇登记失业人员再就业311人，困难人员就业101人，发放创业扶持贷款75万元。严格落实低保、救助等惠民政策，发放款物140.82万元，惠及群众2404人次。

文化生活。开展声乐讲座、舞蹈培训、少儿美术培训等文化物联网点单配送96场次，惠及群众1000余人次。开展“庆祝新中国成立70周年”等主题演出活动25场次，配送图书800余册，开展全民阅读活动40场次。投入7万余元为民胜村、四民村、新雨社区增设、更换健身器材63件。回龙桥社区被市委宣传部命名为“第五批重庆市学雷锋活动示范点”“建胜168”获评重庆市最佳志愿服务组织，四民村获评市级文明村。

【城市建设】 征地攻坚。已交地222013.33平方米，超额完成年度计划的191%，全年新签约农房78家、企业26家。拆除农房209户62700平方米，拆除企业26家42386平方米。完成前化公司攻坚项目农房签约10户，拆除农房及厂房39栋12630.32平方米。三峡森晶实业有限公司拆除已移交的15000平方米厂房。完成西城佳园（二期）安置房分房工作，144户、400余人乔迁新居。协调安置房源，115户、200余人改签龙桥花苑，实现现房安置。

重点项目。组织专人重点攻坚，建桥A区商业金融用地项目（建胜段）、四胜村3社陈家郭立交、新郭伏路南段已实现净地交付。民晟一路、伏牛溪环境综合整治工程(城投段)、轨道18号线完成交地。妥善处理各类施工矛盾，确保工程建设顺利推进。

【城市管理】 拆违控违。围绕全区拆违控违工作“消除存量，严控新增”要求，按照年度拆违工作计划，约谈违建业主，督促配合开展违章建筑整治。完成全年计划内97665.81平方米整治任务，其中拆除违法建筑23561.52平方米。通过加强巡查，及时制止和消除新增违建8起、600平方米。

市容环境。实施环保“五大行动”，严查严管施工扬尘、渣土运输、杂物焚烧，查处违法行为126起，整治夜间露天烧烤8家，对辖区扬尘较大区域洒水降尘，用水2600余吨。及时快速、高质量完成原绿地城项目部烤羊庄和垃圾堆清除等5项中央环保督察组交办任务。开展垃圾分类试点工作，设置四分类投放点4个，两分类投放点27个。开展土地清表，清表227公顷。在百佳园社区和民胜村开展垃圾分类试点工作，设置四分类投放点4个，两分类投放点27个。开展打击夜间乱倒渣土和垃圾专项行动，查处乱倒渣土和建筑装饰垃圾9起，罚款54050元。

河长制工作。坚持“点守线管面联动”工作制度，确保责任到位、工作到位、保障到位。镇河长巡河21次，村河长巡河431次，巡河员巡河1980次，发现整改问题20起，加强伏牛溪、长江沿线及陈家郭水库巡查清扫保洁力度，清理河岸垃圾31吨，打捞漂浮物16吨。清四乱工作中清理拆除长江河道管理范围内农事棚132处、4224.92平方米；拆除伏牛溪农事棚22处、591.74平方米。在建路村436处段补绿1000余平方米，在伏牛溪双岔河栽种树木1500株。开展“保护母亲河”志愿活动12次，清理长江沿线垃圾10吨。

【社会治理】 平安建设。开展扫黑除恶专项斗争，排查上报线索4条，移交4条。完成新中国成立70周年等重点时段的信访维稳工作，确保辖区社会大局平安稳定。夯实平安建设队伍，发挥平安志愿者作用，推动辖区平安建设。辖区刑事立案125件，同比下降18%。荣获2015—2018年度重庆市平安建设暨社会治安综合治理先进集体称号。

矛盾化解。深化“枫桥经验”实践行动，坚持关口前移、源头防范，完成4个村（社区）公共法律服务工作室的标准化建设，探索建立自治法治德治同步实施的社会治理体系。开展“领导干部接访下访”活动，领导干部接访下访130件，用好“建胜168调解室”一站式调解平台，调解各类矛盾纠纷347件，调解成功率100%，录入信访案件6件，均按期办结，完成网上信访代理120件，接待群众200余人次。

安全监管。与辖区156家企业签订安全生产责任书，与村社区签订安全监管责任书，连续保持安全生产“零死亡”目标。开展安全大排查大整治，排查安全隐患290个，整改253个，取缔无证敬老院2家。常态化开展成品油综合整治和冷冻肉品综合整治专项行动，查获涉嫌未经检验检疫和无海关报关手续的问题冷冻肉品3批次、48吨。开展食品药品专项检查83次，检查各类经营主体356户次，连续5年未发生食品药品安全事故。

【基层党建】 政治建设。旗帜鲜明讲政治，增强“四个意识”、坚定“四个自信”，做到“两个维护”，在始终同党中央保持高度一致上做表率，确保全镇各项工作沿着习近平总书记指引的方向前进。坚持每周召开一次党委会，每月召开一次中心组学习会，适时召开镇党委扩大、专题会学习传达习近平总书记系列重要讲话精神。镇党委切实履行主体责任，党委书记认真履行第一责任，班子成员落实“一岗双责”，建立村社区全面从严治党责任清单，层层压实基层党组织责任。支持镇纪委履行专责。召开党委会57次，研究党建议题63项。

“不忘初心、牢记使命”主题教育。镇领导班子围绕《习近平关于“不忘初心、牢记使命”论述选编》、习近平总书记系列重要讲话精神、党章党规等开展专题研讨15次，交流发言29人次，组织革命传统教育现场学习2次。各基层党支部组织党员开展研讨学习118次，党员发言182人次。镇领导班子深入村社区开展调查研究，完成调研报告18篇。通过发放征求意见函、意见征求表，设立意见收集箱，领导班子查找、整改问题14个，班子成员查找、整改问题54个，各基层党组织查找、整改问题64个。召开为民服务解难题专题调研会，收集民生问题28个，已要求相关科室限期落实。

党风廉政建设。认真落实中央八项规定精神，在机关开展廉政教育11次，通报典型案例30余起。组织党员干部300余人次开展“以案四说”警示教育会2次。坚持抓早抓小，关口前移，践行监督执纪“四种形态”，用纪律和规矩管住大多数干部，坚持严管厚爱，严肃执纪问责，提醒谈话4人，批评教育1人，诫勉谈话2人，书面通报2次，处分党员2人。

组织建设。全面落实城中村党组织作用发挥十六项工作机制，城中村党组织带领已安置党员组织转出关系135人，派出党组织成员到集中安置社区挂职党组织副书记7人。及时完成机构改革后科级干部的任免和调整，按要求完成职级套转工作和职级晋升工作，完成3个社区书记的调整和任免工作，切实配齐配强基层干部队伍。持续推广基层党建引领社区治理智慧云服务平台，办理群众反映问题129件次，受理群众事项83件次。全面加强城市社区党组织对业主大会和业主委员会政治引领工作，建立相关制度13项。结合市场主体网格化管理，常态化开展非公组织摸排和党组织组建工作。

思想建设和精神文明建设。组织大渡口区理论名嘴、建胜168宣讲队、民生宣讲团等开展微宣讲150次。组织十九届四中全会进基层宣讲11次，全面宣传党的主张、贯彻党的决定，督促下属各党支部切实把习总书记的重要讲话精神落到实处。压实意识形态工作责任，落实“六·三”工作法，镇党委专题研究意识形态工作5次，每月党建形势分析会强调意识形态工作，与村社区签订意识形态工作责任书，纳入对村社区年度考核。做好思想引领，不定期更换全镇户外广告牌，2019年围绕全镇各类重点工作上稿市级媒体60篇、区级媒体130篇。

统战、人大、武装工作。以党的建设为统领，统筹推进统战、人大、武装和群团工作。做好白居寺、群胜村村哥念佛堂、群胜村9社杨利梅家基督教聚会点三个已取缔的非法宗教活动点以及松家沟观音寺的巡查工作。抓好征兵和民兵训练工作，超额完成年度征兵任务的127.3%。办理区镇人大代表建议28条，落实26条，满意率100%。

（建胜镇）

新山村街道

【概况】 新山村街道位于南岸区的政治、文化中心。辖区面积2.7平方千米，2019年，辖有社区居委会8个（其中光明、冶建两个社区因旧城改造人口迁走较多而合署办公）。辖区户籍人口31877人，常住人口52880人，流入人口3219人，流出人口3078人。有中学1所，小学1所，在校学生3800多人，适龄儿童入学率100%，在职教师352人；幼儿园（含托儿所）6处，入园幼儿691人，入园率100%。有医院3所。

【民生保障】 社会救助。元旦、春节及其他节日慰问辖区困难群众860余人次，发放慰问金和物资20万余元。全年新增低保24户、29人，停发26户、32人，发放低保金169.76万元。稻草援助中心救助31人、1.04万元，对42人进行临时救助9.23万元，发放廉租房租金补贴1.28万元，实物分配3户。为619人次困难残疾人申请各类补贴、救助金额19.38万余元。制定《新山村街道精准扶贫帮困“一对一”结对帮扶工作方案》，结对帮扶困难群众212户。为1197人次发放失业救济金208万元，为272人次发放大龄生活费15万元，为15人次发放就业补助金额1.1万元，为35人次发放社保补贴12万元。发放小额担保贷款320万元。新增城镇就业1845人，城镇失业人员就业516人，困难人员就业136人。办理城乡居民养老保险722人，参保金额120380元；受理以个人身份参加职工基本养老保险581人，办理个人退休155人；城乡合作医疗保险参保11701人，参加职工医疗保险316人，发放医保卡760张。

社会事务。办理计划生育各项证件及出具婚育情况证明665件，落实家庭医生签约服务自愿结对帮户121户、160人。特扶金166人、123.3万元。完成孕优检查目标任务41对、82人。对失独家庭人员、贫困家庭、贫困育龄妇女节日慰问600余人，发放慰问金及慰问品8万余元。发放独生子女父母奖励747人，金额3.3万元。

【房屋征收】 棚户区改造。启动新山村零星量（猫鼻梁）片区167户、10356.06平方米的房屋征收工作，签约158户，签约率94.61%，交房率100%。剩余9户，已送补偿决定书6户，2户公房（冶金轧材厂）再谈，1户在认定无证建筑。顺利推进长河原F1-9安置房分房工作，成功分房74户。

危旧改征收及遗留问题。辖区涉及危旧房改造拆迁遗留问题4个片区、13户。已化解签约1户，化解率7.69%。完成重钢体育场片区司法拆迁2户。

【社区建设】 指导社区建立健全居民议事会、红白理事会、道德评议会工作机制，探索社区治理的新方式，推动社区自治、法治、德治。指导社区以“三事分流”为抓手，加强城乡社区治理服务能力建设，引导群众参与社区自治，提升基层社区治理能力；完成翠园社区开展社区公共服务用房与蓝光中央广场物业用房使用权调换征求意见工作，并启动翠园社区便民服务中心阵地建设，对中心室内外进行装修、设施设备购置、广告氛围打造等。完成心怡老年人照料中心房屋和电梯顶漏水维修工程、启动心怡老年人照料中心消防设备系统改造、沪汉养老服务中心餐厅渗水维修工程和沪汉社区办公大楼屋面防水整治。9月，开展社区居委会补选工作，指导5个社区社工室开展市级社工项目1个、区级社工项目7个。动员46名社区工作人员报考全国社会工作者职业水平考试，办理社工证书中级2个、初级4个。

【文化宣传】 严格落实意识形态工作责任制，开展习近平新时代中国特色社会主义思想集中学习、理论宣讲等130场，媒体报道242篇，网评舆情采用370篇，意识形态领域未发生不良影响，王迪被中宣部评为“基层理论宣讲先进个人”。发动党员群众使用“学习强国”，供稿采用20篇。对沪汉社区家园文化建设项目进行全面打造，开展“孝行义渡”“法律点亮生活”等主题宣教活动300余场次，策划开展“礼赞祖国•爱在重阳”庆祝新中国成立70周年大型文艺演出。推进新时代文明实践所（站）建设，开展各类文明实践活动100余场次。韩光耀家庭被中共重庆市委、重庆市人民政府评为“重庆市文明家庭”，甘志萍和陈光孝被评为市“五星级志愿者”，沪汉社区被评为“重庆市扫黄打非示范点”，新一社区宋云花被评为区级“孝道之星”，光冶社区唐玉成被评为区级“孝心少年”。

【平安建设】 落实安全生产责任，为辖区出租屋、老旧居民楼、“空巢老人”住宅以及养老院安装150个独立式或联网式烟感报警器，为辖区老旧楼栋配备灭火器200个，对缺失消防器材的115栋老旧楼栋增配消防栓接口、消火栓箱体、水枪、水带等消防器材。全年检查企业场所896家次，下达整改指令140份，整改隐患261条，整改率100%，实现“零责任事故、零死亡目标”。

通过网格化定位方式，完成13381户居民的信息采集，完成率98%。辖区刑事案件发生率同比下降2.53%，发放普法宣传资料36000余份。调解各类矛盾纠纷147件，调解率100%。办理网上信访案件48件，办结率100%，排查各类矛盾26件，化解率100%。对刑满释放人员、社区矫正人员、社区戒毒人员及涉疆人员进行“一人一档”重点管理，稳控率100%，均无脱管、漏管的现象发生。开展扫黑除恶专项斗争工作，发放《致全市居民的一封信》30000余份，张贴宣传海报800余张，悬挂横幅60余条，制作宣传橱窗8个，报送宣传信息30条。排查线索63余条，排查、处置治乱线索10条，处理区级交办线索8条，报送专项整治推进信息10篇。

【城市管理】 全年疏通排水沟230余米，修理路灯12盏，修补地面100平方米，清掏化粪池38座，补种绿化麦麦冬220平方米，清理危树树木36棵，栽种新树12棵。新增大分类垃圾桶242个、发放家用分类小垃圾桶32800个、大分类垃圾袋87600个、家用分类小垃圾袋58880卷。清运各类固体垃圾551车、820多吨。发动群众参与全民动手活动上千人次，清除牛皮癣1600余处，清理清运崖线、边坡暴露垃圾约50吨。处理网络投诉案卷61件。处理群众投诉解决民生实事等各类问题130余个。整治违法建筑178处、5936.8平方米，完成全年任务的102.42%。制止露天焚烧16起，整治熏制腊肉灶台3起。对重庆市环保督察的反馈问题和投诉举报的10个案件进行回头看，协调处理完成中央生态环境保护督察组转办环境问题处理情况反馈单2件，整改问题50余处。

【基层党建】 党建引领社区治理。牵头组织16个党支部换届工作，选优配强基层党支部班子成员。开展党组织引领业委会选举工作，平安怡和园等4个小区新产生的业委会成员党员占比59.09%。在此项工作中，有3名业委会成员在党建引领的作用下主动要求入党。

扫黑除恶专项斗争。发放宣传资料6000余份，张贴宣传海报3000余张，悬挂横幅50余条，制作宣传橱窗8个。

基层党内组织生活。推进52个基层党组织按时开展支部主题党日，通过送学、补学、QQ学、微信学等方式实现学习教育全覆盖，组织生活的党员参与率和质量不断提升。2个基层党组织被区委组织部评为区级优质组织生活基层党支部。

基层党组织服务功能。依托民生服务团和群工系统收集意见与问题521件，办结率100%，满意率100%。

“不忘初心•牢记使命”主题教育期间，党工委牵头组织领导班子集中学习研讨10次，交流发言20人次，形成调研文章11篇，在专题民主生活会上，查找班子问题12个，已解决7个。实现党员学习教育全覆盖，对社区党员学习进行分类管理，其中集中学习766人、送学上门230人、微信学习417人、补学206人，因身体及其他原因参学困难的党员56人。

【作风建设】 传达市区纪委会议精神、违反中央八项规定精神的典型案例等20余次，开展“以案四说”警示教育会19场次。重点围绕服务大厅作风纪律、工会经费使用、公车使用管理等每月定期开展督查不少于2次，重点对“四风”问题中官僚主义、形式主义进行督促检查。办结区纪委监委移交的信访问题线索2件。

（新山村街道）

九宫庙街道

【概况】 九宫庙街道地处大渡口中心区域，东临长江，西靠九宫庙商圈，城区主要沿钢花路、湖榕路两条城市主干道分布，面积3.24平方千米。2019年，九宫庙街道辖7个社区，有常住人口13285户，27677人。户籍人口9450户，21289人，其中男10732人，女10557人，人口出生率6‰。有中学2所，小学5所，幼儿园5处，有医院5所。

【社会民生】 全面落实“阳光低保”，全年发放城乡低保金194.68万元。

开展残疾人关爱服务，为辖区468名残疾人更换第三代残疾人证，完成499条残疾人基础信息动态更新工作。助残活动4次，服务辖区残疾人150余人，帮助3名残疾人完成就业培训。为816名残疾人发放阳光家园（居家）托养补贴、残疾人及残疾人子女入学救助补贴、残疾儿童康复训练补贴等各项救助，共计6.53万元。发放慰问金慰问146人次、3.29万元。发放“两项补贴”2677人次、19.45万元。

提升为老年人服务水平，为2300余名老年人购买意外伤害险。全年慰问困难及百岁老年人12人次，发放慰问金4800元。登记发放老年人高龄补贴、营养费963人、33.47万元。

落实救助帮扶政策，发放特困人员生活费、护理费及节日慰问费8万余元。区级临时救助31户，救助金额7.88万元。“稻草援助”63人次，落实救助资金2.3万元。住房困难家庭实施廉租房补贴65人次、2.68万元。精准扶贫帮困“一对一”结对帮扶对象225户。

落实“劳有所得”民生行动计划，开展创业培训150人，提供创业贷款资金支持75万元，扶持带动48人就业创业。开展职业培训10场次，通过职业鉴定303人。抓好重点群体就业，帮扶34人，实现就业33人。开展精准帮困人员就业帮扶39人，就业培训35人。完成新增就业1706人，失业人员再就业853人，就业困难人员就业205人。百花社区被评为2019年市级充分就业社区。

“百件民生实事”项目办理实事110件，包括文体活动、老旧社区环境整治、惠民政策落实等，其中涉及老旧社区环境改造、优化的占85件，各社区均增设一批休闲座椅、健身器材等。

【房屋征收】 全年实施5个城市危旧房拆迁改造项目，其中庹家坳片区续签约、九宫庙危房零星项目（新工二村156号）、九宫庙危房零星项目（钢花路132号）总户数468户、2.28万平方米，全面完成签约工作，签约率100%。创新村片区277户、2.81万平方米，签约率97.4%。大渡村片区200户、1.19万平方米，签约率87%。

【经济普查】 第四次全国经济普查核查底册单位608家、普查登记单位533家、个体经营户抽样登记97家（总数1381家）。

【社会治理】 街道司法所、平安办通过网格化管理、网上信访代理、12348、社区矫正、社区戒毒、刑释解教人员管理等系统，建立完善防范化解重大矛盾纠纷机制，管控各类重点人员，探索创新“6个1”社区志愿者社会治理模式，完成新中国成立70周年等重大节点的维稳工作。全年实现84件网上信访代理，成功摸排化解卢山锦程停车库、元尚元小区欠薪等重大矛盾纠纷26件，完成对重点人员12次的进京领访和接返工作。参与各类调解纠纷183件，调解成功率97%。社区解矫人员、戒毒康复人员、刑释解教人员未出现脱管、漏管和重新犯罪现象。

【城市管理】 落实“五长制”，推行生活垃圾分类试点工作，增设垃圾分类设施84个，发放宣传资料1万余份。开展爱国卫生、全民动手等活动60余次，清运垃圾500余吨，清理卫生死角1000余处。整治老旧社区环境卫生及基础设施，投入资金30万余元。

重视“河长制”工作，实行街道、社区二级河长工作机制，加强日常巡查，开展清理河边四乱，按照“见缝插绿、见空补绿”原则进行复绿，栽植金叶女珍苗木300余株，普撒草种200公斤。

以“集中整治”为抓手，与辖区330家商户签订门前三包责任书。规范占道行为1100余起，制止乱牵乱挂242处。严格履行一岗双责，检查48个单位、场所，排查隐患18处。推进违法建筑整治，协助拆除辖区内总面积8864.11平方米的存量违章建筑。

【平安建设】 深化企业安全培训教育，组织辖区企业开展培训3次、160余人。开展“安全生产月”和安全生产“七进”活动，走访居民家庭840余户，企业单位场所492家，发放安全、消防、应急资料4000余份，邀请专家开展消防、交通等安全知识讲座9次。

安全隐患执法检查，排查各类场所1360家次，发现安全隐患572条，整改572条。行政处罚3次，其中警告1次，罚款2次、1500元。辖区内地灾监测点1个，安全上报近119次，实现安全生产“零”死亡目标。

【基层党建】 召开党建形势分析调度会12次，党建联席会4次，党工委会专题研究党建议题41个，解决基层党建各类问题70余个。

主题教育。成立“不忘初心 牢记使命”领导小组和工作指导组6个，安排街道中心组专题集中学习研讨10次，班子成员认真撰写心得体会31篇，带头交流发言40余人次，社区党员参加集中学习86%。通过线上线下送学、入户上门辅学、错时补学、结对帮学等方式确保学习教育“一个都不能少”。广泛收集意见建议。通过群众提、上级点、自己查，梳理出党工委班子在理论学习、作风建设、服务群众“最后一千米”等方面的问题21条、班子成员问题65条，各基层党组织广泛收集意见建议118条，全部纳入问题清单。

规范和加强基层党组织建设，新增支部5个。依托新时代文明实践所，发挥社区党组织统揽作用，开展“活动联办、服务联动、党课联上”，统筹解决基层难点问题6个，联手办理民生实事30余件。持续实施“敲门行动”“和乐行动”“乐呵呵志愿服务”等特色党建服务项目，强化社区党组织对业委会的政治引领，排查社情民意和消除安全隐患464个。《人民日报》刊登街道先进人物事迹报道一篇。

（九宫庙街道）

跃进村街道

【概况】 跃进村地处大渡口区东北角，与新山村、八桥镇相邻，与九龙坡区九龙镇接壤。辖区面积4.99平方千米，江岸线约3千米，总人口5.98万人，其中户籍人口3.49万人（常住户籍人口2.9万人、人户分离0.59万人），流动人口2.49万人。下辖跃进社区、跃新社区、大堰社区、堰兴社区、钢堰社区、革新社区、马王街社区、渝钢社区、钢铁社区9个社区（其中马王街社区与革新社区合署办公、渝钢社区与钢铁社区合署办公），社区专职工作人员75人。街道核定编制33名，其中行政编制18名、政法专项编制3名、工勤编制2名、事业编制10名。内设党政办公室、党建工作办公室、民政和社区事务办公室、平安建设办公室、规划建设管理环保办公室、应急管理办公室6个行政科室，下设跃进村街道社区事务服务中心、跃进村街道社区文化服务中心、跃进村街道劳动就业和社会保障服务所、跃进村街道退役军人服务站、跃进村街道综合行政执法大队5个事业单位。

【民生保障】 健全完善帮困对象基础台账，全面推进“一对一”结对帮扶，整合各方资源，帮扶慰问低保户等精准帮困对象362户、454人，慰问资金物资4.5万余元。落实各项惠民政策，全年居民养老保险参保812人，个人身份参保职工养老保险参保及信息维护1037人、城乡居民医保参保12942人、职工医保参保及信息维护709人；完成城镇新增就业2904人，就业困难人员就业119人；发放城乡低保、困难群众临时救助、失业金、大龄职工生活费、稻草救助金等惠民帮扶资金710万余元，发放残疾人“两项补贴”33万余元，慰问特扶家庭262人、12万余元。办好民生实事，革新（马王街）社区成功创建“全国残疾人之家”，推进堰兴社区“五品家园”建设，投入100万余元完成6处污水管网改造、思贤园公厕建设、社区舞台及健身场地打造等重点民生项目27件。

创新开展便民服务。街道和社区两级服务中心全部实施双休日上班制度，强化工作人员“无差别全科受理”水平，推进“首问责任制”“最多跑一次”改革，为居民群众提供高效、便捷、优质服务。

【城市管理】 推进城市基础设施建设，修枝排危行道树1200余棵，完成思贤园绿化提升工程。加强市容市貌管理，拆除不规范广告牌350余块，处理广告灯箱130余个。推行“五长制”工作和“马路办公”，签订“门前三包责任书”656份。处理各类投诉100余次，回复率100%，办结率100%，满意率99%。以环保督察为契机，持续开展“五大行动”，检查督导企业200余次，督促餐饮企业安装油烟净化设施10台，制止并发现露天焚烧3次，及时处理中央环保督察交办案件5个，建立巡查监管长效机制。

【棚改拆违】推进征收拆迁，完成马王街15栋、渝钢村62栋和临江村7栋拆迁签约安置任务。大坪山二期剩余4户均进入司法程序，2户已送达催告书，2户正在送达补偿决定书。配合重钢集团推进D级危房剩余7户攻坚工作。推进违建整治，加强工作领导和宣传发动，建立部门、街道、社区协调联动机制，强化现场办公，提高工作效率，加强分类处置和严控新增，全年完成违建整治246处、28563.01平方米。

【安全维稳】 落实“党政同责”“一岗双责”安全生产责任制，全年研究部署安全生产工作77次，开展安全检查78次，检查生产经营单位（场所）745个，排查整改隐患157条，未发生安全生产事故。开展烟花爆竹、危险化学品、工贸行业有限空间作业、高温汛期安全生产等专项整治，排查整改隐患125条。持续开展成品油综合整治工作，发现非法运输、贩卖成品油行为1起，已移交派出所处置。对重钢社会化移交房屋、化粪池存在的安全隐患开展拉网排查。开展“防风险保平安迎大庆”消防安全执法检查专项行动，检查各类单位和场所135次，发现并整治火灾隐患或违法行为23处。针对市级挂牌督办的朵力欣元托老所消防安全隐患，多次约谈督促企业主整改，该托老所已按消防相关标准重新选址搬迁，完成整改销号。

开展扫黑除恶专项斗争，召开扫黑除恶专项工作推进会24次，排查治安乱点线索110条，均整治完毕。加强社会治安乱点整治，查处跃新社区治安案件19件，同比下降41.67%，年底顺利摘牌。开展校园周边安全、防邪等重点领域专项整治工作，排查整治突出问题51起。做好重症精神病人服务管理工作，强化禁毒工作宣传，加强吸毒人员管理，全年完成441名吸毒人员的网格化录入。

强化党建引领，探索基层治理“三治融合”，东正社区被评为“市级社会治理现代化示范点”。深化“枫桥经验”，持续做好矛盾纠纷源头治理，力减存量，原有ABCD类重点人员7人，E类重点人员16人，经过长期性疏导化解工作，已上报拟撤管11人，成功化解信访老户1名。严控增量，坚持防范在前、预防为先，把矛盾纠纷化解在萌芽状态，在全区“两江四岸”货运码头专项整治行动中，成功关停拆除“罗中子”码头，“渔秋浩”码头现已停止经营，后续拆除工作稳步推进。化解云岭天城电梯更换及业委会换届、缤纷时代业主与物业矛盾、大堰农贸市场意外事故等基层矛盾，发挥人民调解作用，全年调解各类纠纷863起，调解成功863起，纠纷受理率100%，调处成功率100%。

【生态环保】加强长江岸线生态环境保护。探索制定“14317”河长工作机制，强化日常巡查和问题处置，开展河长巡查79次，发现整改问题16个。推进长江沿线除渣及复绿工作，约120亩的长江沿线土地得到有效保护，完成播撒草籽100公斤，复绿面积1000余平方米。加强消落区治理，清理垃圾15余吨，出动300人次，车辆150余台次，清理8500平方米。

推进垃圾分类试点工作，召开专题会议16次，组建“专职指导员＋党员＋志愿者”专业引导队伍开展垃圾分类入户宣传、检查和登记，提升群众知晓率和参与度。建立健全监督管理和激励机制，层层压实工作责任，稳步推进垃圾分类工作。搭建社企合作平台，东正社区作为居民生活垃圾分类示范试点与重庆中联弘峰环卫有限公司签订合作协议，公司提供智能回收设备4台，四分类设备2套，二分类桶46组，开展培训指导，发挥居民自治作用，以点带面提升工作实效。

【文化建设】 丰富群众文体生活，结合传统文化传承和发扬，在重大节假日、纪念日推送流动文化进社区，开展专场文艺演出32场，推送民间舞蹈、歌曲、文化作品等参演参赛，3个作品在市、区获奖。全年各社区开展群众文化活动288次。重视非遗和文物保护工作，开展非遗宣传活动，邀请非遗传承人周定州老师到辖区开展培训和宣传活动3次。

【基层党建】 抓实党建主责主业，发挥好牵头抓总、协调多方作用，全年召开党工委会48次、党建形势分析调度会12次、城市基层党建联席会4次，研究解决基层党建各类问题及街道重要工作共计226个。严格落实班子成员党建工作“一岗双责”，层层压实全面从严治党责任。增强社区党组织政治功能，发挥其在社区治理中的主导作用，推进“两学一做”学习教育常态化制度化，推动习近平新时代中国特色社会主义思想进社区。

强化城市基层党建，健全“街道—社区—驻区单位—社会组织”四级联动体系，细化党建联席会议、党建形势分析会议、重大事项协商会议实施细则，开展软弱涣散基层党组织整顿工作，用好1个党群服务中心、8个党群服务站，以点带面促进各领域基层党组织组织力提升。注重人才培育，培养22名骨干党员担任楼栋小组长，组织74名社区“两委”成员到全区群众满意度排名靠前的社区实岗锻炼，提升综合能力。

落实意识形态工作责任制，党工委专题研究意识形态工作5次，开展专题舆情研判处置5次、9件。推进新时代文明实践所建设，打造“一社区一特色”志愿服务队伍项目，组建志愿者队伍24支，注册志愿者8000余人，开展志愿服务500余次。全面完成耗儿山两处非法宗教场所取缔和拆除后的植绿复绿工作，复绿2000平方米。

压实管党治党政治责任，每季度组织开展“以案四说”警示教育会，推送党纪法规和典型案例30余次，组织收看警示教育片3次，开展廉政谈话34次。针对新一轮镇街机构改革后的科室设置和职能调整，开展廉政风险排查和防控工作，党员干部纪律规矩意识得到提升，增强“红线”“底线”意识。

（跃进村街道）

茄子溪街道

【概况】 茄子溪街道位于大渡口区西南部，是典型的工矿贸易老城区、城乡接合部，面积9.25平方千米。2019年，辖11个社区居委会（新港社区、刘家坝社区、伏牛溪社区、陈家坝社区、滨江社区、园林社区、永丰社区、惠丰社区、江州社区、桥口社区、兴盛社区）。户籍人口20000人，流动人口18209人，男19660人，女18549人，实有11086户30654人，人口出生数85人。有中学3所（茄子溪中学、九十五中佳兆业中学、长征中学），小学4所（陈家坝小学、茄子溪小学、大渡口区实验小学佳兆业学校、长征小学），在校学生共7679人，适龄儿童入学率100%，在职教师530人，幼儿园（含托儿所）4处（茄子溪小学幼儿园、陈家坝小学幼儿园、大渡口区钢城实验幼儿园英才分园、清华•教鸿幼儿园），入园幼儿494人，入园率100%。有医院2所（大渡口区二院、长征医院）。

2019年，街道辖区有法人企业458家，产业活动单位96家，其中规上工业17家，限上批零业8家，住宿餐饮业3家，建筑业2家，重点服务业12家，房地产业3家。有伏牛溪油库、601油库、壳牌袁茄路加油站3家大型危化企业；中交茄子溪港、万吨冷储、436处、广茂物流、昌可仓储、万发码头等仓储物流企业11家，其中重庆万吨冷储物流有限公司是年交易额200亿元，占重庆冷冻食品市场的80%，国储物流、中铁十七局钢材、板材市场占重庆的80%。2019年实现规上工业总产值2.69亿元，同比增长11.32%。完成社零总额13.61亿元，同比增长25.8%。实现规上服务业营业收入5.98亿元，同比增长33.49%。

【民生改善】 全年完成城镇就业2207人。其中，新增类1733人，登记失业类356人，就业困难类118人，为551人困难残疾人申请各类补贴救助31.3762万元。设置500万元服务群众专项经费，落实涉及环境整治、公共文化设施、办公用房等7个方面18项重点民生实事。开好“民情恳谈会”，收集办结社情民意56条。完成桥口社区“老吾老”活动中心建设、H18小区房屋防潮整治、制材二村雨污管网分流改造等民生问题13个。构建“3+3”包居联户帮扶机制，对困难家庭实行“红橙青蓝绿”五色分类管理，结合“背包服务”，走访居民近3万人，慰问困难群众500余人次，结对帮扶困难群众456户。

【城市管理】 推进“五长制”和“门前三包”，落实“马路办公”一岗双责要求，开展“市容环境卫生、园林绿化、垃圾分类”等环境整治提升改造，完成长江沿线农作物及农事棚整治。实施“蓝天、碧水、绿地、宁静、田园”五大环保行动，制止露天焚烧16起。全面推行河长制，全年河长巡河221次，发现问题并整改20个。强化危房监管，对辖区4处D级危房3处C级危房落实日常巡查监测制度。推行分离移交物业管理模式，成功与央企长征重工签订整改维修及移交协议。以“严控新增、消除存量”为原则，采取加大巡查力度、坚持值班蹲守等方式，全年整治存量违法建筑52处8663平方米。实施“阳光拆迁、友情拆迁、依法拆迁”，签约征收（攻坚）项目7个、235户，装卸村、纺材村居民搬离危房318户。完成钓鱼嘴2、3号道路项目、三峡森晶片区项目等5个项目284户居民回迁安置。完成攻坚扫尾拒签户9户，解决老上访户李模英的实际困难，主动息访。

【社会治理】 严格落实“党政同责、一岗双责、齐抓共管”安全生产责任体系。压实企业主体责任，与辖区企事业单位签订责任书203份。采取定期检查、突击检查和暗访暗查相结合的方式，查出并整改辖区单位场所安全隐患248个，整改率98.4%。在各重点时段，落实“一人一专班、一人一措施”24小时稳控措施，未发生脱控、失控。坚持和发展“枫桥经验”，深化扫黑除恶专项斗争，排查出涉黑涉恶、治安乱点线索22条，成功完成“惠丰和佳兆业治安乱点”摘牌任务。构建1个“黄大妈调解室”+8个社区“黄大妈工作站”+9个“社区调委会”的调解工作体系，推广应用“五心工作法”。全年成功调解矛盾纠纷335件，调解成功率100%。开展法治宣传进社区、进企业、进学校、进医院活动34次，提高群众的法律意识。

【文化宣传】 围绕庆祝新中国成立70周年，提升群众文化素养。通过短视频、微宣讲、微论坛等庆祝新中国成立70周年系列活动11场次。《人民日报》《重庆日报》《重庆商报》、重庆电视台等主流媒体登载50篇次，《大渡口报》宣传报道125篇次，舆情网评采用160篇，其中中宣部采用1篇。利用“群众文化云”，开展文化“点单”培训1000余人次。采取定点、分散、上门三种形式开展“双晒”活动宣传，确保辖区群众应晓尽晓。开展文艺演出、包粽子、猜灯谜、送春联等活动40场次，营造活泼向上的节日氛围。持续开展“文明在行动•洁净大渡口”专项行动，推进生态文明建设。开展“春兰”“夏荷”“秋菊”“垃圾分类”等志愿服务活动4280人次，服务9.5万小时。重视道德典型选评，居民程自福获评2019年第四期“最美巴渝•感动重庆月度人物”、2019年6月“中国好人”等。培育推荐“孝道之星”“孝心少年”3人，志愿者队伍获得区妇联主办的“展风采、创新业、建新功”集体舞比赛第二名。

【基层党建】 强化城市基层党建引领社区治理，督促指导申佳子溪苑小区业委会换届选举工作，推进惠丰社区软弱涣散基层党组织整顿转化。结合星级社区党组织评选，督促指导社区党组织全面落实“三会一课”、主题党日、组织生活会等制度，确保党内政治生活规范化、制度化。应用“大渡口党建云服务”智能平台，为居民协调解决问题120余项。对照习近平总书记“二十字”好干部“标尺”，推荐提拔4名干部任社区党组织职务。结合机构改革工作，实行社区干部、临聘人员双向管理制度。开展“业务精进一刻钟”岗位练兵和“增能”培训47次，提升干部综合素质。构建党工委书记负总责、纪工委书记监督执行、班子成员各负其责的党风廉政建设工作格局。梳理廉政风险点111个，落实防范措施150条。运用监督执纪“四种形态”，开展提醒谈话、谈心谈话、批评教育53人次，办理问题线索9件，开除党籍3人。建立区委巡察反馈问题整改长效巩固机制，开展节假日明察暗访11次。开展“以案四说”警示教育37场次、1389人次，推动党员干部把“守纪律、讲规矩”内化于心、外化于行。

【主题教育】 成立“不忘初心、牢记使命”主题教育领导小组和2个指导组，对28个基层党组织主题教育开展情况进行督促指导，结合街道实际制定“24+X”主题教育方案，扎实推进主题教育。对338流动党员、年老体弱党员及困难党员，采取引导学和帮学，实现学习全覆盖。聚焦学习贯彻习近平新时代中国特色社会主义思想这条主线，采取“集中学习＋自主学习＋‘一看四问’”方式，通读《习近平关于“不忘初心、牢记使命”重要论述选编》等学习教材，集中学习研讨11次，发言43人次。针对城市基层党建、生态文明、改善民生等热点难点问题，采取入户走访、座谈交流、征求意见等方式，与基层党员群众面对面交流，形成调研报告10篇。坚持问题导向，督促整改完成街道党工委班子4个方面12个问题和班子成员60个问题，增强主题教育实效。街道下属基层党组织按要求制定主题教育工作计划，组织社区党员重读入党志愿、重温红色经典、重忆身边榜样，开展交流讨论353次，发言900余次。以社区为单位，党员干部认领涉及安全巡逻、环境卫生、妇女儿童维权等服务岗位294个，开展志愿服务活动120次，收集解决民生实事好事887件，以实际行动践行初心和使命。

（茄子溪街道）

春晖路街道

【概况】 春晖路街道面积4.5平方千米。地处大渡口区中东部，东临新山村街道、九宫庙街道，南与建桥工业园接壤，西北、西南与八桥镇相连，距重庆市渝中区14.2千米，与九龙坡区商贸中心杨家坪仅5千米。地理条件优越，交通便利，春晖路、袁茄路、松青路、陈庹路、西城大道、迎宾大道横贯其中，轻轨二号线直通境内。2019年，辖9个社区居委会，常住人口超12万人。职高1所，小学3所，幼儿园（含托儿所）26所，医院（含诊所）44所。

【社会民生】 全年新增低保户22户、26人，清退62户、94人，至年底有低保家庭315户、469人，全年发放低保338万元。以社区老吾老活动中心为依托、政府出资购买专业化服务，为老人提供健康管理咨询、护理服务、家政服务、送餐服务，全年服务老人2.5万人次，为80岁以上老人发放高龄营养补助。新增办理残疾人证80人。至年底，街道有持证残疾人1078人，换发第三代残疾人证1069人，发放各类补助、慰问金。

对辖区贫困人口进行摸排清查，为326户贫困人口建立详细信息台账，建立“一对一”结对帮扶机制。新增重点优抚对象3人、企业三类人员1人，发放各类优抚补助金。发布用工信息242条，推荐成功就业533人，举办各类招聘会5场，提供岗位3000余个，新增就业2627人。开展各类创业就业培训19期、412人。为399名失业人员发放失业保险，办理创业担保贷款255万元。

推进“2+9”街道公共服务中心、社区便民服务中心规范化建设，新建服务管理制度7项，完善“四办”服务清单，推进行政权力和公共服务事项网上运行，发布事项清单88条。全年接待服务居民58784人次，延时服务2182人次。

开展全国第四次经济普查，制定街道普查实施方案，确保普查数据真实可靠，全街道普查企业4336家，个体经营户4269家。对辖区内限上企业开展摸排清查，开展“限上单位”培育工作，全年新增“限上”企业22家，“限上”个体8家。

【社会管理】 探索创新社会阶层人士服务工作，推进互联网产业园及天安数码城楼宇统战试点工作、民主党派基层组织社区同社区结对共建工作、民族宗教领域安全研判排查及少数民族流动人口服务管理工作等，营造辖区民族团结进步和谐氛围。完成阳光社区市级“侨胞之家”创建验收工作，支持侨联分会、台联分会春节、中秋联谊会，凝聚侨心，汇聚侨力。夯实宣传主阵地，抓好学习型机关建设，全年开设春晖讲堂43场次，开展“春晖读书会”、居民议事点、梦想课堂等交流活动300余次。抓好基层理论宣讲，开展“名嘴进百家”院坝微宣讲活动，将理论知识通过“接地气”的方式讲给百姓听，吸引大量观众参与。推进意识形态工作，街道将意识形态列入党工会议固定议题，每周收集辖区矛盾纠纷及不安定因素进行汇总排查，及早把控群众关心关注的热点难点问题，全年处理网络舆情事件投诉15例。

【平安建设】 成立应急救援指挥部，组建31人的应急救援队伍，严格实行24小时应急值守。打造社区应急救援站9个，开展应急安全宣传活动、演练20余次。每月开展风险研判，完成4个小区重大事故隐患挂牌整治，完成3个老旧住宅小区22部电梯改造更新工程。增设老旧小区电梯，现场踏勘94个小区单元，有61个通过了公示听证的程序，已在规划自然资源局取得规划许可的楼栋单元有10个，在区住房城乡建委获得备案办理施工手续的有4个。全年检查企业（门店）1935家，整改隐患509条，行政处罚8次，罚款1100元，辖区内未发生安全生产事故。

构筑人民调解、司法调解和行政调解三大调解工作体系，依托街道、社区、网格“三级”调处模式，实现人民调解纵向延伸，与大渡口区人民法院建立“审判庭到现场办理、巡回审理”机制，建立律师参与纠纷调处机制，通过法官、律师进社区，提供专业法律咨询，调处涉法涉诉类矛盾纠纷19起；9个社区建立了公共法律服务工作站（室），通过“一对一、点对点、面对面”的法律服务，调处矛盾纠纷885件。

实施重点人员分级分类管理，加强情报信息搜集研判，成功调处24起有可能引发集访和造成不良影响的群体性事件，确保了新中国成立70周年等重大节假日期间辖区安全稳定。全年无进京越级上访、无大规模集体上访、无因信访问题引发的极端恶性事件。定期收集涉黑涉恶问题线索，每月召开扫黑除恶工作推进会。制作扫黑除恶宣传品7620份，召开院坝会1500余次。

【城市管理】 针对城市建成区露天烧烤油烟、垃圾枯草焚烧问题，排查生态环保突出问题20余件。严格落实每日巡查制度，及时制止各类大气污染行为，全年出动巡查2600余人次，及时发现并处置露天焚烧及露天烧烤20余起。制定《春晖路街道城市管理水平提升实施方案》，按“五长制”要求对辖区所有道路、小区进行明确细化。做好2019年中央环保集中督查问题处理和2018年中央环保集中督查反馈问题“回头看”自查情况，对2019年被督查的4个主办问题和6个协办问题进行现场核实处理，确保整改有效。对2018年被督查的7个问题进行再次自查梳理和现场核实，确保整改后无反弹现象。组织垃圾分类主题宣传活动26次，建立垃圾分类指导员队伍，打造阳光花园（一期、二期）、锦天佳园垃圾分类示范小区。创新工作方式方法，推进榕华园小区征收工作。至11月20日，60户住宅完成签约59户，完成率98.33%。16户门面全部完成签约。

【基层建设】 针对市委第四交叉巡察组反馈的5个方面、13个突出问题、33个具体问题，成立巡察整改工作领导小组，全面认领，积极整改。制定完善规章制度16个，处理相关责任人7人，停发了一批津补贴，33个具体问题已阶段性整改完成。春晖花园违法建筑强拆法律程序上报区城市管理局，区城市管理局已上报区政府审批。

开展“不忘初心、牢记使命”主题教育。成立领导小组和8个指导组，对主题教育进行统筹调度，班子成员开展集中学习研讨11次、研讨发言35人次，开展调研21次，形成调研报告8篇。领导班子共查找问题12个，班子成员查找问题41个。为基层党组织和党员配发学习资料6000余册，引导党员组团为民解难，通过亮身份、亮岗位、亮服务，增强党员仪式感和群众认同感。

提升基层党组织组织力。选优配强社区党委班子，补选党委委员6人，按网格调整优化社区党支部设置，新成立48个党支部，选举支委委员144人。对辖区党组织进行全面摸排和分析研判，确定2个软弱涣散基层党组织整顿对象，督促抓好整改落实。对2018年度抓基层党建述职评议为“一般”等次的党组织书记进行约谈，并督促指导其落实整改。

落实党建联席会议和党建形势分析会议制度，建立辖区资源、项目和需求“三个清单”，联合开展税法宣传、防灾应急演练、健康义诊等活动。强化社区党组织对业委会和业主大会的政治引领，指导成功组建和换届的业主委员会6个，选举委员40人，其中党员15人。

（春晖路街道）

人物 光荣榜

人　物

大渡口区市管领导干部

中共大渡口区委员会

王　俊　区委书记
姚　斌　区委副书记（2019 年 12 月离任）
张国智　区委副书记（2019 年 12 月任职）
陈中举　区委副书记
汪　建　区委常委、纪委书记、监委主任
韩瑞碧　区委常委（2019 年 2 月免区委办公室主任）
孟德华　区委常委、政法委书记
郭诏彬　区委常委、宣传部部长
徐晓勇　区委常委
王　涛　区委常委、统战部长
江永昌　区委常委、组织部部长（2019 年 8 月离任）
刘德毅　区委常委、组织部部长（2019 年 8 月任职）
邱晓宁　区委常委、人武部政委（2019 年 12 月离任）
程超旗　区委常委、人武部长（2019 年 12 月任区委常委）

大渡口区人大常委会

何家利　2019 年 12 月，市委提名为区人大常委会主任候选人
2019 年 12 月，任区人大常委会党组书记
罗　雨　区人大常委会党组副书记、副主任
先大友　区人大常委会党组成员、副主任，区总工会主席
李　青　区人大常委会副主任，民建区委主委
常永官　区人大常委会党组成员、副主任
颜裕杰　2019 年 12 月，市委提名为区人大常委会副主任候选人
2019 年 12 月，任区人大常委会党组成员
罗先德　区人大常委会党组成员、副主任（2019 年 12 月离任）

大渡口区人民政府

张国智　2019 年 12 月，市委提名为区长候选人
2019 年 12 月，任区政府党组书记
姚　斌　区政府党组书记、区长（2019 年 12 月离任）
徐晓勇　区政府党组副书记、常务副区长
刘正光　区政府党组成员、副区长，区公安分局党委书记、局长、督察长（兼）
舒　莉　区政府党组成员、副区长
毛　伟　区政府副区长，九三学社区委主委
钟　渝　区政府党组成员、副区长
唐　勇　区政府党组成员、副区长
王光荣　区政府党组成员、副区长（2019 年 1 月任职，8 月离任）
江　欣　区政府挂职副区长（2019 年 3 月挂职，时间 1 年）

大渡口区政协委员会

张　琼　区政协党组书记、主席
刘安东　区政协党组副书记、副主席
袁凯明　区政协副主席，民革市委常委、区委主委
邹文炬　区政协党组成员、副主席
周进源　区政协副主席，区卫生计生委主任、农工党区委主委
黄万秋　区政协党组成员、副主席

杨金胜　区政协副主席，区信访办主任
胡　军　区政协副主席，民盟区委主委

其他

马　春　2019年12月，免去区人大常委会党组书记
伍　星　区法院党组书记、院长、二级高级法官
许创业　2019年5月，任区检察院党组书记、代理检察长、二级高级检察官
郭尔特　区公安分局党委副书记、政委

大渡口区区管领导干部

区纪委监委

杨红梅　区纪委常务副书记、区监委副主任、区委巡察工作领导小组办公室主任（兼）
李国伟　区纪委副书记、区监委副主任
刘厚成　区纪委副书记、区监委副主任
喻　成　区纪委常委、区监委委员（正处级）
彭　利　区纪委常委、区监委委员（正处级）
周建碧　区纪委常委、区监委委员（正处级）
王颖秋　区纪委常委（正处级）
蒋安辉　区纪委常委（正处级）
王　德　区监委派出第一监察室主任（正处级）
颜　军　区纪委监委第五审查调查室主任
余钱岗　区纪委监委党风政风监督室主任
蒋梦茵　区纪委监委第七监督检查室主任
王　静　区监委派出第二监察室主任
汪新波　区纪委监委第二监督检查室主任
刘冬一　区纪委监委纪检监察干部监督室主任
王传松　区纪委监委第一监督检查室主任
陈　玲　区纪委监委组织部部长
张　轴　区纪委监委第四审查调查室主任
唐　洲　区纪委监委第三审查调查室主任
吴树洪　区纪委监委信访室主任
杜桂栎　区纪委监委第六监督检查室主任
邱　艳　区纪委监委案件审理室主任
王莉英　区纪委监委案件监督管理室主任
蒋治中　区党风廉政宣传教育中心主任
蒲晓嵩　区纪委监委办公室主任

区委办公室

李新路　区委办公室主任
刘　强　区委办公室副主任（正处级）
冯　琼　区纪委监委驻区委办公室纪检监察组组长
龙　春　区委办公室副主任

区委组织部

姜　卓　区委组织部常务副部长
刘　磊　区纪委监委驻区委组织部纪检监察组组长
刘远林　区委组织部副部长
林受彦　区委组织部副部长
黄权杰　区委非公经济组织和社会组织工委副书记
黄　平　区委党群服务中心副主任

区委宣传部

江　春　区委宣传部常务副部长
邹　凤　区纪委监委驻区委宣传部纪检监察组组长
黎洪银　区委宣传部副部长

区委统战部

周均益　区委统战部常务副部长
童筱渝　区委统战部副部长、区民宗侨台办主任
熊文财　区纪委监委驻区委统战部纪检监察组组长
尹　瑜　区民宗侨台办副主任

区委政法委

杨华强　区委政法委常务副书记
姚　伟　区委政法委副书记（正处级）
余建军　区委政法委副书记（正处级）
胡文琼　区纪委监委驻区委政法委纪检监察组组长
赵晓鹏　区委政法委副书记
夏　艳　区委政法委政治处主任

区委研究室

卢天程　区委研究室主任
王友声　区委研究室副主任

区委网信办

王　丹　区委网信办主任
连　城　区委网信办副主任

区委编办

张荣艳 区委编办主任
黄贞臻 区委编办副主任

区委直属机关工委

方 薇 区委直属机关工委书记
安 莉 区委直属机关工委副书记

区委巡察办

唐永清 区委巡察工作领导小组办公室专职副主任
匡宗春 区委巡察组副组长
陈永明 区委巡察组副组长
罗 毅 区委巡察组巡察专员
任晓琴 区委巡察组巡察专员
蒲爱华 区委巡察组巡察专员
邓隆泽 区委巡察组副组长

区委老干局

王 玲 区委老干局局长

区委机发保密局

刘 利 区委机要保密局局长
吴光健 区委机要保密局副局长

区大机关

蒋家文 区人大常委会党组成员、区人大常委会机关党组书记、区人大常委会办公室主任
刁 勇 区人大常委会机关党组成员、区人大监察法制委主任委员、区人大监察和法制委员会办公室主任
李再富 区人大常委会机关党组成员、区人大城乡建设环境保护委员会办公室主任
宋文玲 区人大常委会机关党组副书记、区人大常委会人代工委主任
裘 苹 区人大常委会机关党组成员、区人大常委会预算工委主任
梁文荣 区人大常委会机关党组成员、区人大财政经济委员会办公室主任
喻 悦 区人大常委会机关党组成员、区人大社会建设委主任委员、区人大社会建设委员会办公室主任、区人大常委会信访办公室主任（兼）、区人大常委会教科文卫工委主任（兼）
金 熙 区人大财政经济委员会办公室副主任
周 煜 区人大城乡建设环境保护委员会办公室副主任
黄婷婷 区人大常委会人代工委副主任
闵英华 区人大社会建设委员会办公室副主任、区人大常委会信访办公室副主任（兼）、区人大常委会教科文卫工委副主任（兼）
葛 意 区人大常委会办公室副主任

区政府办公室

杜元淦 区政府党组成员、区政府办公室党组书记、区政府办公室主任
潘红林 区政府办公室党组成员、区政府办公室副主任（正处级）
赵世建 区政府办公室党组成员、区政府办公室副主任
郑 勇 区政府办公室党组成员、副主任
贾晓玲 区政府办公室党组成员、区政府办公室副主任
王 亮 区政府办公室党组成员、区政府办公室副主任

区发展改革委

刘 振 区发展改革委党组书记、区发展改革委主任
钟 英 区发展改革委党组成员、区发展改革委副主任
吴 涛 区发展改革委党组成员、区发展改革委副主任
陈俊谋 区发展改革委副主任

区教育工委、区教委

伍平伟 区委教育工委书记、区教委主任
吕佩泽 区委教育工委专职副书记（正处级）
沈维安 区委教育工委委员、区教委副主任（正处级）
李 茜 区委教育工委委员、区纪委监委驻区教委纪检监察组组长
张 宁 区委教育工委委员、区教委副主任
李长彬 区委教育工委委员、区教委副主任

区科技局

吴淑皇　区科技局党组书记、区科技局局长
姜　勇　区科技局副局长
谢芳丽　区科技局党组成员、区科技局副局长

区经济信息委

詹永胜　区经济信息委党组书记、区经济信息委主任
周　英　区经济信息委副主任（正处级）
刘　婷　区经济信息委党组成员、副主任
蒋文勇　区经济信息委党组成员、区经济信息委副主任

区民政局

聂永红　区民政局党组书记、区民政局局长
柳卫东　区民政局副局长
叶　青　区民政局党组成员、区民政局副局长

区司法局

黄永东　区司法局党组书记、区司法局局长
罗宣涛　区司法局党组成员、区司法局副局长
叶　岚　区司法局副局长

区财政局

刘继红　区财政局党委书记、区财政局局长
张　瑜　区财政局党委委员、区纪委监委驻区财政局纪检监察组组长
何航军　区财政局党委委员、区财政局副局长
秦　学　区财政局党委委员、副局长

区人力社保局

何晓萍　区人力社保局党组书记、区人力社保局局长
赖　晖　区人力社保局党组成员、区人力社保局副局长
王　玮　区人力社保局党组成员、区人力社保局副局长
徐世军　区人力社保局党组成员、区人力社保局副局长

区生态环境局

李建华　区生态环境局党组书记、区生态环境局局长
张　伟　区生态环境局党组成员、区生态环境局副局长
梁　红　区生态环境局副局长
刘　宁　区生态环境局党组成员、区环境行政执法支队支队长

区住房城乡建委

杜位彬　区住房城乡建委党组书记、区住房城乡建委主任
胡廷亮　区住房城乡建委党组成员、区住房城乡建委副主任（正处级）
段兴华　区住房城乡建委副主任
耿鸿宾　区住房城乡建委党组成员、区住房城乡建委副主任
张宗伟　区住房城乡建委党组成员、区住房城乡建委副主任

区城市管理局

颜裕杰　区城市管理局党组书记、区城市管理局局长
陈　伟　区城市管理局党组成员、区城市管理局副局长（正处级）
邹文娱　区城市管理局党组成员、区城市管理局副局长
胡　宾　区城市管理局党组成员、区城市管理局副局长
高　磊　区城市管理局党组成员、区城市管理局副局长
娄　勇　区城市管理局党组成员、区城市管理局副局长

区交通局

杨伟鸣　区交通局党组书记、区交通局局长
谭晓幸　区交通局党组成员、区交通局副局长(正处级)
刘　锐　区交通局党组成员、区交通局副局长
邓海平　区交通局副局长

区农业农村工委、区农业农村委

李泽军　区委农业农村工委书记、区农业农村委主任
唐华伦　区委农业农村工委专职副书记
苏武斌　区委农业农村工委委员、区农业农村委副主任

区商务委

蒋　波　区商务委党组书记、区商务委主任
曹　敏　区商务委副主任

杨世莉 区商务委党组成员、区商务委副主任

区文化旅游委

江存彬 区文化旅游委党组书记、区文化旅游委主任
王春江 区文化旅游委党组成员、区文化旅游委副主任（正处级）
陈　炼 区文化旅游委党组成员、区文化旅游执法大队队长
陈昌进 区文化旅游委党组成员、区文化旅游委副主任
范永利 区文化旅游委副主任

区卫生健康委

田　兵 区卫生健康委党组书记
陈松涛 区卫生健康委党组成员、区卫生健康委副主任、区红十字会常务副会长（正处级）
袁颂华 区卫生健康委党组成员、区卫生健康委副主任（正处级）
邓海霞 区卫生健康委党组成员、区卫生健康委副主任（正处级）
程长芳 区卫生健康委党组成员、区纪委监委驻区卫生健康委纪检监察组组长
杨适阶 区卫生健康委党组成员、区卫生健康委副主任
金代伟 区卫生健康委党组成员、区卫生健康委副主任
田　云 区卫生健康委党组成员、区卫生计生监督执法局局长（副处级）、区中医院党委书记（兼）
曹庆雷 区卫生健康委党组成员、区计生协会副会长人选

区退役军人事务局

刘武云 区退役军人事务局党组书记、区退役军人事务局局长
鲁　钢 区退役军人事务局党组成员、区退役军人事务局副局长
叶陆卿 区退役军人事务局党组成员、区退役军人事务局副局长

区应急局

付　骏 区应急局党组书记、区应急局局长
黎　平 区应急局副局长
金　毅 区应急局党组成员、区应急局副局长
周建国 区应急局党组成员、区应急局副局长
唐建华 区应急局党组成员、区应急局政治处主任

区审计局

吴蔚翔 区审计局党组成员、区审计局副局长、区审计局纪检组长
单　珺 区审计局党组成员、区审计局副局长
武如清 区审计局党组成员、区审计局副局长

区统计局

黄　敏 区统计局党组书记、区统计局局长
郑文胜 区统计局副局长
周鸿森 区统计局党组成员、区统计局副局长
高孝娥 区统计局党组成员、区统计局副局长

区医保局

胡　敏 区医保局党组书记、区医保局局长
谢海长 区医保局党组成员、区医保局副局长

区信访办

杨莉苹 区信访办党组书记
杨跃东 区信访办党组成员、区信访办副主任
刘阳阳 区信访办党组成员、区信访办副主任
吴　庆 区信访办副主任

区招商投资局

龙　蓓 区招商投资局党组书记、区招商投资局局长
潘俊峰 区招商投资局党组成员、区招商投资局副局长
李晓丹 区招商投资局党组成员、区招商投资局副局长

区体育局

谢　伟 区体育局党组书记、区体育局局长
李　响 区体育局党组成员、区体育局副局长
裴　培 区体育局党组成员、区体育局副局长

区机关事务管理局

何光瑜 区机关事务局党组书记、区机关事务局局长
陈　怡 区机关事务局副局长

李万红　区机关事务局党组成员、区机关事务局副局长
张存松　区机关事务局党组成员、区机关事务局副局长

区人民防空办

贺红鹰　区人民防空办党组书记、区人民防空办主任
蒲仕斌　区人民防空办党组成员、区人民防空办副主任（正处级）
卢旭东　区人民防空办党组成员、区人民防空办副主任

区大数据局

黄宗华　区大数据发展局党组书记、区大数据发展局局长
王　涛　区大数据发展局党组成员、区大数据发展局副局长

区政务服务办

钟　灿　区政务服务办党组书记、区政务服务办主任
刘　欢　区政务服务办党组成员、区政务服务办副主任
李　硕　区政务服务办党组成员、区政务服务办副主任

区供销合作社

龙华伦　区商务委党组成员、区供销合作社主任
黄媛梅　区商务委党组成员、区供销合作社副主任

区社保局

王中强　区社保局副局长
周　赤　区社保局副局长
刘敏唏　区社保局副局长

区政协机关

李贤敏　区政协党组成员、区政协机关党组书记、区政协秘书长
赵世强　区政协机关党组成员、区政协社法祖统专委会主任
黄　勤　区政协机关党组成员、区政协委员联络办主任
王晓萍　区政协机关党组成员、区政协提案专委会主任
申　敏　区政协机关党组副书记、区政协科教文卫体专委会主任
郝　巧　区政协机关党组成员、区政协经济城环专委会主任
潘方国　区政协经济城环专委会副主任
吕　琳　区政协科教文卫体专委会副主任
鲜　明　区政协副秘书长
周　凯　区政协办公室副主任

民革区委会

唐贵云　民革区委专职副主委（副处级）

民盟区委会

唐　瑜　民盟区委专职副主委（副处级）

民建区委会

徐彤彤　民建区委专职副主委

民进区委会

张贵梅　民进区委专职副主委（副处级）

农工党区委会

李　萍　农工党区委专职副主委（副处级）

九三学社区委会

刘　俊　九三学社区委专职副主委（副处级）

区工商联

郭　嫣　区工商联党组书记、区工商联常务副主席、区委统战部副部长
刘　红　区工商联党组成员、区工商联主席（非公人士，享受正处级政治待遇）
黄居华　区工商联党组成员、区工商联副主席（正处级）
陈雪峰　区工商联党组成员、区工商联秘书长

区总工会

杨建明　区总工会党组书记、区总工会常务副主席
任艳芳　区总工会党组成员、区总工会副主席

团区委

李　茜　团区委党组书记、团区委书记

张　涛　团区委党组成员、副书记

区妇联

江文平　区妇联党组书记、区妇联主席
曾清利　区妇联党组成员、区妇联副主席

区科协

胡桂泉　区科协主席、民进区委主委
周建平　区科技局党组成员、区科协副主席

区社科联

黄渝媚　区社科联主席

区文联

刘文娅　区文联主席

区残联

李红红　区残联党组书记、区残联理事长
赵　奇　区残联党组成员、区残联副理事长

区红十字会

张　勇　区卫生健康委党组成员、区红十字会副会长

区委党校

毛　勇　区委党校常务副校长、区行政学校常务副校长、区社会主义学院副院长（正处级）
潘　宇　区委党校副校长、区行政学校副校长、区社会主义学院副院长

区新闻中心

姜　海　区新闻中心副主任
冯　勇　区新闻中心副主任

区档案馆

曾　健　区档案馆馆长

区土储中心

戴　文　区土储中心党组书记、区土储中心主任
邓　博　区土储中心党组成员、区土储中心副主任

征地办

付绍云　区征地办党组书记、区征地办主任
陈华正　区征地办党组成员、区征地办副主任
朱家林　区征地办党组成员、区征地办副主任

区金融办

李才文　区金融办党组书记、区金融办主任
李　锐　区金融办党组成员、区金融办副主任
张　强　区金融办党组成员、区金融办副主任

区中小企业局

杜　平　区经济信息委党组成员、区中小企业局局长（副处级）

区教育考试中心

王　琳　区教育考试中心主任（正处级）

区商圈办

曾　葵　区商圈办副主任（正处级）
李玉福　区商务委党组成员、区商圈办副主任
孙　林　区商务委党组成员、区商圈办副主任

区就业局

秦德彪　区人力社保局党组成员、区就业局局长

八桥镇

刘理国　八桥镇党委书记
雷　松　八桥镇党委副书记、八桥镇镇长
李国英　八桥镇党委委员、八桥镇人大主席
张毅成　八桥镇党委副书记（正处级）
贺加成　八桥镇人大副主席
刘义贵　八桥镇党委委员、八桥镇纪委书记、区监委派出第一监察室兼职副主任
刘　寅　八桥镇党委委员、八桥镇政法书记
徐国英　八桥镇党委委员、八桥镇副镇长
廖小斌　八桥镇党委委员、八桥镇副镇长、八桥镇人武部长
周　萍　八桥镇党委委员、八桥镇组织委员
江　凤　八桥镇党委委员、八桥镇宣传委员、八桥镇统战委员

建胜镇

徐佑矛　建胜镇党委书记
左　立　建胜镇党委副书记、建胜镇镇长

廖富全　建胜镇党委委员、建胜镇人大主席
张　春　建胜镇党委副书记
彭　亮　建胜镇人大副主席
周　渝　建胜镇党委委员、建胜镇副镇长
付红梅　建胜镇党委委员、建胜镇纪委书记、区监委派出第一监察室兼职副主任
赵庭银　建胜镇党委委员、建胜镇组织委员
张发永　建胜镇党委委员、建胜镇政法书记
张　琳　建胜镇党委委员、建胜镇宣传委员、建胜镇统战委员
何中银　建胜镇党委委员、建胜镇副镇长、建胜镇人武部长

跳磴镇

谭述明　跳磴镇党委书记
杨　闯　跳磴镇党委副书记、镇长
刘均乾　跳磴镇党委委员、跳磴镇人大主席
胡一波　跳磴镇党委副书记
熊秀琴　跳磴镇党委委员、跳磴镇副镇长
伍生华　跳磴镇党委委员、跳磴镇纪委书记、区监委派出第一监察室兼职副主任
冷朝霞　跳磴镇党委委员、跳磴镇政法书记
何东学　跳磴镇党委委员、跳磴镇副镇长
杨建平　跳磴镇党委委员、跳磴镇副镇长、跳磴镇人武部长
张　琦　跳磴镇党委委员、跳磴镇组织委员
肖文佼　跳磴镇党委委员、跳磴镇宣传委员、跳磴镇统战委员
张　亮　跳磴镇人大副主席

新山村街道

周　娟　新山村街道党工委书记
黄　波　新山村街道党工委副书记、新山村街道办事处主任
张　亮　新山村街道党工委委员、新山村街道人大工委主任
曾　俊　新山村街道党工委副书记（正处级）
宋丽平　新山村街道党工委委员、新山村街道纪工委书记、区监委派出第二监察室兼职副主任
苟中俐　新山村街道党工委委员、新山村街道办事处副主任
刘　源　新山村街道党工委委员、新山村街道办事处副主任
伯剑锋　新山村街道党工委委员、新山村街道办事处副主任、新山村街道政法书记
肖莉颖　新山村街道党工委委员、新山村街道组织委员、区人大新山村街道工委副主任（兼）
熊　刚　新山村街道党工委委员、新山村街道办事处副主任、新山村街道人武部长
刘小琨　新山村街道党工委委员、新山村街道宣传委员、新山村街道统战委员

跃进村街道

李　瑜　跃进村街道党工委书记
张远奎　跃进村街道党工委委员、跃进村街道人大工委主任、区人大监察法制委兼职副主任委员
刘崇远　跃进村街道党工委副书记（正处级）
曾洪良　跃进村街道党工委委员、跃进村街道办事处副主任
罗　文　跃进村街道党工委委员、办事处副主任、人武部长
赵　毅　跃进村街道党工委委员、跃进村街道宣传委员、跃进村街道统战委员
赵世勇　跃进村街道党工委委员、跃进村街道办事处副主任
司昊明　跃进村街道党工委委员、跃进村街道办事处副主任、跃进村街道政法书记
覃　琴　跃进村街道党工委委员、跃进村街道纪工委书记、区监委派出第二监察室兼职副主任
胡晓琳　跃进村街道党工委委员、跃进村街道组织委员、区人大跃进村街道工委副主任（兼）

九宫庙街道

曹　玮　九宫庙街道党工委书记
张　韬　九宫庙街道党工委副书记、九宫庙街道办事处主任
陈正刚　九宫庙街道党工委委员、九宫庙街道人大工委主任
陈　鹏　九宫庙街道党工委副书记
王立敏　九宫庙街道党工委委员、九宫庙街道办事处副主任
李文超　九宫庙街道党工委委员、九宫庙街道办事处副主任、区招商投资促进局党

组成员、副局长（挂职）
赖心强 九宫庙街道党工委委员、九宫庙街道人武部长、九宫庙街道办事处副主任
刘　君 九宫庙街道党工委委员、九宫庙街道纪工委书记、区监委派出第二监察室兼职副主任
刘圣红 九宫庙街道党工委委员、九宫庙街道宣传委员、九宫庙街道统战委员、区人大九宫庙街道工委副主任（兼）
李　创 九宫庙街道党工委委员、九宫庙街道组织委员
李林桦 九宫庙街道党工委委员、九宫庙街道政法书记、九宫庙街道办事处副主任

春晖路街道

张智勇 春晖路街道党工委书记
李　翔 春晖路街道党工委副书记、春晖路街道办事处主任
任山玲 春晖路街道党工委委员、春晖路街道人大工委主任、区人大社会建设委兼职副主任委员
雷　荣 春晖路街道党工委副书记、春晖路街道政法书记（兼）
刘　焰 春晖路街道党工委委员、春晖路街道办事处副主任
杨名炼 春晖路街道党工委委员、春晖路街道宣传委员、春晖路街道统战委员、区人大春晖路街道工委副主任（兼）
杨长勇 春晖路街道党工委委员、春晖路街道纪工委书记、区监委派出第二监察室兼职副主任
汪　静 春晖路街道党工委委员、春晖路街道组织委员
吕海波 春晖路街道党工委委员、春晖路街道办事处副主任、春晖路街道人武部长

茄子溪街道

毕　伟 茄子溪街道党工委书记
但宁伟 茄子溪街道党工委副书记、茄子溪街道办事处主任
王渝海 茄子溪街道党工委委员、茄子溪街道人大工委主任
赖　勇 茄子溪街道党工委副书记
张红英 茄子溪街道党工委委员、茄子溪街道纪工委书记、区监委派出第二监察室兼职副主任
付雄伟 茄子溪街道党工委委员、茄子溪街道办事处副主任
夏　畅 茄子溪街道党工委委员、茄子溪街道办事处副主任、茄子溪街道政法书记
钟　静 茄子溪街道党工委委员、茄子溪街道组织委员、区人大茄子溪街道工委副主任（兼）
袁　勇 茄子溪街道党工委委员、茄子溪街道办事处副主任、茄子溪街道人武部长
胡　晓 茄子溪街道党工委委员、茄子溪街道宣传委员、茄子溪街道统战委员
万迎春 茄子溪街道党工委委员、办事处副主任

大晟公司

冯学焦 大晟公司董事长
白占军 大晟公司董事、大晟公司总经理
王兴箭 大晟公司监事会主席
詹学军 大晟公司董事、大晟公司副总经理
邓　敏 大晟公司董事、大晟公司副总经理

建桥公司

袁　利 建桥公司董事长
熊　波 建桥公司董事、建桥公司总经理
谷春国 建桥公司监事会主席
刘纯涛 建桥公司董事、建桥公司副总经理
汪胜航 建桥公司董事、建桥公司副总经理
赵　星 建桥公司董事、建桥公司副总经理
杨雨雨 建桥公司董事、建桥公司副总经理

钓鱼嘴滨江湾区开发公司

胡　玮 钓鱼嘴滨江湾区开发公司董事长
周　颖 钓鱼嘴滨江湾区开发公司董事、总经理
刘从国 钓鱼嘴滨江湾区开发公司监事会主席
李德华 钓鱼嘴滨江湾区开发公司董事、副总经理

伏牛溪新城开发公司

晏家昕 伏牛溪新城开发公司董事长
秦伟彬 伏牛溪新城开发公司董事、总经理
余林涛 伏牛溪新城开发公司监事会主席

熊承勇　伏牛溪新城开发公司董事、副总经理
张　鹏　伏牛溪新城开发公司董事、副总经理

九宫庙商圈开发公司
林山东　九宫庙商圈开发公司董事长
李　锐　九宫庙商圈开发公司董事、总经理
黄　菊　九宫庙商圈开发公司监事会主席
冉雯嘉　九宫庙商圈开发公司董事、副总经理

渝台创业发展公司
肖瑞俭　渝台创业发展公司董事长
张　勇　渝台创业发展公司董事、总经理
丁　竹　渝台创业发展公司监事会主席
黄　艺　渝台创业发展公司董事、副总经理

光荣榜

2019年获市级（含）以上表彰奖励的先进集体名录

获奖单位	获奖名称	颁奖单位
跃进村街道革新社区	全国残疾人之家	中国残联
跃进村街道跃进社区	全国综合减灾示范社区	国家减灾委、应急管理部等
梅明社会工作服务中心、“益”起来筑梦——残障人士社会康复志愿服务项目和建胜镇回龙桥社区	全国学雷锋志愿服务“四个100”先进典型候选名单	中宣部、中央文明办
男声表演唱《唱起歌来上大梁》	全国第十八届群星奖入围作品	文化旅游部
小品《睡在上铺的兄弟》	全国第十八届群星奖入围作品	文化旅游部
故事《一条“表扬信”》	全国第十八届群星奖入围作品	文化旅游部
区卫计委	中国计划生育家庭发展追踪调查工作先进单位	国家卫健委
区中医院公共卫生科	全国巾帼文明岗	中央文明委
区科协	2019年全国科普日活动优秀组织单位	中国科协
区科协	科技活动周活动优秀组织单位	科技部
区档案馆	全国档案系统先进集体	人社部、国家档案局
茄子溪街道综合文化服务中心图书室	全国职工书屋	全国总工会
跃进村街道革新社区	社区学雷锋志愿服务联络工作示范站	社区志愿服务全国联络总站
九宫庙街道锦霞社区	国家级“扫黄打非”进基层示范点	国家“扫黄打非”办
春晖路街道	“重庆市民族团结进步”模范集体	市政府
春晖路街道古渡社区	先进城乡社区组织	市人社局、市民政局
茄子溪中学	2019年中小学学生艺术活动月系列活动校园集体舞比赛一等奖	市教委
新山村街道沪汉社区	重庆市“扫黄打非”进基层示范点	市“扫黄打非”工作领导小组办公室
新山村街道	重庆市退役军人工作模范单位	市委退役军人事务办市委组织部等
跃进村街道堰兴社区	最美志愿服务社区	市委宣传部、市民政局等
建胜镇四民村	重庆市文明村镇	市委、市政府
建胜镇回龙桥社区	第五批重庆市岗位学雷锋活动示范点	市委宣传部
“建胜168”志愿服务队伍	重庆市最佳志愿服务组织	市委宣传部、市文明办等
建胜镇	重庆市2015—2018年度平安建设暨社会治安综合治理先进集体	市委政法委、市人社局
跳磴镇鳌山村	重庆市文明村镇	市委、市政府
区发展改革委	重庆市文明单位	市委、市政府

续表

获奖单位	获奖名称	颁奖单位
区司法局	重庆市文明单位	市委、市政府
区妇联	重庆市文明单位	市委、市政府
区残联	2018 年度重庆市残疾人工作综合目标考核先进单位	市残联
区残联	2018 年度重庆市残疾人稳定工作先进单位	市残联
新山村街道	重庆市退役军人工作模范单位	市退役军人事务局
区人社局	2015—2019 年度重庆市人力资源和社会保障工作先进集体	市人社局
九宫庙街道锦霞社区	重庆市“扫黄打非”市级标兵	市“扫黄打非”办
春晖路街道锦城社区	重庆市“扫黄打非”进基层标兵	市“扫黄打非”办

2019 年获市级（含）以上表彰奖励的先进个人名录

姓名	获奖名称	颁奖单位
陈静红	全国维护妇女儿童权益先进个人	全国妇联
程昌敏	全国最美家族	全国妇联
程自福	中国好人	中央文明办
王　迪	基层理论宣讲先进个人	中宣部办公厅
张　烨	全国模范司法所长	司法部
喻　晓	优秀基层工作者	人社部、市场监管总局
吴荣凤	全国人力资源社会保障系统 2017—2019 年度优质服务先进个人	人社部
王　迪	“时代新人说——我和祖国共成长”之大家小官全国演讲比赛优秀奖	大家小官全国演讲大赛组委会
陈孝平	优秀城乡社区工作者	市人社局、市民政局
魏佳军	重庆市退役军人工作模范个人	市委退役军人事务工作领导小组、市委组织部、市人社局等
邓伟明	重庆市道德模范	市委、市政府
唐　帅	荣获 2018 年度感动重庆十大人物提名奖	市委宣传部
程自福	诚实守信重庆好人第 83 期、第四期“最美巴渝•感动重庆月度人物”	市委宣传部、市文明办
黄德蓉	重庆市平安建设暨社会治安综合治理先进个人	市委政法委、市人社局
甘志萍	重庆市五星级志愿者	市志愿服务联合会
陈光孝	重庆市五星级志愿者	市志愿服务联合会
韩光耀家庭	重庆市文明家庭	市委、市政府
卢依珍家庭	重庆市文明家庭	市委、市政府
李　瑜	新中国成立 70 周霓安保维稳工作个人记二等功	市人社局
孙宗莉	重庆市五星级志愿者	市志愿服务联合会
李　利	重庆好人	市委宣传部、市文明办
李世相	最美扶贫志愿者	市委宣传部、市文明办
魏佳军	重庆市退役军人工作模范个人	市退役军人事务局
李　波	重庆模范退役军人	市退役军人事务局
王俊生	重庆市交通系统先进个人	市人社局、市交通局
张优红	2015—2019 年度重庆市人力资源和社会保障工作先进个人	市人社局

统计资料

大渡口区 2019 年国民经济和社会发展统计公报

2019 年，全区上下以习近平新时代中国特色社会主义思想为指导，全面贯彻党的十九大和十九届二中、三中、四中全会精神，按照党中央、国务院决策部署，坚持稳中求进工作总基调，坚持新发展理念和推动高质量发展，坚持以供给侧结构性改革为主线，着力深化改革扩大开放，全区经济运行总体平稳，发展质量稳步提升，人民生活福祉持续增进，各项社会事业繁荣发展。

一、综合

初步核算，2019 年全区实现地区生产总值 253.6 亿元，比上年增长 5.3%(下同)，其中：第一产业增加值 1.0 亿元，增长 0.1%；占 GDP 比重为 0.4%，与上年持平；第二产业增加值 98.5 亿元，增长 6.3%；占 GDP 比重为 38.9%，提高 0.3 个百分点；第三产业增加值 154.0 亿元，增长 4.6%；占 GDP 比重为 60.7%，下降 0.3 个百分点。按年平均常住人口计算，全区人均地区生产总值 70530 元。

图 1 2015—2019 年全区地区生产总值及增长速度

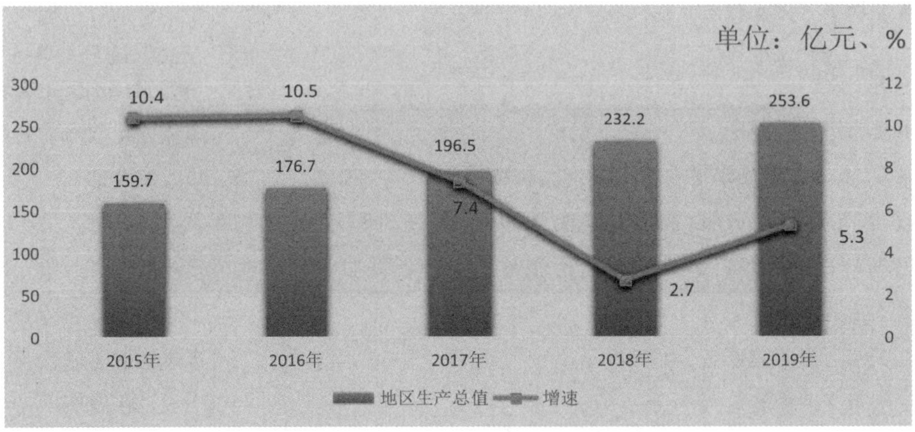

2019 年年末，全区有户籍人口为 27.6 万人，比上年增加 6650 人，其中：男性 13.5 万人，女性 14.1 万人。全年出生人口 2698 人，出生率为 9.8‰；死亡人口 1561 人，死亡率为 5.7‰；人口自然增长率为 4.1‰。全区常住人口 36.2 万人，其中：城镇人口 35.37 万人，城镇化率 97.71%，比上年提高 0.15 个百分点。

2019 年，全区城镇新增就业人数 13954 人，期末实有城镇登记失业人数 2773 人[1]。

二、农业

2019 年，全区实现农业总产值 14120 万元，比上年增长 2.9%，其中：农业产值 9194 万元，下降 1.09%；

1 此口径包括报告期末当地公共就业服务机构登记在册的结存失业人员总数。不包括农村进城务工人员和其他非本地户籍人员。

林业产值 3019 万元，增长 8.6%；牧业产值 347 万元，增长 89.6%；渔业产值 477 万元，增长 6%；农林牧渔服务业产值 1082 万元，增长 7.4%。

2019 年，全区蔬菜播种面积为 0.98 万亩，蔬菜总产量 1.68 万吨；生猪出栏 319 头；山羊出栏 173 头；家禽出栏 2.26 万只。

三、工业和建筑业

2019 年，全区实现工业增加值 53.2 亿元，比上年增长 3.4%；其中：规模以上工业增加值增长 5.6%。规模以上工业总产值增长 9.1%，出口交货值同比下降 26.7%，营业收入同比增长 10.5%，营业成本增长 12.1%。

产值分行业看，行业发展呈现不同趋势。从增长行业来看，金属制品业受区内部分企业市场订单大增影响，同比增长 67.6%；计算机通信和其他电子设备制造业受大型企业生产规模不断提升影响，增长 51.1%；专业设备制造业在龙头企业带动下，增长 11.1%；下降行业方面，皮革皮毛羽毛及其制品和制鞋业同比下降 24.0%；食品制造业下降 2.3%,；汽车制造业在市场整体行情不佳的情况下，下降 5.1%；石油煤炭及其他燃料加工业下降 7.4%。

从产品产量来看，传统产品与新兴产品增势差别明显。区内重要传统产品中，水泥、水泥熟料、钢材、啤酒、鞋等分别下滑 9.9%、10.1%、4.3%、1.4%、5.0%，下降面较大。新兴产品表现优于传统产品，其中：电动自行车、卫星导航定位接收机、垃圾焚烧炉、玻璃纤维纱等分别增长 76.7%、62.3%、53.3%、8.8%，其对应企业成为区内工业经济发展重要驱动。

2019 年，全区建筑业实现增加值 45.3 亿元，比上年增长 10.6%；建筑业企业全年完成总产值 204.9 亿元，增长 14.3%；建筑企业签订合同额 700.6 亿元，增长 6.2 %。其中，本年新签订合同额 415.8 亿元，增长 19.7 %。

四、服务业

2019 年，全区批发和零售业增加值 22.1 亿元，比上年增长 4.2%；交通运输、仓储和邮政业增加值 6.0 亿元，增长 2.2%；住宿和餐饮业增加值 3.4 亿元，增长 5.1%；金融业增加值 27.8 亿元，增长 12.2%；房地产业增加值 43.9 亿元，同比下降 1.4%；其他服务业增加值 50.7 亿元，同比增长 10.8%。全年规模以上服务业企业实现营业收入 48.9 亿元，增长 7.1%。

2019 年年末，全区拥有营运机动车辆 3012 辆；其中：载客汽车 20 辆，载货汽车 2992 辆。全年实现公路客运周转量 2042 万人千米，同比下降 4.4%；实现公路货运周转量 339818 万吨千米，同比增长 9.3%；全社会客货运输周转量 38.5 亿吨千米，增长 11.3%。

2019 年，全区完成邮政业务总量 7140 万元，同比下降 3.3%。

五、国内贸易

2019 年，全区实现社会消费品零售总额比上年增长 2.3%。从商品销售情况看，全区批发和零售业销售额增长 9.9%，住宿和餐饮业营业额增长 11.9%。

六、固定资产投资

2019 年，全区固定资产投资比上年增长 5.9%。按投资用途分，基础设施投资增长 3.5%；工业投资增长 15.3%；房地产开发投资增长 2.1%。

图 2 2015—2019 年全区固定资产投资增速

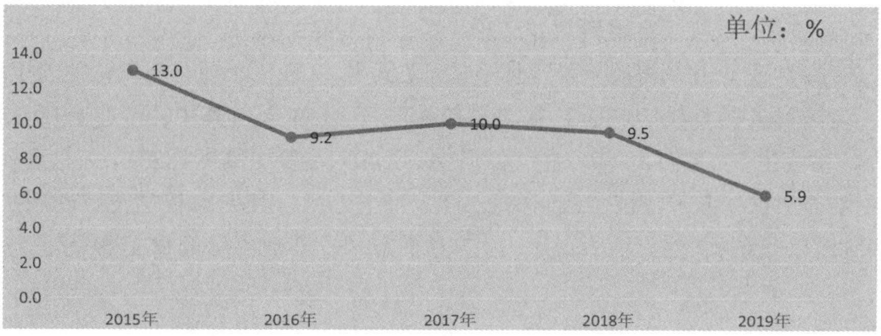

七、对外经济

2019年，全区实现外贸进出口总额18.1亿元，同比下降11.5%。其中：出口10.6亿元，下降17.5%；进口7.4亿元，下降1.1%。

2019年，全区实际利用外资总额1.1亿美元，比上年增长387.7%。

八、财政金融

2019年，全区实现一般公共预算收入23.2亿元，比上年增长8.2%，其中：税收收入19.2亿元，增长10.2%。完成一般公共预算支出38.1亿元，增长7.2%，其中：教育支出5.8亿元，增长6.7%；科学技术支出0.4亿元，增长14.2%；社会保障和就业支出3.6亿元，增加1.1%；卫生健康支出2.7亿元，增长9.5%。

2019年年末，全区有金融机构43家，其中：银行21家，小额贷款公司6家，担保公司1家，基金公司8家，保险公司4家，证券机构3家。全区金融机构年末人民币各项存款余额为559.8亿元，增长14.3%；各项贷款余额为748.5亿元，增长14.1%。

图3 2015—2019年全区金融机构存贷款余额

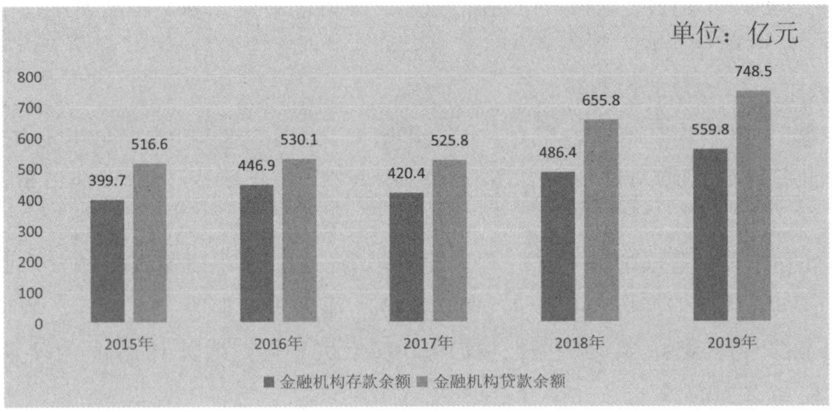

九、居民收入消费和社会保障

2019年，全区居民人均可支配收入40619元，比上年增长8.5%，其中城镇常住居民人均可支配收入41096元，增长8.4%；农村常住居民人均可支配收入21534元，增长8.5%。城镇常住居民人均生活消费支出26746元，增长1.8%；农村常住居民人均消费支出18430元，增长5.7%。全区城镇常住居民恩格尔系数为32.2%，农村常住居民恩格尔系数为36.6%。

2019年年末，全区参加基本养老保险人数21.4万人，其中：参加城镇职工基本养老保险人数15.1万人，增长5.1%；参加城乡居民社会养老保险人数1.0万人，增长2.4%。参加基本医疗保险人数29.8万人，增长3.7%，其中：参加城镇职工基本医疗保险人数15.8万人，增长6.4%；参加城乡居民医疗保险人数14万人，增长0.7%。全区为2.6万人次的城市居民和0.3万人次的农村居民分别发放最低生活保障金1639万元和168万元。

十、科学技术和教育

2019年，全区受理1126项专利申请，其中：发明280项，实用新型744项，外观设计102项。651项专利获得授权，其中：发明74项，实用新型495项，外观设计82项。

2019年，全区共有279家企业获得质量管理体系认证，其中：7家企业拥有当年认证的重庆名牌产品13个。

2019年年末，全区有各类学校109所。各类学校教职工5153人，其中：专任教师3888人。各类学校招生人数17586人，在校生57587人，毕业生14275人。2498人参加高考，2314人被各类大专院校录取。中小学学校占地面积77.7万平方米，校舍建筑面积61.6万平方米，其中：教学及辅助用房面积18.1万平方米，行政办公用房5.9万平方米，生活用房面积19.7万平方米，其他用房面积17.9万平方米。

十一、文化旅游、卫生健康和体育

2019年，全区文化事业投入2405.65万元，年末拥有“三馆一站”公共文化设施建设面积2.46万平方米，公共图书馆藏书32.7万册。

2019年，全区接待国内旅游人数559.4万人次，比上年增长14.7%。

2019年年末，全区有医院(卫生院)38个，其中：综合医院16个，专科医院2个。妇幼保健站1个，疾病预防控制中心1个。卫生机构床位2910张。卫生技术人员4163人，其中：执业医师1072人，执业(助理)医师1234人，注册护师(护士)1581人，药剂人员164人，检验人员112人。医院实现营业收入11.5亿元。全区计划免疫接种率98.81%，孕产妇住院分娩率100%，5岁以下儿童死亡率4.38‰。

2019年，全区举办运动会或比赛45场次，中小学校参加市级以上竞赛项目35项次，参赛总人数2751人。

十二、资源、环境和应急管理

2019年，全区电力使用量183559万千瓦时，比上年增长1.4%，其中生活用电量63659万千瓦时，同比下降6.5%。天然气生活使用量17453万立方米，同比增长22.6%。

2019年，全区空气质量在Ⅱ级以上天数309天，城区环境噪声平均值52.8分贝，道路交通噪声平均值65.8分贝，饮用水源水质达标率和地面水水质达标率均为100%。

2019年，全区公安机关破获刑事案件986件，比上年增长9.1%；发现受理治安案件1946件[2]，同比下降22.4%。人民法院结案案件数12311件，案件结案率91.21%，其中：刑事案件384件，行政案件224件，民事案件7686件，执行案件4017件。年末全区有律师事务所10所，律师80人；提供法律援助案件258件；调解纠纷案件3882件；当年办理公证件数9562件。

2019年，全区发生生产安全死亡事故12起，生产安全事故死亡人数12人，比上年下降3人；生产安全死亡事故造成直接经济损失523.4万元，下降25.4%。

注释

[1] 本公报中数据均为初步统计数，部分数据因四舍五入的原因，存在着与分项合计不等的情况。

[2] 地区生产总值、各产业增加值绝对数按现价计算，增长速度按可比价计算。根据第四次全国经济普查结果，对2018年地区生产总值、三次产业增加值比重等进行了修订，2017年以前的历史数据暂未进行修订。

[3] 三次产业是根据社会生产活动历史发展的顺序对产业结构的划分，产品直接取自自然界的部门称为第一产业，对初级产品进行再加工的部门称为第二产业，为生产和消费提供各种服务的部门称为第三产业。它是世界上通用的产业结构分类，但各国的划分不尽一致。

我国的三次产业划分是：

第一产业：农业(包括种植业、林业、牧业和渔业)。

第二产业：工业(包括采掘工业，制造业，电力、煤气及水的生产和供应业)和建筑业。

第三产业：除第一、第二产业以外的其他各业。

[4] 行业统计标准：

规模以上工业：年主营业务收入2000万元及以上的工业法人单位。

有资质的建筑业：有总承包、专业承包和劳务分包资质的建筑业法人单位。

限额以上批发和零售业：年主营业务收入2000万元及以上的批发业、年主营业务收入500万元及以上的零售业法人单位。

限额以上住宿和餐饮业：年主营业务收入200万元及以上的住宿和餐饮业法人单位。

房地产开发经营业：全部房地产开发经营业法人单位。

规模以上服务业：年营业收入1000万元及以上，或年末从业人员50人及以上服务业法人单位。包括：交通运输、仓储和邮政业，信息传输、软件和信息技术服务业，租赁和商务服务业，科学研究和技术服务业，水利、环境和公共设施管理业，教育，卫生和社会工作；以及物业管理、房地产中介服务、自有房地产经营活动和其他房地产业等行业。年营业收入500万元及以上，或年末从业人员50人及以上服务业法人单位。包括：居民服务、修理和其他服务业，文化、

2　此口径包含“按照一般程序办理的治安案件”和“治安调解案件”两类。

体育和娱乐业。

[5] 战略性新兴产业包括节能环保产业，新一代信息技术产业，生物产业，高端设备制造产业，新能源产业，新材料产业，新能源汽车产业等七大产业。

[6] 基础设施投资是指建造或购置为社会生产和生活提供基础性、大众性服务的工程和设施的支出。本文中的基础设施投资包括交通运输、邮政业，电信、广播电视和卫星传输服务业，互联网和相关服务业，水利、环境和公共设施管理业投资。

[7] 社会消费品零售总额是指各种经济类型的批发零售贸易业、餐饮业和其他行业对城乡居民和社会集团的消费品零售额总和。

[8] 货运周转量是指在一定时期内，由各种运输工具运送的货物 (旅客) 数量与其相应运输距离的乘积之总和。该指标可以反映运输业生产的总成果，也是编制和检查运输生产计划，计算运输效率、劳动生产率以及核算运输单位成本的主要基础资料。计算货物周转量通常按发出站与到达站之间的最短距离，也就是计费距离计算。计算公式为：货物 (旅客) 周转量 = ∑ (货物 (旅客) 运输量 × 运输距离)

[9] 常住人口是指在本乡镇 (街道) 居住半年以上的人口，或虽居住不满半年，但离开户口登记地半年以上人口以及户口待定人口。

资料来源

本公报中就业、失业、社会保障数据来自区人力资源社保局；财政数据来自区财政局；部分金融数据来自区国资办；教育数据来自区教委；外贸进出口数据来自区商务局；交通数据来自区交委；科技数据来自区科委；质量检测数据来自区质监局；文化旅游数据来自区文化委；卫生数据来自区卫健委；最低生活保障数据来自区民政局；户籍人口数据来自区公安分局；电力、燃气数据来自区经信委；案件办理数据来自区法院；噪声、空气监测数据来自区环保局；生产安全事故数据来自区应急局；其他数据来自区统计局。

文件索引

文件索引

区委

序号	文件名称	发布文号	发布机关
1	中共大渡口区委大渡口区人民政府关于坚持农业农村优先发展切实做好“三农”工作的实施意见	大渡口委发〔2019〕1号	区委、区政府
2	中共大渡口区委大渡口区人民政府关于防范化解政府隐性债务风险的实施意见	大渡口委发〔2019〕2号	区委、区政府
3	中共大渡口区委关于印发《深化落实全面从严治党主体责任实施办法》的通知	大渡口委发〔2019〕3号	区委
4	中共大渡口区委关于建立区人民政府向区人大常委会报告国有资产管理情况制度的实施意见	大渡口委发〔2019〕4号	区委
5	中共大渡口区委大渡口区人民政府关于印发《大渡口区贯彻落实重庆市中长期青年发展规划（2018—2025年）实施方案》的通知	大渡口委发〔2019〕5号	区委、区政府
6	中共大渡口区委大渡口区人民政府关于对区消防支队先进集体和个人进行记功奖励的决定	大渡口委发〔2019〕6号	区委、区政府
7	中共大渡口区委大渡口区人民政府关于对2018年度信访稳定工作中表现突出的先进个人进行记功奖励的决定	大渡口委发〔2019〕7号	区委、区政府
8	中共大渡口区委大渡口区人民政府关于表彰全区2017年度记三等功和嘉奖人员的决定	大渡口委发〔2019〕8号	区委、区政府
9	中共大渡口区委大渡口区人民政府关于加强网络安全和信息化工作的实施意见	大渡口委发〔2019〕9号	区委
10	中共大渡口区委关于区委常委会2018年度民主生活会情况的通报	大渡口委发〔2019〕10号	区委
11	中共大渡口区委大渡口区人民政府关于印发《大渡口区城市提升行动计划》的通知	大渡口委发〔2019〕11号	区委、区政府
12	中共大渡口区委关于印发《区委常委会2018年度民主生活会整改方案》的通知	大渡口委发〔2019〕12号	区委
13	中共大渡口区委大渡口区人民政府关于印发《大渡口区机构改革方案》的通知	大渡口委发〔2019〕13号	区委、区政府
14	中共大渡口区委关于印发《中共大渡口区委常委会2019年工作要点》的通知	大渡口委发〔2019〕14号	区委
15	中共大渡口区委大渡口区人民政府关于印发《大渡口区开展质量提升行动加快建设质量强区工作实施方案》的通知	大渡口委发〔2019〕15号	区委、区政府
16	中共重庆市大渡口区委关于进一步加强巡察整改工作的实施意见	大渡口委发〔2019〕16号	区委

续表

序号	文件名称	发布文号	发布机关
17	中共大渡口区委关于印发《2019—2022 年全区干部教育培训规划》的通知	大渡口委发〔2019〕17 号	区委
18	中共大渡口区委大渡口区人民政府关于印发《大渡口区庆祝中华人民共和国成立 70 周年活动方案》的通知	大渡口委发〔2019〕18 号	区委
19	中共大渡口区委关于深入学习贯彻习近平总书记视察重庆重要讲话精神在推进西部大开发形成新格局中展现新作为实现新突破的决定	大渡口委发〔2019〕19 号	区委
20	中共大渡口区委大渡口区人民政府关于印发《大渡口区深化区属国有企业改革助推“两高”发展实施方案》的通知	大渡口委发〔2019〕20 号	区委、区政府
21	中共大渡口区委大渡口区人民政府关于贯彻落实习近平总书记在解决“两不愁三保障”突出问题座谈会上重要讲话精神的实施意见	大渡口委发〔2019〕21 号	区委、区政府
22	中共大渡口区委关于废止、宣布失效和修改部分区委规范性文件的决定	大渡口委发〔2019〕22 号	区委
23	中共大渡口区委关于在全区开展“不忘初心、牢记使命”主题教育的实施意见	大渡口委发〔2019〕23 号	区委
24	中共大渡口区委关于区管领导班子和区管干部 2018 年度综合考核结果的通报	大渡口委发〔2019〕24 号	区委
25	中共大渡口区委关于深入学习宣传贯彻党的十九届四中全会精神的决定	大渡口委发〔2019〕25 号	区委
26	中共大渡口区委关于新时代加强和改进人民政协工作的实施意见	大渡口委发〔2019〕26 号	区委
27	中共大渡口区委大渡口区人民政府关于印发《大渡口区贯彻落实〈重庆市加强耕地保护和改进占补平衡实施方案〉的具体措施》的通知	大渡口委发〔2019〕27 号	区委、区政府
28	中共大渡口区委关于印发《区委常委会“不忘初心、牢记使命”专题民主生活会整改方案》的通知	大渡口委发〔2019〕28 号	区委
29	关于同意成立大渡口区第十三届人民代表大会第三次会议临时党委的批复	大渡口委〔2019〕5 号	区委
30	关于同意成立中国人民政治协商会议重庆市大渡口区第九届委员会第三次会议临时党委的批复	大渡口委〔2019〕6 号	区委
31	关于设立中共大渡口区规划和自然资源局党组的通知	大渡口委〔2019〕7 号	区委
32	关于区机构改革有关部门（单位）党委（党工委、党组）设置调整的通知	大渡口委〔2019〕8 号	区委
33	关于成立区委“不忘初心、牢记使命”主题教育领导小组及组成人员任职的通知	大渡口委〔2019〕58 号	区委
34	中共大渡口区委办公室大渡口区人民政府办公室印发《关于运行大渡口区“莎姐”云平台的实施方案》的通知	大渡口委办发〔2019〕1 号	区委办、区府办
35	中共大渡口区委办公室大渡口区人民政府办公室关于印发《深化“枫桥经验”大渡口实践十项行动实施方案》的通知	大渡口委办发〔2019〕2 号	区委办、区府办
36	中共大渡口区委办公室大渡口区人民政府办公室关于印发《大渡口区绿色机关建设工作方案》的通知	大渡口委办发〔2019〕3 号	区委办、区府办
37	中共大渡口区委办公室大渡口区人民政府办公室关于印发《大渡口区农村人居环境整治三年行动实施方案（2018—2020 年）》的通知	大渡口委办发〔2019〕4 号	区委办、区府办
38	中共大渡口区委办公室大渡口区人民政府办公室印发《关于进一步优化完善镇街机构设置的方案》的通知	大渡口委办发〔2019〕5 号	区委办、区府办
39	中共大渡口区委办公室大渡口区人民政府办公室关于进一步统筹规范督查检查考核工作的通知	大渡口委办发〔2019〕46 号	区委办、区府办
40	中共大渡口区委办公室印发《关于以党的政治建设为统领深入推进机关党建工作“三基”建设的实施意见》的通知	大渡口委办发〔2019〕47 号	区委办

续表

序号	文件名称	发布文号	发布机关
41	中共大渡口区委办公室大渡口区人民政府办公室关于印发《大渡口区深化环境监测改革提高环境监测数据质量实施方案》的通知	大渡口委办发〔2019〕48 号	区委办、区府办
42	中共大渡口区委办公室关于印发《大渡口区建设新时代文明实践中心工作方案》的通知	大渡口委办发〔2019〕49 号	区委办
43	中共大渡口区委办公室大渡口区人民政府办公室关于印发《大渡口区国土绿化提升行动实施方案（2018—2020 年）》的通知	大渡口委办发〔2019〕50 号	区委办、区府办
	人大		
1	大渡口区人大常委会关于王光荣同志职务任命的通知	渡区人发〔2019〕1 号	区人大
2	大渡口区人大常委会关于表扬 2018 年度优秀代表建议的通报	渡区人发〔2019〕2 号	区人大
3	大渡口区人大常委会关于杜元淦等同志职务任免的通知	渡区人发〔2019〕3 号	区人大
4	重庆市大渡口区人大常委会关于确定拟新任命人民陪审员名额的批复	渡区人发〔2019〕4 号	区人大
5	大渡口区人大常委会关于江欣同志职务任命的通知	渡区人发〔2019〕5 号	区人大
6	大渡口区人大常委会关于伍平伟同志职务任命的通知	渡区人发〔2019〕6 号	区人大
7	大渡口区人大常委会关于胡晓琳等同志职务任免的通知	渡区人发〔2019〕7 号	区人大
8	重庆市大渡口区人民代表大会常务委员会关于加强区人民检察院公益诉讼工作的决议	渡区人发〔2019〕8 号	区人大
9	重庆市大渡口区人大常委会关于对《重庆市大渡口区人民政府关于大渡口区环境保护工作情况的报告》的审议意见	渡区人发〔2019〕9 号	区人大
10	大渡口区人大常委会关于对大渡口区人民政府《关于 2018 年审计工作报告反映问题整改落实情况的报告》的审议意见	渡区人发〔2019〕10 号	区人大
11	重庆市大渡口区人大常委会关于区政府对《大渡口区人大常委会关于对大渡口区旅游产业发展工作的评议意见》研究处理情况报告的审议意见	渡区人发〔2019〕11 号	区人大
12	大渡口区人大常委会关于许创业等同志职务任免的通知	渡区人发〔2019〕12 号	区人大
13	大渡口区人大常委会关于吴海涛等同志职务任免的通知	渡区人发〔2019〕13 号	区人大
14	大渡口区人大常委会关于对区人民政府民营企业发展法治环境情况报告的审议意见	渡区人发〔2019〕14 号	区人大
15	大渡口区人大常委会关于对区人民政府法治政府建设情况报告的审议意见	渡区人发〔2019〕15 号	区人大
16	大渡口区人大常委会关于对大渡口区人大常委会执法检查组《关于对〈重庆市预算审查监督条例〉实施情况的执法检查报告》的审议意见	渡区人发〔2019〕16 号	区人大
17	大渡口区人大常委会关于对大渡口区政府 2019 年 1—6 月财政预算执行情况报告的审议意见	渡区人发〔2019〕17 号	区人大
18	大渡口区人大常委会关于对大渡口区政府 2019 年 1—6 月国民经济和社会发展计划执行情况报告的审议意见	渡区人发〔2019〕18 号	区人大
19	大渡口区人大常委会关于蔡纲同志职务任命的通知	渡区人发〔2019〕19 号	区人大
20	重庆市大渡口区人民代表大会常务委员会关于批准 2018 年大渡口区财政决算的决议	渡区人发〔2019〕20 号	区人大
21	重庆市大渡口区人民代表大会常务委员会关于批准 2019 年大渡口区财政预算调整方案的决议	渡区人发〔2019〕21 号	区人大
22	大渡口区人大常委会关于对大渡口区政府 2018 年《财政决算报告》《审计工作报告》的审议意见	渡区人发〔2019〕22 号	区人大

续表

序号	文件名称	发布文号	发布机关
23	大渡口区人大常委会关于李斌霞等同志职务任免的通知	渡区人发〔2019〕23 号	区人大
24	大渡口区人大常委会关于马荣奇同志职务任命的通知	渡区人发〔2019〕24 号	区人大
25	重庆市大渡口区人大常委会关于专项视察区政府 2019 年重点民生实事完成情况及 2018 年重点民生实事续办情况的通报	渡区人发〔2019〕25 号	区人大
26	大渡口区人大常委会关于刁勇等同志职务任免的通知	渡区人发〔2019〕26 号	区人大
27	大渡口区人大常委会关于对大渡口区人民政府 2018 年度《大渡口区行政事业性国有资产管理情况报告》的审议意见	渡区人发〔2019〕27 号	区人大
28	大渡口区人大常委会关于对大渡口区政府办理区第十三届人大三次会议代表建议、批评和意见情况报告的审议意见	渡区人发〔2019〕28 号	区人大
29	大渡口区人民代表大会常务委员会关于表扬 2019 年度优秀代表建议的通报	渡区人发〔2019〕29 号	区人大
30	大渡口区人大常委会关于对区人民政府实施《重庆市安全生产条例》情况的审议意见	渡区人发〔2019〕30 号	区人大
31	重庆市大渡口区人民代表大会常务委员会关于接受姚斌同志辞职请求的决定	渡区人发〔2019〕31 号	区人大
32	重庆市大渡口区人民代表大会常务委员会关于接罗先德同志辞职请求的决定	渡区人发〔2019〕32 号	区人大
33	大渡口区人大常委会办公室关于印发《大渡口区人大常委会 2019 年工作计划》的通知	渡区人办发〔2019〕13 号	区人办
34	大渡口区人大常委会办公室关于印发《大渡口区人大常委会评议区人民政府民营企业发展法治环境工作方案》的通知	渡区人办发〔2019〕14 号	区人办
35	大渡口区人大常委会办公室关于调整常委会主任、副主任工作分工的通知	渡区人办发〔2019〕17 号	区人办
36	大渡口区人大常委会办公室关于转发《重庆市人大常委会关于检查〈重庆市预算审查监督条例〉实施情况工作方案》的通知	渡区人办发〔2019〕25 号	区人办
37	大渡口区人大常委会办公室关于印发《大渡口区人大常委会关于开展人大代表助力高质量发展活动周的实施方案》的通知	渡区人办发〔2019〕28 号	区人办
38	大渡口区人大常委会办公室关于印发《大渡口区人大常委会关于〈中华人民共和国水污染防治法〉执法检查方案》的通知	渡区人办发〔2019〕31 号	区人办
39	大渡口区人大常委会办公室关于开展《中华人民共和国就业促进法》执法检查的通知	渡区人办发〔2019〕34 号	区人办
40	大渡口区人大常委会办公室关于组建代表服务队和开展代表服务队活动的通知	渡区人办发〔2019〕38 号	区人办
41	大渡口区人大常委会办公室关于开展宪法宣传和七五普法推进情况专项视察的通知	渡区人办发〔2019〕41 号	区人办
42	大渡口区人大常委会办公室关于印发《大渡口区人大常委会关于对区政府实施〈重庆市安全生产条例〉情况开展执法检查的实施方案》的通知	渡区人办发〔2019〕46 号	区人办
43	重庆市大渡口区人大常委会办公室关于印发《重庆市大渡口区人大常委会关于进一步密切人大代表联系人民群众加强代表之家建设的实施方案》的通知	渡区人办发〔2019〕50 号	区人办
44	大渡口区人大常委会办公室关于开展《重庆市安全生产条例》执法检查的通知	渡区人办发〔2019〕54 号	区人办

续表

序号	文件名称	发布文号	发布机关
45	大渡口区人大常委会办公室关于开展2019年重点民生实事完成情况专项视察的通知	渡区人办发〔2019〕59号	区人大办
46	大渡口区人大常委会办公室关于对2018年度部门预算执行和财政收支情况审计查出问题整改的情况报告	渡区人办发〔2019〕71号	区人办
47	大渡口区人大常委会办公室关于印发《大渡口区十三届人大常委会关于贯彻落实〈中共大渡口区委关于建立区人民政府向区人大常委会报告国有资产管理情况制度的实施意见〉的三年计划（2019—2021）》的通知	渡区人办发〔2019〕72号	区人办
	府发		
1	关于重庆市农业生产资料（集团）有限公司项目国有土地上房屋征收的决定	大渡口府发〔2019〕1号	区政府
2	关于印发大渡口区农业品种品质品牌建设工作实施方案的通知	大渡口府发〔2019〕2号	区政府
3	关于印发大渡口区加强质量认证体系建设促进全面质量管理工作实施方案的通知	大渡口府发〔2019〕3号	区政府
4	关于大正幼儿园旧城改建项目国有土地上房屋征收的决定	大渡口府发〔2019〕4号	区政府
5	关于罗伯特制衣厂项目国有土地上房屋征收的决定	大渡口府发〔2019〕5号	区政府
6	关于重庆飞雪白水泥有限公司旧城改建项目国有土地上房屋征收的决定	大渡口府发〔2019〕6号	区政府
7	关于大渡口区H分区旧城改造（九九机械）项目国有土地上房屋征收的决定	大渡口府发〔2019〕7号	区政府
8	关于建立残疾儿童康复救助制度的通知	大渡口府发〔2019〕8号	区政府
9	关于新山村零星量（猫鼻梁）片区旧城改建项目国有土地上房屋征收的决定	大渡口府发〔2019〕9号	区政府
10	关于印发2019年全区安全生产与自然灾害防治工作要点的通知	大渡口府发〔2019〕10号	区政府
11	关于刘家坝片区（民新村消防中队）旧城改建项目国有土地上房屋征收的决定	大渡口府发〔2019〕12号	区政府
12	关于创新村片区旧城改建项目国有土地上房屋征收的决定	大渡口府发〔2019〕13号	区政府
13	关于刘家坝片区沥青仓库项目国有土地上房屋征收的决定	大渡口府发〔2019〕14号	区政府
14	关于茄子溪码头片区（一期）旧城改建项目国有土地上房屋征收的决定	大渡口府发〔2019〕15号	区政府
15	关于茄子溪码头项目（纺器厂）国有土地上房屋征收的决定	大渡口府发〔2019〕16号	区政府
16	关于重庆西动车所征收项目国有土地上房屋征收的决定	大渡口府发〔2019〕17号	区政府
17	关于成立康体城前期工作组的通知	大渡口府发〔2019〕18号	区政府
18	关于取消和调整一批行政许可事项的通知	大渡口府发〔2019〕19号	区政府
19	转发重庆市人民政府关于做好当前和今后一个时期就业创业工作实施意见的通知	大渡口府发〔2019〕20号	区政府
20	关于指定大渡口区规划和自然资源局作为蔡小强、胡朝品、王洪、王小明、白宗全生态环境损害赔偿案件原告的通知	大渡口府发〔2019〕21号	区政府
21	关于印发大渡口区市场监管领域部门联合“双随机、一公开”监管实施方案的通知	大渡口府发〔2019〕22号	区政府
22	关于对荣获2018年度重庆名牌（知名）产品称号企业进行奖励的通报	大渡口府发〔2019〕23号	区政府
23	关于茄子溪片区旧城改建项目国有土地上房屋征收的决定	大渡口府发〔2019〕24号	区政府
24	关于进一步加强九宫庙商圈养犬管理的通告	大渡口府发〔2019〕25号	区政府

续表

序号	文件名称	发布文号	发布机关
25	关于大渡村片区旧城改建项目（一期）国有土地上房屋征收的决定	大渡口府发〔2019〕26 号	区政府
26	关于大渡口区河道管理范围的公告	大渡口府发〔2019〕27 号	区政府
	府办发		
1	关于印发大渡口区老旧住宅增设电梯工作实施方案的通知	大渡口府办发〔2019〕1 号	区政府
2	关于 2018 年政务信息工作情况的通报	大渡口府办发〔2019〕2 号	区政府
3	关于召开区政府第三次全体会议的通知	大渡口府办发〔2019〕3 号	区政府
4	关于进一步完善临时救助制度的通知	大渡口府办发〔2019〕5 号	区政府
5	关于印发大渡口区 2019 年春节期间禁止燃放烟花爆竹工作方案的通知	大渡口府办发〔2019〕6 号	区政府
6	关于印发大渡口区招商引资项目协议签订及兑现落实工作规则的通知	大渡口府办发〔2019〕7 号	区政府
7	关于公布 2018 年大渡口区道路命名的通知	大渡口府办发〔2019〕8 号	区政府
8	关于全力做好 2019 年春运工作的通知	大渡口府办发〔2019〕9 号	区政府
9	关于印发大渡口区落实国务院 2017 年度实行最严格水资源管理制度考核检查反馈意见整改方案的通知	大渡口府办发〔2019〕10 号	区政府
10	关于印发大渡口区机动车综合整治工作方案的通知	大渡口府办发〔2019〕11 号	区政府
11	关于印发大渡口区长期护理保险制度试点工作实施方案的通知	大渡口府办发〔2019〕12 号	区政府
12	关于印发大渡口区“两江四岸”治理提升工作推进方案的通知	大渡口府办发〔2019〕13 号	区政府
13	关于印发大渡口区排水系统事故应急预案的通知	大渡口府办发〔2019〕14 号	区政府
14	关于印发大渡口区城市桥梁事故应急预案的通知	大渡口府办发〔2019〕15 号	区政府
15	关于开展 2018 年冬季应急无偿献血工作的通知	大渡口府办发〔2019〕16 号	区政府
16	关于进一步严肃区政府常务会、区长办公会会风会纪的通知	大渡口府办发〔2019〕18 号	区政府
17	关于印发大渡口区贯彻落实重庆市工程建设项目审批制度改革试点涉及取消、承接、合并、转变管理方式、调整审批时序、告知承诺事项清单（第一批）的通知	大渡口府办发〔2019〕19 号	区政府
18	关于印发大渡口区人民政府 2019 年度工作要点的通知	大渡口府办发〔2019〕20 号	区政府
19	关于印发大渡口区整治“保健”市场乱象百日行动方案的通知	大渡口府办发〔2019〕21 号	区政府
20	关于印发 2019 年区级重点建设项目和重点前期项目的通知	大渡口府办发〔2019〕22 号	区政府
21	关于建立大渡口区保障和改善民生行动计划联席会议制度的通知	大渡口府办发〔2019〕23 号	区政府
22	关于进一步加强政务信息报送的通知	大渡口府办发〔2019〕24 号	区政府
23	关于印发 2019 年对上争取资金项目的通知	大渡口府办发〔2019〕25 号	区政府
24	关于印发大渡口区 2019 年政府工作报告确定目标任务责任分解的通知	大渡口府办发〔2019〕26 号	区政府
25	关于 2019 年大渡口区 5G 移动通信网络基础设施建设方案的通知	大渡口府办发〔2019〕27 号	区政府
26	关于印发大渡口区中小企业商业价值信用贷款工作实施方案的通知	大渡口府办发〔2019〕29 号	区政府
27	关于 2019 年农村集体土地征收工作目标责任分解的通知（有附件）	大渡口府办发〔2019〕30 号	区政府
28	关于成立大渡口区城市提升领导小组及专项工作小组的通知	大渡口府办发〔2019〕31 号	区政府
29	关于印发大渡口区整治污水偷排偷放行为专项行动方案的通知	大渡口府办发〔2019〕32 号	区政府
30	关于印发大渡口区长江入河排污口排查整治专项行动方案的通知	大渡口府办发〔2019〕33 号	区政府
31	关于印发大渡口区人民政府 2019 年依法向区人大及其常委会报告重大事项工作计划的通知	大渡口府办发〔2019〕34 号	区政府

续表

序号	文件名称	发布文号	发布机关
32	关于2019年“两会”代表建议政协提案协办意见办理情况的通报	大渡口府办发〔2019〕35号	区政府
33	关于2019年“六个一批”一季度任务完成情况的通报	大渡口府办发〔2019〕36号	区政府
34	关于成立区政府督查工作协调小组的通知	大渡口府办发〔2019〕37号	区政府
35	关于印发大渡口区2019年城镇房屋使用安全排查整治工作方案的通知	大渡口府办发〔2019〕38号	区政府
36	关于印发大渡口区城市排水管网建设行动计划（2019—2021年）的通知	大渡口府办发〔2019〕40号	区政府
37	关于进一步加强伏牛溪油库片区相关工作的通知	大渡口府办发〔2019〕41号	区政府
38	关于印发大渡口区生态环保项目建设三年滚动项目库（2019—2021年）的通知	大渡口府办发〔2019〕44号	区政府
39	关于印发大渡口区长期护理保险制度试点突发事件应急处置工作预案的通知	大渡口府办发〔2019〕45号	区政府
40	关于印发大渡口区长期护理保险制度试点宣传工作方案的通知	大渡口府办发〔2019〕46号	区政府
41	关于印发大渡口区2019年卫片执法工作方案的通知	大渡口府办发〔2019〕47号	区政府
42	关于建立大渡口区就业创业工作联席会议制度的通知	大渡口府办发〔2019〕48号	区政府
43	关于2019年区政府工作报告确定目标任务一季度推进情况的通报	大渡口府办发〔2019〕49号	区政府
44	关于印发大渡口区重大项目前期工作经费管理办法的通知	大渡口府办发〔2019〕50号	区政府
45	关于进一步明确基层群众性自治组织依法自治及协助政府工作事项的通知	大渡口府办发〔2019〕51号	区政府
46	关于印发2019年大渡口区污染防治攻坚战重点工作目标任务分解的通知	大渡口府办发〔2019〕52号	区政府
47	关于印发大渡口区财政涉农资金统筹整合使用管理暂行办法的通知（有附件）	大渡口府办发〔2019〕53号	区政府
48	关于印发重庆市大渡口区建筑垃圾治理试点工作实施方案的通知	大渡口府办发〔2019〕54号	区政府
49	关于印发大渡口区农村生活垃圾治理长效实施方案的通知	大渡口府办发〔2019〕55号	区政府
50	关于明确城乡居民社会保险费征管职责划转后有关事项的通知	大渡口府办发〔2019〕56号	区政府
51	关于调整农村集体土地征地拆迁住房货币安置标准的通知	大渡口府办发〔2019〕58号	区政府
52	关于印发大渡口区农村危房改造实施方案的通知	大渡口府办发〔2019〕59号	区政府
53	关于印发《大渡口区推进污染防治攻坚战废弃农膜回收利用实施方案（2019—2020年）》的通知	大渡口府办发〔2019〕60号	区政府
54	关于成立大渡口区生态环境委员会的通知	大渡口府办发〔2019〕61号	区政府
55	关于印发大渡口区化工产业污染防治工作方案的通知	大渡口府办发〔2019〕62号	区政府
56	关于印发大渡口区海绵城市建设管理办法（修订）的通知	大渡口府办发〔2019〕63号	区政府
57	关于调整和成立部分区级议事协调机构的通知	大渡口府办发〔2019〕64号	区政府
58	关于印发大渡口区违建别墅问题清查整治专项行动实施方案的通知	大渡口府办发〔2019〕65号	区政府
59	关于印发大渡口区九宫庙商圈公共区域犬类管理专项整治工作实施方案的通知	大渡口府办发〔2019〕66号	区政府
60	关于印发2019年全区法治政府建设工作要点的通知	大渡口府办发〔2019〕67号	区政府
61	关于2019年二季度“六个一批”任务完成情况的通报	大渡口府办发〔2019〕68号	区政府
62	关于印发大渡口区进一步清理拖欠民营企业中小企业账款工作方案的通知	大渡口府办发〔2019〕69号	区政府
63	关于印发大渡口区2019年森林督查工作方案的通知	大渡口府办发〔2019〕70号	区政府

续表

序号	文件名称	发布文号	发布机关
64	关于印发《大渡口区山水林田湖草生态保护修复工程试点实施方案（2018—2020年）》的通知	大渡口府办发〔2019〕75号	区政府
65	关于成立境外非政府组织管理工作协调小组的通知	大渡口府办发〔2019〕76号	区政府
66	关于成立重庆工业博览馆工作协调组的通知	大渡口府办发〔2019〕77号	区政府
67	关于印发重庆市公安局大渡口区分局派出所及有关用房建设三年工作方案（2019—2021年）的通知	大渡口府办发〔2019〕78号	区政府
68	关于2019年区政府工作报告确定目标任务上半年推进情况的通报	大渡口府办发〔2019〕79号	区政府
69	关于印发大渡口区渔业船舶退捕转产工作实施方案的通知	大渡口府办发〔2019〕80号	区政府
70	关于印发重庆市大渡口区生活垃圾分类工作实施方案的通知	大渡口府办发〔2019〕81号	区政府
71	关于印发大渡口区改革完善医疗卫生行业综合监管制度实施方案的通知	大渡口府办发〔2019〕82号	区政府
72	关于印发重庆市大渡口区职业技能提升行动实施方案（2019－2021年）的通知	大渡口府办发〔2019〕83号	区政府
73	关于成立大渡口区新型智慧城市建设领导小组的通知	大渡口府办发〔2019〕84号	区政府
74	关于成立大渡口区农村留守儿童关爱保护和困境儿童保障工作联席会议制度等2个议事协调机构的通知	大渡口府办发〔2019〕85号	区政府
75	关于印发九宫庙商圈公共区域犬类管理专项整治工作实施方案的通知	大渡口府办发〔2019〕86号	区政府
76	关于印发贯彻落实重庆市深化“放管服”改革优化营商环境电视电话会议重点任务分解的通知	大渡口府办发〔2019〕87号	区政府
77	关于印发大渡口区农村集体产权制度改革试点方案的通知	大渡口府办发〔2019〕88号	区政府
78	关于印发大渡口区政务服务“好差评”工作实施方案的通知	大渡口府办发〔2019〕89号	区政府
79	关于印发大渡口区营商环境优化提升工作方案的通知	大渡口府办发〔2019〕90号	区政府
80	关于印发大渡口区“十四五”规划编制工作方案的通知	大渡口府办发〔2019〕91号	区政府
81	关于印发《大渡口区防范和惩治统计造假弄虚作假实施办法》的通知	大渡口府办发〔2019〕92号	区政府
82	关于认真做好2019年代表建议政协提案回头看、再办理工作的通知	大渡口府办发〔2019〕93号	区政府